工作型
图表设计

实用的职场图表定制与设计法则

办公室小明 / 著

电子工业出版社
Publishing House of Electronics Industry
北京·BEIJING

内 容 简 介

你是否遇到过这些情况：只会使用软件中的默认图表；图表太简单，被嫌弃没有创意；图表表现力差，对报告结论的支持很有限；图表格式不统一，搭配起来一团糟；图表难以与实际工作和老板的需求相结合……也许你需要一套图表私人定制的知识体系。

这是一本专为工作服务的图表实战书，从结构上可以分为两个部分：基础篇和实战篇。第 1~4 章属于基础篇，分别讲解图表基本元素、图表通用设计法则、典型图表设计技巧和常用图表类型；第 5 章和第 6 章属于实战篇，分别讲解如何分析老板偏好并拆解工作型图表中的典型问题，以及综合利用基础篇的知识点，规范化图表定制步骤，让每个人都能实现图表定制梦。

未经许可，不得以任何方式复制或抄袭本书之部分或全部内容。
版权所有，侵权必究。

图书在版编目（CIP）数据

工作型图表设计：实用的职场图表定制与设计法则 / 办公室小明著. —北京：电子工业出版社，2022.9
ISBN 978-7-121-44074-8

Ⅰ. ①工… Ⅱ. ①办… Ⅲ. ①工作－图表－设计 Ⅳ. ①B026

中国版本图书馆 CIP 数据核字（2022）第 135836 号

责任编辑：王　静
印　　刷：中国电影出版社印刷厂
装　　订：中国电影出版社印刷厂
出版发行：电子工业出版社
　　　　　北京市海淀区万寿路 173 信箱　邮编：100036
开　　本：720×1000　1/16　印张：28.5　字数：658 千字
版　　次：2022 年 9 月第 1 版
印　　次：2024 年 3 月第 3 次印刷
定　　价：138.00 元

凡所购买电子工业出版社图书有缺损问题，请向购买书店调换。若书店售缺，请与本社发行部联系，联系及邮购电话：(010) 88254888，88258888。

质量投诉请发邮件至 zlts@phei.com.cn，盗版侵权举报请发邮件至 dbqq@phei.com.cn。
本书咨询联系方式：(010) 51260888-819，faq@phei.com.cn。

前　言

工作中需要什么样的图表

　　工作型图表，顾名思义，就是服务于工作的图表，为工作和工作数据量身定做的图表。相信大部分读者和笔者一样，接触图表的初衷都是为了工作。笔者制作的第一张图表是为报告搭配的图表，在同事的帮助下笨拙地使用 Excel 2003 做了一张柱线组合图。当时笔者的想法很简单，只要完成任务即可。后来，笔者无意中看到刘万祥老师在其博客上分享的一系列商业图表制作技能，真正打开了笔者对图表的兴趣大门。随后笔者又陆续拜师于秦川老师（Thinkcell Chart 商务图表制作）和拉登老师（表格设计理念），都让笔者受益匪浅。如今笔者学习图表已逾 10 年，能够坚持下来，保持兴奋、技巧落地和享受其中的心态与做法功不可没。笔者 10 年的图表学习历程总体分为 3 个阶段：积累基础图表知识并得遇名师指点；不断地学以致用，让所学技能有用武之地；反复思考并探寻工作中需要什么类型的图表。

　　那么，工作中需要什么样的图表呢？笔者在与大家交流时发现，很多用户会有以下想法。

　　求美：将美观作为图表的标准和前提，满足老板的爱美之心。

　　求难：过于简单的图表显示不出作图者的功力，老板会认为不够尽心。

　　求变：每次提供不一样的图表，同一类型的图表用得多了，老板会看腻。

　　求新：爱用网红图表和创意图表，希望借此惊艳老板。

　　上述想法有一个共同的误区，**就是过于注重图表的形式，甚至形式远远大于内容**。但这些做法也并非完全不可取。值得肯定的是，能够以用户和老板的阅读体验与实际需求为中心，其实已经完全符合对图表制作者的基本要求，同时这也是工作型图表制作最重要的方向。但是，图表制作者还是需要继续加强和提高对工作型图表的认知。图表是一个表达数据的工具，深入分析及有效展示数据是关键。图表还是一个传递信息的工具，突出重点及佐证主题也是关键。在制作图表时，如果忽视了这两点，那么只会让工作效果南辕北辙。

　　本书侧重于图表制作实战，首先会依次解读图表常用元素的经典用法，然后介绍工作型图表的设计法则和设计技巧，接着推荐常用的工作型图表类型，帮助用户提高图表审美观，了解图表优化思路，最后通过拆解典型问题、修改报告中的实例图表，手把手教读者如何一步步定制工作型图表，进而引导读者实现对工作型图表的个性化定制。

本书定位

图表应用：选择 Excel 中最常用的图表及这些图表的有机组合，并辅以微创新来化解工作型图表制作中的难题。

图表技能：介绍高频使用的图表制作实战技巧、高效技巧。

适用范围：本书介绍的图表适用范围很广，包括政府类、企业类、新闻类等报告。

目标诉求：如果你有这些诉求——初次接触图表没有学习方向，无法把学习和实践相结合，掌握一定技巧却不会融会贯通使用，想将默认图表优化成适合工作的图表，面对工作数据无从下手，想分析老板的需求并转化为对应图表……那么本书适合你。

软件要求：本书以 Office 365 版本展开，所有案例均可以用 Excel 实现，推荐读者使用 Office 2016 及以上版本。书中还会涉及截图工具、取色工具、标签工具和主题色工具，在本书的附录部分将对其做统一汇总。

工作型图表的特点

严谨准确：严谨是工作的基本准则，准确是制作图表的基本准则，在图表中要明确数据类别、数据系列、数据范围、数据单位、数据来源等。

简单实用：在不产生歧义的基础上，要删除多余的图表元素，把复杂的问题表现得浅显易懂，让读者没有阅读负担。

综合性强：工作数据往往繁杂多变，需要多张同类型的图表或不同类型的图表配合方能准确表达。

重点突出：图表呈现的内容要与文中表达的主题契合，可以利用参照列、辅助线、设置对比色等细节展现主题，必要时可以添加自定义图形，通过标注图表的关键部分，进而呼应观点。

展示性强：不过分追求细节，保持图表整齐美观、层次分明即可。尤其在数据类别多、数据量大时，尽量给图表留出一定的呼吸空间，减少密集型图表对读者的压迫感。

丰富多样：推荐使用但不限于常用图表，可以从主流可视化媒体中寻找和捕获灵感，借鉴其对图表元素的处理方式，适度创新，丰富工作型图表的样式。

如何做好工作型图表

假如用一句话来回答"如何做好工作型图表"这个问题，那就是多思考、多实践，二者缺一不可。

知易行难，如果将上述答案拆分成以下几个具有可行性的步骤，那么就会容易得多：

研究数据规律—分析老板的需求—确定图表类型—初步可视化—优化图表细节。

在这个过程中，抓住老板的需求并据此实现图表的制作难度相对较大。不过不用担心，因为图表技巧有章可循，学完本书的基础篇，读者完全可以做出合格的工作型图表。其中最难的部分还是如何准确分析老板的需求，因为老板总会提出一些奇怪的、苛刻的要求，更有甚者，老板也不清楚自己的需求，或者不会明确说明自己的需求。本书的实战篇将会围绕这个主题展开，从单位性质、所属行业等方面分析老板的偏好，对老板的特殊制图要求"见招拆招"，希望借此对读者有所启发。

衷心感谢

感谢刘万祥老师、秦川老师和拉登老师，他们在笔者学习图表的过程中提供了巨大的帮助。

感谢《工作型图表》课程的学员们，他们为本书提供了精彩的案例素材。

感谢电子工业出版社的王静老师，她在成书过程中提出了很多中肯的建议和意见。

感谢笔者的朋友们，有了你们的鼓励，笔者才能不断克服写作过程中的诸般困难。

还要特别感谢笔者的家人，因为你们无私的支持和奉献，才让笔者有动力和精力完成此书。

联系方式

在本书编写过程中，尽管笔者慎之又慎地一再审核，但纰漏和不足之处仍在所难免，敬请读者提出宝贵的意见和建议，你的反馈是笔者继续努力的动力，并会使本书的后续版本日臻完善。

读者可以通过以下方式与笔者联系。

笔者的个人微信：bgs_xiaoming

微信公众号"办公室小明"：bgs_xiaoming1

电子邮箱：522352936@qq.com

目 录

基础篇　图表设计有章可循

第 1 章　图表元素解析 2

1.1　认识图表基本元素 2
    1.1.1　表内元素与表外元素 2
    1.1.2　图表元素设置原则 6

1.2　观点展示：标题 9

1.3　数据向导：图例 14

1.4　图表定位：坐标轴 20
    1.4.1　坐标轴标签 31
    1.4.2　坐标轴刻度线 39

1.5　图形分隔：网格线 42

1.6　趋势助手：系列线 49

1.7　数据定位：数据标记 52

1.8　数据辨别：数据标签 59

1.9　基本原理：图表图层的优先级和图表内容的展开顺序 68
    1.9.1　图表图层的优先级 68
    1.9.2　图表内容的展开顺序 73

第 2 章　工作型图表设计法则 87

2.1　图表字体：规范统一、注意版权 87
    2.1.1　图表字体设置通用原则 87
    2.1.2　不同图表的字体分类设置 89
    2.1.3　字体设置最简法则 91

目 录

- 2.2 图表颜色：限制数量、前后一致 91
  - 2.2.1 给图表配色 92
  - 2.2.2 Excel 主题色 94
  - 2.2.3 寻找合适的主题色 95
  - 2.2.4 制作主题色 96
  - 2.2.5 建立图表元素的颜色层次 98
  - 2.2.6 图表对比色应用 99
- 2.3 图表大小：大小统一、合理布局 100
  - 2.3.1 确定图表大小 100
  - 2.3.2 图表大小设置基本原则 101
  - 2.3.3 利用"边框"制作大小相同的图表 104
  - 2.3.4 子母图的大小设置方法 105
  - 2.3.5 组合图的大小设置方法 106
- 2.4 图表填充：适时填充、提升质感 108
  - 2.4.1 为什么要对图表进行填充 108
  - 2.4.2 图表填充类型 110
  - 2.4.3 图表填充注意事项 110
  - 2.4.4 给图表添加个性化形状背景 115
- 2.5 图表装饰：添加图形、点缀图表 116
  - 2.5.1 图表装饰的种类 117
  - 2.5.2 图表装饰的作用 119
  - 2.5.3 添加图表装饰的原则 121
- 2.6 图表变美：整齐通透、留出空间 121
  - 2.6.1 图表元素要对"齐" 122
  - 2.6.2 图表空间要放"松" 124
  - 2.6.3 元素层级要通"透" 127
- 2.7 图表组合：多图组合、突破限制 129
  - 2.7.1 同类图表组合 129
  - 2.7.2 不同类图表组合 131
  - 2.7.3 表图结合 133
  - 2.7.4 建立图表之间的分隔和联系 134
- 2.8 图表选择：二维和三维、静态和动态 135
  - 2.8.1 二维图表和三维图表的选择 136
  - 2.8.2 静态图表和动态图表的选择 138

2.9 图表审美：建立自己的灵感库 141

2.10 图表审美：国内优秀的数据可视化媒体推荐 144

第 3 章 工作型图表设计技巧 151

3.1 高效可视化"三剑客" 151
    3.1.1 条件格式 152
    3.1.2 自定义单元格格式 160
    3.1.3 迷你图 164

3.2 创意图表制作：图层重叠 170
    3.2.1 图层重叠的原理 170
    3.2.2 图层重叠的应用 170

3.3 商业图表标配：误差线 183
    3.3.1 误差线是什么 183
    3.3.2 散点在图表内的分布规律 184
    3.3.3 散点误差线的应用 185

3.4 半状图表制作：透明度设置和色块遮罩 197
    3.4.1 透明度设置 197
    3.4.2 坐标轴设置 199
    3.4.3 色块遮罩 201

3.5 丰富图表形式：自定义图形填充 203
    3.5.1 什么是图形填充 203
    3.5.2 图形填充分类 205

3.6 添加参考标准：辅助列 211
    3.6.1 线条式参考标准 211
    3.6.2 非线条式参考标准 214

3.7 数据强力收纳：表图结合 226
    3.7.1 表图结合介绍 227
    3.7.2 表图结合基础 228
    3.7.3 表图结合示例 235

3.8 表图高度融合：图表拆分 239
    3.8.1 不等高表格的设计思路 239
    3.8.2 图表拆分的 3 种方法 240
    3.8.3 不等高表图结合示例 245

3.9 柱形样式重组：数据排列 247

目 录

  3.9.1 数据排列的基本原理 247
  3.9.2 数据排列应用 249
 3.10 表格设计要点：边框和填充 255
  3.10.1 表格设计要点 255
  3.10.2 圆角矩形表格的制作 259
  3.10.3 表格设计经典示例 261

第 4 章 常用工作型图表介绍 265

 4.1 选择正确的图表类型 265
 4.2 经典对比：柱形图 267
 4.3 经典对比：条形图 269
 4.4 时间序列：折线图和面积图 270
 4.5 经典构成：饼图和圆环图 273
 4.6 经典分布和联系：散点图和气泡图 275
 4.7 综合对比：组合图 277

实战篇 在工作中用好图表

第 5 章 工作型图表的典型问题拆解 280

 5.1 老板说：图表要能一眼分辨正负或增减 280
  5.1.1 特殊字体 280
  5.1.2 特殊函数 281
  5.1.3 条件格式 281
  5.1.4 自定义单元格格式 281
  5.1.5 迷你图 282
  5.1.6 正负值分色填充 282
  5.1.7 渐变色填充 283
  5.1.8 正负值分色数据标签 284
  5.1.9 正负值分色层级差异箭头 286
 5.2 老板说：所有数据都要放在一张图表中 287
  5.2.1 分行面积图 288
  5.2.2 分组面积图 291
  5.2.3 热力图 292

IX

5.2.4 迷你图 293
5.2.5 动态柱形图 295
5.2.6 动态折线图 296
5.3 老板说：将 4 张图表合成一张 297
5.3.1 柱形图+散点图 298
5.3.2 蝴蝶图 300
5.3.3 哑铃图 302
5.4 老板说：要能看出图表中所有数据之间的差异 306
5.4.1 选错图表类型 306
5.4.2 数据差异太小 309
5.4.3 数据差异太大 311
5.5 老板说：所有的数据标签都不能遮挡 318
5.5.1 有选择性地显示标签 319
5.5.2 见缝插针式标签 320
5.5.3 统一位置式标签 321
5.5.4 扎堆聚集式标签 322
5.6 老板说：标签不能显得太大、太挤 323
5.6.1 将横向排版的图表改为条形图 324
5.6.2 用文本框代替标签 326
5.6.3 压缩数据标签的空间 327
5.7 老板说：图表加上公司 logo，要醒目、不抢戏 327
5.7.1 单 logo 常见位置 328
5.7.2 双 logo 常见位置 330
5.7.3 logo+水印 331
5.7.4 主 logo+副 logo 332
5.7.5 如何让 logo 醒目、不抢戏 333
5.8 老板说：图表太简单，没有高级感 334
5.8.1 增加图表的层次感 335
5.8.2 增加图表的专业性 336
5.8.3 提炼图表的观点 338
5.9 老板说：把我的想法变成图表 341
5.9.1 引导老板把理想的图表画出来 341
5.9.2 确定老板想要的图表类型 342
5.9.3 确定老板想要表达的观点 342

目录

5.9.4 将想法变成图表的注意事项 342
5.10 老板说：给公司定制一套图表模板 346
  - 5.10.1 确定图表风格 346
  - 5.10.2 确定图表字体 346
  - 5.10.3 确定图表颜色 347
  - 5.10.4 分图表类型确定统一的细节 349
  - 5.10.5 确定图表元素细节 350
  - 5.10.6 确定图表装饰 350
  - 5.10.7 保存为模板文件 351

第 6 章 工作型图表定制 354

6.1 政府报告类图表：给央行报告改图表 354
  - 6.1.1 央行报告图表精选 354
  - 6.1.2 问题出在哪里 355
  - 6.1.3 修改建议 356
  - 6.1.4 图表优化 358
  - 6.1.5 总结 367

6.2 政府报告类图表：给国家统计局报告改图表 369
  - 6.2.1 国家统计局报告图表精选 369
  - 6.2.2 问题出在哪里 370
  - 6.2.3 修改建议 370
  - 6.2.4 图表优化 371
  - 6.2.5 总结 380

6.3 商务报告类图表：给粤开证券报告改图表 382
  - 6.3.1 粤开证券报告图表精选 382
  - 6.3.2 问题出在哪里 383
  - 6.3.3 修改建议 383
  - 6.3.4 图表优化 385
  - 6.3.5 总结 391

6.4 商务报告类图表：给恒大研究院报告改图表 392
  - 6.4.1 恒大研究院报告图表精选 393
  - 6.4.2 问题出在哪里 394
  - 6.4.3 修改建议 394
  - 6.4.4 图表优化 396
  - 6.4.5 总结 404

XI

6.5 商务报告类图表：给中指研究院报告改图表 405
    6.5.1 中指研究院报告图表精选 405
    6.5.2 问题出在哪里 406
    6.5.3 修改建议 406
    6.5.4 图表优化 408
    6.5.5 总结 415

6.6 商务报告类图表：给樱桃老师的文章改图表 416
    6.6.1 樱桃老师的文章图表精选 417
    6.6.2 问题出在哪里 418
    6.6.3 修改建议 418
    6.6.4 图表优化 420
    6.6.5 总结 428

6.7 数据新闻类+商务报告类图表：给国家金融与发展实验室报告改图表 429
    6.7.1 NIFD 报告图表精选 430
    6.7.2 问题出在哪里 430
    6.7.3 修改建议 431
    6.7.4 图表优化 432
    6.7.5 总结 441

附录 A 443

基础篇

[图表设计有章可循]

第 1 章

图表元素解析

想要自由、灵活地设计图表,至关重要的一步是要认识图表中的各个基本元素。本章会有选择性地介绍几个图表中最为常见,但是能够帮助读者实现图表个性化定制的元素;然后介绍图表图层的优先级和图表内容的展开顺序,了解图表构造的基本原理,为图表设计打好基础。

1.1 认识图表基本元素

从认识图表元素到灵活配置各元素是一个循序渐进的过程,下面将从表内元素和表外元素两个方面介绍图表的基本元素,给读者一个整体的图表印象。另外,基于工作型图表简单、实用的原则,将介绍图表元素的不重复原则与无歧义原则。

1.1.1 表内元素与表外元素

图表是承载数据和表现数据的具象工具,想要让其高效地服务于工作,首先需要认识它的结构。

1. 表内元素

下面以一张标准的柱线图为例,介绍图表的表内元素都有哪些。

如图 1.1.1 所示,这是一张不甚美观的柱线图,因为这里强制把绝大部分图表元素都添加了进去,这样设置更方便读者观察和理解。

在图 1.1.1 中,元素①和元素②分别是图表边框和图表区,分别用于控制图表边框的粗细、颜色和图表的填充色,默认边框为白色(深色 15%),默认填充色为白色。元素③和元素④分别是绘图区边框和绘图区,默认边框为白色,默认填充色为白色。边框和填充很容易被忽视,被认为可有可无,其实不然,在排版时边框可以用于对齐图表、分割空间,图表填充后还可以提升图表质感,详见 2.4 节与图表填充相关的内容。

元素⑤是图表标题,是提炼图表内容重点、展示观点的地方,读者第一眼就会关注到它。

元素⑥是图表图例,是数据的导航器,有了它,才能分辨每张图表代表的内容。

第 1 章 图表元素解析

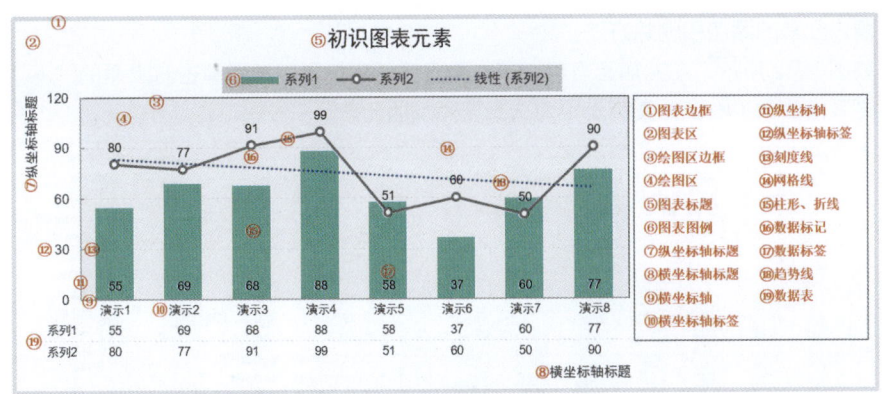

图 1.1.1 初识图表元素

元素⑦和元素⑧分别是图表的纵坐标轴标题和横坐标轴标题，一般在散点图和气泡图中用得较多，用于解释坐标轴代表的含义，也常用于显示图表单位。

元素⑨和元素⑩分别是横坐标轴和横坐标轴标签，元素⑪和元素⑫分别是纵坐标轴和纵坐标轴标签。横、纵坐标轴是图表的定位器，两者的位置决定着图表的位置。坐标轴标签主要有类别标签、数值标签和时间标签，其中过长的类别标签需要分行显示，详见 1.4 节中的"过长标签的处理技巧"部分。

元素⑬是刻度线，是连接坐标轴和坐标轴标题的纽带，准确指示坐标轴标签的位置，很多时候它可以省略。

元素⑭是网格线，可以分隔图表的图形，划分区间范围，起到标尺的作用。同时，对水平网格线和垂直网格线分别设置不同深浅的颜色，利用网格线搭配设置有一定透明度的图形，都可以让图表有层次感，详见 1.5 节中的"淡化网格线"和"强化网格线"部分。

元素⑮是柱形和折线，是整张图表中最核心的部分，通过它们来展示数据的趋势变化。图表的其他元素基本都是固定的，而这个部分则是由所选择的图表类型决定的。

元素⑯是数据标记，是折线上的数据定位。通过设置不同的形状、填充色和线型来区分不同的折线，详见 1.7 节中的"数据标记的优化思路"部分。

元素⑰是数据标签，可以展示每个柱形的具体数值，满足读者观察趋势变化之后希望进一步了解准确数值的需求。数据标签比较灵活，移动位置后可以模仿坐标轴标题，详见 1.8 节中的"用数据标签显示类别名称代替坐标轴标签"部分。

元素⑱是趋势线，当整体数据的变化趋势不明朗时，在图表上添加一条趋势线，可以帮助读者更轻松地捕捉整体走势。

元素⑲是数据表，本质上是一张表格，相当于图表的原始数据，一般不建议显示，如果老板有特殊需求，则建议参照图 1.1.1 所示的做法，取消边框和垂直内框线，仅保留水平内框线。

表内元素的添加和删除方法：

如图 1.1.2 所示，在添加元素时，单击图表区任意位置，然后单击右上角的"＋"按钮，在弹出的常用图表元素列表中勾选想要添加的元素。

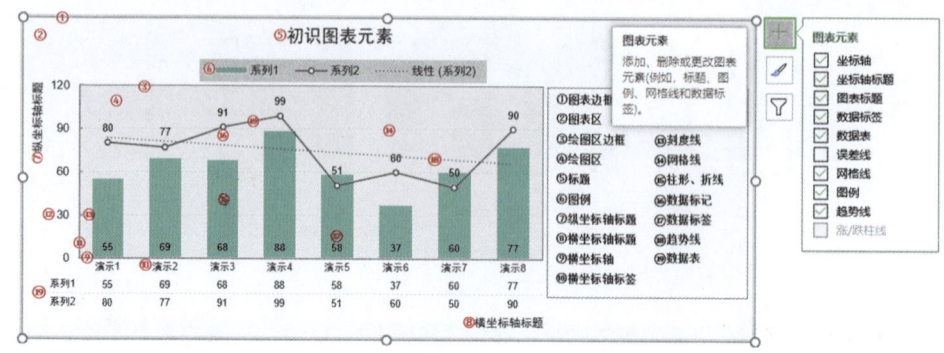

图 1.1.2　在图表元素列表中勾选待添加的元素

在删除元素时，很多读者习惯于直接选中某个元素，然后用 Delete 键删除，这确实是最快捷的操作方法，但并不建议对所有的图表元素都如此操作。对于坐标轴和坐标轴标签，推荐采用隐藏的方式，需要时可以快速恢复显示，省去重新添加及设置格式的麻烦。

如图 1.1.3 所示，双击纵坐标轴标签，在右侧弹出的"设置坐标轴格式"窗格中，将"标签"的"标签位置"改为"无"，即可隐藏标签；将"标签"的"标签位置"改为"轴旁"，即可恢复显示标签。

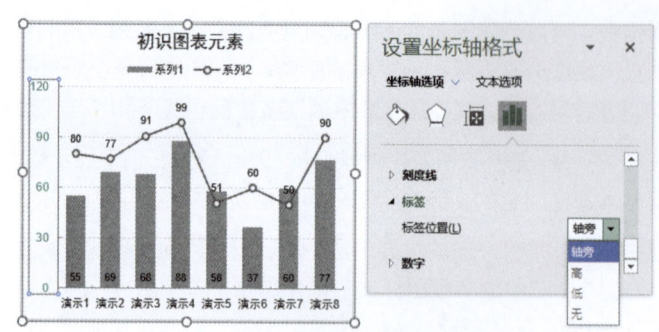

图 1.1.3　隐藏和显示图表的纵坐标轴标签

如图 1.1.4 所示，双击纵坐标轴，在右侧弹出的"设置坐标轴格式"窗格中，将"线条"设置为"无线条"，即可隐藏纵坐标轴；将"线条"设置为"实线"，即可恢复显示纵坐标轴。

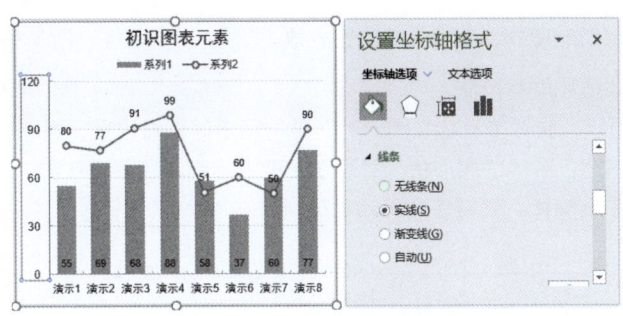

图 1.1.4 隐藏和显示图表的纵坐标轴

2. 表外元素

在介绍完比较常见的图表元素后，再来了解一下表外元素。这里有一个问题，既然图表自身的元素已经十分丰富，那么为什么还要添加表外元素呢？答案很简单，图表自身的元素有很多限制，不如表外元素灵活。比如图表的标题，无法与图表保持同宽，在多行显示时无法调整行间距等。

图表的表外元素主要分为两类：**自定义图形和文本框**。自定义图形主要有线条、色块和特殊图形等。

如图 1.1.5 所示，左侧的柱线图采用了默认的图表标题，可以看到，标题的极限宽度占整张图表宽度的 2/3，继续增加内容便会自动换行。右侧的柱线图标题则是插入的一个自由文本框，文本框的宽度与图表相同，在多行显示时还可以调整行间距，最大限度地节省图表空间。具体做法详见 1.2 节中的"用文本框代替默认标题"部分。

如图 1.1.5 所示，两个箭头"→"指出的是直接插入的自定义图形，可以引导读者的视线。还有一个箭头指出的是两张图表外侧的边框，它实际上是一个仅保留边框的矩形，其作用是建立两张图表之间的联系，将其组合成一个整体。具体做法详见 2.7 节中的"建立图表之间的分隔和联系"部分。

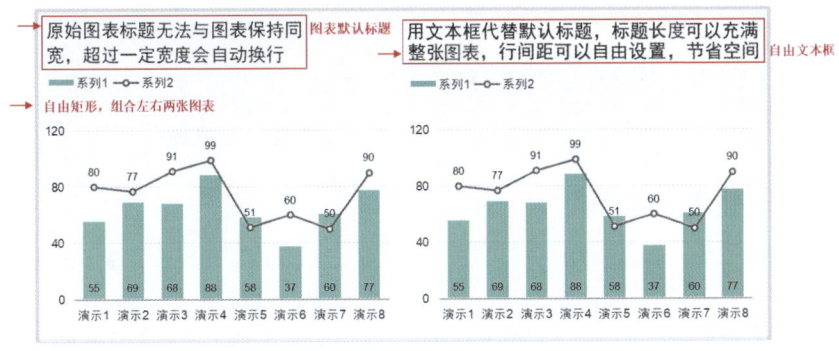

图 1.1.5 图表的表外元素

表内元素设置相对简单，但有限制；表外元素添加相对麻烦，但更灵活。两者没有孰好孬坏之分，建议搭配使用以获得更佳的图表效果。

表外元素的添加和删除方法：

如图 1.1.6 所示，在添加自定义图形时，单击图表区任意位置，再单击"插入"选项卡下的"形状"按钮，选择任意形状，然后在图表中绘制。在图表被选中的状态下，插入的图形和图表是一个整体，支持任意移动和复制。

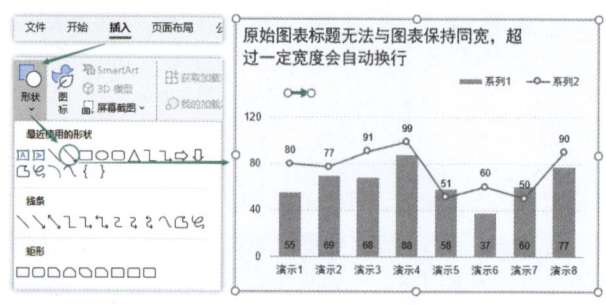

图 1.1.6　在图表中插入自定义图形

如图 1.1.7 所示，在添加文本框时，单击图表区任意位置，再单击"插入"选项卡下的"文本框"按钮。在弹出的下拉列表中单击"绘制横排文本框"选项，然后在图表中适当的位置绘制。在图表被选中的状态下，插入的文本框和图表是一个整体，支持任意移动和复制。

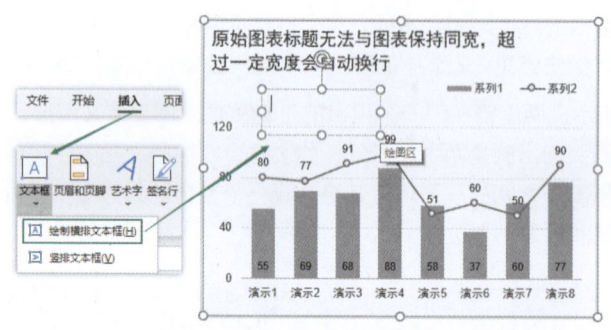

图 1.1.7　在图表中插入文本框

删除表外元素很容易，直接选中某个元素，然后按 Delete 键删除。

1.1.2　图表元素设置原则

职场沟通最简单、有效的方式就是直奔主题，通俗易懂地阐述想法并提出解决之道。使用图表也是同样的道理，在剔除了无用元素和干扰元素后，整张图表不会让人产生误解，无歧义，才能高效地传递数据背后的逻辑。通过 1.1.1 节的介绍，读者知道图表元素是各司其职的，不过其中也有部分元素的作用有交叉点，那么如何实现图表元素的不重复和无歧义呢？这里有一个很简单的标准：不能多，多则添乱；不能少，少则存疑。

1. 不重复原则

不重复对应着工作型图表特点中的简单、实用，也就是说，在图表中不要同时添加两种具有相同作用的元素，应尽量保持图表的简洁。图表中常出现以下 5 类元素的重复。

重复 1：标题和坐标轴标题

如图 1.1.8 所示，标题中出现了类别名称"公司 1–公司 8"，横坐标轴标签同样显示了类别名称"公司 1""公司 2"等，建议精简标题或改为总结数据变化趋势。如图 1.1.9 所示，标题中描述了数据含义"销售利润"，纵坐标轴标题同样描述了数据含义"销售利润"，建议直接删除纵坐标轴标题。

提醒一点： 气泡图和散点图的坐标轴均为数值坐标轴，则必须标注坐标轴标题，否则会产生歧义。

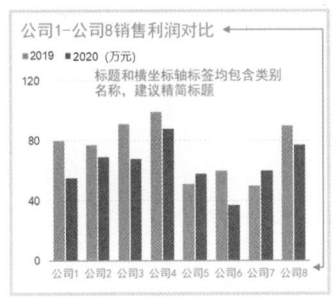
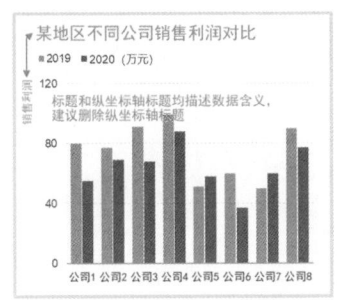

图 1.1.8　标题和横坐标轴标签重复　　图 1.1.9　标题和纵坐标轴标题重复

重复 2：坐标轴和网格线

如图 1.1.10 所示，纵坐标轴和网格线都是图表的辅助元素，其作用均为数据范围的参照，原则上保留其中一个即可。想要传统图表，就保留纵坐标轴；想要和柱形搭配营造层次感，就保留网格线。如果老板说全都想要，该不该满足呢？对于工作型图表，老板的要求就是工作。所以将网格线的颜色调浅、线条调细，弱化网格线的存在感就可以了。

重复 3：纵坐标轴、数据标签和数据表

如图 1.1.11 所示，纵坐标轴是柱形数据范围的参照，数据标签和数据表则展示了柱形的具体数据，原则上保留纵坐标轴或数据标签即可。

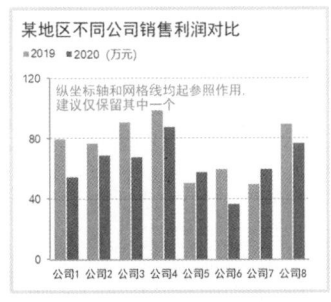
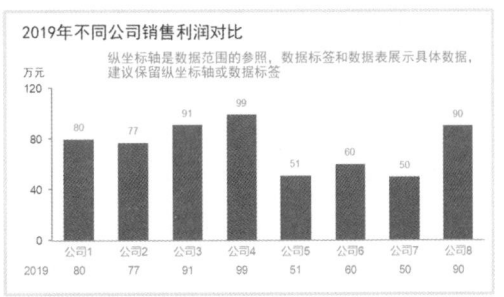

图 1.1.10　纵坐标轴和网格线重复　　图 1.1.11　纵坐标轴、数据标签和数据表重复

重复4：图例和包含数据系列的数据标签

如图1.1.12所示，图例是数据的导航器，代表着图表的数据系列。为了方便读者阅读，一个习惯性的做法是在数据标签中显示数据系列，然而，这样做也会产生元素重复的问题，建议直接删除图例。

重复5：图例含有单位和用坐标轴标题显示单位

如图1.1.13所示，在图表中添加单位的常用方法有两种：一种是直接在图例中显示单位；另一种是通过文本框或者在坐标轴标题中添加单位。当图表采用主要和次要的坐标轴，且两个纵坐标轴的数值采用不同的单位时，建议直接在图例中显示单位，给读者更好的阅读体验。

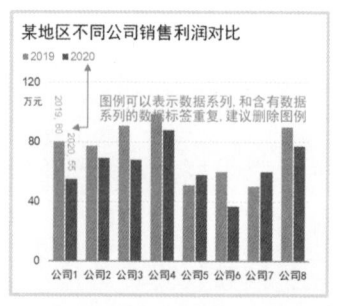
图1.1.12　图例和包含数据系列的数据标签重复

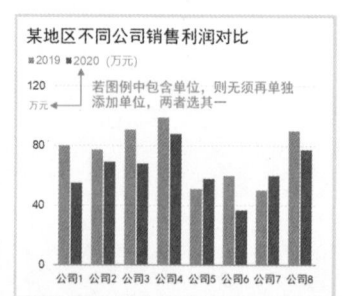
图1.1.13　图例中包含单位和单独单位重复

2. 无歧义原则

无歧义对应着工作型图表特点中的严谨、准确，也就是说，为了让读者能看懂图表，用于准确表达图表含义的元素缺一不可。比如标题、图例（系列名称）、单位、类别名称、数据范围、趋势变化等元素都是关键信息，一个都不能少，否则将影响读者的判断。

如图1.1.14所示，图表缺少标题，会让读者一头雾水，不知作者想表达什么主题。

如图1.1.15所示，图表缺少图例（系列名称），读者不明白每一类柱形分别代表何意。尤其是多张图表组合时，若每张图表的数据系列完全相同，则可共用图例；否则，每张图表务必都要显示图例，详见1.3节中的"为组合图添加图例"部分。

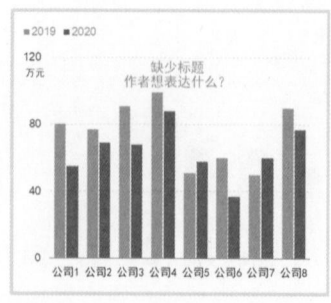
图1.1.14　图表缺少标题

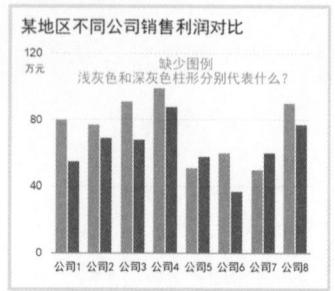
图1.1.15　图表缺少图例

如图 1.1.16 所示,图表缺少取值范围,没有范围就相当于没有标准,对各公司具体的销售利润也就无从衡量。当多张图表组合时,若每张图表的取值范围完全相同,则可共用数值坐标轴;否则,每张图表务必都要显示对应的数值坐标轴,详见 1.4 节中的"自由坐标轴"部分。

如图 1.1.17 所示,图表缺少单位,没有单位的数据就失去了意义。

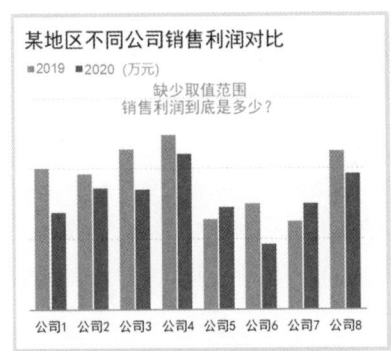
图 1.1.16　图表缺少取值范围

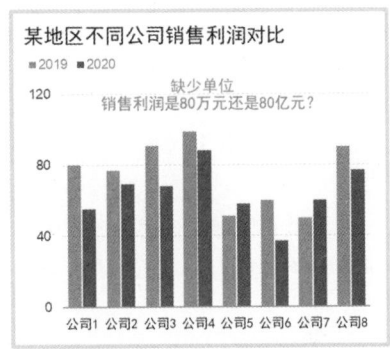
图 1.1.17　图表缺少单位

如图 1.1.18 所示,图表缺少横坐标轴标签(类别名称),就像没有名字的花朵,读者无法分辨每组柱形对应的是哪个公司的销售利润。

如图 1.1.19 所示,图表缺少趋势变化,便没有存在的必要了。当数据系列较多、系列间数据差异巨大、系列内数据差异较小时,未经优化的图表中数据值较小的系列基本会变成平行线,变化趋势基本不可见。关于这类图表的优化思路,详见 5.4 节中的"数据差异太大"部分。

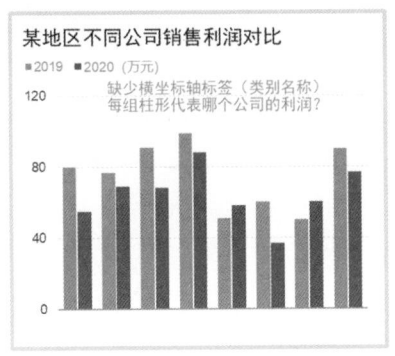
图 1.1.18　图表缺少横坐标轴标签

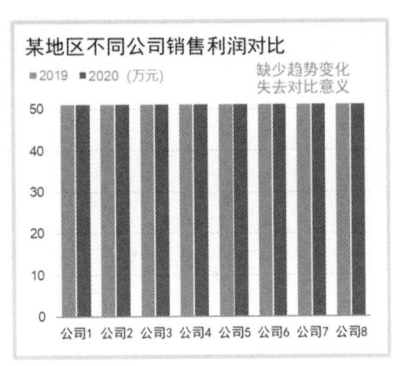
图 1.1.19　图表缺少趋势变化

1.2　观点展示:标题

眼睛是心灵的窗户,标题是图表的窗户。如果标题起得好,那么读者只读标题,就能快速知晓图表想要表达的内容，甚至能获取数据呈现出的主要观点。标题拥有整张图表中最大的字体，占据着黄金地段，理应受到重视。本节会从标题类型、标题内容、标题大小和位置、标题对齐方式和用文本框代替默认标题 5 个方面，来解读怎样用好标题。

1. 标题类型

标题可以分为**主标题和副标题**。主标题一般更简练，概括性更强，一针见血地指出图表内容的关键之处。副标题的内容则更丰富，可以适当地展开描述图表数据的背景、详细的变化趋势、事件的动向等。副标题并非图表的必需项，可以根据实际的需求选择是否添加。国外的《经济学人》《商业周刊》等杂志中经典的商业类图表常常会使用副标题，如图 1.2.1 所示，而国内制作的图表使用副标题的情形则相对较少。一般而言，以下两种情形会用到副标题：一是图表展示的事件比较复杂，必须提供更多的信息帮助读者理解和消化吸收；二是图表作为一种单独传播的媒介，即使脱离文章本身也依然可以成立，因为其拥有一套完整的信息生态，比如事件的起因、数据的趋势变化、明显的结论或值得关注的社会热点。

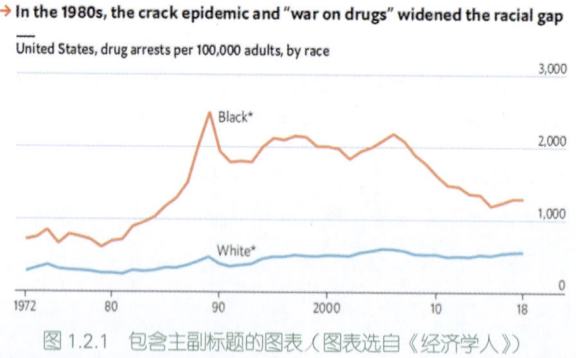

图 1.2.1　包含主副标题的图表（图表选自《经济学人》）

2. 标题内容

标题内容决定图表信息的走向，其可以分为**平铺直叙型**和**直抒胸臆型**。

平铺直叙型标题比较中规中矩，也是最常用的标题形式，拟定起来较为简单，直接陈述时间、对象、事件即可。比如 2020 年某企业国内收入与国外收入比较、某地区 A 股上市公司地域分布、中国各省市教育资源分配。这类标题的适用范围十分广泛，政府报告类、商务报告类和数据新闻类图表都可以使用，当然用得最多的还是一些专业报告，尤其是党政部门的报告，比如图 1.2.2 所示的《国家统计局》图表。

直抒胸臆型标题就是开门见山、结论先行，直接端上"主菜"，让整个事件和结论一目了然。比如某地区资本市场在 29 年中孕育 70 家上市公司；年轻客群的消费潜力极大，将推动 69% 的消费增长。正因为要提炼中心思想，拟定难度也会相应增加，采用这类标题的大多是经济类报刊图表、数据新闻类图表，比如图 1.2.3 所示的选自《时代数据》的图表。

第 1 章 图表元素解析

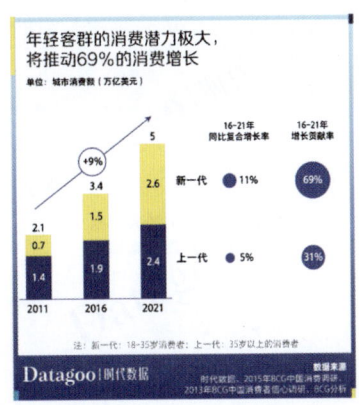

图 1.2.2　平铺直叙型标题（图表选自《国家统计局》）　　图 1.2.3　直抒胸臆型标题（图表选自《时代数据》）

3. 标题大小和位置

想让读者第一眼就关注到标题，最好将其设置得足够大、足够醒目。那么，标题是不是越大越好呢？很显然不是，图表的空间十分有限，可以说是寸土寸金，不容浪费。因此，标题相对于整张图表而言，只要明显区分于其他部分，起到强调的作用即可。大字号标题体现出重视，小字号标题显得精致。默认的图表标题在正上方，宋体、14 号字。字号根据图表的大小上下浮动，一般为 10~14 号。另外，字体的选择及优化详见 2.1 节与图表字体相关的内容。

如图 1.2.4 所示，将一张图表划分成九宫格，常规的标题位置在浅绿色的 1 号、2 号和 3 号区域，也就是图表的左上方、正上方、右上方。此外，还有一些根据图表的内容排版而定的特殊位置。对于复杂的工作数据而言，理论上展示空间越大，展示效果就越好，高性价比的方案就是放弃单独的标题区域，以此换来更大的绘图区域，这时的标题位置就要因势利导，寻找合适的留白区域摆放标题，就像图中的 4 号、6 号、7 号、8 号和 9 号区域；对于中间空心的圆环图，可以选择将标题放在其正中间。当然，将标题放在图表外也是不错的选择，本书中的图表标题采用的便是这种方案。

1 左上 标题常用位置	2 正上 标题常用位置	3 右上 标题常用位置
4 左中 标题特殊位置	5 中中 圆环图标题常用位置	6 右中 标题特殊位置
7 左下 标题特殊位置	8 正下 标题特殊位置	9 右下 标题特殊位置

图 1.2.4　图表标题的常用位置及特殊位置

11

如图 1.2.5 所示，《网易数读》中的这两张图表就是典型的"找空白放标题"的例子。

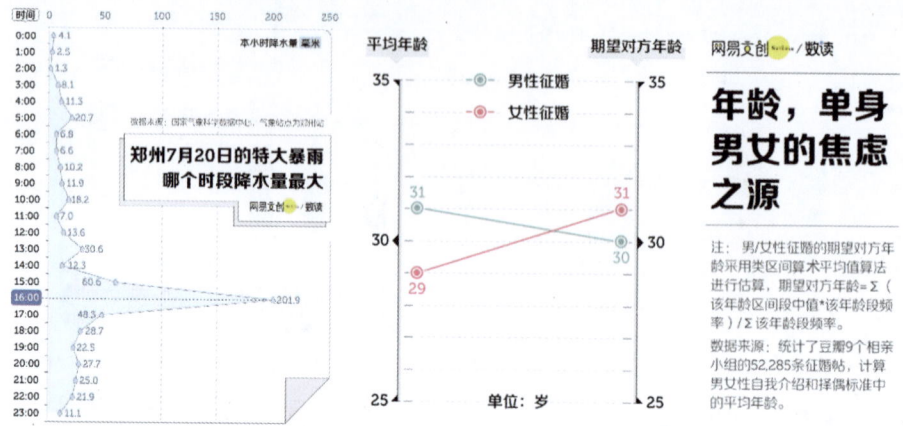

图 1.2.5　因势利导的标题位置（图表选自《网易数读》）

4. 标题对齐方式

标题对齐可让图表看起来有条不紊，标题的对齐方式由其位置和排版方向决定。

如图 1.2.6 所示，当水平排版时，标题在左方，建议左对齐；标题在中间，建议居中对齐；标题在右方，建议右对齐。

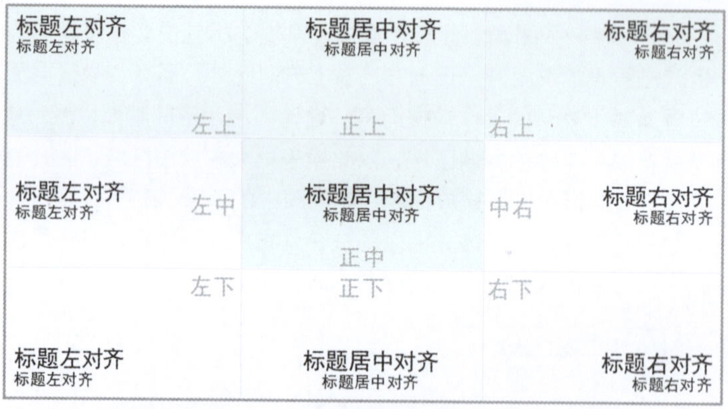

图 1.2.6　水平排版标题的对齐方式

如图 1.2.7 所示，当垂直排版时，标题在上方，建议上对齐；标题在中间，建议上对齐或下对齐；标题在下方，建议下对齐。

其实，对齐不局限于标题本身，在一张图表中标题还可以与图例、绘图区、单位等保持对齐。如果仔细观察示例图表，你就会发现它们都遵循这个规律。具体优化详见 2.6 节中的"图表元素要对'齐'"部分。

图 1.2.7　垂直排版标题的对齐方式

5．用文本框代替默认标题

1.1 节介绍了可以用文本框代替默认标题。文本框的优势有很多，既可以与图表保持同宽，也可以调整上、下、左、右的边距，还可以在多行显示时调整行间距，使图表空间利用最大化。

那么，什么时候用默认标题呢？本着既简单、易行，又物尽其用的原则，如果标题字数不多、无须换行，则推荐使用默认标题。

什么时候用文本框来代替默认标题呢？这 4 种情况建议使用文本框：标题字数多又不想换行、标题字数多必须换行、想让标题与图表同宽、使用主标题+副标题模式。

（1）调整文本框大小

想让标题与图表同宽，可以调整文本框的大小。如图 1.2.8 所示，在插入文本框后，按住鼠标左键沿着任意箭头方向向外拉动，可以调整其大小，最大可以与图表保持同高同宽。

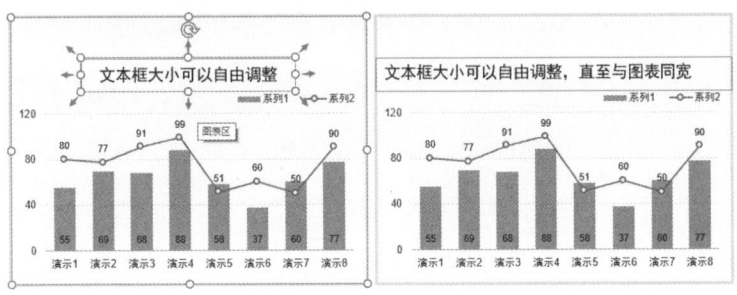

图 1.2.8　调整文本框大小

（2）调整文本框边距

当标题字数多又不想换行时，可以通过调整文本框的上、下、左、右边距来节省图表空间。如图 1.2.9 所示，双击文本框，在右侧弹出的"设置形状格式"窗格中，选择"文本选项"，然后调整其边距，边距越小，布局越紧凑，建议将边距全部调整为 0 厘米。

工作型图表设计：实用的职场图表定制与设计法则

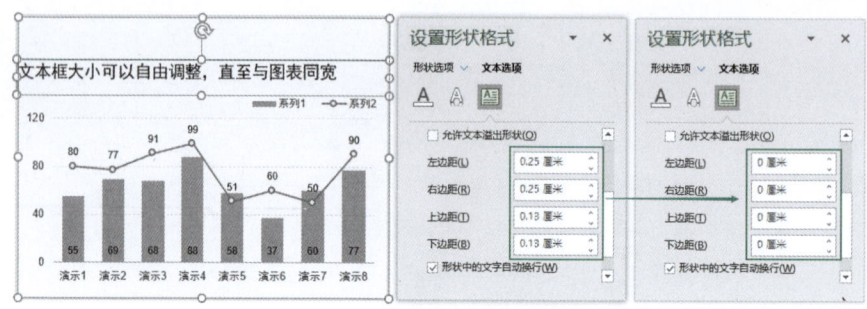

图 1.2.9　调整文本框边距

（3）调整文本框行间距

当标题字数太多必须换行或使用主副标题时，可以通过调整文本框的行间距来节省图表空间。如图 1.2.10 所示，选中文本框中的文字内容，单击鼠标右键，在弹出的快捷菜单中选择"段落"命令，然后在"段落"对话框中将"行距"设置为"多倍行距"，建议设置值为 0.8~1。

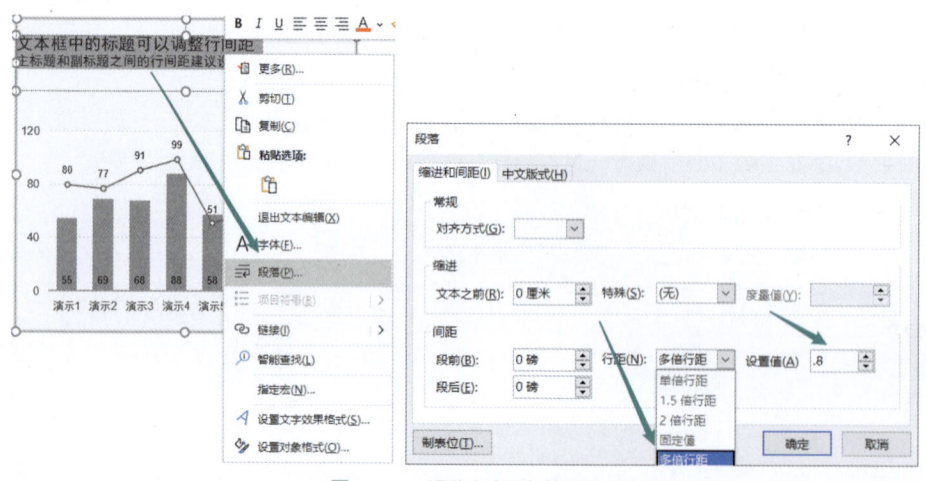

图 1.2.10　调整文本框行间距

提醒一点： 文本框十分灵活，除了用于制作标题，还可以用于制作单位、坐标轴标题、数据来源、图表注解、图例文字等，也就是说，一切需要文字的部分，都能用文本框来做。

1.3　数据向导：图例

当我们去陌生的地方旅游时，离不开导航的帮忙，使用它可以查路线和攻略。对图表来说，图例就是导航器，在折线图、柱形图和饼图中，图例用于指明每条线、每个柱形或每个圆环所代表的内容。本节会从图例位置、修改图例的显示内容、修改图例的数量、为组合图添加图例、手工绘制图例 5 个方面，来解读怎样用好图例。

1. 图例位置

图例和标题的排版有异曲同工之妙，其对齐方式也与标题别无二致。如图 1.3.1 所示，默认的图例紧排在标题下方，还可以选择靠上、靠下、靠左、靠右和右上 5 个位置。不过，除饼图、圆环图、雷达图等绘图区左右两侧空间较大的环形类图表外，对于其他类型图表，不建议将图例放在左侧、右侧和下方。针对复杂的图表，借鉴标题的排版方法，将图例放在图表的留白位置，详见 1.2 节中的"标题大小和位置"部分。甚至可以用数据标签显示系列名称来代替图例，详见 1.8 节中的"用数据标签显示系列名称代替图例"部分。

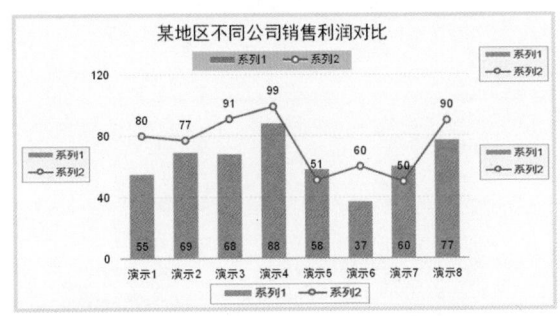

图 1.3.1　默认的图例位置及可调整位置

2. 修改图例的显示内容

如图 1.3.2 所示，默认图例显示源数据的列标题。切换行/列后，则显示如图 1.3.3 所示的行标题。在修改图例时，只需要修改对应的源数据的标题即可。

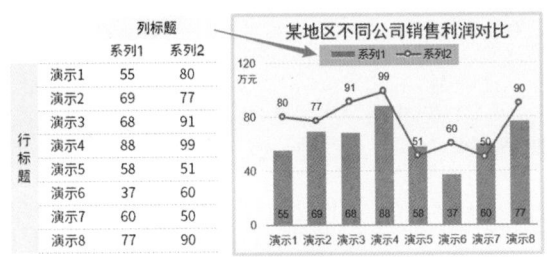

图 1.3.2　默认的图例显示为源数据的列标题

很多时候，想在不改变原始数据的前提下修改图例，该怎么办呢？这时可以再次为图例指定新的单个单元格内容，或者连续的几个横向单元格或纵向单元格内容。如图 1.3.4（1）所示，选中图表后，单击鼠标右键，在弹出的快捷菜单中选择"选择数据"命令［见图 1.3.4（2）］；在"选择数据源"对话框中［见图 1.3.4（3）］，在"图例项（系列）"中选择要修改的系列，单击"编辑"按钮；在弹出的"编辑数据系列"对话框中［见图 1.3.4（4）］，修改"系列名称"的引用区域，单击"⬆"按钮［见图 1.3.4（5）］，便可以选择新的引用区域［此处将"系列 1"的引用单元格由 B26 改为 A35，将"系列 2"的引用单元格由 C26 改为 A35:B35，如图 1.3.4（6）所示］。修改后的效果如图 1.3.4（7）所示。

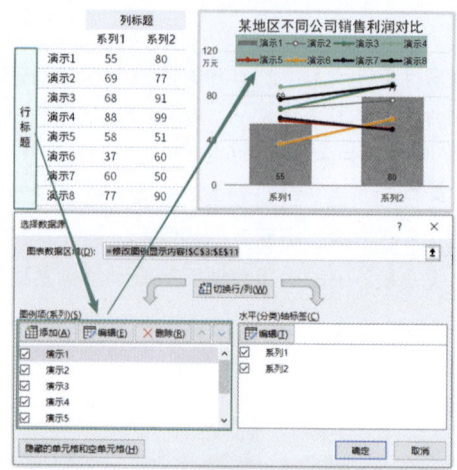

图 1.3.3　切换行/列后图例显示为源数据的行标题

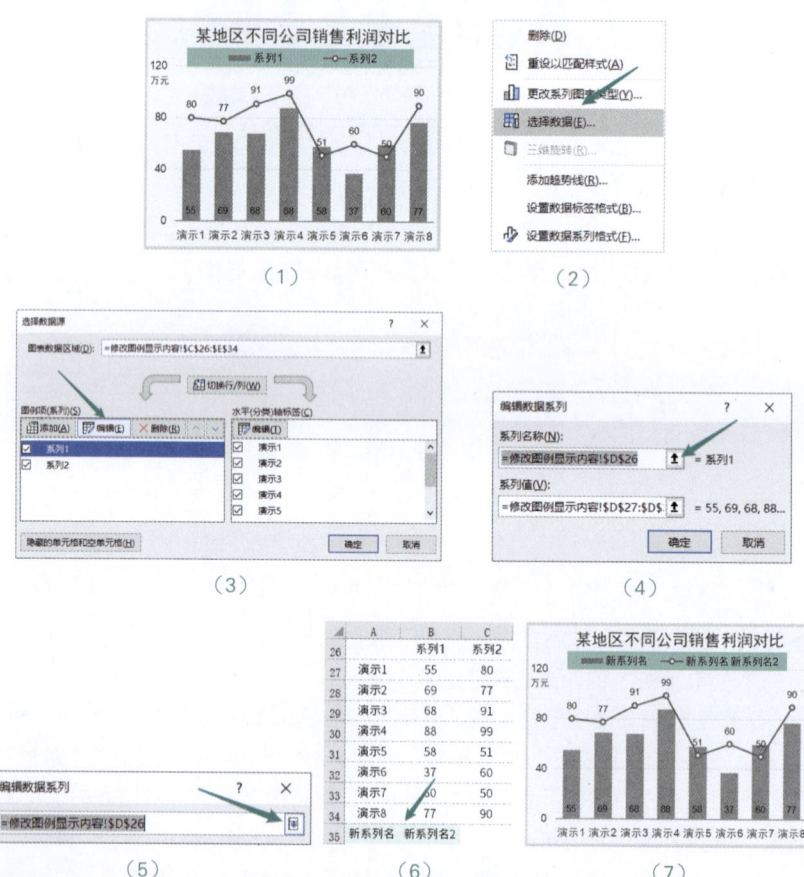

图 1.3.4　修改图例显示内容

3. 修改图例的数量

很多图表在制作时都需要用到辅助列，比如温度计式柱形图、含参照系的气泡图等，辅助系列的图例一般不需要显示，这就涉及调整图例数量的问题。

减少图例的数量很容易，选中图例后，单击待删除图例部分，按 Delete 键直接删除即可。

增加图例的数量相对复杂，图例不能直接增加，一个变通的方法就是"变图表为图例"。如图 1.3.5 所示，首先复制原图表，然后将图例填充为图表的背景色（通常为白色），将图表设置为无边框（图中为方便读者分辨，未取消边框），接着调整图例的大小为与图表同高同宽，继续缩小图表至常规图例的大小，最后将只留下图例的"新图表"放在原图表的合适位置。

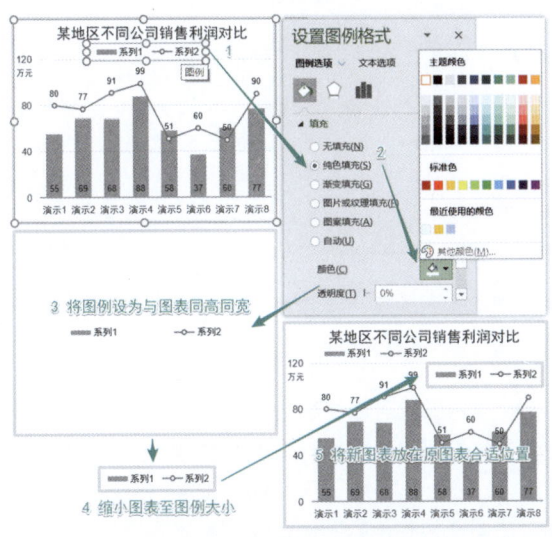

图 1.3.5　增加图例数量的操作步骤

此时的两张图表还都是独立的个体，需要利用组合功能将其组合成一张图表。如图 1.3.6 所示，在组合时同时选中原图表和新图表，在"形状格式"选项卡（选中图表后，才会显示此选项卡）中，单击"组合"按钮。

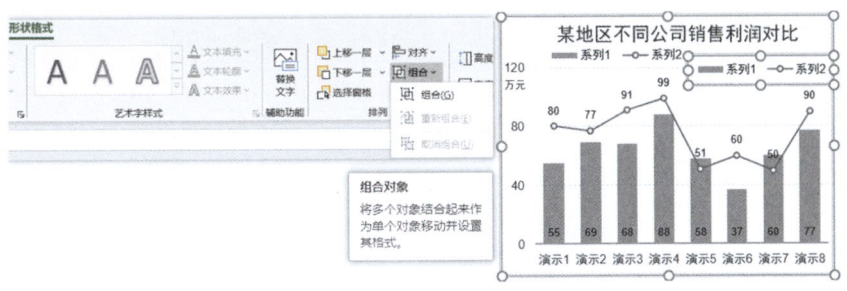

图 1.3.6　多张图表的组合

拓展思维：采用上述变通方法，就相当于得到了一个自由的图例，可以修改图例内容、图例数量及图例位置。自由图例的用途有很多，比如当多张图表共用一个图例时，图例位置可以不局限于图表内部。当采用主次双坐标轴时，可以将图例放在对应的纵坐标轴之上。如图 1.3.7 所示的柱线图，其图例在对应的纵坐标轴的上方。

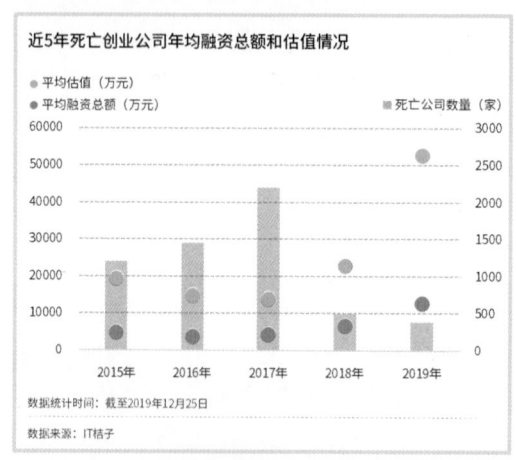

图 1.3.7　图例分置于对应的纵坐标轴的上方（模仿自《DT 财经》）

自由图例也是制作创意图表的常用元素之一，详见 3.2 节与创意图表制作相关的内容。

4．为组合图添加图例

当多张图表组合时，自由图例可以提高组合图的融合度。需要注意的是，并非所有的组合图都适合共用图例。共用图例要求所有图表的数据系列必须相同，在排版时按需将图例放在所有图表的左上方、正上方或右上方。如图 1.3.8 所示，2011—2020 年 6 家上市企业的营收规模及利润对比图便将共用的图例放在了整体图表的右上方。

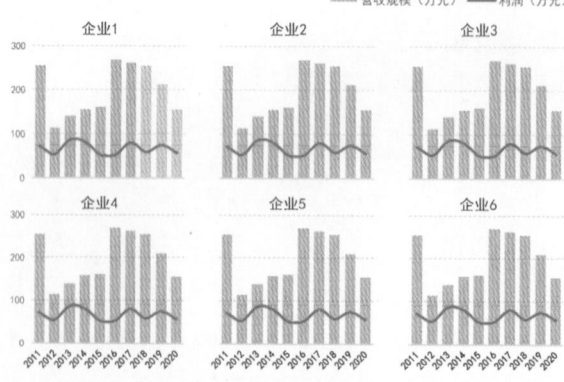

图 1.3.8　组合图共用图例（模拟数据）

第 1 章 图表元素解析

如图 1.3.9 所示，不可共用图例的组合图，其排版也有一定的规律，将可共用图例的图表集中放置在同行或同列，将不同类型图表再分行或分列摆放。若所有图表均不可共用图例，则注意要将图例放在图表内相同的位置。

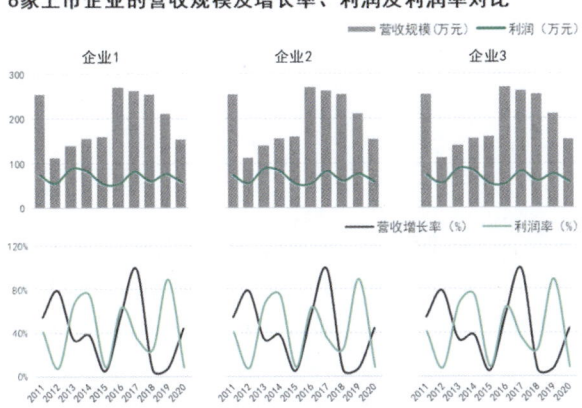

图 1.3.9　组合图不可共用图例（模拟数据）

为组合图添加图例的具体应用，详见 5.2 节"老板说：所有数据都要放在一张图表中"。

5. 手工绘制图例

若想要更个性化的图例，而默认图例又无法满足需求，就可以手工绘制图例。如图 1.3.10 所示，利用条件格式制作热力图（详见 3.1.1 节"条件格式"），与其搭配的渐变图例就需要自行绘制。如图 1.3.11 所示，想给气泡图添加由小到大的气泡作为图例，同样需要自行绘制。

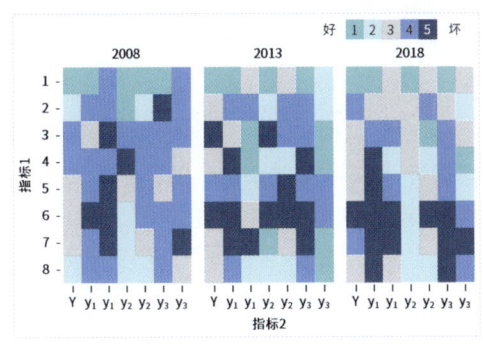

图 1.3.10　需自行绘制的渐变图例

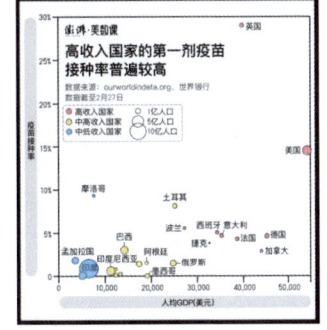

图 1.3.11　需自行绘制的气泡图例（选自《澎湃美数课》）

绘制图例本质上是插入"图形+文本框"的组合，图形与文本框在组合时需遵循对齐原则，在左右排列时选择"垂直居中"，在上下排列时选择"水平居中"。如图 1.3.12 所示，同时选中绿色的矩形和文本框，在"形状格式"选项卡中，选择"对齐"中的"垂直居中"。

19

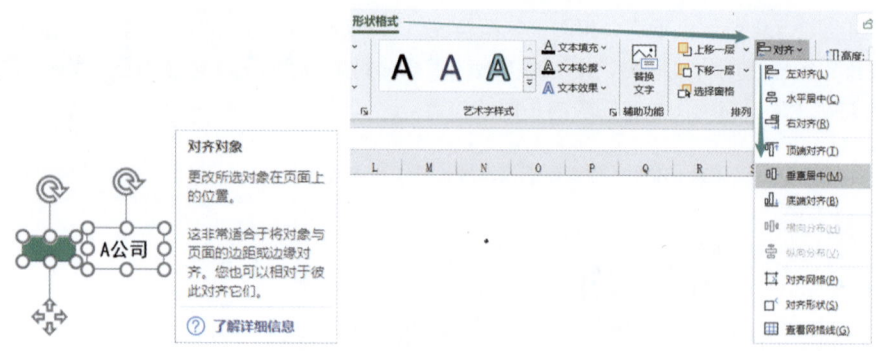

图 1.3.12　图形与文本框对齐

当含有多个图形时,还要设置为平均分布,在左右排列时选择"横向分布",在上下排列时选择"纵向分布",这样绘制出来的图例才会更美观。如图 1.3.13 所示,同时选中 3 个圆环,在"形状格式"选项卡中,选择"对齐"中的"横向分布"。

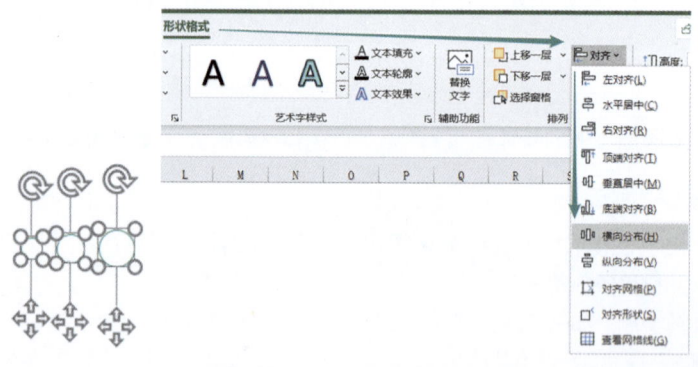

图 1.3.13　多个图形横向分布

1.4　图表定位:坐标轴

在很多老板的眼里,图表中的坐标轴犹如定海神针,不能隐藏,也不能删除。坐标轴似乎能给人一种踏实感,有了它,读者才能看懂图表;没有它,读者就分辨不出具体数值。不可否认,坐标轴是图表的定位器,其位置决定着绘图区的位置,坐标轴标签又是类别名称和取值范围的定位器,将类别名称和数据一一对应。这么说来,坐标轴就必须要显示吗?本节就从是否显示坐标轴、主要和次要的坐标轴、坐标轴交叉、逆序刻度值/逆序类别、坐标轴位置和自由坐标轴 6 个方面,来解读怎样用好坐标轴。

1. 是否显示坐标轴

想要找到答案,先要了解坐标轴的分类。坐标轴可以分为水平方向上的横坐标轴和垂直方向上的纵坐标轴。如图 1.4.1 所示,在常用图表中,柱形图、折线图、面积图的横坐标轴用于放置类别名称，纵坐标轴是数值坐标轴，用于显示数据的取值范围。如图 1.4.2 所示，条形图正好相反，纵坐标轴用于放置类别名称，横坐标轴则是数值坐标轴。如图 1.4.3 所示，散点图和气泡图的横坐标轴与纵坐标轴均为数值坐标轴。如图 1.4.4 所示，饼图和雷达图比较特殊，都不属于垂直坐标系图表，饼图中没有坐标轴的概念，雷达图中的数值坐标轴被称为雷达值轴。

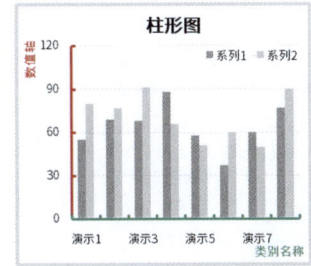 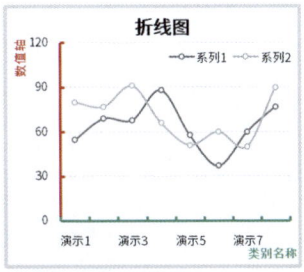 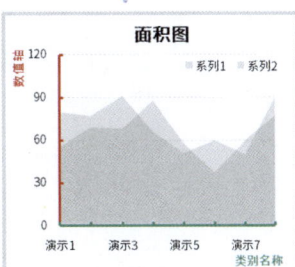

图 1.4.1　柱形图、折线图、面积图的坐标轴类型

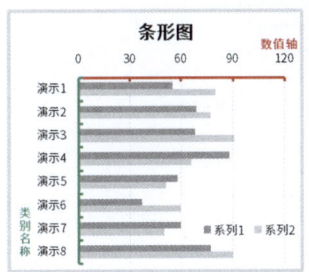 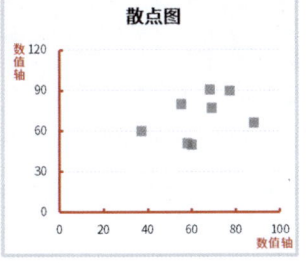 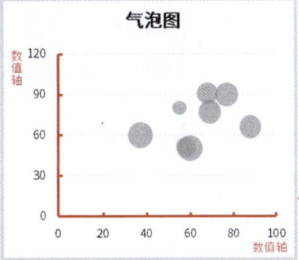

图 1.4.2　条形图的坐标轴类型　　　　图 1.4.3　散点图和气泡图的坐标轴类型

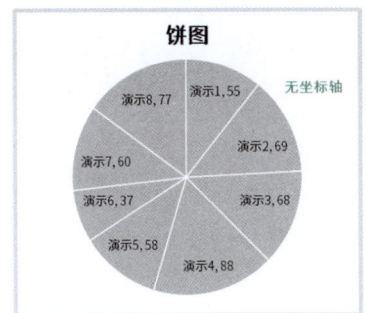 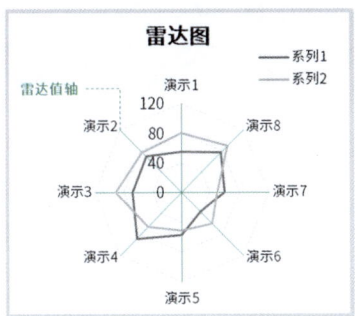

图 1.4.4　饼图和雷达图的坐标轴类型

工作型图表追求高效，冗余元素越少，表达越清晰，不过，是否显示坐标轴不能一概而论，也要视具体情况而定。

①如图 1.4.5 所示，一般建议将数值坐标轴的线条隐藏（注意，隐藏只是将线条设置为"无线条"，不能直接删除坐标轴，下同），仅保留坐标轴标签即可。比如柱形图、折线图和面积图的纵坐标轴，条形图的横坐标轴。

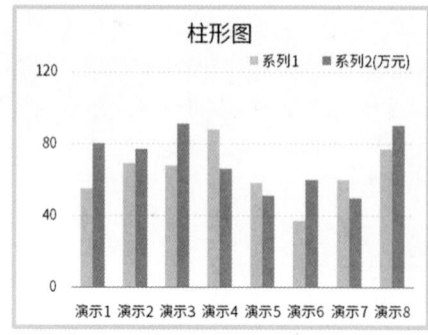
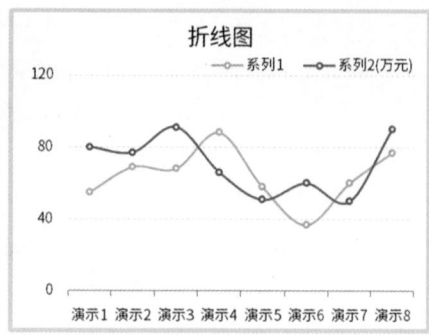
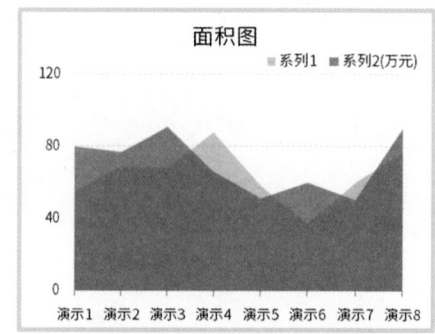
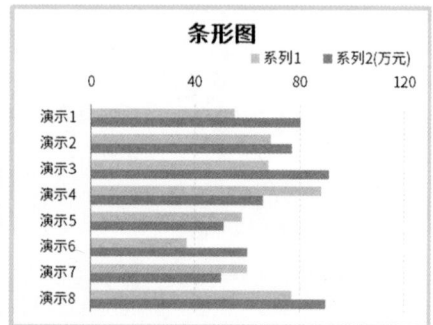

图 1.4.5 柱形图、折线图、面积图和条形图可隐藏数值坐标轴的线条

②如图 1.4.6 所示，散点图和气泡图的横坐标轴与纵坐标轴均为数值坐标轴，作为数据范围的重要依据，建议都显示。

③如图 1.4.6 所示，雷达图的数值坐标轴和类别坐标轴位置重复，为了将类别名称和雷达图一一对应，建议显示。

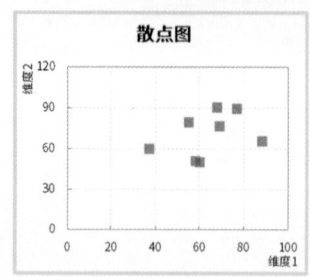
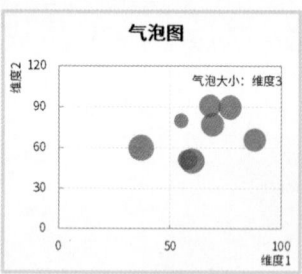
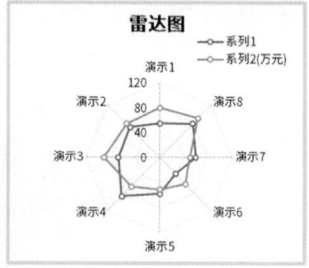

图 1.4.6 散点图、气泡图和雷达图显示坐标轴

④如图 1.4.7 和图 1.4.8 所示，拟物柱形图和条形图（比如滑珠图、温度计式柱形图）的横坐标轴和纵坐标轴的线条，建议都隐藏。

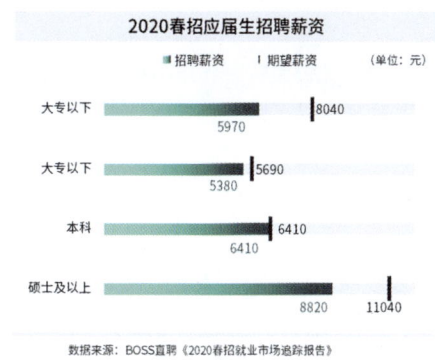

图 1.4.7　滑珠图（模仿自《谷雨数据》）

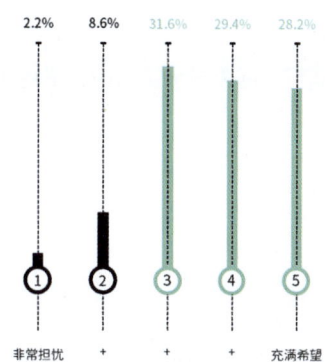

图 1.4.8　温度计图（模仿自《第一财经》）

⑤如图 1.4.9 所示，当图表显示数据标签时，建议将坐标轴的线条和标签均隐藏。

⑥如图 1.4.10 所示，将次要坐标轴作为辅助坐标轴制作的图表，建议将辅助坐标轴的线条和标签均隐藏。

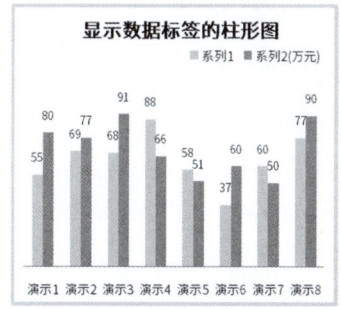

图 1.4.9　含数据标签时可隐藏坐标轴

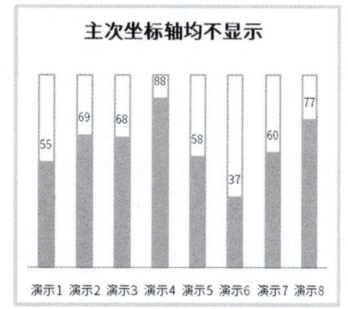

图 1.4.10　作为辅助的次要坐标轴应隐藏

在 1.1.2 节的不重复原则中介绍过，数值坐标轴和网格线的作用类似，两者只需保留其一。相信读者已经注意到上述几个例子中的规律：

- 当数值坐标轴的线条隐藏时，用坐标轴标签搭配网格线。
- 当数值坐标轴的线条和标签均隐藏时，也要同时删除网格线。

当老板强烈要求添加数值坐标轴时，建议参照图 1.4.6 所示的散点图和气泡图的效果，将坐标轴设置成深灰色（如非必要，建议不用黑色。关于颜色设置，详见 2.2 节与图表颜色相关的内容），将网格线设置成浅灰色虚线。

提醒一点： 图表中的多余元素，如果要求不能删除，则建议将其颜色变浅、填充色变浅、线型变细变虚，或者提高其透明度，降低其存在感，找准老板需求和图表优化的平衡点。

2. 主要和次要的坐标轴

一张图表中有两套坐标轴，即主要和次要的坐标轴，用到次要坐标轴的情况主要有以下几种。

数据系列间差异大：当两个或更多的系列数据差异较大时，共用坐标轴会忽视数据较小的系列内的差异，需要两类数据各自采用独立的坐标轴，以便正常展示趋势。当 3 个及以上系列相互间差异均很大时，优化思路详见 5.4 节中的"数据差异太大"部分。

组合图：组合图的类型有很多，常用的组合有柱形图/条形图与其他图表的组合、饼图与其他图表的组合、雷达图与其他图表的组合。

重叠图表：如图 1.4.11 所示，将柱形图或条形图的两个系列重叠。

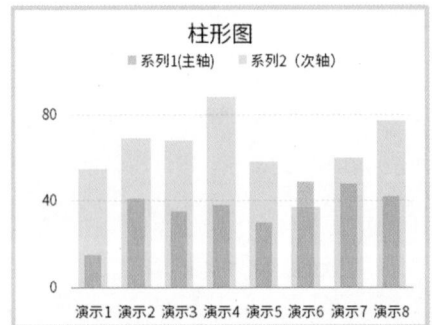 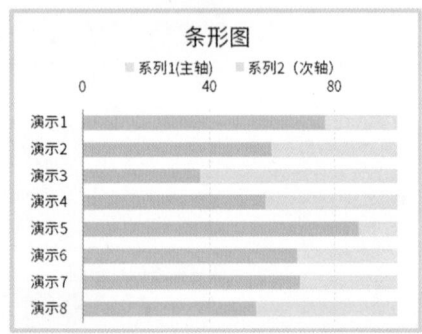

图 1.4.11　重叠的柱形图和条形图

如图 1.4.12 所示，通常主要横坐标轴在下方，主要纵坐标轴在左侧，次要横坐标轴在上方，次要纵坐标轴在右侧。如果想要修改坐标轴的位置，比如将主要纵坐标轴移动到次要纵坐标轴的位置，则要用到"坐标轴交叉"这个功能。

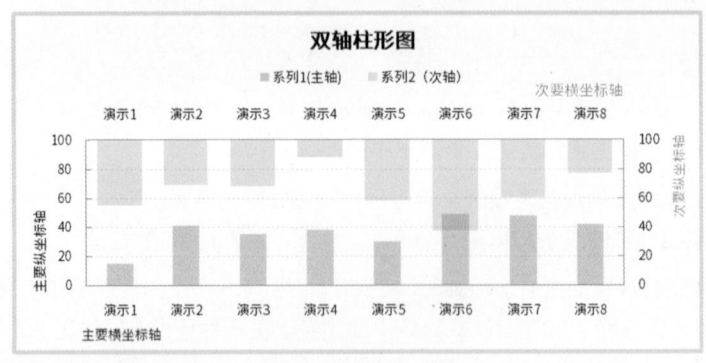

图 1.4.12　双轴柱形图

3. 坐标轴交叉

坐标轴交叉分为**横坐标轴交叉**和**纵坐标轴交叉**，一直以来，这个功能让许多读者困惑，简直是剪不断，理还乱。

下面以柱形图为例介绍坐标轴交叉的原理。

横坐标轴交叉即上下移动横坐标轴，确定其与纵坐标轴交叉的位置。如图 1.4.13 所示，默认的交叉位置为"自动"，也就是"0"，可移动范围就是纵坐标轴的取值范围 0~100。交叉位置分为"自动"、"坐标轴值"和"最大坐标轴值"，其中"自动"和"最大坐标轴值"较为常用。

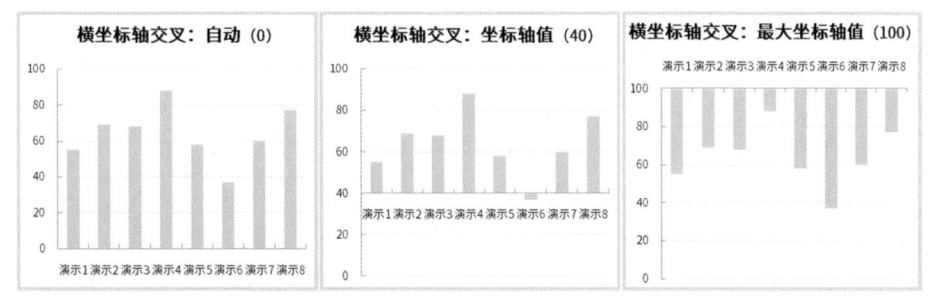

图 1.4.13 柱形图横坐标轴交叉位置

在设置坐标轴交叉时要特别注意，只有在选中纵坐标轴的状态下，才能显示并设置"横坐标轴交叉"；在选中横坐标轴的状态下，显示并设置的是"纵坐标轴交叉"。如图 1.4.14 所示，在设置时双击纵坐标轴，在右侧弹出的"设置坐标轴格式"窗格中，在"坐标轴选项"选项下的"横坐标轴交叉"中选择"最大坐标轴值"，或者根据需要设置"坐标轴值"。

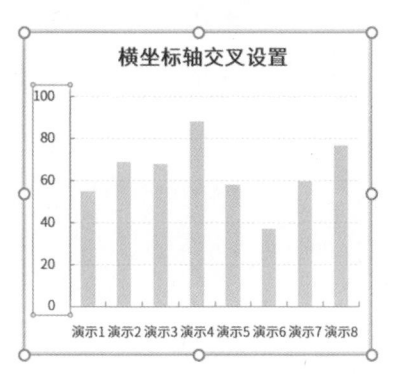

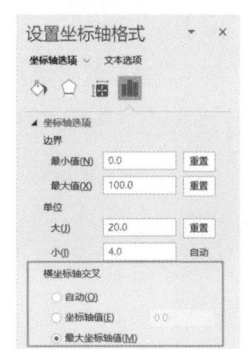

图 1.4.14 设置柱形图横坐标轴交叉位置

纵坐标轴交叉即左右移动纵坐标轴，确定其与横坐标轴交叉的位置。如图 1.4.15 所示，默认的交叉位置为"自动"，也就是"1"，可移动范围就是横坐标轴的类别数量 1~9。交叉位置分为"自动"、"分类编号"和"最大分类"，其中"自动"和"最大分类"较为常用，比如《经济学人》中的经典图表就习惯于将纵坐标轴放在最右侧。

如图 1.4.16 所示，在设置时双击横坐标轴，在右侧弹出的"设置坐标轴格式"窗格中，在"坐标轴选项"选项下的"纵坐标轴交叉"中选择"最大分类"，或者根据需要设置"分类编号"。

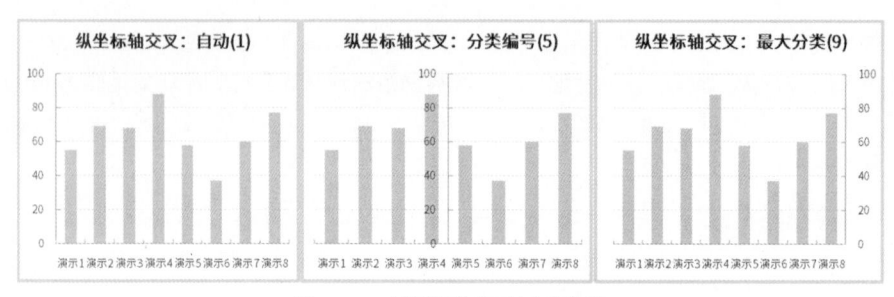

图 1.4.15 柱形图纵坐标轴交叉位置

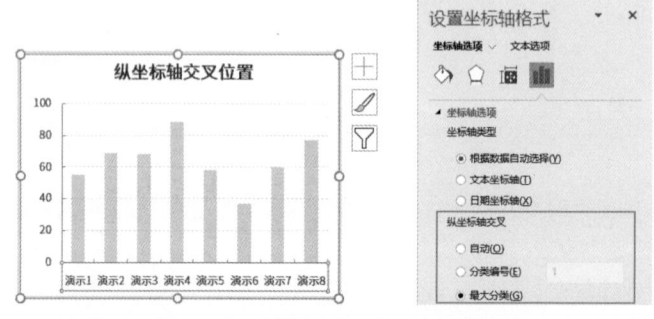

图 1.4.16 设置柱形图纵坐标轴交叉位置

4. 逆序刻度值/逆序类别

如图 1.4.17 所示，逆序就是把横坐标轴左右颠倒，纵坐标轴上下颠倒，对于不同类型的坐标轴，逆序名称也有一定的差别，数值坐标轴是逆序刻度值，类别坐标轴是逆序类别。

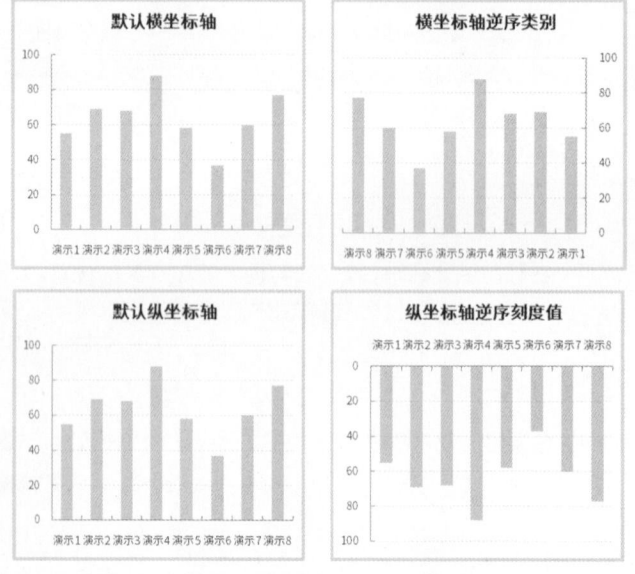

图 1.4.17 横坐标轴逆序类别、纵坐标轴逆序刻度值

不同于坐标轴交叉的"先选择对方，再设置自身交叉"，坐标轴的逆序刻度值是"选中谁，便设置谁"。如图 1.4.18 所示，在设置纵坐标轴的逆序刻度值时，双击纵坐标轴，在右侧弹出的"设置坐标轴格式"窗格中，在"坐标轴选项"选项下，勾选"逆序刻度值"复选框。同理，可以设置横坐标轴的逆序类别。

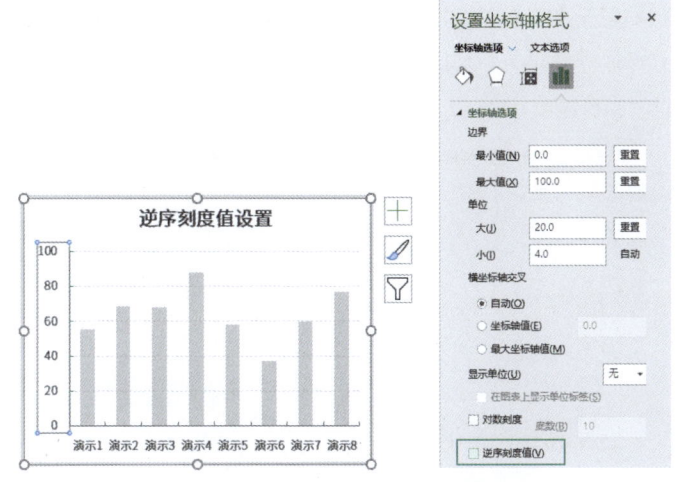

图 1.4.18 纵坐标轴的逆序刻度值设置

如图 1.4.19 所示，逆序刻度值和坐标轴交叉搭配使用，可以做出《第一财经》风格的图表，图中的纵坐标轴均为次要坐标轴，采用次要坐标轴的数据系列可显示在采用主要坐标轴的数据系列上方，具体原理详见 1.9 节中的"数据系列的展开顺序"部分。

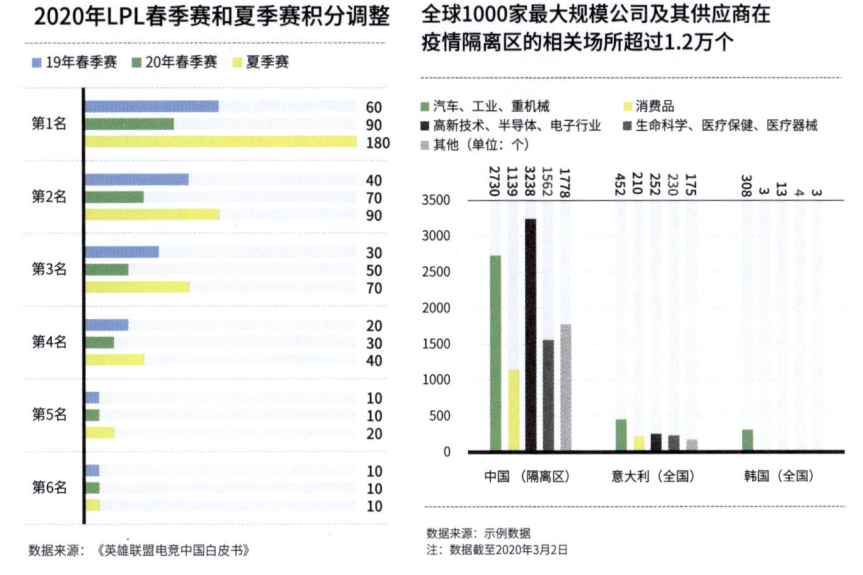

图 1.4.19 综合运用逆序刻度值和坐标轴交叉的图表（模仿自《第一财经》）

5. 坐标轴位置

坐标轴位置主要是针对类别坐标轴或时间坐标轴而言，数值坐标轴不支持调整位置。坐标轴位置可以分为在刻度线上和在刻度线之间，默认的坐标轴位置是在刻度线之间。

如图1.4.20所示，在刻度线之间是指数据标记和坐标轴标签均在两个刻度线之间，在刻度线上是指数据标记和坐标轴标签均在刻度线上。折线图和面积图适合将坐标轴位置调整在刻度线上，对应性强且节省空间，其余类型的图表，建议将坐标轴位置调整为在刻度线之间。

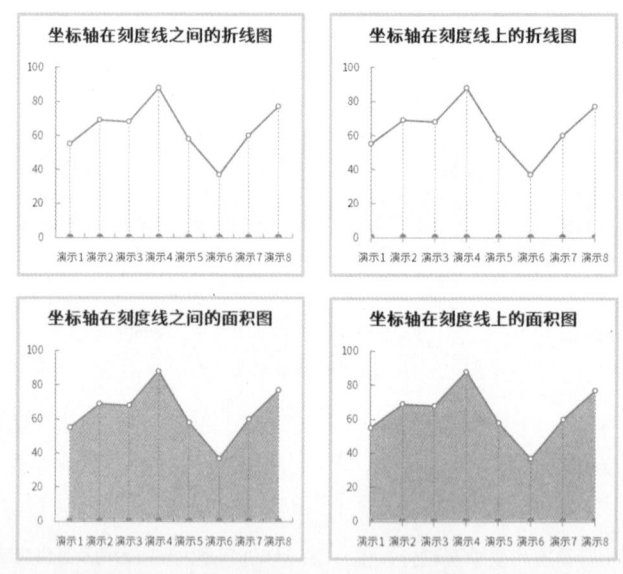

图 1.4.20　横坐标轴在刻度线之间和在刻度线上的对比

如图1.4.21所示，在设置坐标轴位置时，双击横坐标轴，在右侧弹出的"设置坐标轴格式"窗格中，在"坐标轴选项"选项下的"坐标轴位置"中选择"刻度线之间"。

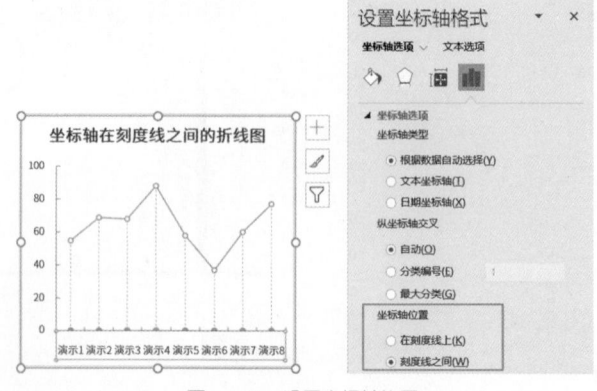

图 1.4.21　设置坐标轴位置

6. 自由坐标轴

在 1.3 节的"修改图例的数量"中介绍过得到一个自由图例的方法，这里继续拓展思维，制作自由的坐标轴。其实技巧也不复杂，总体而言，就是能直接删除的元素就删除，不能删除的元素就隐藏。

这里以制作一个自由的横坐标轴为例，介绍其实现方法。

①**去掉图表内所有多余的元素**。插入最简单的折线图（或柱形图），直接删除标题、图例、网格线、数据标签；将纵坐标轴的线条设置为"无线条"，将纵坐标轴的标签设置为"无"，将折线设置为"无线条"；将图表边框设置为"无"，将图表填充设置为"无填充"。这样设置之后，可以得到如图 1.4.22 所示的空折线图。

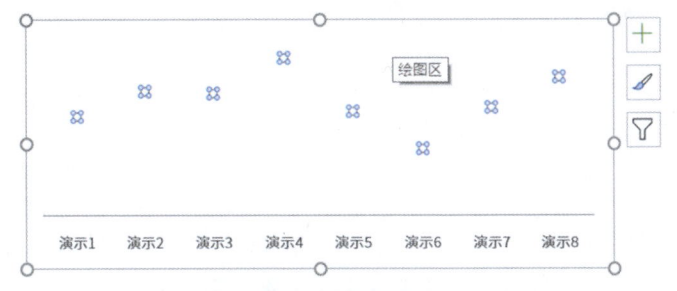

图 1.4.22　删除或隐藏折线图所有多余的元素

②**突出横坐标轴**。根据需要，将横坐标轴的线条设置为灰色，比如白色（深色 50%），宽度为 0.5~1 磅，将刻度线的主刻度线类型设置为内部、外部均可。这样设置之后，可以得到如图 1.4.23 所示的强化横坐标轴的空折线图。

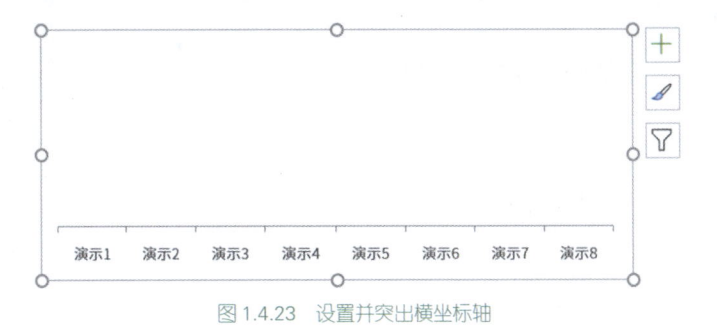

图 1.4.23　设置并突出横坐标轴

③**调整图表大小**。如图 1.4.24 所示，将图表缩小至足以放置正常的横坐标轴即可，并使绘图区充满整张图表，这样可以得到自由的横坐标轴。

同理，可以制作自由的纵坐标轴，其可以被广泛应用于各类组合图及气泡图中。如图 1.4.25 所示，图表中集中展示了 A 公司下属的 6 个机构在前两个月的产品销售情况。为了使机构之间的图形相互不遮挡并有效展示数据差异，为每个机构都单独制作了面积图，最后进行组合，详细的制作思路见 5.2 节中的"分行面积图"部分。图中所有面积图的大小一致对比才有意义，因此需要为其搭配单独的横坐标轴和纵坐标轴。

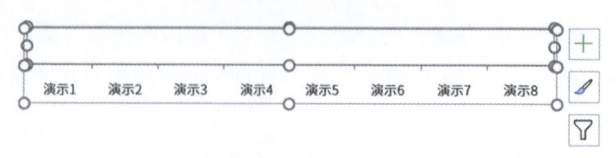

图 1.4.24　调整图表大小

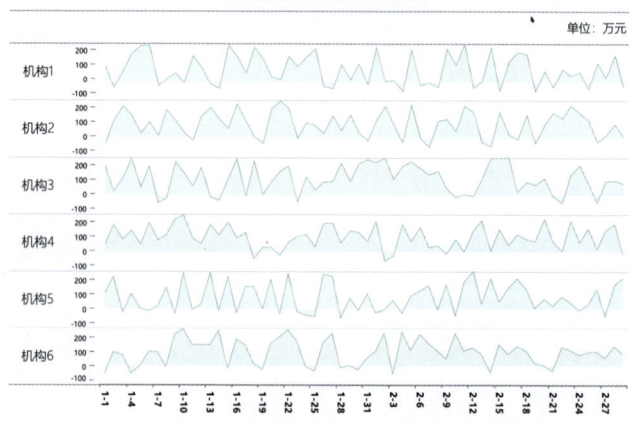

图 1.4.25　包含自由的横坐标轴和纵坐标轴的组合图

如图 1.4.26 所示，这张多轴气泡图中包含了 7 个横坐标轴，在上面的"主要和次要的坐标轴"部分介绍了一张图表中有两个横坐标轴，想要实现多轴的效果，就必须利用自由坐标轴。

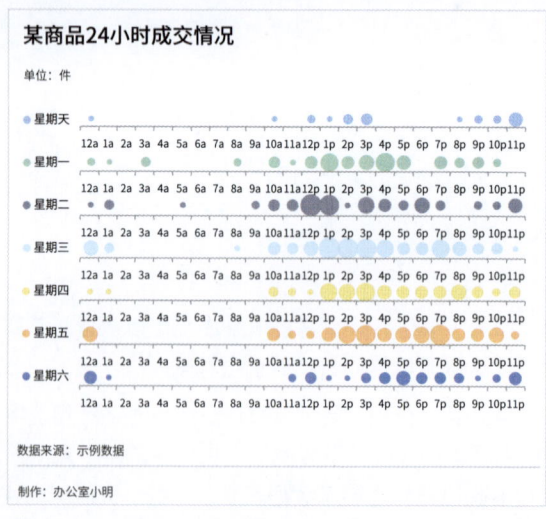

图 1.4.26　包含自由横坐标轴的多轴气泡图（模仿自《镝数》）

提醒一点： 想把自由坐标轴和图表天衣无缝地组合在一起，需要一定的耐心和相应的技巧。如图 1.4.27 所示，当在多列组合图中放置自由横坐标轴时，要与单张图表同宽；当在多行组合图中放置自由纵坐标轴时，要与单张图表同高。另外，图中的折线图需要被嵌入单元格之中以保证大小相同，具体的制作步骤详见 3.7 节中的"图表嵌入方法分类"部分。

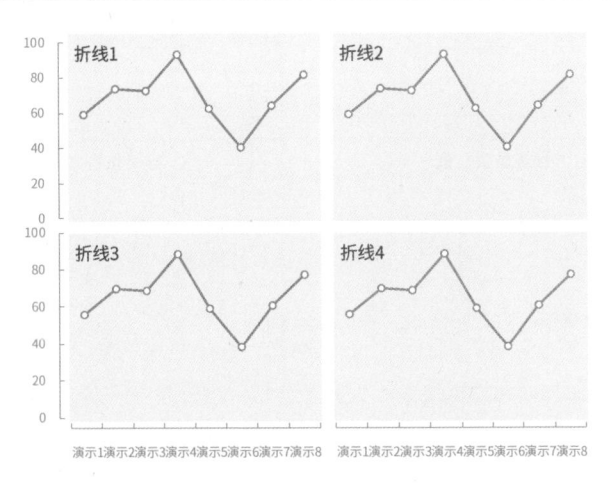

图 1.4.27　在多行、多列组合图中放置自由坐标轴的标准

1.4.1　坐标轴标签

单纯的坐标轴只是一条直线，并无实际意义，只有在添加上坐标轴标签后才有价值。在优化图表时，对于坐标轴标签，最大的难题就是内容过长，导致显示不全或者过于占用空间。本节就通过介绍标签位置、标签对齐方式、为标签指定间隔单位和过长标签的处理技巧，来实现优雅地显示长坐标轴标签。

1. 标签位置

顾名思义，标签位置就是指标签可放置的位置，如图 1.4.28 所示，可选位置有"轴旁"、"高"、"低"和"无"4 种。

- 轴旁：最为常用，也是默认的标签位置。
- 高：主要适用于某些追求个性化的图表，不建议使用。
- 低：主要适用于图表数据同时包含正负数的情况。默认横坐标轴交叉在 0 的位置，坐标轴标签会遮挡图表内容，虽然调整坐标轴交叉位置可以规避此问题，但是更推荐将坐标轴标签位置设置为"低"，如图 1.4.28 所示，即将坐标轴标签放在绘图区的最下方。
- 无：主要适用于默认坐标轴标签不符合要求，需要自定义，或者出于美观的考虑，需要将坐标轴仅作为辅助坐标轴使用的情况。

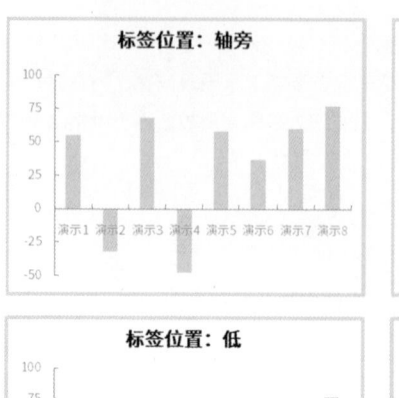

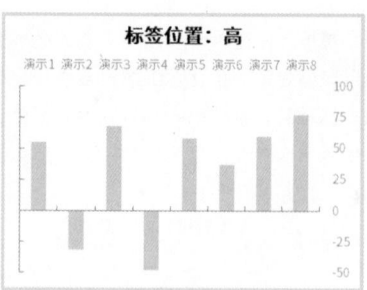

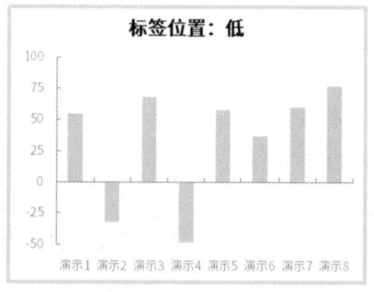

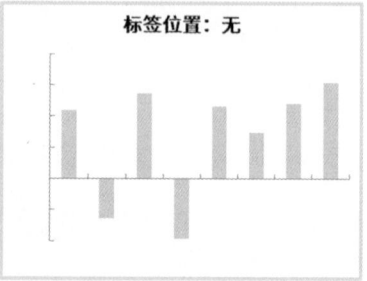

图 1.4.28 坐标轴标签可选位置

2. 标签对齐方式

在插入图表时，Excel 会根据类别名称的长度自动匹配标签的对齐方式，由短到长对应的对齐方式分别为"横排"、"-45°"和"竖排"。如图 1.4.29 所示，除了这 3 种方式，Excel 还提供了"所有文字旋转 90°"、"所有文字旋转 270°"、"堆积"和"自定义角度"4 种方式。值得注意的是，在设置自定义角度之前，必须先将对齐方式改为"横排"。

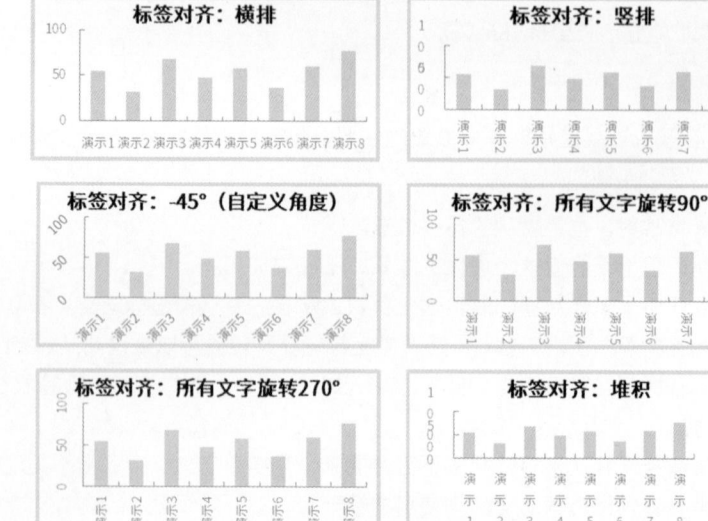

图 1.4.29 坐标轴标签的对齐方式

所有种类的坐标轴标签均支持调整对齐方式。当坐标轴标签的内容较多时，建议数据标签保持默认的对齐方式，并调整数值的单位。如图 1.4.30 所示，双击纵坐标轴，在右侧弹出的"设置坐标轴格式"窗格中，在"坐标轴选项"选项下，选择"显示单位"中的"千"。

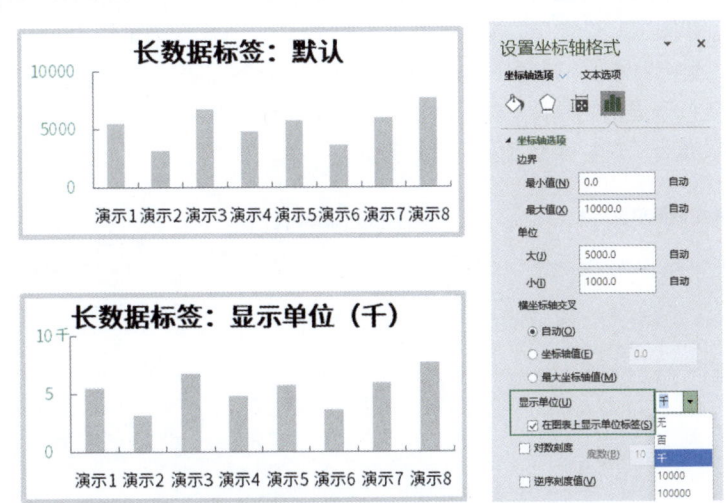

图 1.4.30　建议长数据标签显示单位

当坐标轴标签的内容较多时，建议将类别标签和时间标签调整为竖排。如图 1.4.31 所示，在设置时双击横坐标轴，在右侧弹出的"设置坐标轴格式"窗格中，在"大小与属性"选项下，选择"文字方向"中的"竖排"。

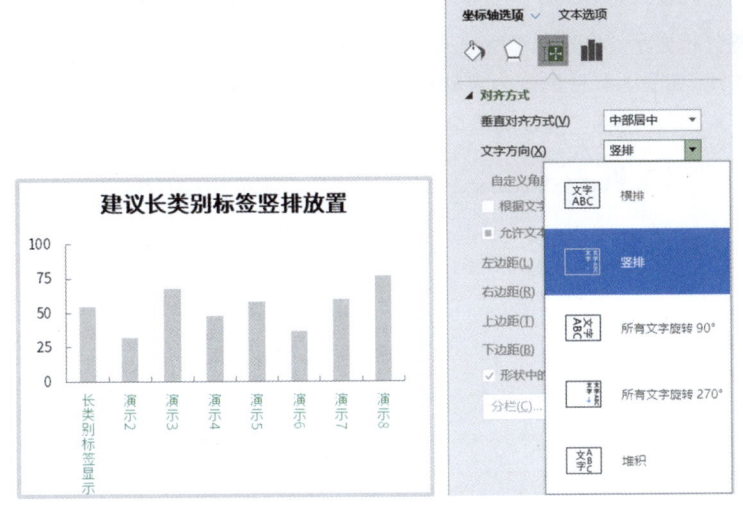

图 1.4.31　建议将长类别标签设置为竖排显示

3. 为标签指定间隔单位

当图表空间有限，而标签数量又较多时，若标签类型为时间标签或者类别标签，且有规律（如分支机构 1、2、3 等），则可采用指定间隔单位的方式来实现标签间隔显示，减轻显示负担。如图 1.4.32 所示，在设置时双击横坐标轴，在右侧弹出的"设置坐标轴格式"窗格中，在"坐标轴选项"选项下，在"标签"下的"标签间隔"中选择"指定间隔单位"，根据需要确定间隔显示的单位。对于默认采用一定间隔但必须全部显示的标签，也可通过将间隔单位设置为"1"，强制显示所有标签。

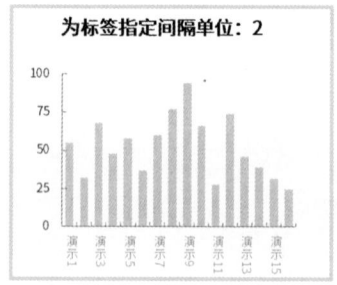

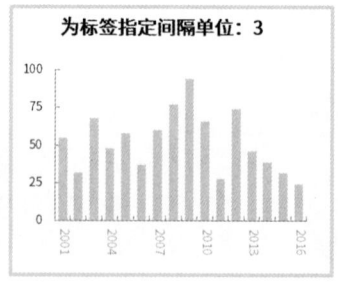

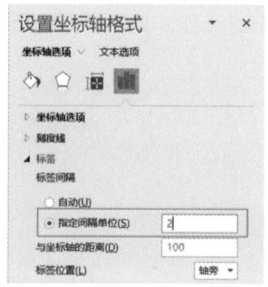

图 1.4.32　当坐标轴标签过多时，建议指定间隔单位

提醒一点：调整数值坐标轴的间隔单位，避免标签显得过密，一般图表中显示 3~6 个数值坐标轴标签为宜。

4. 过长标签的处理技巧

为了让坐标轴标签优雅地显示，除使用上述标签旋转、设置间隔单位这两种常规方法外，还有以下几种实用方式。

①标签分行显示。将长标签拆分成两行或多行显示，在拆分时有自动分行和手工强制分行两种方法。如图 1.4.33 所示为自动分行效果，首先将横坐标轴的对齐方式改为"竖排"，然后改回"横排"，再将"指定间隔单位"设置为"1"，最后适当调小绘图区即可。

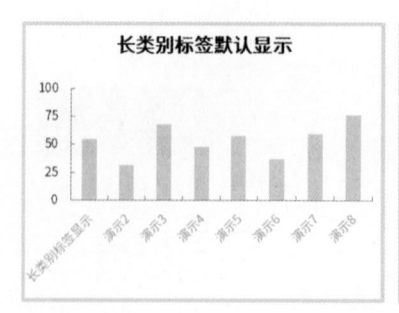

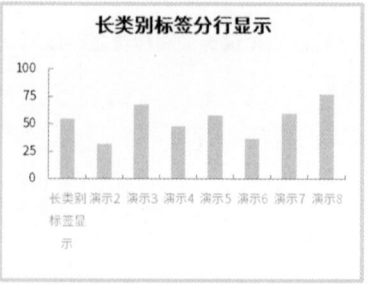

图 1.4.33　横坐标轴标签自动分行显示效果

自动分行标签的断句点无法修改，若想要修改，则必须采用手工强制分行的方法。如图 1.4.34 所示，单击源数据中的 A2 单元格，将鼠标光标放在"长类别"后，然后按

"Alt+Enter"组合键,实现分行显示效果。根据需要,可以将图表中的坐标轴标签设置成横排或竖排显示。

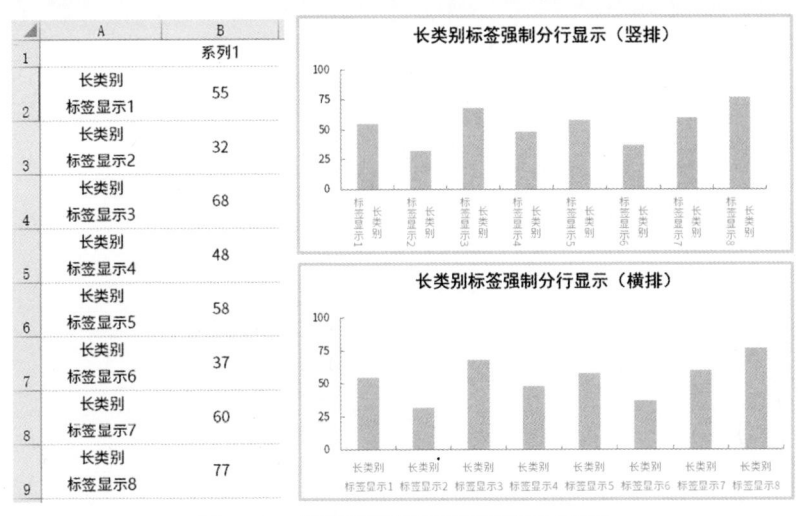

图 1.4.34　横坐标轴标签手工强制分行显示效果

②变柱形图为条形图。如图 1.4.35 所示,条形图作为横向排版的图表,在展示较长的坐标轴标签时,较其他类型图表拥有天然的优势。然而,此方案并非完美,过长的标签会挤占部分绘图区的空间。更佳方案是将坐标轴标签放在条形的上方,如图 1.4.36 所示。

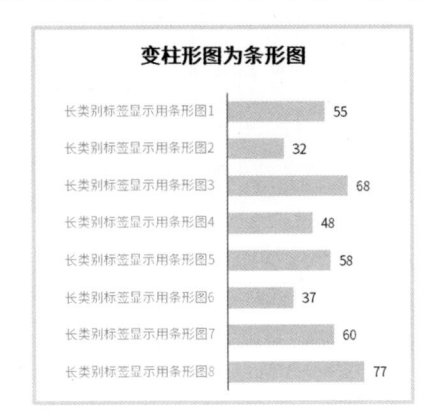

图 1.4.35　当坐标轴标签过长时用条形图 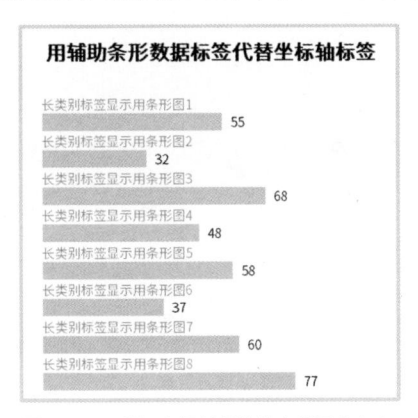　　图 1.4.36　将长坐标轴标签放在条形的上方

在图 1.4.36 中,条形上方的坐标轴标签并非真正的坐标轴标签,而是辅助条形的数据标签。下面详细介绍其制作过程。

如图 1.4.37 所示,打开示例文件,其中 A 列和 B 列为原始数据,C 列为辅助条形数据,其可被指定为 1~100 的任意值。选择 A1:C9 单元格区域,单击"插入"选项卡,再单击" "按钮,选择其中的"簇状条形图"。

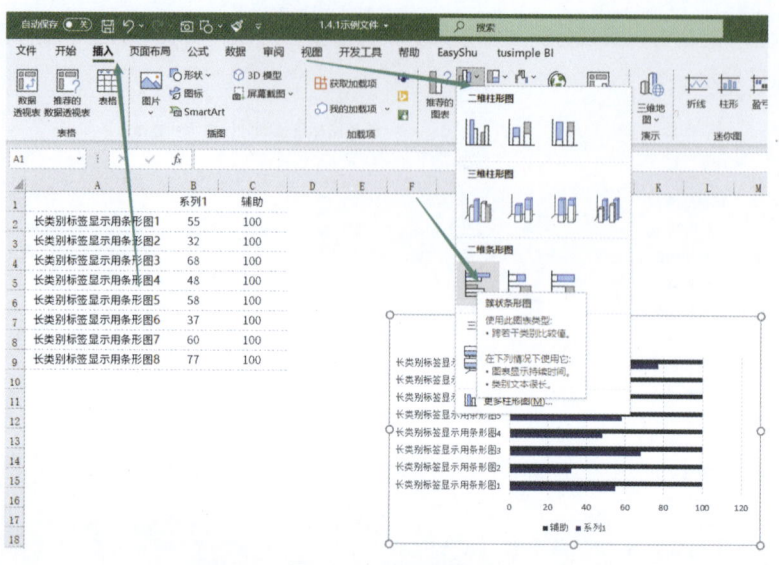

图 1.4.37 插入条形图

双击纵坐标轴，在右侧弹出的"设置坐标轴格式"窗格中，在"坐标轴选项"选项下，勾选"逆序类别"复选框，将横坐标的取值范围修改为"0~100"。

依次将横坐标轴、纵坐标轴的线条设置为"无线条"，将标签设置为"无"。删除图例和网格线。

选中图表区域，单击鼠标右键，在弹出的快捷菜单中选择"选择数据"命令，然后在"选择数据源"对话框中，单击"下移"按钮，将"系列 1"和"辅助"置换顺序，如图1.4.38 所示。

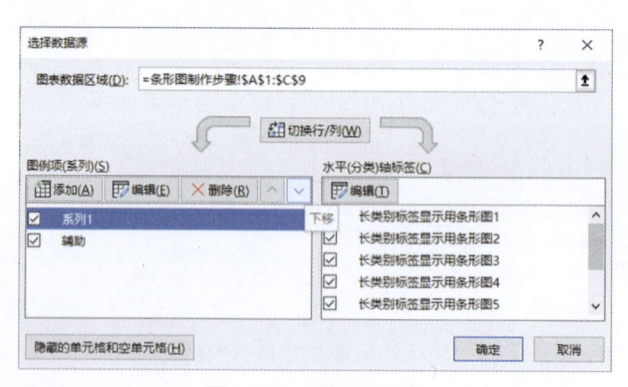

图 1.4.38 调整系列顺序

接下来继续优化图表。如图 1.4.39 所示，单击条形，在"系列选项"选项下，将"间隙宽度"设置为 10%。单击辅助条形，如图 1.4.40 所示，在"填充与线条"选项下，选择"填充"下的"无填充"。

第 1 章　图表元素解析

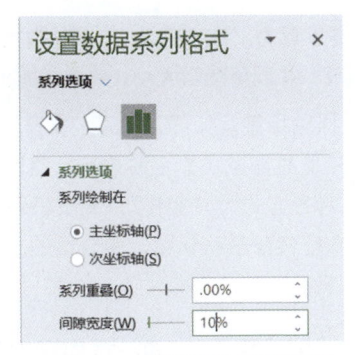

图 1.4.39　设置条形的间隙宽度　　图 1.4.40　将辅助条形设置为"无填充"

　　添加数据标签。如图 1.4.41（1）所示，用鼠标右键单击条形，在弹出的快捷菜单中选择"添加数据标签"命令；单击辅助条形的数据标签，如图 1.4.41（2）所示，在"标签选项"选项下，在"标签位置"中选择"轴内侧"，在"标签包括"中取消勾选"值"复选框，并勾选"单元格中的值"复选框；如图 1.4.41（3）所示，在弹出的"数据标签区域"对话框中，选择新的数据标签区域，单击" "按钮后，选择如图 1.4.41（4）所示的 A2:A9 单元格区域，生成如图 1.4.41（5）所示的效果。

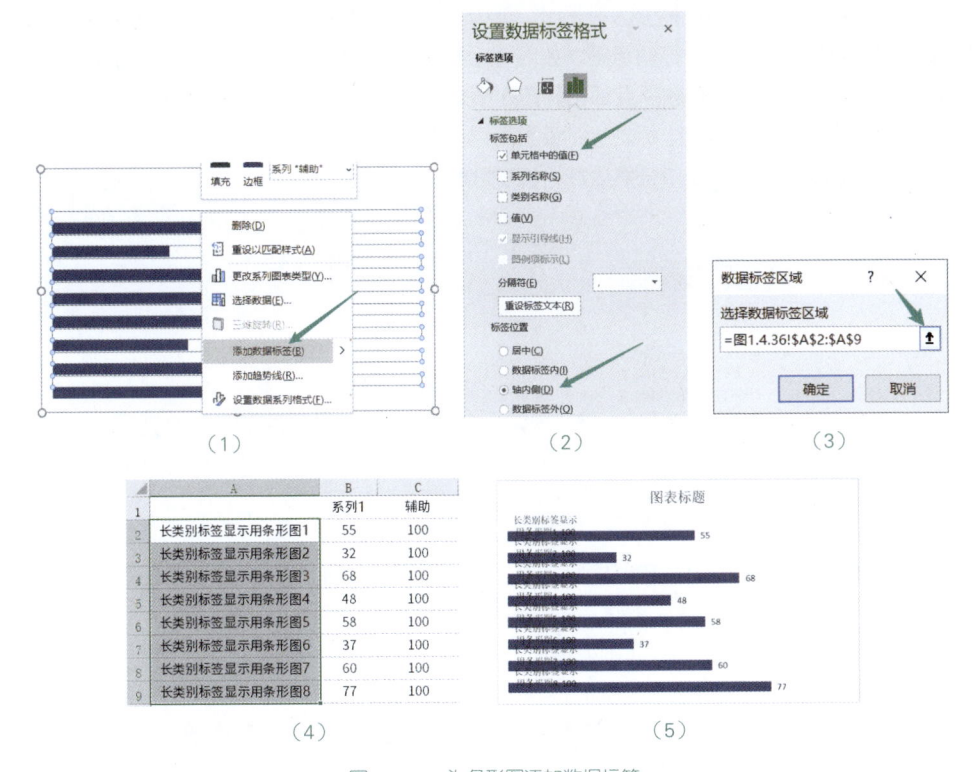

图 1.4.41　为条形图添加数据标签

37

设置数据标签格式。将辅助条形的数据标签设置为"左对齐",并调整数据标签至合适大小。最后将"系列1"的条形设置为浅灰色填充,并调整图表大小,效果如图1.4.36所示。

③**用数据标签或自由文本框代替过长的坐标轴标签**。如图1.4.42所示,图表中第1个柱形的坐标轴标签较长,可以直接将源数据中此柱形的类别名称删除,然后为其添加数据标签,并将标签内容手工修改为类别名称,对齐方式为"竖排",向下移动位置与其他坐标轴标签对齐。还可以参照1.2节的"用文本框代替默认标题"中介绍的方法,在图表中添加竖排文本框,修改内容,移动位置。

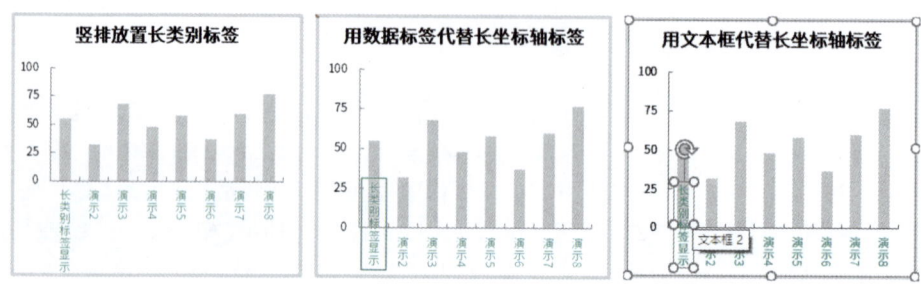

图1.4.42　用数据标签或文本框代替长坐标轴标签

当图表中所有坐标轴标签整体很长时,就需要参照上文中为条形图添加辅助列的方法,用辅助列的数据标签代替坐标轴标签。如图1.4.43所示,添加了一个数据为0的辅助列,制作辅助折线图,这样所有数据点都正好落在横坐标轴之上,方便添加数据标签。设置步骤是:打开示例文件,先将横坐标轴标签设置为"无",选择C1:C9单元格区域,按"Ctrl+C"组合键复制数据,单击图表中任意区域,按"Ctrl+V"组合键将数据粘贴至图表中。

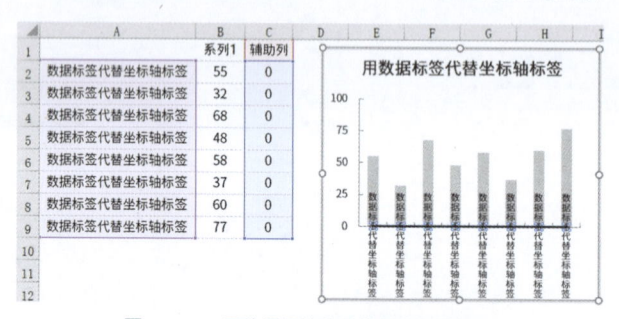

图1.4.43　用数据标签整体代替坐标轴标签

如图1.4.44(1)所示,选择柱形,单击鼠标右键,在弹出的快捷菜单中选择"更改系列图表类型"命令;如图1.4.44(2)所示,在"更改图表类型"对话框中,将辅助列的图表类型更改为折线图;如图1.4.44(3)所示,选中折线,单击鼠标右键,在弹出的快捷菜单中选择"添加数据标签"命令;单击数据标签,如图1.4.44(4)所示,在"设置数据标签格式"窗格中,在"标签选项"选项下,在"标签位置"中选择"靠下",在"标签包括"中勾选"类别名称"复选框,并取消勾选"值"和"显示引导线"复选框;

如图 1.4.44（5）所示，在"大小与属性"选项下，将"对齐方式"下的"文字方向"修改为"竖排"；再次单击数据标签，如图 1.4.44（6）所示，在"开始"选项卡中选择"底端对齐"；最后调整数据标签的大小，直至全部显示，并向下移动，效果如图 1.4.43 所示。

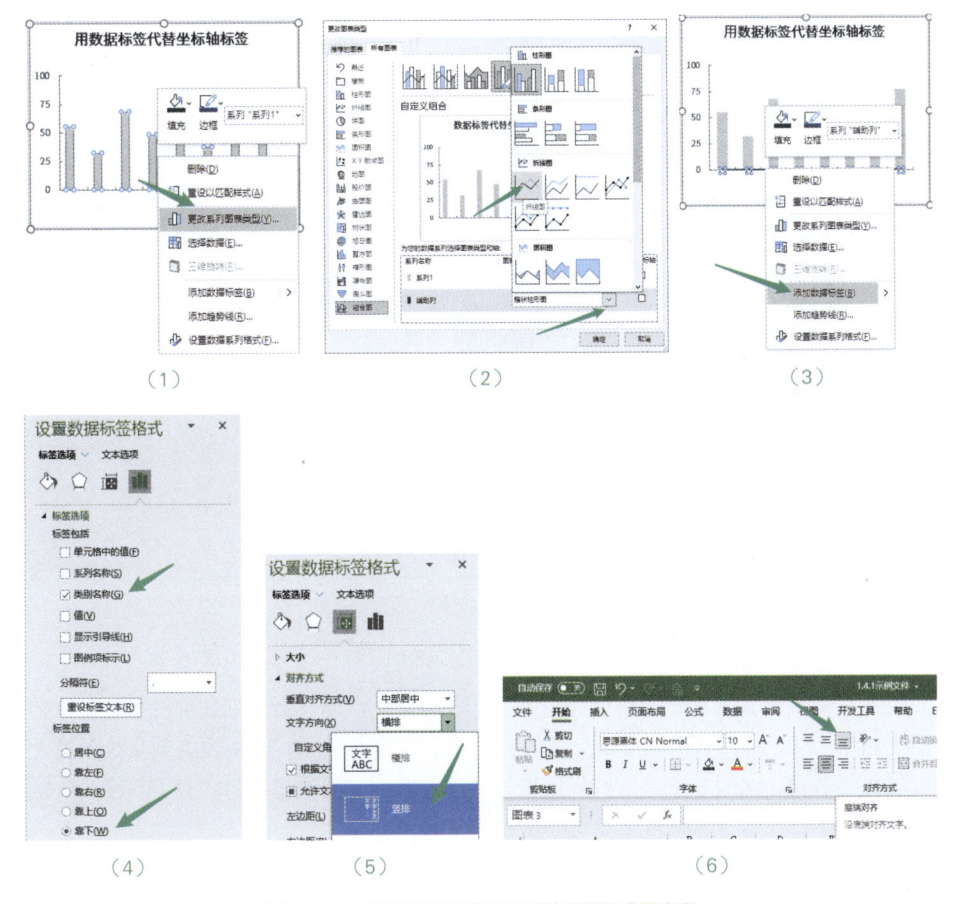

图 1.4.44　用数据标签代替坐标轴标签的设置步骤

1.4.2　坐标轴刻度线

刻度线是坐标轴和标签之间的连接线，与 1.5 节要介绍的网格线是一一对应的关系，还可以将它简单地理解为网格线在坐标轴上的延伸，既可以显示，也可以省略。

1. 刻度线类型

刻度线分为**主刻度线**和**次刻度线**，大部分图表只需要用到主刻度线，次刻度线主要用于模仿特定效果。在 1.4 节的"坐标轴位置"部分曾介绍过柱形图、条形图的坐标轴适合在刻度线之间，否则会出现显示不全的问题，此时添加次刻度线可以有效解决此问题，如图 1.4.45 所示。

39

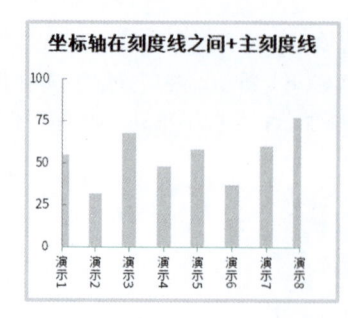

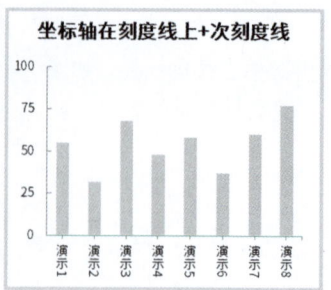

图 1.4.45　用次刻度线模仿坐标轴在刻度线上的效果

如图 1.4.46 所示，刻度线类型分为"内部"、"外部"和"交叉"3 种，它们并无优劣之分。

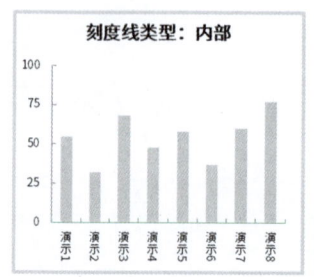

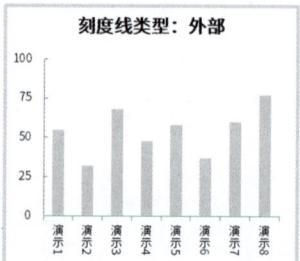

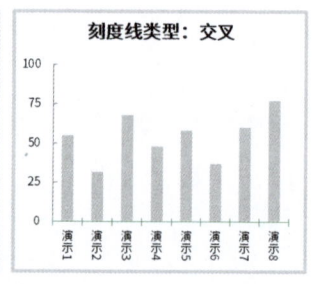

图 1.4.46　不同刻度线类型的显示效果

2. 刻度线间隔

在通常情况下，坐标轴的刻度线与标签一一对应。然而，当类别名称过多时，比如图 1.4.47 所示为 A 公司 2021 年前两个月的每日产品销量面积图，此张图的刻度线数量大于坐标轴标签数量，这时将刻度线间隔设置为"1"，将标签间隔设置为"3"，刻度线就既能与面积图上的每个数据都对应上，又不会显得过于拥挤。

如图 1.4.48 所示，在设置坐标轴刻度线时，直接双击横坐标轴，在右侧弹出的"设置坐标轴格式"窗格中，在"坐标轴选项"选项下，修改"刻度线"下的"刻度间间隔"，选择主/次刻度线类型。

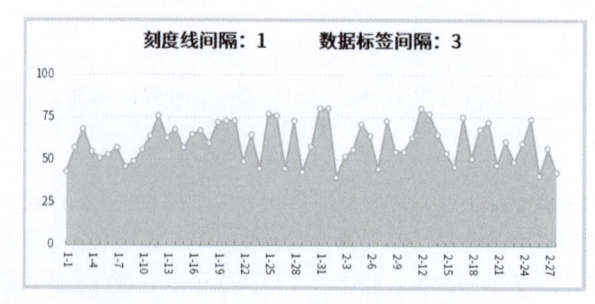

图 1.4.47　刻度线数量大于坐标轴标签数量　　图 1.4.48　设置刻度线

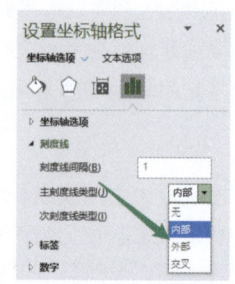

3. 当隐藏数值坐标轴时，如何显示刻度线

刻度线依托于坐标轴，当将坐标轴的线条设置为"无线条"时，刻度线也会随之消失，此时若想要显示刻度线，则可以采用设置数字格式代码的方式来模仿刻度线，如图 1.4.49 所示。

在设置时，双击主要纵坐标轴，如图 1.4.50 所示，在右侧弹出的"设置坐标轴格式"窗格中，在"坐标轴选项"选项下，修改"数字"下的"类别"为"自定义"，在"格式代码"中输入"0   "-";-0   "-";0   "-""，其中 3 个部分分别代表正数、负数和 0 的格式，在数字"0"与"-"（减号）之间添加 3 个空格，用于区分标签和刻度线，两两之间以";"相隔。切记：所有的代码均为半角符号。次要纵坐标轴的格式代码为""-"   0%;"-"   -0%;"-"   0%"。

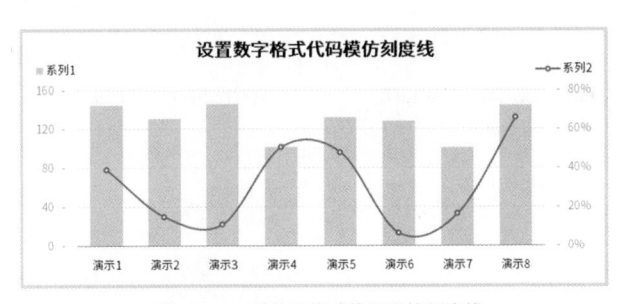

图 1.4.49　用数字格式代码模仿刻度线 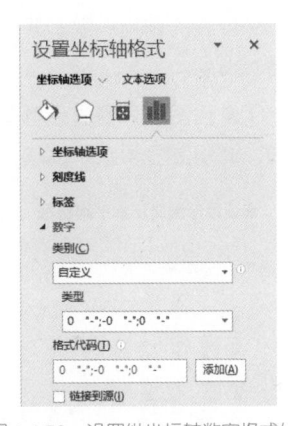　　　　图 1.4.50　设置纵坐标轴数字格式代码

看过 1.2 节的"用文本框代替默认标题"部分的读者，肯定早已想到，用自由文本框来模仿刻度线，这种做法比用数字格式代码模仿更有优势，能够灵活调整刻度线与绘图区的距离，难度不大，这里不再赘述。需要注意的是，如图 1.4.51 所示，将主要纵坐标轴的文本框设置为右对齐、纵向分布，将次要纵坐标轴的文本框设置为左对齐、纵向分布。

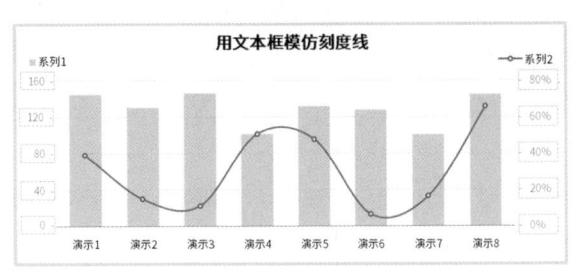

图 1.4.51　用文本框模仿刻度线

1.5 图形分隔：网格线

是否曾有过这种无力感？费了九牛二虎之力，用了十八般武艺，做了一张自我感觉良好的图表，却换来老板的一句"不喜欢"。明明是按照图表优化教程来做的，但为何是这种结果？问题到底出在哪里？其实想要拿捏好老板的喜好和图表优化之间的平衡，从来不是一件简单的事情，喜欢在图表中同时保留网格线和坐标轴的老板就不在少数。本节就从网格线类型、添加和删除网格线、淡化网格线和强化网格线4个方面入手，变"废"为宝，利用网格线突出图表的层次感。

1. 网格线类型

网格线的本职工作是分隔图形，其被作为参照系用来判断数据落在哪个区间，和坐标轴上刻度线的作用一致。其可以分为**水平网格线**和**垂直网格线**，图表显示哪种网格线需要视情况而定。

①常用图表只需显示**数值坐标轴方向上的网格线**。如图1.5.1所示，建议柱形图、折线图、面积图显示水平网格线，条形图显示垂直网格线，雷达图显示雷达轴网格线。

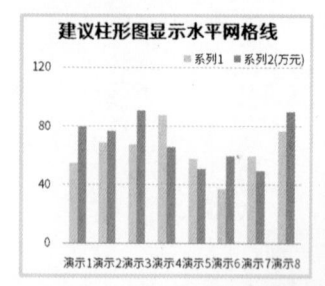

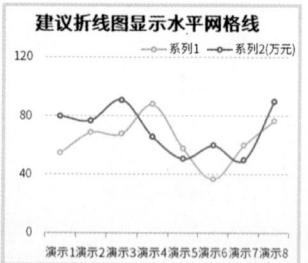

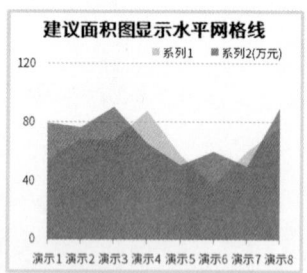

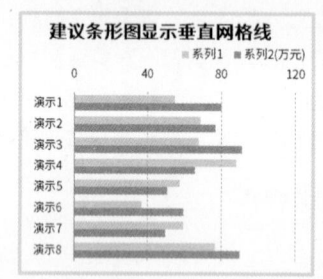

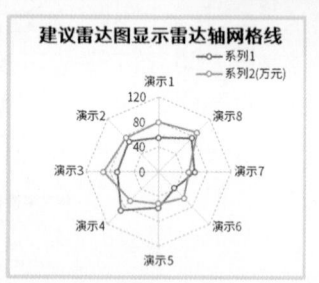

图1.5.1 建议常用图表显示网格线

②如图1.5.2所示，散点图的横坐标轴和纵坐标轴均为数值坐标轴，建议同时显示或都不显示网格线。

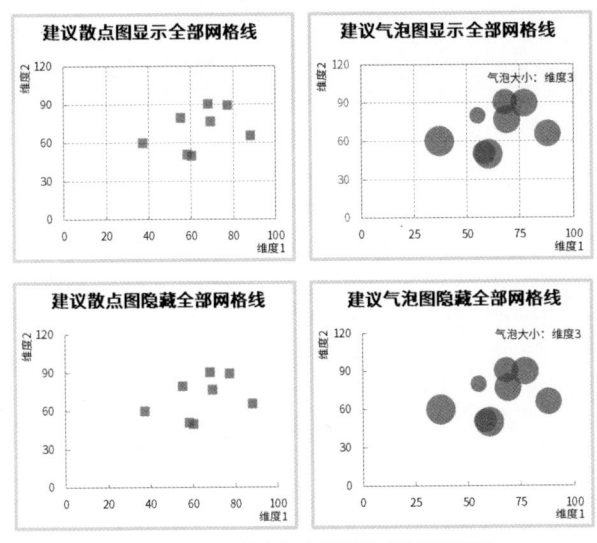

图 1.5.2　散点图和气泡图显示或隐藏网格线

③建议分组柱形图和分组折线图显示垂直网格线。如图 1.5.3 所示，网格线主要用于对相邻组进行区域划分。

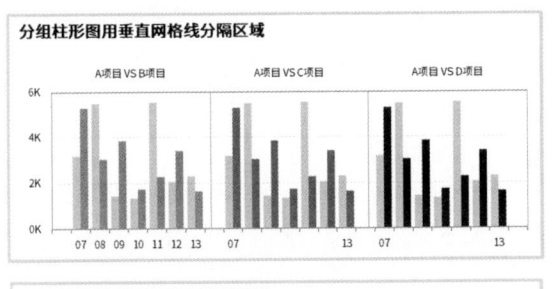

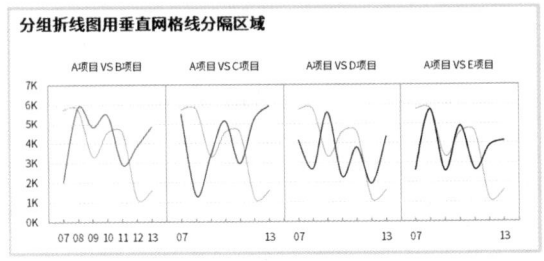

图 1.5.3　分组柱形图与分组折线图的网格线

除了方向上的区分，和刻度线一样，网格线还可以分为主要网格线和次要网格线。考虑到防止图表内容杂乱的问题，不建议显示次要网格线。

2. 添加和删除网格线

在添加网格线时，单击图表区任意位置，然后单击右上角的"＋"按钮，在弹出的常用图表元素列表中勾选想要添加的网格线类型，如图 1.5.4 所示。在删除时，直接选中网格线，然后按 Delete 键删除。

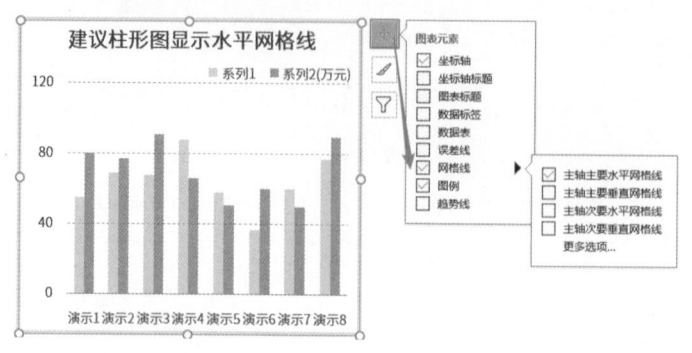

图 1.5.4　添加网格线

3. 淡化网格线

对网格线的优化思路分为**淡化**和**强化**两种。淡化是指通过将颜色改为浅色、降低线条宽度和设置虚线线型的方式来降低网格线的存在感，弱化其对读者的影响。这 3 种处理方式单用或搭配使用均可。对柱形图的优化操作主要有：

①坐标轴。老板重视坐标轴，所以将其设置为绘图区最深的颜色。但此时线条过粗会显得笨重，建议将线条由 1 磅降低至 0.5 磅，这应该在老板的可接受范围之内。

②网格线。采用 3 重淡化效果，线条由 0.75 磅减至 0.25 磅、颜色由深灰色降至浅灰色、线型由实线改为短画线。

③柱形。时下流行的轻奢风装修，应用了大量的玻璃元素来增加透视效果。应用到图表中，就是给柱形填充增加 30% 的透明度，通透性可以放大空间，隐隐约约的效果还能吸引读者去深入探索。

优化前后的柱形图效果如图 1.5.5 所示。

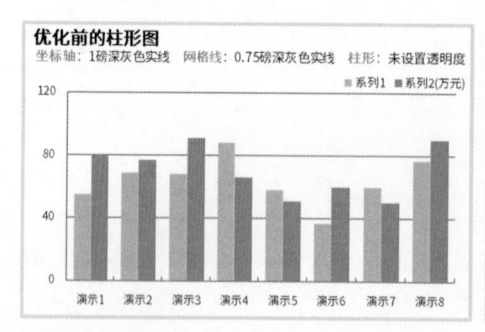

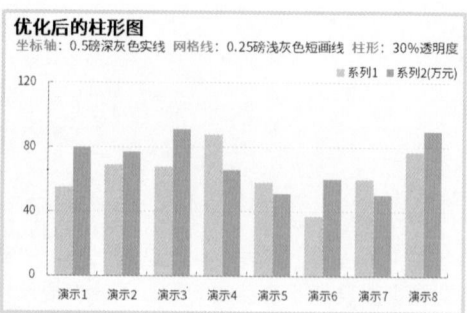

图 1.5.5　优化前后的柱形图效果

在设置网格线时，直接双击网格线，在右侧弹出的"设置主要网络线格式"窗格中，在"填充与线条"选项下,修改线条的"颜色"、"宽度"和"短划线类型",如图 1.5.6 所示。在设置柱形填充的透明度时,先单击柱形,在"填充与线条"选项下,在"填充"下的"透明度"处输入理想的透明度值,一般将透明度设置为 30%~50%为宜,如图 1.5.7 所示。

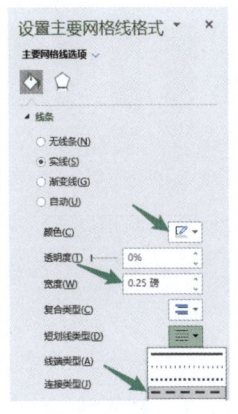

图 1.5.6　设置网格线格式　　图 1.5.7　设置柱形填充的透明度

4. 强化网格线

如果弱化网格线依然不能让老板满意,则可以反其道而行之。如图 1.5.8 所示,通过将颜色改为深色、显示在图形上层的方式来增加存在感,强化网格线在图表中的重要性,这也是《经济学人》中图表常用的效果之一。

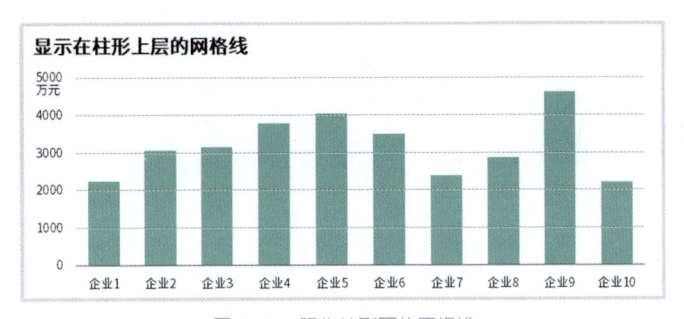

图 1.5.8　强化柱形图的网格线

这里所说的网格线,其实不再是网格线,而是用于模仿网格线的误差线,因为只有误差线才能显示在整个图形的上层(参见 1.9 节中与元素优先级相关的内容),起到强化作用。

图 1.5.8 所示的效果看起来确实不错,不过好像漏掉了老板最爱的纵坐标轴。那么,如何设置"多余"的纵坐标轴才会显得不那么多余呢? 如图 1.5.9 所示,使用绘图区边框来代替纵坐标轴,边框线的颜色与横坐标轴线条的颜色相同,宽度为 0.5 磅,透明度为 80%。强化网格线就意味着要淡化纵坐标轴,这里使用绘图区边框来代替,既能有坐标轴的效果,左右对称还能提高绘图区的整体美观性。

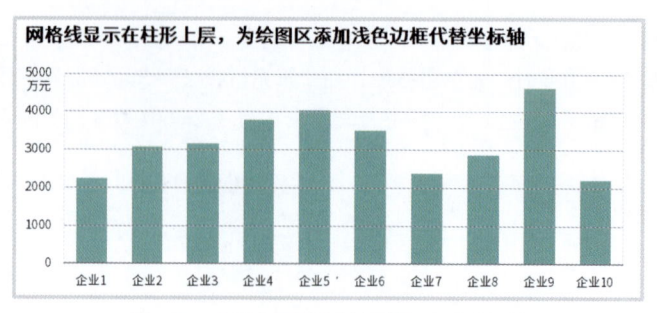

工作型图表设计：实用的职场图表定制与设计法则

图 1.5.9　为强化网格线的柱形图添加纵坐标轴

就像音乐中的强弱变化、照片中的远近、虚实结合，归根结底，无论是淡化还是强化网格线，目的都是让线条在颜色上深浅搭配、在宽度上粗细搭配、在线型上虚实搭配，凸显图表的层次感。

接下来介绍图 1.5.9 所示效果的具体制作方法。

①**插入柱形图**。如图 1.5.10 所示，选择 A1:B11 单元格区域，单击"插入"选项卡，然后单击" "按钮，选择其中的"簇状柱形图"。

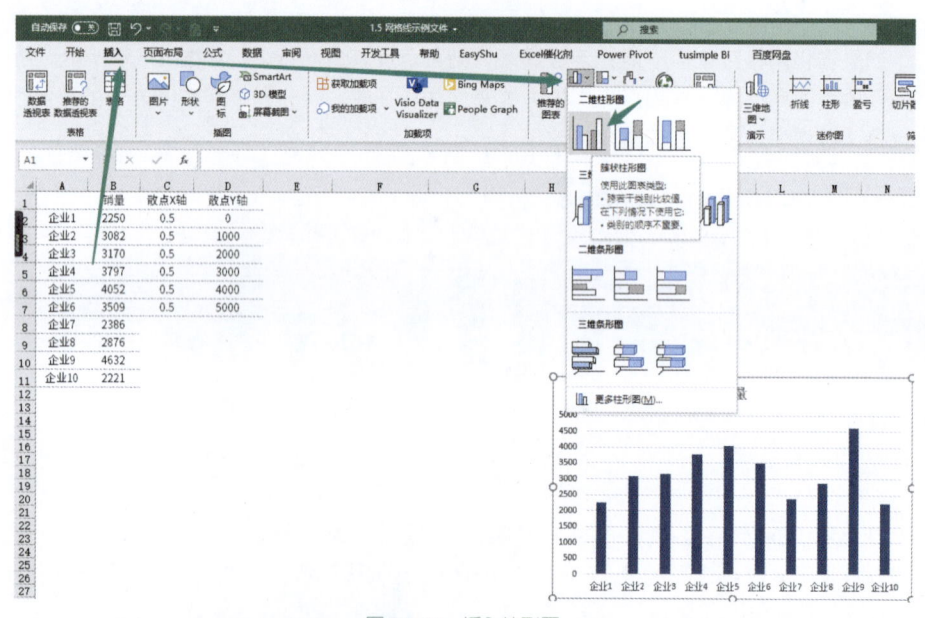

图 1.5.10　插入柱形图

②**设置坐标轴和柱形宽度**。双击纵坐标轴，在右侧弹出的"设置坐标轴格式"窗格中，在"坐标轴选项"选项下，将取值范围锁定为 0~5000、单位为 1000，如图 1.5.11 所示。单击柱形，在"设置数据系列格式"窗格中，在"系列选项"选项下，将"间隙宽度"设置为 80%，如图 1.5.12 所示。最后删除网格线。

第 1 章　图表元素解析

图 1.5.11　设置纵坐标轴的取值范围和单位 　　　图 1.5.12　设置柱形的间隙宽度

③**添加辅助散点系列**。根据纵坐标轴的取值范围和单位设置辅助散点值，X 轴值均为 0.5（放在第 1 个柱形的左侧，设置规则请参考 3.3 节中的"散点在图表内的分布规律"部分），Y 轴值分别为 0、1000、2000、3000、4000 和 5000。选择 C1:C7 单元格区域，按"Ctrl+C"组合键复制数据，单击图表中任意区域，按"Ctrl+V"组合键将数据粘贴至图表中。如图 1.5.13（1）所示，选中柱形后单击鼠标右键，在弹出的快捷菜单中选择"更改系列图表类型"命令；如图 1.5.13（2）所示，在"更改图表类型"对话框中，将"散点 X 轴"系列的图表类型更改为散点图；如图 1.5.13（3）所示，修改辅助散点的数据，在图表中任意区域单击鼠标右键，在弹出的快捷菜单中选择"选择数据"命令；如图 1.5.13（4）所示，在"选择数据源"对话框中，选择"散点 X 轴"系列，单击"编辑"按钮；如图 1.5.13（5）所示，在"编辑数据系列"对话框中，"X 轴系列值"选择 C1:C7 单元格区域，"Y 轴系列值"选择 D1:D7 单元格区域。

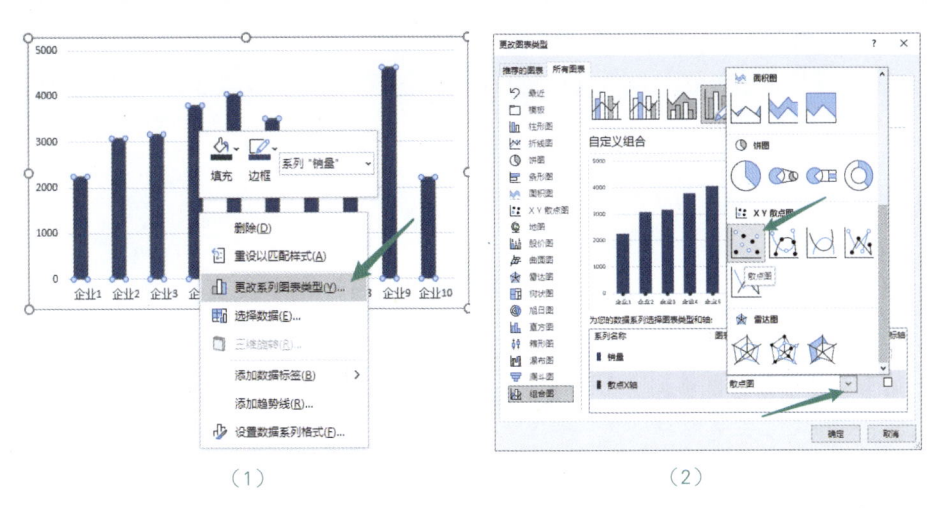

（1）　　　　　　　　　　　　　　　　（2）

图 1.5.13　添加辅助散点

47

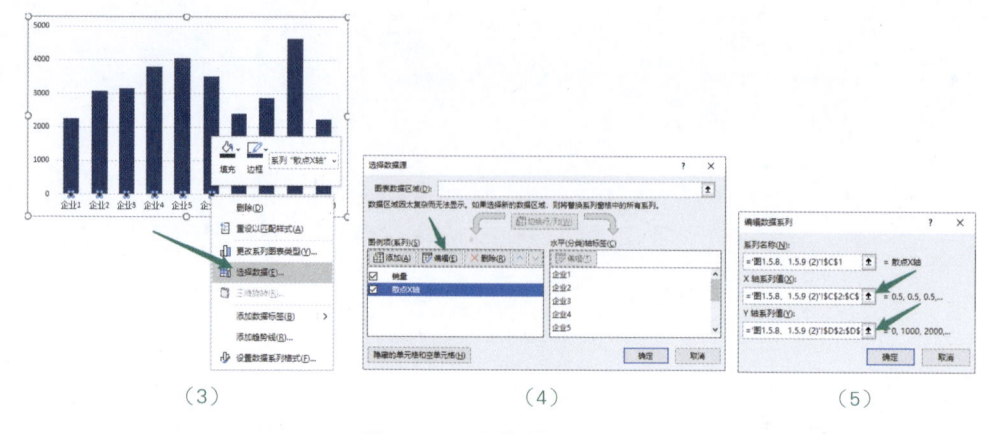

工作型图表设计：实用的职场图表定制与设计法则

（3）　　　　　　　　　（4）　　　　　　　　　（5）

图 1.5.13　添加辅助散点（续）

④**为散点添加误差线。**如图 1.5.14（1）所示，单击辅助散点，然后单击右上角的"+"按钮，在弹出的常用图表元素列表中勾选"误差线"复选框，接着单击垂直误差线，按 Delete 键删除；如图 1.5.14（2）所示，在"设置图表区格式"窗格中，单击"∨"按钮，选择"系列'散点 X 轴' X 误差线"；如图 1.5.14（3）所示，在"误差线选项"选项下，"方向"选择"正偏差"（从左往右为正偏差，具体可参考 3.3 节中的"误差线是什么"部分），"末端样式"选择"无线端"，"误差量"选择"固定值"，并输入"10"（有 10 个企业，误差线长度就是 10）。

（1）　　　　　　　　　（2）　　　　　　　　　（3）

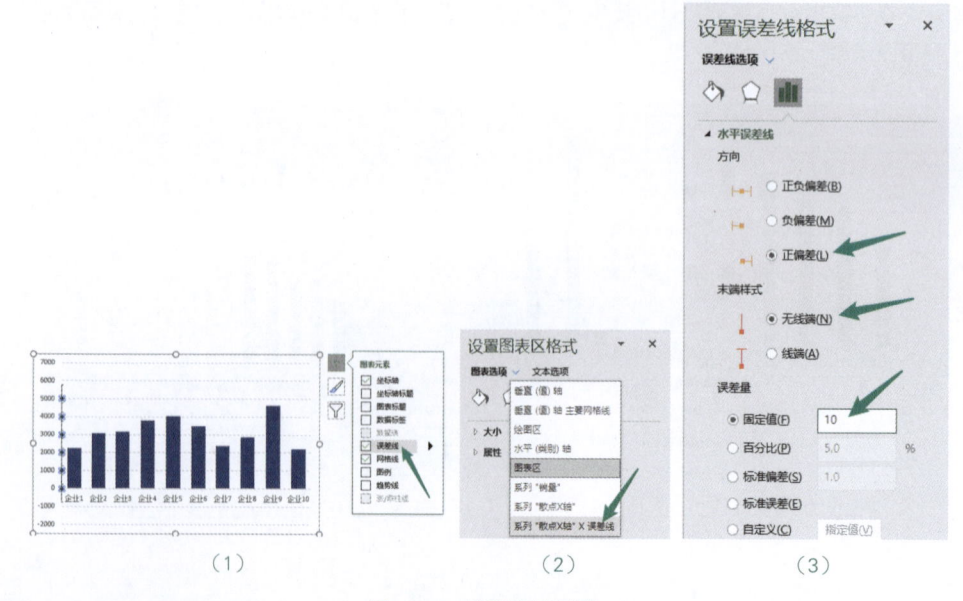

图 1.5.14　设置散点误差线

⑤**设置线条样式**。将误差线设置为 0.25 磅、白色（深色 35%），将横坐标轴设置为 1 磅、白色（深色 50%），将绘图区设置为 0.5 磅、80%透明度、白色（深色 50%），将图表边框设置为 3 磅、白色（深色 15%）；然后将辅助散点的数据标记设置为"无"，将字体设置为思源黑体、9 号，最后生成如图 1.5.9 所示的效果。

1.6 趋势助手：系列线

图表的天职是展示数据趋势变化。要让老板能捕捉到数据趋势变化，可以给图表添加趋势线，为老板"减负"。但是对于堆积柱形图和堆积条形图来说，趋势线就无能为力了，不过无须担心，针对这两类图表，Excel 中有更好用的系列线。本节就从利用系列线制作创意柱线图、制作商务风增长箭头和协助漏斗图表达用户流失情况 3 个方面入手，解读系列线的巧妙用法。

1. 制作创意柱线图

系列线就是连接堆积柱形图或堆积条形图相邻两个柱形或两个条形之间的线条。如图 1.6.1 所示，为堆积柱形图添加上系列线后，可以获得折线图的效果，又比折线图更简约，其中下方的系列线反映系列 1 的数据变化，上方的系列线反映两个系列合计值的数据变化，两条系列线之间反映系列 2 的数据变化。图 1.6.2 所示图表侧重于反映系列 1 和系列 2 在整体中的占比变化情况。

提醒一点：两个系列的合计值数据标签是用辅助折线图的数据标签来实现的，类似于 1.4.1 节中所讲的用数据标签代替坐标轴标签。

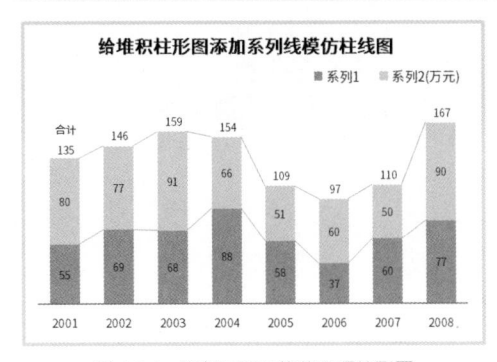

图 1.6.1 添加了系列线的堆积柱形图 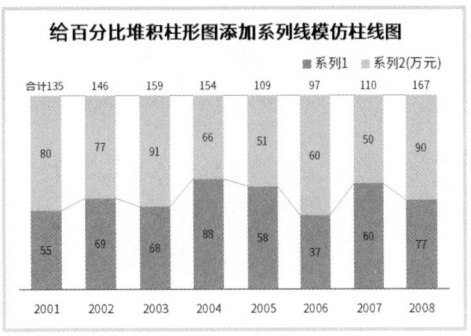　　　　图 1.6.2 添加了系列线的百分比堆积柱形图

添加系列线的方法不同于添加其他元素，如图 1.6.3 所示，单击图表后，在"图表设计"选项卡中，单击"添加图表元素"按钮，在弹出的下拉列表中选择"线条"→"系列线"命令。

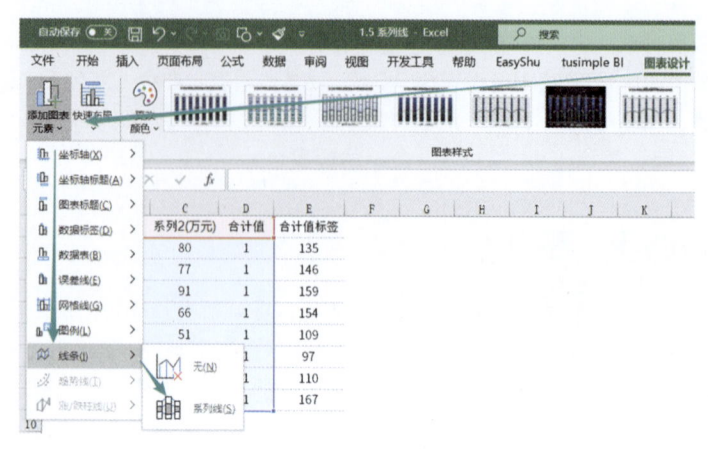

图1.6.3　添加系列线

2. 制作商务风增长箭头

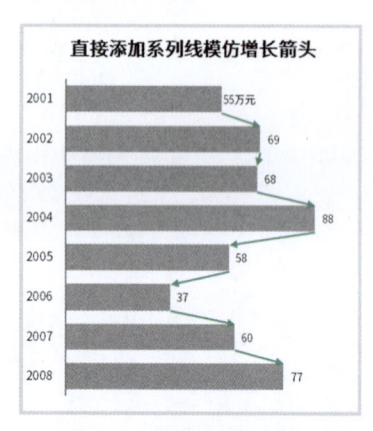

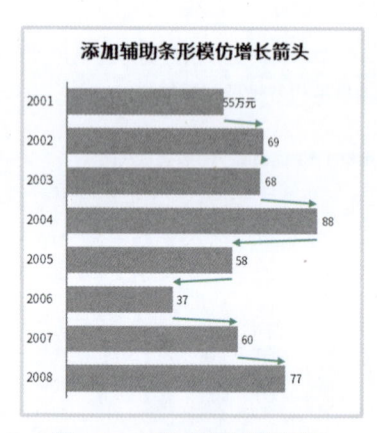

为堆积柱形图或堆积条形图添加上系列线后，将系列线的"开始箭头类型"设置为"←"，会生成如图1.6.4所示的商务风增长箭头。比较遗憾的是，系列线会紧紧地贴在相邻条形的边缘。如果想要像图1.6.5所示的效果一样，保持一定的间隙，则需要添加辅助条形，并放置在次要坐标轴上，设置比原条形更窄的间隙宽度，最后用辅助条形的系列线代替原条形的系列线即可。

图1.6.4　直接添加系列线的效果　　　图1.6.5　添加辅助条形的效果

接下来介绍图1.6.5所示效果的具体制作方法。

①插入图表。如图1.6.6（1）所示，选择A1:B9单元格区域，单击"插入"选项卡，再单击"⬛▾"按钮，选择其中的"堆积条形图"。然后选择A1:B9单元格区域，按"Ctrl+C"组合键复制数据，单击图表中任意区域，按"Ctrl+V"组合键将数据粘贴至图表中。接着选中条形，单击鼠标右键，在弹出的快捷菜单中选择"更改系列图表类型"命令，在打开的"更改图表类型"对话框中，为新添加的系列1勾选"次坐标轴"复选框。

②**设置条形的间隙宽度**。双击条形，在右侧弹出的"设置数据系列格式"窗格中，在"系列选项"选项下，将系列1的"间隙宽度"设置为50%，将新系列1的"间隙宽度"设置为10%，将系列1的条形填充设置为30%透明度、白色（深色50%），将新系列1的条形填充设置为"无填充"。

③**设置坐标轴格式**。单击图表中任意区域，然后单击右上角的" + "按钮，在弹出的常用图表元素列表中勾选"坐标轴"中的"次要纵坐标轴"复选框，并将主要和次要的纵坐标轴均设置为"逆序类别"。单击次要横坐标轴，将"纵坐标轴交叉"设置为"自动"。接下来分别将主要和次要的横坐标轴标签设置为"无"，将次要纵坐标轴的线条和标签均设置为"无"。接着将主要纵坐标轴设置为1磅、白色（深色50%），最后删除网格线。

④**给新系列1添加系列线**。将系列线设置为1.5磅、深绿色，将"开始箭头类型"设置为" ← "，效果如图1.6.6（2）所示。

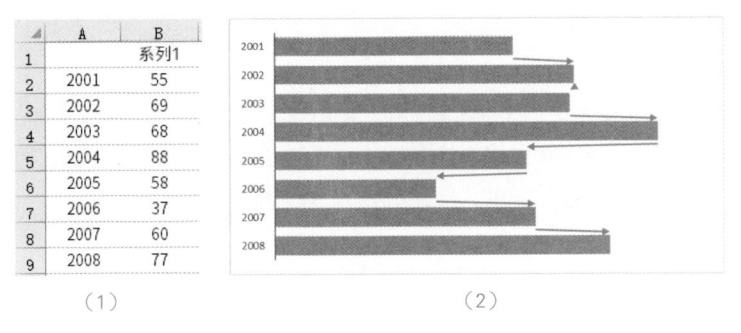

图 1.6.6　商务风增长箭头制作效果

⑤**添加数据标签**。单击系列1条形，再单击鼠标右键，在弹出的快捷菜单中选择"添加数据标签"命令；然后在2001年条形的数据标签后添加单位"万元"，并分别将数据标签移动至条形外。手工移动非常麻烦，这里推荐一个Excel插件EasyShu，使用其标签工具（此功能可以免费使用）可以同时移动整个系列的标签位置，具体做法详见1.8节中的"数据标签位置"部分。

3. 系列线协助漏斗图表达用户流失情况

漏斗图常用于表达在不同阶段用户流失的情况，如图1.6.7所示，为漏斗图添加系列线后，可以更清晰地展示用户流失的变化过程。

接下来介绍图1.6.7所示效果的具体制作方法。

①**插入堆积条形图**。如图1.6.8（1）所示，选择A1:C5单元格区域(辅助列采用公式"(100-B2)/2"，即100减去本阶段值后的一半)，单击"插入"选项卡，再单击" "按钮，选择其中的"堆积条形图"。然后双击横坐标轴，在右侧弹出的"设置坐标轴格式"窗格中，在"坐标轴选项"选项下，将取值范围修改为"0~100"，并勾选"逆序类别"复

选框。接下来将横坐标轴和纵坐标轴的标签位置均设置为"无"。

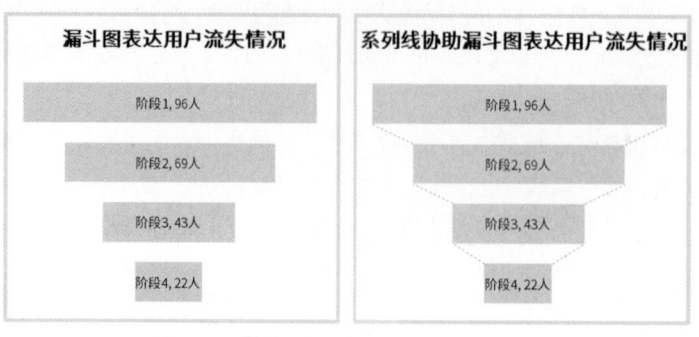

图1.6.7 为漏斗图添加系列线前后效果对比

②**调整系列顺序**。选中图表区域后，单击鼠标右键，在弹出的快捷菜单中选择"选择数据"命令，然后在"选择数据源"对话框中，单击"⌵"按钮，将"系列1"和"辅助"置换顺序。

③**设置条形的间隙宽度**。单击条形，在"系列选项"选项下，将系列1的"间隙宽度"设置为50%。然后在"填充与线条"选项下，将系列1条形填充设置为30%透明度、白色（深色25%），将辅助条形填充设置为"无填充"，效果如图1.6.8（2）所示。

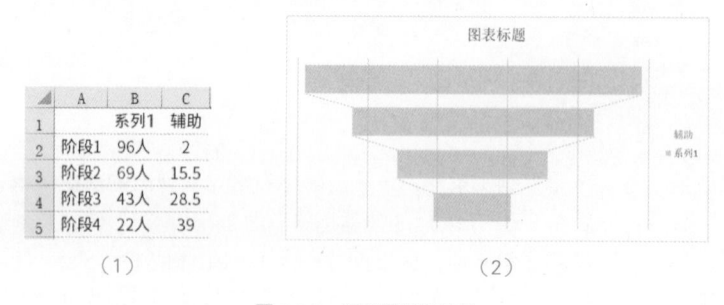

图1.6.8 漏斗图制作效果

④**优化图表**。将纵坐标轴的线条设置为"无线条"，删除图例、网格线。

⑤**添加系列线**。将系列线设置为0.25磅、深绿色、短画线。

⑥**添加数据标签**。单击条形，再单击鼠标右键，在弹出的快捷菜单中选择"添加数据标签"命令。单击数据标签，在"标签选项"选项下，勾选"类别名称"复选框。

1.7 数据定位：数据标记

数据标记是一个普通得连老板都会忽视的元素，似乎除了能定位折线上的数据点，别无他用。其实不然，若想把折线图和散点图做得出彩、做出特色，真的离不开数据标记的助力和装点。本节就从数据标记的优化思路和数据标记的应用案例入手，解读数据标记的巧妙用法。

1. 数据标记的优化思路

（1）传统数据标记优化

数据标记可以是图形或图片，传统的图形标记由填充和边框两部分组成，将两者巧妙搭配，可以做出如图 1.7.1 所示的折线图效果：白色填充、与线条同色边框，或者与线条同色填充、白色边框。

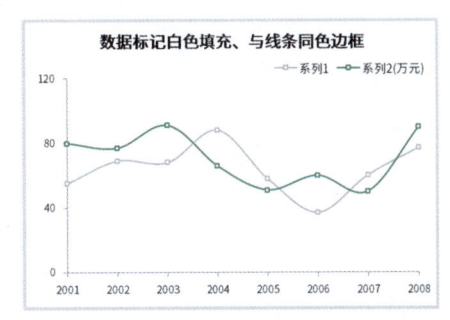

图 1.7.1　两种不同的数据标记设置效果

如图 1.7.2 所示，Excel 内置了 9 种不同的数据标记图形，其中正方形、菱形、三角形和圆形更为常用。在设置时，双击折线图，在右侧弹出的"设置数据系列格式"窗格中，在"填充与线条"选项下，单击"标记"选项卡，然后选择"标记选项"的类型，设置数据标记的"填充"和"边框"。

提醒一点： 第一次单击选择的是整条折线的数据标记，再次单击可选中单个数据标记进行设置。

图 1.7.2　数据标记图形及设置界面

设置方式 1：白色填充、与线条同色边框

如图 1.7.3 所示，一般建议将折线图的线条宽度设置为 1~3 磅，将数据标记大小设置为 4~6 号，填充色为"白色"，将边框设置为与线条同宽、同色（为了方便读者理解，这里特设置为深绿色）。

53

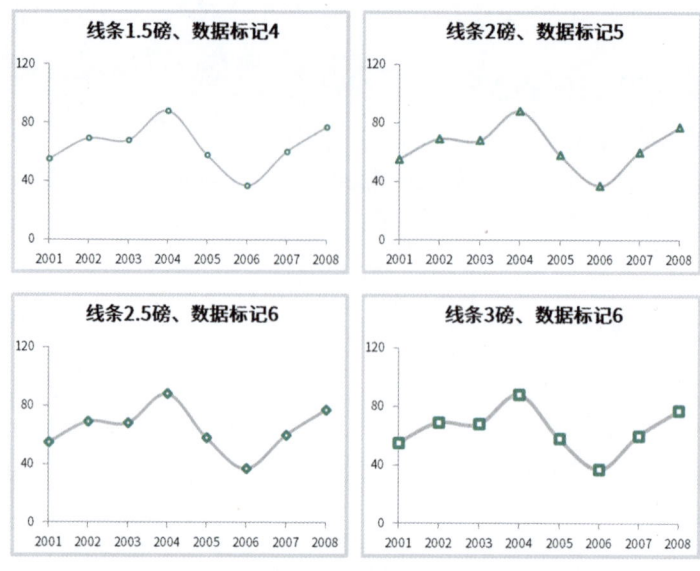

图 1.7.3　设置了折线粗细与数据标记大小的效果 1

设置方式 2：与线条同色填充、白色边框

如图 1.7.4 所示，通过给数据标记添加与绘图区填充色（通常为白色）相同的边框，让折线图产生"折断"的效果。通常用 1~3 磅的折线匹配 4~6 号的数据标记，填充色与线条同色（为了方便读者理解，这里特设置为深绿色），将边框设置为比折线略细或颜色相同的白色。

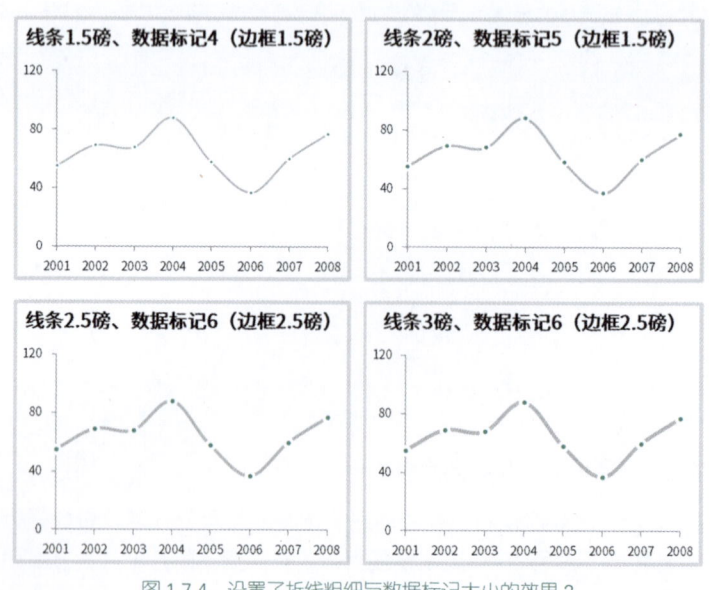

图 1.7.4　设置了折线粗细与数据标记大小的效果 2

（2）数据标记填充图案

如图 1.7.5 所示，在国外的一些商务类图表中，数据标记常用图案填充来表示预期销售或计划销售。这样的效果制作起来非常简单，只需要将边框设置为"深灰色"，填充类型选择"图案填充"，并设置好相应的前景（图案颜色）和背景（背景颜色）即可，如图1.7.6 所示。

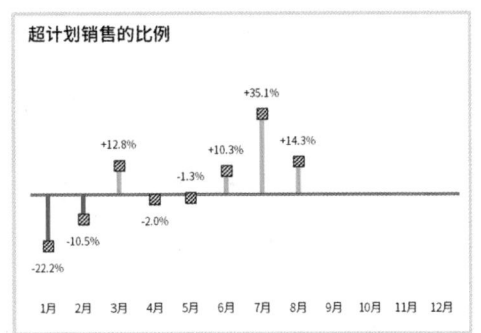

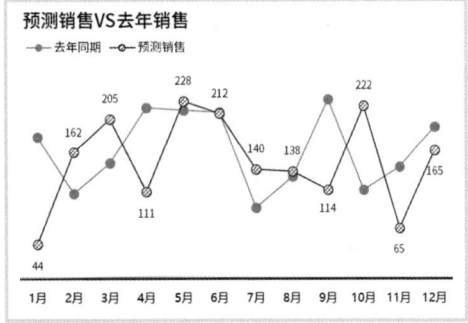

图 1.7.5　数据标记用图案填充（图表模仿自"3AG Systerms"）

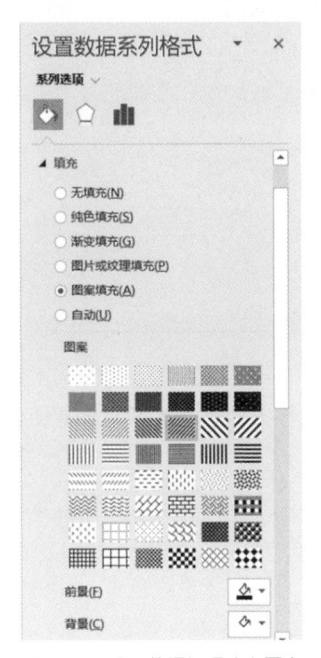

图 1.7.6　设置数据标记填充图案

（3）散点图和气泡图的优化

如图 1.7.7 所示，在优化散点图和气泡图的数据标记时，最大的问题就是数据量太大，导致数据标记之间相互遮挡，这时增加数据标记的透明度能在一定程度上缓解此问题，建议将透明度设置为 30%~50%。

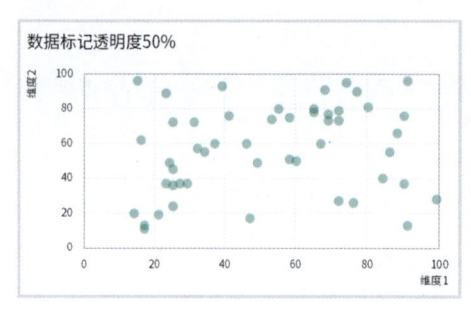

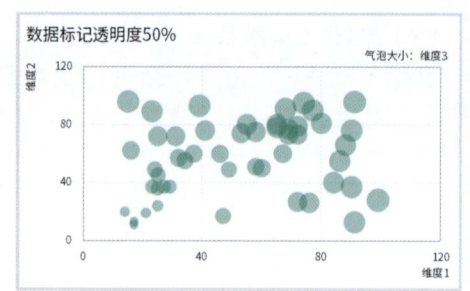

图1.7.7　设置数据标记的透明度来缓解遮挡问题

在设置时，双击散点，在右侧弹出的"设置数据系列格式"窗格中，在"填充与线条"选项下，单击"标记"选项卡，将填充透明度设为"50%"，如图1.7.8所示。

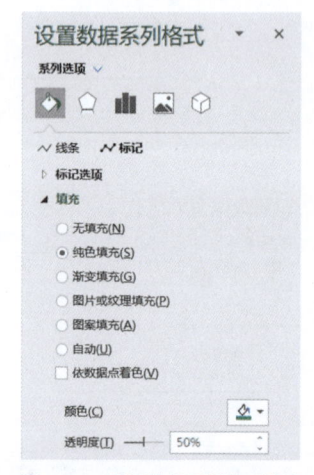

图1.7.8　设置数据标记的透明度

如图1.7.9所示，还可以将气泡图中的气泡做成十分有趣的方形气泡。气泡图与散点图有所不同，不能为它直接选择数据标记的类型，而是要用到"图片或纹理填充"这个设置。

在制作方形气泡时需要特别注意，直接用方形替换并不会改变气泡的形状，而是应该在方形外添加一个容器，比如方形或圆形。如图1.7.10所示，下层的方形较大并设置为无填充、无线条（为便于观察，这里采用绿色线条），上层的方形较小并设置为0.25磅、绿色边框、50%透明度绿色填充，两个方形对齐后进行组合，然后按"Ctrl+C"组合键复制，单击气泡图，再按"Ctrl+V"组合键粘贴即可。

拓展思维，在更换图形后，还可以做出如图1.7.11所示的六边形、五角星、心形、三角形等形状的气泡。然而，在实际工作中，图表也不适宜穿"奇装异服"，建议读者选择常用形状，除非老板有特殊需求。在替换气泡的形状时，同样遵循图表元素选择的规律，单击一次选择所有气泡，双击气泡可单独替换当前气泡。

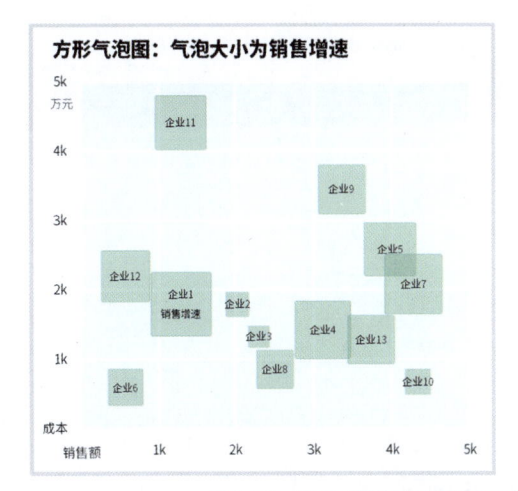

图 1.7.9 通过"图片或纹理填充"制作方形气泡图

图 1.7.10 双层方形气泡的制作效果

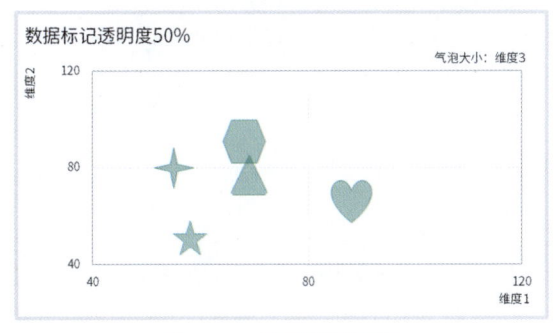

图 1.7.11 不同形状的气泡

2．数据标记的应用案例

（1）隐藏折线模仿特色图表

如图 1.7.12 所示，将折线图隐藏折线后，利用数据标记+误差线可以模仿火柴图和差距图。火柴图的表达含义类似于柱形图，通过火柴长度判断数据大小，这里的制作难点是误差线，需设置为负误差、无线端，误差量为 100%。差距图可以用于比较各城市分别在 2017 年和 2018 年的产品销售额，当 2017 年的产品销售额高时差距线为灰色，否则差距线为绿色。差距线同样是采用误差线制作的，当 2017 年的产品销售额低时，为其添加正误差、无线端，误差量为 2018 年与 2017 年的差额；当 2018 年的产品销售额低时，为其添加正误差、无线端，误差量为 2017 年与 2018 年的差额。误差线是一个十分重要且有难度的图表元素，在 3.3 节"商业图表标配：误差线"中会详细介绍其用法。

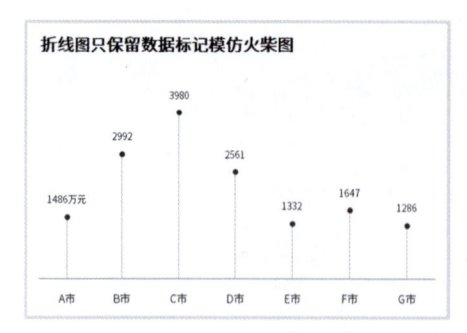

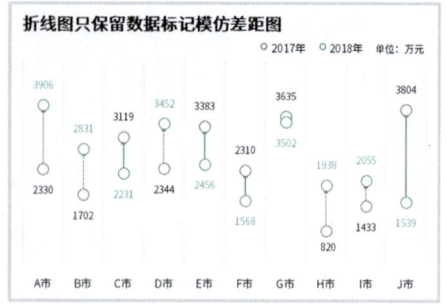

图 1.7.12　火柴图和差距图

（2）商务风柱线图

如图 1.7.13 所示，用大号数据标记和超细线条形成视觉反差。折线图采用 6 号数据标记（蓝色填充、0.75 磅边框），折线线条采用 0.25 磅、30%透明度、蓝色。

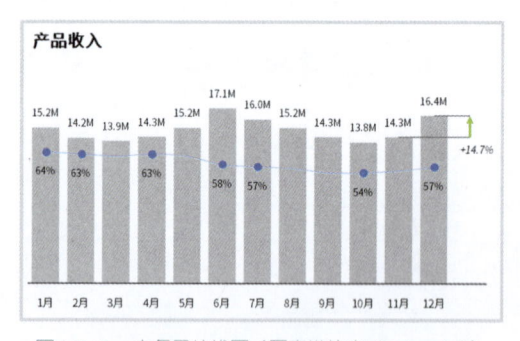

图 1.7.13　商务风柱线图（图表模仿自"Zebra BI"）

（3）拟物折线图

使用图片填充数据标记，可以制作出很多个性化的图表。如图 1.7.14 所示就是一张有趣的拟物折线图，厦门的最高温度点用"☀"填充，昆明的最低温度点用"☁"填充。图片填充让图表变得活泼、有趣，但使用时一定要懂得节制，适当添加是画龙点睛，过多添加会变成视觉负担。

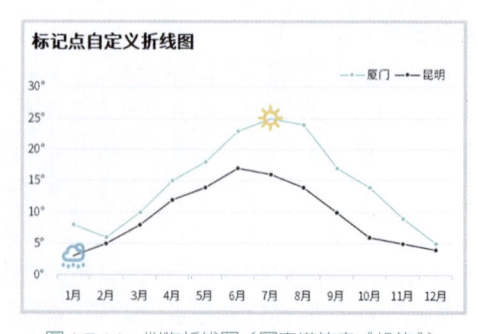

图 1.7.14　拟物折线图（图表模仿自《帆软》）

58

1.8 数据辨别：数据标签

本章 1.4 节中用数据标签代替过长的坐标轴标签，1.6 节中用系列线制作创意柱形图中的两个系列的合计值，都属于数据标签的经典用法，不过这只是数据标签众多用法中的"冰山一角"。本节将从数据标签的内容、位置、对齐方式、形状，以及用数据标签显示类别名称代替坐标轴标签、用数据标签显示系列名称代替图例、数据标签显示单元格中的值、自定义数据标签内容等方面入手，解读数据标签的巧妙用法。

1. 数据标签内容

在图表中，折线、柱形等传递给读者的是趋势和大概值，真正用来辨别具体数值的元素是数据标签。双击图表中的数据标签，可以看到其可以显示更多内容，如图 1.8.1 所示。常用图表的数据标签内容大同小异，分别有系列名称、类别名称和值，所以能方便地取代坐标轴标签和图例。散点图、气泡图和饼图较为特殊，散点图可以显示 X 值、Y 值，气泡图可以显示 X 值、Y 值和气泡大小，饼图可以显示百分比。

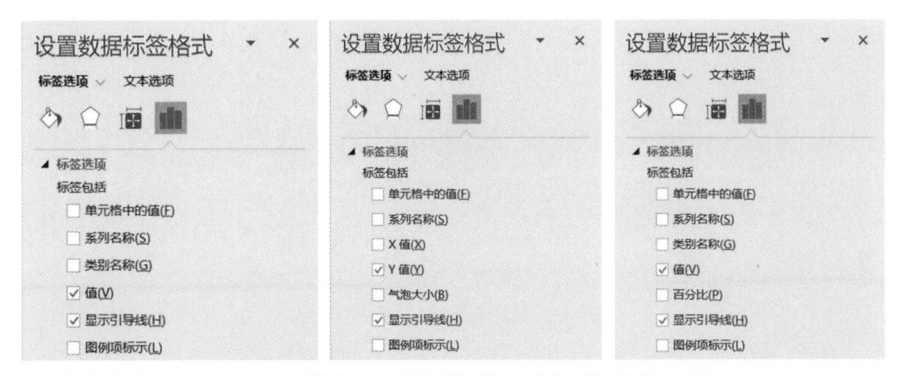

图 1.8.1　常用图表、气泡图和饼图的数据标签可显示内容

这里要重点说一说"引导线"。虽然引导线大部分时间都处于隐藏状态，但并非可有可无，而是一个"无名英雄"，不需要时隐藏，需要时又能助攻数据标签的排版。如图 1.8.2 所示，当图表数据量大，而老板又要求显示全部数据标签时，借助引导线来区分不同气泡的重要性就不言而喻了（图表制作详见 5.5 节中的"扎堆聚集式标签"部分）。如图 1.8.3 所示，将数据标签设置成竖排显示，统一放置在柱形上方，添加引导线后，图表更显得整齐、大方。

当数据标签同时显示多项内容时，Excel会自动添加分隔符，默认为","（逗号），其他选择还有";"（分号）、"."（句号）、新文本行和空格。你可以根据自己的喜好添加分隔符，当内容较多时，建议选择"新文本行"。如图 1.8.4 所示，每项内容都独占一行，数据标签的条理会更加清晰。在设置时，双击数据标签，在右侧弹出的"设置数据标签格式"窗格中，在"标签选项"选项下，选择分隔符的类型为"新文本行"。

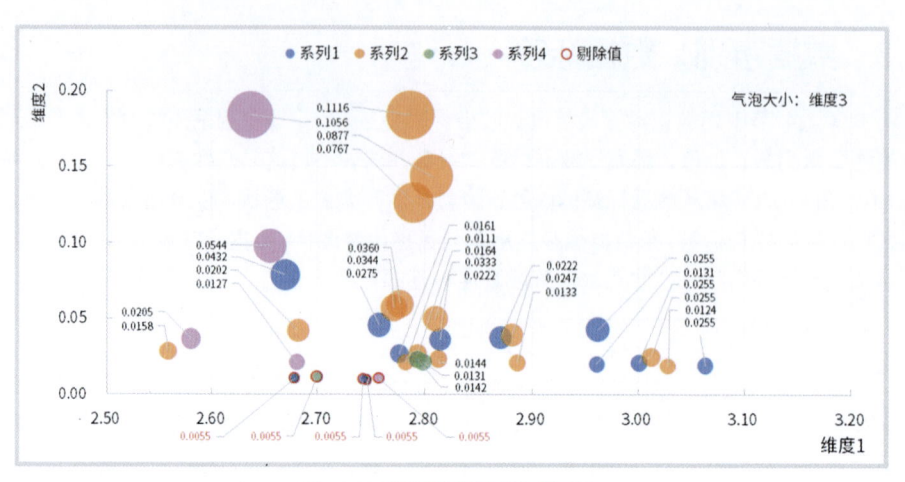

工作型图表设计：实用的职场图表定制与设计法则

图 1.8.2　显示引导线区分不同气泡

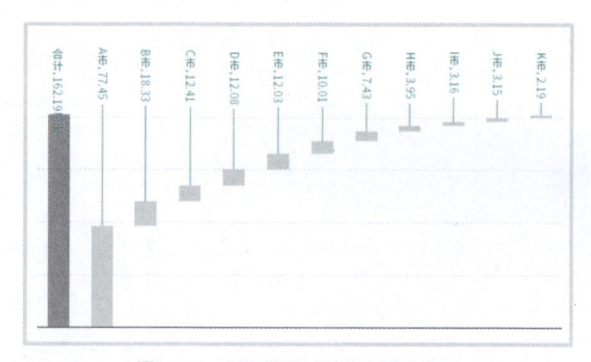

图 1.8.3　用引导线辅助数据标签排版

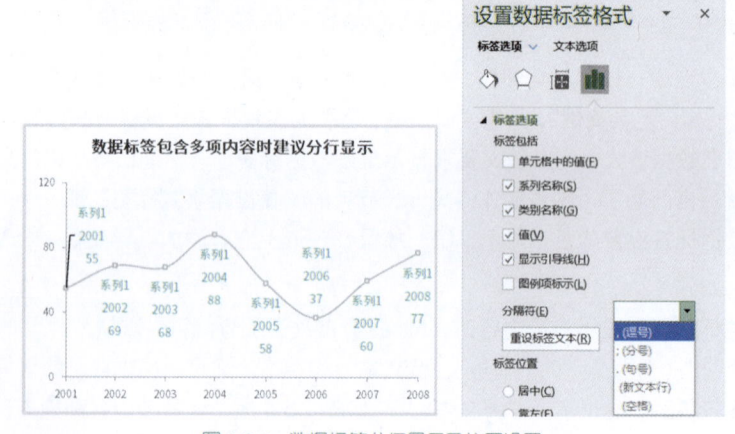

图 1.8.4　数据标签分行显示及位置设置

60

2. 数据标签位置

数据标签的位置并不固定，而是由图表类型、具体的数据走势和图表空间共同决定的，不同的图表可选择的放置位置也有所不同。

如图 1.8.5 所示，柱形图、条形图的数据标签可选位置有数据标签内、数据标签外、轴内侧和居中。

如图 1.8.6 所示，折线图、面积图、散点图和气泡图的数据标签可选位置有靠上、靠下、靠左、靠右和居中。

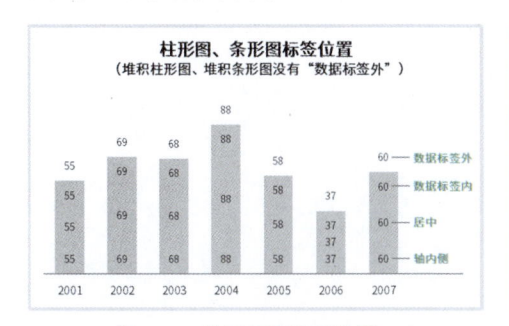

图 1.8.5 数据标签的可选位置 1

图 1.8.6 数据标签的可选位置 2

如图 1.8.7 所示，饼图和圆环图的数据标签可选位置有居中、数据标签内和数据标签外。

如图 1.8.8 所示，雷达图的数据标签可选位置只有轴旁。

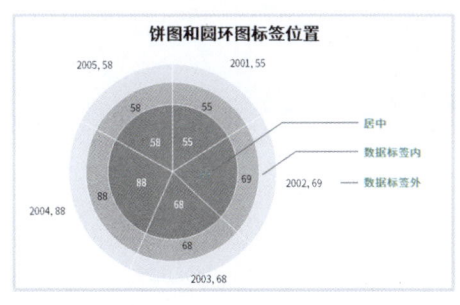

图 1.8.7 数据标签的可选位置 3

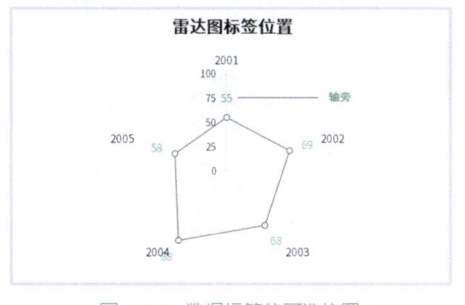

图 1.8.8 数据标签的可选位置 4

那么，将数据标签放在哪里最合适？建议遵循以下原则。

①就近原则：放在对应图形的附近，避免产生歧义。这也是首要原则。

②不遮挡图形原则：选择位置要以不遮挡图形及变化趋势为前提。

③统一原则：保持统一，形成规范，尤其是柱形图和条形图。

④见缝插针原则：折线图、面积图、散点图和气泡图不追求完全统一，数据标记的上、下、左、右方向，哪里有空隙就放哪里，建议先统一设置，再调整个别不合理的标签位置。

⑤对齐原则：在满足以上原则的前提下，尽量保持对齐。

内置的数据标签位置一般都可以满足工作型图表的需要，然而像图 1.8.2 和 1.8.3 所示的特殊数据标签，就需要借助插件来实现移动和对齐。推荐使用方便、快捷的 Excel 插件 EasyShu（由张杰老师和李伟坚老师共同打造），其免费版也拥有超多实用的辅助功能，在本书的附录 A 中会提供相关介绍。

接下来详细介绍 EasyShu 插件的安装及其标签工具的使用方法。

双击 EasyShu 安装包之后，打开如图 1.8.9 所示的 EasyShu 安装界面，勾选"已阅读并同意上述软件安装许可协议所提及的全部内容"复选框，单击"自动判断 Excel 位数安装"按钮，即可快速安装该插件。

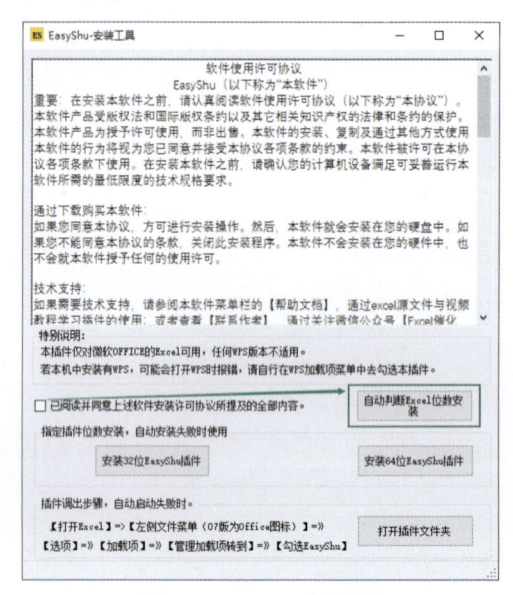

图 1.8.9　EasyShu 安装界面

安装好后，Excel 中会出现如图 1.8.10（1）所示的"EasyShu"选项卡。如图 1.8.10（2）所示，在调用标签工具时，在"EasyShu"选项卡中，单击"数据标签"按钮，选择"数据标签位置微调"，会出现如图 1.8.10（3）所示的"EasyShu-形状位置调整"对话框。

> **提醒一点：** 使用 EasyShu 插件的标签工具不仅可以调整数据标签，还可以调整标题、坐标轴标题、图例、文本框、形状等，也就是本质为"形状"的所有元素。

标签工具调整分为单方向和双方向，单方向可以向上、下、左、右移动，双方向可以向左上、左下、右上、右下移动。如图 1.8.11 所示，以调整步长 40 为例，单击"左"按钮，数据标签便向左移动 40 像素；单击"右上"按钮，数据标签便向右上移动 40 像素，再次单击可以继续移动 40 像素。在微调时，可以调小步长，最小步长为 1，最大步长为 100。

第 1 章　图表元素解析

（1）

（2）　　　　　　　　　　　　　　　（3）

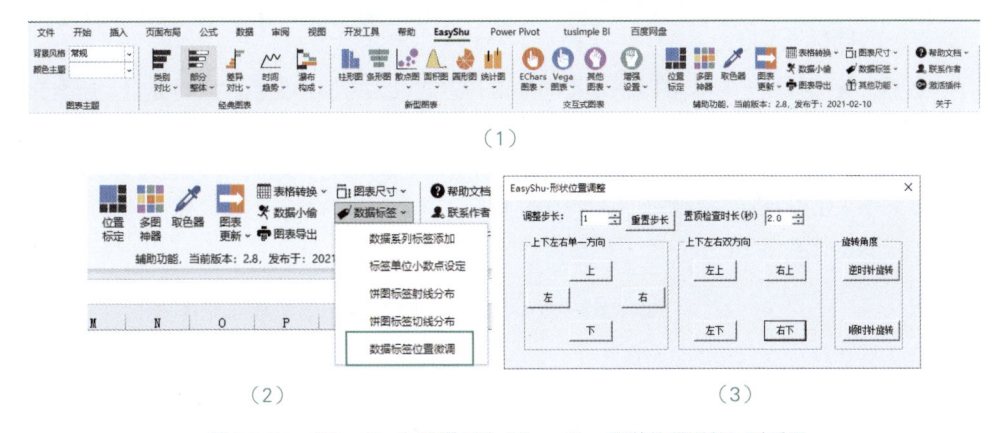

图 1.8.10　"EasyShu"选项卡及"EasyShu-形状位置调整"对话框

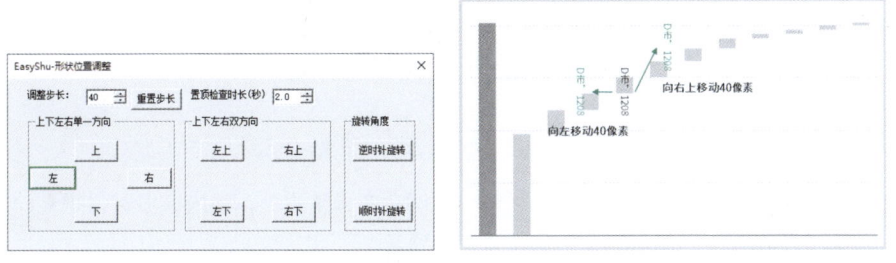

图 1.8.11　数据标签单方向和双方向移动

如图 1.8.12 所示，使用标签工具可以调整单个数据标签或所有数据标签，数据标签移动的极限是图表区的上、下、左、右边框，当数据标签到达图表边缘后便会停止移动，其他未移动到图表边缘的标签可以继续移动，直至图表边缘。如果不希望数据标签紧贴着图表顶部且保持对齐的状态，则需待全部标签移动至图表顶部后，再整体下移。

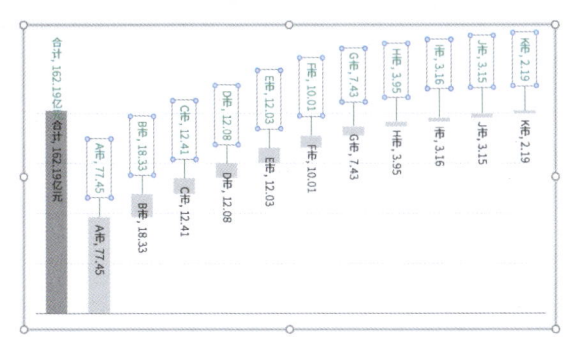

图 1.8.12　使用标签工具同时移动所有数据标签

在移动数据标签时，不应局限于使用标签工具或手工移动，而是要根据实际情况，将两者结合起来使用，手工拖曳的效率高，能够随心所欲、大幅度地移动；使用标签工具对得齐，能够更加精细、精准地移动。

63

3. 数据标签对齐

数据标签和标题一样，可以采取不同的对齐方式，比如横排显示、竖排显示、所有文字旋转 90°、所有文字旋转 270°、堆积和自定义角度。其对齐方式主要由内容和位置决定，一般的数据标签采用横排显示；在模仿坐标轴标签时，采用竖排显示；在说明趋势变化时，还可以如图 1.8.13 所示，顺势而为，自定义角度；其余对齐方式，不建议使用。设置对齐方式的步骤，请参考 1.2 节中的"标题对齐方式"部分。

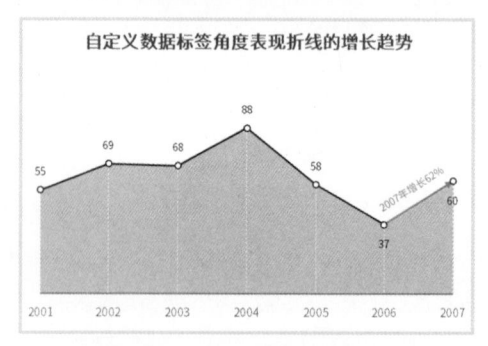

图 1.8.13 自定义数据标签的角度

数据标签本质上是一个文本框，所以也能够自由调整边距，当内容多时，把上、下、左、右边距都设置为"0"，排版会变得更加紧凑。

4. 数据标签形状

如图 1.8.14 所示，在添加数据标签时，会出现两个选项——"添加数据标签"和"添加数据标注"。数据标注就像是换了衣服的"数据标签"，将文本框的形状换成了"对话框"，其内容、位置和对齐方式与数据标签别无二致。

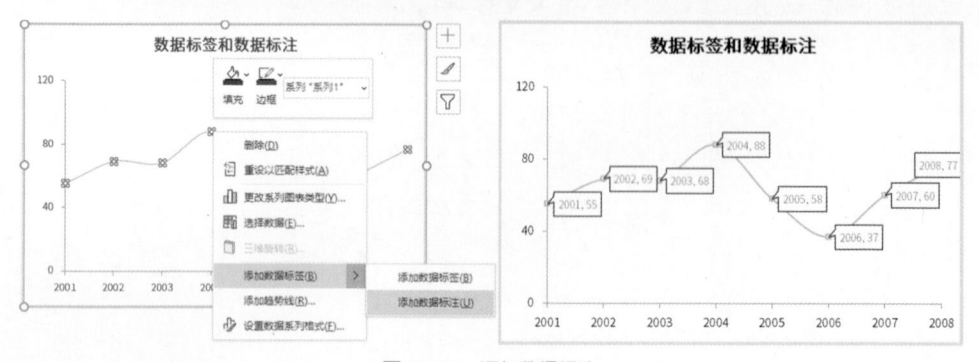

图 1.8.14 添加数据标注

如图 1.8.15 所示，将数据标注设置成深色填充搭配白色字体，也能做出不错的图表效果，在追求新意的新闻类图表中常会看到这种设置。数据标签的形状是一个矩形，既然能将其改成对话框，当然也能改成其他形状，比如图 1.8.16 所示的椭圆形、五边形、流程图

(顺序访问存储器)、流程图（资料带）、燕尾形箭头等形状。在更改形状时，单击数据标签，在"格式"选项卡中，单击"更改形状"按钮，从形状列表中选择合适的形状，如图1.8.17所示。

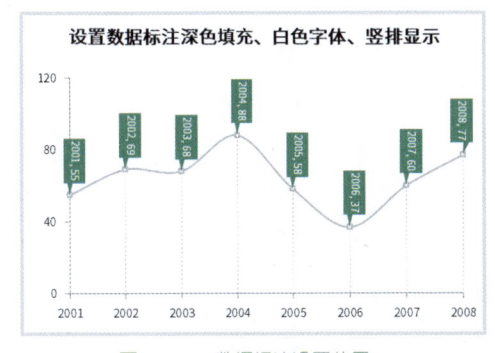

图1.8.15　数据标注设置效果

图1.8.16　个性化数据标签的形状

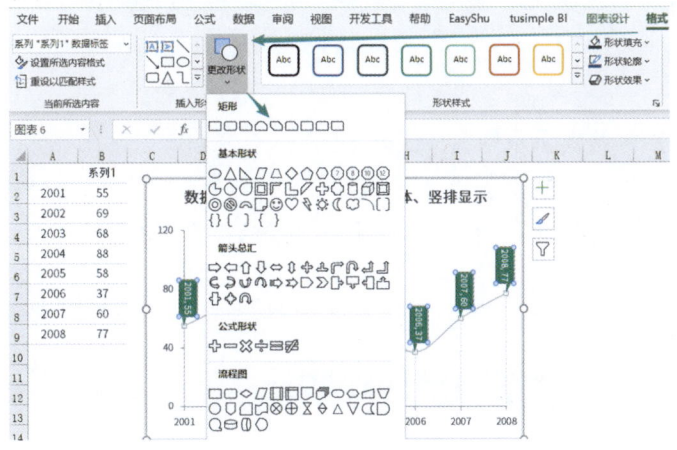

图1.8.17　更改数据标签的形状

5. 用数据标签显示类别名称代替坐标轴标签

如图1.8.18所示，毛利树图的树干高度代表各企业的销售额，气泡大小代表利润率，深绿色为正利润率，浅绿色为负利润率。在1.4节"图表定位：坐标轴"中曾介绍过，气泡图的两个坐标轴均为数值坐标轴，无法显示类别名称，变通之法就是在横坐标轴上添加一个辅助气泡图，在气泡图的数据标签中仅显示类别名称来代替坐标轴标签。

提醒一点： 由于气泡图不能与其他类型的图表组合，这里的辅助列也必须是气泡图，将气泡值设置为极小值（比如0.01）后就相当于散点图。另外，毛利树图的树干部分采用误差线制作，在3.3节"商业图表标配：误差线"中会详细介绍其用法。

如图1.8.19所示，双层气泡图中上层的深绿色气泡用于对比不同企业的销售额，下层的浅绿色气泡则作为参照系，其数据标签正好代替横坐标轴标签显示类别名称。

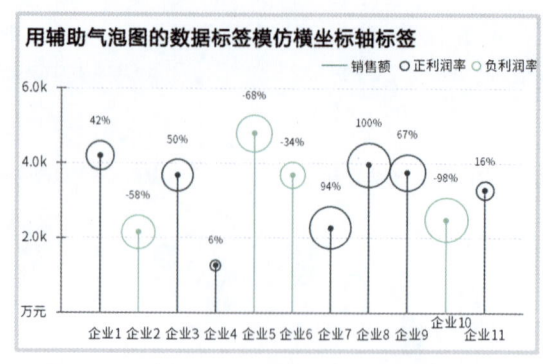

图 1.8.18 用辅助气泡图的数据标签代替横坐标轴标签

图 1.8.19 用参照气泡图的数据标签代替横坐标轴标签

6. 用数据标签显示系列名称代替图例

如图 1.8.20 所示，可以用折线图的最后一个数据点的数据标签代替图例，在标签内仅保留系列名称，统一放置在折线右侧，标签文字颜色与折线线条颜色保持一致，就能得到一张极简风格的折线图。对于柱形图、条形图，则建议在第一个图形上添加标签；在面积图和折线图中，添加位置与其相同；对于其他类型的图表，则不建议如此操作。

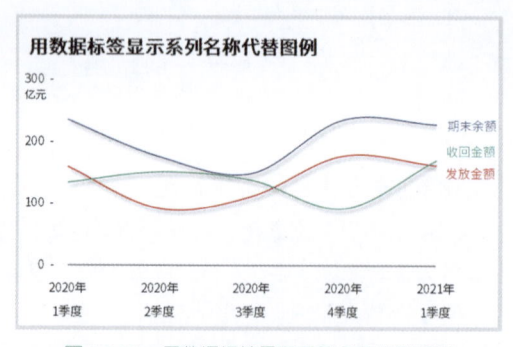

图 1.8.20 用数据标签显示系列名称代替图例

如图 1.8.21 所示，连续单击两次"期末余额"折线的最后一个数据点，然后单击鼠标右键，在弹出的快捷菜单中选择"添加数据标签"命令。双击数据标签，右侧会弹出"设置数据标签格式"窗格，再次单击并选中此数据标签，在"标签选项"选项下，在"标签包括"中勾选"系列名称"复选框，取消勾选"值"和"显示引导线"复选框，接着将标签颜色设置为"蓝色"。同理，添加"收回金额"和"发放金额"折线的系列名称。

第 1 章 图表元素解析

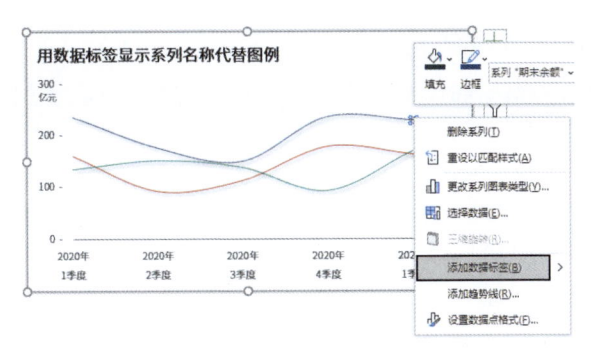

图 1.8.21 为最后一个数据点添加数据标签

7. 数据标签显示单元格中的值

当数据标签的备选内容不符合工作要求时，可以用"单元格中的值"来弥补。也就是说，重新指定新的单元格来显示其中的内容，在单元格内容更新后，数据标签也会跟着更新。需要注意的是，数据标签的数量与单元格的数量是一一对应的，多指定的单元格无法显示，空白的单元格则显示为"空"。

如图 1.8.22（1）所示，柱形图采用"单元格中的值"让数据标签显示排名。在设置时，双击数据标签，如图 1.8.22（2）所示，在右侧弹出的"设置数据标签格式"窗格中，勾选"单元格中的值"复选框并单击"选择范围"按钮；如图 1.8.22（3）所示，在"数据标签区域"对话框中，选择新的数据标签区域，单击"⬆"按钮，选择如图 1.8.22（4）所示的 C2:C8 单元格区域，生成如图 1.8.22（1）所示的效果。

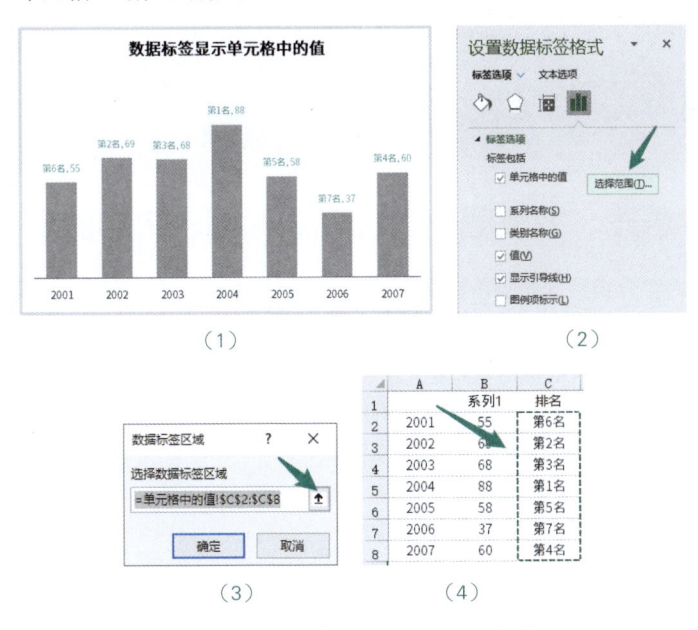

（1）　　　　　　　　　　（2）

（3）　　　　　　　　　　（4）

图 1.8.22 数据标签显示单元格中的值的步骤

8. 自定义数据标签内容

当数据标签显示多项内容时，是完全按照"标签包括"中的顺序进行排列的。以柱形图为例，如果数据标签显示所有内容，则顺序依次为单元格中的值、系列名称、类别名称和值。当对内容自由度和顺序有更高要求时，必须自定义数据标签内容，类似于在文本框中手动录入内容。这种方式增加了标签的自由度，但同时也丧失了自动更新的优势，因此建议在设置数据标签时，灵活搭配使用"单元格中的值"和"自定义"两种方式，以提高制图效率。

9. 在数据标签中直接显示数据变化趋势或结论

在 1.2 节的"标题内容"部分介绍了直抒胸臆型标题的好处，就是让整个事件和结论一目了然。数据标签同样可以借鉴类似的做法，在关键图形或关键趋势处的数据标签内，直接给出整个趋势变化的核心或结论，如图 1.8.23 所示。如果直接把没有结论的折线图拿给老板看，老板需要观察、整理后才能得出结论，或者看得一头雾水，这样的图表便失去了部分参考价值。

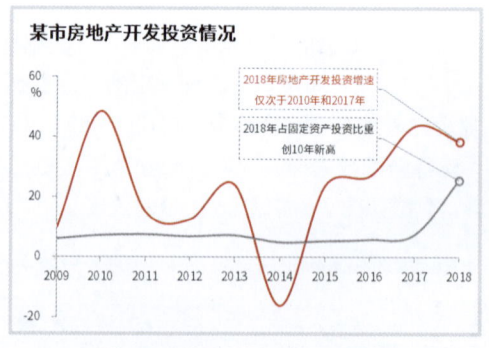

图 1.8.23　在数据标签内放置结论

1.9　基本原理：图表图层的优先级和图表内容的展开顺序

前面几节内容介绍了图表的一些典型元素及其应用方法，俗话说"一看就会，一做就废"，强烈建议对图表感兴趣的读者跟着动手操作。在实际操作过程中，可能会出现很多意想不到的问题，说不清、道不明，因此，若想要轻松地运用图表元素，还要了解图表的一些基本原理。下面将分别介绍图表图层的优先级和图表内容的展开顺序，相信学习完本节内容之后，很多困扰读者许久的问题都能找到答案。

1.9.1　图表图层的优先级

1. 图表图层的概念及用途

图层是 Adobe Photoshop 中的基本概念，通俗地讲，就像是含有文字或图形等元素的胶片，一张张按顺序叠放在一起，组合起来形成页面的最终效果。在图表中，图层对应着一个个图表元素，包括表内元素和表外元素。

研究图表元素的优先级，可以解决以下问题：

①如图1.9.1（1）所示，为什么折线会被数据标注遮挡？

②如图1.9.1（2）所示，怎样隐藏柱形图中左、右两侧的垂直网格线？

③如图1.9.1（3）所示，如何让网格线显示在柱形的上层？

④如图1.9.1（4）所示，在柱形图和条形图的组合图中，如何让柱形图在上、条形图在下？

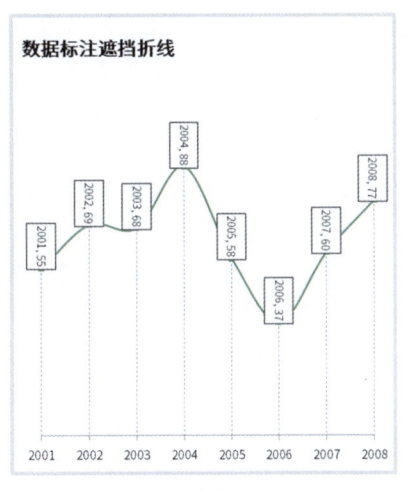

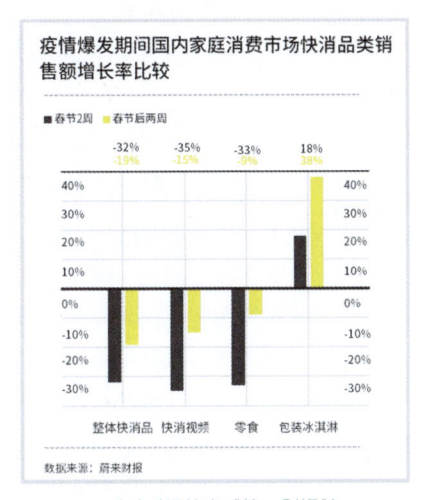

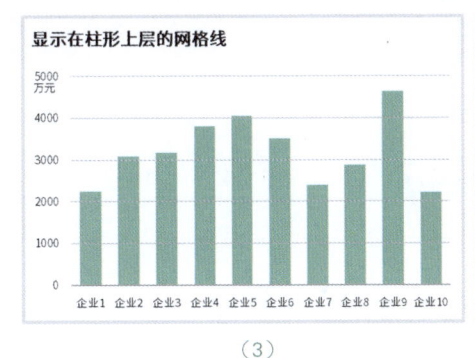

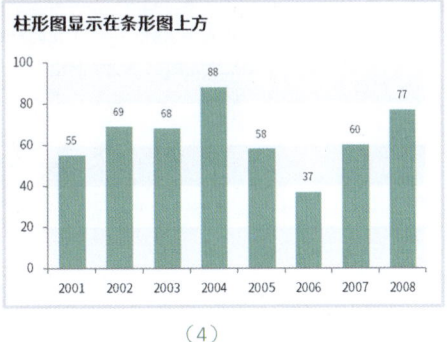

图1.9.1 图表元素的不同优先级效果

了解图表元素的不同优先级，在制作图表时可以少走很多弯路，最重要的是对Excel图表会有更深入的认识，为制作更高阶的图表打好基础。

2. 图表元素的优先级及其判断方法

图表中元素的优先级越高，则显示在越上层。图表元素的优先级遵循以下几个基本规律。

（1）表外元素>表内元素

在图表中插入的自定义图形或者文本框，可以显示在图表的最上层。也正因为如此，才可以实现用纯色色块遮挡住图表中不希望显示的部分，用文本框代替坐标轴标签，用色块+文本框制作图例（见1.3节），等等。至于图形和文本框，其插入顺序决定着优先级，插入得越晚，优先级就越高。

（2）图表区元素>绘图区元素

图表区元素整体的优先级要高于绘图区元素的优先级。两者各自区域内元素的优先级同样有高低之分。

图表区元素：图例>标题>坐标轴标题。

绘图区元素：坐标轴>误差线>数据标签>图形>网格线。

（3）绘图区填充>图表区填充

虽然绘图区元素的优先级低，但有一个例外，就是绘图区填充的优先级要高于图表区填充的优先级。若将绘图区填充为较深的背景色，将图表区填充为较浅的背景色，则可以提升图表的质感和层次感。具体做法详见2.4节中的"纯色填充注意事项"部分。

当然，这只是一些常用元素的优先级比较，更多元素的优先级，读者可以自行测试。测试方法很简单，如果测试元素是填充类的，则设置成纯色填充；若是线条类的，则设置成黑色线条。如图1.9.2所示，如果一个元素能遮挡其他元素，则其优先级高于对方；如果一个元素被其他元素遮挡，则其优先级低于对方。

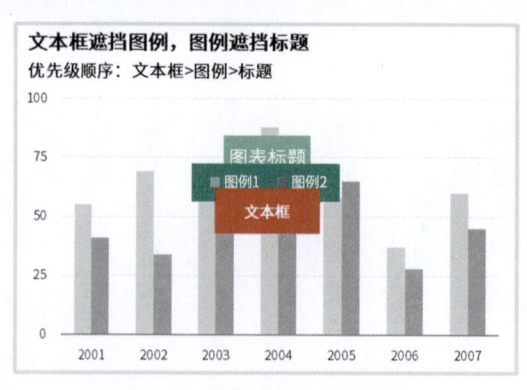

图1.9.2 图表元素的优先级测试

3. 组合图中不同类型图表的优先级

元素之间有优先级之分，不同类型的图表同样也存在优先级。同类图表的优先级就是图表系列的展开顺序，详见 1.9.2 节中的"数据系列的展开顺序"部分。这里主要介绍组合图中不同类型图表的优先级高低。

（1）Excel 可组合与不可组合的图表类型

可组合的图表有柱形图、条形图、折线图、面积图、散点图、雷达图和饼图 7 种。

不可组合的图表主要是气泡图，相对不太常用的图表还有股价图、曲面图、树状图、直方图、旭日图、箱型图、瀑布图、漏斗图。

那么，如何辨别图表能不能组合呢？如图 1.9.3 所示，在"更改图表类型"对话框中"选择"组合图，其中可供选择的图表能组合，反之则不能组合。

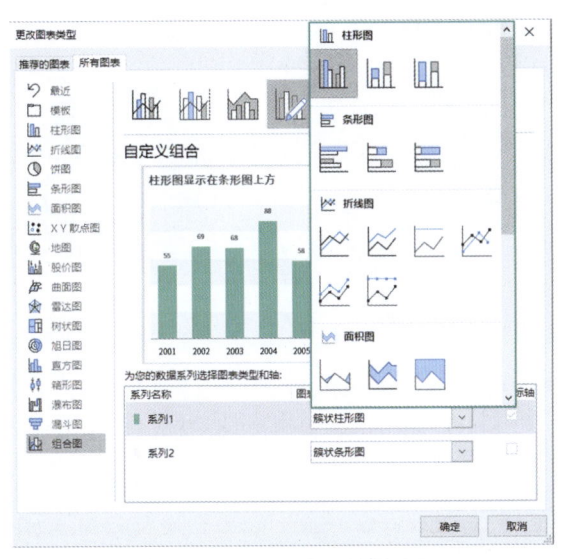

图 1.9.3　查看可以组合的图表类型

其实气泡图组合图也很常见，但是其不能直接组合，需要多张图表重叠实现组合，详见 3.2 节中的"图表与图表重叠"部分。

（2）组合图的优先级

组合图分为可共用坐标轴的图表和不可共用坐标轴的图表两类。

如图 1.9.4 所示，在可共用坐标轴的图表中，优先级由高到低为：散点图>折线图>柱形图>面积图，且不受所使用坐标轴的主次影响。也就是说，即使将优先级低的图表放在次要坐标轴上，也依然不会改变其优先级。

不可共用坐标轴的图表有条形图、雷达图和面积图。当这 3 类图表与其他图表组合时，优先级由高到低为：散点图>折线图>条形图、柱形图>雷达图、面积图>饼图，且不受所使用坐标轴的主次影响。如图 1.9.5 所示，以柱形图为例，当它分别与雷达图和饼图组合时，其优先级均高于雷达图和饼图。

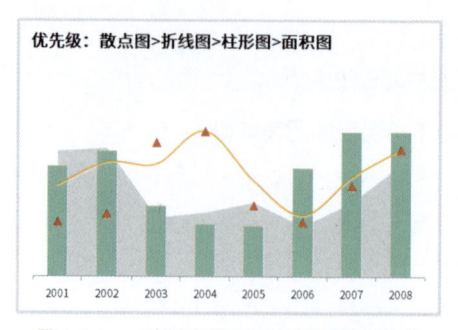

图 1.9.4　4 类可共用坐标轴的图表的优先级

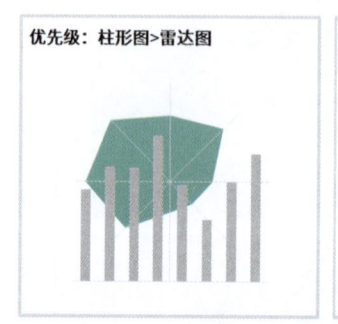

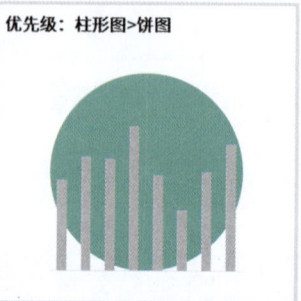

图 1.9.5　组合图的优先级 1

　　条形图和柱形图的组合图、雷达图和面积图的组合图是特例，它们的优先级受所使用坐标轴的主次影响。如图 1.9.6 所示，这类组合图的优先级是：谁使用次要坐标轴，谁的优先级就高。

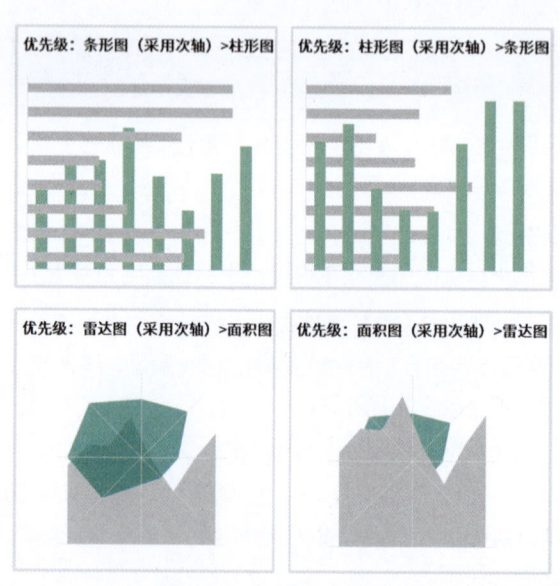

图 1.9.6　组合图的优先级 2

还有一类特别的组合图，就是同类图表的组合图，在1.4节中的"主要和次要的坐标轴"部分曾经介绍过，当数据系列之间的差异大时，两个系列必须被分置于主要和次要的坐标轴才能正常显示，所以也称得上是组合图。如图1.9.7所示，这类组合图的优先级是：谁使用次要坐标轴，谁的优先级就高。

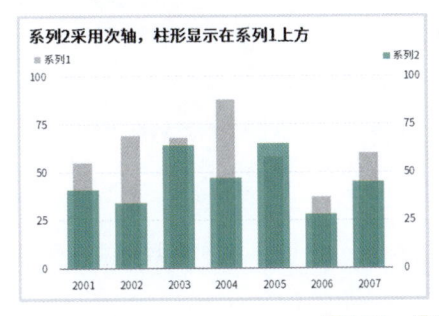

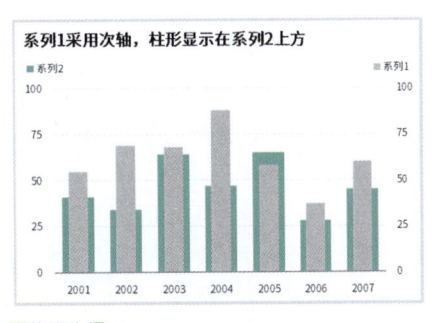

图1.9.7 组合图的优先级3

最后来回答一下本节的"图表图层的概念及作用"部分提到的4个问题。

①数据标注的优先级高于折线的优先级，将数据标注设置为白色填充后，肯定会遮挡折线。

②纵坐标轴的优先级高于网格线的优先级，将坐标轴线条设置为白色后，可以遮挡网格线，达到隐藏的效果。

③1.5节曾详细介绍过图1.9.1（3）所示的图表，误差线的优先级高于柱形的优先级，因此用散点图的误差线模仿的网格线可以显示在柱形的上层。

④放在次要坐标轴上的柱形图，其优先级高于放在主要坐标轴上的条形图的优先级。

1.9.2 图表内容的展开顺序

在使用Excel图表展示数据的基本规则中，图表图层的优先级主要指不同的元素、不同类型的图表显示的上、下顺序，而图表内容的展开顺序主要指原始数据是如何转化为图表的，以及两者之间有什么样的对应关系。本节将从数据系列和数据类别的含义、研究图表内容展开顺序的主要用途、数据类别的展开顺序、数据系列的展开顺序和图例的展开顺序5个方面，介绍图表与数据的排布规律，只有掌握了这些规律，才能有针对性地设置原始数据，获得理想的图表效果。

1. 数据系列和数据类别的含义

（1）数据系列

数据系列就是指图表中不同种类的数据，比如图表中不同的销售员、公司、地区、产品、年份等数据。

如图1.9.8所示，在折线图中，每一条线就是一个系列；在柱形图中，每一类柱形就是一个系列；在条形图中，每一类条形就是一个系列。

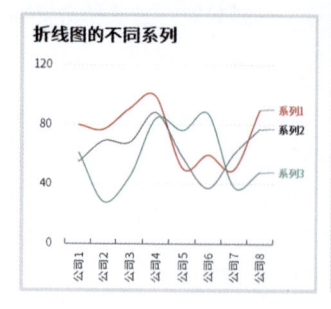

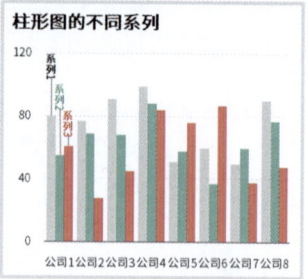

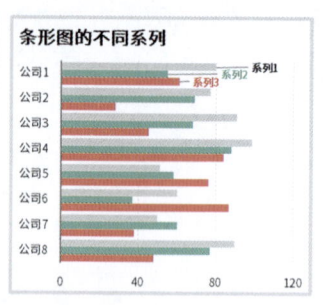

图 1.9.8　常用图表的数据系列

如图 1.9.9 所示，将数据系列对应到原始数据中，就是指纵向排版数据的"列标题"，或者横向排版数据的"行标题"。

如图 1.9.10 所示，将数据系列对应到"选择数据源"对话框中，就是指"图例项（系列）"。

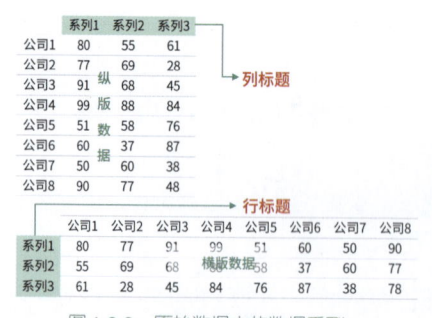

图 1.9.9　原始数据中的数据系列

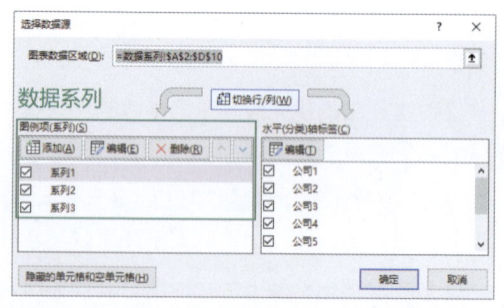

图 1.9.10　"选择数据源"对话框中的数据系列

如图 1.9.11 所示，将数据系列对应到图表中，就是指"图例"。

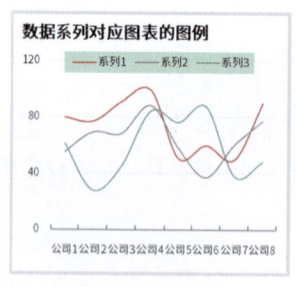

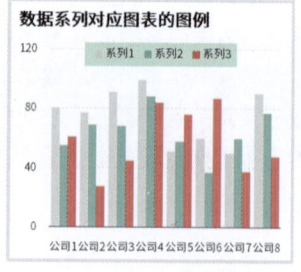

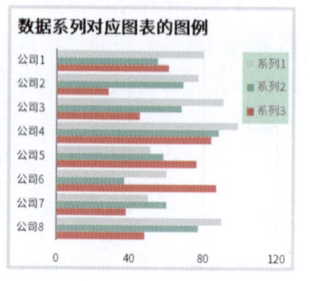

图 1.9.11　图表中的数据系列

（2）数据类别

数据类别就是指图表中同一种类下不同时期的数据，或者同一时期不同种类的数据，比如 2015 年不同地区的 GDP 增速中每一个地区就是一个类别、某地区 2010—2020 年的税收收入中每一年就是一个类别。

如图 1.9.12 所示，在折线图中，线上的每一个数据点就是一个类别；在柱形图中，每一个柱形就是一个类别；在条形图中，每一个条形就是一个类别。

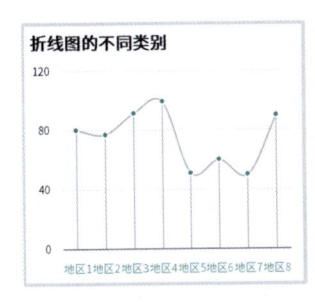

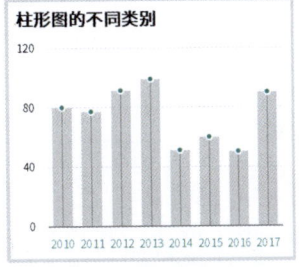

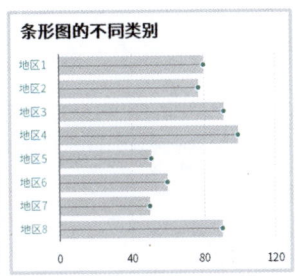

图 1.9.12　常用图表的数据类别

如图 1.9.13 所示，将数据类别对应到原始数据中，就是指纵向排版数据的"行标题"，或者横向排版数据的"列标题"。

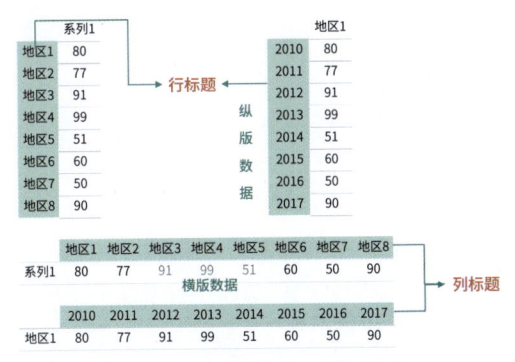

图 1.9.13　原始数据中的数据类别

如图 1.9.14 所示，将数据类别对应到"选择数据源"对话框中，就是指"水平（分类）轴标签"。

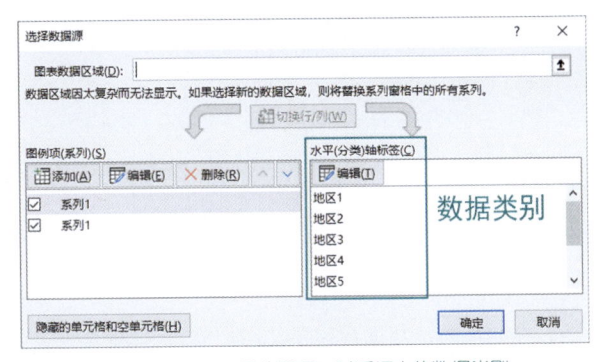

图 1.9.14　"选择数据源"对话框中的数据类别

（3）数据系列和数据类别总结

数据系列就是指横向排版数据的行标题、纵向排版数据的列标题、"选择数据源"对话框中的图例项（系列）、图表中的图例。

数据类别就是指横向排版数据的列标题、纵向排版数据的行标题、"选择数据源"对话框中的水平（分类）轴标签、图表中的坐标轴标签。

如图 1.9.15 所示，用红色线条连接的所有红色框中的内容就是数据系列，用绿色线条连接的所有绿色框中的内容就是数据类别。

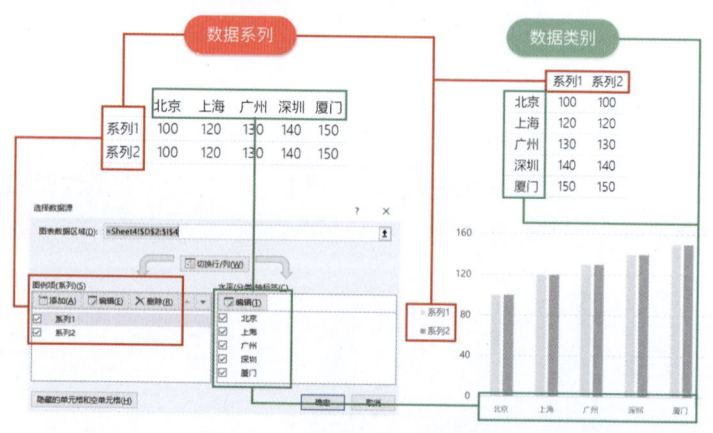

图 1.9.15　数据系列和数据类别汇总

数据系列和数据类别并非一成不变，两者之间可以进行切换，也就是说，可以将系列转变为类别。在切换时，首先单击图表任意区域，再单击鼠标右键，在弹出的快捷菜单中选择"选择数据"命令，然后在"选择数据源"对话框中，单击"切换行/列"按钮，如图 1.9.16 所示。

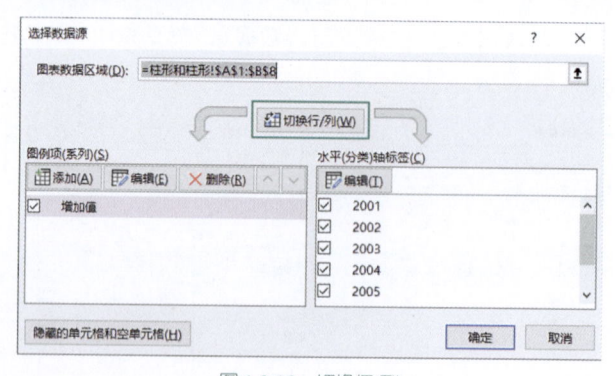

图 1.9.16　切换行/列

如图 1.9.17 所示，在切换前，数据系列是"增加值"，数据类别是不同的年份。在切换后，数据系列变为不同的年份，数据类别变为增加值。

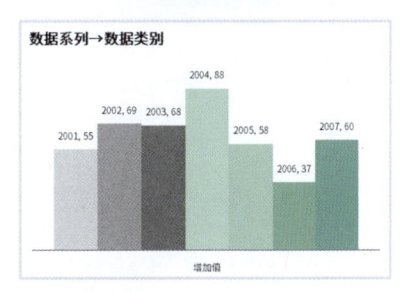

图 1.9.17 行/列切换前后的图表效果对比

2. 研究图表内容展开顺序的主要用途

研究图表内容的展开顺序，可以解决以下问题：

①如图 1.9.18（1）所示，右侧柱形遮挡了左侧柱形，如何左右互换？

②如图 1.9.18（1）所示，数据类别的顺序能不能调整？

③如图 1.9.18（2）所示，如何组合堆积柱形图和簇状柱形图？

④如图 1.9.18（2）所示，图例的顺序如何调整？

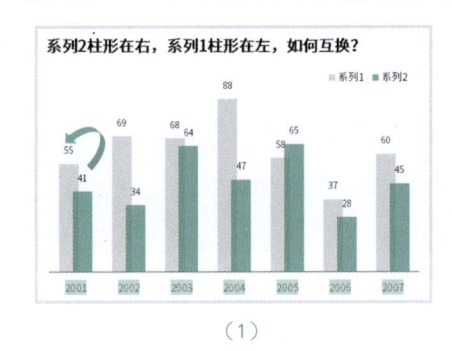

图 1.9.18 调整图表内容的显示顺序

3. 数据类别的展开顺序

数据类别的展开顺序主要分为以下几类。

①**横坐标轴作为类别坐标轴的图表**：折线图、柱形图和面积图。如图 1.9.19 所示，当原始数据纵向排版时"年份"由上到下，当原始数据横向排版时"年份"由左到右，对应到图表中的"类别名称"顺序是由左到右。数据类别展开后，图表中每个柱形便拥有了相对应的序号，由左到右依次为 1、2、3、4、5、6、7，第一个柱形左侧是 0.5，第一个和第二个柱形之间是 1.5，最后一个柱形右侧是 7.5。数据类别的序号主要用作添加散点图时的"X 轴"值。

图 1.9.19　横坐标轴作为类别坐标轴的图表的数据类别展开顺序

②**纵坐标轴作为类别坐标轴的图表**：条形图。如图 1.9.20 所示，当原始数据纵向排版时"年份"由上到下，当原始数据横向排版时"年份"由左到右，对应到图表中的"类别名称"顺序是由下到上。每个条形对应的序号，由下到上依次为 1、2、3、4、5、6、7，主要用作添加散点图时的"Y轴"值。

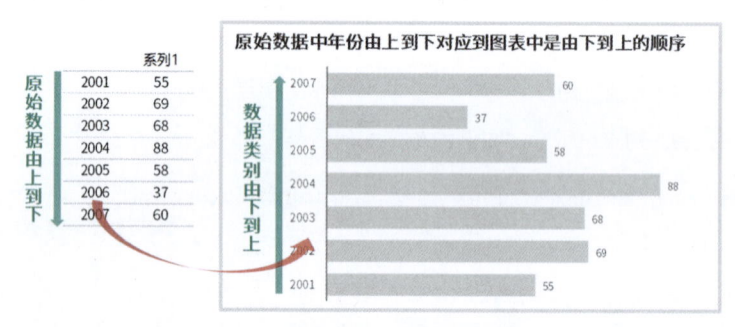

图 1.9.20　纵坐标轴作为类别坐标轴的图表的数据类别展开顺序

③**环形类图表**：饼图和雷达图。如图 1.9.21 所示，当原始数据纵向排版时"年份"由上到下，当原始数据横向排版时"年份"由左到右，对应到图表中的"类别名称"顺序是以 12 点钟方向为起点顺时针展开的。

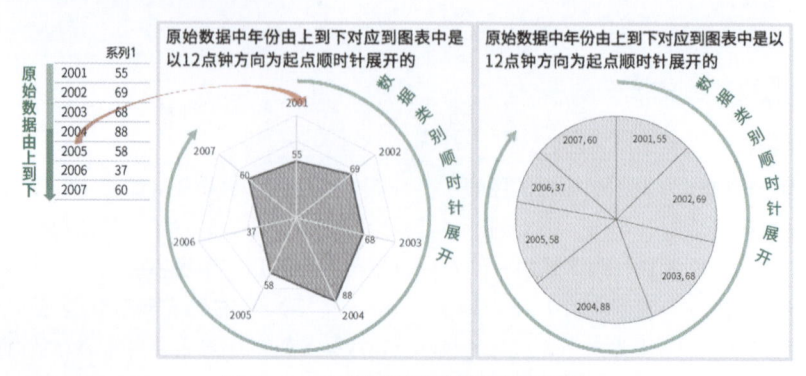

图 1.9.21　环形类图表的数据类别展开顺序

④**散点图和气泡图**：无法显示类别名称，只能在其数据标签中利用"单元格中的值"进行添加。

数据类别顺序调整

坐标轴作为类别坐标轴的图表，其类别名称可以通过设置"逆序类别"实现左右对换。如果想任意调整类别名称的顺序，那么所有图表均只能通过改变原始数据的上、下顺序来完成。

4. 数据系列的展开顺序

数据系列的展开顺序也就是指图形的优先级和上、下层顺序，主要分为以下几类。

①**同一类型且采用同一坐标轴的非堆积类图表**：包括柱形图、折线图、条形图、面积图、饼图、雷达图、散点图和气泡图 8 类常用图表。如图 1.9.22 所示，当原始数据纵向排版时"系列"由左到右，当原始数据横向排版时"系列"由上到下，对应到图表中的"系列"顺序是由下层到上层。

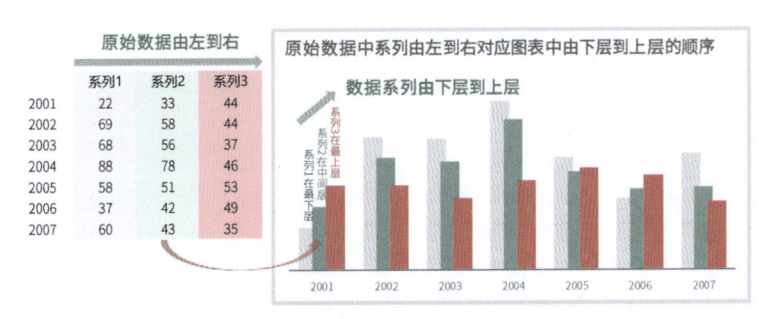

图 1.9.22　非堆积类图表的数据系列展开顺序

②**同一类型且采用同一坐标轴的堆积类图表**：堆积柱形图、堆积折线图和堆积面积图的数据系列的展开顺序一致。如图 1.9.23 所示，当原始数据纵向排版时"系列"由左到右，当原始数据横向排版时"系列"由上到下，对应到图表中的"系列"顺序是由下到上。堆积条形图的数据系列的展开顺序如图 1.9.24 所示，当原始数据纵向排版时"系列"由左到右，当原始数据横向排版时"系列"由上到下，对应到图表中的"系列"顺序是由左到右。

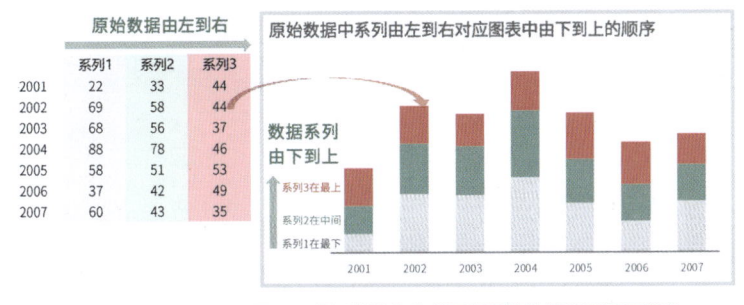

图 1.9.23　堆积柱形图、堆积折线图和堆积面积图的数据系列展开顺序

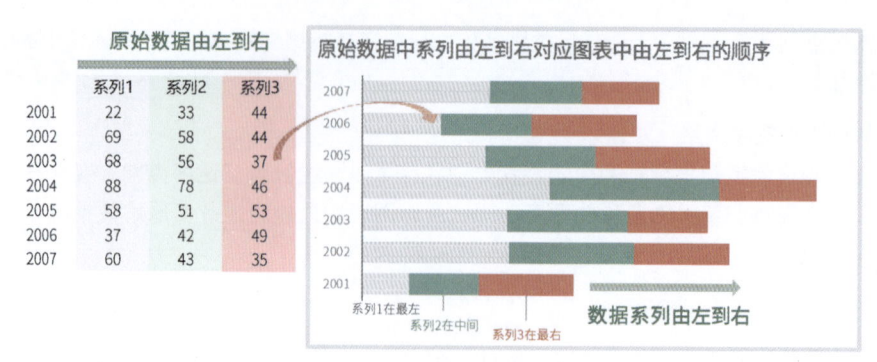

图 1.9.24　堆积条形图的数据系列展开顺序

③**同一类型且采用不同坐标轴的图表**：也就是 1.9.1 节介绍的同类图表组合图，在这类图表中，采用次要坐标轴的数据系列会显示在采用主要坐标轴的数据系列的上层。如果在同一坐标轴下还有多个数据系列，则其遵循同一类型且采用同一坐标轴的非堆积类图表或同一类型且采用同一坐标轴的堆积类图表的数据系列展开顺序规律。总结：**判断数据系列优先级，先看所使用坐标轴的主次，再看原始数据的排列顺序。**

④**不同类型的图表**：也就是组合图，参见 1.9.1 节介绍的不同类型图表的优先级。

数据系列优先级调整

①**同一类型且采用同一坐标轴的图表的不同数据系列**：调整数据系列优先级的方式有两种，其中一种是改变原始数据中各个系列的前后顺序，另一种更加简单——在"选择数据源"对话框中改变各个系列的顺序。如图 1.9.25 所示，在"选择数据源"对话框中，系列顺序和原始数据中的系列顺序保持一致。也就是说，当原始数据纵向排版时"系列"由左到右，当原始数据横向排版时"系列"由上到下，对应"选择数据源"对话框中的系列由上到下，相当于此处系列越靠上，越处于图表中的下层。当调整数据系列的顺序时，单击图表任意区域，再单击鼠标右键，在弹出的快捷菜单中选择"选择数据"命令，然后在"选择数据源"对话框中，勾选某个系列复选框，单击"∧"或"∨"按钮进行上下移动。

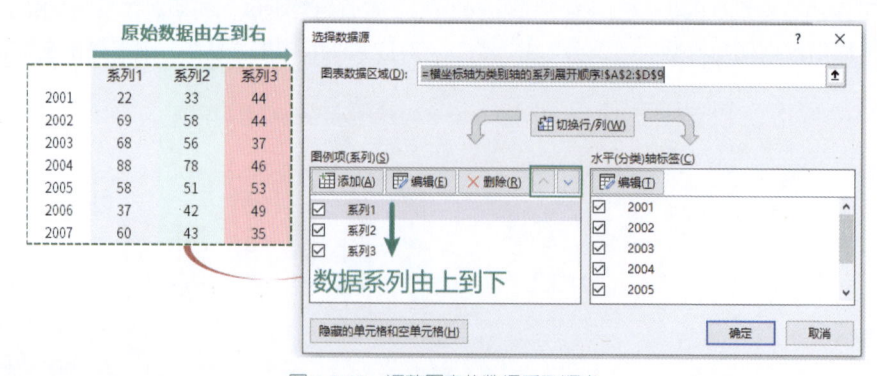

图 1.9.25　调整图表的数据系列顺序

②同一类型且采用不同坐标轴的数据系列优先级的调整方式：采用不同坐标轴的数据系列无法调整优先级。

③组合图数据系列优先级的调整方式：条形图和柱形图的组合图、雷达图和面积图的组合图，参照①来调整数据系列的优先级，其他组合图不能调整数据系列的优先级。

5. 图例的展开顺序

图例显示的是图表的数据系列，图例的展开顺序与数据系列的展开顺序很类似，主要分为以下几类。

①同一类型且采用同一坐标轴的非堆积类图表：柱形图、折线图、面积图、饼图、散点图和气泡图 6 类常用图表的图例展开顺序一致。如图 1.9.26 所示，当原始数据纵向排版时"系列"由左到右，当原始数据横向排版时"系列"由上到下，对应到图表中的横版"图例"顺序是由左到右、竖版"图例"顺序是由上到下。非堆积条形图的图例展开顺序如图 1.9.27 所示，当原始数据纵向排版时"系列"由左到右，当原始数据横向排版时"系列"由上到下，对应到图表中的横版"图例"顺序是由右到左、竖版"图例"顺序是由下到上。

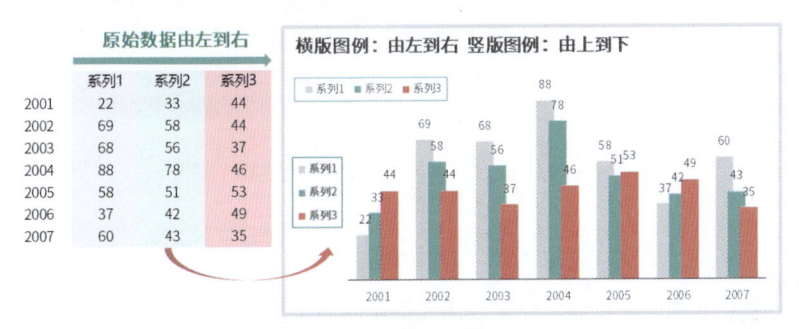

图 1.9.26　非堆积类图表的图例展开顺序

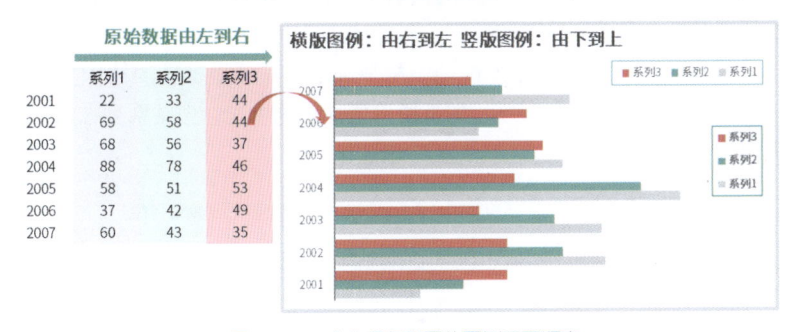

图 1.9.27　非堆积条形图的图例展开顺序

②同一类型且采用同一坐标轴的堆积类图表：堆积柱形图、堆积折线图和堆积面积图的图例展开顺序一致。如图 1.9.28 所示，当原始数据纵向排版时"系列"由左到右，当原始数据横向排版时"系列"由上到下，对应到图表中的横版"图例"顺序是由左到右、竖

81

版"图例"顺序是由下到上。堆积条形图的图例展开顺序如图 1.9.29 所示，当原始数据纵向排版时"系列"由左到右，当原始数据横向排版时"系列"由上到下，对应到图表中的横版"图例"顺序是由左到右、竖版"图例"顺序是由上到下。

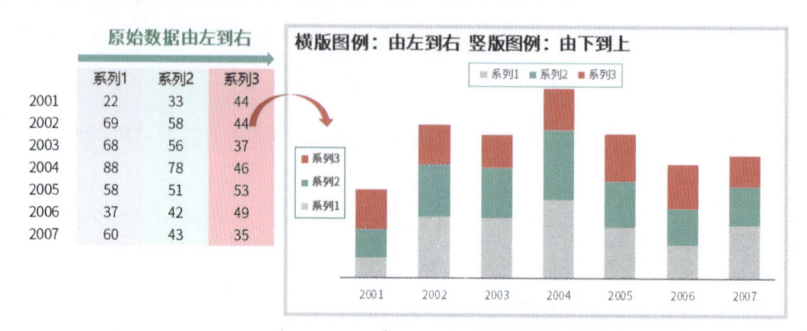

图 1.9.28 堆积柱形图、堆积折线图和堆积面积图的图例展开顺序

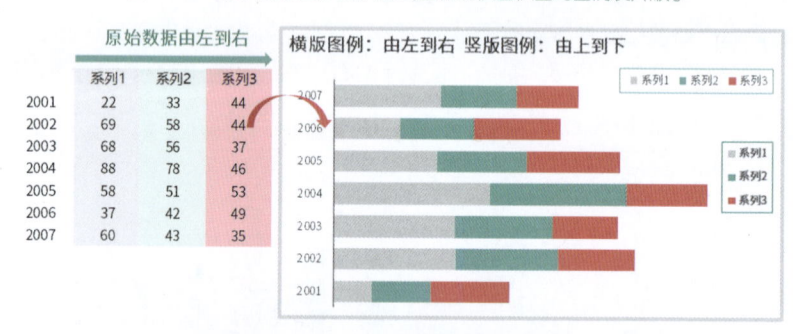

图 1.9.29 堆积条形图的图例展开顺序

③同一类型且采用不同坐标轴的图表（同类图表组合图）。这类图表的图例展开顺序如图 1.9.30 所示，采用主要坐标轴系列的横版"图例"和竖版"图例"，会分别显示在采用次要坐标轴系列的左侧或上方。如果同一坐标轴下还有多个数据系列，则其遵循同一类型且采用同一坐标轴的非堆积类图表或同一类型且采用同一坐标轴的堆积类图表的图例展开顺序规律。总结：判断图例顺序，先看所用坐标轴的主次，主轴系列在前、次轴系列在后，再看原始数据的排列顺序。

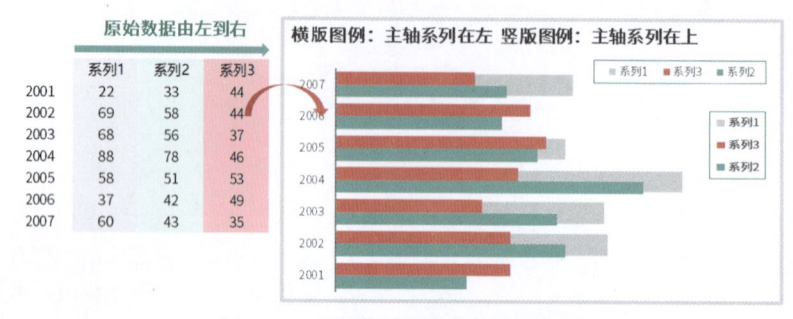

图 1.9.30 同类图表组合图的图例展开顺序

④**不同类型图表的组合图**：可共用坐标轴的图表的图例展开顺序与数据系列的优先级正好相反。如图 1.9.31 所示，横版"图例"由左到右、竖版"图例"由上到下的图例顺序分别为：面积图>柱形图>折线图>散点图，且不受所使用坐标轴的主次影响。也就是说，即使图例靠后的图表使用主要坐标轴，也不会改变其所在位置。

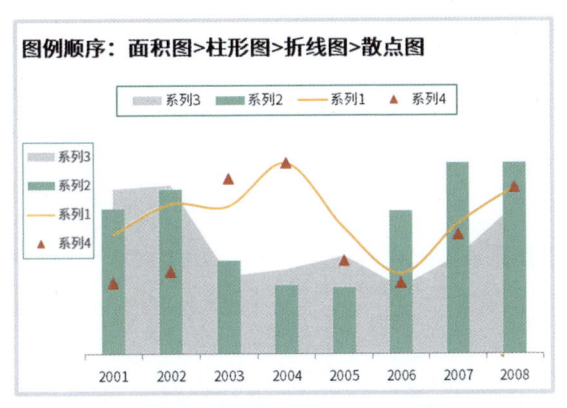

图 1.9.31 可共用坐标轴组合图的图例展开顺序

不可共用坐标轴的图表有条形图、雷达图和饼图。当这 3 类图表与其他图表组合时，图例由前到后的展开顺序为：饼图>面积图、填充雷达图>条形图、柱形图>折线图、雷达图>散点图，且不受所使用坐标轴的主次影响。如图 1.9.32 所示，以柱形图为例，当其分别与填充雷达图和饼图组合时，图例均处于填充雷达图和饼图之后。如图 1.9.33 所示，需要特别注意的是，填充雷达图与雷达图同属"雷达图"，也可以共用坐标轴。其实无论两者是否共用坐标轴，填充雷达图的图例都始终显示在雷达图之前。

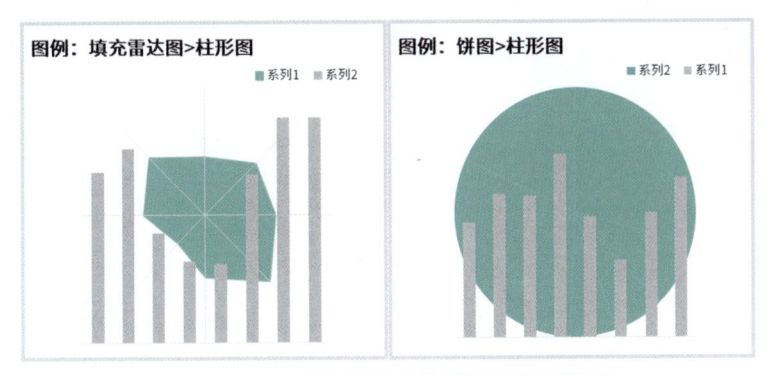

图 1.9.32 不可共用坐标轴的组合图的图例展开顺序

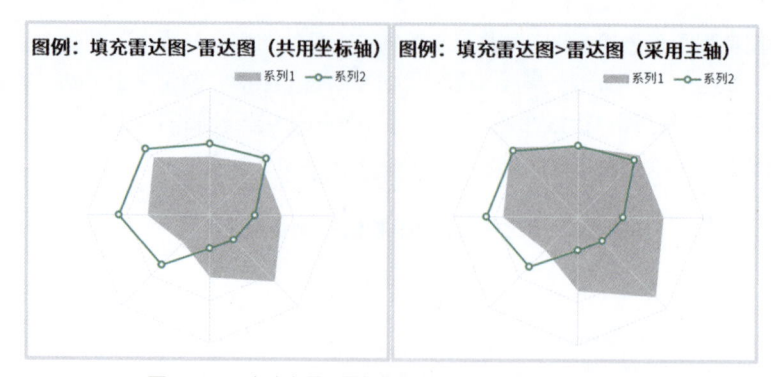

图 1.9.33　当填充雷达图与雷达图组合时的图例展开顺序

面积图和填充雷达图的组合图、条形图和柱形图的组合图、折线图和雷达图的组合图是特例，其图例的顺序受所使用坐标轴的主次影响。如图 1.9.34 所示，**这类组合图的图例展开顺序是：谁使用主要坐标轴，谁的图例便显示在对方之前。**

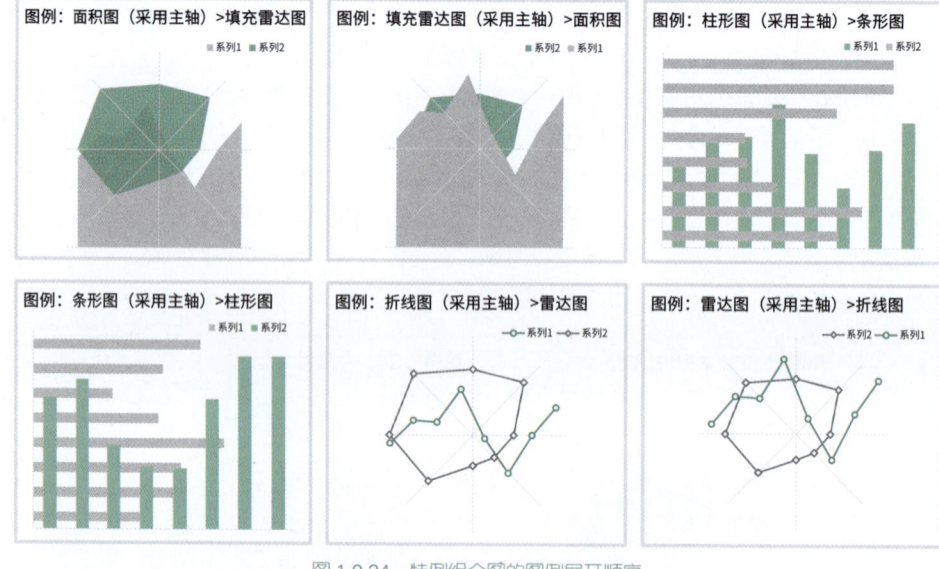

图 1.9.34　特例组合图的图例展开顺序

图例顺序调整

图例顺序调整的方法与数据系列优先级的调整方法一致，可参照修改。

最后来回答本节的"研究图表内容展开顺序的主要用途"部分提到的 4 个问题。

①采用同一坐标轴的柱形图，在原始数据中把"系列 1"放在"系列 2"右侧，或者在"选择数据源"对话框中将"系列 1"放在"系列 2"下方即可。

②要调整数据类别的顺序,需要在原始数据中调整相应行的顺序。

③簇状柱形图和堆积柱形图的组合图本质上依然是"堆积柱形图",其制作关键在于对原始数据的排列。如图 1.9.35 所示,以 2015 年的数据为例,需要将其拆分成 3 行,第 1 行是浅灰色填充的"预计销量",第 2 行是浅绿色填充的 E 产品、F 产品、G 产品、H 产品各自的销量,第 3 行是浅红色填充的空白行,用于分隔相邻年份的柱形,然后选择拆分好的数据直接插入堆积柱形图中即可。这样制作的堆积柱形图有一个问题,其横坐标轴标签不能被放在同一年度内相邻两个柱形的中间,因此还需要添加一组放在横坐标轴上的散点,用其数据标签来显示"年份"。关于柱形图组合图的详细介绍和制作过程,请参考 3.9 节中的"簇状堆积柱形图的制作"部分。

图 1.9.35　簇状柱形图和堆积柱形图的组合图

④图例的顺序既可以通过在原始数据中改变相应列的顺序来调整,也可以通过在"选择数据源"对话框中改变各个系列的顺序来调整。

上面两节介绍的内容十分繁杂且又极其重要,笔者特制作了如图 1.9.36 所示的总结表格,方便读者阅读和理解。

工作型图表设计：实用的职场图表定制与设计法则

图表图层优先级	图表内容展开顺序	图表内容展开顺序
元素	**系列展开顺序（优先级）**	**图例展开顺序**
表外元素>表内元素	①同一类型且采用同一坐标轴的非堆积类图表	①同一类型且采用同一坐标轴的非堆积类图表
表外元素：自定义图形或者文本框	柱形图、折线图、条形图、面积图、饼图、雷达图、散点图和气泡图	柱形图、折线图、条形图、面积图、饼图、雷达图、散点图和气泡图
②图表区元素>绘图区元素	原始数据：由上到下（横版）或由左到右（竖版）	原始数据：由上到下（横版）或由左到右（竖版）
图表区元素：图例>标题>坐标轴标题	系列优先级：由下层到上层	图例：横版图例由左到右，竖版图例由上到下
绘图区元素：坐标轴>误差线>数据标签>图形>网格线		条形图
③绘图区填充>图表区填充	②同一类型且采用同一坐标轴的堆积柱和面积图	原始数据：由上到下（横版）或由左到右（竖版）
	堆积柱形图、堆积折线图和堆积面积图	图例：横版图例由右到左，竖版图例由下到上
图表内容展开顺序	原始数据：由上到下（横版）或由左到右（竖版）	
类别展开顺序	系列优先级：由下到上	②同一类型且采用同一坐标轴的堆积类图表
①横坐标轴为类别的柱状图和面积图	堆积条形图	堆积柱形图、堆积折线图和堆积面积图
折线图、柱形图（横版）或由左到右（竖版）	原始数据：由上到下（横版）或由左到右（竖版）	原始数据：由上到下（横版）或由左到右（竖版）
原始数据：由上到下	系列优先级：由上到下	图例：横版图例由左到右，竖版图例由上到下
类别名称：由左到右		堆积条形图
	③相同类型图表组合图	原始数据：由上到下（横版）或由左到右（竖版）
②纵坐标轴为类别的图表：饼图和雷达图		图例：横版图例由左到右，竖版图例由上到下
原始数据：由上到下（横版）或由左到右（竖版）	可共用坐标轴：散点图>折线图>条形图、柱形图>雷达图、面积图>饼图	
类别名称：由右到左	不受所使用坐标轴的主次影响	③相同类型图表组合图
	不可共用坐标轴：	先看所用坐标轴的主次，主轴系列在前，次轴系列在后，再看原始数据的排列顺序
③环形类图表：饼图和雷达图	散点图>折线图>条形图、柱形图>雷达图、面积图>饼图	
原始数据：以12点钟方向为起点顺时针展开	优先级不受所使用坐标轴影响	④组合图
类别名称：顺时针	条形图和柱形图组合图：雷达图和饼图组合图：	可共用坐标轴：面积图>柱形图>条形图、柱形图>折线图、雷达图>散点图
	次要坐标轴优先级>主要坐标轴优先级	不受所使用坐标轴的主次影响
④散点图和气泡图中无法显示类别名称		不可共用坐标轴：
	④组合图	饼图>面积图、填充雷达图>条形图、柱形图>折线图
数据类别优先级调整	各个系列的前后顺序，方式一是在"选择数据源"对话框中改变各个系列	雷达图：填充雷达图>雷达图
坐标轴为类别的图表：设置"逆序类别"实现互换	的顺序	面积图和柱形图组合图、条形图和柱形图组合图：
自由调整类别名称顺序：所有图表均只能通过改变		组合图：主要坐标轴>次要坐标轴
原始数据的上、下顺序来完成	③相同类型图表组合图：先看所用坐标轴的主次，再看原始数据参照①的调整	
	③组合图：条形图和柱形图组合图、雷达图和面积图组合图、柱形图和折线图组合图	**图例顺序调整**
		方法与数据系列优先级的调整方法一致

图 1.9.36　图表图层的优先级和图表内容的展开顺序总结

86

第 2 章

工作型图表设计法则

标配统一的字体、颜色、大小、填充和装饰，辅之以合理的图表类型和恰当的排版布局，再运用齐、松、透的工作型图表设计法则进行调整，图表将会变得更加整齐美观，让老板也交口称赞。本章内容主要是为工作型图表定制铺路，建立最基本的图表规范和审美观。

2.1 图表字体：规范统一、注意版权

工作要一丝不苟，制作工作型图表也理应如此，每一个元素和每一个细节都值得被认真对待。字体是图表设计的基础，也是必不可少的内容之一，规范统一的设置能让图表更显专业、更值得信赖。在图表中需要设置字体的元素主要有主副标题、图例、坐标轴标签、数据标签、单位、数据来源和解释性文字。本节会从图表字体设置通用原则、不同风格图表的字体选择、双数值坐标轴字体设置、表格字体设置和字体设置最简法则入手，让字体也能成为图表的加分项。

2.1.1 图表字体设置通用原则

不管是单一的图表，还是一个系统的报告、一份工作汇报或一篇数据新闻稿中的图表，都可以参照这个字体设置通用原则：**同一图表内不同元素的字体要有层次对比，不同图表间相同元素的字体要整体统一**。细分起来，可以从以下 5 个方面对字体进行优化。

字体数量：少即是多，字体数量不宜超过 3 种，数量太多给人的感觉不是丰富，而是凌乱。建议采用同一字族的不同字重进行搭配，比如微软雅黑和微软雅黑 light、思源宋体字族或思源黑体字族。

字体大小：字体太大，浪费图表空间；字体太小，容易被忽视。字体大小不应该固定不变，建议根据图表大小适当上下浮动。按照字体元素的重要程度，将字体大小分为 2~4 个层级。

第 1 层级的字号最大（10~14 号）：标题。

第 2 层级的字号中等（8~10 号）：副标题、坐标轴标题、坐标轴标签、图例。

第 3 层级的字号次之（8~9 号）：数据标签、单位。

第 4 层级的字号最小（5~7 号）：数据来源、解释性文字。

强调：部分需要得到更多重视的文字，在本层级的字号基础上加粗。

当确有需要时，可以简化层级为 2 层或 3 层，将第 2 层级、第 3 层级和第 4 层级合并。

文字颜色：纯黑色字体太过于刺眼，不够柔和，有一种"咄咄逼人"之感，如非必要，不建议选择。如图 2.1.1 所示，首选颜色为深灰色"黑色（淡色 25%）"，备选颜色为主题颜色的第 2 列，分别是"黑色（淡色 50%、35%、25%、15%和 5%）"。文字颜色既可以整体统一，也可以保留 1~3 个层级，层级越高，越应得到强化，文字颜色越深。

字体类型：根据有无装饰，字体分为**衬线字体**和**无衬线字体**。如图 2.1.2 所示，衬线字体棱角分明、容易辨识、易读性强，典型的中文字体是宋体，英文字体是 Times New Roman。无衬线字体的线条粗细统一、简约美观，当下极简美和扁平风的盛行，让无衬线字体得到了更多人的喜爱，典型的中文字体是黑体、微软雅黑，英文字体是 Helvetica。这两类字体没有优劣之分，只有使用场合和个人偏好的不同。

图 2.1.1 文字颜色　　图 2.1.2 衬线字体和无衬线字体

特别提醒：现代社会人们的版权保护意识愈发强烈，在选用字体时务必注意版权问题。内部使用的图表，可以根据喜好选择字体，一旦公开使用、发行或产生盈利，一定要购买字体或选择无版权字体，以免侵权。

如图 2.1.3 所示，这里推荐几种常用的无版权字体，均包含英文字母，可满足基本需求。

无衬线字体			衬线字体		英文字体
思源黑体Heavy	阿里巴巴普惠体H	OPPOSans H	思源宋体Heavy	方正楷体	Arial Black
思源黑体Bold	阿里巴巴普惠体B	OPPOSans B	思源宋体Medium		Arial
思源黑体Medium	阿里巴巴普惠体M	OPPOSans M	思源宋体Semibold		
思源黑体Normal	阿里巴巴普惠体R	OPPOSans R	思源宋体		
思源黑体Regular	阿里巴巴普惠体L	OPPOSans L	思源宋体Light		
思源黑体Light			思源宋体ExtraLight		
思源黑体ExtraLight					

图 2.1.3 常用的无版权字体推荐

衬线字体：思源宋体、方正楷体（免费商用，但需获取书面授权）。

无衬线字体：思源黑体、阿里巴巴普惠体、OPPOSans、Arial（英文）。

字体加粗和倾斜：如图 2.1.4 所示，咨询公司的财务风格图表习惯用"斜体"表示各类销售指标的增速情况，将字体加粗表示强调。

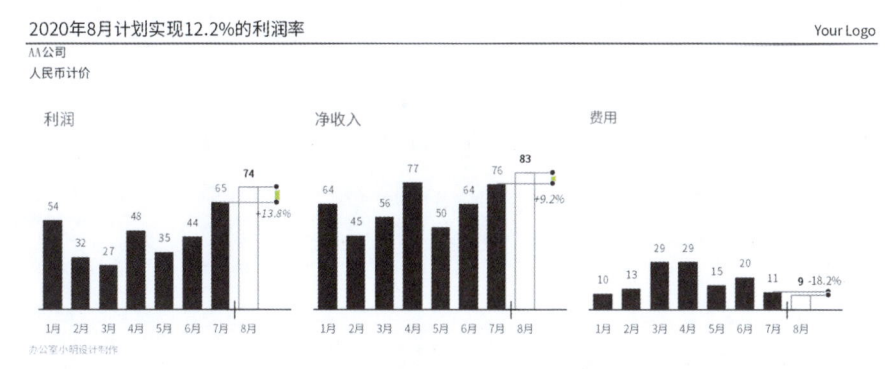

图 2.1.4　财务风格图表（图表模仿自"Zebra BI"）

如图 2.1.5 所示，按照上述标准展示一套图表示例字体。

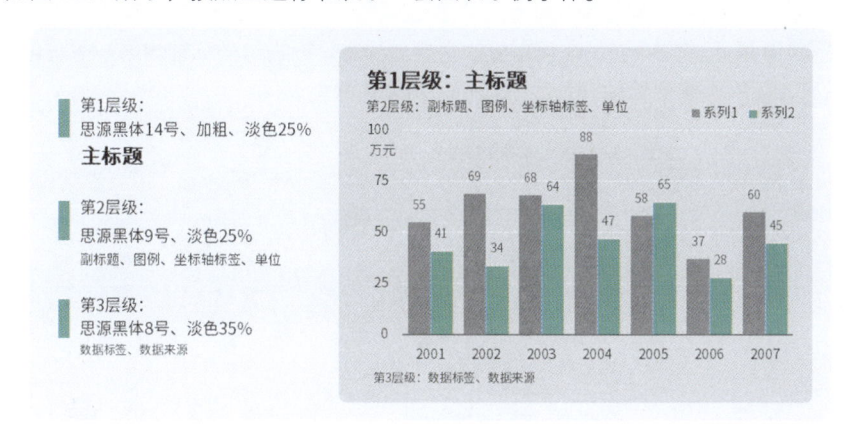

图 2.1.5　图表示例字体

2.1.2　不同图表的字体分类设置

1. 不同风格图表的字体选择

在工作型图表中有 3 种最常用的图表风格：**政府报告类**、**商务报告类**和**数据新闻类**，其各自适合使用不同的字体。

政府报告类图表：政府报告相对庄重和严肃，通常图表标题采用无衬线字体"黑体"，正文采用衬线字体"宋体"或"仿宋"，如图 2.1.6 所示，对应的图表可以沿用这种组合或单独使用宋体。

商务报告类图表：商务报告更加注重专业性和规范性，其图表最常用的是无衬线字体"微软雅黑"，如图 2.1.6 所示，建议对应的图表也沿用这种字体。

数据新闻类图表：通常会根据不同的文章主题选择相应的字体，灵活度比较大。如图 2.1.7 所示，儿童主题选用充满童趣和可爱的手写体，如汉仪小麦体（商用需授权）；女性主题选用优雅和柔软的字体，如文悦后现代体（商用需授权）；男性主题选用硬朗和有力量感的字体，如旁门正道标题体（免费可商用）。很多新闻媒体公司都会使用特定字体或定制字体，对应的图表可以直接选用。

政府报告	商务报告	儿童主题	女性主题	男性主题
政府报告 相对庄重和严肃	商务报告更加注重专业性和规范性	童趣可爱的手写体萌翻孩子	优雅柔软有气质的字体与女神最为契合	硬朗和有力量感的字体最让男神喜爱
黑体+宋体	微软雅黑	汉仪小麦体	文悦后现代体	旁门正道标题体

图 2.1.6　政府报告类和商务报告类图表字体推荐　　图 2.1.7　不同主题的数据新闻类图表字体推荐

2. 双数值坐标轴字体设置

当数据系列之间的差异很大时会使用双坐标轴，为了便于区分，以及建立系列与坐标轴之间的联系，数值坐标轴的颜色和标签文字的颜色可以与对应系列保持同色或相同的色系。如图 2.1.8 所示，"系列 1"采用左侧的主要坐标轴，折线与坐标轴均采用深灰色；"系列 2"采用右侧的次要坐标轴，折线与坐标轴均采用绿色。

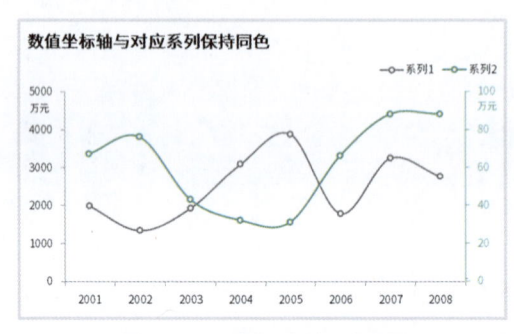

图 2.1.8　双数值坐标轴字体设置

3. 表格字体设置

表格主要分为 4 个部分：标题、表头、主体内容和数据来源（附加内容、补充内容），每个部分都应该作为一个层级来设置相应的字体。

第 1 层级（标题）：字号为 12~16 号，左对齐或居中对齐，颜色首选深灰色。

第 2 层级（表头）：字号为 10~11 号，居中对齐或右对齐，当与主体内容的字号相同时加粗，颜色与标题保持一致。

第 3 层级（主体内容）：字号为 8~10 号，将文字内容设置为左对齐或居中对齐，将数值设置为居中对齐或右对齐，文字颜色与标题和表头的颜色保持一致或比其略浅。部分需要强调的内容，可以将字体加粗或修改颜色。

第 4 层级（数据来源）：字号为 6~8 号，左对齐，文字颜色与主体内容的颜色保持一致或比其略浅。

表格的字体类型：政府报告类的标题为黑体，其余部分为宋体；商务报告类和数据新闻类的建议用微软雅黑或思源黑体等无衬线字体，用字号和加粗来区分不同层级。

如图 2.1.9 所示，按照上述标准展示一套表格示例字体。

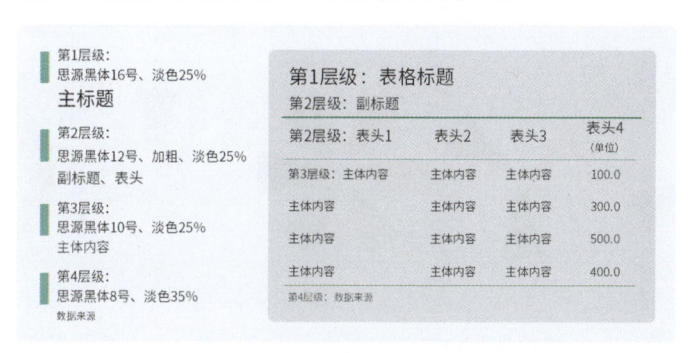

图 2.1.9　表格示例字体

表格中的单位可以单独设置，层级与数据来源保持一致，也可以将其直接放在对应的表头内，层级与表头或数据来源保持一致。关于表格的其他设计技巧，详见 3.10 节中的"表格设计要点"部分。

2.1.3　字体设置最简法则

黑色字体不柔和，但是老板坚持用。

某种字体不合适，但是老板坚持用。

某种字体没版权，但是老板坚持用。

在开始图表定制后，以上问题可能会经常遇到，定制的过程本就是一个权衡的过程。对于图作者来说，最大的责任是一定要把不同做法的优劣对比和利害关系表达解释到位，然后由老板来决定，相信其能够做出最正确的选择。字体设置的最简法则就是老板要求用哪种字体、怎么用，遵照执行即可。在满足甲方要求、老板要求、工作要求的基础之上，再对图表进行最大化的优化，做出最优效果。

2.2　图表颜色：限制数量、前后一致

在字体、颜色和大小这三个最基本的图表规范中，颜色是改变图表气质的最快方式，因为人的眼睛对颜色最为敏感。合理的配色可以让图表变得大方、得体、专业、美观，集

中读者的注意力，奠定情绪基调，甚至化腐朽为神奇。本节会从给图表配色、Excel 主题色、寻找合适的主题色、制作主题色、建立图表元素的颜色层次等方面入手，让颜色成为图表的品牌和征服读者的王牌。

2.2.1 给图表配色

大部分读者并非专业设计人员，对颜色可能并不敏感，这里只介绍色彩的最基本知识和概念。如图 2.2.1 所示，以 Excel 中最常用的 RGB 色彩模式为例，这个五彩斑斓的世界是由红、黄、蓝三原色构成的，三原色两两混色后形成二次色（间色），三原色与相邻的二次色再次混色形成三次色，再加上明暗之分后就形成了色轮。

图 2.2.1 色轮的组成

从色轮中取色有 4 类经典配色方法：**对比色、近似色、三角色和渐变色**。如图 2.2.2 所示，对比色是指色轮上 180° 直线相对的两种颜色，比如红色和绿色、黄色和蓝色，这种颜色搭配的对比效果最为明显。近似色（也叫类比色）是指色轮上相邻的 3 种颜色，比如橘红色、红色和紫色搭配，颜色种类十分丰富且含有共同颜色的色调，看起来更有和谐感。三角色（也叫分裂补色）是指在色轮上放置一个等边三角形后 3 个顶点对应的颜色，这种颜色搭配既有类比色的和谐感，又有对比色的力量感。渐变色是指通过改变单一颜色的亮度得到一组明暗不同的颜色，这种配色更侧重于颜色的统一性，消除杂乱感。

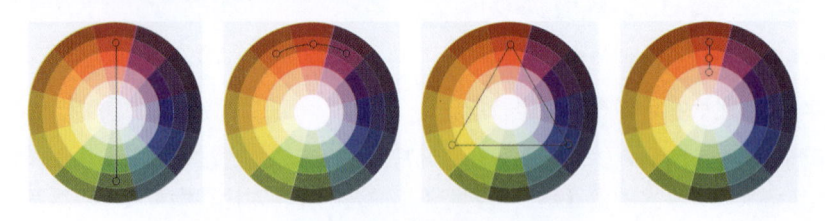

图 2.2.2 4 类经典配色方法

图表的颜色不能随意选择，而是取决于数据，常见的数据关系有以下 3 种。

对比类数据：这是最为常见的一种数据关系，比如与竞争对手之间的对比，此类数据通常用折线图、柱形图、条形图、面积图等来表达，使用对比色或三角色能够突出对比关系。

细分类数据：也称为内部对比，比如同款手机不同版本的销量对比，其与对比类数据使用的图表类型相同，使用近似色能够有效区分不同的类别，同时又不会割裂和疏远彼此之间的关系。

组成类数据：表示整体的不同组成部分，比如华为公司的各类产品盈利占比，此类数据通常用饼图、圆环图、百分比堆积柱形图、百分比堆积条形图和树状图来表达，使用渐变色能够保持统一性。

图表配色还有一个十分重要的问题，就是颜色数量。图表使用的颜色越多，搭配越难，所以要尽量控制好颜色数量。一种简单而有效的办法就是建立图表颜色规则，先确立主色，并根据主色来搭配出其余颜色，然后确定每种颜色的使用顺序，最后应用到整个报告之中。这里以《DT财经》的常用配色为例，介绍当使用不同数量的颜色时给出的推荐色参考。如图 2.2.3 所示，主色是蓝色、对比色是黄色、近似色是绿色、三角色是红色、百搭色是灰色，色盘的第 2~6 行是每种颜色对应的渐变色。

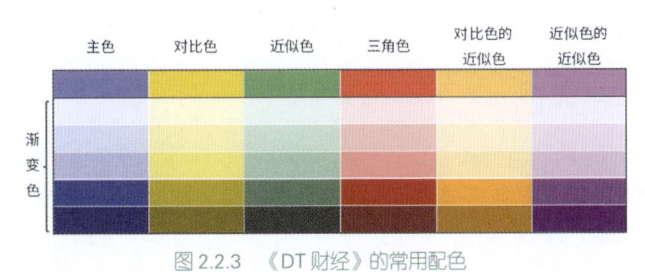

图 2.2.3 《DT财经》的常用配色

① 如图 2.2.4 所示，当只需要 1 种颜色时，直接采用主色。

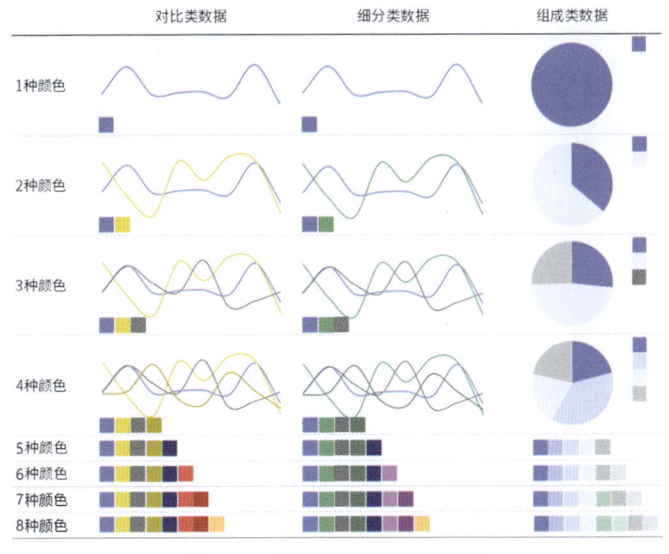

图 2.2.4 不同数量颜色的搭配参考

② 当需要 2 种颜色时，增加相对应的对比色（三角色）、近似色或渐变色。对比类数据用主色+对比色，或者主色+灰色，细分类数据用主色+近似色，组成类数据用主色+渐变色。

③当需要 3 种颜色时，在 2 种颜色的基础上增加灰色。对比类数据用主色+对比色+灰色，细分类数据用主色+近似色+灰色，组成类数据用主色+渐变色+灰色。

④当需要 4 种颜色时，在 3 种颜色的基础上增加配色的渐变色。对比类数据用主色+对比色+对比色的渐变色+灰色，细分类数据用主色+近似色+近似色的渐变色+灰色，组成类数据用主色+渐变色1+渐变色2+灰色。

⑤当需要 4 种以上的颜色时，先在 4 种颜色的基础上增加主色的渐变色，然后陆续增加新的颜色，对比类数据增加主色的三角色，细分类数据增加近似色的近似色，组成类数据增加主色的近似色。值得注意的是，颜色增加得越多，彼此之间的区分度越会随之有所下降。

试想一下，如果有了类似于《DT 财经》的这些现成的配色，图表配色的难题就被简化成一个选择题，只要选择颜色就行，这也是笔者所倡导的"主题色配色法"。那么，主题色是什么，又去哪里寻找适合自己的主题色呢？

2.2.2 Excel 主题色

主题色是 Office 的颜色管理方式，一组主题色由 6 种不同的颜色组成，图表在应用主题色后，可以通过切换主题色来快速更换颜色，俗称"一键换色"。如图 2.2.5 所示，一组主题色就是一种变化、一种气质，有了足够多的主题色，就能让图表千变万化。

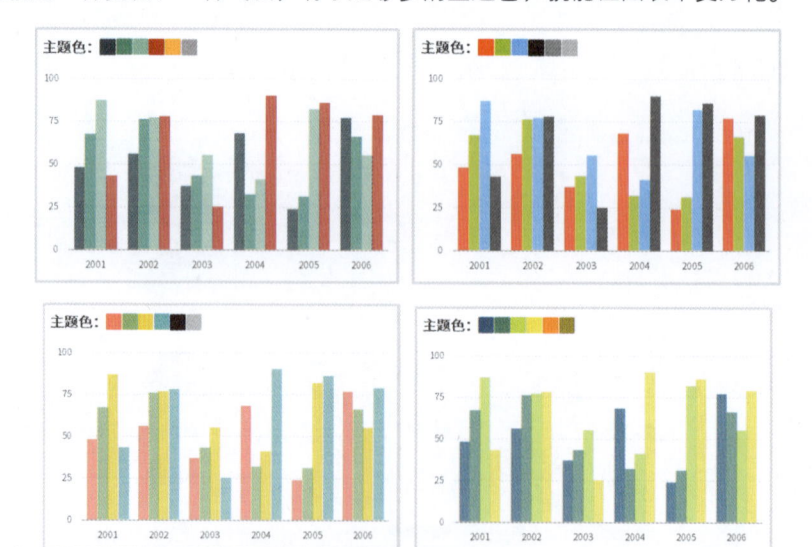

图 2.2.5　应用不同主题色的柱形图

那么，主题色是常换常新吗？答案是否定的。企业具有竞争力的根本是划定经营范围、找准目标客户，主题色也同样应该找到自己的定位，例如，科技行业常用深邃蓝，中国风常用红黄配。企业往往通过塑造品牌来赋予产品意义，提高产品知名度，主题色也是品牌的一部分，寻找并坚守适合工作的主题色，可以有效提高定制的过稿率，更容易获得老板的认可。

设定主题色是一种**标准化**，一如既往的规范化配色更能深入人心。

设定主题色是一种**差异化**，让工作报告从文山图海中脱颖而出。

设定主题色是一种**简单化**，培养读者的认知习惯，降低读者的认知难度。

2.2.3　寻找合适的主题色

如果公司有完整的配色方案，则可以直接跳过这一节内容。如果没有也没关系，这里将介绍一种相对简单的寻找主题色的方法及其步骤。

①如果公司只有主色，比如淘宝的橙色、微信的绿色，则可以以主色为基础选择相应的配色。

②如果公司没有特定颜色，则可以从 logo 中提取主色，然后搭配其他颜色。

③如果公司没有任何参考色，则可以研究同行业的配色或竞争对手的配色，从而确定一种主色，进而搭配其他颜色。

如图 2.2.6 所示，PowerPoint 中有一个宝藏插件 iSlide，其内置了层出不穷的色彩库，这些主题色来源于 500 强企业，或来源于相关行业，都是 iSlide 设计师精心挑选、迎合主流设计趋势且经过验证的色彩方案。最为方便的是其可以根据色相、行业和色系进行筛选，快速定位到目标配色。

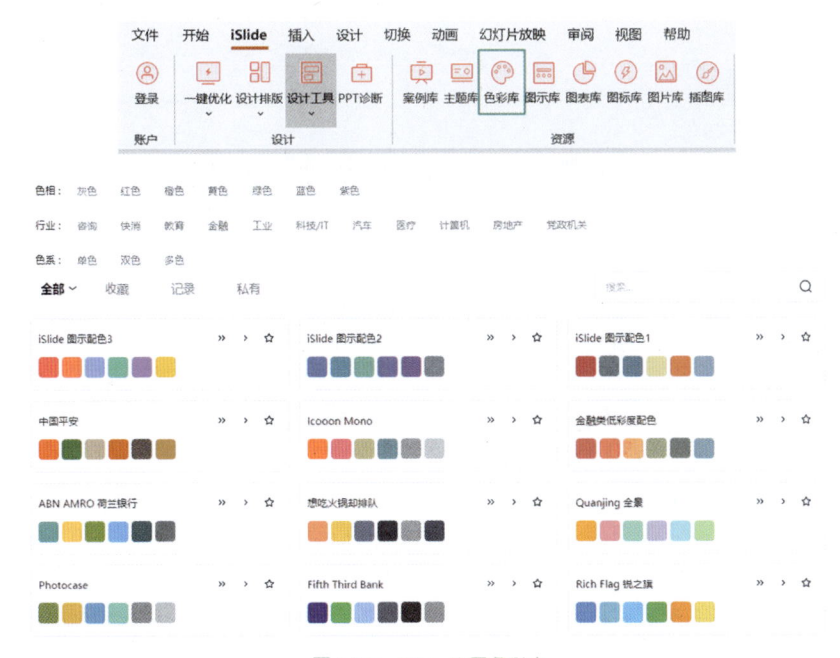

图 2.2.6　iSlide 内置色彩库

如图 2.2.7 所示，以教育行业为例，在筛选颜色时，如果有主色，那么就在"色相"中选择对应的颜色；如果没有，则不用选择。然后在"行业"中选择"教育"，在"色系"中选择"多色"（在配色时，建议包括主色的对比色、相近色和三角色，若不确定色系，则可以不用选择此项），在筛选后就得到了 350 种不同的配色方案，其中包括樊登读书、网易云课堂、中国人民大学商学院、中公教育等知名教育类企业或高校的配色方案。对于满意的配色方案，你可以直接选用，或者以此为参考设计自己的配色方案。

图 2.2.7　教育行业备选主题色

2.2.4　制作主题色

在找到中意的配色后，还需要导入 Office 中，PowerPoint 和 Excel 共享主题色，因此在这两者之中均可导入主题色，这里推荐两种导入方式。

方式 1：在 PowerPoint 中应用主题色并保存。如图 2.2.8 所示，单击"勤学网"主题色右上角的 "»" 按钮，可以将此配色应用到全部页面。

图 2.2.8　应用 iSlide 配色

如图 2.2.9 所示，在"设计"选项卡中，单击"变体"组中的" "按钮，在弹出的下拉列表中选择"颜色"，然后在弹出的颜色列表中选择"自定义颜色"，接着在"新建主题颜色"对话框中，将"名称"修改为"勤学网"，单击"保存"按钮，主题色便已被保存好。在 Excel 的"页面布局"选项卡中的"颜色"中，可以直接选择使用保存好的主题色。

第 2 章 工作型图表设计法则

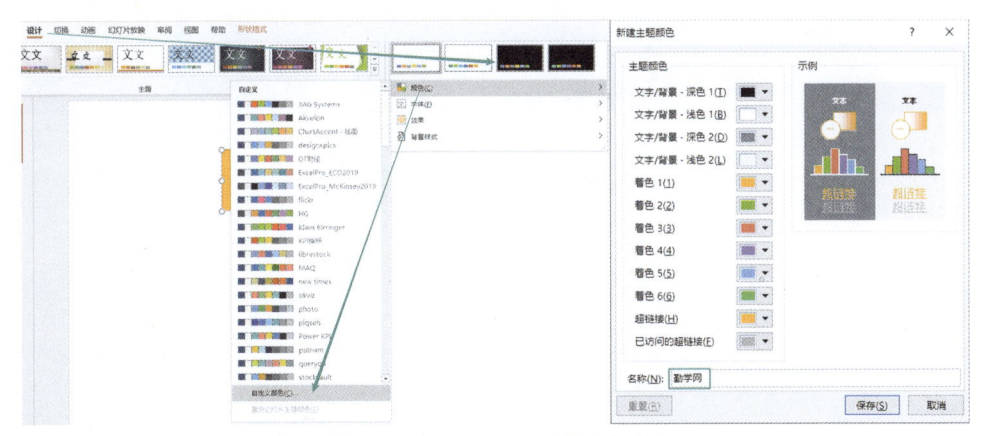

图 2.2.9 在 PowerPoint 中保存主题色

方式 2：利用 Snipaste 软件获取配色的 RGB 值并在 Excel 中增加主题色。Snipaste 是一款出色的截图软件，其取色功能很强大。如图 2.2.10 所示，在运行 Snipaste 后，按 F1 键开始取色，将鼠标指针放在"勤学网"配色的第一个色块上，Snipaste 会在弹出的列表中显示此色块的 RGB 值"255,148,1"，同样操作可以获得其余几种颜色的 RGB 值。

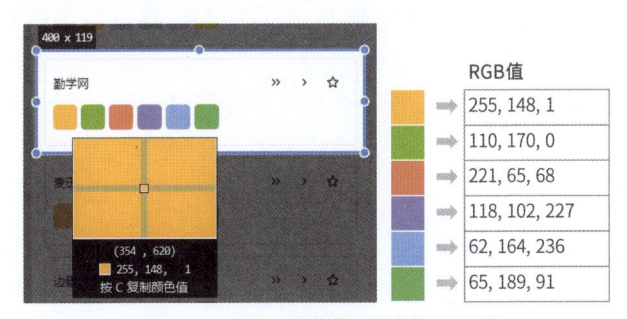

图 2.2.10 获取"勤学网"配色的 RGB 值

在 Excel 的"页面布局"选项卡中，单击"颜色"按钮，在弹出的颜色列表中选择"自定义颜色"，然后在"新建主题颜色"对话框中，单击"着色 1"，在弹出的"主题颜色"列表中选择"其他颜色"，接下来在弹出的"颜色"对话框中，将 Snipaste 获取的橙色 RGB 值分别填入"红色"、"绿色"和"蓝色"框中，如图 2.2.11 所示。同样操作依次修改着色 2~着色 6 对应的 RGB 值，最后把"新建主题颜色"对话框中的"名称"修改为"勤学网"，单击"保存"按钮即可。

提醒一点：制作好的主题色被保存为一个 TXT 文件，存储在 Office 主题色文件之中。设置好主题色的 Excel 文件，可以在另一台电脑中打开，不管这台电脑中是否含有此主题色，都不影响其正常显示。但是新建的 Excel 文件则不能使用此主题色，这时可以将原电脑中的主题色文件导入这台电脑中，无须再重新制作。

97

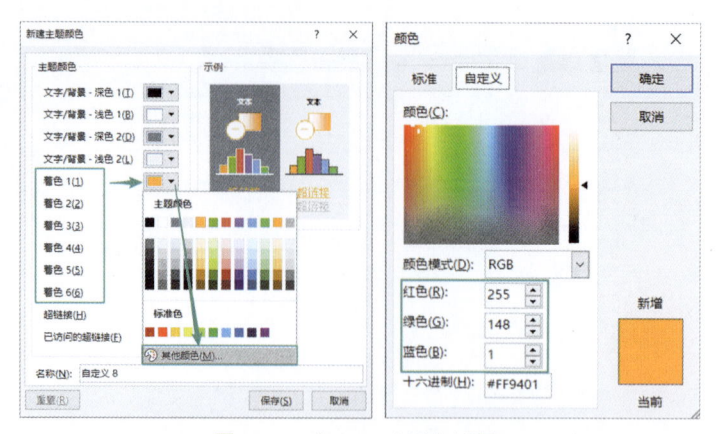

工作型图表设计：实用的职场图表定制与设计法则

图 2.2.11　在 Excel 中新建主题色

导出和导入主题色的步骤是，在原电脑中打开 Excel 文件，然后在"页面设置"选项卡中，单击"主题"按钮，在弹出的"Office"列表中选择"保存当前主题"选项，接着在"保存当前主题"对话框中，复制地址栏中的地址，接下来打开"我的电脑"，在地址栏中粘贴地址，便可跳转至目标主题色文件所在的文件夹。最后将"勤学网"主题色文件复制到另一台电脑中对应的文件夹下即可，如图 2.2.12 所示。

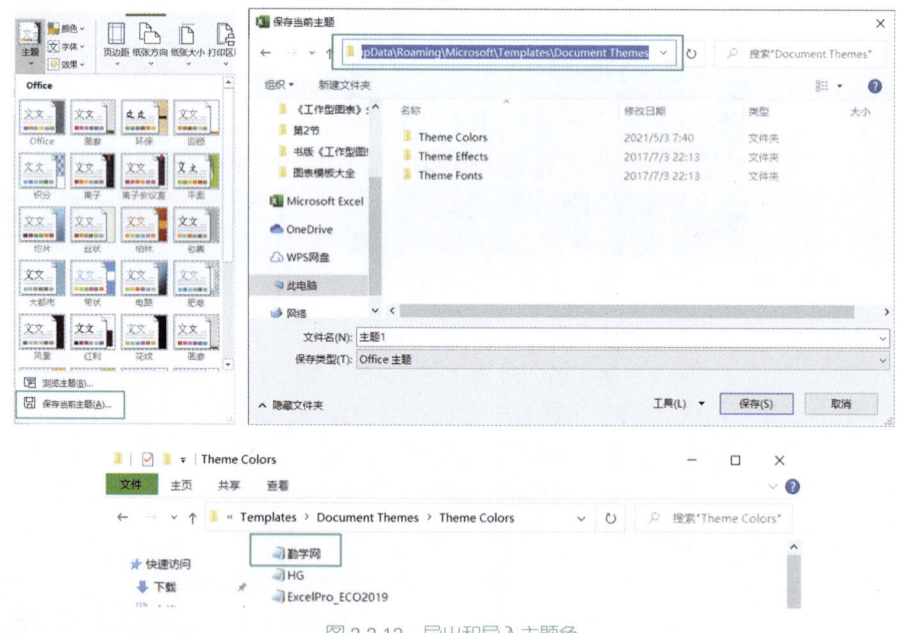

图 2.2.12　导出和导入主题色

2.2.5　建立图表元素的颜色层次

图表中的颜色除了有图形的颜色，还有各类图表元素的颜色。在 1.9 节的"图表图层

98

的优先级"中介绍了图表内元素的优先级,这些元素的颜色也是划分图表层次的重要手段之一。如图 2.2.13 所示,**线条类元素的优先级越高,颜色便设置得越深**,即坐标轴>误差线>网格线>图表边框线,其颜色由深灰色向浅灰色依次递减。**文字类元素则主要从重要性上进行判断**,标题、图例、坐标轴标签和坐标轴标题的重要性相当,建议设置成相同的深灰色;数据标签的重要性略低,建议其颜色也略浅。值得注意的是,以上设置只是常规做法,如果想要强调或突出某个元素,则应将其颜色直接设置成最深的,无须考虑优先级及重要性。

图 2.2.13　图表元素的颜色层次

2.2.6　图表对比色应用

图表配色还有许多妙用,如图 2.2.14 所示,柱形图和条形图在填充时用"以互补色代表负值"进行分色显示后,可以轻松辨别正负数据,这里的互补色即对比色。折线图、面积图通过设置渐变色也能实现类似的效果,具体应用详见 5.1 节"老板说:图表要能一眼分辨正负或增减"。

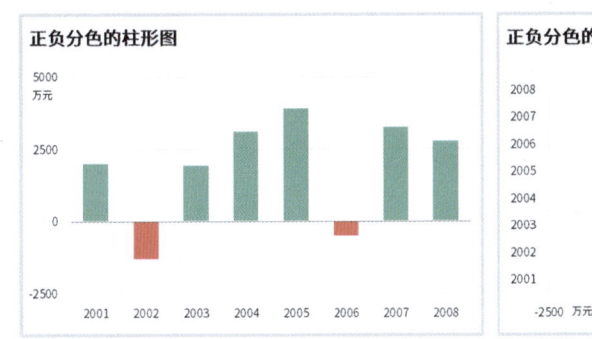

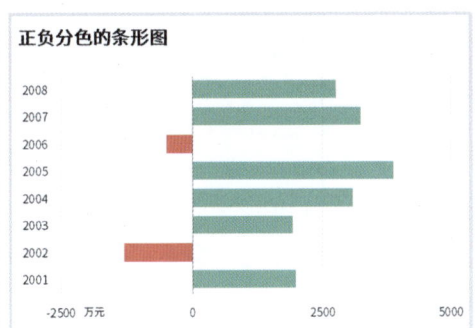

图 2.2.14　柱形图和条形图的正负分色

提醒一点:很多读者都会遇到这种情况,将制作好的图表复制到 Word 中后,格式和颜色会发生变化,尤其是改变图表大小后,字体大小和图表大小变得不再协调,只能在 Word 中再次调整。

> 解决这类问题最方便的办法，就是在 Word 中直接将图表粘贴为图片，图片能够将图表所有细节和格式原汁原味地保留下来。

2.3 图表大小：大小统一、合理布局

有读者问，对字体做到了规范使用，颜色搭配也不错，对每张图表也尽可能做了优化，然而将这些图表汇聚到报告中后，看起来总是有点别扭，不知道问题出在哪里？想必大家都看过阅兵仪式，兵哥哥们精致笔挺的戎装、英姿挺拔的身姿、整齐划一的动作，总是让人心潮澎湃，感慨泱泱中华的强大。试想一下，还是同样的画面，但是兵哥哥们的身高变得参差不齐，激动之情是否还会如此强烈？想必一定会大打折扣吧！图表给人的"别扭感"也正是源于此——前后的图表大小不够统一。本节就从确定图表大小、图表大小设置基本原则、利用"边框"制作大小相同的图表、子母图的大小设置方法和组合图的大小设置方法入手，学习如何把控工作型图表的细节。

2.3.1 确定图表大小

在 Word 中插入图表时，默认的图表高度和宽度分别为 7.62cm 和 12.7cm，这个大小是由插入的图表模板大小来决定的。在查看图表大小时，首先选中图表，然后在"格式"选项卡的"大小"组中，能够看到当前图表的高度和宽度。在修改图表大小时，可以运用上、下按钮"⇅"进行微调，或者直接在高度和宽度处输入具体的数值，如图 2.3.1 所示。

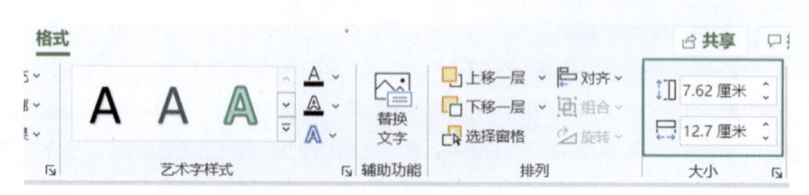

图 2.3.1 查看和修改图表的高度和宽度

那么，如何确定图表大小呢？图表大小是由其所在的场合来决定的，比如在电脑（Word、PowerPoint）、手机、宣传页、报纸、杂志或者纸质报告中，图表大小都不尽相同。如图 2.3.2 所示，以 A4 纸大小的报告为例，其尺寸为 21cm×29.7cm，常规上、下边距为 2.54cm，左、右边距为 3.18cm。理论上，一张图表的最大高度为 29.7-2.54×2=24.62cm，最大宽度为 21-3.18×2=14.64cm。

除非图表的数据量足够大，否则其宽度没必要与整个可用版面或整体文字的宽度相同。通常来说，理想宽度为整个可用版面 3/4 的宽度（10.98cm）即可，建议最小宽度为整个可用版面 1/2 的宽度（7.32cm）。图表的高度没有具体的推荐值，可以根据需要来确定，也可以参照默认图表的高宽比 0.6（7.62/12.7），将理想高度和最低高度分别设置为 6.59cm（10.98×0.6）和 4.39cm（7.32×0.6）。

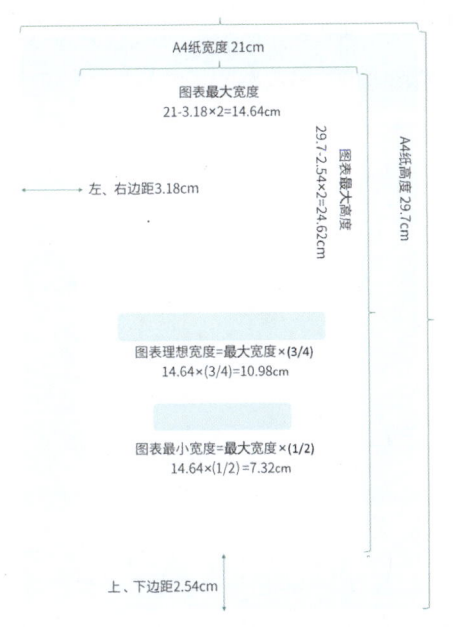

图 2.3.2　A4 纸大小的报告中图表的适宜高度和宽度

当然，以上设置的大小是指在对图表没有任何缩放的前提下的大小。这里有一个问题，为何要缩放图表？在 2.2 节的最后曾介绍过，为了保证图表的所有细节不变，在将图表从 Excel 中复制到其他文档中时，粘贴为图片是很好的选择。还有，实际中并非所有图表都是理想状态，尤其是工作型图表，数据总是多得超乎想象，为了避免出现拥挤不堪、难以分辨的情况，只能尽量放大图表，当图表大小超出文档所能承受的最大宽度或最大高度后，图表便会被自动缩放至最大宽度或最大高度，被缩放程度越高，图表上的元素就会变得越小，比如字体会变小、线条会变细等。将缩放程度不同的图表放在一起后，即使它们具有相同的大小，也会给人一种明显的不协调感，所以了解和掌握图表大小的设置原则十分必要。

2.3.2　图表大小设置基本原则

如图 2.3.3 所示，不同图表搭配的最佳状态就是文档中所有图表的大小完全相同，或者经过排版后的多张图表与其他图表保持大小相同。

如图 2.3.4 所示，虽然不及最佳状态，但仍能保持整体搭配协调的状态，是保持文档中所有的图表同宽，或者经过排版后的多张图表与其他图表保持同宽。这种搭配多见于饼图、圆环图、雷达图等圆形类图表，其高度很难与其他图表保持一致。

如图 2.3.5 所示，最基本的状态是保持文档中所有的图表同高，或者经过排版后的多张图表与其他图表保持同高。这种搭配多见于不同图表之间的差异很大的情况——部分图表的内容十分简单，适合做单折线图或单柱形图；部分图表的内容庞杂、维度较多，适合做多系列的气泡图，如果强行保持两类图表同宽，那么仅有 3~5 个数据类别的折线图或柱形图的比例会严重失调，就像小孩子穿大人衣服一样。

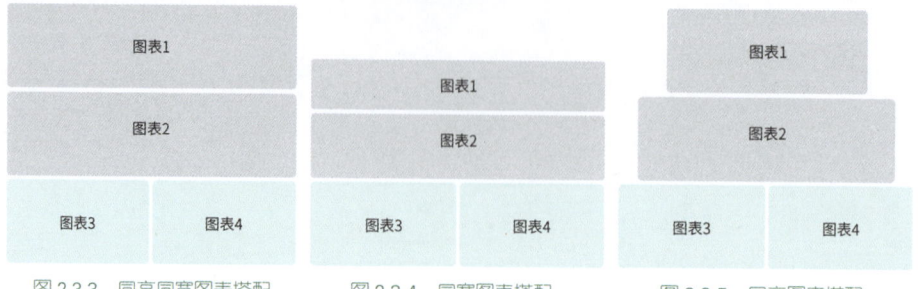

图 2.3.3　同高同宽图表搭配　　　图 2.3.4　同宽图表搭配　　　图 2.3.5　同高图表搭配

如果以上三种图表搭配均无法实现，那么就会出现本节伊始提到的"别扭感"。解决办法是利用缩放实现图表大小的统一，但是在缩放时需要注意如下两个问题。

第一个问题是要等比例缩放，也就是要保持图表本身的宽高比。如图 2.3.6 所示，缩放比例不同会导致图表变形，在水平方向压缩得多图表会被拉伸，在垂直方向压缩得多图表会被压扁，因此最忌讳文档中的图表不等比例缩放。将图表以图片的形式复制到文档中后，会自动"锁定纵横比"，此时调整其大小有两种方式：方式一是在"格式"选项卡的"大小"组中修改，此方法不会改变图表比例；方式二是手动拖曳图片，此方法则有可能会改变图表比例。

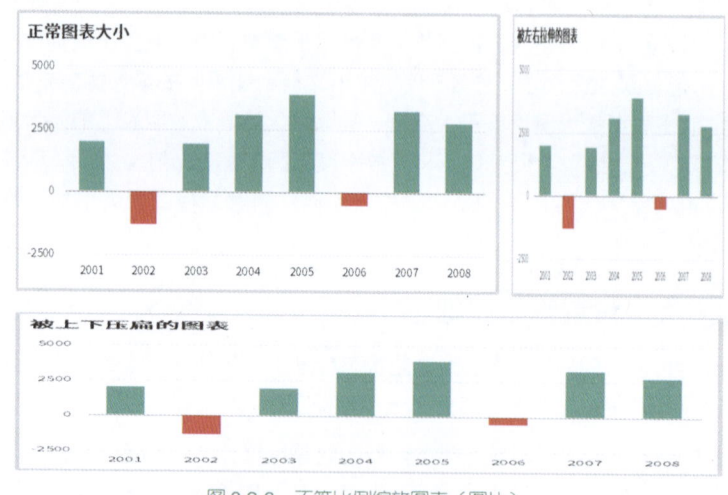

图 2.3.6　不等比例缩放图表（图片）

如图 2.3.7 所示，单击图片之后，其上会出现 8 个"编辑点"，其中从上、下、左、右单方向上拖曳图片会改变图表比例，从左上、左下、右上、右下双方向上拖曳图片不会改变图表比例。

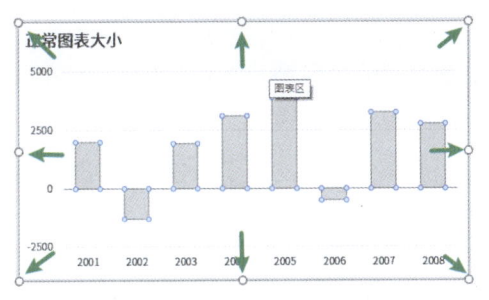

图 2.3.7　图片上的 8 个编辑点

第二个问题是所有图表中的字体设置得明明一样，缩放后却变得不同。这是因为每张图表的缩放比例不同而导致的视觉偏差，那么又该如何解决呢？这里提供一个简单的思路供读者参考，首先要保证所有的图表具有相同的宽高比（锁定图表的纵横比），然后越大的图表，其字体也应设置得越大。具体应该大多少，需要根据两张图表之间的高度差和宽度差来计算，并且不同的图表元素之间也有一定的差别。以横向图表（图表的宽度大于图表的高度）为例：

标题≈图表间的宽度差

坐标轴标题、坐标轴标签、数据标签≈图表间的高度差

图例≈（图表间的宽度差+图表间的高度差）/2

如图 2.3.8 所示，图表 1 的宽度为 20cm，高度为 11.21cm，图表 2 的宽度为 14cm，高度为 7.85cm，图表 2 的标题使用 14 号字，图表 2 的图例、坐标轴标签、数据标签使用 9 号字。那么，建议图表 1 各元素的字体大小为：

图表 1 的标题字体待增加大小≈20cm-14cm=6（号）

图表 1 的坐标轴标签、数据标签字体待增加大小≈11.21 cm −7.85 cm =3.36（号）

图表 1 的图例字体待增加大小≈(6 cm +3.36 cm)/2=4.68（号）

图 2.3.8　不同缩放比例的图表对比

由于图表字体大小只支持 1 位小数，计算结果需要四舍五入后取数（在 0.1~0.5 范围内做适当微调），最终确定图表 1 的标题字号比图表 2 的大 6 号，坐标轴标签和数据标签大

3.5 号，图例大 4.5 号，将两张图表都缩放成相同大小（宽度为 6.98cm，高度为 3.92cm）后，图表 1 缩小 1-（6.98÷20）=65.1%，图表 2 缩小 1-（6.98÷14）=50.1%，虽然还存在着细微的差别，但整体看起来已经十分协调。

> **提醒一点：** 缩放图表，除了要调整字体大小，也应该适当调整线条粗细，比如图表 1 的边框比图表 2 的（3 磅）加粗 0.75 磅，网格线比图表 2 的（0.25 磅）加粗 0.25 磅。

2.3.3 利用"边框"制作大小相同的图表

让图表看起来大小相同的设置方式有两种：**设置图表填充和添加图表边框**。第一种方式设置填充色可以提升图表气质，但如果颜色选用不当，则会抢图表的风头，具体详情参考 2.4 节中的"纯色填充注意事项"部分。这里选择通用性更强的第二种方式"添加图表边框"，这也是本书中图表所采用的方式，优点是图表的整体感更强，分隔开图表与文字，实现了图表对齐。

选择不同粗细和颜色的边框给人的感觉也不同，细边框更加精致，粗边框更有层次感，尤其采用圆角边框时，太细的线条效果会不太明显，一般边框的宽度设置范围为 0.25~5 磅。基于统一性原则，若图表采用圆角边框，则需要从一而终。在设置圆角边框时，双击图表，在"设置图表区格式"窗格中，在"填充与线条"选项下，在"边框"中勾选"圆角"复选框即可，如图 2.3.9 所示。

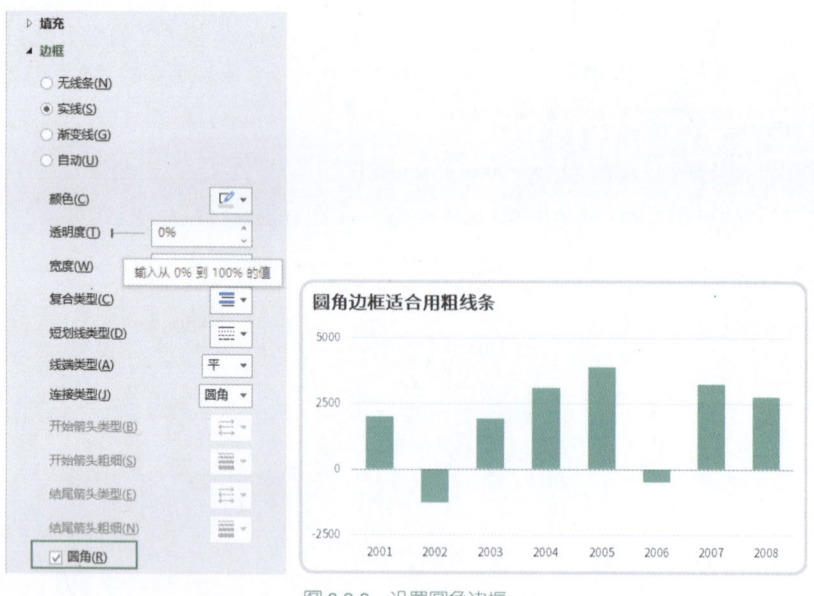

图 2.3.9　设置圆角边框

浅色边框更加柔和，深色边框更有质感，颜色一般选择灰色，在从浅灰色到深灰色之中做出最优选择。如果想要彩色边框，则建议选择主题色中主色的渐变色（浅色）。谨记，边框作为配角不可随意抢戏。

在工作型图表中，饼图、圆环图、雷达图自成一派，其绘图区为正方形，大小由图表的高度和宽度中较小的一方决定，调整大小也不如其他图表方便，当设置它们与其他图表具有相同的宽度时，不建议使用其自身边框，而是改用只保留边框线的矩形或圆角矩形来代替。如图 2.3.10 所示，将饼图、自由图例（更多详细内容可以参考 1.3 节中的"修改图例的数量"部分）、文本框和矩形组合后得到一个新的饼图，在调整时只需要简单地改变矩形大小即可。当然，这种做法不局限于这几类图表，完全可以将其应用到任意一类图表之中。

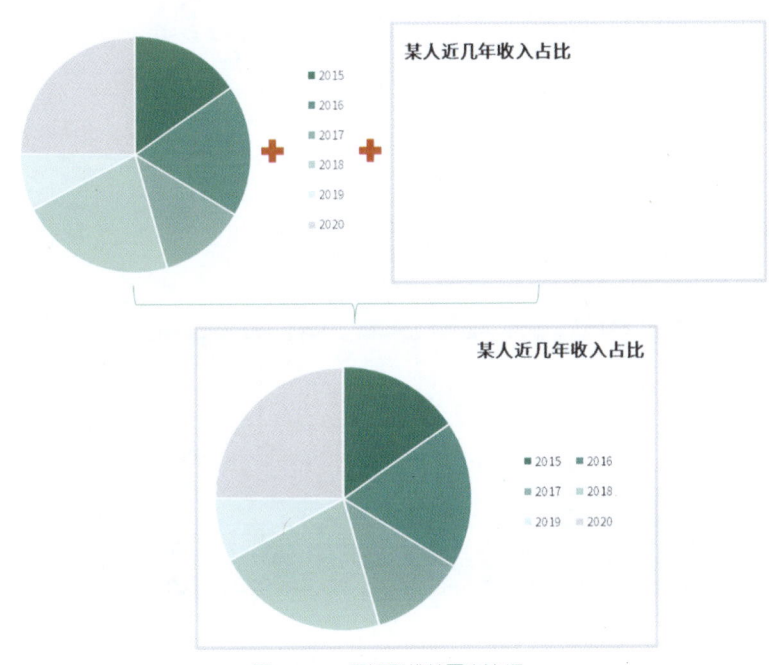

图 2.3.10　用矩形代替图表边框

2.3.4　子母图的大小设置方法

数据差距大，在作图时会用到子母图，其有两种表达方式。方式一是用母图展示数据全貌，用子图展示差距不明显的细节部分，子图中因为剔除了极值，可以更好地展示其余数据间的差异，如图 2.3.11 所示。在母图与子图之间必须建立明确的联系，让读者明白子图对应母图中的具体部分，比如用矩形框在母图中圈定待放大的部分，然后在矩形框和子图之间添加双向箭头连接符。

方式二是用多张子图分别展示数据全貌，对应的多张母图分段展示细节。如图 2.3.12 所示，由于每张母图都只表现子图的一部分内容，因此为了便于读者理解，在每张母图上都添加了作为概览的子图，同时在子图中还用红色矩形和箭头组合作为"导航器"。

105

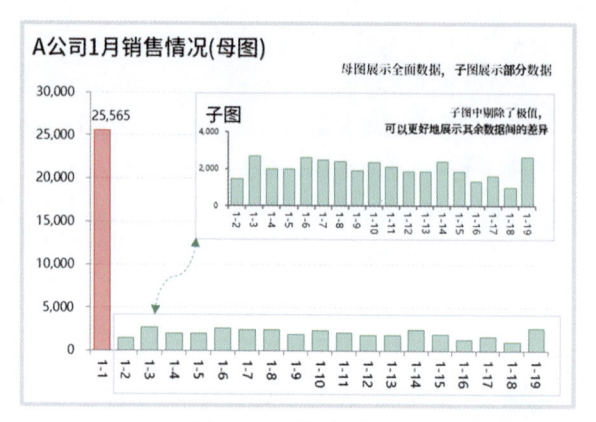

图 2.3.11　子母图类型 1

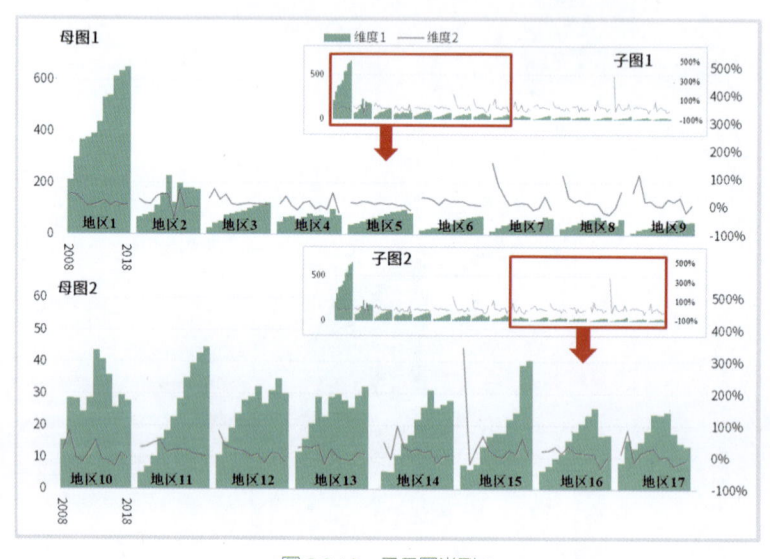

图 2.3.12　子母图类型 2

子母图的图表大小设置显而易见，母图与同一文档中的其他图表保持相同宽度，子图大小由母图的"留白"空间确定。子图的排版采用"见缝插针"法，与母图的距离宜近不宜远，当有多张子图时，要将它们摆放在母图的相同位置，并保持对齐的状态。关于子母图的更详细介绍，请参见 5.4 节中的"数据差异太大"部分。

2.3.5　组合图的大小设置方法

组合图分为两种：**同类图表组合图和不同类图表组合图**。这两种组合图的大小设置方法也有一定的差别。

同类图表组合图主要用于应对数据系列过多又必须集中展示的情况。若将所有数据系列都放置在一张图表中展示，则既多又乱；若拆分成一线一图或者一柱形一图后再组合，则结构清晰且不失对比效果。组合图的大小设置因排版方式不同而异，在纵向排版时，每张子图的大小相同且与其他图表保持相同宽度，如图 2.3.13 所示；在横向排版时，每张子图大小相同，组合后与其他图表保持相同高度，如图 2.3.14 所示。关于同类图表组合图的更详细介绍，请参见 2.7 节中的"同类图表组合"部分。

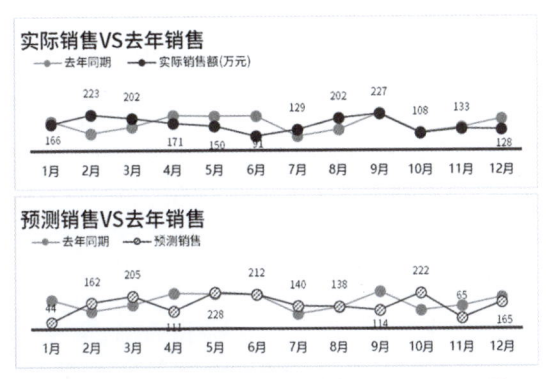

图 2.3.13 纵向排版组合图（模仿自"3AG Systems"）

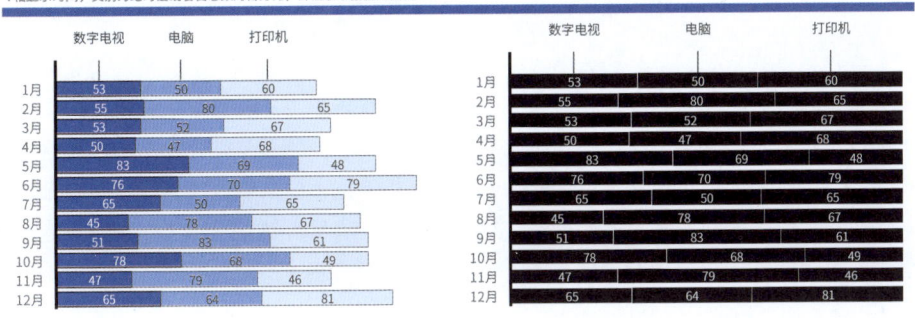

图 2.3.14 横向排版组合图（模仿自"Klaus Birringer"）

不同类图表组合图主要用于展示事物组成结构，如图 2.3.15 左图所示，其中主图表示主要组成类别，辅图表示特定类别中的细分结构，或者用于多方位、多角度展示整个事件，如图 2.3.15 右图所示，比如先介绍整体情况，再对读者关注的问题进行延伸。这种组合图的大小设置同样区分排版方式，在横向排版时，不追求每张图表的宽度相同，其宽度由具体数据及所采用图表的类型来确定，只需保证高度相同且组合后的宽度与其他图表的宽度相同即可。在纵向排版时，不追求每张图表的高度相同，其高度由具体数据及所采用图表的类型来确定，只需保证宽度与其他图表的宽度相同即可。当遇到横向排版和纵向排版兼而有之的综合排版时，应该对其不同部分采取分开排版的方式。也就是说，**横向排版的部分遵照"横向排版"的原则执行，纵向排版的部分遵照"纵向排版"的原则执行**。关于不同类图表组合图的更详细介绍，请参见 2.7 节中的"不同类图表组合"部分。

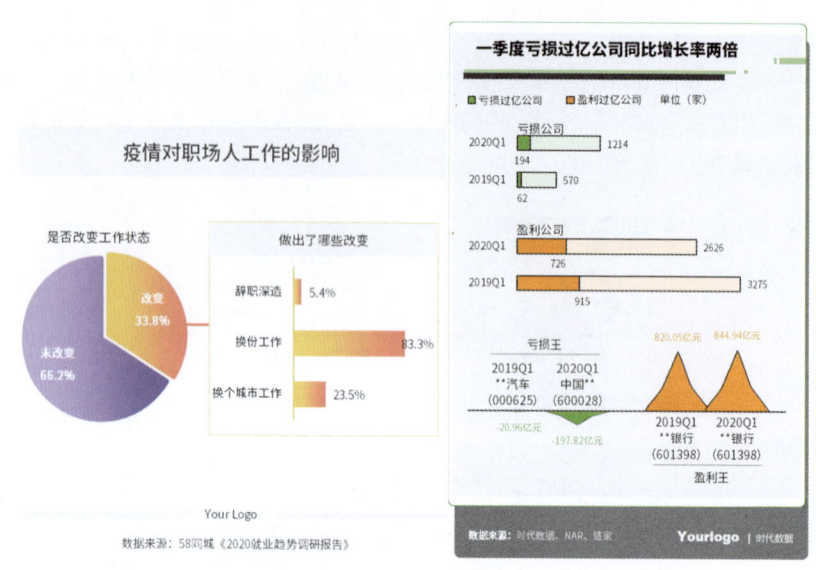

图 2.3.15　不同类图表组合图（分别模仿自《谷雨数据》和《时代数据》）

2.4　图表填充：适时填充、提升质感

如果说对图表字体、颜色和大小的统一是基本操作和标准优化，那么图表填充和装饰就属于锦上添花，增加一些个性和新意，让图表看起来不再高冷和严肃。爱看花样滑冰和艺术体操的读者应该知道，规定动作体现的是运动员们扎实的基本功，自由动作和创新发挥才是加分项和对艺术的感悟，也是最吸引观众的地方。本节就从为什么要对图表进行填充、图表填充类型、图表填充注意事项、给图表添加个性化形状背景入手，学习如何让工作型图表的完成度超出老板的预期，比老板想要的再多一点。

2.4.1　为什么要对图表进行填充

凸显图表的层次感：美术的近景和远景对比、冷暖对比，音乐的强弱对比和节奏变化，文学作品的起承转合，都会突出一个重点——层次美，借此牢牢抓住读者、听者的心。在图表中，对图表区及绘图区进行填充，也能与图形搭配出层次感。

避免图表的空白感：当图表只有单个系列、数据也很少时，与其他图表保持相同大小后，留白空间会变得很多，利用填充可以让图表看起来不再单调、更显丰富。

提高组合图的融合感：判断组合图做得好的标准之一就是不能有"割裂感"，也就是说，如果组合后的图表看起来还是彼此独立的，那么就需要想办法增加融合感。如图 2.4.1 所示，给两张饼图添加一个矩形背景后，两者就合二为一、浑然一体了。

增加图表的新鲜感：每年苹果手机都会升级，有时候升级幅度过小，会被粉丝戏称"就换了个颜色"而已。然而，这种营销方式却屡试不爽，对提高销量大有裨益。套用到工作型图表中，就是笔者推崇的微创新，只是一点点改变，就能让平淡无趣的图表变得令人耳目一新。

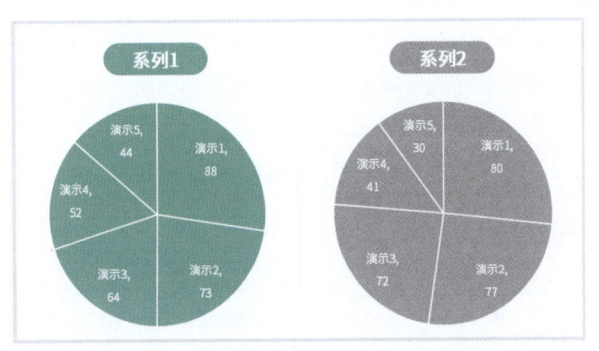

图 2.4.1 用矩形背景将两张饼图合二为一

提升图表的质感：图表和人一样，拥有着不同的气质，或阳光或成熟或干练。通过改变发型、穿着和配饰等，可以塑造或者改变一个人的气质，对于图表来说，填充是提升其气质的最重要方式之一。如图 2.4.2 上图所示是笔者为央行报告修改的图表，这里采用了与主色相近的浅蓝色进行填充，假如去掉填充效果会大不一样。关于央行报告图表修改的更详细介绍，请参见 6.1 节中的相关内容。

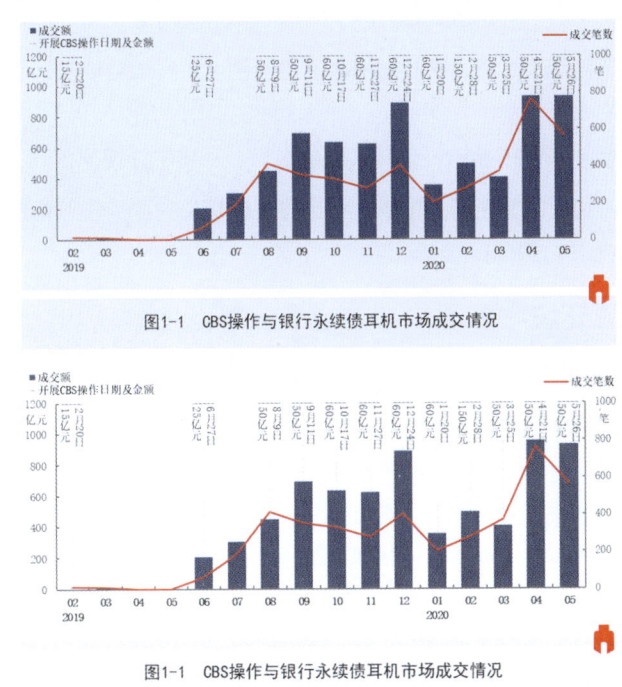

图 2.4.2 图表填充与无填充效果对比（模仿自《央行报告》）

109

2.4.2 图表填充类型

图表填充类型分为 4 种：无填充、纯色填充、图案填充和图片填充。

无填充：适用于制作复杂的表图结合图。如图 2.4.3 所示，为了将星星图、条形图、气泡图对齐，需要将其依次嵌入表格的相应单元格之中，在嵌入前将图表设置为无填充，避免遮挡表格中的文字。或者适用于制作如图 2.4.1 所示的组合图，用矩形做图表背景，其本身设置为无填充，适配性更强，保持了组合图的整体性。

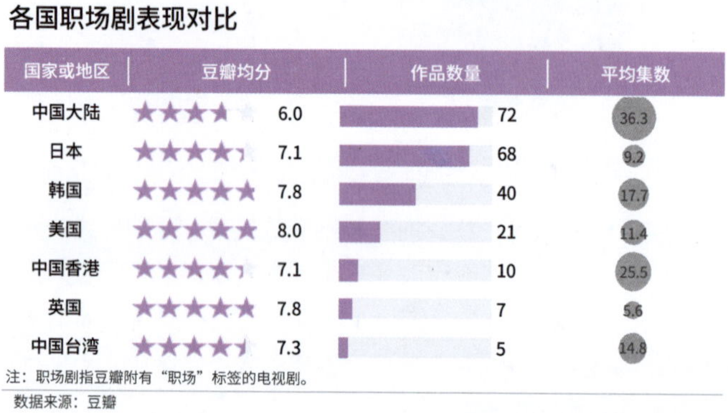

各国职场剧表现对比

国家或地区	豆瓣均分		作品数量		平均集数
中国大陆	★★★★	6.0		72	36.3
日本	★★★★½	7.1		68	9.2
韩国	★★★★★	7.8		40	17.7
美国	★★★★★	8.0		21	11.4
中国香港	★★★★½	7.1		10	25.5
英国	★★★★★	7.8		7	5.6
中国台湾	★★★★½	7.3		5	14.8

注：职场剧指豆瓣附有"职场"标签的电视剧。
数据来源：豆瓣

图 2.4.3 表图结合图（模仿自《DT 财经》）

纯色填充：适用范围广泛，既能对图表区或绘图区进行单独填充，也能对两者分别填充不同的颜色，以丰富图表的层次。

图案填充：适用于 PPT 展示、公开展览等场合，一般不建议使用。

图片填充：适用于数据新闻类图表，挑选与主题相关的图片作为背景填充，读者会更有代入感。

2.4.3 图表填充注意事项

1. 纯色填充注意事项

默认图表采用的便是纯色填充，只是由于白色很寻常，图作者很多时候都会忽略它。在设置纯色填充时，有如下几点注意事项。

①**选择合理的颜色**。首选灰色，比如后现代风中最招人喜欢的"高级灰"，或者灰色的一系列渐变色。第二选择是浅色，但所选颜色必须与整体图表的配色有所呼应，比如主题色中没有"红色"，就不建议将背景设置为浅红色。建议首先选用主色的渐变色中的浅色；其次选择配色的渐变色中的浅色；最后选择深色（主色或配色）。比如科技公司发布会中的图表，常选用此类背景填充色，深色不会太刺眼，视觉冲击力强，同时也更能营造神秘、深邃和高端的感觉。

②**突出颜色对比**。想要凸显层次感，就必须有深浅对比。如图 2.4.4 所示，若背景填充浅色，则柱形应该选用深色；若背景填充深色，则柱形应该选用浅色或主色。

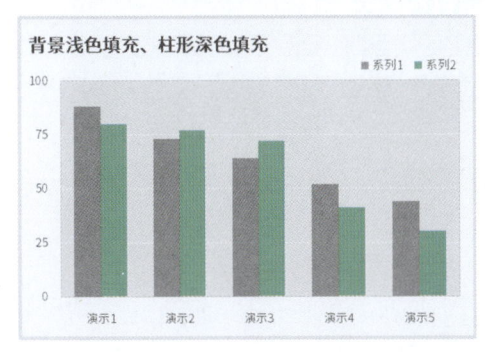

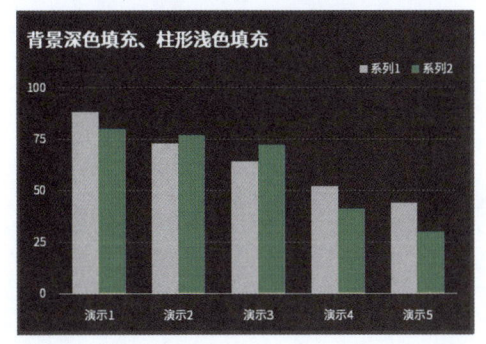

图 2.4.4　突出颜色对比的图表填充效果

③**增加透明度**。直接采用主题色中的颜色作为填充色，效果并不尽如人意，最浅的灰色不够透亮，深灰色又有些沉重，这时通过增加透明度可以获得更好的效果。如图 2.4.5 所示，在左侧图表中，对图表区填充设置了 40%的透明度，对绘图区填充设置了 50%的透明度，修改后图表更显清爽；在右侧图表中，对图表区填充设置了 10%的透明度，保留了深色的质感，减少了一些沉闷感。

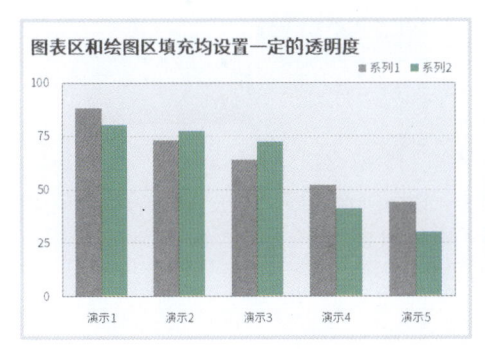

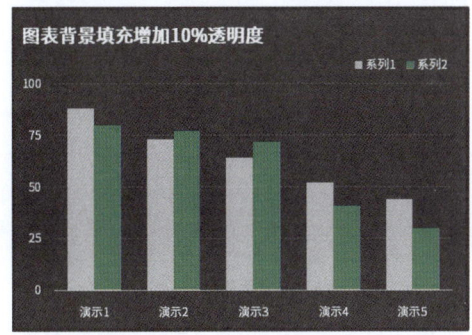

图 2.4.5　增加背景填充透明度后的效果

④**善用渐变色填充**。使用渐变色填充可以对背景填充做进一步的优化。如图 2.4.6 所示，左上图表的图表区填充方式为"渐变填充"，线性 90°（垂直由上至下），由浅灰色（位置 0%）向 80%透明度的浅灰色（位置 100%）过渡；右上图表的图表区的渐变色填充为线性 90°，由深灰色（位置 30%）向 90%透明度的浅灰色（位置 100%）过渡。设置渐变后的优化效果十分显著，但不建议选择过于复杂的渐变，防止喧宾夺主。最常用的"线性渐变"角度有 0°、45°、90°、135°、180° 和 270°，推荐采用 2~3 个光圈，并根据实际情况调整光圈位置。

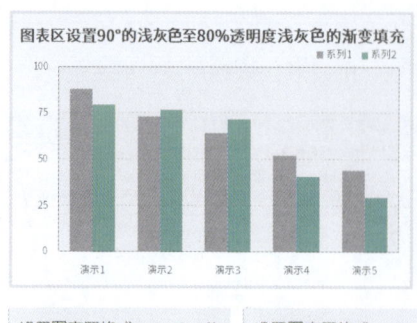

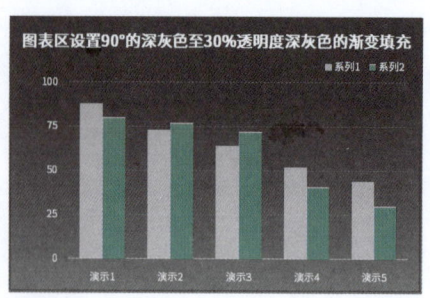

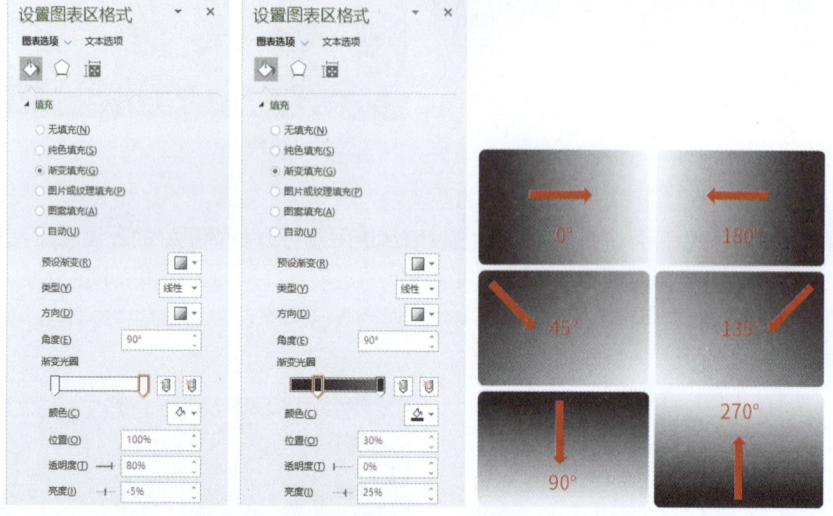

图 2.4.6　对背景设置渐变色填充及常用的线性渐变角度

⑤保持风格统一。一旦确定好填充色的样式，在同一份汇报、同一个报告等同一场合中就要保持不变，与在实际工作中所需要遵循的章法相同。

2. 图案填充注意事项

图案分为**前景和背景**，前景是指图案的颜色，背景是指填充色。如图 2.4.7 所示，矩形采用网格填充，左侧矩形是绿色线条（前景）、白色填充（背景），此时线条是主色、背景是辅助色；右侧矩形是白色线条（前景）、绿色填充（背景），此时背景是主色、线条是辅助色。

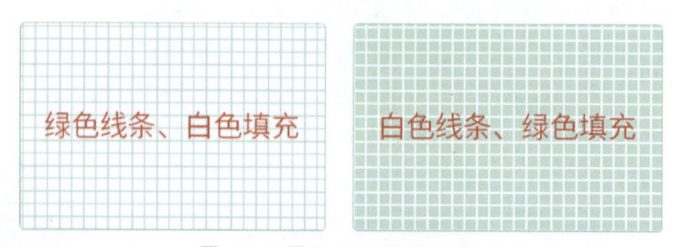

图 2.4.7　图案填充的前景与背景

由此可见，图案填充对图表本身的干扰比较明显，所以在应用时需要注意以下几点。

①**减少图案的填充区域**。如图 2.4.8 所示，有选择性地对部分元素填充图案，比如标题、图例，或者柱形、饼图等图形，可以起到画龙点睛的作用，吸引读者的目光。

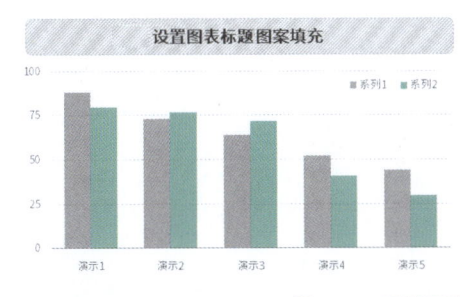

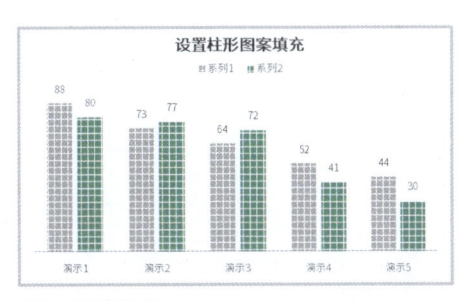

图 2.4.8　标题图案填充和柱形图案填充

②**降低图案对图表的干扰**。如图 2.4.9 所示，主色要采用浅色调，建议选择配色中最浅的渐变色。辅助色，建议选择浅灰色或白色。图案，建议采用简约型的，慎重选择密集型的图案。

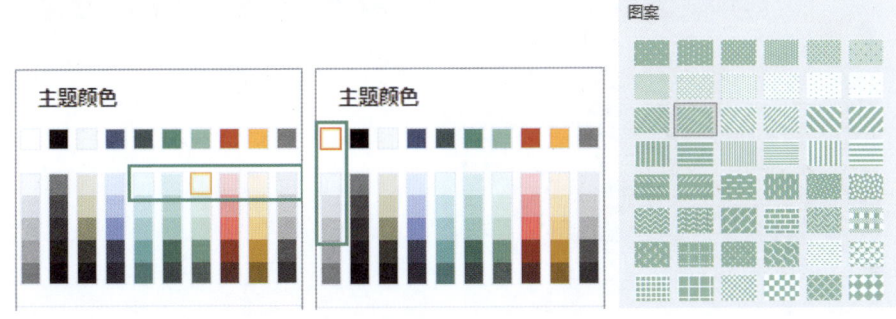

图 2.4.9　图案填充色与图案推荐

3. 图片填充注意事项

如图 2.4.10 所示，使用图片填充后图表更显生动，拉近读者与图表的距离，燃起读者对整个事件一探究竟的兴趣。在使用图片填充时，也有一些需要注意的事项。

①**慎重选择图片**。使用图片填充须遵循不遮挡原则，保持图表本身的可识别性。在此基础上，从以下三个方向来选择图片。如图 2.4.11 所示，第一选择是与图表主题相关的图片，如调查票房上座率选电影剧照、调查课业负担选学生在教室上课的特写等；第二选择是留白区域比较多的图片，如剪影类、建筑类等；第三选择是简单的背景图，如百搭的商务风、科技风等图片都可以用于填充。这里推荐一个实用的图片搜索网站——"觅元素"，其提供了丰富的背景图片、高清图片、剪影素材等（如果商用，请购买版权）。

113

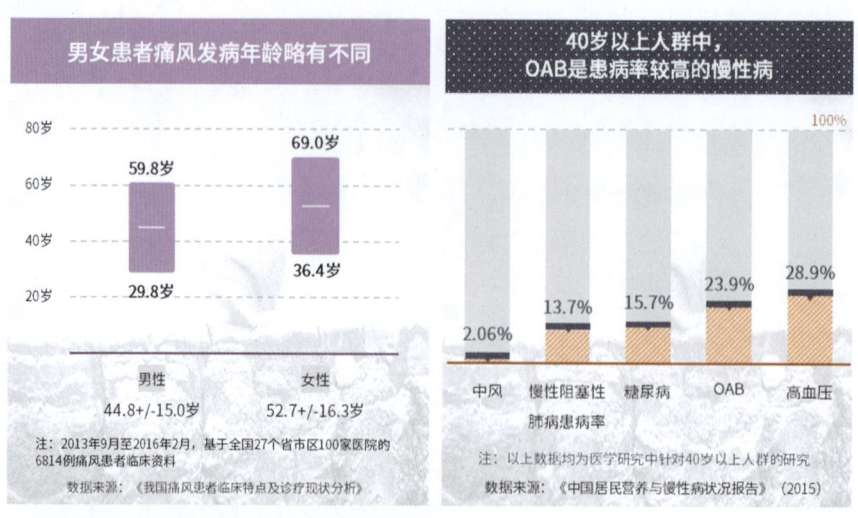

图 2.4.10　图片填充示例（模仿自《谷雨数据》）

主题图：教室　　　　　　　留白图：城市剪影　背景图：科技元素

图 2.4.11　图片示例

②**图片变色和去色**。千辛万苦找到了适合主题的图片，但是颜色太丰富了、留白太少了，怎么办？这时候就要用到图片处理的一些技巧，不过不用担心，在 Excel 中就能轻松处理，实现图片变色或去色。如图 2.4.12 所示，在选中图片后，在"图片格式"选项卡中，单击"颜色"按钮，在弹出的颜色列表中，选择"重新着色"栏中的备选项，实现图片变色，当选择灰色选项时，图片会变成黑白，也就是去色。变色后，如果图片依然太亮，这是因为其"饱和度"和"色温"的值仍较高，则再次单击"颜色"按钮，在弹出的颜色列表中选择"图片颜色选项"，接着在 Excel 界面右侧出现的"设置图片格式"窗格中，将"饱和度"和"色温"的值均调至最低即可。

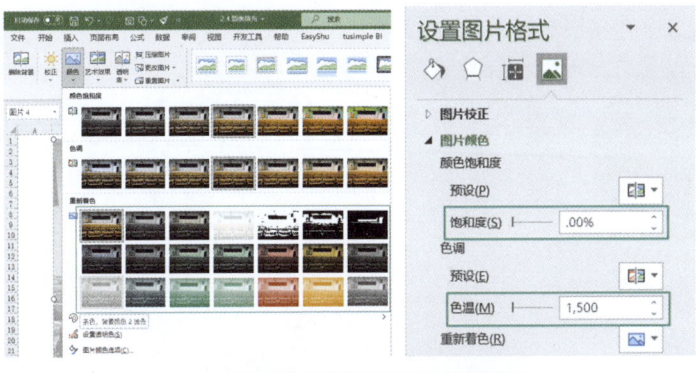

图 2.4.12　图片变色和去色

③**设置图片填充**。复制去色后的图片，然后双击图表空白区域，在右侧弹出的"设置图表区格式"窗格中，在"填充与线条"选项下，选择"填充"中的"图片或纹理填充"，单击"图片源"下的"剪贴板"按钮，即可将图片填充至图表之中，如图 2.4.13 所示。提醒一点，通过增加图片的透明度可以进一步淡化图片背景。

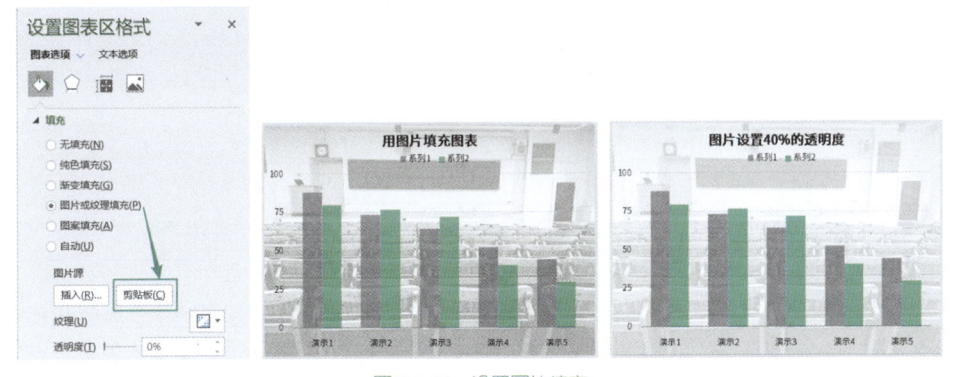

图 2.4.13　设置图片填充

2.4.4　给图表添加个性化形状背景

为组合图添加背景可以提升融合感，这个背景其实是一个自由矩形，那么，能不能把矩形改成其他个性化的形状呢？当然能了。如图 2.4.14 所示为减去单角的矩形、减去对角的矩形、剪去左右顶角的矩形和对角圆角矩形等形状背景。

115

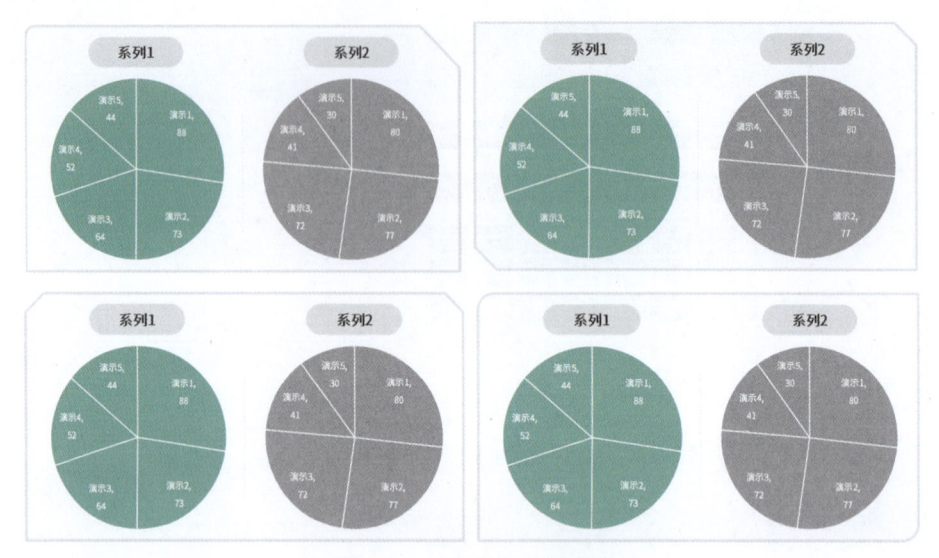

图 2.4.14 添加个性化形状背景

如图 2.4.15 所示，在插入形状时，单击"插入"选项卡中的"形状"按钮，在弹出的形状列表中选择"矩形"栏中的形状，然后按住鼠标左键向右下方向拖动，即可绘制形状。**最后提醒一点，在装点图表前一定要审视一下老板的接受程度，量力而行。**

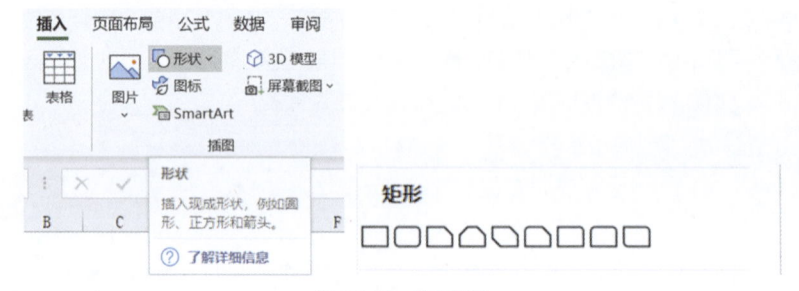

图 2.4.15 插入形状

2.5 图表装饰：添加图形、点缀图表

同样都是锦上添花，给图表添加背景可称作基础工程，是用更显质感的硅藻泥代替原始的白墙，而给图表添加装饰更像是软装，比如在墙角摆上鲜花调节气氛、在客餐厅之间打上隔断区分空间等。给图表"装修"本是一个见仁见智的问题，有些老板倡导简单美，图表无需任何多余的旁枝末节，做到规范足矣；有些老板更倾向于精致，适当的一些小变化能给其带来惊喜。本节就从图表装饰的种类、图表装饰的作用和添加图表装饰的原则入手，给图表加点料，也满足一下老板的爱"美"之心。

2.5.1 图表装饰的种类

①logo：添加 logo 对图表的装饰作用倒是其次，其主要目的是"宣示主权"，图作者借此塑造品牌，让图表不再籍籍无名，这也是数据新闻类图表最常见的做法。关于在图表中添加 logo 的技巧，详见 5.7 节"老板说：图表加上公司 logo，要醒目、不抢戏"。

②二维码：添加二维码同样是数据新闻类图表的常用手段，但是添加了二维码后的图表就像蒲公英的种子一样，不再局限于整篇文章传播的形式，单张图表也能实现传播裂变的效果，识别后又能追根溯源，回到图表的原始出处，了解文章的完整内容。二维码的位置一般在图表的四角，既不影响信息表达，又不会被忽视。

③图标：添加图标是让图表契合主题的重要方式之一，相对于图表填充，图标的大小、数量和位置更加灵活，选择更加广泛，对图表的干扰性也更低，如图 2.5.1 所示。在 Office 365 版本中，可以直接添加图标，如图 2.5.2 所示，在"插入"选项卡中，单击"图标"按钮，然后在弹出的"插入图标"对话框中选择或搜索合适的图标。提醒一点，在插入图标时必须保持联网状态。

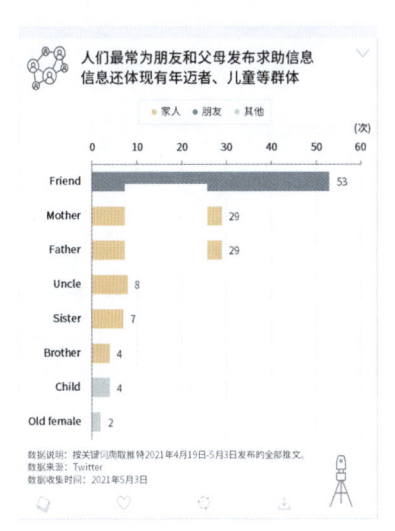

图 2.5.1 添加了图标的图表（模仿自《RUC 新闻坊》）

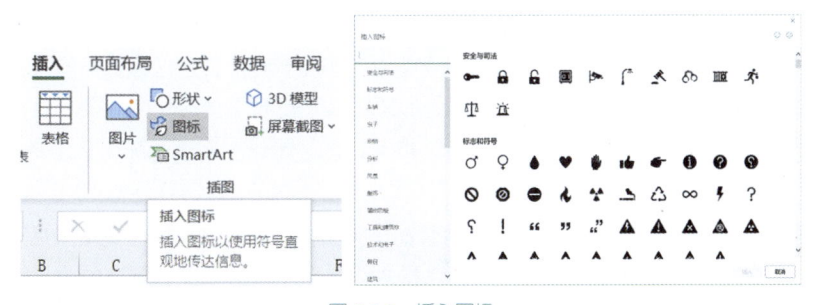

图 2.5.2 插入图标

④**文本框**：使用文本框可以制作如图 2.5.3 所示的自由标题及副标题，或者组合图中子图表的标题，在 1.2 节中对此种做法的优势已做过详细介绍。保持文本框与图表同宽，再填充上主题色中的辅助配色，不失为一种装饰美。

⑤**矩形色块**：在图表装饰中，矩形色块装饰是应用最广泛的一种。如图 2.5.4 所示，最经典的范例莫过于《经济学人》的红色小方块，其位置虽几经变化，但受欢迎程度不减，提神醒脑、深入人心。其做法模仿者众多，在竖向排版时多放于图表的右上角或右下角，在横向排版时多放于图表的右侧顶部或右侧底部。

图 2.5.3　标题文本框（模仿自《RUC 新闻坊》）　　图 2.5.4　矩形色块装饰（选自《经济学人》）

⑥**线条**：线条主要有两种形式，其中一种是细实线或细虚线，如图 2.5.3 所示；另一种是宽实线，类似于长条矩形，如图 2.5.5 所示。宽实线多被摆放在标题与绘图区之间、绘图区与数据来源之间、图表底部（如图 2.5.3 所示）、组合图中各子图表之间。这种装饰线胜在简单，占用空间少，用途广泛。

⑦**完整背景**：如图 2.5.6 所示是数据新闻媒体《时代数据》所采用的独特装饰，相当于为图表添加了一个"保护壳"。它是由 2 个圆角矩形、1 个矩形、3 个长条矩形和 2 个方点通过错位摆放而拼接出的一个容器，制作起来相对比较烦琐，但在视觉效果上确实做到了让人眼前一亮，并在众多数据新闻类图表中做出了差异化。只是这样的操作难免会引起一些争议，图表究竟应该追求实用主义还是形式主义？笔者觉得这个问题要视具体的使用场合而定，数据新闻类图表往往要靠这些"形式主义"来吸引眼球，除了这个基本条件，相信只有"老板"才能给出最终答案。

⑧**柱形或条形填充**：这是一种广义的装饰，用图标、形状填充柱形或条形后，能得到很多不一样的效果。如图 2.5.3 所示的蓝色积木图采用了条形填充，填充物为用蓝色填充白色边框的方格。关于柱形图、条形图填充的详细内容，请参考 3.5 节中的"图形数量决

定数据大小"部分。

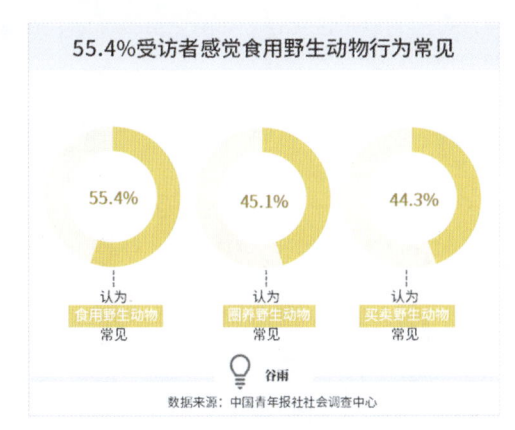

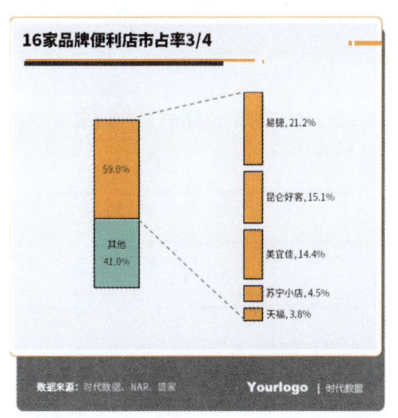

图 2.5.5　宽实线线条装饰（模仿自《谷雨数据》）　　图 2.5.6　背景装饰（模仿自《时代数据》）

2.5.2　图表装饰的作用

如果只是把图表中的装饰作为一种纯粹的"装饰品"，那就太小瞧它了，其实它在很多方面都发挥着不可小觑的作用。

①**提亮整体版面**：矩形色块一般会选择鲜亮、饱和度高的颜色，大面积填充这类颜色会觉得刺眼，但是作为点睛之笔却十分奏效，就像万花丛中的一点绿，瞬间把略显枯燥和沉闷的图表点亮。

②**说明图表的起点或终点**：生活需要仪式感，图表也需要。如图 2.5.1 所示，在图表最上方添加了宽线条，代表着此为图表的起点。如图 2.5.3 所示，在图表最下方添加了灰色线条，相当于为图表画上了一个休止符。

③**作为引导线**：细节决定图表好不好理解。如图 2.5.5 所示，在每个圆环图与标题之间都添加了灰色虚线，引导读者找到图表与标题彼此的对应关系，简单的细节就能体现出图作者的细心和用心。

④**分隔不同区域**：老板喜欢言之有物和条理分明的人，也喜欢具有相同特质的图表。如图 2.5.7 所示，使用两条细虚线分隔开标题区、绘图区和数据来源区后，整个图表结构一目了然。

⑤**代替坐标轴标签**：商品能够热销靠卖点、新闻受到关注靠焦点、图表吸引眼球靠重点，图表能让人记住肯定有其不同寻常之处。如图 2.5.7 所示，条形图舍弃了本身的纵坐标轴标签，改用圆形+文本框代替，简单几步操作换来出彩的效果。

⑥**辅助读者理解图表**：小孩子喜欢被夸聪明、善解人意，图作者喜欢被夸图表专业、浅显易懂，为了实现这个目标，不妨试着直接圈出图表重点，或者在图表中给出更明确的指示。如图 2.5.8 所示，为了清楚表达"'95 后'的消费增速远高于其他年龄段"，图作者

工作型图表设计：实用的职场图表定制与设计法则

直接在"95后"的柱形和散点外添加了一个矩形（用辅助柱形模仿）。如图2.5.9所示，在半圆玫瑰图的"花瓣"上添加对应的序号后，图例的指示性更强。如图2.5.10所示，在国家名称后添加对应的国旗，在增加趣味的同时降低了图表理解难度。

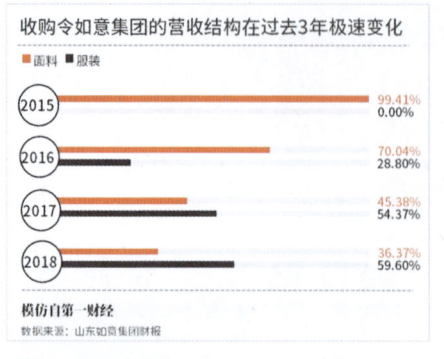

图2.5.7　图表装饰效果1（模仿自《第一财经》）

图2.5.8　图表装饰效果2（模仿自《时代数据》）

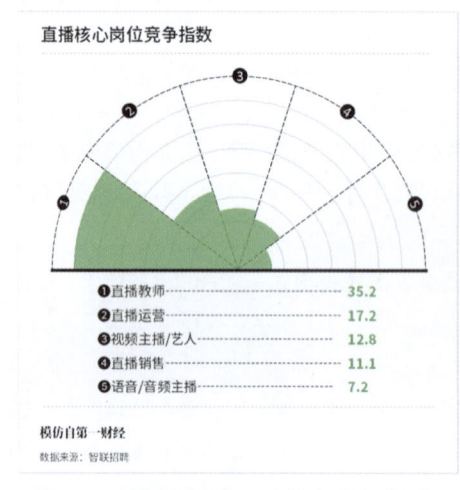

图2.5.9　图表装饰效果3（模仿自《第一财经》）

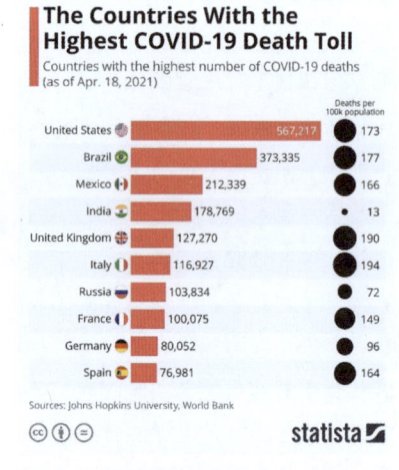

图2.5.10　图表装饰效果4（选自"statista"）

⑦补充图表空白：制作工作型图表有一个很重要的思路——**复杂图表做减法，简单图表做加法**。当内容简单、数据少，"撑不起"一张图表时，应该适当地加一些佐料进去。如图2.5.11所示，饼图的左、右两侧有大量留白区域，但又不足以容纳整个图例，这时添加上"对焦"符号后，不但视觉上有了聚焦点，而且还弥补了版面太空的缺点。

⑧建立组合图间的联系：每当有重大会议举办时，朋友圈总会被类似于"一图读懂政府工作报告"的长图刷屏，真的是"一张图"吗？当然不是，那为什么看着像一张图呢？因为有大量的图形、线条、图标等装饰性元素在发挥作用，将各类图表或文字有机地整合和连接到一起。如图2.5.12所示，在圆环图和条形图之间既做了渐变色关联，又添加了"大括号"表示包含与被包含的关系。

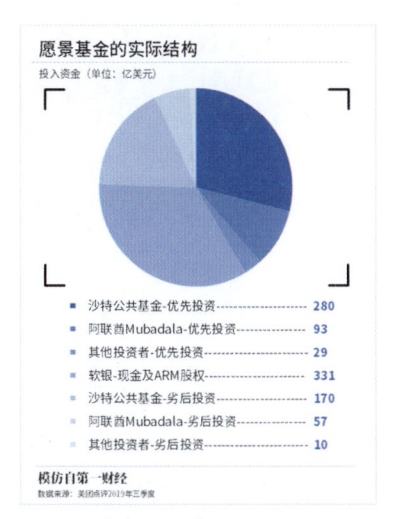

图 2.5.11　图表装饰效果 5（模仿自《第一财经》）　　图 2.5.12　图表装饰效果 6（模仿自《时代数据》）

2.5.3　添加图表装饰的原则

添加图表装饰的好处虽多，但也不可随意添加，必须要遵守一定的章法。

①轻装上阵：轻舟快马好赶路，图表做到了"轻车简从"，才能更有效地传递信息，给读者减负。该不该添加装饰，还要看会不会增加图表的负担，如果图表已经严重超载，不堪重负，那么多加一个点或一条线都将是多余的。如果图表空间比较宽敞或承受力还在可接受范围内，那么添加装饰就是顺其自然的事情。最基本的要求就是装饰不能成为图表的累赘。

②量体裁衣：添加装饰要因势利导，比如图表本身内容很复杂，可以增加一些分隔区域的装饰；图表本身版面空旷，不妨添加一些图标类、聚焦类的装饰；图表本身配色暗沉，增加亮色块是不错的选择；组合图可以尝试增加线条、连接符或括号等。

③画龙点睛：装饰本是锦上添花，所以要严格控制其数量和种类。工作型图表设计的准则之一便是"少即是多"，"少"是精华、是克制、是胸有成竹地精挑细选，因为少才更方便控制；"多"则是随意、是堆砌、是思虑不周地盲目增加，装饰的数量越多、类型越多，图表的排版难度也就越大。

④成人之美：君子愿成人之美，不成人之恶。给图表添加装饰亦是如此，理想状态是赏心悦目，给人以美的享受，能为图表加分。倘若只是机械式地完成任务，不以需求为出发点，不为图表增添"好颜色"，反倒因此变丑，就得不偿失了。

2.6　图表变美：整齐通透、留出空间

本章前 5 节内容讨论的是图表的字体、颜色、大小、填充和装饰，有针对性地从各自的角度来介绍优化方法，以上只能称作单打独斗、独自为战，暂未给出综合性、系统性的图表

优化方式。不过细心的读者可能早已发现端倪，笔者在前文中曾无数次提到"对齐"，无数次提到"层次感"，这些"蛛丝马迹"是不是有什么指向性，难道就是让图表变美的方向吗？没错，此为笔者定制数千张图表后总结出来的黄金法则，简单来说，只有三个字——"齐、松、透"，做到了这三点，基本上就能得到一张 75 分的图表。本节就从图表元素要对"齐"、图表空间要放"松"、元素层级要通"透"入手，教读者制作出标准的工作型图表。

2.6.1 图表元素要对"齐"

图表内容不怕多，多了可以通过技巧来化解，怕的就是随意乱堆乱放。图表元素的摆放，和日常的房间物品收纳是一个道理，需要分门别类并按照使用频率和重要程度摆放整齐，当视觉上做到了上、下、左、右都统一时，给读者带来的就是愉悦的感受。

笔者在 2.3 节介绍图表大小的重要性时列举过阅兵仪式的例子，很多人爱看阅兵仪式，是因为兵哥哥们的身材好、颜值高，还有大长腿，既让人感受到强大的国威、军威，又赏心悦目。然而，当兵哥哥们不再有几无差别的身高和体型，不再有整齐划一的动作，不再有行云流水般的整齐步伐，失去了这几个必要条件，可看性和观赏性想必会大打折扣。

关于对齐，前文林林总总也介绍了不少，这里做一个汇总，图表元素的对齐可以分为如下几类。

①**文字对齐**：图表中涉及文字的元素主要有标题、图例、坐标轴标题、坐标轴标签、数据标签、单位、数据来源、补充说明文字等。这些元素中除坐标轴标签位置较为固定外，其余元素均可以自由移动。

文字对齐最重要的原则是**采用相同的对齐方式**，对齐方式一旦确定，除坐标轴标签和数据标签这两个特殊元素外，其余元素尽量遵照执行。多数图表的文字采用横向排版，如图 2.6.1 所示，相应的对齐方式主要是左对齐或居中对齐；对于数据标签，可以根据实际情况设置对齐方式；个别数据新闻类图表也会采用纵向排版，相应的对齐方式主要是顶端对齐或底部对齐。关于对齐方式的详细内容，请参见 1.2 节中的"标题对齐方式"部分。

②**线条对齐**：图表中涉及线条的元素主要有坐标轴线条、网格线、刻度线、误差线、数据标签引导线、自定义分隔线、装饰线、辅助线等。

如图 2.6.2 所示，当数据标签显示引导线时，也要尽量保持对齐。

如图 2.6.3 所示，两条装饰线保持对齐，三个气泡之间的分隔线保持对齐。

如图 2.6.1 所示，在每个类别名称后添加了辅助虚线，同样需要保持对齐。

如图 2.6.4 所示，组合图中的同类图表，不仅要大小保持相同，不同图表内的坐标轴线条、网格线、刻度线和误差线等也需要保持对齐。

③**填充对齐**：所有文字类元素，其本质都是放在文本框之中的。如图 2.6.5 所示，倘若填充标题、副标题、数据说明这些文本框，就相当于有多个矩形，它们同样需要遵守对齐的规则。

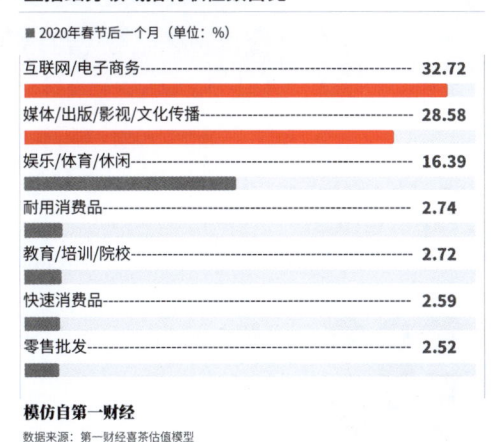

第 2 章　工作型图表设计法则

图 2.6.1　左对齐和居中对齐（分别模仿自《第一财经》和《谷雨数据》）

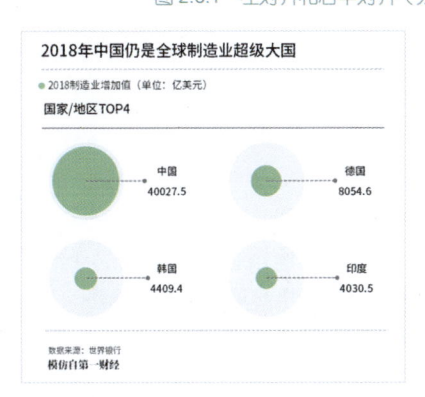

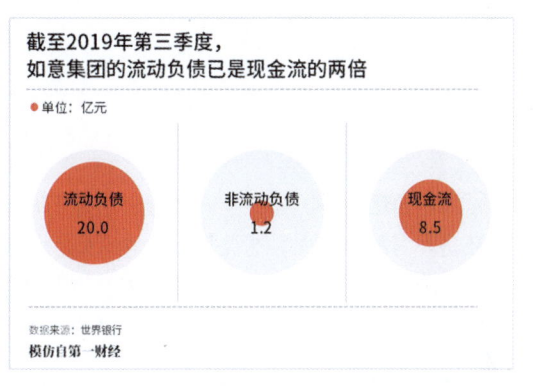

图 2.6.2　数据标签引导线对齐（模仿自《第一财经》）　图 2.6.3　装饰线、分隔线对齐（模仿自《第一财经》）

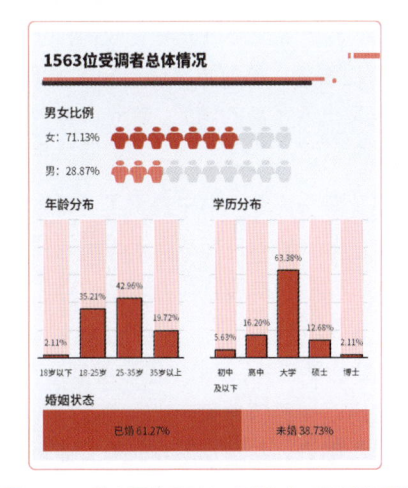

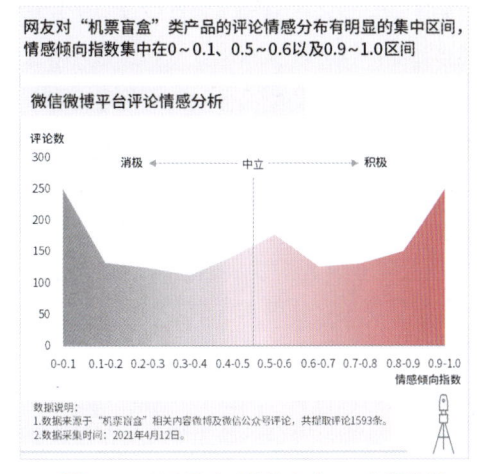

图 2.6.4　组合图线条对齐（模仿自《时代数据》）　图 2.6.5　填充对齐（模仿自《RUC 新闻坊》）

123

④**装饰对齐**：图表中的常见装饰 logo、二维码、色块、图标等，也不建议随意摆放，推荐和文字类元素保持对齐或者装饰性元素自行对齐。如图 2.6.6 所示，左上角的棕色矩形色块和左下角的图标与文字元素、柱形保持了左对齐，右下角的 logo 和柱形保持了右对齐。

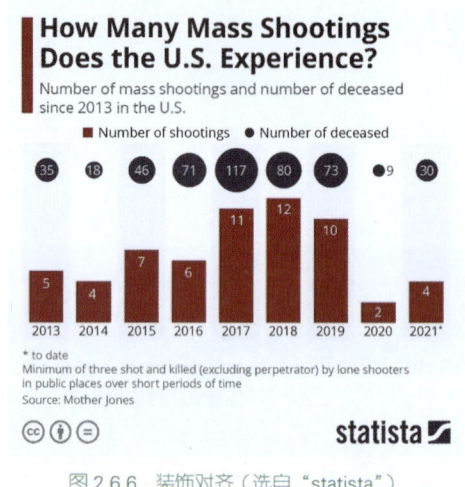

图 2.6.6 装饰对齐（选自"statista"）

⑤**组合图对齐**：无论是同类图表还是不同类图表的组合图，不管是上下分布、左右分布还是两者兼而有之，想要显得井井有条，就不能随心所欲地排版。如图 2.6.4 所示，一个图形填充的条形图、两个柱形图和一个普通的条形图共同拼接成了一个组合图，即使各图表大小不一，但看起来也并不显得混乱，因为整体采用了左对齐。

2.6.2 图表空间要放"松"

图表满足了对齐原则，就足够了吗？还远远不够，对齐相当于在正式化妆前打了最基础的粉底而已。那么，下一步又该如何优化呢？先不用着急，不妨再来聊一聊家居收纳，第一步已经将所有的物品分门别类地整理好了，现在又出现了新的问题，就是收集的东西太多，堆满了房间，像一个仓库一样，该如何处置呢？

日本杂物管理咨询师山下英子在 2009 年出版的《断舍离》一书中提出了"断舍离"的概念，"断"等于不买、不收取不需要的东西；"舍"等于处理掉堆放在家里的没用的东西；"离"等于舍弃对物质的迷恋，让自己处于宽敞、舒适、自由自在的空间。这个理念给工作型图表的优化带来了很多启示：

①**断**等于不增加或不过多增加图表元素，尤其是装饰性元素，不再给图表继续添"堵"。如果现有元素已符合 1.1.2 节介绍的无歧义原则，且足以传递信息和表达观点，则无须再画蛇添足。最重视颜值、最渴望夺人眼球的数据新闻类图表，在增加图表元素方面也是极尽克制之能事，把最宝贵、最珍视的空间全留给了核心和关键内容。如图 2.6.7 所示，为

第 2 章　工作型图表设计法则

避免干扰，蝴蝶图中未显示纵坐标轴和网格线，装饰也只选取了最简单的线条和 logo。

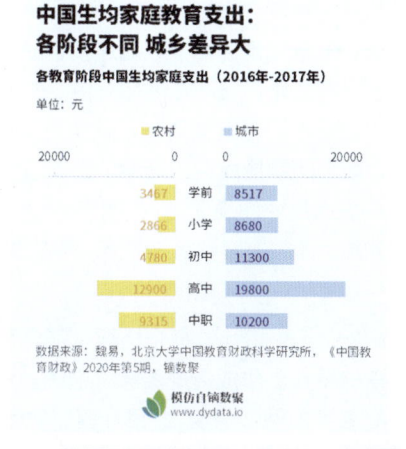

图 2.6.7　精简图表元素的效果（模仿自《镝数聚》）

②**舍**等于简化、删除堆放在图表中的多余的元素等，做减法释放图表空间。首先根据 1.1.2 节介绍的不重复原则，将重复元素直接删除，初步释放图表空间；然后按照 2.1 节中介绍的图表字体设置通用原则来规范字体，并以此增加对比性，将重要性低的元素字体适当调小，进一步释放图表空间；最后将多系列折线图、雷达图的线条变细，将多系列柱形图、条形图的形状变窄，将多系列气泡图的气泡变小，给图表瘦身，最大限度地释放图表空间。如图 2.6.8 所示为央行报告图表优化前后的效果对比，原图表的线条相互缠绕、差异不够突出，优化后的图表主要从 4 个方面进行了加强：突出数据标记，弱化线条（将标记改成横线，不占空间）；缩小图例和数据来源的字体，将图例移动到左上角的留白区域；添加背景柱形，形成温度计式效果，有助于横向对比；缩小纵坐标轴的取值范围（1%~4%），突出数据间的差异，有助于纵向对比。

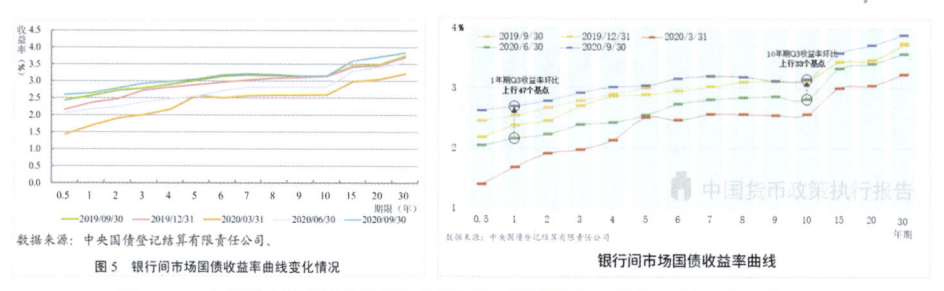

图 2.6.8　央行报告图表优化前后的效果对比（数据为模仿数据，请以原报告为准）

③**离**等于从观念上做出改变，培养给图表"留余地"的好习惯。一是舍弃过度的形式主义，防止图满为患。古语有"满招损，谦受益"，俗语有"饭吃八分饱，茶倒七分满"，它们都在讲述同一个道理——"凡事留余地"，犹如人处于高压之下神经紧绷，即使多加

125

一根稻草，也能压倒"骆驼"，当务之急是深呼吸，让自己放松下来。工作型图表也要秉持留余地和解压的理念，在增加元素时适可而止，在添加装饰时少即是多，在精简元素时当减则减，在简化装饰时除繁务尽，避免太拥挤，给图表一定的呼吸空间。

二是舍弃固守的传统形式，争取化繁为简。 数据越多，图表被填充得越满，而图表越满，表现力就越差，越拒人于千里之外，陷入恶性循环中。如果继续固执地坚守传统的图表形式，寄希望于只用一张图表就把问题解释清楚，只能是南辕北辙。山重水复疑无路，柳暗花明又一村。换个思路，这个问题便能迎刃而解。数据越多，越需要给图表减负，运用拆分大法抽丝剥茧，分步实施组成"图表团"，子图表各司其职，又能合力展示数据，也就是前文中多次提到的组合图，详细内容参考 2.7 节。给图表减负，既是给图作者减负，也是给读者减负。

如图 2.6.9 所示，原表格中分 4 个指标，每个指标中都含有 5 个系列、3 个类别，由于内容过于丰富，特将每个指标单独制作成滑珠图和气泡图。滑珠图中"本部"、"西院"和"合计"的数据标记用含有名字的圆形替换，"目标值"的数据标记用红色线条替换，气泡图表示"完成率"，最后统一将所有图表放置在同一张表格中融合，这样修改后每张子图表都会变得放松。

	指标1：出院人数					指标2：手术人次				
时间	本部	西院	合计	目标值	完成率	本部	西院	合计	目标值	完成率
2018年9月	905	358	1263	1350	93.56%	823	242	1065	998	106.71%
2019年9月	945	346	1291	1156	111.68%	902	245	1147	1200	95.58%
2020年9月	863	290	1153	1221	94.43%	863	242	1105	1052	105.04%

	指标3：病床利用率					指标4：住院患者抗菌药物使用率				
时间	本部	西院	合计	目标值	完成率	本部	西院	合计	目标值	完成率
2018年9月	1.273	1.013	1.184	0.95	124.63%	0.8	0.833	0.8	0.65	123.08%
2019年9月	1.121	1.047	1.098	0.95	115.58%	0.906	0.745	0.906	0.65	139.38%
2020年9月	1.091	1.004	1.064	0.95	112.00%	0.912	0.847	0.897	0.65	138.00%

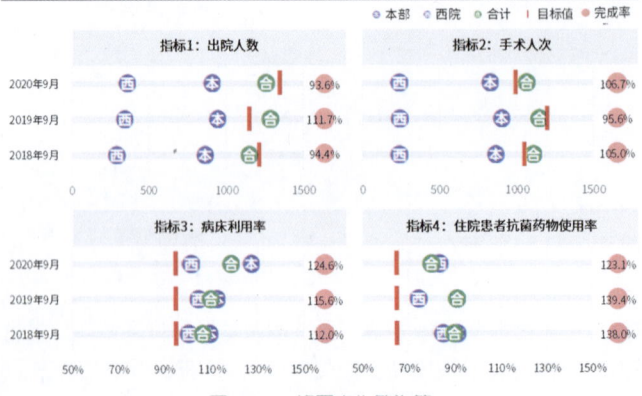

图 2.6.9　将图表化繁为简

提醒一点：给图表放松和增加装饰并不冲突，更不是对立的，重点在于把握好使用的"度"。

2.6.3　元素层级要通"透"

图表在满足了对齐原则和放松原则后，还是未达到想要的美化效果，究竟问题出在哪里呢？笔者继续用家居收纳来举例，前两步操作分别将物品收拾完毕，将杂物清理完成，怎奈何受空间所限，即使收纳技术一流，将物品摆放得无可挑剔，下定决心只保留了必需品，但在视觉上也仍显得十分局促和压抑。为了让空间显得更大，就要从增加必需品的透视性上入手，比如小户型装修时会在转角等狭窄区域巧妙地安装镜子、采用玻璃柜门来增加透视感，放大整体空间。而图表空间与房子相比更为有限，用寸土寸金来形容也不为过，那么如何将通透的理念应用到图表中呢？

①**不遮挡**："透"的目的是毫无障碍地显示图表必需元素，因此最理想的状态就是不遮挡。然而，图表内元素众多，想要做到完全不遮挡几无可能。应将侧重点放在：**一是尽量做到关键信息不相互遮挡或不被其他信息遮挡**，比如坐标轴标签、数据标签等。如图2.6.10所示，柱形图中含有正负值，将正值的坐标轴标签放在柱形的下方，将负值的坐标轴标签放在柱形的上方，既能将标签放在柱形旁，又不会被遮挡。如图2.6.11所示，数据标签很长，将其统一放置在柱形右侧，相互不遮挡，又美观。**二是尽量做到核心的数据系列不遮挡**，当图表中含有多个数据系列时，相互间容易遮挡，若是柱形图和条形图，则建议取消设置"系列重叠"；若是柱线图组合图或条线图组合图，则建议折线采用次要坐标轴并将其放在柱形的上方或条形的右侧。如图2.6.12所示，通过调低次要垂直坐标轴的取值，将整条折线放在柱形的上方。

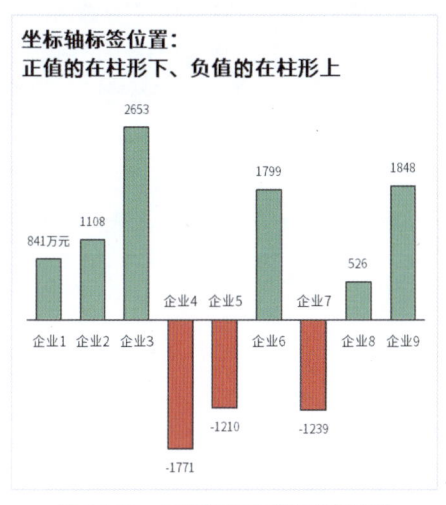

图 2.6.10　合理设置坐标轴标签的位置　　图 2.6.11　合理设置数据标签的位置（模仿自《DT财经》）

②**在遮挡时增加上层元素的透明度**：当图表无法完全显示必需元素，总有部分内容被遮挡时，增加透明度就派上用场了。关于此，笔者也有几点建议：首先基于要表达的主题

和数据系列的重要性来调整图表元素与各数据系列的上、下顺序，重要性越强的，放在越上层。当然，在调整时并不能随心所欲，而是要运用 1.9 节介绍的图表图层的优先级规则和图表内容的展开顺序规则来合理调整。待顺序确定后，再为上层元素或上层数据系列增加 10%~80% 的透明度，便可正常显示下层内容，体现出上下级的层级关系，也就是笔者多次提及的层次感。可以设置透明度的图表元素主要有线条类的（坐标轴、网格线、误差线、边框等）和填充类的（数据标签、数据标记、文本框等）。可以设置透明度的图表主要为填充类图表，比如柱形图、条形图、面积图、饼图、圆环图、气泡图、填充雷达图等。

图 2.6.12　将折线放在柱形的上方

如图 2.6.13 所示，原图表中从 2012 年 9 月到 2020 年 9 月，逐月展示服务贸易及其他、货物贸易的值，将 9 年 97 个数值做成柱形图稍显拥挤，在改成堆积面积图搭配堆积折线图后，更能体现时序的连续性变化。在设置面积图时，将上方的"货物贸易"设置为 60% 的透明度，将下方的"服务贸易及其他"设置为"渐变填充"，线性 90°，由 30% 透明度的绿色向 95% 透明度的绿色渐变。在增加透明度后，可以露出下方作为标尺的网格线。原图表中显示所有的坐标轴刻度线，过于密集且不美观，在改成与坐标轴标签一致的以 3 天为间隔后，对应性更强。

由此可见，在增加透明度后，解决了元素遮挡问题，空间更显宽敞了，图表的颜值也提高了。

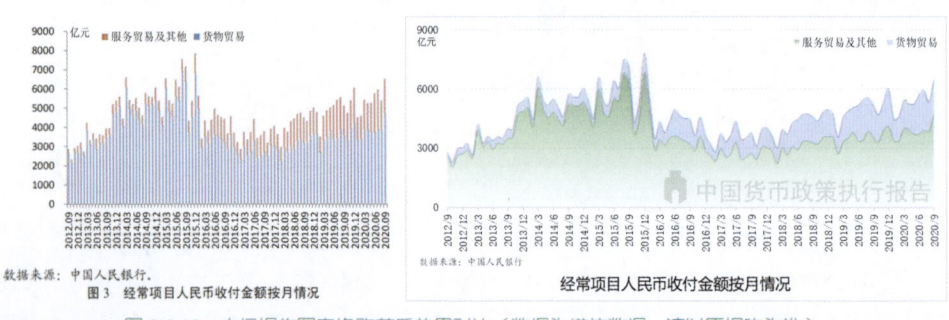

图 2.6.13　央行报告图表修改前后效果对比（数据为模仿数据，请以原报告为准）

128

2.7 图表组合：多图组合、突破限制

图表与人一样，都有承受力的极限，在限度之内，重压之下必有勇夫；在限度之外，重压之下必崩溃之，这样也就失去了图表制作的意义。人类最适合群居，既然一个人的力量有限，那么抱团取暖或可为之，实行团队合作后力量可以成倍放大。对于图表来说，团队作战是展示复杂数据的破敌关键。也就是说，即使对单张图表做最大化的优化也不符合要求，此时转而采用多张图表配合进行表达才是更明智的选择。从这个角度来看，多图组合也未尝不是一种优化图表的手段。读者对组合图应该不会陌生，它是前文例子中出现最多的图表之一。组合图可以分为多图组合和表图结合两种，本节就从同类图表组合、不同类图表组合、表图结合及建立图表之间的分隔和联系入手，突破限制，解决工作型图表制作中的疑难问题。

2.7.1 同类图表组合

在同类图表组合图中，子图表类型多为折线图、柱形图、条形图、面积图、饼图、圆环图和仪表盘等，可表达内容主要有以下几种。

并列对比关系：当对多个平等的数据系列做对比时，若数据系列的数量超过 4 个，则对比效果会打折扣，比如折线图和雷达图容易交织缠绕、柱形图和条形图容易变得细不可分、面积图容易被覆盖和遮挡。将其拆分成一模一样的形式后，一张图中只保留一个对比系列，或者对比系列+参照系列，在不牺牲对比性的前提下，让图表符合变美三大法则中的"松"字诀。如图 2.7.1 所示，展示的是 1～10 月民众对 4 座城市的期待指数，各城市的地位相同，属于并列对比关系。

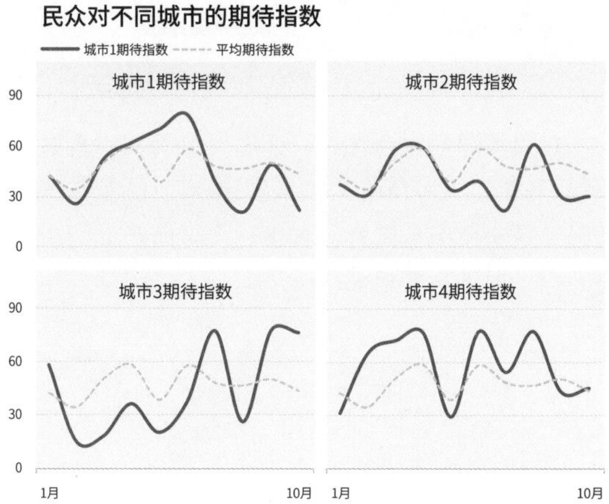

图 2.7.1 并列对比关系组合图（模仿自"Power BI"）

总分对比关系：当对多个数据系列做对比时，习惯于加入实验标准值、行业平均值或竞争对手参照值，以此清晰地定位自身所处的境地，了解优势和劣势所在。也就是说，在

图表中同时包含了总体表现情况和各部分表现情况。在将图表拆分成组合图后，在排版时，建议保留这种"总分关系"，如果采用上下排版，则总体在上、细分在下；如果采用左右排版，则总体在左、细分在右。如图 2.7.2 所示，活跃客户的变化是"整体"，客户购买商品的平均价格、产品销售总收入和客户满意度则是"部分"。

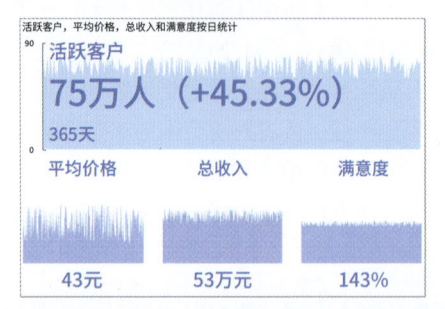

图 2.7.2 总分对比关系组合图（模仿自"Power BI"）

重点信息展示：在工作中有一类数据，其每个指标都极其关键，都需要得到老板的关注和重视，比如 KPI（关键绩效指标），每个指标只有独立成图才能互不干扰。如图 2.7.3 所示，每张条形图对应一种产品的销售目标完成情况，其中空白条形为最大值，虚线为目标值，红色条形为未完成目标，绿色条形为已完成目标。

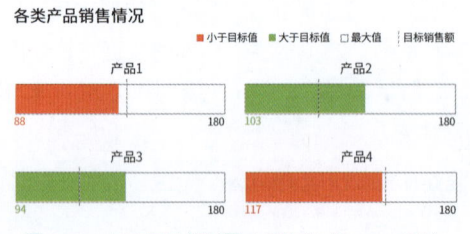

图 2.7.3 KPI 展示条形图（模仿自"Power BI"）

信息个性化展示：在同类图表组合图中，还有一个兼具"形式主义"和招人喜欢的应用"仪表盘"，其鲜明的形象让人过目难忘，是展示 KPI 的常用方式之一。想要快速抓住读者的视线，仪表盘确实是一个绝佳选择。如图 2.7.4 所示，同时用指针和硕大的数字来显示当前项目的完成进度，提神又醒目。

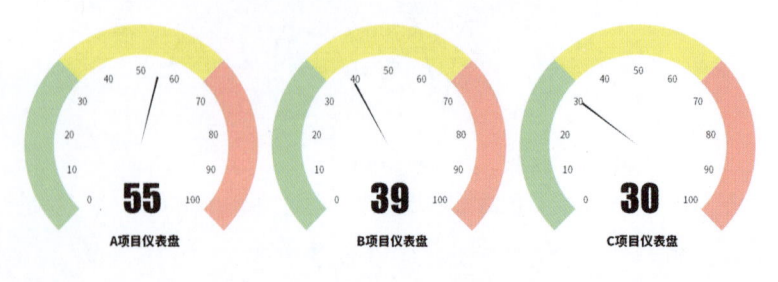

图 2.7.4 KPI 展示仪表盘

信息形式化展示：图表空间大、内容少，结果就会显得太"空"，为了丰富内容，避免单调，将其拆分成多张展示单个指标的子图表，再搭配上多种色彩，辅之以装饰性元素，优化效果就会显而易见。这种做法和 2.5 节介绍的图表装饰之补充图表空白的作用有异曲同工之妙，虽然有一种"大材小用"之感，但并非无任何可取之处。在工作中要求"万般皆要可视化"的老板大有人在，即便寥寥数语便可说清楚的问题，也要拿出合理的图表方案。还记得前文提到的制作工作型图表的重要思路吗？复杂图表简单化，简单图表形式化，所以想要破局，还得依靠"形式化"这个"万金油"。其实形式化本是一把双刃剑，用得好就是加分项。关于简单图表优化的详细内容，请参见 5.8 节"老板说：图表太简单，没有高级感"。如图 2.7.5 所示，本来用一张饼图即可完成相同的表达任务，只是不免会显得无趣、乏味，缺乏想象力，对于数据新闻类图表，无趣就意味着将减少读者在页面的停留时间。

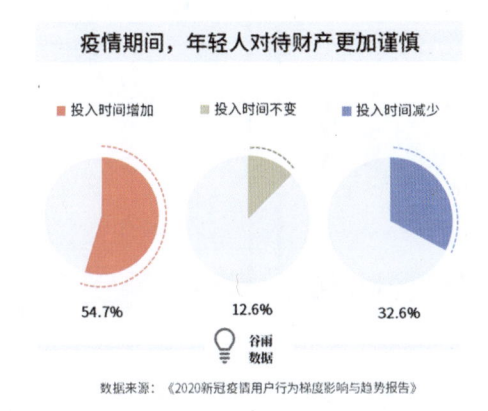

图 2.7.5　信息形式化展示图表（模仿自《谷雨数据》）

2.7.2　不同类图表组合

不同类图表的组合图的应用十分广泛，少到将两张图表简单地合并显示，多到用四五张图表多维度呈现某项调查结果，再多到《一张图读懂×××报告》系列中用多达十几张的图表完整地描绘复杂项目或重大事项的发展现状。整体来看，当同类图表组合时，图表间多是并列关系；当不同类图表组合时，图表间则多是总分关系，由大到小、由整体到部分、由概览到细分，层层推进，直至展现某个事件的全貌。不同类图表组合常用的形式有以下两种。

单数据系列占比关系：比如为全国所有省份的 GDP 占比情况作图，但是由于组成部分多且数据差异悬殊，无论使用饼图、圆环图、堆积柱形图、堆积条形图还是树状图，占比较低的部分几乎均不可见。是不是特别熟悉的场景？相信读者早已想到 2.3 节介绍的子母图，用母图展示全部数据，用子图放大占比较低的部分。解决的思路确实如此，只是子图不再作为母图的附属品，被放在母图的一角，而是作为一张独立图表和母图"并肩作战"。

常用的图表组合有饼图/圆环图+柱形图、饼图/圆环图+条形图、柱形图+条形图等。如图 2.7.6 左图所示，柱形图是条形图中"其他"部分的延伸，展示了其中占比较高的 6 家互联网金融公司规模，其他及其组成部分被填充了相同的蓝色，读者会默认两者同属一类。如图 2.7.6 右图所示，柱形图是圆环图中"纯电动"部分的延伸，也是本图的重点"2020 年纯电动汽车市场主要企业份额"。

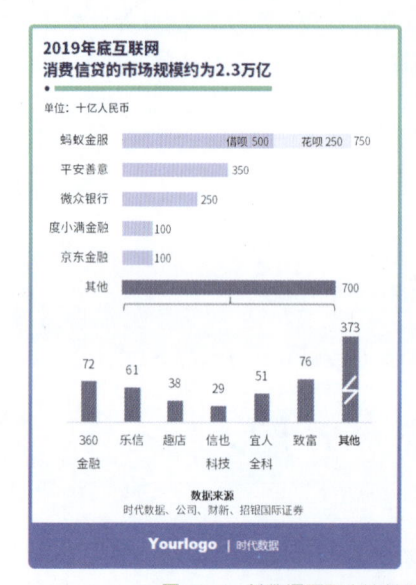

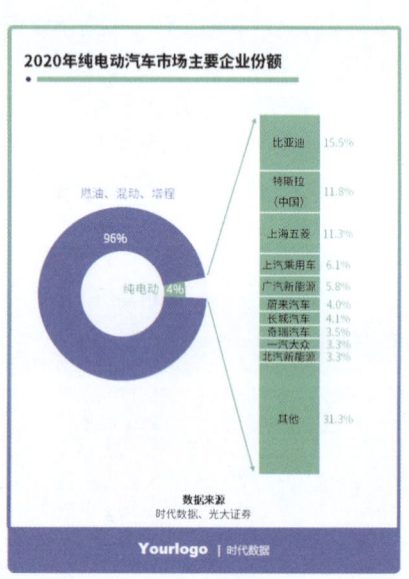

图 2.7.6 单数据系列占比关系组合图（模仿自《时代数据》）

总分关系：这是组合图的精髓和最厉害之处，突破图表限制主要靠它，这类组合图的制作与其说是考验制图技巧，不如说是考验逻辑思维（合理地拆分问题和数据）和排版功力（合理的大小和布局），两者兼备才能把问题解释清楚，进而追求更高层次的引人入胜。**制作总分关系组合图最基本的套路就是**：先确定组合图的总体基调，再对读者感兴趣的多方位细节进行补充和完善。比如核心内容+细节补充、基本情况+各部分具体情况、目标主体与参照系的对比+目标主体的详细情况等。总分关系组合图的大小及布局需要根据排版方向来定，详细内容请参考 2.3 节中的"组合图的大小设置方法"部分。

对组合图中的图表数量没有硬性要求，建议参照以下标准来确定：**不能因为减少数量而导致图表承压过大，不能因为增加数量而产生歧义和浪费，莫名其妙的图表只会给老板平添疑惑**。对组合图中的图表类型基本没有限制，柱形图、条形图、折线图、饼图等常见图表都可以轻松融入其中。如图 2.7.7 所示，该图表采用的是基本情况（总体人群喝咖啡的频率分布情况）+各部分具体情况（各年龄段喝咖啡的频率分布情况）模式。如图 2.7.8 所示，该图表采用的是目标主体与参照系的对比（7 个主要国家和世界平均癌症死亡率对比）+目标主体的详细情况（2020 年中国主要癌症的发病率与死亡率）模式，中国癌症的发病率与死亡率是两个并列的同类指标。

提醒两点：
1. 在总分关系中，细分的几个部分既可以是并列的同类指标，也可以是对比的不同类指标。
2. 同类图表和不同类图表没有绝对的分界线，可以强强联合，有机地结合在一起，对相关的内容做好关联，对不同的内容做好分隔，这也是制作长图的一种思路。

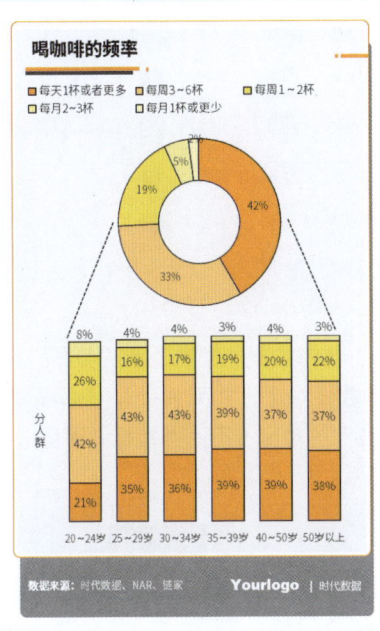

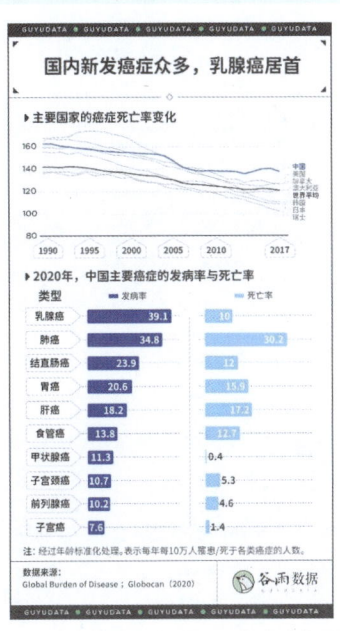

图 2.7.7　总分关系组合图 1（模仿自《时代数据》）　　图 2.7.8　总分关系组合图 2（选自《谷雨数据》）

2.7.3　表图结合

　　表图结合是指将图表调整大小后嵌入提前准备好的表格之中，嵌入的图表既可以选择同类的，也可以选择不同类的，相当于同类图表组合图和不同类图表组合图的一个综合体。两者的区别在于多图组合中的图表之间本无关系，需要通过多种手段建立彼此之间的关联，而表图结合则无须借助外力，生来便浑然一体。表达关系可以是同类指标间的并列关系和总分关系，或者不同类指标间的对比关系，或者以上几类兼而有之。对嵌入图表的数量没有特定限制，根据实际需要来确定。嵌入的图表类型主要有条形图、堆积条形图、堆积柱形图、火柴图、饼图、半饼图、圆环图、气泡图、半气泡图等。

　　综上所述，表图结合简直就是一个大型的收纳箱，其特色是分类陈列、条理分明。唯一的遗憾可能就是受表格本身所限，在嵌入大小不一的多张图表时排版难度很大。表图结合的应用十分广泛，样式繁多，详细内容见 3.7 节"数据强力收纳：表图结合"。

　　如图 2.7.9 所示是模仿自《第一财经》的图表，是经典的表图结合，在一张表格中塞进了大量的信息，包含排名、销量、同比增长、市场份额及去年同期市场份额 5 个指标，其中销量与市场份额的对比属于不同类指标间的对比，整体排版有条不紊、清晰明了。

133

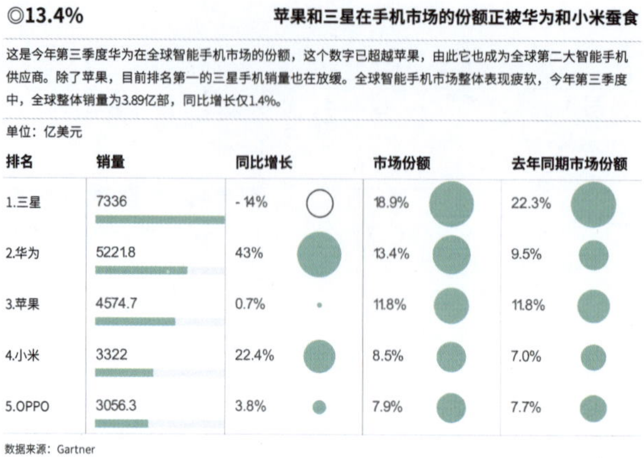

工作型图表设计：实用的职场图表定制与设计法则

◎13.4%　　　苹果和三星在手机市场的份额正被华为和小米蚕食

这是今年第三季度华为在全球智能手机市场的份额，这个数字已超越苹果，由此它也成为全球第二大智能手机供应商。除了苹果，目前排名第一的三星手机销量也在放缓。全球智能手机市场整体表现疲软，今年第三季度中，全球整体销量为3.89亿部，同比增长仅1.4%。

单位：亿美元

排名	销量	同比增长	市场份额	去年同期市场份额
1.三星	7336	-14%	18.9%	22.3%
2.华为	5221.8	43%	13.4%	9.5%
3.苹果	4574.7	0.7%	11.8%	11.8%
4.小米	3322	22.4%	8.5%	7.0%
5.OPPO	3056.3	3.8%	7.9%	7.7%

数据来源：Gartner

图 2.7.9　条形图、气泡图与表格组合（模仿自《第一财经》）

如图 2.7.10 所示是模仿自《DT 财经》的图表，内容更加繁杂，涉及各热门奶茶品牌在一线城市、二线城市、三线及以下城市的门店数量对比（并列关系），不同规模城市与门店总数的对比（总分关系），门店数量与覆盖省市的对比（不同类指标间对比），宛如教科书般的可视化操作，层次分明地展现出各类关系。

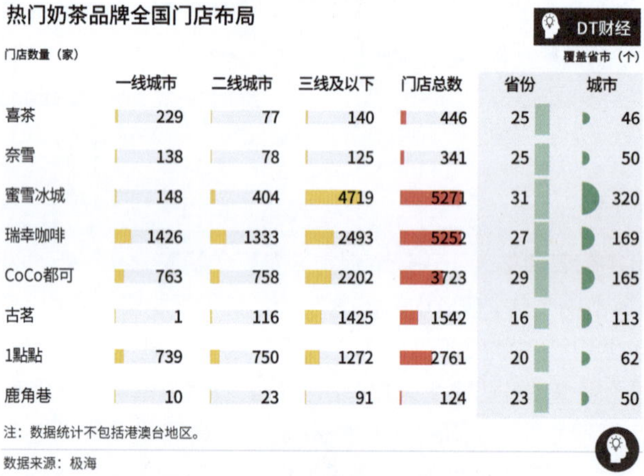

热门奶茶品牌全国门店布局　　　　　　　　　　　　　　DT财经

门店数量（家）　　　　　　　　　　　　　　　　　　　覆盖省市（个）

	一线城市	二线城市	三线及以下	门店总数	省份	城市
喜茶	229	77	140	446	25	46
奈雪	138	78	125	341	25	50
蜜雪冰城	148	404	4719	5271	31	320
瑞幸咖啡	1426	1333	2493	5252	27	169
CoCo都可	763	758	2202	3723	29	165
古茗	1	116	1425	1542	16	113
1點點	739	750	1272	2761	20	62
鹿角巷	10	23	91	124	23	50

注：数据统计不包括港澳台地区。
数据来源：极海

图 2.7.10　条形图、气泡图、柱形图与表格组合（模仿自《DT 财经》）

2.7.4　建立图表之间的分隔和联系

表图结合在建立图表之间的分隔和联系上有着得天独厚的优势，给表格加上边框后能区分不同的内容、不同的指标，在取消边框后，同类指标又能自成一体，毫无违和感，无须再画蛇添足。而多图组合在建立图表之间的分隔和联系上先天不足，只能靠后天来补充，尤其是不同类图表的组合图，在做好之后看起来不能显得突兀。具体来说，就是：与内容无关或相关性不强的指标，应该增加图表之间的"距离感"形成间隔；内容相近或相关性强的指标，应该增加图表之间的"亲密度"建立联系。主要有以下三种方式。

①颜色：增加间隔的组合图，可以采用对比色、三角色，或者用主色搭配灰色，形成鲜明的对比；建立联系的组合图，可以采用相同色、近似色或渐变色，缩小颜色之间的差距。关于颜色选取的更详细内容，请参见 2.2 节中的"给图表配色"部分。

②图表类型：增加间隔的组合图，大多采用不同的图表类型；建立联系的组合图，大多采用相同或相近的图表类型，比如均表示占比的堆积柱形图、堆积条形图、饼图和圆环图等，均表示时间序列的折线图和面积图，均表示对比的柱形图和条形图等。

③装饰物：如图 2.7.11 所示，在增加间隔时，常用线条（直线、虚线），以及在图表下添加不同颜色的背景等装饰物。如图 2.7.12 所示，在建立联系时，常用单向或双向箭头的线条、直线+左括号、大括号、箭头+矩形框、矩形框、矩形背景等装饰物。

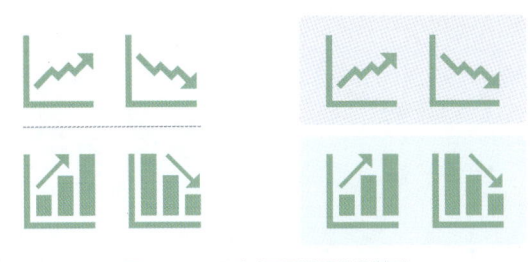

图 2.7.11　增加间隔常用的装饰物

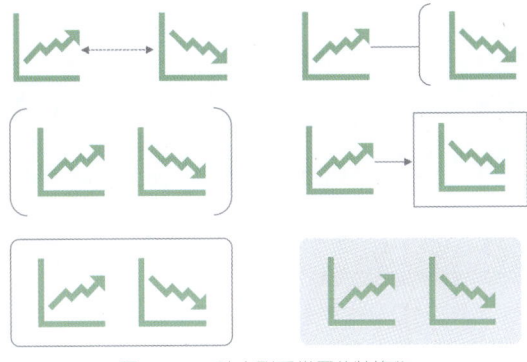

图 2.7.12　建立联系常用的装饰物

2.8　图表选择：二维和三维、静态和动态

有读者问，老板想要三维图表，但是经过多方查询求证，多数图表高手都不建议使用三维图表，真的是这样吗？为了清晰地显示 10 个销售网点在 2020 年分月的销售情况，想做成动态图表，但是老板不喜欢动态图表，应该怎么办？这时纯粹的图表优化已难再奏效，工作型图表设计的焦点，由图表优化转变成了图表选择。那么，究竟如何满足老板的不合理要求呢？金庸先生在《神雕侠侣》一书中谈到独孤求败的剑法境界时，有这样一段精彩

的描述："四十岁后，不滞于物，草木竹石均可为剑"。意思就是，形式不重要，解决问题才好。本节就从二维图表和三维图表的对比、三维图表的优化要点、静态图表和动态图表的对比、动态图表的优化要点入手，讲事实、摆道理，相信老板能做出自己的判断，毕竟要选择哪种图表还是他说了算。

2.8.1 二维图表和三维图表的选择

1. 二维图表和三维图表的对比

二维和三维的区别就是平面和立体之分。我们在日常工作中接触到的图表大部分都是二维图表，那么三维图表都有哪些呢？其实在 Excel 中就内置了 7 种三维图表，分别是折线图、柱形图、条形图、饼图、面积图、曲面图和气泡图，如图 2.8.1 所示。

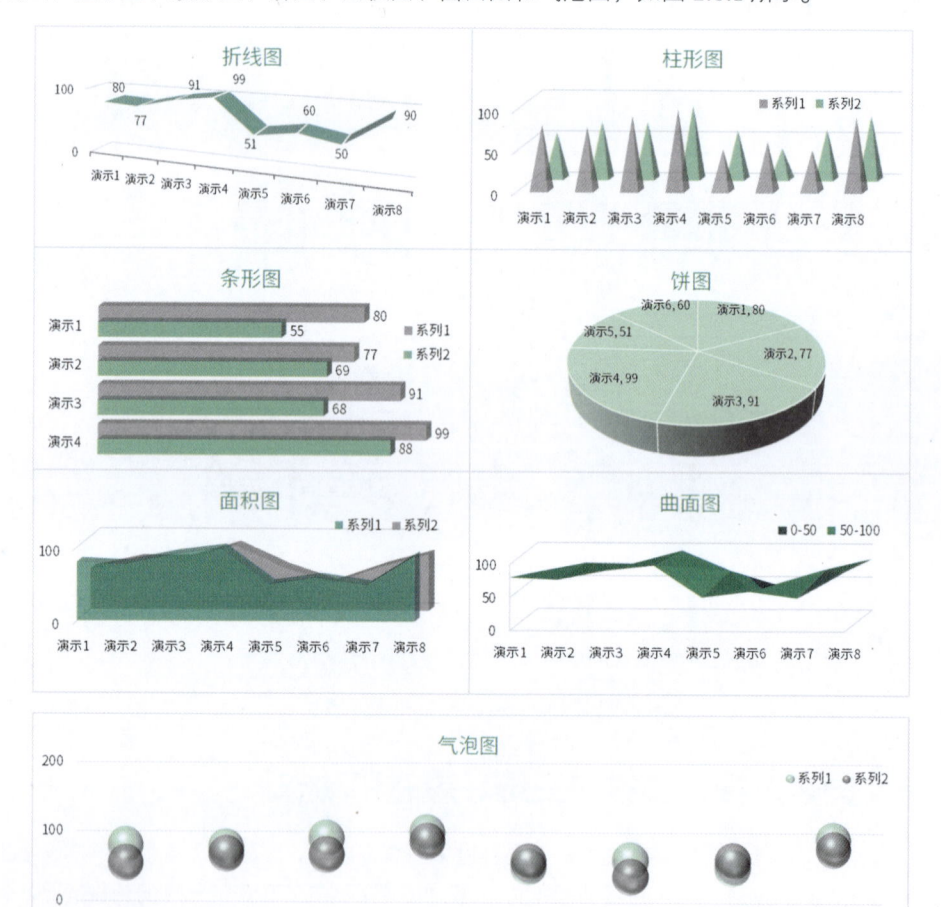

图 2.8.1 Excel 中内置的三维图表

不得不说，三维图表在视觉上冲击力十足，但是三维图表成也视觉、败也视觉。其优点十分明显。人本身生活在一个三维的世界中，人的眼睛更偏爱、更容易接受三维物体，这也是 3D 电影总能给人更加震撼的视听感受的原因。在吸引力这个问题上，三维图表占据着绝对优势。当然，其缺点也显而易见。三维的原理很简单，通过营造"远近高低各不同"的效果产生立体感，同样一个柱形立体化时，远的地方在视觉上会小一点，近处则会大一些。这也正是很多图表高手不推荐使用三维图表的最重要原因，工作型图表一旦丧失准确性，说服力就将荡然无存。如图 2.8.2 所示，给三维柱形图增加了一定的旋转和透视效果后立体感更强，然而相伴而生的是被继续放大的"偏差"，数值同为 90，在视觉上"演示 8"柱形的高度几乎是"演示 1"柱形的高度的 1.4 倍。

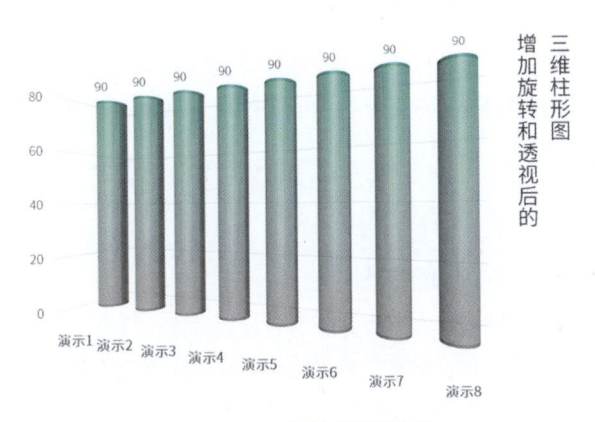

图 2.8.2　三维图表的视觉偏差

既然三维图表的优缺点如此泾渭分明，那么在制作图表时又该如何正确选择呢？其实只要确定好制作图表的目的，以及图表应用的场合，选择就是自然而然的事情。

二维图表：装饰性元素少，对空间感要求低，更加简洁、高效，可以直观地传递信息，通用于各种调查统计项目、专业报告、数据新闻传播、工作总结汇报等场合。

三维图表：装饰性元素多，对空间感要求高，表现形式大于展示内容，视觉效果大于信息传递，应用重心是聚焦观众和读者的目光，主要应用于融资路演、产品发布、对外宣讲、公共演讲等场合。

2. 三维图表的优化要点

本书中，笔者不厌其烦地强调设计工作型图表的一个理念，当基本原则和老板喜好之间出现矛盾时，切入点还是图作者尽好自己的责任，既然老板选择了三维图表，那么就把它调整成一张尽量合理的图表。至于优化原则，完全可以套用二维图表的"齐、松、透"三法则，还有颜色、字体、大小、填充和装饰等设置，无一例外地全部适用，只是要求更加严苛。

①**控制三维图表的使用数量**：在解释清楚各种利弊后，即使无法改变使用三维图表的事实，也可以说服老板减少其使用量。

②**慎重选择图表类型**：尽量选择柱形图、条形图、折线图和饼图等更容易分辨的图表，慎重选用表现力差的曲面图。

③**减少一张图表中的数据系列数量**：运用 2.7 节介绍的制作组合图的相关技巧，保证每张图表内的数据系列数量不超过 3 个。

④**增加图表的透明度**：当三维图表中含有多个数据系列时，最容易出现遮挡问题，为显示在最上层的数据系列增加适当的透明度，可以减少因遮挡带来的误判。

⑤**减少三维图表中的颜色干扰**：推荐使用主色与灰色（及两者的渐变色）搭配，以及使用主色与对比色（及两者的渐变色）搭配。

⑥**减少旋转和透视**：不能为了立体感而牺牲准确性，过大的偏差会误导老板的判断。

⑦**减少装饰性元素的使用**：压缩装饰性元素的使用种类和数量，才能突出数据系列内部及数据系列间的图形对比。

2.8.2 静态图表和动态图表的选择

1. 静态图表和动态图表的对比

静态图表是最常用的图表，在制作好后内容相对固定，只有当数据源发生改变或者数据源区域发生改变时才会变化。前文介绍的所有图表均为静态图表。动态图表则是指将图表动态化并实现人机交互，利用 Excel 中的控件（比如组合框、复选框、按钮、选项按钮等）、数据透视图的切片器来控制图表待显示的内容。如图 2.8.3 所示，折线代表 A 公司旗下一家机构前 2 个月的销售利润，单击选项按钮就可以高亮显示当前机构的销售利润。如图 2.8.4 所示，在右侧的切片器中选择日期，左侧的数据透视图就会显示相应日期对应的销售利润。

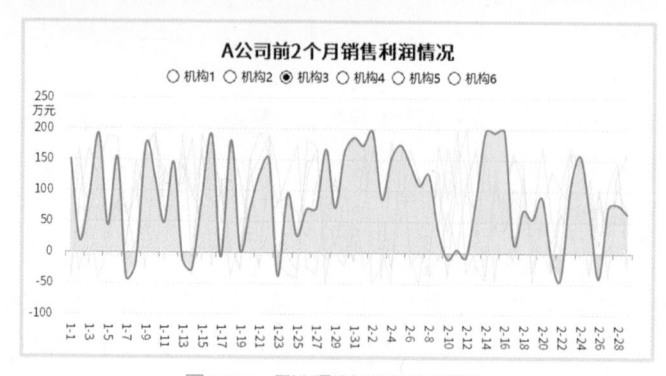

图 2.8.3 用选项按钮控制动态图表

动态图表在视觉上炫酷十足，能让老板享受对图表和数据的操纵感与掌控感。其优点十分明显，在这个数据爆炸的时代信息严重过剩，图作者需要可视化的数据同样多到崩溃。当数据系列较多时，可以顺理成章地做成动态图表，选择后方才显示，不选择则被隐藏，简直是天生的消除杂乱利器。当然，其也有很多使用限制，就像是戴着镣铐跳舞，伴随着很多的束缚。首先是使用场合的限制，基于人机交互的特殊性，在 Excel 中制作的动态图表，也需要在 Excel 中使用，离开了 Excel 就变回了静态图表。有一种变通方法可以打破动态图表使用场合的限制，就是将其保存成 GIF 格式的动图或者视频，这样就可以在 PPT、网页、微信公众号等支持这两种格式的平台上使用。不过，随之而来的是另外一个限制，虽然能播放动图和视频，但也失去了其最具标志性的交互性，不能随心所欲地暂停画面。

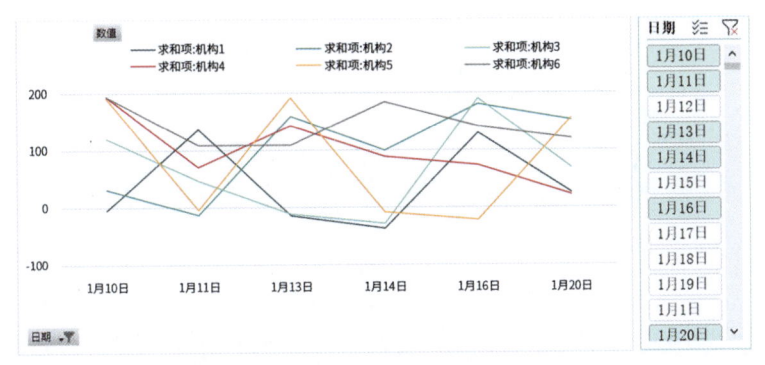

图 2.8.4　用切片器控制数据透视图显示内容

在录制动图时推荐使用 GifCam 软件，它是一款小巧、免安装的单机软件。如图 2.8.5 所示，在录制时运行 GifCam，调整录制窗口的大小至可以完全覆盖整张图表，单击"录制"按钮后，便可以依次单击图表中每个机构的按钮，最后单击"保存"按钮，即可得到 GIF 动图。在录制视频时需要用录屏软件，这类软件有很多，读者可以自行在网络上搜索。

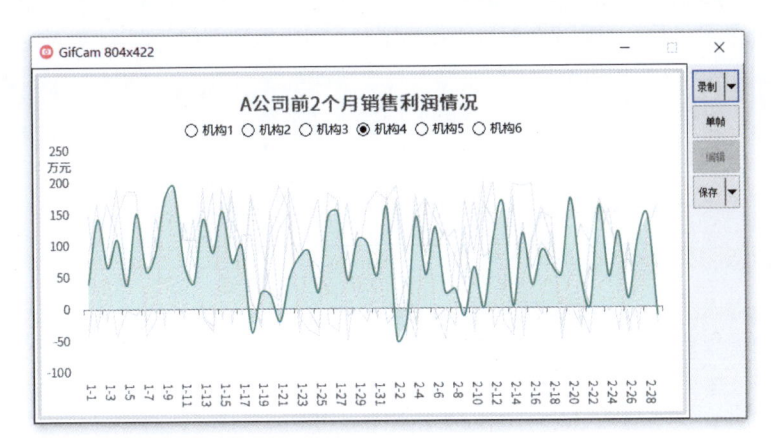

图 2.8.5　用 GifCam 软件录制图表 GIF 动图

制作动态图表主要有以下三种方式。

①使用商业智能软件：这是最系统、最专业的动态图表制作方式之一，推荐使用帆软、tableau、Power BI 等软件，其功能十分强大，可以制作交互式的动态图表以及可视化大屏

等。其缺点是有一定的技术门槛，且动态图表必须在相应的平台或网页上才能显示。

②使用 Excel：通过控件+筛选函数制作如图 2.8.6 所示的动态图表，详细的制作过程请参考 5.2 节中的"动态柱形图"和"动态折线图"部分。或者用切片器控制如图 2.8.4 所示的数据透视图，其弊端是需要在 Excel 界面中手工控制。

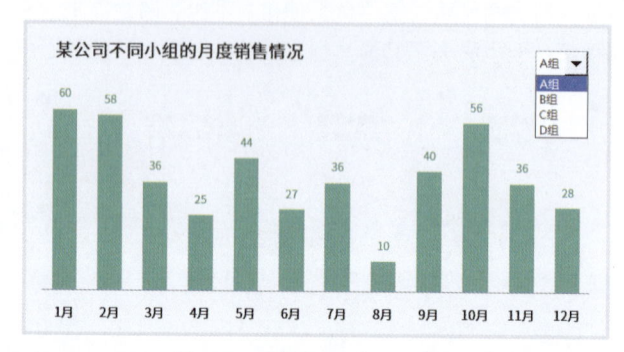

图 2.8.6　用组合框控制动态图表

③在线制作：时下十分火爆的动态图表制作方式，推荐使用镝数和花火这两个好用的在线制作平台，制作好的动态图表可以在线播放，也可以直接导出为动图或视频。

在动态图表和静态图表之间，没有一个明确的界限来判断孰好孰坏，其实选择比形式更重要，可以根据所使用的场合、所使用的数据系列数量做出更优的选择。

①静态图表：更稳定、庄重和严肃，我们在日常工作中常用的文档形式如 PDF、Word 均不支持 GIF 动图和视频，所以只能使用静态图表。当数据系列和数据量都不多，比如有 1~3 个数据系列，静态图表完全可以满足需要时，首选静态图表。

②动态图表：在强调交互性、追求炫目效果的演示类场合，毋庸置疑，动态图表才是良配；在无法直接实现交互，但支持 GIF 动图和视频的平台，比如 PPT、公众号、头条号等，使用动态图表更能引人注目，带来流量；当数据系列超过 4 个时，为了更加清晰地展示数据，建议使用动态图表。

2. 动态图表的优化要点

从根本上说，Excel 中的动态图表只是加上操控的静态图表，所以动态图表、静态图表和三维图表完全可以共用优化法则。从简洁性这个角度来看，动态图表本是为了简化图表而生，所以要优于同等的静态图表；三维图表本是为了丰富图表形式而生，所以要弱于同等的二维图表；如果给三者的优化要求和程度排序，那么就是：动态图表>静态图表>三维图表。对动态图表的优化，建议从以下几个方面做起。

①将所有数据系列都加入图表中：如果动态图表一次只显示一个数据系列，则看似变得简洁，其实削弱了对比性，丧失了图表的基本素质。因此，做动态图表的第一步就是将所有数据系列都加入图表中。

②对数据系列做出强弱之分：动态图表之所以能做到层次分明，是因为区分了强弱——强化当前选择的数据系列，比如将其高亮显示、加粗线条、加宽矩形等；弱化其余所有数据系列，调暗颜色并使用统一色调、使线条变细等，这样才不会给图表添乱。

③控制动态图表的使用数量：一张可以被理解为锦上添花，两张可以被理解为业务需要，三张还可以被勉强接受，再多就会变成负担。

④将控件与图表组合："一张图"思维在工作型图表中至关重要，老板希望看到的图表是完整无瑕、浑然一体的，而不是支离破碎、随意拼凑出来的图表。因此，在做好动态图表后，将控件移动至图表内合适位置并组合才是上策。

2.9 图表审美：建立自己的灵感库

在学习完图表基础知识，了解了优化思路后，下一步顺理成章应该是动手制作图表了。但别着急，先问自己几个问题：如果眼下老板就提出作图要求，你的脑子里是否有明确的思路？该选择什么图表类型？又该优化成什么形式？如果回答不上来，则说明你目前积累得还不够。其实这是很多人都会遇到的瓶颈期，在下笔前文思泉涌，在下笔时大脑却一片空白，无从下手。俗语云：读书破万卷，下笔如有神。拿到数据后毫无头绪或拿不出该有的备选方案，学再多的制图技巧也于事无补，当务之急是要建立一个能助人一臂之力的灵感库。本节就从为什么要建立图表灵感库、如何借用别人的灵感和如何建立自己的灵感库入手，养成多看、多思考的好习惯，培养正确的图表审美观。

1. 为什么要建立图表灵感库

"科普中国"对"灵感"一词做了这样的解释：灵感指文艺、科技活动中瞬间产生的富有创造性的突发思维状态。意思就是，灵感很重要，但是不常出现，可遇不可求。优秀的图表都是作者智慧的结晶，值得学习和借鉴，这也是工作型图表倡导的"微创新"的重要基础——寻找创新点以及实现方式。

建立灵感库的必要性主要体现在如下方面。

①寻找制图思路：平时不烧香，临时抱佛脚，最容易让人手忙脚乱，因为在短时间内拿出合理且优秀的图表方案，对大部分人来说都是不小的挑战。对于初学者，最便捷的方案还是"拿来主义"，取人之所长，套用成熟的思路。在图表新手与图表高手之间，可能只是差了一个图表灵感库。

②培养图表审美观：只有靠谱的审美，才能做出过关的图表作品。对于工作型图表的制作来说，技巧决定着下限，审美决定着上限。培养审美观的方式就是多看、多积累优秀的图表，研究专业人士对图表各类元素的处理方式，在耳濡目染之下，做出来的图表水准自然不在话下。

2. 如何借用别人的灵感

在收集图表灵感时有一个很典型的错误观念——"因小失大",可能觉得图表本身存在一些缺点或对其整体不满意,比如不喜欢其颜色搭配、不喜欢其排版方式等,就将其定性为不可借鉴的图表。俗话说"人无完人",图表也没有完美的。因此,想要用好别人的灵感,就要扭转观念,反其道而行之,把图表放大来看或者拆开来看,从图表元素的角度进行审视,只要存在可借用的闪光点,有可取之处,就先收好,以后遇到适当的场合随时拿来为自己所用。如图 2.9.1 所示是一张普普通通的条形图,中规中矩的排版、简单低调的配色,谈不上多高的颜值,但是气泡文本框的加入,使图表有了重点,"事业单位"的条形趋势变化与标题相呼应。只要善于发现别人的优点,就会发现不管是工作中还是网络上处处都有宝藏。

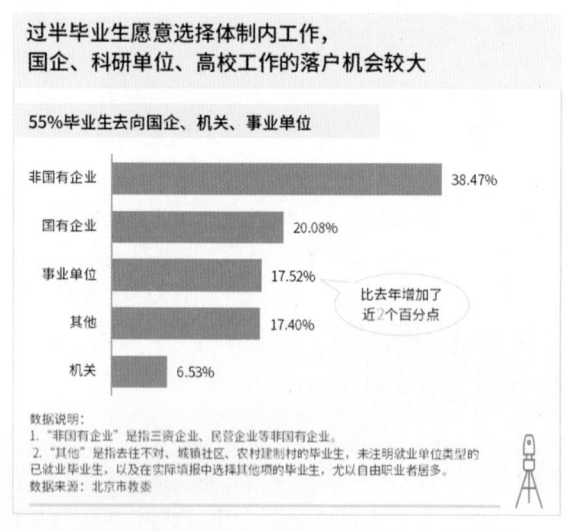

图 2.9.1 有可取之处的条形图(模仿自《RUC 新闻坊》)

3. 如何建立自己的灵感库

如果你留心的话,就会发现,网络上经常会有各路高手推荐各类优秀的图表作品,假如抱着暂时用不上一看了之的态度,下一次要用到时还是会感慨"书到用时方恨少",所以一劳永逸的办法就是建立属于自己的灵感库。建立过程主要分以下几步。

①**平时收集**:收集图表灵感的渠道有很多,对于报刊、杂志等纸媒,建议拍照留存;对于数据新闻、自媒体等网络渠道,建议下载留存;若遇到无法保存的,则推荐截图或截屏;对于来不及细看和下载的,建议先收藏,后期再整理。

图表也有地域化差别,长期以来,很多人迷信国外的图表作品才最经典,更值得学习和模仿。其实最近几年国内的数据可视化蓬勃发展、百花齐放,丝毫不输于起步较早的国外可视化,尤其经过了本土化的改良和优化后更符合国人的审美标准,2.10 节会重点推荐几个国内优秀的可视化媒体代表。

收集图表灵感忌偏科，宜博采众家所长。很多读者觉得自己的本职工作偏党政类或者商务类，没必要去关注数据新闻类图表。严格来讲，数据新闻类图表更具美感和设计感，也有着更高的制作难度，能以做数据新闻类图表的实力去做日常工作型图表，会产生"降维打击"的轻松感。退一万步讲，即使达不到做数据新闻类图表的实力，长长见识也很可贵和值得。此外，各类风格的图表间没有绝对的壁垒，有的只是对元素处理的方式不同，再加上差异化的装饰，一通百通，相互之间完全能够自由转换。

②**定期整理**：只管收集而不做整理，图表只能算是一盘散沙，寻找起来就像大海捞针，收集的图表越多，挑选的负担越重。建议根据自己的习惯定期整理，比如一周、一个月或三个月整理一次，时间太长会加大整理难度，削弱收集的兴致。

③**分门别类**：将图表对号入座，分类越准确，取用越方便。例如，按照使用场合分为数据新闻类、商务财经类、会计财务类和政府报告类 4 种，如果图表符合多种风格，则建议按照符合度的高低依次添加风格关键词；按照图表类型分为柱形图、条形图、折线图、表格、组合图等；按照来源分为第一财经、谷雨数据、RUC 新闻坊等。这样分类最大的好处就是能够更快地瞄准目标，直击要害。给老板提供方案就像谈生意谋合作，不断地试探和尝试，最终满足要求，达成一致，在锁定其喜欢的图表风格后，只需投其所好，提高过稿率指日可待。如图 2.9.2 所示是笔者整理的灵感库分类，如需下载，请关注"博文视点 Broadview"公众号并回复"工作型图表设计"获取下载链接。

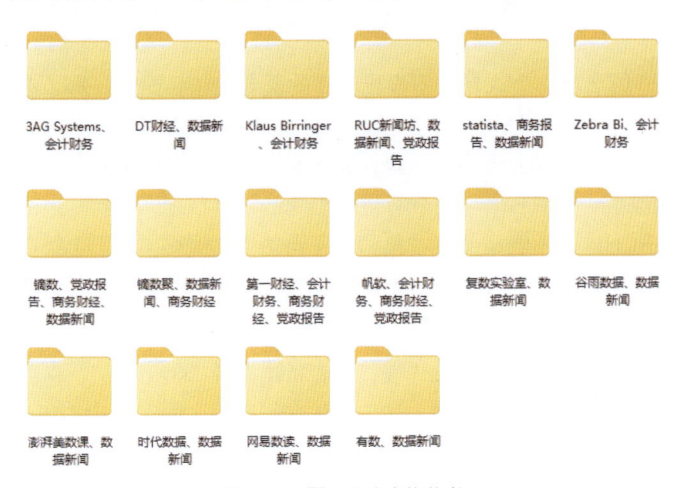

图 2.9.2 图表灵感库的分类

④**打好标签**：为了方便查找和取用，在简单分类后，还可以进一步对图表属性进行细分，比如图表的排版很吸引人，就可以在命名时加上"排版""左对齐排版"等关键词；对网格线的处理富有特色，就可以加上"网格线"等字眼；当同时含有多个属性时，建议一一标上。图表的标签越多，指向性和针对性越强，取用就越方便。

总结一下，在给图表命名时，建议按照来源、使用场合、图表类型和个性化标签的顺序规范化执行，两两属性之间用"、"隔开，如图2.9.3所示。这样在查找图表时，便能够实现按照图表渠道查找、按照图表风格查找、按照图表类型查找和按照图表标签查找。在找到心仪的图表后，如果只是对个别元素的处理，则可以参照第1章"图表元素解析"中的相关内容；如果是高频使用的图表，其制作思路则可以参照第3章"工作型图表设计技巧"中的相关内容，或者第5章"工作型图表的典型问题拆解"中的相关内容。

- 第一财经、会计财务、商务财经、党政报告、条形图、辅助条形、数据标签、坐标轴标签
- 第一财经、会计财务、商务财经、党政报告、折线图、网格线、坐标轴标签
- 第一财经、会计财务、商务财经、党政报告、柱形图、网格线、突出重点、装饰
- 第一财经、会计财务、商务财经、党政报告、柱形图、网格线、图例、分隔线
- 第一财经、会计财务、商务财经、党政报告、组合图、表图结合、辅助气泡、分隔线
- 第一财经、会计财务、商务财经、党政报告、组合图、表图结合、排版、分隔线、装饰线
- 第一财经、会计财务、商务财经、党政报告、组合图、饼图、雷达图、配色、排版
- 第一财经、会计财务、商务财经、党政报告、组合图、饼图、排版、分隔线、装饰
- 第一财经、会计财务、商务财经、党政报告、分隔线、装饰
- 第一财经、会计财务、商务财经、党政报告、组合图、辅助气泡、辅助条形
- 第一财经、会计财务、商务财经、党政报告、组合图、关系图、气泡图、排版
- 第一财经、会计财务、商务财经、党政报告、组合图、时间轴、饼图、排版
- 第一财经、会计财务、商务财经、党政报告、组合图、数据标签、辅助条形
- 第一财经、会计财务、商务财经、党政报告、组合图、圆环图、分隔线、标题、配色、排版
- 第一财经、会计财务、商务财经、党政报告、组合图、圆圈填充、分隔线、排版、标题
- 第一财经、会计财务、商务财经、党政报告、组合图、柱形图、排版、分隔线
- 第一财经、会计财务、商务财经、党政报告、组织架构图、排版、装饰

图 2.9.3 图表命名参考

2.10 图表审美：国内优秀的数据可视化媒体推荐

2.9 节主要介绍了建立个人专属图表灵感库的重要性和必要性，那么应该去哪里收集灵感呢？很多人第一想到的是《经济学人》《商业周刊》《麦肯锡》等中经典的新闻类和咨询类图表。的确，它们算得上最早进入国人视线的商务图表，也是备受各路图表高手和大咖们推崇的图表类型，对笔者学习图表有重要影响的刘万祥老师，就写过很多关于此类图表的制作教程。时下这些图表还值得收集和借鉴吗？当然值得，其不止经典，还在随着人们的审美变化不断地推陈出新，依旧占据着主流舞台。相对而言，读者对上述商务图表比较耳熟能详，笔者在这里不做过多介绍。

关于国外优秀的数据可视化媒体代表，笔者重点推荐"statista"，它主要为企业客户设计和创建自定义的信息图表、视频、演示文稿和出版物。如图2.10.1所示，statista 图表集多种风格于一身，整体风格偏商务财经，但是在融入了更多的图标和商务元素后，更显活力和时尚，更添观赏性和趣味性，基本上可以被应用到涵盖数据新闻、会计财务和政府报告等的常用场合之中。

近几年，国内的数据可视化行业发展日新月异，很多新闻媒体及自媒体制作的图表，不论专业度、设计感还是美观度，与国外同行相比也不遑多让。尤其是在吸收国外可视化诸多的优点后，又适时地加入了很多中国传统元素，形成自己鲜明的风格，也更符合国人

的审美标准。比如数有范在"紫禁城六百年辉煌背后,是无数代帝王艰辛的追赶"一文中,在搭配的图表中加入了国风配色、中国风背景、祥云装饰、皇帝插画等元素,极具代入感。

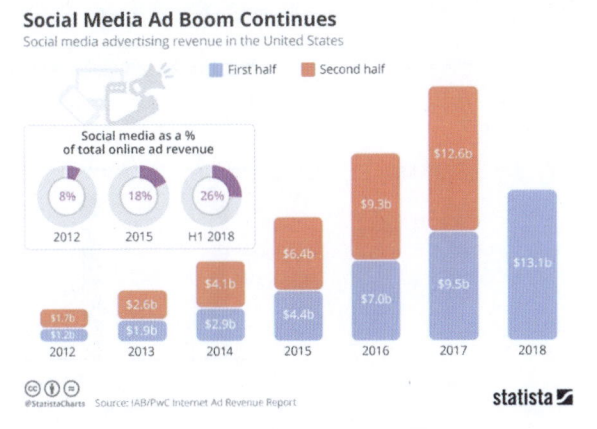

图 2.10.1　选自"statista"的图表

针对工作型图表,笔者从众多优秀的数据新闻媒体中优中选优,重点推荐以下 10 家。之所以推荐数据新闻类图表,是因为其有着很多不可替代的优势,比如种类丰富、更新较快,传播性强、易于收集,成本较低、方便保存,同时除了能寻找到图表设计的灵感,还能学习到如何将新闻或主题与图表有机结合,将不同类别、不同数量的数据转化为图表的解决思路。

1. RUC 新闻坊

自我介绍:中国人民大学新闻学院新闻系运营的新闻采写编评及摄影业务教学与实践的平台。人大师生"秀习作,鉴案例,品评论,访媒体"的平台。

基本介绍:如图 2.10.2 所示,其图表像满腹经纶的学者,有着文人墨客身上特有的书卷气,又不失平易近人。

图表配色:以深蓝色、紫色和暗橙色为主,低调、优雅。

图表类型:以柱形图、折线图、条形图等基础图表为主,还有大量的组合图案例。

应用方向:数据新闻、会计财务、政府报告。

2. 第一财经

自我介绍:《第一财经》旗下的新媒体,我们为你发掘精彩的商业价值,也邀请你一起探寻明亮的商业世界。

基本介绍:如图 2.10.3 所示,其图表像西装革履的商务精英,举止得体、谈吐不俗、一丝不苟。

图表配色:大量使用对比色和撞色,色彩的饱和度高,非常有视觉冲击力。

图表类型：以基础图表为主，对网格线、数据标签和坐标轴标签的处理很有特色，"表图结合"形式的应用堪称典范。

应用方向：数据新闻、会计财务、政府报告、商务财经。

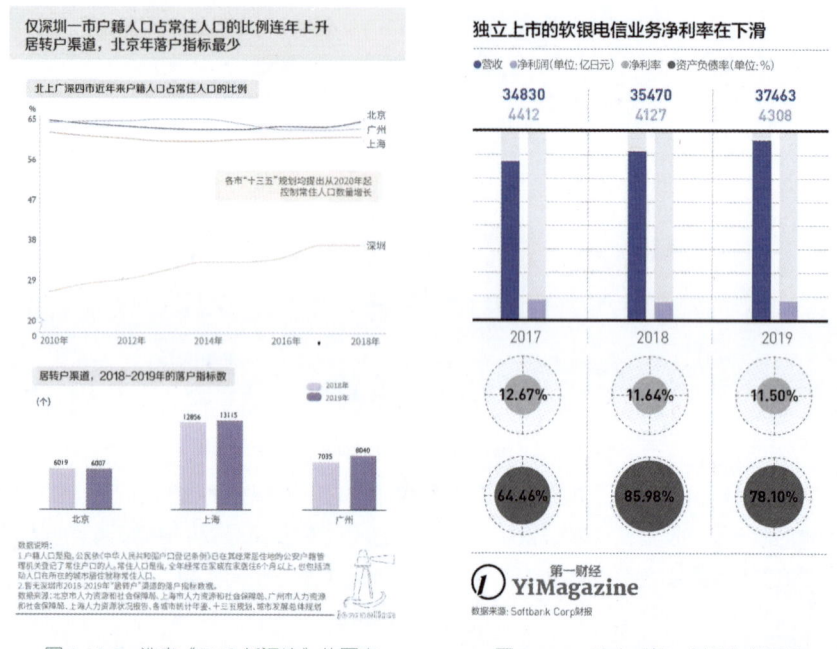

图 2.10.2　选自《RUC 新闻坊》的图表　　　　图 2.10.3　选自《第一财经》的图表

3. DT 财经

自我介绍：《第一财经》旗下的研究型青年媒体，关注年轻人和他们所热爱的一切。

基本介绍：如图 2.10.4 所示，其图表像青春热血的年轻人，轻熟励志、热爱生活、敢于追求，又坚守着财经人严谨专业的内核。

图表配色：配色并非固定不变，而是根据主题内容搭配，或沉稳庄重或青春洋溢或绚丽多彩，整体配色充满活力。

图表类型：对于传统图表会做出适度创新，同时又会引入大量的新式图表、网红图表，属于新派图表的典型代表。

应用方向：主要用于数据新闻，个别图表可用于会计财务、政府报告、商务财经等场合。

4. 时代数据

自我介绍：时代数据（Datagoo）是时代传媒旗下的数据媒体，致力于生产观点有趣、数据有力的数据可视化资讯内容，其宗旨是一切用数据说话。

基本介绍：如图 2.10.5 所示，其图表像外表时尚、内心沉稳的职场精英，有着标志性的装饰背景，很有辨识度。

图表配色：经典的商务配色，得体大气。

图表类型：侧重于使用传统图表，各类组合图的应用十分经典。

应用方向：主要用于数据新闻，脱掉华丽的"外衣"（背景）后可用于会计财务、政府报告、商务财经等场合。

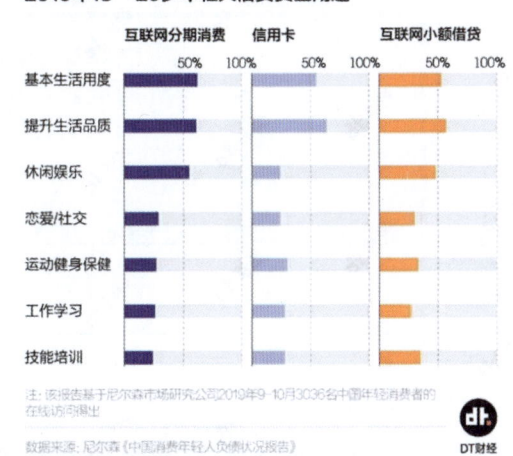

图 2.10.4　选自《DT 财经》的图表　　　　图 2.10.5　选自《时代数据》的图表

5. 网易数读

自我介绍：网易旗下栏目，用数据说话，提供轻量化的数据体验。

基本介绍：如图 2.10.6 所示，其图表既像价格不菲的艺术品，又像一台台精密的机器，错综复杂，又能各司其职，有条不紊地高效运转。

图表配色：五彩斑斓，又绝无违和感，如沐春风般的舒适。

图表类型：专业大厨总能把最普通的食材做出特色，使其身价倍增。《网易数读》能在传统图表中融入各类奇思妙想，做到一种极致。图表种类丰富得令人咋舌，细节处理让人叹为观止，当然模仿起来难度也最大，建议多学习其排版方式，参考其对复杂数据进行可视化的思路。

应用方向：数据新闻，对图表元素的处理方法可被应用在工作中。

6. 澎湃美数课

自我介绍：数字是骨骼，设计是灵魂。澎湃新闻美数课栏目出品。

基本介绍：如图 2.10.7 所示，与《网易数读》媲美的大师级图表典范，美不胜收的设计让人情不自禁地被吸引。

图表配色：既有商务类配色的质感，又有新闻类配色的明亮。

图表类型：独到之处是巧妙运用各类组合图处理复杂的数据，又不会给读者带来压迫感和距离感，传统图表不落俗套，新式图表驾轻就熟。

应用方向：数据新闻，对图表元素的处理方法可被应用在工作中。

图 2.10.6　选自《网易数读》的图表

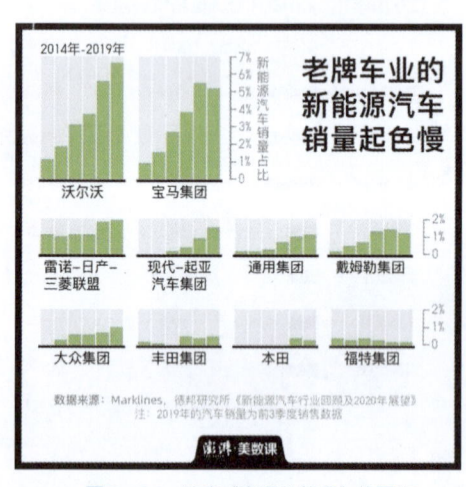

图 2.10.7　选自《澎湃美数课》的图表

7. 谷雨数据

自我介绍：腾讯新闻出品、谷雨工作室旗下栏目，聚焦数据新闻、数据报告。

基本介绍：如图 2.10.8 所示，其图表像实力与颜值并存的偶像，个性鲜明，业务能力又很强。

图表配色：轻商务配色，明快又有亲和力。

图表类型：新改版的《谷雨数据》更侧重于使用基础图表和组合图，同时采用了层次分明的排版，严格划分各元素区域，比如 logo 区、标题区、装饰区、数据来源区。图表采用细纹背景，具有清晰的网格线，强化数据标签和坐标轴标签。

应用方向：主要用于数据新闻，去掉标志性的装饰区域后，可用于会计财务、政府报告、商务财经等场合。

8. 湃客工坊·有数

自我介绍：澎湃新闻"湃客"创作者平台。更广阔的世界，更丰饶的人生。

基本介绍：其图表像海纳百川的智者，汇聚了多家可视化自媒体的精品之作，风格十分多元化。

图表类型：综合性比较强，经常合作的自媒体有复数实验室、南大真数、RUC新闻坊、白杨数新、SCUT数据之美等。

应用方向：主要用于数据新闻，个别图表可用于会计财务、政府报告、商务财经等场合。

9. 四象工作室

自我介绍：让新闻好看、好懂，也好玩。

基本介绍：如图2.10.9所示，搜狐出品，中国最早的数据和可视化新闻栏目，数据新闻界的开拓者。

图表配色：清新、自然、俏皮的新闻风配色。

图表类型：全能型选手，漫画风、拟物风、插画风等图表风格信手拈来，其图表设计和细节处理都别具一格，对表格和组合图的制作与排版都很有自身的特色。

应用方向：主要用于数据新闻，部分图表可用于会计财务、政府报告、商务财经等场合。

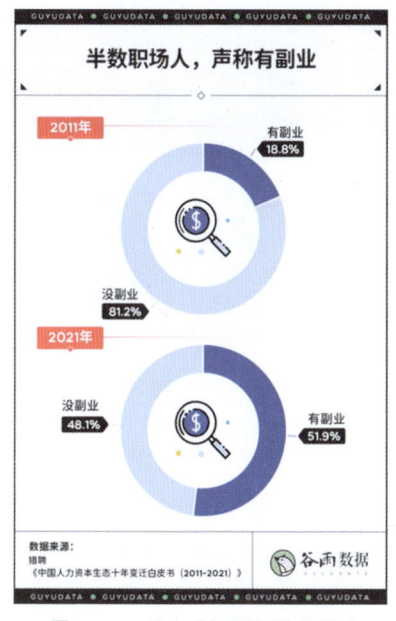

图2.10.8　选自《谷雨数据》的图表 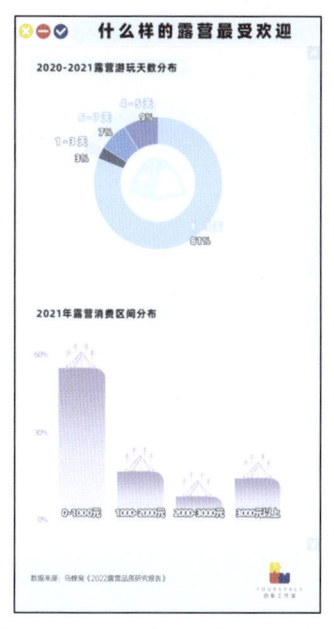　　图2.10.9　选自《四象工作室》的图表

10. 镝数聚

自我介绍：从这里读懂数据，镝次元出品。

基本介绍：依托于在线图表制作平台"镝数"和数据综合服务平台"镝数聚"，在数据搜集和快速出图上独具优势，其动态图表的制作也是一大特色。

图表配色：内置了多种配色方案，可以自由切换。

图表类型：包含全面的基础图表，对基础图表的组合和排版十分值得推荐。

应用方向：数据新闻、会计财务、政府报告、商务财经。

第 3 章

工作型图表设计技巧

在了解了图表的基本元素和设计法则后，这一章介绍一些高频使用的制图技巧。倘若将制作工作型图表比作武术修行，那么前两章内容分别是入门和练气，本章主要是练习武功招式，为最终的对战和制敌积蓄力量。

3.1 高效可视化"三剑客"

在第 2 章中推荐了一些国内优秀的可视化媒体，其中好看的、特殊的效果数不胜数，不知道能不能用 Excel 做出来？很遗憾，那些令人惊艳的图表大多是用专门的可视化网站+Adobe Illustrator 等专业软件共同制作完成的。但你先别太着急，也别太失望，用 Excel 能模仿的部分足以应付日常工作，也就是本书倡导的"工作型图表"。

关于制作工作型图表，**首先要树立一个"新"的观念，就是不要被 Excel 限制住，甚至被拖累**。比如看到数值坐标轴标签紧贴着坐标轴放置，也希望做成相同的效果，然而在 Excel 中并不支持调整数值坐标轴标签；很多图表的类别坐标轴标签并不是均匀分布的，Excel 同样不支持调整。是不是因为 Excel 不够智能，才有如此多的限制？图表爱好者都很清楚 Excel 简单、易上手，简单就意味着无需过多的复杂操作，也就是不够灵活，图表内的很多元素都无法自由摆放，只能在设定的范围内显示或移动。正因为如此，笔者在第 1 章中介绍图表元素时，一直在不遗余力地引导读者形成"自由元素"的概念，既然原始元素不能动，那么为什么不给图表一些新的元素？对于不均匀分布的坐标轴标签，可以采用变通的方法来调整，详情参见 3.3 节中的"模仿图表元素"部分。**然后树立"把 Excel 当成 PPT 用"的观念**，也就是说，在制作图表时，需要融入许多 PPT 排版的技巧，比如"画""裁""叠""拼""摆"，在本章中会依次介绍这些技巧。2.7 节在介绍组合图时，其中多张图表的排版，利用矩形线条、矩形背景建立图表间的联系等都属于这一范畴的应用。

也许会有人质疑，因为简单才选择用 Excel 来制作图表，如此这般操作是否会背离初衷？其实，用 Excel 制作图表只是容易入门而已，并不能因此否认其本身的强大。另外，如果一切操作都按部就班、循规蹈矩，拘泥于 Excel 的基本应用，又谈何创新，又何以做出让老板满意的图表呢？因此，希望读者结合本书提供的配套文件，跟着笔者的思路一起动手来做。还要说明一点，第 1 章已对图表的常用元素设置方法做过详细介绍，本章在介绍图表制作技巧时，若涉及相关内容，则只简略说明操作思路和步骤；若遇到此前未曾介绍的元素，则仍会展开讲解。

3.1.1 条件格式

在武侠世界中，很多江湖侠士梦寐以求想要得到速成的功法，然后一朝成名天下知。其实在 Excel 中的确有三种技法，可以称得上"高效可视化'三剑客'"，它们分别是**条件格式、自定义单元格格式和迷你图**，其操作简单、易于掌握、效果甚佳。

1. 条件格式的含义

条件格式就是使用条形、颜色、图标轻松地浏览趋势和模式，直观地突出显示重要值。其主要用途有两个。**一是突出显示单元格**。也就是说，将符合条件的单元格显示为特定的格式，可以简单地理解为"筛选"功能的升级版。如图 3.1.1 所示，正增长时"增加值"和"增速"均显示为绿色，负增长时则都显示为红色。**二是数据转图表**。将单元格中的数值生成"图表"并嵌入其中，这种表图结合的形式很新颖，读者阅读起来也更加轻松。

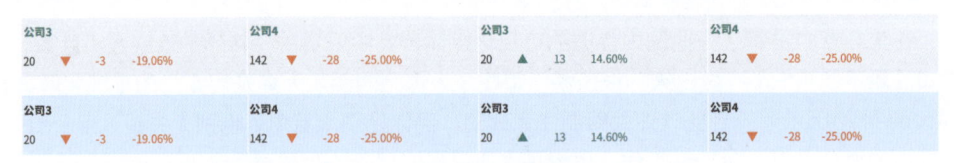

图 3.1.1　条件格式之突出显示单元格（模仿自"Power BI"）

2. 条件格式的应用

应用一：表格内的数据可视化

表格内的数据可视化，是表图结合的重要形式之一，其主要有以下三种表现形式。

①**数据条**：用带颜色的数据条代表单元格中的值，值越大数据条越长。数据条可以分为渐变色填充和实心填充两类，各提供了 6 种配色，这里不建议采用默认配色，而应该与其余图表的配色保持一致。如图 3.1.2 所示，2 季度销售增速采用了数据条，正增长时为绿色填充，负增长时为红色填充。为避免相互遮挡，将条形与数值分开放置，各处一列，也就是说，在条形中不显示数值。

图 3.1.2　条件格式之数据条

第 3 章 工作型图表设计技巧

　　在设置数据条时，先添加条件格式，再调整格式。如图 3.1.3（1）所示，选中"2 季度销售增速"一列，单击"开始"选项卡中的"条件格式"按钮，然后在弹出的列表中，选择"数据条"中的"蓝色数据条"项；接着选择列表中的"管理规则"项，如图 3.1.3（2）所示，在"条件格式规则管理器"对话框中，单击"编辑规则"按钮；如图 3.1.3（3）所示，在"编辑格式规则"对话框中，勾选"仅显示数据条"复选框，在"条形图外观"中，将颜色设置为"绿色"，"边框"选择"无边框"；接下来单击"负值和坐标轴"按钮，如图 3.1.3（4）所示，在"负值和坐标轴设置"对话框中，将"负值条形图填充颜色"设置为"红色"，将"坐标轴颜色"设置为与表格边框同色。

提醒一点： 默认插入的数据条会充满整个单元格，可以将最小值和最大值的类型改为"数字"，并把最小值调小一些，把最大值调大一些，实现左、右两侧均留出一定的空隙，相当于压缩现有图形，和正常图表的用法基本类似。

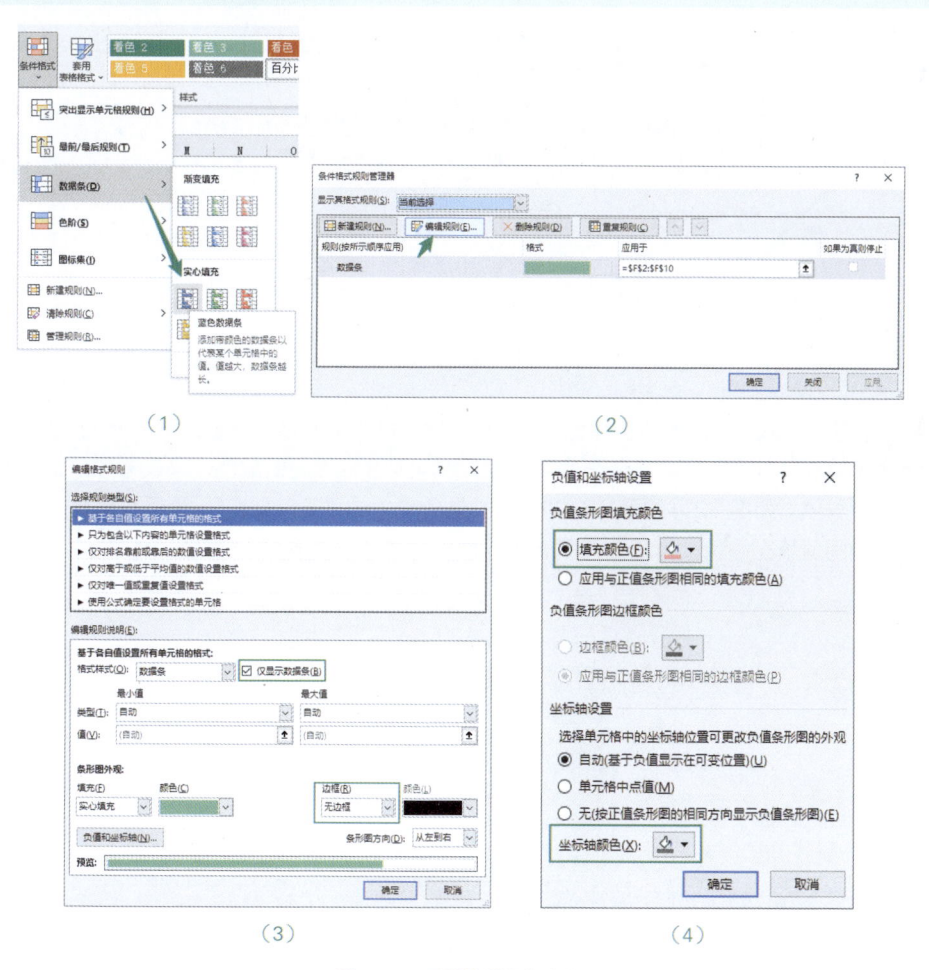

（1）　　　　　　　　　　　　（2）

（3）　　　　　　　　　　　　（4）

图 3.1.3　设置数据条的步骤

153

②**图标**：用一组包含不同状态的图标代表所选单元格内数值的大小。图标分为**方向**、**形状**、**标记和等级 4 种类型**，最多可以区分 5 个不同的等级，常用于对特殊值和超标值进行预警。在使用图标时需要注意，图标的区分度并不高，等级不宜分类过多。放入单元格中的图标本质上是"图片"，无法调整颜色且调大字体后会变得模糊。

在设置图标时，先添加条件格式，再调整格式。首先选中"2 季度销售额"列，然后选择"图标集"中的"3 个星形"项，如图 3.1.4 所示。在编辑格式规则时，为保证有更好的区分度，建议将类型设置为"数字"，直接确定每个等级的取值范围。

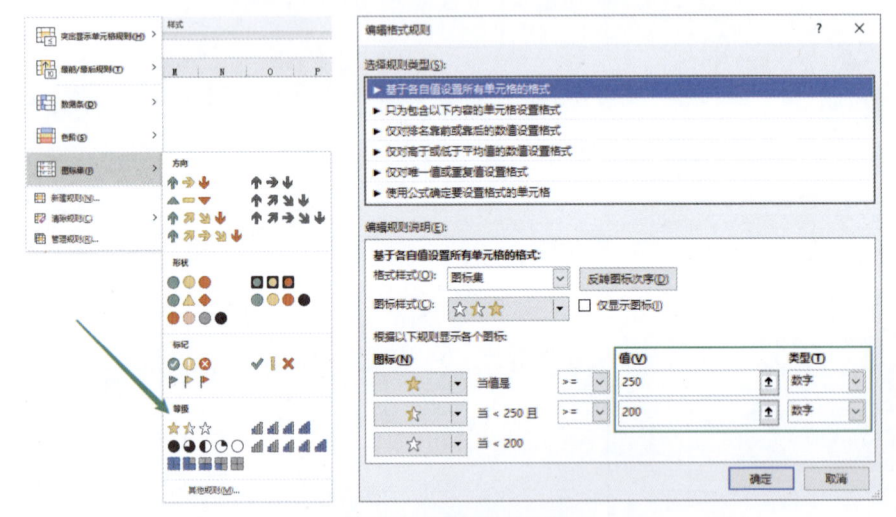

图 3.1.4 设置图标的步骤

③**色阶**：为单元格区域添加颜色渐变，颜色指明每个单元格值在该区域内所处的位置。其提供了"双色刻度"和"三色刻度"两种，默认有 9 种不同的配色，建议与其余图表的配色保持一致。如图 3.1.5 所示，这里使用的是色阶中的"三色刻度"，为最小值填充浅黄色，为中间值填充绿色，为最大值填充水绿色。

产品 \ 商城	淘宝网	天猫	京东	1号店	当当网	亚马逊
衣物、鞋子、包、首饰	61.0%	33.5%	2.4%	0.2%	0.0%	0.2%
家用杂货	20.4%	13.1%	51.9%	1.4%	0.8%	0.5%
家电、通信、电子产品	15.0%	10.4%	54.8%	2.6%	1.0%	7.4%
化妆品	51.3%	23.4%	7.9%	0.8%	0.6%	0.3%
个人护理	29.1%	22.4%	25.6%	15.4%	0.5%	2.0%
食品	44.7%	33.1%	5.2%	12.4%	3.3%	0.3%
酒水饮料	27.1%	26.0%	25.3%	18.2%	1.2%	1.7%
家用清洁	24.0%	22.9%	25.1%	26.4%	0.0%	0.0%
婴儿用品	48.3%	34.6%	13.0%	2.0%	0.5%	0.4%
书籍唱片	11.6%	21.3%	14.2%	0.0%	35.2%	17.6%

图 3.1.5 条件格式之三色色阶（模仿自《帆软》）

在设置三色色阶时,先添加条件格式,再调整格式。首先选中所有数值区域,然后选择"色阶"中的"绿-黄-红色阶"项,如图3.1.6(1)所示;接着如图3.1.6(2)所示,单击"编辑规则"按钮,设置编辑格式规则;最后如图3.1.6(3)所示,依次将"最小值"、"中间值"和"最大值"的颜色分别修改为浅黄色、绿色和水绿色。

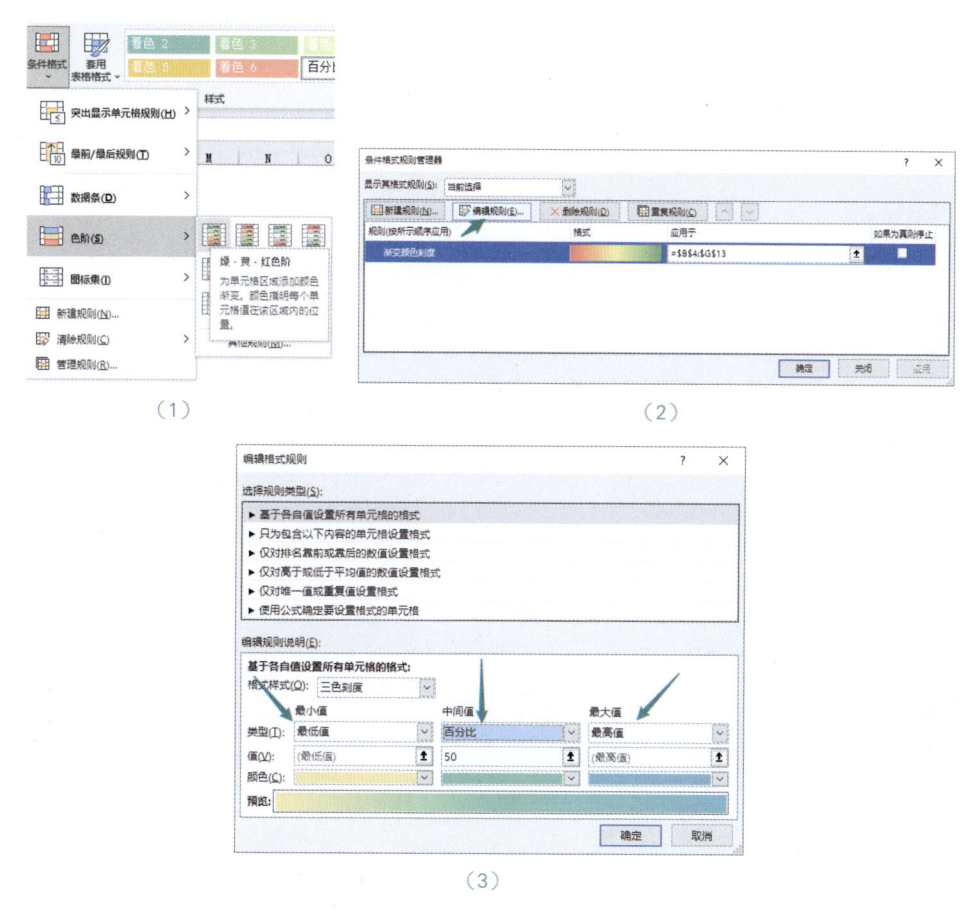

图 3.1.6　设置三色色阶的步骤

应用二:特殊值强调、提醒或预警

利用条件格式"突出显示单元格"的功能,可以对符合条件的值进行强调或者预警——既可以添加单个条件,也可以叠加多个条件,混搭数据条、色阶和图标这三种形式。如图 3.1.7 所示,对于增长率低于 1% 的品类,对其数值加粗且添加了"黄色感叹号"图标。如果表格中数据发生变化,那么在符合设置的条件时会自动应用新格式。

在设置双重条件格式时,首先选中所有数值区域,然后在"条件格式"列表中,选择"突出显示单元格规则"中的"小于"项,如图 3.1.8(1)所示;在"小于"对话框中,将数值修改为"1%",在"设置为"中选择"自定义格式"项,如图 3.1.8(2)所示;在

"设置单元格格式"对话框中,单击"字体"选项卡,将"字形"设置为"加粗",如图3.1.8(3)所示。接下来,添加第二层条件格式"图标",首先选中所有数值区域,然后选择"图标集"中的"3个符号(无圆圈)"项。如图3.1.8(4)所示,在编辑格式规则时,将"图标"中第一行的图标设置为"无单元格图标",将值设置为"0.01",将类型设置为"数字";将第二行的图标设置为"黄色感叹号",将值设置为"0",将类型设置为"数字";将第三行的图标设置为"黄色感叹号"。

商城 产品	淘宝网	天猫	京东	1号店	当当网	亚马逊
衣物、鞋子、包、首饰	61.0%	33.5%	2.4%	0.2%	0.0%	0.2%
家用杂货	20.4%	13.1%	51.9%	1.4%	0.8%	0.5%
家电、通信、电子产品	15.0%	10.4%	54.8%	2.6%	1.0%	7.4%
化妆品	51.3%	23.4%	7.9%	0.8%	0.6%	0.3%
个人护理	29.1%	22.4%	25.6%	15.4%	0.5%	2.0%
食品	44.7%	33.1%	5.2%	12.4%	3.3%	0.3%
酒水饮料	27.1%	26.0%	25.3%	18.2%	1.2%	1.7%
家用清洁	24.0%	22.9%	25.1%	26.4%	0.0%	0.0%
婴儿用品	48.3%	34.6%	13.0%	2.0%	0.5%	0.4%
书籍唱片	11.6%	21.3%	14.2%	0.0%	35.2%	17.6%

图3.1.7 双重条件格式叠加

(1)

(2)

(3)

(4)

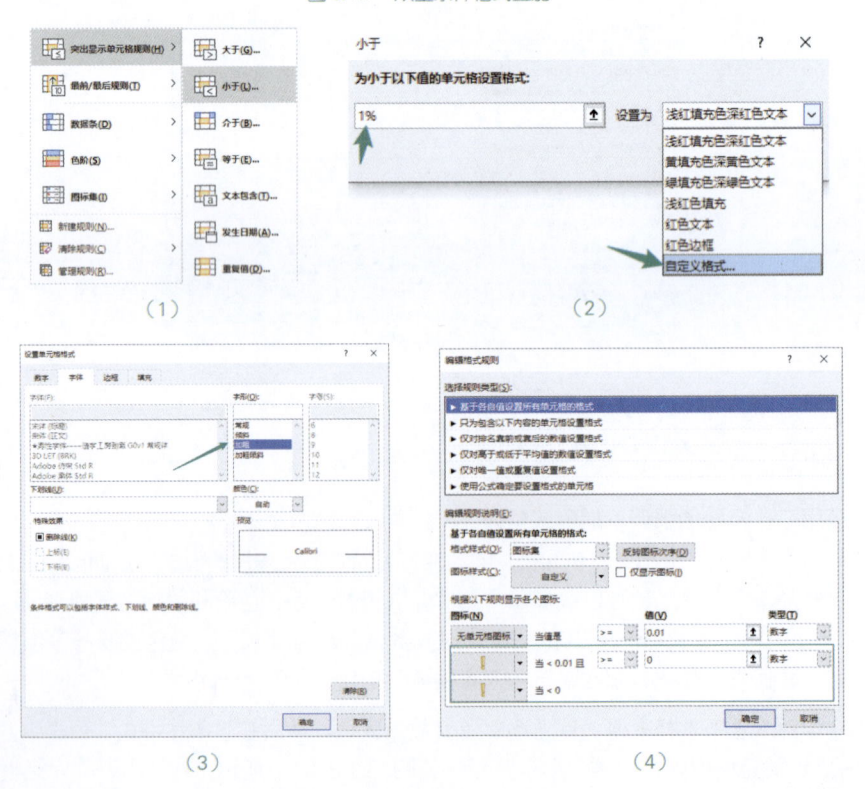

图3.1.8 双重条件格式设置步骤

当用条件格式设置提醒时，除了高亮显示符合条件的单元格，还能对其整行或整列进行高亮显示。如图 3.1.9 所示，对于"亚马逊"增长率高于 5%的品类，对其整行设置了字体加粗、文字颜色为蓝色，并填充了浅蓝色背景。

产品 \ 商城	淘宝网	天猫	京东	1号店	当当网	亚马逊
衣物、鞋子、包、首饰	61.0%	33.5%	2.4%	0.2%	0.0%	0.2%
家用杂货	20.4%	13.1%	51.9%	1.4%	0.8%	0.5%
家电、通信、电子产品	**15.0%**	**10.4%**	**54.8%**	**2.6%**	**1.0%**	**7.4%**
化妆品	51.3%	23.4%	7.9%	0.8%	0.6%	0.3%
个人护理	29.1%	22.4%	25.6%	15.4%	0.5%	2.0%
食品	44.7%	33.1%	5.2%	12.4%	3.3%	0.3%
酒水饮料	27.1%	26.0%	25.3%	18.2%	1.2%	1.7%
家用清洁	24.0%	22.9%	25.1%	26.4%	0.0%	0.0%
婴儿用品	48.3%	34.6%	13.0%	2.0%	0.5%	0.4%
书籍唱片	**11.6%**	**21.3%**	**14.2%**	**0.0%**	**35.2%**	**17.6%**

图 3.1.9　用条件格式设置整行高亮显示

在设置时，首先选中主体内容行（除表头行外的所有行），然后选择"条件格式"列表中的"新建规则"项，在"编辑格式规则"对话框中，在"选择规则类型"中选择"使用公式确定要设置格式的单元格"项，在"编辑规则说明"中，在"为符合此公式的值设置格式"框中输入"=$G4:$G13>5%"（"亚马逊"在表格中的 G 列，同时用"$"符号锁定本列的列序号），最后设置符合条件行的显示格式，如图 3.1.10 所示。

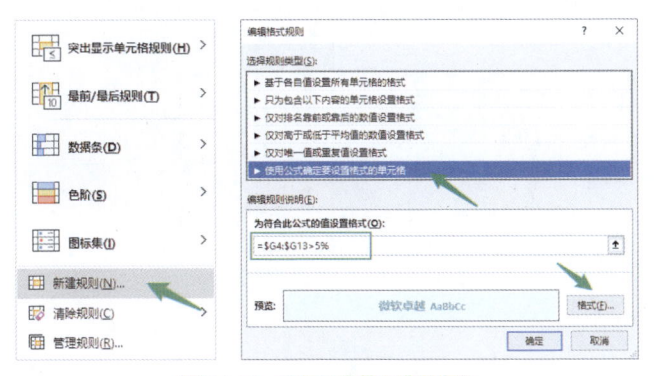

图 3.1.10　整行高亮显示设置步骤

应用三：热力图

利用条件格式中的"色阶"可以制作热力图，直接用单元格的颜色深浅来表示数值的大小。热力图的表达效果是好还是坏，是一个见仁见智的问题，其优点是可以容纳更多的数据，而且不会显得杂乱；其缺点是没有坐标轴标尺，不显示数据标签，仅显示趋势。如图 3.1.11 所示，热力图表示的是 2019 年上半年逐日的数据变化，采用了双色色阶，颜色越深对应的值越大。同时为克服热力图的缺陷，在其下方还增加了对应的折线图作为辅助。其制作方法参见"应用一"中的"色阶"部分，这里不再赘述。

157

图 3.1.11 热力图（模仿自"Power BI"）

如图 3.1.12 所示，热力图表示的是 2020 年 1 月每日的销售额，采用了三色色阶，红色代表最低值，黄色代表中间值，蓝色代表最大值。这张热力图还有一个特点，就是在销售金额前添加了人民币符号，字体为白色，居中显示；日期的字体为黑色，在右上角显示。其中"¥"符号可以通过"自定义单元格格式"批量添加，代码为"¥#,##0"，具体内容可参见本节中的"自定义单元格格式"部分。在同一单元格内显示不同的内容且颜色不同、位置不同，所用到的技巧是 PPT 中的"叠放"。如图 3.1.13 所示，叠放效果相当于由下层的"热力图"和上层的"日期"共同组成，同时在两个图层中表格大小相同、行高相同、列宽相同。更多有关叠放技巧的内容，可参见 3.2 节中的"表格与表格重叠"部分。

图 3.1.12　月度热力图（模仿自"Power BI"）

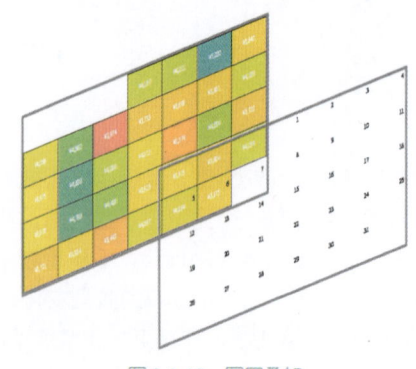

图 3.1.13　图层叠加

158

应用四：KPI 展示

条件格式还常用于展示 KPI，尤其对于经常调整和更新的动态数据，可以随着数据的变化及时做出响应。如图 3.1.14（1）所示，这是一张典型的 KPI 展示图，重点监测每月的预算、预测和去年同期三个指标的表现情况，当其增加值为正数时字体自动显示为绿色，为负数时字体自动显示为红色。为了更加醒目，在每个指标前还设置了由"色块+箭头"组成的"指示器"来快速区分正负。在指示器中颜色部分由条件格式控制，箭头部分则使用了特殊字体"Webdings"。以"1 月的预算"为例，在其指示器单元格中设置了公式"=IF(H5>0,5,6)"，也就是说，当对应的增加值为正数时返回"5"，为负数时返回"6"。如图 3.1.14（2）所示，为其添加条件格式中的"色阶"之"双色刻度"，当数值为 5 时显示"绿色"，当数值为 6 时显示"红色"。在指示器单元格中将字体设置为"Webdings"，当数值为 5 时显示"▲"，当数值为 6 时显示"▼"。

		1月	
▲		**1,921,862**	
▲	预算	1,817K	+104K
▲	预测	+50.7%	+564,820
▲	去年同期	+53.0%	+847,628

		2月	
▲		**2,226,159**	
▲	预算	2,213K	+14K
▲	预测	+59.5%	+22,262
▲	去年同期	+60.0%	+222,616

		3月	
▼		**2,392,345**	
▼	预算	2,436K	-44K
▲	预测	+61.3%	+2,392
▲	去年同期	+60.0%	+3,556

		4月	
▲		**1,830,337**	
▲	预算	1,738K	+92K
▼	预测	-12.3%	-22,262
▲	去年同期	+54.0%	+222,616

（1）KPI 展示（模仿自"Power BI"）

（2）

图 3.1.14 通过设置双色色阶区分正负

提醒一点： 利用色阶中的"双色刻度"，一个数字对应一种颜色，可以实现区分正负或增减。拓展思维，利用"突出显示单元格规则"中的"等于"，一个数字对应一种"单元格背景填充"，同样能实现此效果，并且对数量也没有限制。

3.1.2 自定义单元格格式

1. 自定义单元格格式的含义

自定义单元格格式就像一个魔法师，通过编辑格式代码这一"障眼法"修改单元格内容的显示格式，来达到预期的显示效果，同时并不改变单元格内容的本质，其数据依然支持计算和汇总。

2. 自定义单元格格式的基本规则

Excel 中内置了很多常用的格式，比如图 3.1.15 所示的货币、日期、百分比、分数、文本等常用格式，在"开始"选项卡中的"数字"组，可以根据需要直接选择这些内置的格式。当内置的格式无法满足需求时，可以自行定义格式，只需遵循以下规则即可。

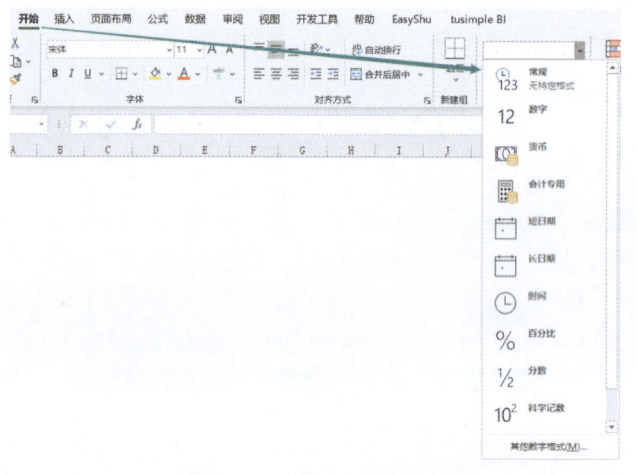

图 3.1.15 常用的单元格格式

①格式代码分为 4 节，可以按需指定 1～4 节。如图 3.1.16 所示，当为 4 节时分别代表正数、负数、零和文本；当为 3 节时分别代表正数、负数和零；当为 2 节时分别代表正数和零、负数；当为 1 节时所有内容都会使用该格式。

②在两节之间用半角的分号";"进行分隔，末尾可省略。

③当不需要指定某节格式时，仅使用分号可以跳过此节。

④在预设条件时，采用的是"一个条件一种格式"，将条件放在"[ ]"内，最多 3 节，即"[条件 1]格式 1;[条件 2]格式 2;[条件 3]格式 3"。当为 3 节时，需要将前两个条件明确罗列出来，第三个条件则是"所有中剩余的其他"。

	第1节代表内容	第2节代表内容	第3节代表内容	第4节代表内容	合并内容
4节内容	正数	负数	零	文本	正数;负数;零;文本
3节内容	正数	负数	零	-	正数;负数;零
2节内容	正数和零	负数	-	-	正数和零;负数
1节内容	所有内容	-	-	-	所有内容

图 3.1.16　单元格格式代码代表的内容

3. 单元格格式的常用字符

①**数字占位符"#"**：只显示有意义的 0。如果小数点后的位数比"#"的数量少，则按"#"的数量补齐；如果比"#"的数量多，则按"#"的数量四舍五入。

补齐：对 12.1 采用"##.###"格式后，它便显示为"12.100"。

四舍五入：对 5656.1254 采用"#,###.##"格式后，它便显示为"5,656.13"。

②**数字占位符"0"**：与"#"的功能类似，如果小数点后的位数比"0"的数量多，则按"0"的数量四舍五入；如果小数点前后的位数分别小于"0"的数量，则在小数点前后均按"0"的数量补齐。

补齐：对 12.1 采用"000.000"格式后，它便显示为"012.100"。

四舍五入：对 5656.1254 采用"0,000.00"格式后，它便显示为"5,656.13"。

③**文本占位符"@"**：使用单个@，表示直接引用原始文本；使用多个@，表示重复文本。

如：对"好好学习"采用"@"格式后，它便显示为"好好学习"；采用"@@@"格式后，它便显示为"好好学习好好学习好好学习"。

④**千位分隔符","**：如果用在代码的最后，则表示将数字缩小到原来的 1/1000。

如：对 1642.22 采用"#,###"格式后，它便显示为"1,642.22"。

对 1234567890 采用"¥#,###,"百万""格式后，它便显示为"¥1,234 百万"。

⑤**显示文本""""**：当给数字添加前缀或后缀如特殊符号、单位或其他文本等时，需要在文本上添加引号才能正常显示。

如：对 12 采用""排名:第"0"名""格式后，它便显示为"排名:第 12 名"。

⑥**条件符"[]"**：主要用于使用颜色代码或者添加条件。

颜色代码：对 1642.22 采用"[红色]"格式后，它便显示为"1642.22"。

条件：在采用"[>0]"正数";[<0]"负数";"零""格式后，数据便如图 3.1.17 所示。

原始数据	添加条件
-5	负数
0	零
3	正数
-2	负数
使用代码	[>0]"正数";[<0]"负数";"零"

图 3.1.17　对数字应用单元格格式后的显示内容

4. 自定义单元格格式的用途

①区分正负值。先判断单元格中的数值，再为其自动设置格式，类似于"条件格式"。显示方式主要有增加箭头和修改文字颜色两种。当数值为正数和零时，推荐使用"增长箭头"，颜色为绿色或深绿色；当数值为负数时，推荐使用"下降箭头"，颜色为红色或深红色。箭头样式主要有↑↓、↗↘、⇧⇩、↑↓、∧∨、▲▼、⇈等（在本书配套文件中会提供这些样式的箭头，也可以在网上搜索"特殊字符"来获得更多的样式）。如图 3.1.18 所示，这里采用了 7 种不同的样式来区分正负值，其中样式 1 和样式 2 基本一致，正数显示为绿色，负数显示为红色，只是箭头类型不同；样式 3 和样式 4 基本一致，在样式 1 的基础上优化了显示颜色，看起来没那么刺眼，正数采用 Excel 中内置的"颜色 10"，负数采用"颜色 3"；样式 5 和样式 6 在样式 4 的基础上优化了对齐方式，箭头左对齐、数字右对齐，这种效果只需在"箭头"和"0"之间添加"*_"（"*"的作用是重复其后的空格，直至充满整个单元格）即可实现；样式 7 对箭头和数字进行了分列显示，箭头右对齐、数字居中对齐，两列（箭头和数字各占一列）完全相同，箭头列的单元格格式被设置为"[颜色 10][>=0]"⇈";[颜色 3][<0]"⇊""（也就是只显示箭头），数字列正常显示数字，这样设置的好处是两者的颜色、大小、字体和对齐方式均可以分开调整。

待区分数据	样式1	样式2	样式3	样式4	样式5	样式6	样式7 (分列显示)
749	↑749	↗749	⇧749	↑749	∧　749	749　▲	⇈　749
-705	↓705	↘705	⇩705	↓705	∨　705	705　▼	⇊　-705
-653	↓653	↘653	⇩653	↓653	∨　653	653　▼	⇊　-653
695	↑695	↗695	⇧695	↑695	∧　695	695　▲	⇈　695
-950	↓950	↘950	⇩950	↓950	∨　950	950　▼	⇊　-950
-314	↓314	↘314	⇩314	↓314	∨　314	314　▼	⇊　-314
844	↑844	↗844	⇧844	↑844	∧　844	844　▲	⇈　844
-776	↓776	↘776	⇩776	↓776	∨　776	776　▼	⇊　-776
370	↑370	↗370	⇧370	↑370	∧　370	370　▲	⇈　370

样式1自定义格式代码：[绿色][>=0]"↑"0;[红色][<0]"↓"0
样式2自定义格式代码：[绿色][>=0]"↗"0;[红色][<0]"↘"0
样式3优化了显示颜色，代码为：[颜色10][>=0]"⇧"0;[颜色3][<0]"⇩"0
样式4优化了显示颜色，代码为：[颜色10][>=0]"↑"0;[颜色3][<0]"↓"0
样式5优化了对齐方式，箭头左对齐、数字右对齐，代码为：[颜色10][>=0]"∧"* 0;[颜色3][<0]"∨"* 0
样式6优化了对齐方式，箭头左对齐、数字右对齐，代码为：[颜色10][>=0]"▲"* 0;[颜色3][<0]"▼"* 0
样式7箭头和数字分列显示，可以单独设置大小和对齐方式，箭头右对齐、数字居中对齐，代码为：[颜色10][>=0]"⇈";[颜色3][<0]"⇊"

图 3.1.18　7 种区分正负值的样式

在设置单元格格式时，首先选中数据并单击鼠标右键，在弹出的快捷菜单中选择"设置单元格格式"项，或者直接按"Ctrl+1"组合键，然后在弹出的"设置单元格格式"对话框中，选择"数字"选项卡中"分类"下的"自定义"，并在其"类型"框中输入相应的格式代码，比如"[绿色][>=0]"↑"0;[红色][<0]"↓"0"，如图 3.1.19 所示。

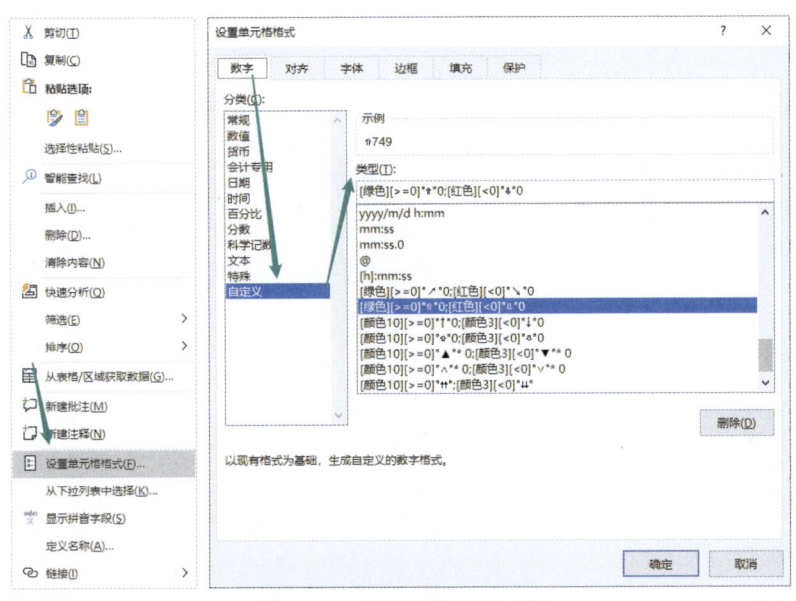

图 3.1.19　设置单元格格式的步骤

②**隐藏特殊值**。在制作图表时，数值坐标轴的数字格式设置方法和单元格格式设置方法相同。通过添加条件可以实现隐藏某些特殊值，比如不显示最小值、最大值或特定值。如图 3.1.20 所示，对折线图数值坐标轴的数字格式设置了"[=0]"";0"后，其最小值"0"就被隐藏了。在设置时双击纵坐标轴，然后在右侧弹出的"设置坐标轴格式"窗格中，修改"坐标轴选项"选项下的数字格式代码，如图 3.1.21 所示。

图 3.1.20　隐藏数值坐标轴的最小值 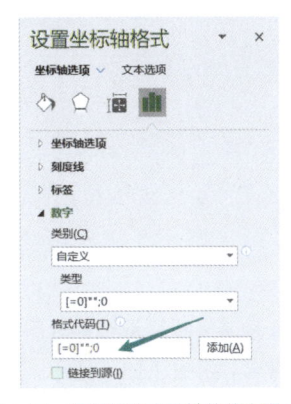　　　　图 3.1.21　设置数值坐标轴的数字格式

③**修改特殊值**。当原始数据中存在单个极值时，推荐采用折断图，其中一种常用的思路是将最大值缩小一定的百分比后再作图。为了不引起误解，在数值坐标轴和对应折线上要添加"折断符号"，还要将其最大值修改为与极值匹配的数值。如图 3.1.22 所示，将原始数据中的极值"480"缩小 70%后变成"144"，然后制作折线图，并将其数值坐标轴的数字格式设置为"[红色][=160]"500";0"，最终最大值"160"就被修改为红色的"500"。

图 3.1.22　修改数值坐标轴的最大值

3.1.3　迷你图

1. 迷你图的含义

迷你图就是放入单个单元格中的小型图，每张迷你图都代表所选内容中的一行或一列数据，主要分为**折线迷你图、柱形迷你图和盈亏迷你图**三种。其主要用途就是对表格内的数据可视化，是表图结合的重要形式之一，可以满足老板既想罗列全部数据，又不希望表格太过单调的要求。如图 3.1.23 所示，柱形迷你图和折线迷你图都展示了 2008—2014 年的销售数据，这两种图表与普通的柱形图和折线图一样，表达含义并没有差别，只是形式不同。

图 3.1.23　柱形迷你图和折线迷你图（模仿自《帆软》）

盈亏迷你图只是纯粹地区分正负值，无法展示出数据之间的差异，只能被应用于实现特定需求。如图 3.1.24 所示，盈亏迷你图展示的是 1—12 月销售利润趋势，当销售利润为正数时，显示为灰色柱形；当销售利润为负数时，显示为浅蓝色柱形。

项目	1-12月销售利润趋势		1月	2月	3月	4月	5月	6月	7月	8月	9月	10月	11月	12月
											评级	差	中等	优
项目1			-1	55	16	33	-6	63	46	-15	8	-7	-32	24
项目2			48	-28	31	14	23	63	38	71	50	-16	32	53
项目3			8	-32	18	12	10	25	0	11	-13	-7	-15	50
项目4			75	5	47	-21	-10	-30	-25	-2	-13	37	69	25
项目5			-6	-23	77	78	76	30	30	36	55	26	27	67
项目6			18	34	-35	-31	37	69	72	-25	-32	56	45	61

图 3.1.24　盈亏迷你图（模仿自"Power BI"）

迷你图的优点很明显，如制作简单，节省空间，可以随着数据变化自动更新。其缺点也很明显，如形式较为固定，只能按行或按列显示；图表类型较少，只有三种选择；对比性不够强，与热力图类似，没有坐标轴标尺，也不显示数据标签，仅能显示趋势变化。

2. 迷你图的制作方法

迷你图制作有两种方式：一是可以先选择数据，再设置所放置的位置；二是可以先选择所放置的位置，再选择数据。这两种方式殊途同归。这里以先选择数据为例，如图 3.1.25（1）所示，选中 B2:H2 单元格区域，在"插入"选项卡中，单击"迷你图"组中的柱形；然后如图 3.1.25（2）所示，在弹出的"创建迷你图"对话框中，选择放置迷你图的位置为"I2"单元格，即可插入柱形迷你图；接着如图 3.1.25（3）所示，可以在"迷你图"选项卡中单击"迷你图颜色"按钮，调整其颜色，还可以在"类型"组中自由转换迷你图的类型。在设置好格式后，向下智能填充，即可快速插入其余月份的迷你图。

（1）

（2）

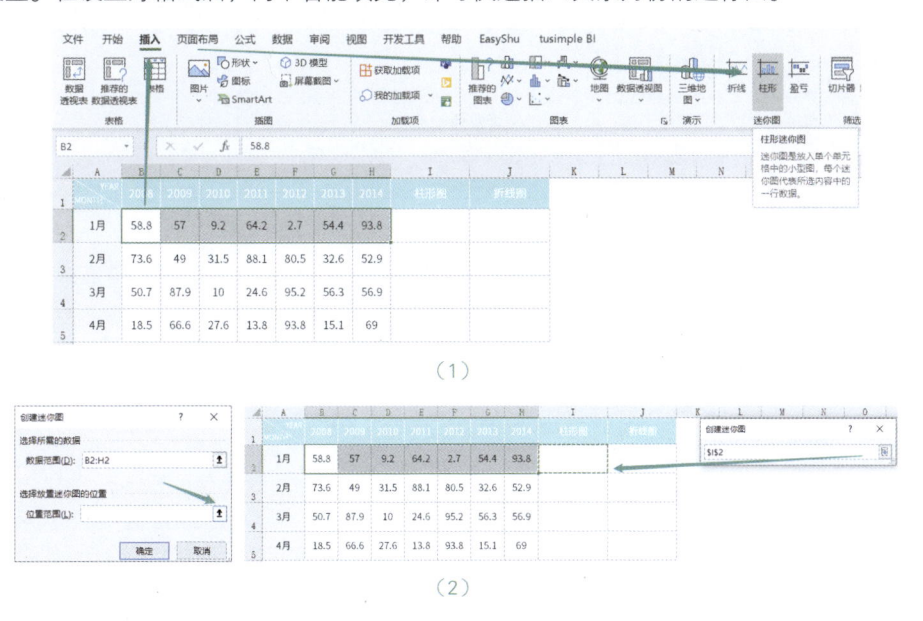

图 3.1.25　制作迷你图的步骤

（3）

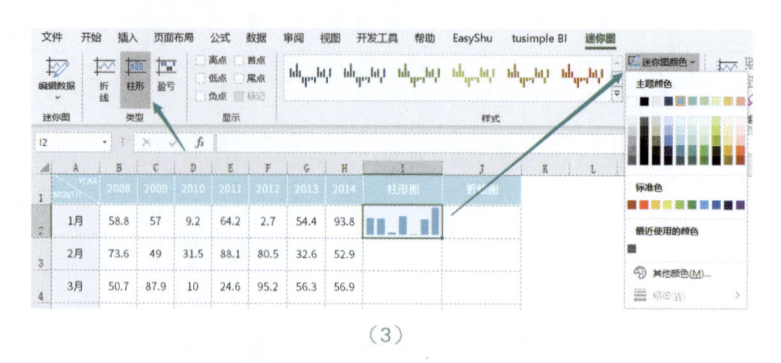

图 3.1.25 制作迷你图的步骤（续）

折线迷你图的线条粗细可根据需要调整，如图 3.1.26（1）所示，首先选中单张或多张折线图，然后单击"迷你图"选项卡中的"迷你图颜色"按钮，在其列表中单击"粗细"项，选择合适的线条磅数。如果想改变迷你图的放置位置和数据源，则可以先删除，然后重新插入新的迷你图。对于迷你图，无法直接删除，而是需要先选中，然后如图 3.1.26（2）所示，在"迷你图"选项卡的"组合"组中，单击"清除"按钮，删除当前所选的迷你图或迷你图组。还可以直接编辑迷你图的位置和数据源，如图 3.1.26（3）所示，在"迷你图"选项卡中单击"编辑数据"按钮，可以编辑单张迷你图的数据，或者批量编辑一组迷你图的位置和数据。

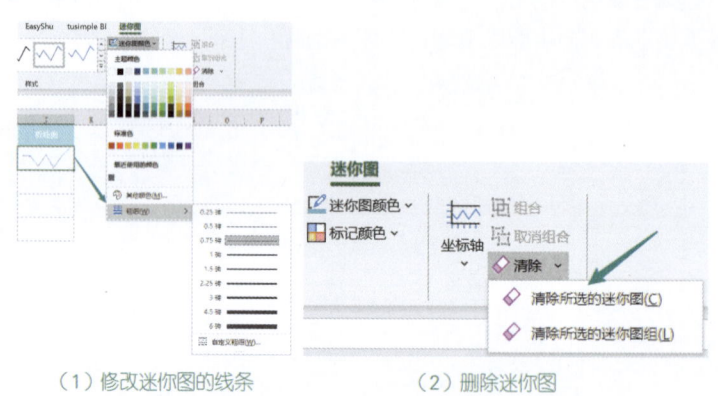

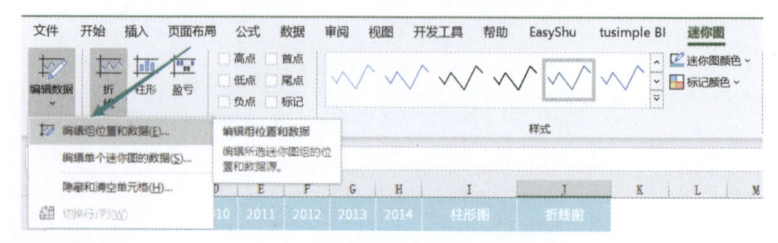

（1）修改迷你图的线条　　　　（2）删除迷你图

（3）编辑迷你图的位置和数据

图 3.1.26 设置迷你图

3. 制作迷你图的注意事项

①**确保行高或列宽一致**。如图 3.1.27 所示，当将迷你图按列排版时，需要确保所有行的高度相同；在按行排版时，需要确保所有列的宽度相同，保证图表具有可比性。

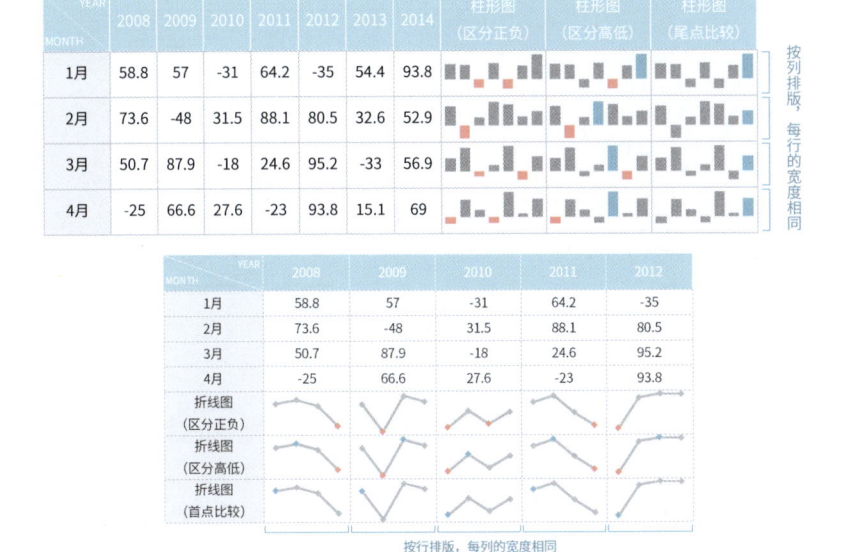

图 3.1.27　迷你图的排版方式及标记点设置

②**确保应用相同的坐标轴**。如果插入多张迷你图，则必须保证所有图表具有相同的取值范围，才具有可比性。在选中所有迷你图后，如图 3.1.28 所示，在"迷你图"选项卡的"组合"组中，单击"坐标轴"按钮，在其列表中分别将"纵坐标轴的最小值选项"和"纵坐标轴的最大值选项"选择为"适用于所有迷你图"。

③**增强图表的对比性**。迷你图在被标记出重点后才更有价值。比如图 3.1.27 所示，标记出负值的颜色并采用对比色，使其正负分明；标记出最大值和最小值，定位优势或弱点所在；还可以根据需要标记出首点或尾点，突出所在位置的对比。给折线图增加标记点后更容易分辨。

4. 广义迷你图

为了弥补迷你图"可编辑性不够强"的缺陷，可以采取变通的方法来获得更佳的视觉效果，比如把做好的折线图嵌入单元格之中，在形式上可称其为"广义迷你图"，同时也是表图结合的重要形式之一。如图 3.1.29 所示，"显示极值"可以在折线上更鲜明地标记出最大值和最小值；"显示最后值"可以显示折线上最后一个数据点的标签；"平滑线"把折线换成了更加丝滑的平滑线；"面积图"把折线图与面积图进行了组合；"目标线"在折线图中添加了一条方便衡量目标完成情况的直线；"阶梯线"利用散点图的误差线做出阶梯效果。

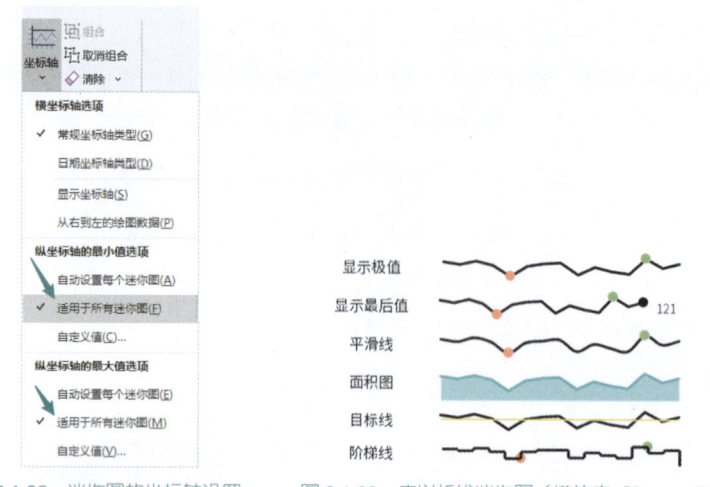

图 3.1.28　迷你图的坐标轴设置　　图 3.1.29　广义折线迷你图（模仿自"Power BI"）

接下来详细介绍以上折线图的制作思路。

①**显示极值**：如图 3.1.30 所示，是上述 6 张不同样式折线图的源数据。本例由三个数据系列组成，分别是"销售额"系列（折线图）、"最大值"系列 [带数据标记的折线图，这里采用了公式"=IF($C5=MAX($C$5:$C$19),$C5,NA())"，判断当前产品的销售额是否为所有产品中的最大值，如果是，则显示当前产品的销售额，否则显示为"#N/A"（其在折线图中不显示）] 和"最小值"系列（带数据标记的折线图，这里采用了公式"=IF($B2=MIN($B$2:$B$16),$B2,NA())"，和最大值的公式同理），将"最大值"系列和"最小值"系列的折线均设置为无线条，将数据标记分别设置为 7 号圆形绿色和 7 号圆形红色；折线图只保留"销售额"系列的折线、"最大值"系列和"最小值"系列的数据标记，调整绘图区大小至充满整张图表，然后调小图表，最后长按 Alt 键，将折线图嵌入单元格之中。关于表图结合的详细制作方法，请参考 3.7 节中的"图表嵌入方式分类"部分。

	A	B	C	D	E	F	G
1		销售额	最大值	最小值	最后值	目标线	垂直误差线
2	产品1	128	#N/A	#N/A		105	13
3	产品2	115	#N/A	#N/A		105	-21
4	产品3	136	#N/A	#N/A		105	24
5	产品4	112	#N/A	#N/A		105	58
6	产品5	54	#N/A	54		105	-55
7	产品6	109	#N/A	#N/A		105	-10
8	产品7	119	#N/A	#N/A		105	-6
9	产品8	125	#N/A	#N/A		105	62
10	产品9	63	#N/A	#N/A		105	-39
11	产品10	102	#N/A	#N/A		105	22
12	产品11	80	#N/A	#N/A		105	16
13	产品12	64	#N/A	#N/A		105	-84
14	产品13	148	148	#N/A		105	48
15	产品14	100	#N/A	#N/A		105	-21
16	产品15	121	#N/A	#N/A	121	105	

图 3.1.30　广义折线迷你图的源数据

②**显示最后值**：如图 3.1.30 所示，在显示极值折线图的基础上，增加了"最后值"系列，其源数据中只保留了"产品 15"的销售额，其余值均为空。图表类型同为带数据标记的折线图，只保留数据标记并设置为 7 号圆形黑色，最后添加数据标签并放在折线的右侧即可。

③**平滑线**：将显示极值系列折线图的线条设置为平滑线即可。

④**面积图**：如图 3.1.30 所示，首先用"销售额"列制作面积图，然后复制本列数据并粘贴至面积图中，最后将新增系列的图表类型更改为折线图。其中将面积图填充为 30%透明度、青色，将折线图的线条设置为 2 磅、青色。

⑤**目标线**：如图 3.1.30 所示，本例由两个数据系列组成，分别是"销售额"系列（折线图）和"目标线"系列（折线图，源数据均为 105），将"销售额"系列折线图的线条设置为 2 磅、深灰色，将目标线的线条设置为 1 磅、金色。

⑥**阶梯线**：本例由三个数据系列组成，分别是"销售额"系列（散点图）、"最大值"系列（带数据标记的折线图）和"最小值"系列（带数据标记的折线图）。如图 3.1.30 所示，先选中 A1:D16 单元格区域，插入带数据标记的折线图，然后将"销售额"系列的图表类型更改为散点图，并为"销售额"系列散点添加误差线，将水平误差线设置为负偏差、无线端、固定值为 1，将垂直误差线设置为负偏差、无线端、自定义（指定值为 G2:G16，即"垂直误差线"列，采用公式"=B2-B3"，由当前产品的销售额减去下一个产品的销售额，比如第 1 个值为"产品 1-产品 2"），将误差线设置为 2 磅、深灰色。接着将"销售额"系列散点的数据标记设置为"无"，"最大值"系列和"最小值"系列的折线的设置与"显示极值"中的折线图相同。更多有关误差线的应用技巧，请参考 3.3 节"商业图表标配：误差线"。

5．"三剑客"使用建议

在介绍完高效可视化"三剑客"的用法后，接下来总结如何用好条件格式、自定义单元格格式和迷你图这三个工具。

①**混搭使用**。三者的使用场合都主要在表格之中，既可以各自为战，也可以混搭使用。比如叠加使用自定义单元格格式和条件格式，先用自定义单元格格式控制单元格的显示内容，再用条件格式控制单元格内的文字颜色、粗细、倾斜，或者单元格的填充和边框。

②**节制使用**。过犹不及，倘若将表格内的所有数据都进行可视化，则相当于没有可视化，让读者产生"没有重点"的不适感。应找准定位，只对关键内容或老板关心的内容进行可视化。

③**颜色搭配**。虽然置身于表格之中，但各元素依旧属于整体图表中的一部分，除了图标等不可设置颜色的元素，其余部分应尽量保持颜色统一。

3.2 创意图表制作：图层重叠

很多看起来复杂的图表效果，在了解了原理后便会恍然大悟，如同解密魔术技巧一般，感叹原来不过如此。图层重叠就是这样一个技巧，用事实来证明这些优秀的图表，竟然真的像搭积木一样，是一块一块拼装出来的。本节就从图层重叠的原理、图表与图表重叠、组合图、表图结合、表格与表格重叠和图表元素重叠入手，介绍一些创意图表的制作方法。

3.2.1 图层重叠的原理

在 Adobe Photoshop 中，可以将不同的素材一层层地叠加起来，形成一个完整的作品，每个素材都相当于一个图层。在 Excel 图表的制作之中借鉴这个思路，就是将图表、表格、自由图表元素（比如坐标轴、图例、网格线等）、文本框与形状进行有序合理的组合，汇总成一张全新的图表。其运用的都是制作 PPT 时的一些常见技巧：

①**叠**。将多张图表、多张表格或者图表与表格重叠在一起。

②**拼**。将多张图表、自由图表元素拼接在一起，制作成组合图。

③**画**。直接插入文本框、形状，或者用任意多边形绘制特殊图形，比如在折断图中常用的折断符号。

④**对齐和组合**。想要让组合图看起来井井有条、浑然一体，就需要按照一定的规律将各图表摆放整齐、均匀排布，最后组合成一个整体。

⑤**排列**。为了避免关键信息或内容被遮挡，可以上下移动不同的图层，将最重要的信息放置在最上层。

3.2.2 图层重叠的应用

1. 图表与图表重叠

图表与图表重叠有几个经典的组合案例，如多层柱形图组合、多层条形图组合、折线图和气泡图组合、散点图和气泡图组合。

如图 3.2.1 所示，是 2019 年和 2020 年某产品季度销售的多层柱形图组合，一个柱形代表一个季度，由下到上依次变窄，并在 4 个季度的柱形上方添加了全年销售的合计值。其制作原理如图 3.2.2 所示，它由 5 张图表叠加而成，所有图表均为堆积柱形图，其中第 1~4 层的图表只填充各自季度的柱形，将其余季度设置为无填充，并对 4 个柱形分别设置了 20%、40%、60%和 80%的间隙宽度，形成上下各不相同的效果。对第 2~4 层的柱形图均设置了无填充，防止遮挡底层的柱形图。

第 3 章　工作型图表设计技巧

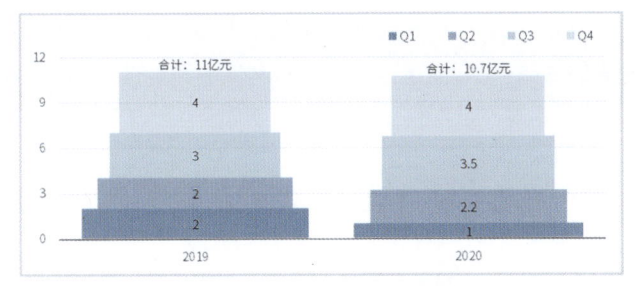

图 3.2.1　多层柱形图组合

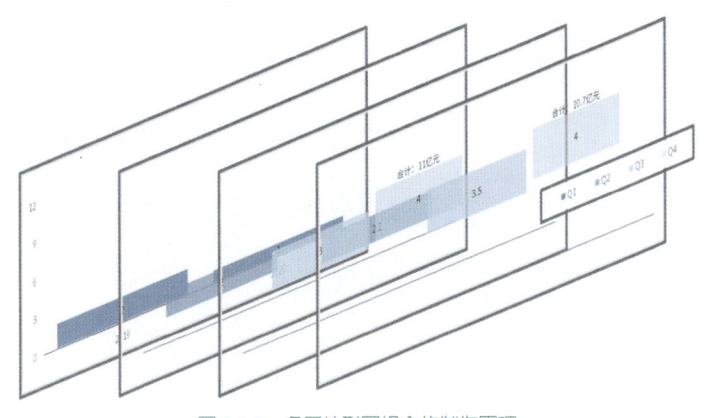

图 3.2.2　多层柱形图组合的制作原理

在制作时，如图 3.2.3（1）所示，选择 A1:C6 单元格区域，插入堆积柱形图并切换行/列。然后将 Q1 系列、Q2 系列、Q3 系列、Q4 系列的柱形分别填充为冰蓝色、20%透明度冰蓝色、40%透明度冰蓝色、60%透明度冰蓝色，将合计值系列的柱形设置为无填充。接着为柱形添加数据标签，将网格线设置为 0.25 磅、白色（深色 15%），将横坐标轴设置为 1 磅、白色（深色 50%）。接下来调整图表大小，效果如图 3.2.3（2）所示，称其为"图表 1"。

复制"图表 1"，将 Q2 系列、Q3 系列、Q4 系列和合计值系列的柱形分别设置为无填充，然后删除数据标签和图例，效果如图 3.2.3（3）所示，称其为"图表 2"。

复制"图表 1"，将 Q1 系列、Q3 系列、Q4 系列和合计值系列的柱形分别设置为无填充，然后删除数据标签、图例、网格线，隐藏坐标轴标签，效果如图 3.2.3（4）所示，称其为"图表 3"。

复制"图表 1"，将 Q1 系列、Q2 系列、Q4 系列和合计值系列的柱形分别设置为无填充，然后删除数据标签、图例、网格线，隐藏坐标轴标签，效果如图 3.2.3（5）所示，称其为"图表 4"。

复制"图表 1"，将 Q1 系列、Q2 系列、Q3 系列和合计值系列的柱形分别设置为无填充，然后删除数据标签。接下来为合计值系列的柱形添加数据标签 "合计："。接着删除图例、网格线，隐藏坐标轴标签，效果如图 3.2.3（6）所示，称其为"图表 5"。

工作型图表设计：实用的职场图表定制与设计法则

复制"图表1"，将图例填充为白色，调整为与图表大小相同（将图例充满图表，后续在缩小图表之后，图例依然可以正常显示；叠放在其他图表上的图例应尽量缩小，避免遮挡下层内容），将其边框设置为"无"，调整图表为如图3.2.3（7）所示的效果（制作自由图例），称其为"图表6"。

依次选中"图表2"～"图表6"，然后如图3.2.3（8）所示，在"形状格式"选项卡中，单击"排列"组中的"对齐"按钮，在其列表中依次选择"水平居中"项和"垂直居中"项，接着单击"组合"按钮，最后适当调整"图表6"（图例）的位置，最终效果如图3.2.1所示。

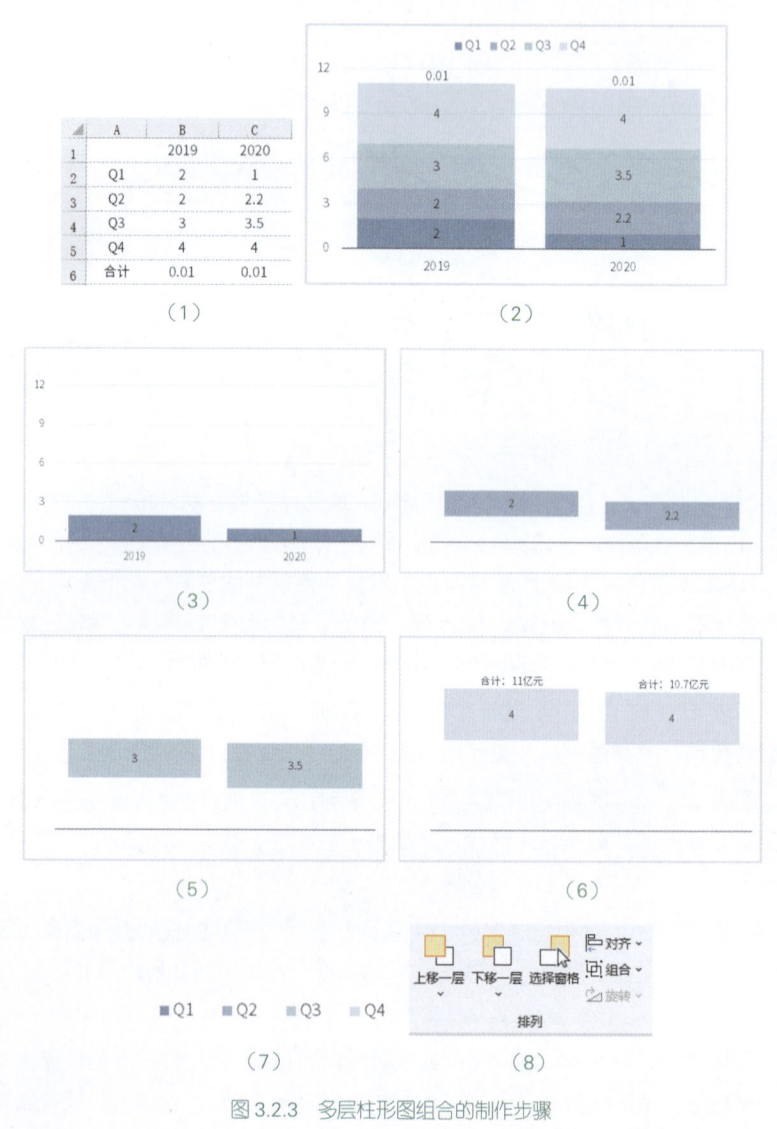

图 3.2.3　多层柱形图组合的制作步骤

172

提醒两点：

1．复制的新图表会显示在原图表的上层，最后复制的图表显示在最上层。本例中几张图表的上、下层顺序为：图表 6>图表 5>图表 4>图表 3>图表 2，正好符合本例的季度排列顺序。若不符合，则需要在"形状格式"选项卡的"排列"组中，通过"上移一层"和"下移一层"按钮进行调整。
2．在叠加时要注意各个图层的顺序，比如将网格线放置在最下层的图表中，避免遮挡下层的柱形；同时建议将坐标轴放在最上层的图表中，方便后期调整。

如图 3.2.4 所示，是某城市十二星座的男女人数，蓝色气泡代表男士、红色气泡代表女士，在气泡上有连接相邻气泡的折线。气泡图无法直接与其他图表进行组合，气泡图和散点图组合的制作原理如图 3.2.5 所示，由下层的带直线的散点图（隐藏散点、显示线条，外观和折线图一样）和上层的气泡图叠加而成，气泡图和散点图也可以交换上、下顺序。

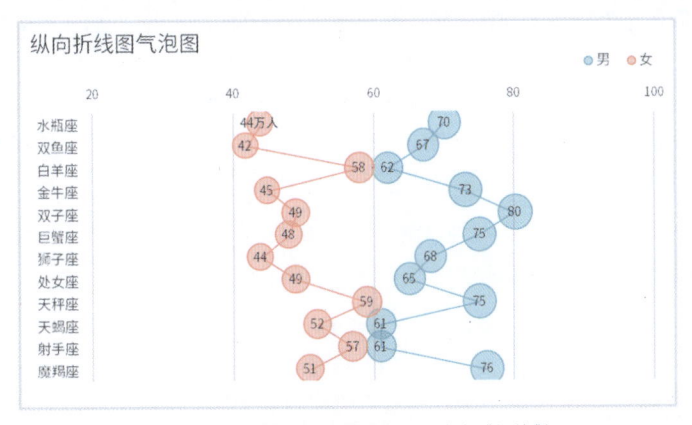

图 3.2.4　气泡图和散点图组合（模仿自《帆软》）

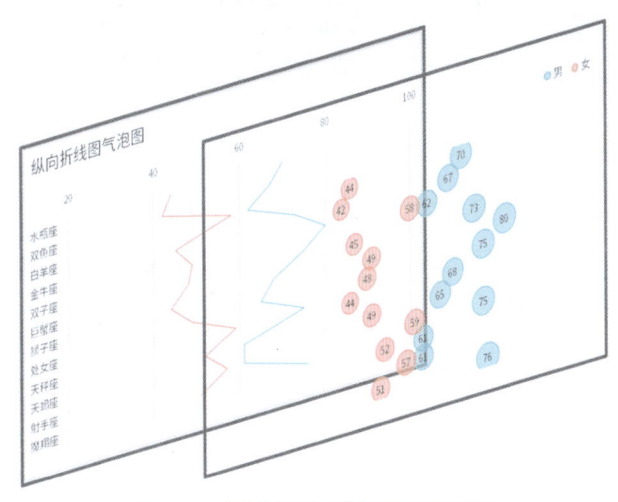

图 3.2.5　气泡图和散点图组合的制作原理

在制作时，如图 3.2.6（1）所示，选择 A1:D13 单元格区域，插入条形图，然后将"男"

系列和"女"系列的图表类型更改为带直线的散点图,并放在次要坐标轴上。接着如图 3.2.6（2）所示,修改两个系列的源数据,将"男"系列的 X 轴系列值修改为 B2:B13,将其 Y 轴系列值修改为 D2:D13；将"女"系列的 X 轴系列值修改为 C2:C13,将其 Y 轴系列值修改为 D2:D13。接下来分别将主要和次要的纵坐标轴设置为"逆序类别"；将横坐标轴的取值范围设置为"20~100",间隔为 20；将次要纵坐标轴的取值范围设置为"0~12"。再将"辅助 Y 轴"系列条形设置为无填充,删除图例,隐藏次要纵坐标轴的标签,将字体设置为思源黑体,效果如图 3.2.6（3）所示。

复制散点图,删除其中的"辅助 Y 轴"系列,然后将"男"系列和"女"系列的图表类型更改为气泡图。接着如图 3.2.6（4）所示,修改两个系列气泡的源数据,将"男"系列的系列气泡大小修改为 B2:B13,将"女"系列的系列气泡大小修改为 C2:C13。接下来将纵坐标轴的取值范围设置为"0~12",并隐藏坐标轴的标签；将"男"系列的气泡设置为 1 磅蓝色线条、50%透明度蓝色填充；将"女"系列的气泡设置为 1 磅红色线条、50%透明度红色填充；将气泡大小设置为 35。接着为两个系列的气泡添加数据标签并设置为居中显示,将图表设置为无填充,效果如图 3.2.6（5）所示。最后将气泡图和散点图水平对齐、垂直对齐并组合,效果如图 3.2.6（6）所示。

参照上述图表的制作方法,可以制作出如图 3.2.7 所示的多层条形图组合、折线图和气泡图组合的效果。

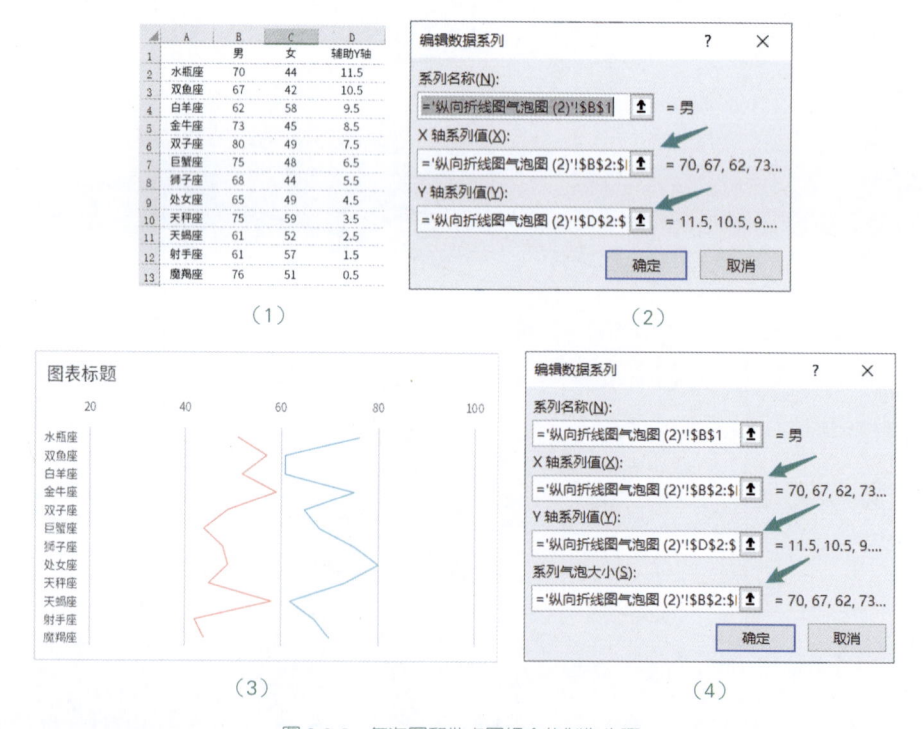

图 3.2.6　气泡图和散点图组合的制作步骤

（5）　　　　　　　　　　　　　　　　　　（6）

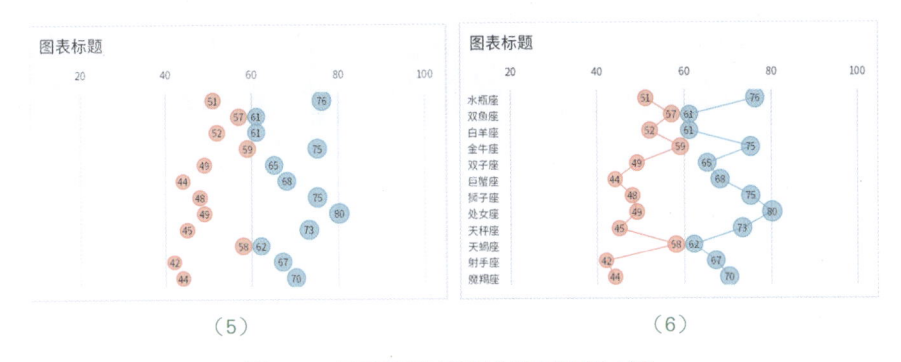

图 3.2.6　气泡图和散点图组合的制作步骤（续）

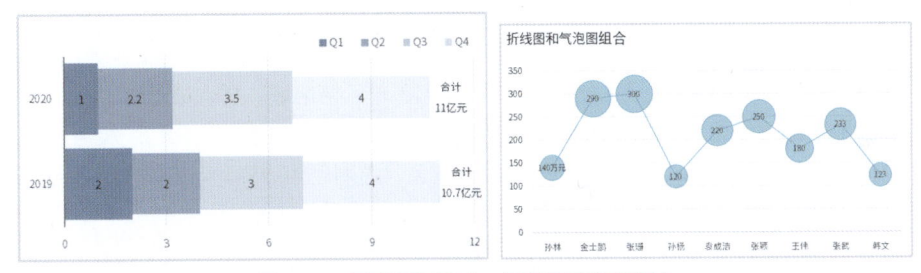

图 3.2.7　多层条形图组合、折线图和气泡图组合

2. 组合图

2.7 节介绍过很多组合图的制作思路，这里介绍利用图层重叠的方法来制作组合图，主要有柱形图与气泡图、饼图组合，柱形图和气泡图组合、条形图和气泡图组合。如图 3.2.8 所示为柱形图与气泡图、饼图组合，柱形和饼图的大小代表两种产品销量的合计值，单个饼图代表当前月份两种产品的销量占比。其制作原理如图 3.2.9 所示，它由下层的柱形图、上层的饼图和两个自由图例叠加而成。饼图的本质是气泡图，气泡图内填充了当月的产品信息组成饼图，详情参见 1.7 节中的方形气泡图制作部分。

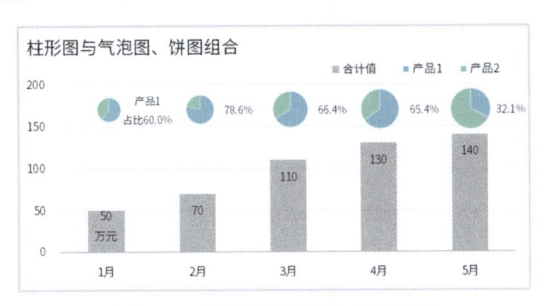

图 3.2.8　柱形图与气泡图、饼图组合

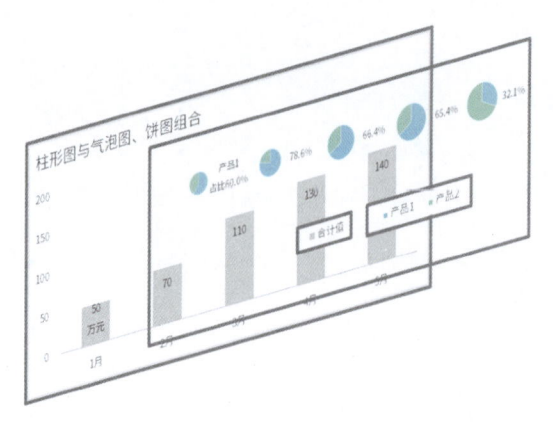

图3.2.9　柱形图与气泡图、饼图组合的制作原理

在制作时，如图3.2.10（1）所示，选择A1:A13单元格区域，插入柱形图，然后将纵坐标轴的取值范围设置为"0~200"，间隔为50；将网格线设置为0.25磅、浅灰色，将柱形的"间隙宽度"设置为150%，并为柱形填充灰色，透明度为30%，效果如图3.2.10（2）所示。

复制柱形图，将其更改为气泡图后修改数据源，将X轴系列值修改为A2:A6，将Y轴系列值修改为C2:C6，将系列气泡大小修改为B2:B6。然后将纵坐标轴的取值范围设置为"0~250"，将横坐标轴的取值范围设置为"0.5~5.5"，并隐藏两者的标签和线条。接着删除网格线，删除图表边框，效果如图3.2.10（3）所示。

选择D1:E2单元格区域，插入饼图并设置为无填充。然后删除标题、图例、边框；将图表大小修改为4cm×4cm，将绘图区充满整张图表。接下来复制4份，分别将数据修改为2~5月对应的产品1和产品2的销售数据，效果如图3.2.10（4）所示。

复制1月的饼图，然后单击气泡图中1月的气泡，将其填充方式修改为图片或纹理填充，图片源选择"剪贴板"。同理，将其他月份的饼图复制到对应的气泡图中，效果如图3.2.10（5）所示。

为气泡图添加数据标签，并显示F2:F6单元格区域中的值，放在气泡的右侧。然后删除标题，将图表设置为无填充、无线条，并调整为合适大小，放置在柱形图的上方，再将饼图和气泡图组合，效果如图3.2.10（6）所示。

最后复制柱形图，制作"合计值"系列图例；复制饼图，制作产品分类占比系列图例，分别放置在组合图的适当位置并组合。

参照上述图表的制作方法，可以制作出如图3.2.11所示的柱形图和气泡图组合、条形图和气泡图组合的效果。

第 3 章　工作型图表设计技巧

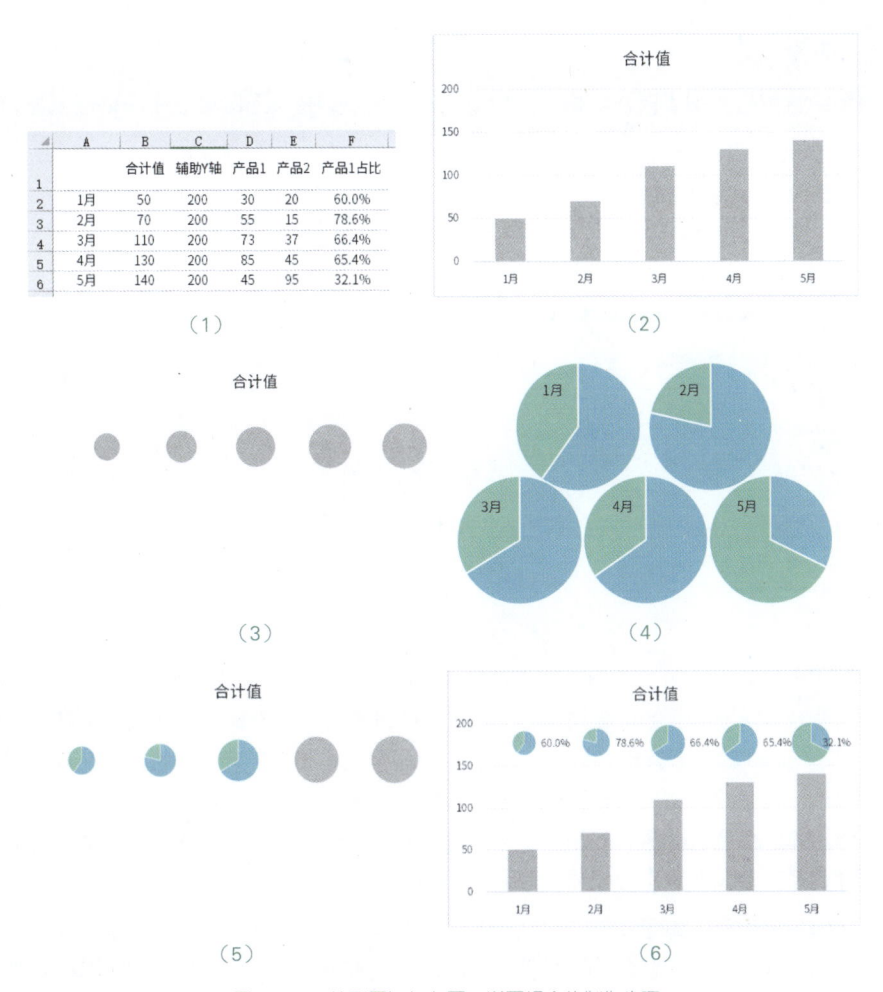

图 3.2.10　柱形图与气泡图、饼图组合的制作步骤

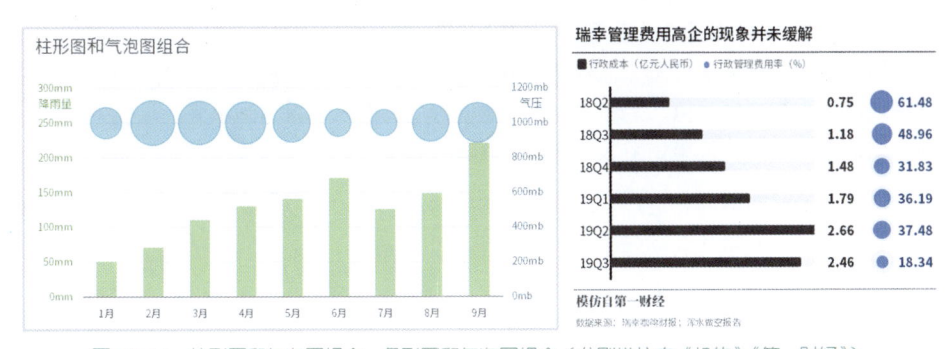

图 3.2.11　柱形图和气泡图组合、条形图和气泡图组合（分别模仿自《帆软》《第一财经》）

177

3. 表图结合

表图结合就是将图表嵌入表格中。如图 3.2.12 所示，将条形图叠放在表格层上方，再加上一个自由图例，一张饱含商务气质又不失清新的组合图就做好了。

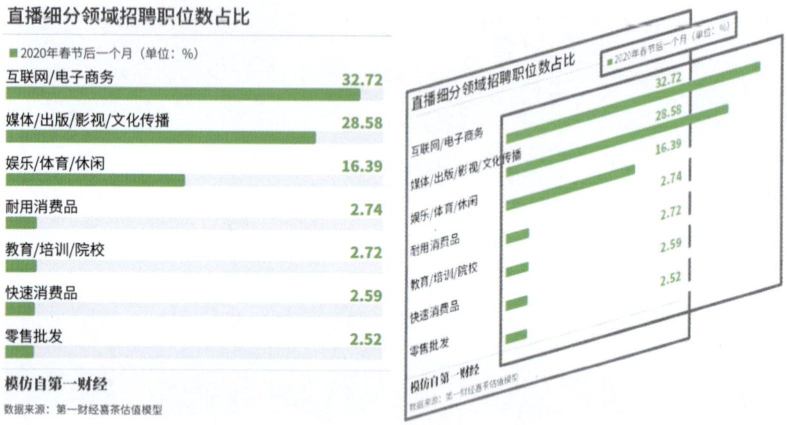

图 3.2.12　条形图与表格组合（模仿自《第一财经》）

在制作表格时，如图 3.2.13（1）所示，标题行、放置图例的空白行、logo 行（即表格中的所有灰色填充行）的行高均为 22.5，将文字设置为思源黑体、黑色（淡色 25%）、14号、左对齐；对标题行合并单元格。主体内容行的行高为 30，将第一列的文字设置为思源黑体、黑色（淡色 25%）、11 号、水平方向左对齐、垂直方向上对齐；将第二列的数字设置为思源黑体、绿色、11 号、加粗、水平方向右对齐、垂直方向上对齐；数据来源行的行高为 13.5，将文字设置为思源黑体、黑色（淡色 50%）、8 号。

在制作条形图时，如图 3.2.13（2）所示，选择 A1:C8 单元格区域，插入条形图，然后将横坐标轴的取值范围设置为"0~35"。接着将纵坐标轴设置为"逆序类别"，隐藏两个坐标轴的标签，将线条设置为"无线条"。接下来将"辅助"系列放在"2020 年春节后一个月"系列的下方，将条形的"间隙宽度"设置为 400，将"系列重叠"设置为 100%；将"2020年春节后一个月"系列设置为绿色填充，将"辅助"系列设置为浅灰色填充，将两者的条形边框均设置为与条形同色、3 磅、圆形线端。最后将图表设置为无填充、无线条，删除标题、图例和网格线，效果如图 3.2.13（3）所示。

最后调整条形图的大小，并放在表格中对应行业的下方，且分别与左侧的文字、右侧的数字对齐，效果如图 3.2.13（4）所示。

图 3.2.13　条形图与表格组合的制作步骤

4. 表格与表格重叠

在 3.1 节中的"条件格式"部分介绍了月度热力图，其制作采用了双层结构相同的表格进行叠加。如图 3.2.14 所示，是采用相同方法制作的填充类表格，其中下层表格是框架，上层表格是具体内容。之所以采用双层表格叠加的方式制作，是因为不能跨单元格填充渐变色。也就是说，如果直接填充，则后 4 列的每个单元格都将具有相同的填充效果，从左到右，由浅紫色到深紫色渐变，不会形成一个完整的渐变体。

在制作上层表格时，如图 3.2.15（1）所示，标题行的高度为 37.5，将文字设置为思源黑体、黑色、14 号、居中对齐；对标题行合并单元格。表头行、标题和表头之间的空白行的高度均为 18.75，将文字设置为思源黑体、黑色、11 号、居中对齐；在表头行的相邻列之间添加左、右白色粗边框。主体内容行的高度为 14.75，将文字设置为思源黑体、黑色、10 号、居中对齐；在两行之间插入两个空白行（灰色填充行），在空白行之间添加白色粗边框，主要是为了实现相邻列之间的白色边框"上不及顶、下不落地"的效果；对第 1 列中同属于"大类一"的 6 行和"大类二"的 6 行分别合并单元格，在两者之间添加白色粗边框；在第 1 列与第 2 列之间添加白色粗边框；在后 4 列中的相邻列之间添加左、右白色细边框（注意空白行不添加）。

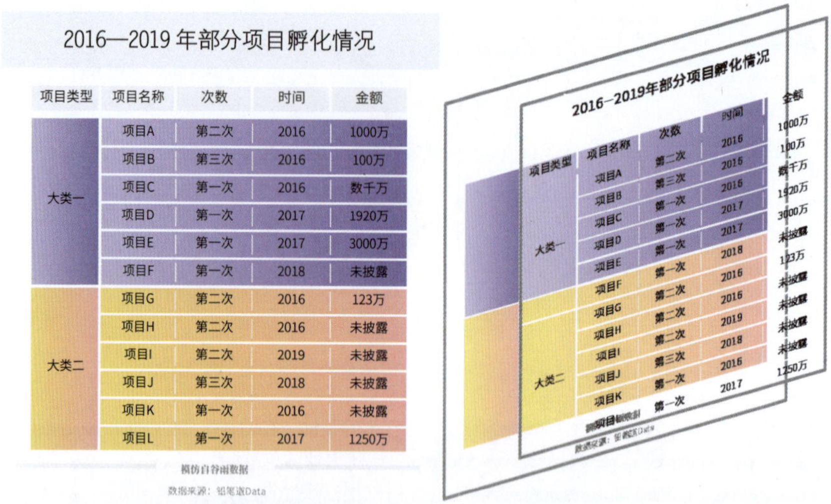

工作型图表设计：实用的职场图表定制与设计法则

图 3.2.14　表格与表格重叠（模仿自《谷雨数据》）

在制作下层表格时，如图 3.2.15（2）所示，整体复制上层表格并粘贴至原表格的右侧，分别将标题和表头部分填充为浅灰色。然后对主体部分中"大类一"的后 4 列和"大类二"的后 4 列分别合并单元格，并分别设置渐变色填充。logo 行的高度为 25.5，在其左、右两侧分别插入长矩形并填充浅灰色。数据来源行的高度为 13.5，将文字设置为思源黑体、黑色（淡色 50%）、8 号、居中对齐。

在设置渐变色填充时，先选中待设置单元格，然后按"Ctrl+1"组合键，在弹出的"设置单元格格式"对话框中选择"填充"选项卡，接着单击"填充效果"按钮，在"填充效果"对话框中，"颜色"选择"双色"，"底纹样式"选择"垂直"，接下来分别设置"颜色 1"和"颜色 2"的颜色，如图 3.2.15（3）所示。

（1）　　　　　　　　　　　　　（2）

图 3.2.15　表格与表格重叠的制作步骤

180

（3）

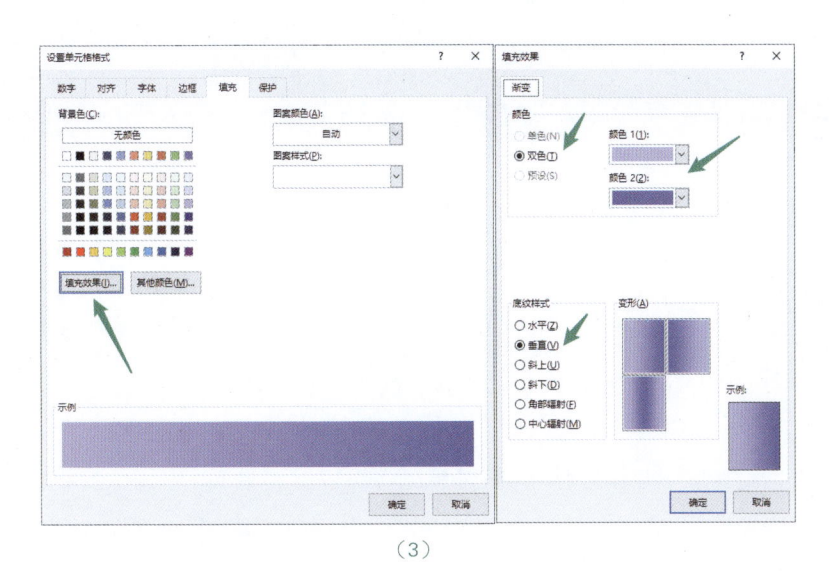

图 3.2.15　表格与表格重叠的制作步骤（续）

最后复制上层表格并粘贴为图片，叠放在下层表格对应的位置上，效果如图 3.2.14 所示。

5. 图表元素重叠

想制作出出众的重叠类图表，少不了图例、网格线和坐标轴等自由元素的助攻，还有文本框、形状的大力支持。

在图 3.2.1 所示的多层柱形图，图 3.2.7 所示的多层条形图，图 3.2.8 所示的柱形图与气泡图、饼图组合，图 3.2.11 所示的柱形图与气泡图组合、条形图与气泡图组合等图表中，图例都是被单独制作的，可以随意移动位置的"自由身"。

1.5 节介绍过强化网格线的做法，其主要利用散点图的误差线来模仿网格线，从而实现将网格线显示在柱形之上。在学完本节内容后，相信读者能掌握一种更为简单的处理方式，直接在柱形上叠加自由的网格线（图表内只保留了网格线并设置为无填充），如图 3.2.16 所示。

自由坐标轴的应用十分广泛，比如图 3.2.17 所示的峰峦图，其由下层的柱形图和只保留了坐标轴标签的上层柱形图共同组成，下层的柱形图被填充为"半圆"形状，且在相邻的柱形之间设置了 15% 的重叠。

提醒两点：

1．在图 3.2.16 中，标题用的是后期插入的文本框，设置了灰色填充，其插入步骤和设置方法详见 1.2 节中的"用文本框代替默认标题"部分。

2．位于图表下方的灰色长矩形属于图表装饰，在插入时，为了保持统一，建议先调整好左侧长矩形的格式和位置，然后直接复制一份放在右侧对称位置。更多有关图表装饰的内容，详见 2.5 节。

181

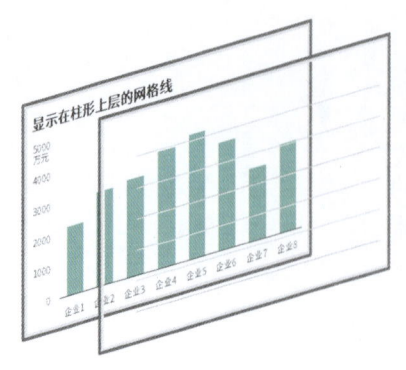

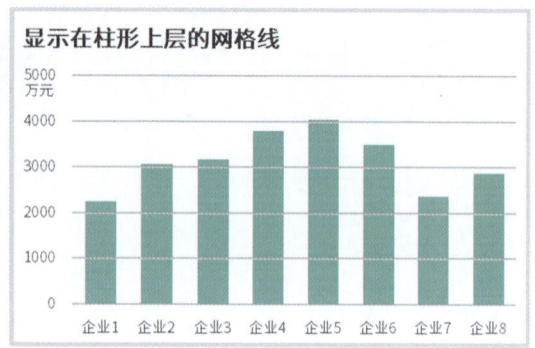

工作型图表设计：实用的职场图表定制与设计法则

图 3.2.16　网格线被叠加在图表之上

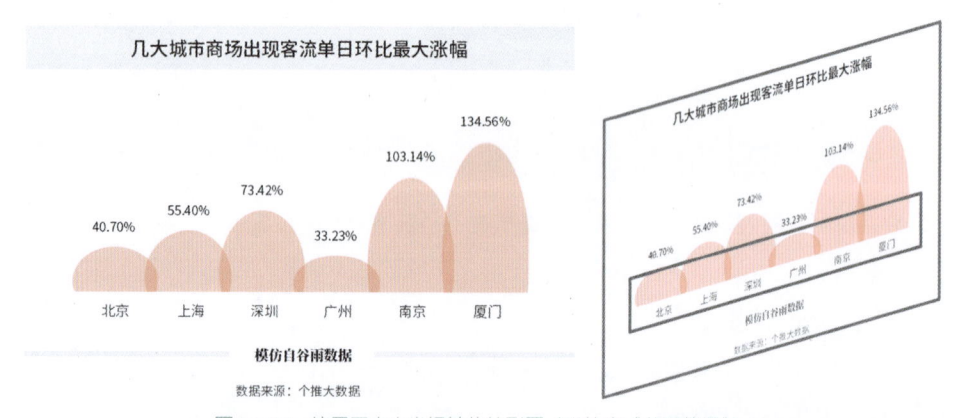

图 3.2.17　使用了自由坐标轴的柱形图（模仿自《谷雨数据》）

如图 3.2.18 所示，单系列柱形图的相邻柱形无法直接重叠，需要切换行/列后才能实现重叠。此时"环比涨幅"由系列名称转变为类别名称，也就是横坐标轴的标签；城市名称则由类别名称变成系列名称，只有在数据标签内勾选"系列名称"复选框后方能显示。想要实现行/列切换前的城市名称显示模式，就需要为其单独配置一个"坐标轴"。在制作时，复制行/列切换前的柱形图，需要删除或隐藏其余元素，只保留坐标轴标签，设置为无填充、无线条，在调整大小后叠放在行/列切换后的柱形图的相应位置。

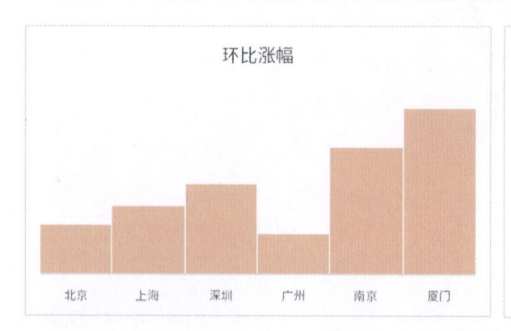

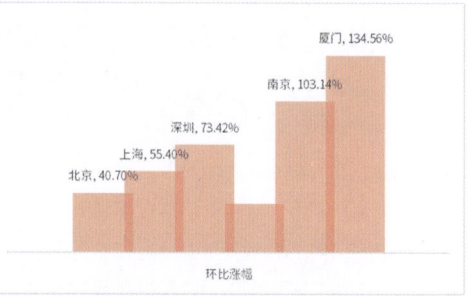

图 3.2.18　切换行/列前后的柱形图效果

3.3 商业图表标配：误差线

Zebra BI 和 Thinkcell Chart 是广为人知的两个支持 Office 的图表插件，其图表风格以精准严谨、清晰明了、细节到位著称，被图表界的知名老师称作商业图表的标杆。两者的标志性特征就是对"增长箭头"的巧妙运用，以满足老板快速获取图表表达重点的诉求。它们之所以能做到这一点，一个常常被忽略的图表元素——误差线功不可没。本节就从误差线是什么和用误差线模仿图表元素、划分图表区域、制作量规图、制作火柴图、制作增长箭头入手，介绍一些商业图表的制作方法。

3.3.1 误差线是什么

误差线主要被应用在科研绘图或统计类图表中，显示相对序列中的每个数据点或者数据标记的潜在误差幅度或不确定性。在 Excel 中常将误差线作为自由线条来使用，它比折线图更灵活，比自行插入的线条更准确。可以添加误差线的图表类型有柱形图、折线图、面积图、条形图、散点图和气泡图。

①柱形图、折线图和面积图，可以添加垂直误差线，误差线是一个整体，不能单独修改或删除。

②条形图，可以添加水平误差线，误差线是一个整体，不能单独修改或删除。

③散点图和气泡图，可以同时添加垂直误差线和水平误差线，两个方向的误差线可以单独修改或删除，直接选中后按 Delete 键即可删除。

对于误差线，可以调整粗细、颜色、线型等属性。如图 3.3.1 所示，误差线的方向可以分为**正偏差**、**负偏差**和**正负偏差**，水平误差线右为正、左为负，垂直误差线上为正、下为负。误差线的末端样式分为无线端和线端。误差量分为固定值、百分比、标准偏差、标准误差和自定义。

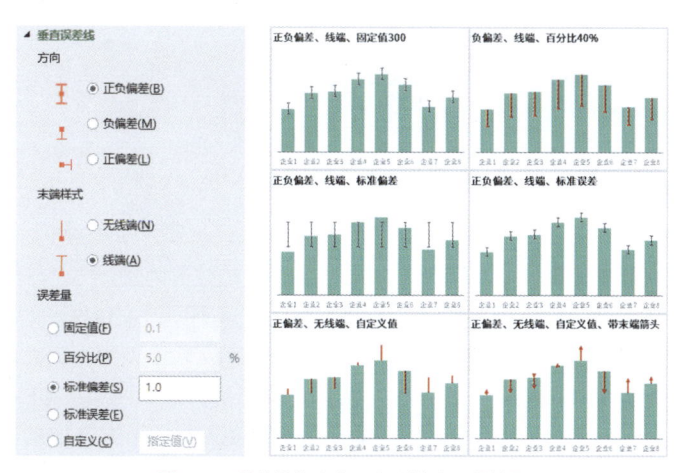

图 3.3.1 误差线的方向、末端样式和误差量

①固定值：每个类别应用相同的误差量。

②百分比：每个类别按照当前值的一定百分比计算误差量。

③标准偏差、标准误差：使用 Excel 中内置的特定公式计算得出误差量。

④自定义：类似于在数据标签中显示"单元格中的值"，为每个类别指定不同的误差量，不指定误差量的类别则不显示误差线。

在支持误差线的几类图表中，由于散点图可以同时支持水平和垂直两个方向的误差线，因此其得到了更为广泛的应用，比如模仿坐标轴、刻度线、增长箭头等元素，其制作原理是在原图表内加入一组或多组散点，然后设置误差线的属性。接下来将分别介绍散点在图表内的分布规律以及散点误差线的应用。

3.3.2 散点在图表内的分布规律

在添加散点前，需要先了解其在图表内的分布规律，才能将其显示在正确的位置。如图 3.3.2 所示，是单系列图表中散点的分布规律（具体原理参见 1.9 节中的"数据类别的展开顺序"部分）。水平方向从左至右散点的位置分别为 0.5~5.5，相邻柱形之间的间隔为 1。以"企业 1"的柱形为例，柱形的中间为 1，柱形的左侧为 0.5，柱形的右侧为 1.5；垂直方向由下到上散点的位置分别为 0.5~5.5，相邻条形之间的间隔为 1。以"企业 1"的条形为例，条形的中间为 1，条形的下方为 0.5，条形的上方为 1.5。

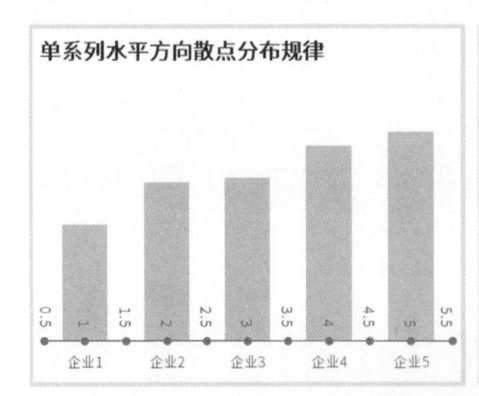

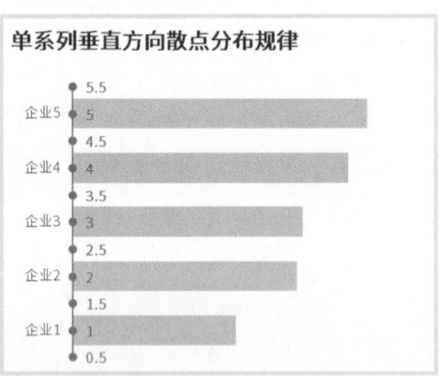

图 3.3.2　单系列图表中散点的分布规律

如图 3.3.3 所示，是双系列图表中散点的分布规律。水平方向从左至右散点的位置分别为 0.5~3.5，相邻柱形之间的间隔为 1。以"企业 1"的柱形为例，两个柱形的中间为 1，柱形的左侧为 0.5，柱形的右侧为 1.5，根据柱形的宽度不同，左侧柱形的中间位置约为 0.84~0.87，右侧柱形的中间位置约为 1.13~1.16；垂直方向由下到上散点的位置分别为 0.5~3.5，相邻条形之间的间隔为 1。以"企业 1"的条形为例，两个条形的中间为 1，条形的下方为 0.5，条形的上方为 1.5，根据条形的宽度不同，下方条形的中间位置约为 0.84~0.87，上方条形的中间位置约为 1.13~1.16。

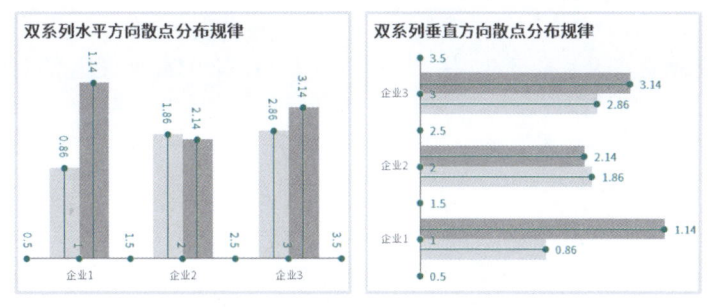

图 3.3.3　双系列图表中散点的分布规律

3.3.3　散点误差线的应用

1. 模仿图表元素

当图表本身的元素不能满足要求或者追求特殊效果时，可以用误差线来模仿图表元素。

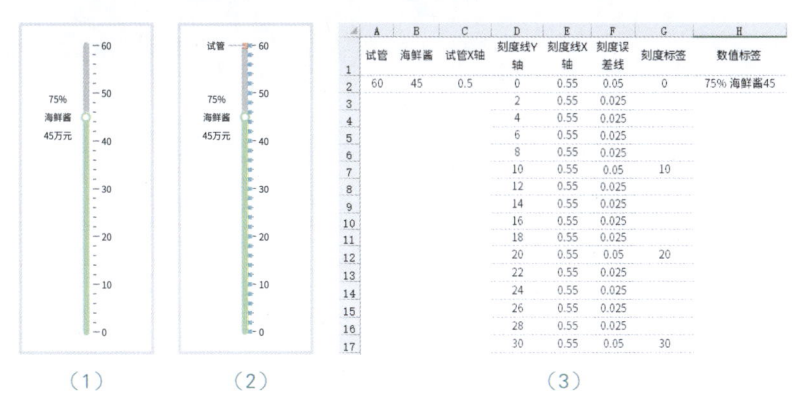

①**模仿刻度线**：如图 3.3.4（1）所示，用灰色圆柱模仿温度计的试管，用绿色圆柱代表海鲜酱的销售目标完成率。为了做出更逼真的效果，对右侧的刻度线进行了有规律的设置，其中 10 的整数倍值的线条比其余值的线条更长。如图 3.3.4（2）所示，温度计图由 3 组散点及对应的误差线制作而成，分别是"试管"系列、"海鲜酱"系列和"刻度线"系列。长短不一的刻度线无法在 Excel 中直接显示，可以用误差线的自定义误差量来实现。如图 3.3.4（3）所示是温度计图的前 30 条源数据（部分），"试管"系列和"海鲜酱"系列的 X 轴值均为 0.5，Y 轴值分别为 60 和 45；"刻度线"系列的 X 轴值均为 0.55，Y 轴值分别为 0~60；在刻度线的误差值中，10 的整数倍值为 0.05，其余值为 0.025。

图 3.3.4　温度计图

在制作时，选择 A1:C2 单元格区域，插入散点图，然后添加两个新的系列并依次修改所有系列的数据源，将系列 1 的系列名称修改为 A1（"试管"系列），将 X 轴系列值修改为 C2，将 Y 轴系列值修改为 A2；将系列 2 的系列名称修改为 B1（"海鲜酱"系列），将 X 轴系列值修改为 C2，将 Y 轴系列值修改为 B2；将系列 3 的系列名称修改为 D1（"刻度线"系列），将 X 轴系列值修改为 E2:E32，将 Y 轴系列值修改为 D2:D32，如图 3.3.5（1）所示。接着将纵坐标轴的取值范围设置为"−2~62"（为了完整显示圆角误差线，需要适当放大范围），将横坐标轴的取值范围设置为"0~1"，并隐藏两者的标签和线条，然后删除网格线，调整图表大小，效果如图 3.3.5（2）所示。

为"试管"系列添加误差线并删除水平误差线，将垂直误差线设置为负偏差、无线端、固定值为 60（试管值），将线条设置为 6 磅、灰色、圆形线端；为"海鲜酱"系列添加误差线并删除水平误差线（先添加"试管"系列的误差线，后添加"海鲜酱"系列的误差线，后添加的误差线会显示在上层），将垂直误差线设置为负偏差、无线端、固定值为 45（海鲜酱销售额），将线条设置为 6 磅、绿色、圆形线端；为"刻度线"系列添加误差线并删除垂直误差线，将水平误差线设置为正偏差、无线端、自定义（指定值为 F2:F32，"刻度误差线"列），效果如图 3.3.5（3）所示。

将"试管"系列和"刻度线"系列的数据标记均设置为"无"，将"海鲜酱"系列的数据标记设置为 8 号、圆形（2 磅绿色边框、白色填充）。然后为"海鲜酱"系列添加数据标签并放在左侧，显示 H2 单元格中的值（采用公式"=TEXT(B2/A2,"0%")&CHAR(10)&B1&CHAR(10) &B2&"万元""，其中通过 TEXT(B2/A2,"0%")可以计算出海鲜酱销售目标完成率并显示为百分比，CHAR(10)表示强制换行，"&"为连接符）。接着为"刻度线"系列添加数据标签并放在右侧，显示 G2:G32 单元格区域中的值（采用公式"=IF(MOD(D2,10)=0,D2,"")"，也就是当前值为 10 的整数倍时才会显示，否则显示为空），效果如图 3.3.5（4）所示。

（1）

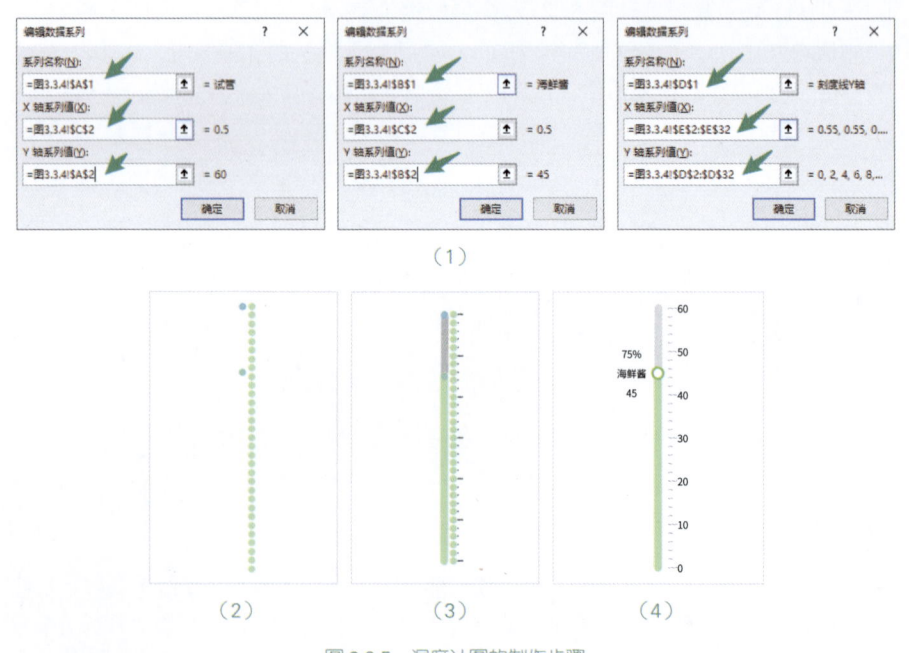

（2）　　　　　　　（3）　　　　　　　（4）

图 3.3.5　温度计图的制作步骤

②**模仿标准线**：1.5 节介绍的强化网格线，是利用散点图的误差线来模仿网格线的，从而实现将网格线显示在柱形之上。如图 3.3.6 所示，假如网格线非均匀分布，便能做出标准线的效果，方便衡量数据是否达标。其制作方法与均匀分布的网格线的制作方法完全相同，只需调整散点图的 Y 轴值即可。

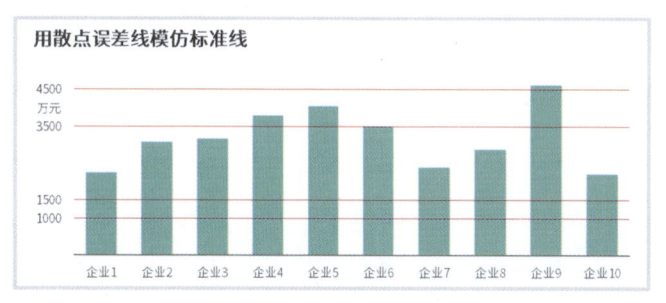

图 3.3.6 用误差线模仿标准线

③**模仿不均匀分布的坐标轴**：坐标轴标签的位置不能被随意调整，但是用散点图的数据标签代替后便不再受此约束。散点图的误差线的妙用不止如此，还可以用于制作如图 3.3.7 所示的不均匀分布的时间坐标轴，这里采用两组散点制作而成，其中"百度贴吧粉丝量"系列是用散点图模仿的折线图，"刻度"系列是另外一组散点。由于 2012—2019 年粉丝量变化较大，因此将这几年的坐标轴颜色做了明显的区分。

	A	B	C	D	E
1		百度贴吧粉丝量（万人）	刻度（X轴）	刻度（Y轴）	刻度误差线
2	2004/5	0	38108	0	3000
3	2012/7	10	41108	0	
4	2013/8	20	41491	0	
5	2014/4	30	41747	0	
6	2014/11	40	41961	0	
7	2015/6	50	42173	0	
8	2016/2	60	42418	0	
9	2016/10	70	42661	0	
10	2017/9	80	42996	0	
11	2018/8	90	43330	0	
12	2019/8	100	43695	0	

图 3.3.7 用误差线模仿不均匀分布的坐标轴的折线图及源数据（模仿自《谷雨数据》）

在制作时，选择 A1:C12 单元格区域，插入带直线和数据标记的散点图，然后修改"刻度"系列的数据源，将 X 轴系列值修改为 C2:C12（将日期改为数字格式后的对应值），将 Y 轴系列值修改为 D2:D12。接着将纵坐标轴的取值范围设置为"0~100"，间隔为 20；将横坐标轴的取值范围设置为"38108~43695"。接下来将横坐标轴的线条设置为粉色，隐藏横坐标轴的标签，将纵坐标轴的线条设置为"无线条"，删除水平网格线以及图例中的"刻度"系列，调整图表大小，效果如图 3.3.8（1）所示。

将"百度贴吧粉丝量"系列的散点设置为粉色线条，将数据标记设置为 6 号（白色填充、1.5磅蓝色边框)。然后将"刻度"系列的散点设置为无线条、无数据标记，添加数据标签，显示 A2:A32 单元格区域中的值，放在散点的下方，竖排显示。接着为"百度贴吧粉丝量"系列的散点添加误差线并删除水平误差线，将垂直误差线设置为负偏差、无线端、自定义(指定值为 B2:B12，"百度贴吧粉丝量"列)，将线条设置为 1 磅粉色圆点虚线；为"刻度"系列的散点添加误差线并删除垂直误差线，将水平误差线设置为正偏差、无线端、自定义(指定值为 E2:E12，E2 值为 2012/7 的值减去 2004/5 的值，其余值为空)，将线条设置为 0.75 磅蓝色，效果如图 3.3.8（2）所示。

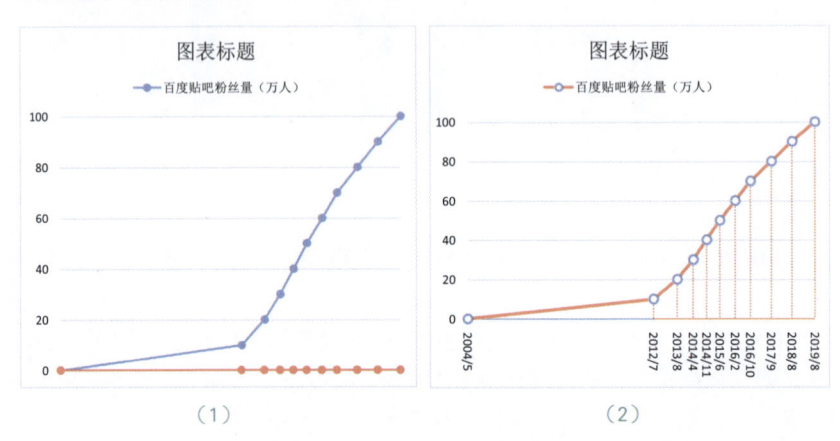

图 3.3.8　用误差线模仿不均匀分布的坐标轴的折线图的制作步骤

④**制作装饰线**：使用误差线还可以制作装饰线，为图表做加法。如图 3.3.9 所示，用纯粹的条形图展示城市商业魅力排名略显单调，因此将条形拆分成双行显示，并在第二行添加了误差线来实现对齐效果。在源数据中，原值被拆分成固定值 100 和余数两列。在制作时，将条形图的横坐标轴的取值范围设置为"0~100"，为绘图区添加 0.75 磅的白色（深色 35%）方点边框；然后为"第二列"系列条形添加误差线，并设置为正偏差、无线端、自定义（指定值为 D2:D5，采用公式"=100-C2"，即最大值 100 减去第二列的值），线条与绘图区边框保持一致；接着为"第一列"系列条形添加数据标签，显示 E2:E5 单元格区域中的值，并放在条形之外。

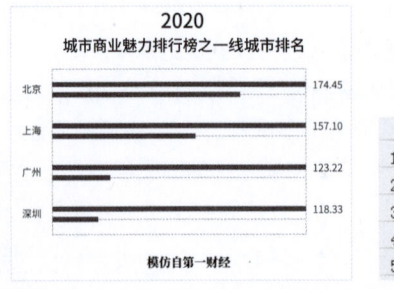

图 3.3.9　分行显示的条形图及源数据（模仿自《第一财经》）

2. 划分图表区域

为了突出图表中的重点，很多图表爱好者都会直接在重点趋势变化处插入一个矩形框。这种做法固然简单，但是准确性有所欠缺。如果熟练掌握了误差线的用法，那么就可以在图表内植入一组散点，然后用其误差线构建出这个重点区域。如图 3.3.10 所示，用 4 个散点构建了一个区域，将市场占有率为 28%~80%、销售额为 1200~4500 万元的年度圈定出来。

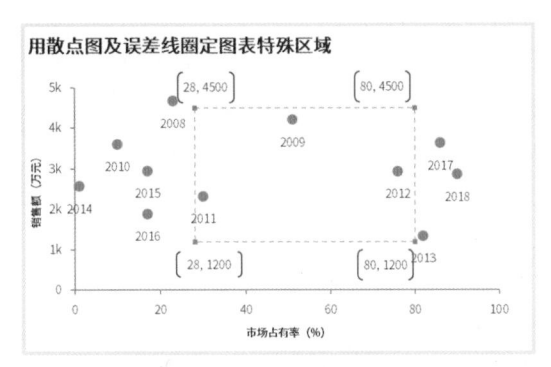

图 3.3.10 划定范围的散点图

如图 3.3.11（1）所示，在制作前准备好这样一组散点，左侧散点的 X、Y 轴值分别是（28,1200）和（28,4500），右侧散点的 X、Y 轴值分别是（80,1200）和（80,4500）。在添加误差线时，以左下角和右上角的散点为基准，左下角散点的水平方向正偏差为 52（80-28），垂直方向正偏差为 3300（4500-1200）；右下角散点的水平方向负偏差为 52，垂直方向负偏差为 3300。

在制作时，选择 A1:C12 单元格区域，插入散点图并修改数据源，将"销售额"系列的 X 轴系列值修改为 B2:B12，将其 Y 轴系列值修改为 C2:C12；将"辅助散点"系列的 X 轴系列值修改为 D2:D5，将其 Y 轴系列值修改为 E2:E5。然后将纵坐标轴的间隔设置为 1000，为两个坐标轴分别添加外部刻度线，删除网格线。接着将"销售额"系列的数据标记设置为 8 号圆形（绿色填充、0.75 磅绿色边框），将"辅助散点"系列的数据标记设置为 4 号方形［白色（深色 50%）填充、同色 0.75 磅边框］。

为"辅助散点"系列添加误差线，将水平误差线设置为正偏差、无线端、自定义（指定值为 F2:F5），将垂直误差线设置为正偏差、无线端、自定义（指定值为 G2:G5），将线条设置为 0.75 磅白色（深色 35%）短画线。然后为"销售额"系列添加数据标签，显示 A2:A12 单元格区域中的值，并放在散点的下方；为"辅助散点"系列添加数据标签，显示 X 值和 Y 值，修改标签的形状为括号，将边框设置为红色，效果如图 3.3.11（2）所示。

如图 3.3.12 所示，在图表内添加一组散点（此处只有一个点），并设置水平方向和垂直方向的正负偏差，就可以将整个绘图区划分为 4 个象限，形成波士顿矩阵图，方便老板观察和判断有哪些年度的销量表现亮眼，又有哪些年度的销量表现不尽如人意。在制作此图表时需要把握好以下几点：锁定横坐标轴和纵坐标轴的取值范围；将误差线设置为正负偏差、无线端，误差量为 1000%（如果无法覆盖绘图区，则可以继续增加）；在绘图区添加和坐标轴线条同色的边框。

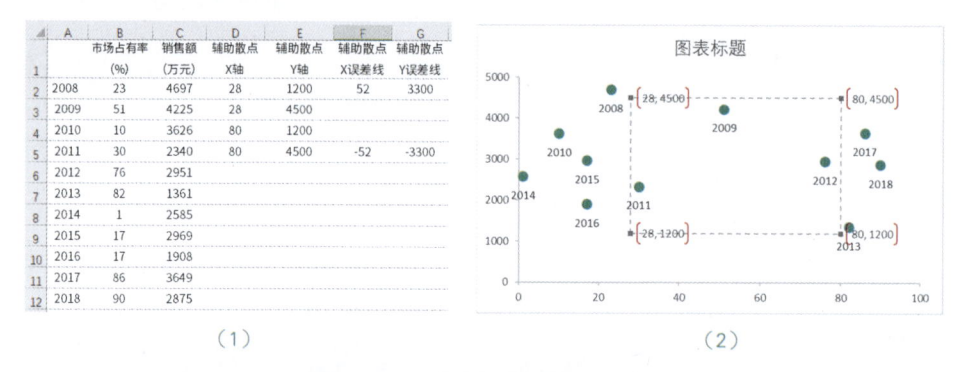

	A	B	C	D	E	F	G
1		市场占有率(%)	销售额(万元)	辅助散点X轴	辅助散点Y轴	辅助散点X误差线	辅助散点Y误差线
2	2008	23	4697	28	1200	52	3300
3	2009	51	4225	28	4500		
4	2010	10	3626	80	1200		
5	2011	30	2340	80	4500	-52	-3300
6	2012	76	2951				
7	2013	82	1361				
8	2014	1	2585				
9	2015	17	2969				
10	2016	17	1908				
11	2017	86	3649				
12	2018	90	2875				

（1）　　　　　　　　　　　　　　（2）

图 3.3.11　划定范围的散点图的制作步骤

图 3.3.12　划分象限的散点图

3. 制作量规图

误差线还常被用于制作量规图，表示 KPI 的完成情况。如图 3.3.13 所示，深红色指针代表目标值，灰色条形代表最大值，红色、浅蓝色和深灰色条形分别代表地区 1、地区 2 和地区 3 的销售额及销售目标完成率。为了能有效区分 3 个不同地区，要为其条形设置不同的宽度。然而，在条形图中即使同时采用主要和次要的坐标轴，也不可能设置出 3 种不同的宽度，此时就需要借助误差线来模仿条形图。

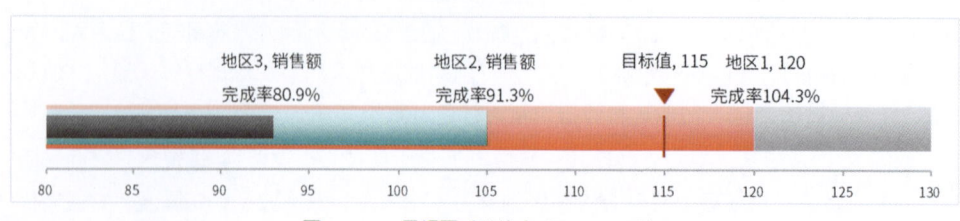

图 3.3.13　量规图（模仿自"Power BI"）

如图 3.3.14（1）所示，量规图中包含了 6 个系列。按照图表系列的展开顺序，各条形系到由上到下依次为最大值、地区 1、地区 2 和地区 3。散点图无法和条形图共用坐标轴，其需要采用次要坐标轴，并将纵坐标轴的取值范围设置为"0.5~1.5"。目标值由两个系列组成，分别是箭头散点和指针散点，其 Y 轴值分别为 0.90 和 1.38（可以适当微调）。

选择 A1:B7 单元格区域，插入条形图并切换行/列，然后将"目标值 1"系列和"目标值 2"系列的图表类型更改为散点图并修改数据源，将"目标值 1"系列的 X 轴系列值修改为 B6，将其 Y 轴系列值修改为 C6；将"目标值 2"系列的 X 轴系列值修改为 B7，将其 Y 轴系列值修改为 C7。接着将主要横坐标轴的取值范围设置为"80~130"，间隔为 5；将次要纵坐标轴的取值范围设置为"0.5~1.5"，并隐藏主要和次要的纵坐标轴的线条与标签，然后为主要横坐标轴添加线条和刻度线。接下来将条形图的"系列重叠"设置为 100%，将"间隙宽度"设置为 90%；将"最大值"系列条形设置为线性 90°，由白色（深色 15%）向白色（深色 35%）渐变，将"地区 1"系列条形设置为线性 90°，由浅红色向红色渐变，效果如图 3.3.14（2）所示。

接下来分别为"地区 2"系列和"地区 3"系列的条形添加误差线，将"地区 2"系列的误差线设置为负偏差、无线端、固定值为 105（销售额值），将线条设置为 18 磅，线性 90°，由浅青色向深青色渐变；将"地区 3"系列的误差线设置为负偏差、无线端、固定值为 93，将线条设置为 15 磅，线性 90°，由黑色（淡色 50%）向黑色（淡色 35%）渐变。然后将"地区 2"系列和"地区 3"系列的条形分别设置为无填充，调整图表和绘图区的大小，效果如图 3.3.14（3）所示。

插入一个三角形（高度为 0.3cm，宽度为 0.4cm）并旋转 180° 制作成箭头，复制并粘贴至"目标值 1"散点处；插入线条（高度为 0.75cm，宽度为 0.05cm）制作成指针，复制并粘贴至"目标值 2"散点处。然后分别为"地区 1"系列、"地区 2"系列和"地区 3"系列的条形添加数据标签，显示系列名称、值和完成率（手工输入），并放在对应条形的上方。最后为"目标值 2"系列的散点添加数据标签，显示系列名称和值，并放在散点的上方，效果如图 3.3.14（4）所示。

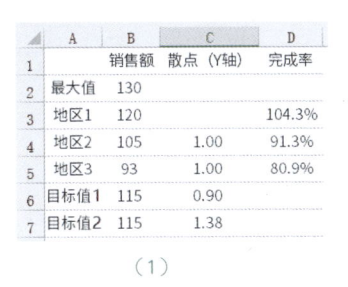

	A	B	C	D
1		销售额	散点（Y轴）	完成率
2	最大值	130		
3	地区1	120		104.3%
4	地区2	105	1.00	91.3%
5	地区3	93	1.00	80.9%
6	目标值1	115	0.90	
7	目标值2	115	1.38	

（1） （2）

图 3.3.14　量规图的制作步骤

（3）

（4）

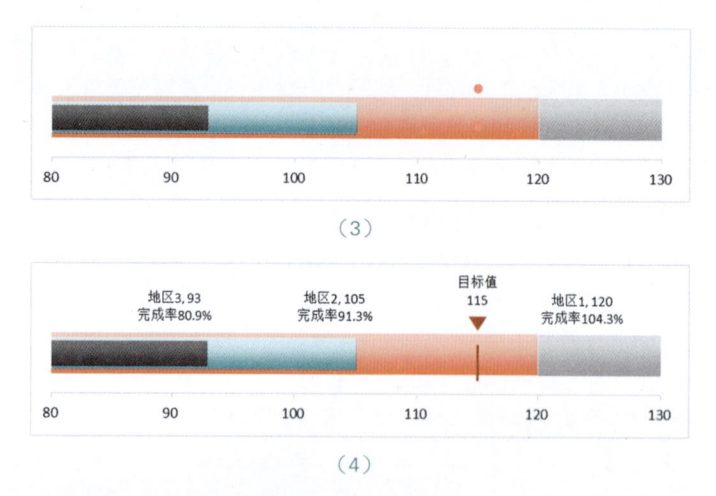

图 3.3.14　量规图的制作步骤（续）

4. 制作火柴图

在商业图表中很常见的火柴图也可以用误差线来制作。如图 3.3.15（1）所示，当计划销售额同比增速为正时显示绿色火柴、同比增速为负时显示红色火柴，真正做到了一目了然。火柴图由柱形图和两组散点组合而成，将"计划销售额"列制作成柱形图，主要用于显示类别名称；将"正数"列和"负数"列制作成散点图，分别用于显示表示正负同比增速的火柴。

（1）

（2）

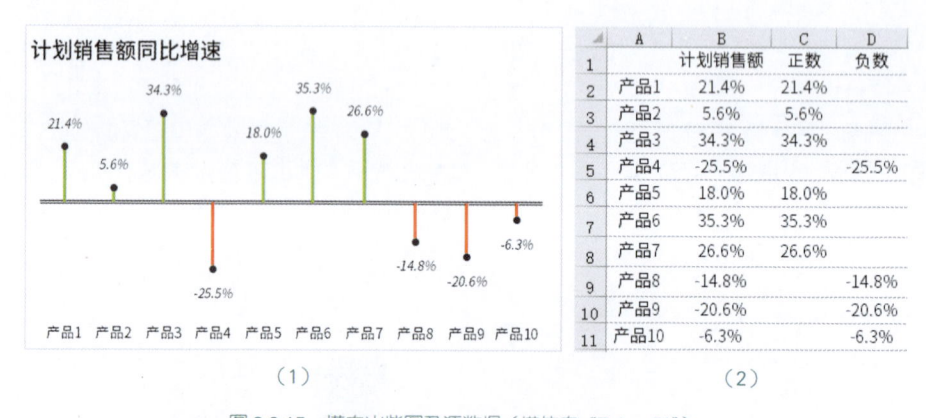

图 3.3.15　横向火柴图及源数据（模仿自"Zebra BI"）

在制作时，如图 3.3.15（2）所示，选择 A1:D11 单元格区域，插入柱形图，并将"正数"系列和"负数"系列的图表类型更改为散点图。然后将纵坐标轴的取值范围设置为"-0.4~0.4"，并隐藏其线条和标签。接着将横坐标轴的标签放在图表的下方，将其线条设置为 2 磅深灰色双线，删除网格线，效果如图 3.3.16（1）所示。

接下来分别将"正数"系列和"负数"系列的散点的数据标记设置为 5 号圆形（深灰

色填充、无边框）。然后分别为"正数"系列和"负数"系列的散点添加误差线并删除水平误差线，将"正数"系列的误差线设置为负偏差、无线端、自定义（指定值为 C2:C11，计划销售额同比增速为正的产品），将其线条设置为 2 磅绿色；将"负数"系列的误差线设置为负偏差、无线端、自定义（指定值为 D2:D11，计划销售额同比增速为负的产品），将其线条设置为 2 磅红色。最后分别为"正数"系列和"负数"系列的散点添加数据标签并设置为斜体，将正数标签放在散点的上方，将负数标签放在散点的下方，效果如图 3.3.16（2）所示。

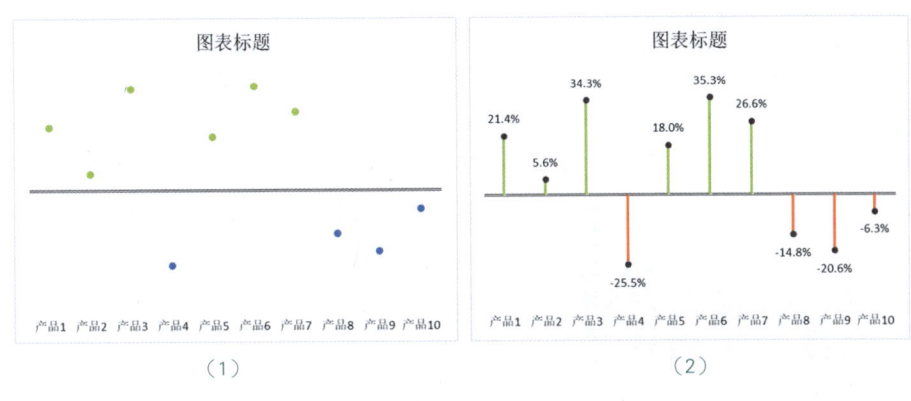

图 3.3.16　横向火柴图的制作步骤

改变图 3.3.15 中散点的数据标记类型和大小，以及误差线的线条粗细，可以做出如图 3.3.17 所示的效果。还可以用条形图与散点图组合做出如图 3.3.18 所示的竖向火柴图。

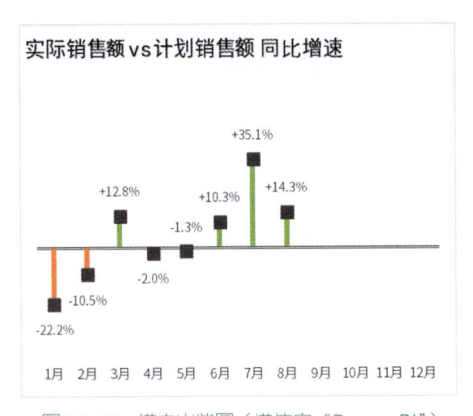

图 3.3.17　横向火柴图（模仿自"Power BI"） 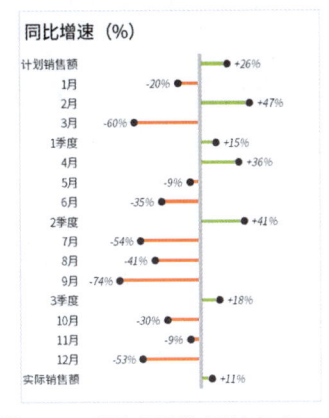　　图 3.3.18　竖向火柴图（模仿自"Zebra BI"）

5. 制作增长箭头

增长箭头称得上商业图表的灵魂，其主要有**层级差异箭头**和**总计差异箭头**两种形式，两者都用于比较不同类别之间的差异，只是形式有所不同。如图 3.3.19 所示，层级差异箭头显示在图表的右侧或下方，当表示增长时使用绿色箭头或绿色线条，当表示下降时使用红色箭头或红色线条；总计差异箭头显示在图表的上方或右侧，由起点系列指向终点系列，并在终点处添加箭头。增长箭头采用散点的水平误差线+垂直误差线模仿而成，对于柱形图、折线图、面积图等横向分布的图表，水平误差线主要用于连接各个类别，垂直误差线主要用于表示类别间的差距；对于条形图这类纵向分布的图表，垂直误差线主要用于连接各个类别，水平误差线主要用于表示类别间的差距。

> **提醒一点：** 在制作增长箭头前需要确定偏差的方向及误差量，不管是单个增长箭头还是多个连续的增长箭头，只需比较前两个类别的数值即可确定——若前者大，则为负偏差；若前者小，则为正偏差。误差值均为两者中的较大值减去较小值。

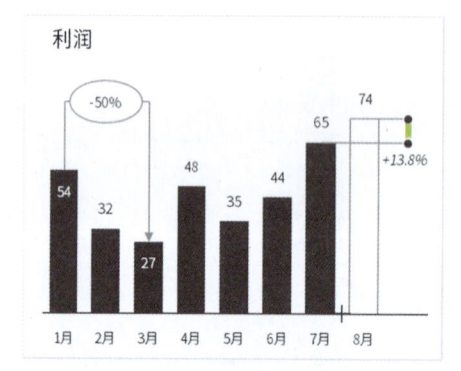

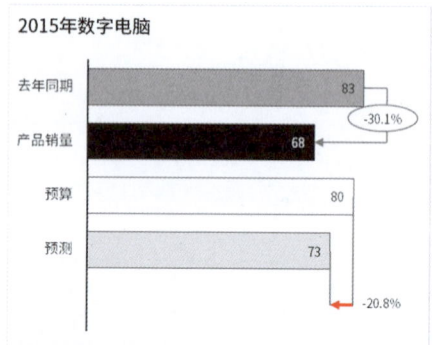

图 3.3.19 带增长箭头的柱形图和条形图（分别模仿自"Zebra BI"和"Power BI"）

如图 3.3.20（1）所示，展示的是 1—8 月市场营收情况的折线图，其中 8 月的为预测值，因此，将其对应的折线设置为虚线，在横坐标轴的 7 月和 8 月之间添加了折断符号，并分别为 7 月和 8 月的数据点添加了误差线，以方便比较。此外，还在 8 月的右侧添加了层级差异箭头来表示 7 月和 8 月的具体差距。该图表由折线图和两组散点组合而成，其中一组散点（辅助散点 1）用于制作层级差异箭头，另一组散点（辅助散点 2）用于制作坐标轴上的折断符号。

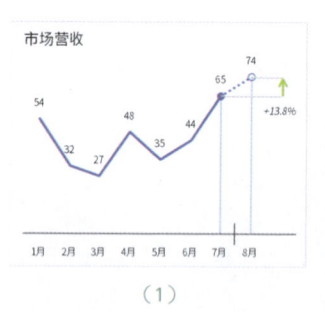

图 3.3.20 带层级差异箭头的折线图和源数据（模仿自"Zebra BI"）

在制作时，如图 3.3.20（2）所示，选择 A1:D9 单元格区域，插入折线图，然后将"辅助散点 1（X 轴）"系列和"辅助散点 1（Y 轴）"系列的图表类型更改为散点图并修改数据源，将"辅助散点1（X轴）"系列的X轴系列值修改为C2:C9，将其Y轴系列值修改为D2:D9；将"辅助散点1（Y轴）"系列的X轴系列值修改为C2:C9，将其Y轴系列值修改为H2:H9。接着将"市场应收"系列折线设置为蓝色，将7月的数据标记设置为6号圆形（蓝色填充、1磅蓝色边框），将8月的数据标记设置为6号圆形（白色填充、1磅蓝色边框）。接下来双击8月的数据标记，将当前月份的折线设置为圆点虚线。然后为折线图添加数据标签并放在上方，隐藏纵坐标轴的线条和标签，删除网格线，效果如图3.3.21（1）所示。

接下来为折线图添加误差线，并将其设置为负偏差、无线端、自定义（指定值为D2:D9，即当月的市场营收值），将线条设置为0.25磅蓝色。然后为"辅助散点1（X轴）"系列添加误差线，并将水平误差线设置为负偏差、无线端、自定义（指定值为E2:E11，"辅助散点1（X轴）"系列与7月和8月的数据标记的距离分别是2和1），将其线条设置为1磅浅灰色；将垂直误差线设置为正偏差、无线端、自定义（指定值为F2:F11，8月的市场营收值减去7月的市场营收值），将其线条设置为2磅绿色、尾部箭头。接着为"辅助散点1（X轴）"系列添加数据标签，显示G2:G11单元格区域中的值（采用公式"=D9/D8−1"，也就是8月的市场营收值除以7月的市场营收值减1），将文字设置为倾斜并移动至箭头的下方。接下来将"辅助散点1（X轴）"系列的数据标记设置为"无"，将"辅助散点1（Y轴）"系列的数据标记设置为20号十字形（无填充、与横坐标轴同色边框）；删除图例，效果如图3.3.21（2）所示。

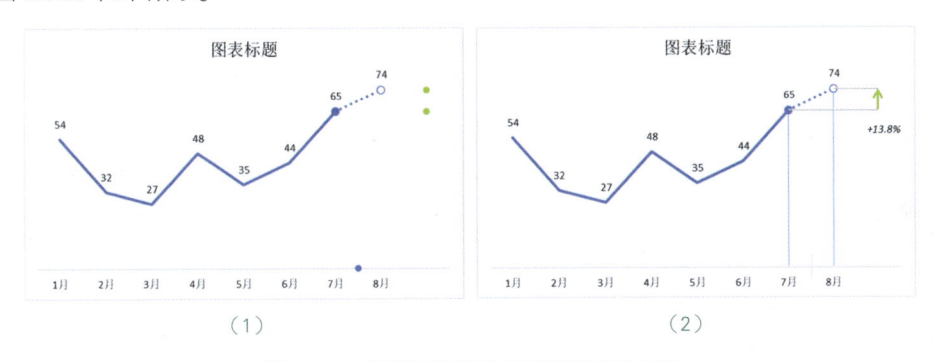

图 3.3.21　带层级差异箭头的折线图的制作步骤

提醒一点：如果想制作如图3.3.19左图所示的增长箭头，则应保留"辅助散点1（X轴）"系列的数据标记，并设置为6号圆形（深灰色填充、0.75磅白色线条），将误差线设置为4磅绿色。

如图3.3.22（1）所示，分别对比了2015年和2016年的电脑销量以及去年同期销量，并且在"去年同期"和"产品销量"分别增加了总计差异箭头，轻松展示两年的销量差距。该图表由条形图和两组散点组合而成。如图3.3.22（2）所示，以"产品销量"类别为例，总计差异箭头由两个散点及对应的误差线构成，"辅助散点1"[绿色，在2015年条形的右侧，X、Y轴值分别为105（比条形的最大值略大即可）和1.14]的水平误差线连接2015年的条形，其垂直误差线连接两个散点；"辅助散点2"（红色，在2016年条形的右侧，X、

Y轴值分别为 105 和 0.86）的水平误差线连接 2016 年的条形。

提醒一点： "辅助散点 2" 的作用是连接 2016 年的条形，因此也可以省略"辅助散点 2"，连接线改用条形的误差线制作，误差线为正偏差、无线端、自定义（值为 105-95）。

（1）　　　　　　　　　　　（2）

（3）

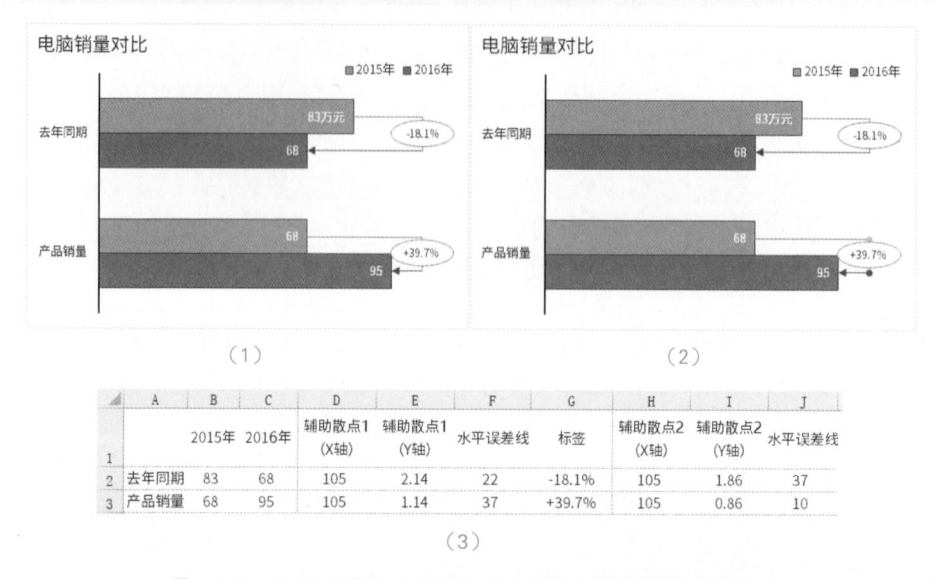

图 3.3.22　带总计差异箭头的条形图及源数据（模仿自"Power BI"）

在制作时，如图 3.3.22（3）所示，选择 A1:C3 单元格区域，插入条形图，然后切换行/列，新增"辅助散点 1"和"辅助散点 2"系列，将新增系列的图表类型更改为散点图并修改数据源。接下来将"辅助散点 1"系列的 X 轴系列值修改为 D2:D3，将其 Y 轴系列值修改为 E2:E3；将"辅助散点 2"系列的 X 轴系列值修改为 H2:H3，将其 Y 轴系列值修改为 I2:I3。接着将主要纵坐标轴设置为"逆序类别"，将主要横坐标轴的取值范围设置为"0~110"，将次要纵坐标轴的取值范围设置为"0.5~2.5"，效果如图 3.3.23（1）所示。

将"2015 年"系列条形设置为浅灰色填充、0.25 磅黑色边框，将"2016 年"系列条形设置为深灰色填充、0.25 磅黑色边框。然后分别为这两个系列条形添加数据标签并放在条形内，将颜色设置为白色。接着将条形的"间隙宽度"设置为 150%，隐藏主要横坐标轴和次要纵坐标轴的标签与线条，删除网格线，删除图例中的"辅助散点 1"系列和"辅助散点 2"系列，并将图例放在图表的右上角，效果如图 3.3.23（2）所示。

为"辅助散点 1"系列添加误差线，将水平误差线设置为负偏差、无线端、自定义（指定值为 F2:F3，采用公式"=D2-B2"，即"辅助散点 1"的 X 轴值 105 减去 2015 年的值）；将垂直误差线设置为负偏差、无线端、固定值为 0.28（"辅助散点 1"的 Y 轴值 2.14 减去"辅助散点 2"的 Y 轴值 1.86），将其线条设置为 0.75 磅白色（深色 50%）。然后为"辅助散点 2"系列添加误差线并删除垂直误差线，将水平误差线设置为负偏差、无线端、自定义（指定值为 J2:J3，采用公式"=H2-C2"，即"辅助散点 2"的 X 轴值 105 减去 2016 年的值），将其线条设置为 0.75 磅白色（深色 50%）、尾部箭头。接着将"辅助散点 1"系列和"辅助散点 2"系列的数据标记均设置为"无"；为"辅助散点 1"系列添加数据标签，显示 G2:G3 单元格区域中的值（采用公式"= C2/B2-1"，即 2016 年的值除以 2015 年的值减 1，并将数字格式设置为"+0.0%;-0.0%"），将数据标签的形状修改为椭圆形，移动至"辅助散点 1"系列的垂直误差线的中间，效果如图 3.3.23（3）所示。

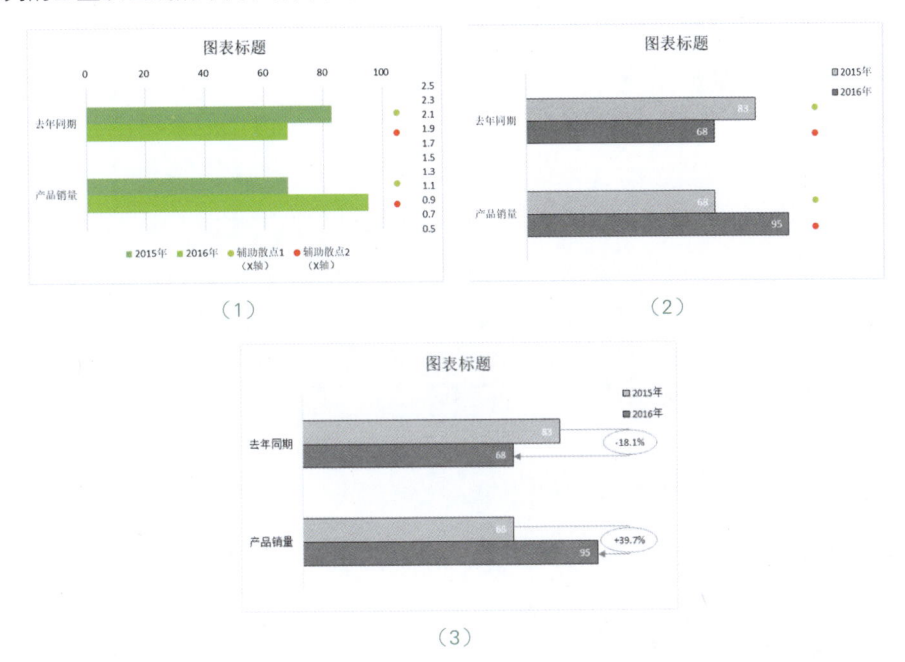

图 3.3.23 带总计差异箭头的条形图的制作步骤

3.4 半状图表制作：透明度设置和色块遮罩

看厌了传统的饼图和圆环图，想要换一种形式表达的话，不妨像切西瓜一样砍掉一半或者只留下四分之一，也就是使用在数据新闻中赚足读者眼球的半状图表。常见的半状图表类型有圆环图、饼图、气泡图和玫瑰图。本节就从透明度设置、坐标轴设置和色块遮罩这三个方面入手，介绍半状图表的制作方法。

3.4.1 透明度设置

设置透明度是制作半饼图和半圆环图的最常用方式之一，做好的半圆环图的下半圆虽然不显示，但是其仍然存在，依然占用空间，因此建议将其粘贴为图片，并用 PPT 技巧中的"裁"字诀，裁剪掉多余的"空白区域"。如图 3.4.1（1）所示是典型的半圆环图。其制作思路是在原始数据的基础上添加一个下半圆类别，其值为原始数据之和。本例比较有特色的地方是在主圆环图下添加了辅助背景圆环，可以采用双层圆环图制作，辅助背景圆环的值和源数据相同，将主圆环图放在次要坐标轴上，显示在上层；将辅助背景圆环放在主要坐标轴上，显示在下层。主圆环图的数据标签采用了圆形，且放在圆环图与空白圆心中间后也形成了半圆的效果。

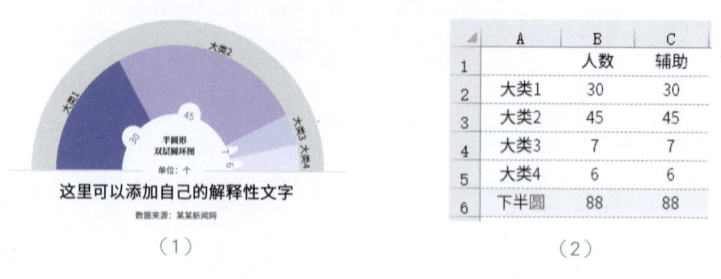

（1）　　　　　　　　　　　　　　　　（2）

图 3.4.1　半圆环图及源数据

在制作时，如图 3.4.1（2）所示，选择 A1:C6 单元格区域，插入圆环图［如图 3.4.2（1）所示］，并将"人数"系列放在次要坐标轴上，然后将"人数"系列和"辅助"系列的第一扇区起始角度均设置为 270°，将两者的圆环图的圆环大小分别设置为 45%和 60%，将"人数"系列的圆环图分离程度设置为 20%［如图 3.4.2（2）所示］，效果如图 3.4.2（3）所示。

（1）　　　　　　　（2）　　　　　　　（3）

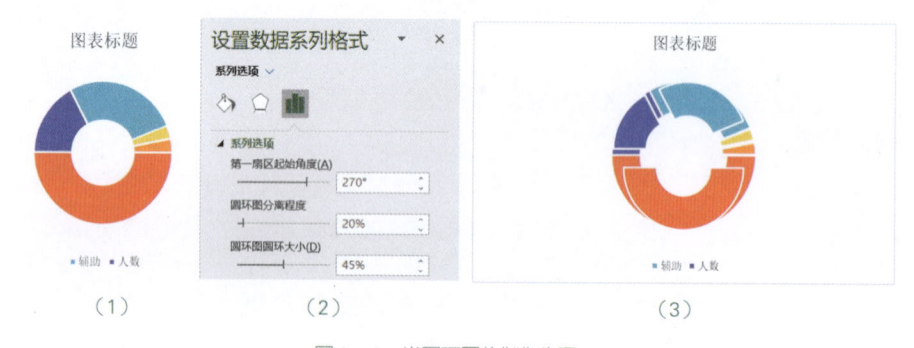

图 3.4.2　半圆环图的制作步骤 1

依次将"人数"系列的各个圆环类别拖回至原位，然后将"辅助"系列的圆环图设置为白色（深色 15%）填充、1.5 磅浅灰色线条，将"下半圆"类别设置为无填充、无线条。接着将"人数"系列中的"大类 1"类别、"大类 2"类别、"大类 3"类别、"大类 4"类别和"下半圆"类别分别填充为蓝色、蓝色（淡色 40%）、蓝色（淡色 60%）、浅蓝色（淡色 80%）和无填充，并将它们均设置为无线条。接下来删除标题、图例，调整图表的大小，效果如图 3.4.3（1）所示。

为"人数"系列添加数据标签，并删除"下半圆"类别的标签，然后将其余类别的标签修改为圆形、白色填充、无线条，将文字设置为蓝色、加粗，将 4 个类别标签的自定义角度分别设置为−52°、13°、72° 和 80°，将"大类 3"类别和"大类 4"类别标签边框的上、下、左、右边距均设置为 0，再分别移动至圆环图的内边缘。接下来为"辅助"

类别添加数据标签,删除"下半圆"类别的标签,其余类别的标签显示类别名称,并取消显示值和引导线,然后利用 EasyShu 插件的标签工具将其设置为切线分布,最后将标签移动至"人数"系列圆环图的外边缘,效果如图 3.4.3(2)所示。

做好的半圆环图的下半部分十分浪费空间,可以在复制后粘贴为图片,然后单击"图片格式"选项卡中的"裁剪"按钮,图片的上、下、左、右 4 个方位会出现如图 3.4.3(3)所示的"黑色矩形",将鼠标指针放在正下方的矩形上,按住鼠标左键向上拖动即可缩小图片的高度。同理,可以调整图片的宽度。

(1)　　　　　　　　(2)　　　　　　　　(3)

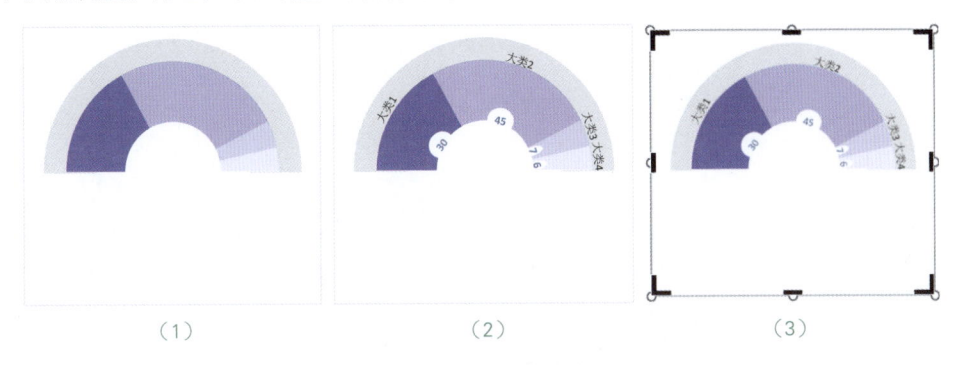

图 3.4.3　半圆环图的制作步骤 2

参照以上方法,将下半圆的值设置为原始数据之和的 3 倍,能制作出如图 3.4.4 所示的扇形图。将下半圆的值设置为原始数据之和的一半,将第一扇区起始角度设置为 240°,能制作出如图 3.4.5 所示的仪表盘图。

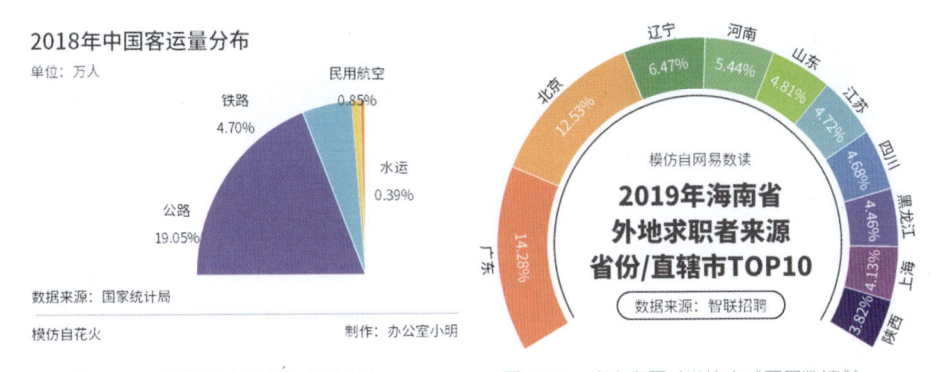

图 3.4.4　扇形图(模仿自《花火》)　　图 3.4.5　仪表盘图(模仿自《网易数读》)

3.4.2　坐标轴设置

如图 3.4.6 所示,在制作竖向排版的气泡图时,将气泡图的 X 轴值设置为横坐标轴的最小值,便可以实现只显示其右半部分;反之,设置为最大值,则只显示其左半部分。在制作横向排版的气泡图时,将气泡图的 Y 轴值设置为纵坐标轴的最小值,便只显示其上半部分；反之，设置为最大值，则只显示其下半部分。由此生成的图表即半气泡图。推荐将其中的最值界限设置为"0"，更容易理解。在制作单个气泡时，将气泡图的 X 轴值和 Y 轴值分别设置为横坐标轴与纵坐标轴的最小值，便只显示气泡的右上部分，即扇形气泡图。同理，修改坐标轴的取值范围，还可以制作出左上式、左下式和右下式的扇形气泡图。

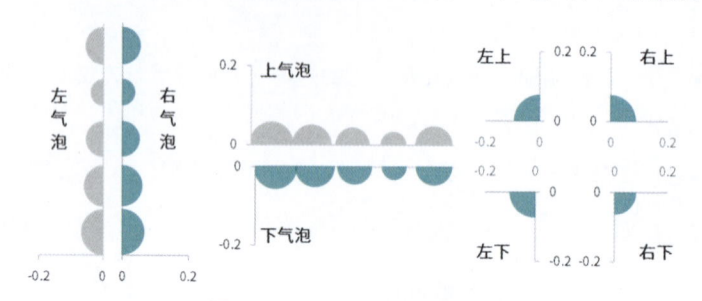

图 3.4.6 半气泡图和扇形气泡图

如图 3.4.7（1）所示，3 个半气泡分别代表如意集团的流动负债、非流动负债和现金流。该图表的创新点在于，在气泡图的下层添加了图案填充的辅助气泡。在"选择数据源"对话框中，将"辅助气泡"系列调至主气泡系列之上（参考 1.9 节中的"数据系列的展开顺序"部分），即可将其显示在下层。在源数据中将主气泡系列直接命名为"单位：亿元"，可以将其制作成图例。

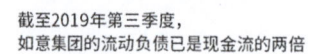

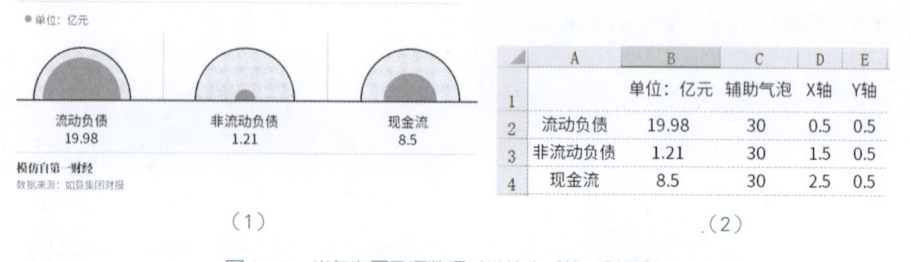

图 3.4.7 半气泡图及源数据（模仿自《第一财经》）

在制作时，如图 3.4.7（2）所示，选择 A1:E4 单元格区域，插入气泡图，然后将"辅助气泡"系列调至"单位：亿元"系列之上，并分别修改两个系列的源数据，将"单位：亿元"系列气泡的 X 轴系列值修改为 D2:D4，将其 Y 轴系列值修改为 E2:E4，将系列气泡大小修改为 B2:B4；将"辅助气泡"系列气泡的 X 轴系列值修改为 D2:D4，将其 Y 轴系列值修改为 E2:E4，将系列气泡大小修改为 C2:C4。接着将横坐标轴的取值范围设置为"0~3"，间隔为 1；将纵坐标轴的取值范围设置为"0.5~1"；将两者的线条均设置为"无线条"，将其标签均设置为"无"。接下来将绘图区的边框设置为白色，删除水平网格线和标题，效果如图 3.4.8（1）所示。

将气泡大小设置为 300，然后将"辅助气泡"系列的边框设置为 1 磅黑色、图案填充

（选择简约风格的图案），将"单位：亿元"系列气泡设置为灰色填充。接着为"单位：亿元"系列气泡添加数据标签，显示气泡大小和 A2:A4 单元格区域中的值，设置为分行显示，将位置先设置为居中，再利用 EasyShu 插件的标签工具将其向下移动至横坐标轴的下方。接下来调整绘图区的大小，删除图例中的"辅助气泡"系列，并将图例放在图表的左上角。最后插入直线（1磅黑色，宽度为13cm），并叠放在横坐标轴上，效果如图 3.4.8（2）所示。

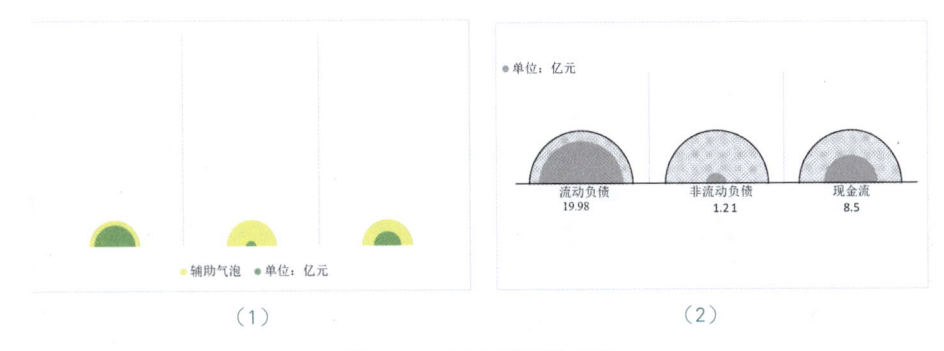

图 3.4.8　半气泡图的制作步骤

3.4.3　色块遮罩

使用色块遮罩制作半状图表的原理十分简单，先将矩形填充为图表背景色，然后用其遮挡住图表中不希望被显示的部分，通用于饼图、圆环图和气泡图。如图 3.4.9（1）所示是一张扇形玫瑰图，它由 4 个圆环图和 1 个雷达图组合而成。制作方式：一是在其右侧和下方各放置一个"白色矩形"遮罩；二是将辅助的下半圆和右半圆设置为无填充、无线条。**玫瑰图的制作原理是**：用填充的雷达图模仿饼图效果，把雷达图等分为 360 份，根据每个系列的占比情况确定其宽度和高度。这相当于饼图与柱形图的一个综合体，用宽度表示结构占比，用高度表示对比关系。如果纯粹地展示对比关系，则每个系列均匀分布，等同于柱形图。

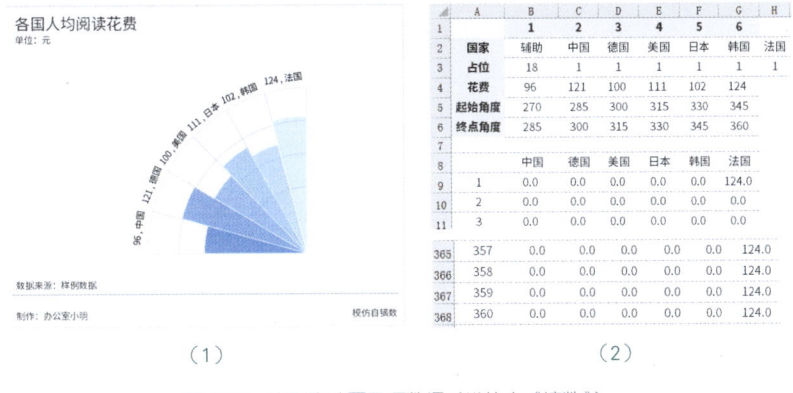

图 3.4.9　扇形玫瑰图及源数据（模仿自《镝数》）

如图 3.4.9（2）所示，在扇形玫瑰图的源数据中，"占位"行为圆环图数据，其中"辅助"类别（18）为原始数据之和（6）的 3 倍；起始角度和终点角度通过计算得出，6 个系列平分 90° 的扇形，则每个系列 15°，扇形起点为 270°，因此"中国"系列的范围为 270°~285°，"德国"系列以 285° 为起点、300° 为终点，其他系列依此类推。在表格的下方，序号 1~360 行为真正的雷达图作图数据，使用公式"=IF(AND($A9>B$5,$A9<=B$6+1),B$4,0)"，判断当前序号是否在每个系列的范围之内，若是，则返回当前系列值，否则返回 0。其中，"法国"系列的第 1 行是一个例外，其直接等于"法国"系列的值，否则雷达图会有一个小缺口，无法变"圆"。

在制作时，选择 B8:G368 单元格区域，插入填充雷达图，然后删除分类标签和网格线，隐藏坐标轴标签。接下来新增"圆环 1"、"圆环 2"、"圆环 3"和"圆环 4"系列，并将其图表类型更改为圆环图，指定 B2:H2 单元格区域中的值为圆环图的类别名称，再将圆环图的圆环大小设置为 20%，效果如图 3.4.10 所示。

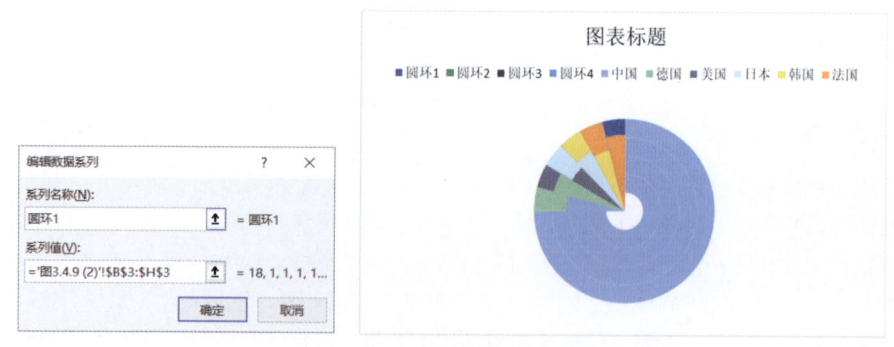

图 3.4.10　扇形玫瑰图的制作步骤 1

依次将"圆环 1"、"圆环 2"、"圆环 3"和"圆环 4"系列设置为无填充、0.25 磅白色（深色 15%）短画线。接下来为"圆环 4"系列添加数据标签，显示类别名称和 A4:G4 单元格区域中的值，设置为分行显示，并利用 EasyShu 插件将其设置为切线分布，将标签依次移动至"圆环 4"的外侧，然后删除"辅助"类别的标签，最后调整图表的大小，效果如图 3.4.11（1）所示。

依次将"中国"、"德国"、"美国"、"日本"、"韩国"和"法国"系列分别填充为蓝色、15%透明度的蓝色、30%透明度的蓝色、45%透明度的蓝色、60%透明度的蓝色和 75%透明度的蓝色（填充位置在各系列的标记处，类似于数据标记），将其线条均设置为 0.75 磅白色。接下来插入矩形，将其设置为白色填充、无线条，调整大小后放置在雷达图的下方，然后复制矩形并放置在雷达图的右侧，效果如图 3.4.11（2）所示。

（1）　　　　　　　　　　　　　　　（2）

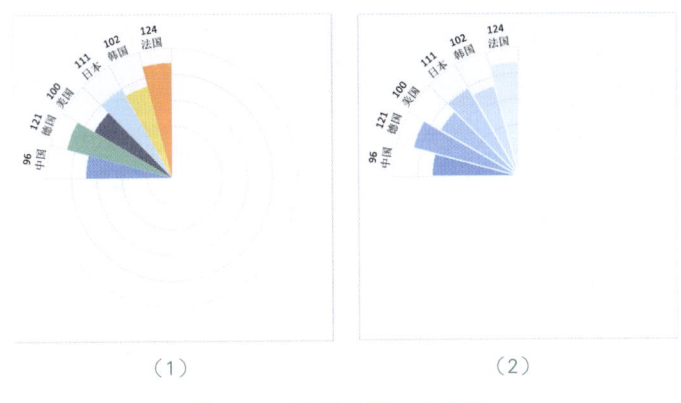

图 3.4.11　扇形玫瑰图的制作步骤 2

3.5　丰富图表形式：自定义图形填充

看似平凡、毫无亮点的条形图和柱形图，却是数据新闻和日常工作中的常客，稍微夸张一点儿说，它们是出镜率最高的图表类型，原因无他，无非是读者喜闻乐见。另外，"能填充"也给了创作者无限的可能。本节就从什么是图形填充、图形长度决定数据大小、图形数量决定数据大小、图形位置决定数据大小和图形大小决定数据大小入手，介绍自定义图形填充的花式用法。

3.5.1　什么是图形填充

图形填充是指将图表、图标、图案或图片填充至条形或柱形之中，使其变得更加生动有趣。图形填充的方法、效果与图表填充相似，但目的有所不同，图表填充主要作为装饰，提升图表的质感，而图形填充则更偏重于形象地区分数据大小，不能丢失数据对比性这个根本。适合进行图形填充的图表类型有柱形图、条形图、饼图、圆环图、气泡图，以及折线图和散点图的数据标记。图形填充方式分为伸展、层叠和层叠并缩放 3 种。

① 伸展。如图 3.5.1（1）所示，这种填充方式主要用图形的长度表示数据大小，条形内仅显示一个"小人"，图形一般会被拉伸。

② 层叠。如图 3.5.1（2）所示，这种填充方式主要用图形的数量表示数据大小，根据条形的长度来显示一定数量的不会变形的"小人"。如图 3.5.1（3）所示，在调整图表的大小后，图形的数量会跟随变化。

③ 层叠并缩放。如图 3.5.1（4）所示，这种填充方式主要用图形的数量表示数据大小，"小人"的数量由条形值决定，图形一般会被拉伸或缩放。比如 A 城有 42 万人，便显示 42 个"小人"，其不随图表大小的变化而改变，如图 3.5.1（5）所示。如图 3.5.1（6）所示，"小人"的数量由"单位/图片"控制，数量=条形值/单位值。默认单位值为 1，比如 A 城，数量等于条形值 42，当将单位值增加到 2 时，数量变成 21，当将单位值增加到 4.2

时，数量变成 10；当将单位值减小到 0.5 时，数量变成 84，当将单位值减小到 0.1 时，数量变成 420。

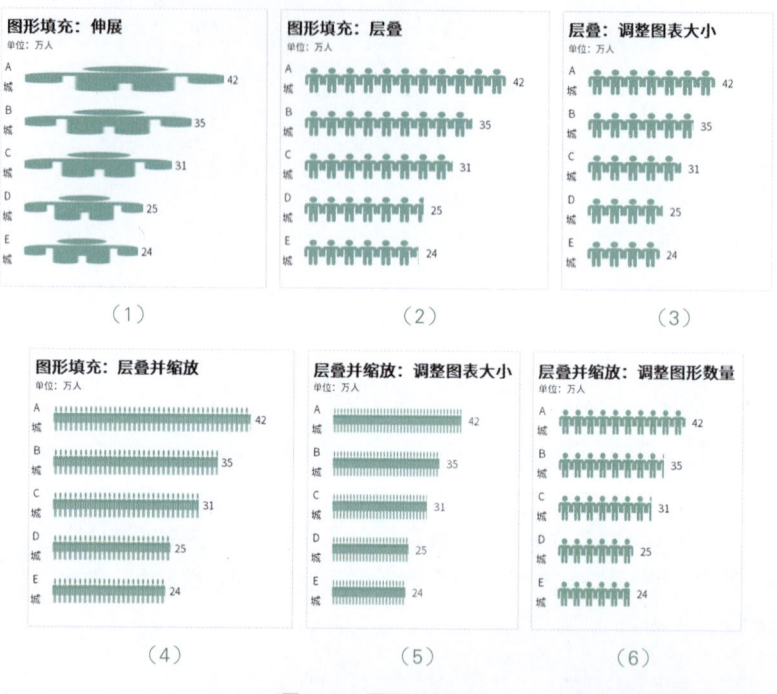

图 3.5.1　图形填充方式

在设置图形填充时，先复制图形或图片，然后选择"图片或纹理填充"，图片源选择"剪贴板"，再根据需要选择填充方式，如图 3.5.2 所示。

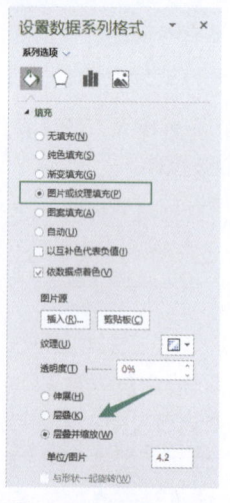

图 3.5.2　设置图形填充

3.5.2 图形填充分类

1. 图形长度决定数据大小

用图形的长度来决定数据大小的图形填充，分为**直接填充和拆分填充**两种。直接填充的例子如 3.2 节在介绍坐标轴重叠时，将"半圆形"直接填充至柱形中。如图 3.5.3（1）所示，水波图也是一个比较经典的直接填充的例子，其由簇状柱形图和饼图组合而成，"比例"系列用于表示具体的水资源可得百分比，"占位"系列用于制作外层的圆形容器，饼图作为辅助可以让水波图始终保持"正圆形"的状态。

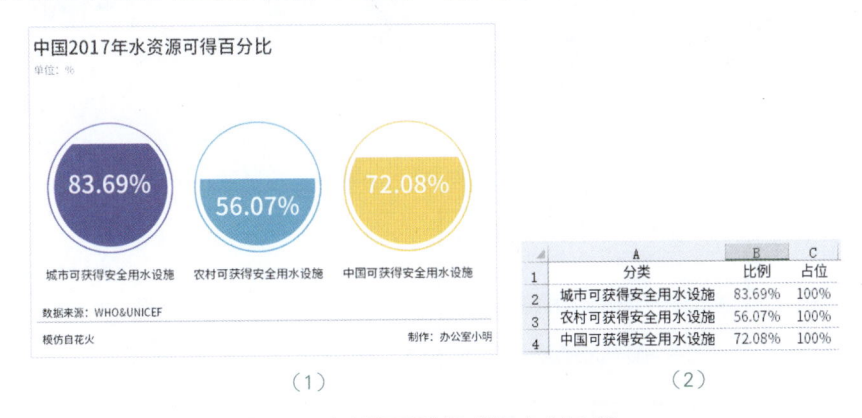

图 3.5.3 水波图及源数据（模仿自《花火》）

在制作时，如图 3.5.3（2）所示，选择 A1:C2 单元格区域，插入簇状柱形图并切换行/列，然后将"占位"系列调整至"比例"系列的上方。接下来将"系列重叠"设置为 100%，将"间隙宽度"设置为 0%；将纵坐标轴的取值范围设置为"0~1"；隐藏两个坐标轴的线条和标签，效果如图 3.5.4（1）所示。

如图 3.5.4（2）所示，按住 Shift 键插入一个正圆形并设置为无填充、1 磅蓝色线条，称其为"占位"系列圆；复制"占位"系列圆并适当缩小，设置为蓝色填充、无线条；再次复制"占位"系列圆，将两者水平对齐和垂直对齐后进行组合，称其为"比例"系列圆。接着复制"占位"系列圆并填充至"占位"系列，设置为"层叠并缩放"；复制"比例"系列圆并填充至"比例"系列，设置为"层叠并缩放"。接下来为"比例"系列圆添加数据标签并居中，然后删除网格线，效果如图 3.5.4（3）所示。

在柱形图中添加"饼图"系列，将系列值设置为 1，并将图表类型更改为饼图，设置为无填充、无线条，效果如图 3.5.4（4）所示。

拆分填充主要适用于容易变形的图形填充。如图 3.5.5（1）所示，条形长短不一，如果直接填充，由于其末尾部分不一致，会失去整体感和美感，因此需要将条形拆分为"身体"和"尾部"两个部分后再制作堆积条形图，且只对其尾部填充图形。然后将条形图的类别名称直接放在对应条形的上方，不过并未参照 1.4 节中介绍的"用辅助条形的数据标签代替纵坐标轴标签"的方法,而是直接采用"身体"系列条形的数据标签,用标签工具将其移动至条形的上方。

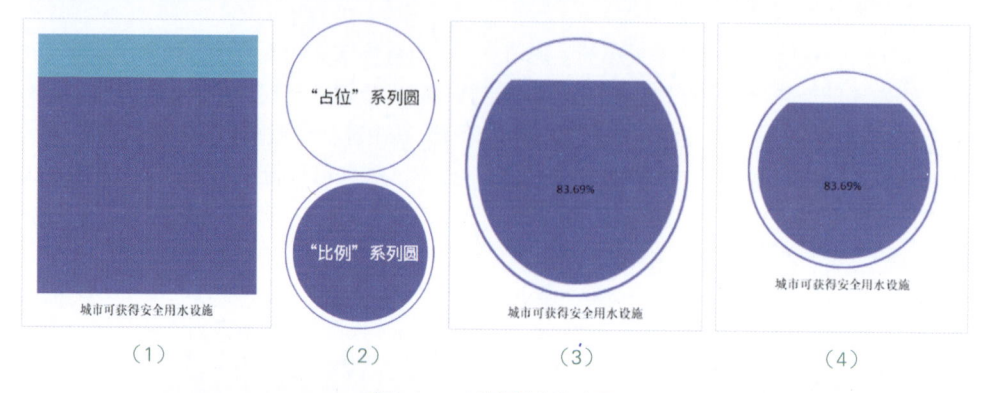

（1）　　　　　（2）　　　　　（3）　　　　　（4）

图 3.5.4　水波图的制作步骤

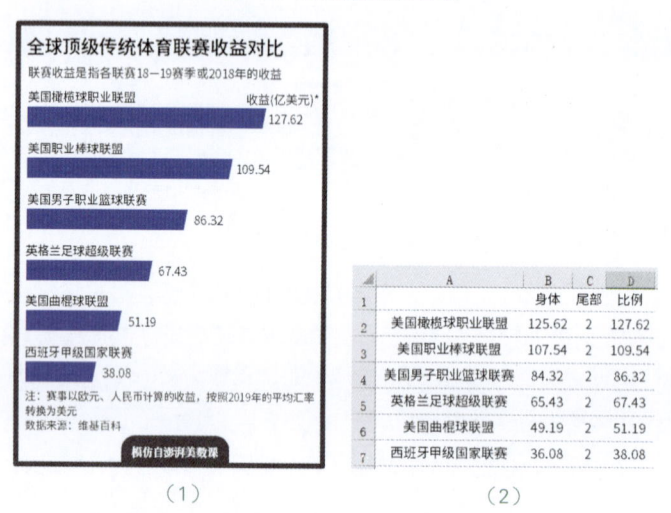

（1）　　　　　　　　　　　（2）

图 3.5.5　切角条形图及源数据（模仿自《澎湃美数课》）

在制作时,如图 3.5.5（2）所示,选择 A1:C7 单元格区域,插入堆积条形图,并将纵坐标轴设置为"逆序类别"。然后分别隐藏两个坐标轴的线条和标签,将"身体"系列设置为深蓝色填充,删除标题、图例和网格线,效果如图 3.5.6（1）所示。

插入直角三角形并向右旋转 90°,复制三角形并粘贴至"尾部"系列。然后为"身体"系列添加数据标签,显示 A2:A7 单元格区域中的值,将位置设置为"轴内侧",将文字设置为"左对齐",调整数据标签文本框的宽度直至能够单行显示,并用 EasyShu 插件的标签工具将其移动到"身体"系列条形之上。接着为"尾部"系列添加数据标签,显示 D2:D7 单元格区域中的值,将位置设置为"数据标签内",最后将其移动至"尾部"系列条形的右侧,效果如图 3.5.6（2）所示。

第 3 章 工作型图表设计技巧

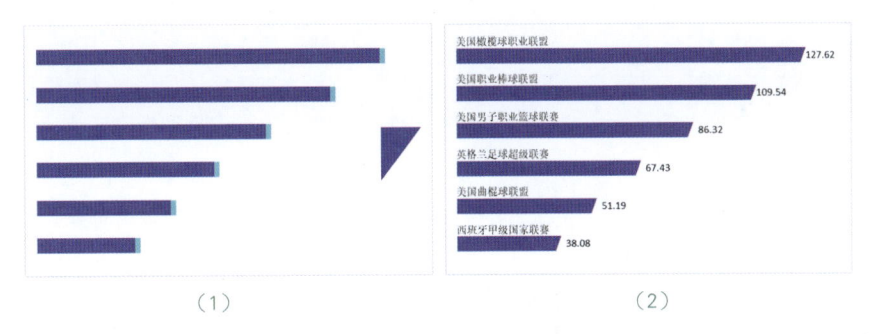

（1）　　　　　　　　　　　（2）

图 3.5.6　切角条形图的制作步骤

将"尾部"系列填充为扇形和半圆形，能制作出如图 3.5.7 所示的效果。

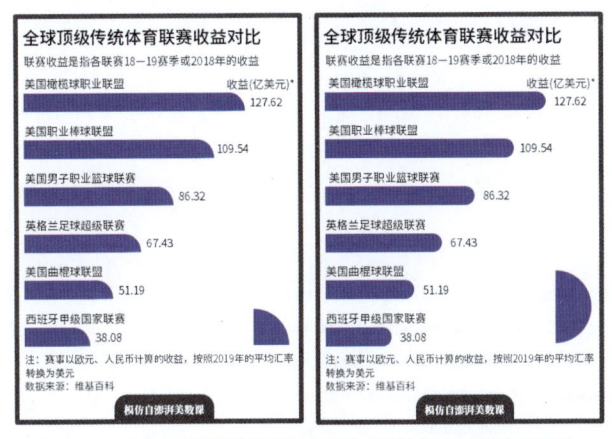

图 3.5.7　火车头条形图和圆头条形图（模仿自《澎湃美数课》）

2. 图形数量决定数据大小

如图 3.5.8 所示，用圆圈的数量来决定数据的大小，灰色圆圈作为"辅助"系列代表最大值，黄色圆圈代表"研究指数"，其由簇状条形图制作而成，最巧妙的部分就是"圆圈"的构造。

图 3.5.8　圆圈图及源数据（模仿自《网易数读》）

207

在制作时，如图 3.5.8 所示，选择 A1:C8 单元格区域，插入簇状条形图，并将纵坐标轴设置为"逆序类别"。然后将"系列重叠"设置为 100%，将横坐标轴的取值范围设置为"0~100"。接下来分别隐藏两个坐标轴的线条和横坐标轴标签，删除图例和网格线，效果如图 3.5.9（1）所示。

插入圆形（高度和宽度均为 0.5cm）并设置为白色（深色 15%）填充、1 磅黑色（淡色 35%）边框。然后插入与圆形等高的矩形并设置为白色填充、无边框（主要是为了呈现两个圆圈之间的空隙，填充色应被设置为图表背景色，本例为白色，但为方便分辨，图中设置了浅灰色填充），将两者组合后称其为"圆圈 1"（提醒一点：也可以参照 1.7 节中的方形气泡图的制作思路，在圆形的下方放置一个无填充、无边框的更大的圆形）。接着复制"圆圈 1"并修改其填充色为黄色，称其为"圆圈 2"。接下来复制"圆圈 1"并粘贴至"辅助"系列，设置为"层叠并缩放"，缩放值为 10；复制"圆圈 2"并粘贴至"研究指数"系列，设置为"层叠并缩放"，缩放值为 10。然后适当调整图表的大小，并将条形的"间隙宽度"设置为 30%（为呈现正圆形效果，应同时调整图表的大小和间隙宽度，图表的宽度和间隙宽度成反比）。最后为"辅助"系列添加数据标签，显示 C2:C8 单元格区域中的值，效果如图 3.5.9（2）所示。

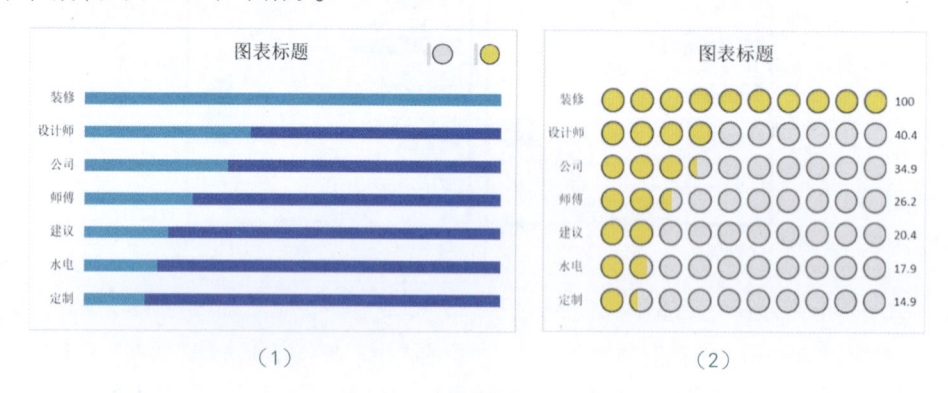

（1）　　　　　　　　　　　　　　（2）

图 3.5.9　圆圈图的制作步骤

如果将填充图形修改为 1 磅白色边框的正方形，则能做出如图 3.5.10 所示的方格图。方格图和圆圈图在单独使用时，比较的是不同类别之间的数据差异；在组合使用时，比较的是多个系列之间的数据差异，尤其是系列间的数据差异很大时，采用这种方式既能清晰地展现出差异，又能节约图表空间。

第 3 章 工作型图表设计技巧

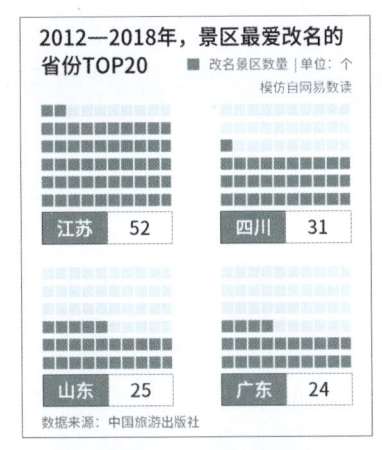

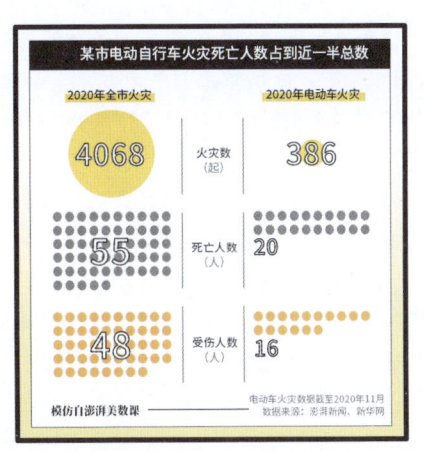

图 3.5.10 方格图和圆圈图（分别模仿自《网易数读》和《澎湃美数课》）

3. 图形位置决定数据大小

如图 3.5.11（1）所示，用滑珠的位置来决定数据的大小，灰色带圆角的条形表示最大值，采用拆分填充的方式制作（"辅助 1"是身体，"辅助 2"是尾部）；滑珠表示"上热搜次数"，采用散点图制作并填充了热搜人物的照片（此处用卡通熊猫图片代替）；渐变条形表示"上热搜次数"，采用散点图的误差线制作。

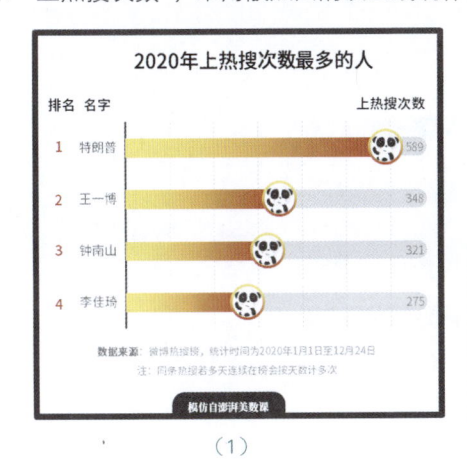

图 3.5.11 滑珠图及源数据（模仿自《澎湃美数课》）

在制作时，如图 3.5.11（2）所示，选择 A1:D5 单元格区域，插入堆积条形图，然后将"上热搜次数"系列的图表类型更改为散点图并修改数据源，将 X 轴系列值修改为 D2:D5，将 Y 轴系列值修改为 E2:E5。接下来将主要纵坐标轴设置为"逆序类别"；将主要横坐标轴的取值范围设置为"0~680"，间隔为 100；分别隐藏主要横坐标轴和次要纵坐标轴的线条与标签；将主要纵坐标轴的线条设置为 1.25 磅黑色（淡色 35%）。接着将网格线设置为 0.25 磅白色（深色 15%）短画线，删除图例，效果如图 3.5.12（1）所示。

将"辅助 1"系列条形设置为 40%透明度的白色(深色 25%)填充。然后制作半圆形(先插入不完整圆,再调整尾部节点并水平翻转),填充为与"辅助1"系列条形相同的颜色,复制半圆形并粘贴到"辅助 2"系列条形中。接下来插入圆形,调整为合适大小,并将其填充为图片[热搜人物照片(此处以熊猫图片代替),为避免比例失调,建议勾选"将图片平铺为纹理"复选框,然后根据图片本身的大小缩放一定的比例,最后分别调整其水平位置和垂直位置。比如将熊猫图片缩放至 9%(即将"刻度 X"和"刻度 Y"均设置为 9%)、居中对齐、水平方向不偏移、垂直方向向下偏移 34.5 磅,如图 3.5.12(2)所示],将圆形边框设置为 2 磅,线性 90°,由黄色向橙色渐变。接着复制圆形滑珠并替换图片,制作其余热搜人物的滑珠。依次选择热搜人物的滑珠并将其粘贴至对应的散点上,效果如图 3.5.12(3)所示。

为散点图添加误差线并删除垂直误差线,将水平误差线设置为负偏差、无线端、自定义(指定值为 D2:D5,"上热搜次数"列),将其线条设置为 17 磅,线性 0°,由黄色向橙色渐变(用误差线模仿条形,其宽度应与条形保持一致)。然后为"辅助 2"系列条形添加数据标签,显示 D2:D5 单元格区域中的值,并将其调整到条形内,效果如图 3.5.12(4)所示。

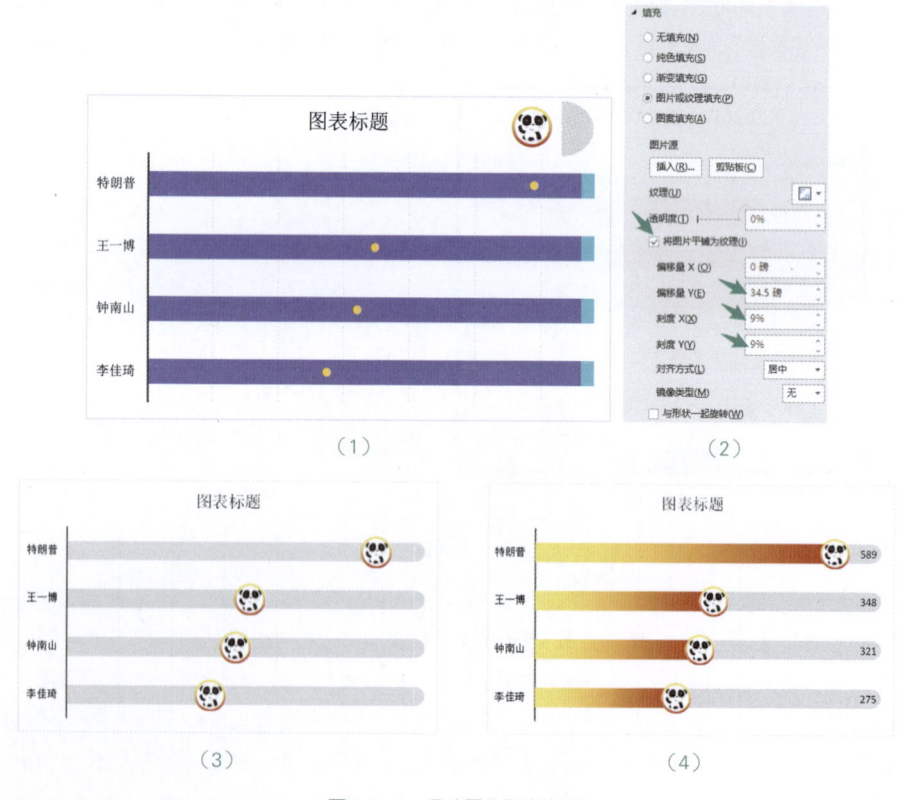

图 3.5.12 滑珠图的制作步骤

4. 图形大小决定数据大小

用图形的大小来决定数据的大小，主要应用对象就是气泡图，比如 1.7 节中介绍的方形气泡图，将"外圆内方"的图形填充到气泡中，做出了不一样的效果。填充物除了图标、图形、图片，还可以将图表填充到气泡中，作为填充物的常见图表类型主要有饼图和圆环图，比如 3.2 节中介绍的柱形图、饼图和气泡图组合，将饼图填充到气泡中后，既可以表达产品的合计销量，也可以展示两种产品的销量占比。

3.6 添加参考标准：辅助列

产品功能设计、产品销售情况、产品使用体验、业务人员绩效考核等都离不开一个标准和评价体系，用于判断功能是否合理、口碑是否及格、销量是否达标等。数据本身并无好坏之分，在制作工作型图表时，添加上平均值、目标值、变化幅度等衡量标尺后，数据的表现和走势便有了参考价值，这些参照系均需要在原始数据的基础上添加辅助列（部分需要计算得到）来实现。本节就从线条式参考标准、柱形/条形式参考标准、面积式参考标准、箭头式参考标准和辅助列服务于图表的制作入手，介绍辅助列的基本用法。

3.6.1 线条式参考标准

线条式参考标准最为简单和常见，适合的图表类型主要有柱形图、条形图、折线图、面积图等，线条类型主要有平均线、标准线和目标线。

①平均线：直接计算所有类别的平均值，然后在图表内添加折线图。

②标准线：分为单标准线和多标准线，既可以采用平均线的做法，也可以参照 3.3 节内容用误差线进行模仿。

③目标线：可以分为共同目标线和分类别目标线，其中共同目标线采用类似于平均线的做法，分类别目标线即每个类别均有独立的目标值，可以采用散点图的误差线来制作，或者通过填充折线图的数据标记来实现。

如图 3.6.1（1）所示，柱形代表不同公司的产品实际销量，灰色短线代表当前产品的目标销量（自行设置的辅助列）。

在制作时，如图 3.6.1（2）所示，选择 A1:C7 单元格区域，插入簇状柱形图，然后将"目标销量"系列的图表类型更改为带数据标记的折线图，将线条设置为"无"。接着将柱形填充为 30%透明度的绿色，隐藏纵坐标轴的标签和线条，删除网格线，效果如图 3.6.2（1）所示。

插入直线（宽度为 1.15cm）并设置为 3 磅、白色（深色 50%）填充。然后复制线条并粘贴至"目标销量"系列折线的数据标记处（若粘贴后效果不好，则可以适当调整线条的宽度和高度后重新粘贴）。接着为"实际销量"系列柱形添加数据标签并放在轴内侧；为

"目标销量"系列折线添加数据标签,显示 D2:D7 单元格区域中的值,并放在折线的上方,效果如图 3.6.2(2)所示。

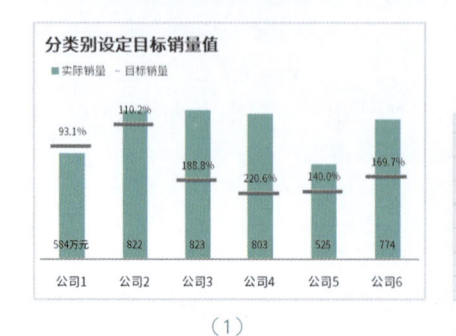

（1）

	A	B	C	D
1		实际销量	目标销量	完成率
2	公司1	584万元	627	93.1%
3	公司2	822	746	110.2%
4	公司3	823	436	188.8%
5	公司4	803	364	220.6%
6	公司5	525	375	140.0%
7	公司6	774	456	169.7%

（2）

图 3.6.1　带分类别目标线的柱形图及源数据

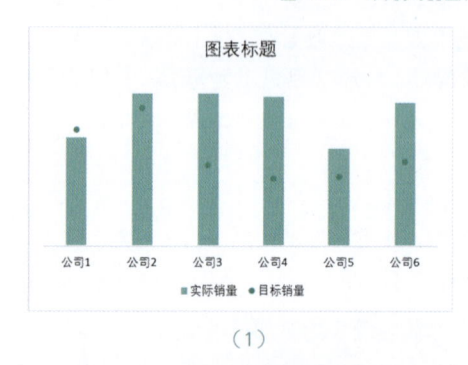

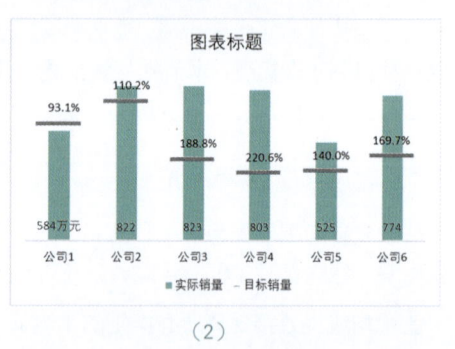

（1）　　　　　　　　　　　　　　　　　（2）

图 3.6.2　带分类别目标线的柱形图的制作步骤

如图 3.6.3（1）所示,绿色柱形代表不同公司的产品销售增速情况,红色线条代表销售增速的目标值（自行设置的辅助列）,销售增速数据超出目标值的公司,其柱形超出的部分被自动填充为红色。变色柱形图的制作原理是将原销售增速数据拆分成"销售增速"和"高于目标值"两个部分,然后制作堆积柱形图。

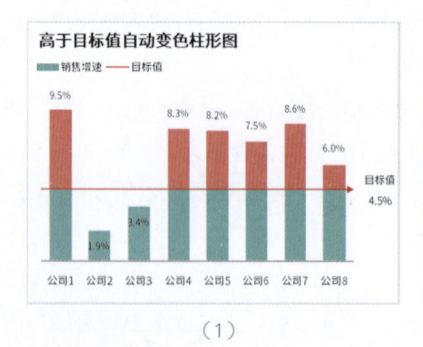

	A	B	C	D	E	F	G
1		销售增速（原数据）	目标值	销售增速	高于目标值	销售增速标签	高于目标值标签
2	公司1	9.5%	4.5%	4.5%	5.0%		9.5%
3	公司2	1.9%	4.5%	1.9%	#N/A	1.9%	
4	公司3	3.4%	4.5%	3.4%	#N/A	3.4%	
5	公司4	8.3%	4.5%	4.5%	3.8%		8.3%
6	公司5	8.2%	4.5%	4.5%	3.7%		8.2%
7	公司6	7.5%	4.5%	4.5%	3.0%		7.5%
8	公司7	8.6%	4.5%	4.5%	4.1%		8.6%
9	公司8	6.0%	4.5%	4.5%	1.5%		6.0%

（1）　　　　　　　　　　　　　　　　　（2）

图 3.6.3　变色柱形图及源数据

212

第 3 章　工作型图表设计技巧

　　在制作时，如图 3.6.3（2）所示，同时选中 A1:A9 和 C1:E9 单元格区域，插入堆积柱形图（"销售增速"系列采用公式"=MIN(B2:C2)"，即原销售增速数据和目标值中的较小值；"高于目标值"系列采用公式"=IF(B2>C2,B2-C2,NA())"，也就是当原销售增速数据大于目标值时返回两者的差，否则返回"#N/A"），然后将"目标值"系列的图表类型更改为折线图，将线条设置为 1 磅红色。

　　如图 3.6.4（1）所示，为"目标值"系列折线添加趋势线，并将其趋势预测前推 0.5 周期、后推 0.5 周期，将趋势线设置为 1 磅红色实线、尾部箭头。然后为"公司 8"的目标值添加数据标签，显示系列名称和值，设置分行显示，放在柱形的右侧。接着将绘图区缩小并向左移动，隐藏纵坐标轴的标签和线条，删除网格线，效果如图 3.6.4（2）所示。

　　为"销售增速"系列柱形填充 30%透明度的绿色，并添加数据标签，显示 F2:F9 单元格区域中的值（采用公式"=IF(D2=C2,"",D2)"，当"销售增速"系列值不等于目标值时，显示为"销售增速"系列值，否则为空），放在其柱形内。然后为"高于目标值"系列柱形填充 30%透明度的红色，并添加数据标签，显示 G2:G9 单元格区域中的值（采用公式"=IF(B2>C2,B2,"")"，当原销售增速数据大于目标值时，显示为原销售增速数据，否则为空），移动至其柱形外。最后将图例中的"高于目标值"系列、"目标值"系列和趋势线删除，效果如图 3.6.4（3）所示。

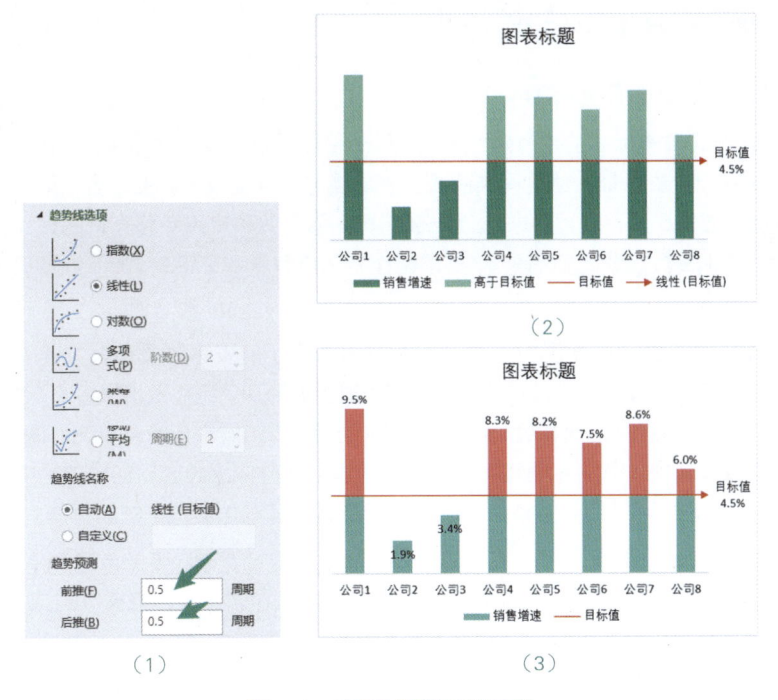

图 3.6.4　变色柱形图的制作步骤

213

如图 3.6.5 所示，在设计纵向排版的条形图时，将折线图更改为散点图方能正常制作出标准线。

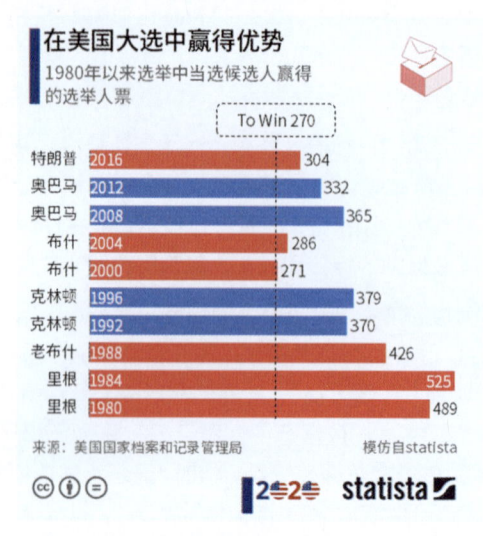

图 3.6.5　带标准线的条形图（模仿自"statista"）

3.6.2　非线条式参考标准

1. 柱形/条形式参考标准

柱形/条形式参考标准主要有两种形式。第一种形式是温度计式图表，即在柱形图或者条形图中添加一个表示最大值的同类图表，展现当前的进度或完成度，这个最大值便是参考标准。如图 3.6.6 所示，蓝色条形代表被调查人认为此项支出不够充裕的比例，灰色条形代表最大值（自行设置的辅助列），具体制作方法请参考 3.5 节中"图形数量决定数据大小"部分的圆圈图。

温度计式图表的制作难度并不高，却有着清晰明了的表达效果和大方美观的外在表现，通过改变其填充方式和边框样式、添加装饰或重新排版，还能做出很多不一样的效果。如图 3.6.7 所示，绿色条形代表会计学的就业前景指数，这里采用绿色填充、深灰色边框、深灰色误差线；辅助条形采用图案填充、绿色边框。让整体图表脱颖而出的是特制的双圆形叠加"纵坐标轴标签"、双层叠加的单圆角矩形背景和井然有序的内容排版。

如图 3.6.8 所示，紫色柱形代表各高校新增本科专业的数量，浅紫色柱形是其辅助列，其特色在于对主柱形和辅助柱形宽度不一的处理方式。在制作时，既可以利用单柱形+误差线的思路来实现，也可以利用主柱形+辅助柱形分别使用主要坐标轴和次要坐标轴，并设置不同间隙宽度的思路来实现。如图 3.6.9 所示，紫色条形代表在异地过年时家人最担心的理由，浅紫色条形是其辅助列，其特色在于对所有的条形均做了圆角处理。在 3.5 节中的"图形长度决定数据大小"部分介绍过此类圆角条形的制作方法，然而遗憾的是，给条形添加上边框后,"身体"和"尾部"不再是一个完美的整体。这里介绍一种新的思路,用误差线来模仿条形,并将误差线设置成圆角,问题就迎刃而解了。这时又出现了一个新的问题,误差线的本质是线条,无法添加边框,这条路似乎也行不通。别担心,不妨拓展思维,如果用一条误差线解决不了问题,那么就用两条,用两条长度相同但粗细不同的误差线进行叠加,上层误差线细、下层误差线粗,这样下层误差线未被遮挡的部分就变成了"边框"。总结起来就是,本例需要两个相同的辅助列,用两者的误差线制作带边框的圆角条形。

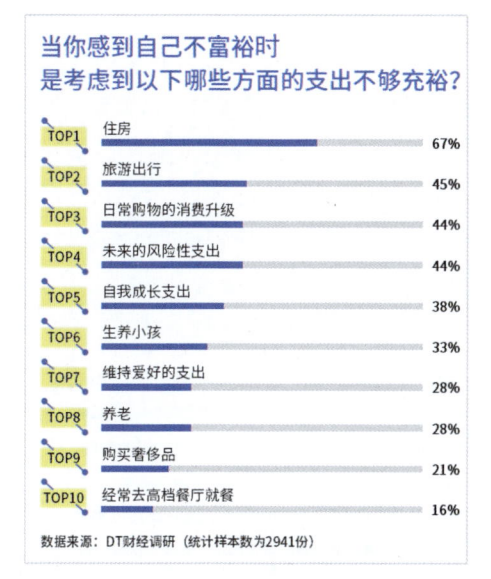

图 3.6.6 温度计式条形图 1(模仿自《DT 财经》)　图 3.6.7 温度计式条形图 2(模仿自《网易数读》)

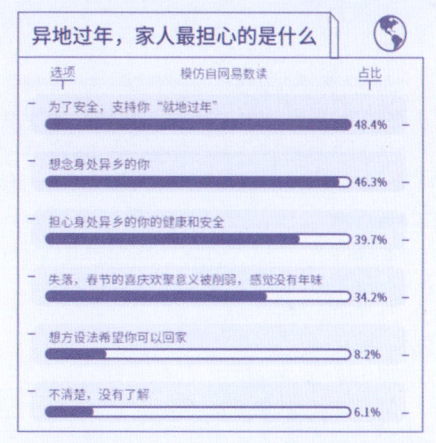

图 3.6.8 温度计式条形图 3(模仿自《网易数读》)　图 3.6.9 温度计式条形图 4(模仿自《网易数读》)

在制作时，如图 3.6.10（1）所示，选择 A1:D7 单元格区域，插入簇状条形图，并将纵坐标轴设置为"逆序类别"。然后将横坐标轴的取值范围设置为"−0.01~0.5"（适当扩大取值范围方能完整显示圆角误差线），隐藏横坐标轴和纵坐标轴的标签与线条。接下来将条形的"系列重叠"设置为 100%，删除网格线和图例，效果如图 3.6.10（2）所示。

为"辅助列 1"系列条形添加误差线，并设置为负偏差、无线端、固定值 0.484，将线条设置为 8 磅紫色、圆形线端；为"辅助列 2"系列条形添加误差线，并设置为负偏差、无线端、固定值 0.484，将线条设置为 5.5 磅浅紫色、圆形线端；为"担心原因"系列条形添加误差线，并设置为负偏差、无线端、自定义（指定值为 D2:D7，"担心原因"列），将线条设置为 8 磅紫色、圆形线端（为 3 个系列添加误差线的顺序不能变）。然后分别将"辅助列 1"系列、"辅助列 2"系列和"担心原因"系列的条形设置为无填充，效果如图 3.6.10（3）所示。

为"担心原因"系列条形添加数据标签，显示类别名称并调整大小，设置左对齐，利用标签工具将其放在条形的正上方。为"辅助列 1"系列条形添加数据标签，显示 D2:D7 单元格区域中的值，并放在条形的外侧，效果如图 3.6.10（4）所示。

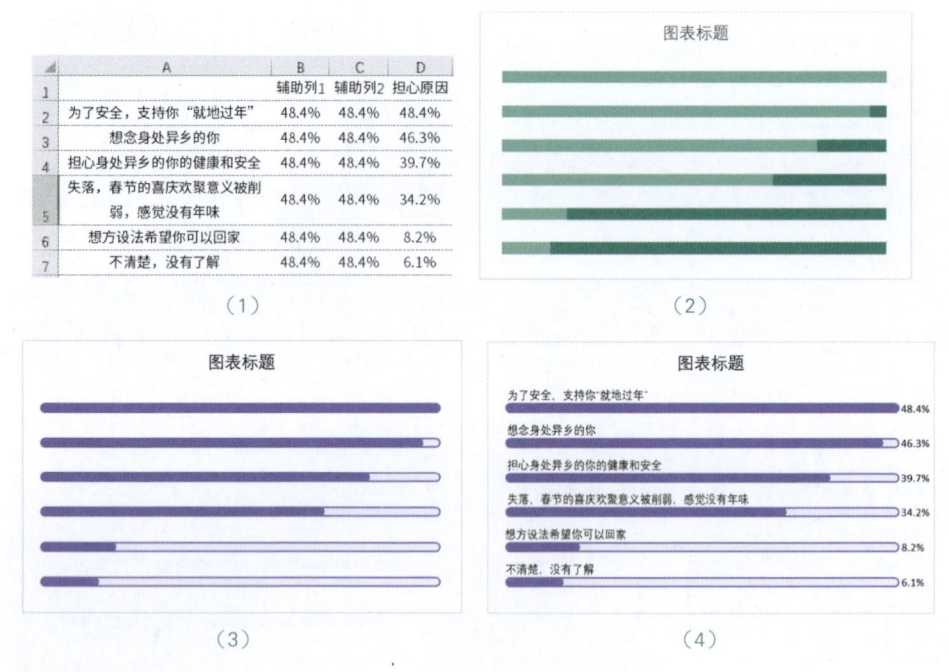

图 3.6.10　温度计式条形图 4 的制作步骤

第二种形式是为某个或某些重点类别添加强调柱形或条形（自定义辅助列），在提醒读者关注的同时也充当参照系。如图 3.6.11（1）所示，在产品销量最大的"公司 3"柱形的下层添加了一个辅助柱形，"销量"系列柱形与"辅助"系列柱形被分置于次要坐标轴和主要坐标轴，并设置不同的间隙宽度，便能实现此效果。在制作时，如图 3.6.11（2）所示，选择 A1:C7 单元格区域，插入簇状柱形图，然后将"销量"系列柱形放在次要坐标轴上。接着将主要和次要的纵坐标轴的取值范围均设置为 0~950，隐藏两个坐标轴的标签和线条。接下来将"销量"系列柱形的"间隙宽度"设置为 30%，填充为 30%透明度的绿色，添加数据标签放在柱形内，再将"辅助"系列柱形设置为 60%透明度的白色（深色 15%）。最后删除网格线和图例。

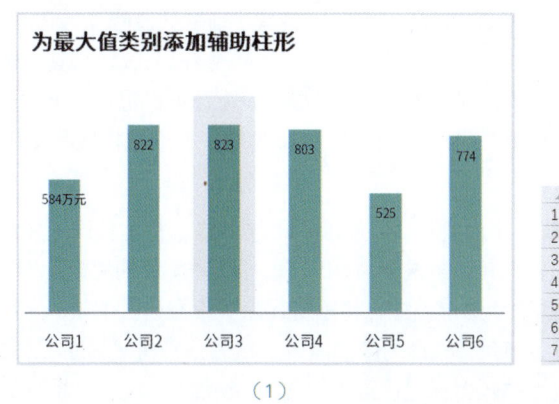

图 3.6.11 添加辅助柱形的柱形图及源数据

在图 3.6.11 中，辅助柱形的宽度和位置都会受到一定的限制，当添加多个辅助柱形时，其宽度必须保持一致。当类别坐标轴为时间或日期时，想要自由地为特定期间添加辅助柱形，就要使用散点图及对应的误差线来模仿，散点图的自由体现在其可以被设置在绘图区的任意位置。如图 3.6.12（1）所示，分别在 2002—2004 年、2005—2006 年的折线之间添加了一个辅助柱形，提醒读者重点关注当前区间的数据走势。

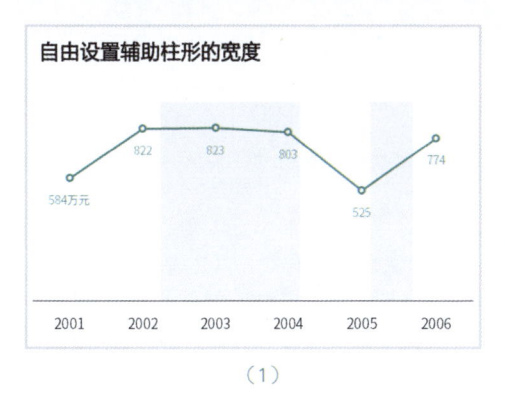

图 3.6.12 添加自由宽度的辅助柱形的折线图及源数据

提醒两点：

1. 在制作宽度不一致的辅助柱形时，实际需要几个宽度的柱形，就在图表中添加几个系列的散点，建议将散点的水平位置（X轴）选在待强调区间的中点，将垂直位置（Y轴）选在待强调区间的最高点。

2．误差线会被显示在柱形图或条形图的上层，为避免遮挡，建议参照3.2节中图层重叠的相关做法，复制制作好的图表且只保留误差线，放在原图表（设置为"无填充"）的下层。

在制作时，如图3.6.12（2）所示，选择A1:D7单元格区域，插入带数据标记的折线图，然后将"辅助1 X轴"系列和"辅助1 Y轴"系列的图表类型更改为散点图并修改数据源，将"辅助1 X轴"系列的X轴系列值修改为C2:C7，将其Y轴系列值修改为D2:D7；将"辅助1 Y轴"系列的系列名称修改为E2，将其X轴系列值修改为E2:E7，将其Y轴系列值修改为F2:F7。接着将"销量"系列折线设置为1.5磅绿色，将数据标记设置为圆形（白色填充、1.5磅绿色线条）。接下来隐藏纵坐标轴的标签和线条，删除网格线和图例，效果如图3.6.13（1）所示。

为"辅助1 X轴"系列散点添加误差线并删除水平误差线，将垂直误差线设置为负偏差、无线端、百分比为100%，将其线条设置为100磅、95%透明度的黑色；为"辅助2 X轴"系列散点添加误差线并删除水平误差线，将垂直误差线设置为负偏差、无线端、百分比为100%，将其线条设置为30磅、95%透明度的黑色。然后分别将"辅助1 X轴"系列散点和"辅助2 X轴"系列散点的数据标记设置为"无"。最后为"销量"系列添加数据标签并放在折线的下方，效果如图3.6.13（2）所示。

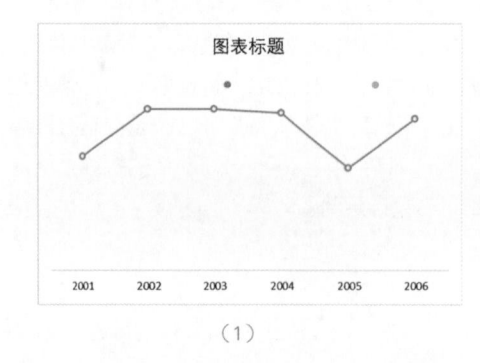

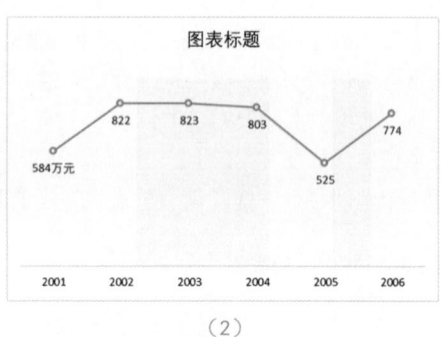

（1）　　　　　　　　　　　　　　（2）

图3.6.13　添加自由宽度的辅助柱形的折线图的制作步骤

2. 面积式参考标准

在构建参考标准时，面积式划分法和区域式划分法也十分有效，其主要有3种形式：用散点图和误差线组建参考区域（参考3.3节中的"划分图表区域"部分）、用堆积柱形图/堆积条形图模仿的面积图或堆积面积图来划分区域（相当于标准线）、为气泡图添加辅助气泡作为参照（类似于温度计式图表）。

如图3.6.14（1）所示，浅灰色、浅绿色和浅红色区域分别对应于产品销量评级中的差、良和优，借此标准可以轻松辨别：2005年销量不尽如人意、2002年和2003年销量表现优异。

第 3 章 工作型图表设计技巧

（1）

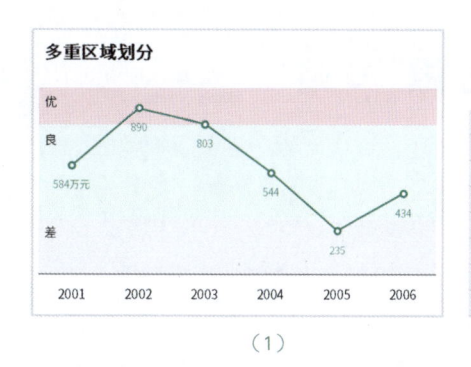

（2）

图 3.6.14 分级折线图及源数据

在制作时，如图 3.6.14（2）所示，选择 A1:E7 单元格区域，插入带数据标记的折线图，然后将"标准 1"系列、"标准 2"系列和"标准 3"系列的图表类型更改为堆积柱形图。接着将纵坐标轴的取值范围设置为"0~1000"，隐藏纵坐标轴的标签和线条。接下来将柱形图的"间隙宽度"设置为 0%，删除网格线和图例，效果如图 3.6.15（1）所示。

将"标准 1"系列、"标准 2"系列和"标准 3"系列的柱形分别填充为 80% 透明度的白色（深色 15%）、80% 透明度的绿色和 80% 透明度的红色。然后为 2001 年的 3 个柱形分别添加数据标签，内容分别为"差"、"良"和"优"，并放在对应柱形的左上角。接着将"销量"系列折线设置为 1.5 磅绿色，将数据标记设置为 5 号（白色填充、1.5 磅绿色线条），为"销量"系列折线添加数据标签并放在折线的下方，效果如图 3.6.15（2）所示。

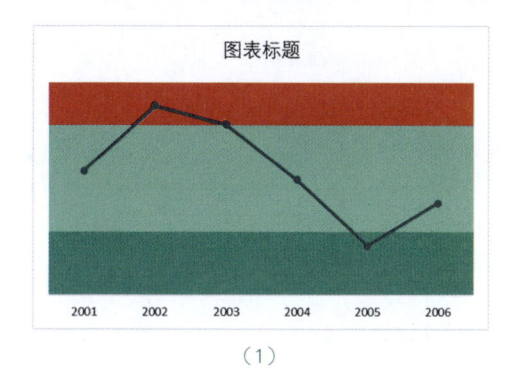

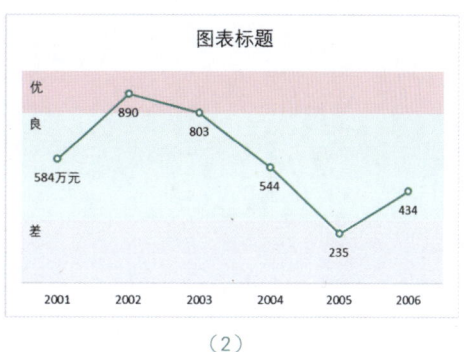

（1）

（2）

图 3.6.15 分级折线图的制作步骤

如图 3.6.16 所示，粉色气泡代表不同日期 B 站含"某某人"标签的视频播放量，浅灰色气泡是辅助气泡。其最大的特色是"播放量"气泡与辅助气泡的底部相切，制作难点在于利用 SQRT 函数来确定气泡图的纵坐标轴值（应用公式"=SQRT(B2)/SQRT(MAX($B$2:$B$9))"，计算当前播放量的平方根与"播放量"列中最大值的平方根之比）。在确定好坐标轴值后，还要搭配增大纵坐标轴的最大值，以及适当缩小绘图区，才能做出最佳效果。

219

某某人如何"引爆"B站

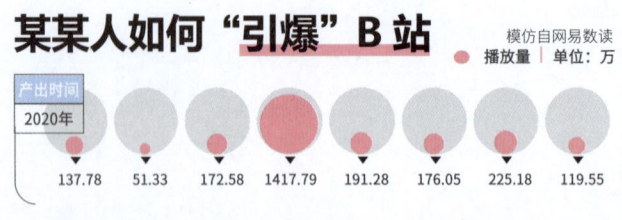

图 3.6.16 带参照系的气泡图（模仿自《网易数读》）

在制作时，如图 3.6.17（1）所示，选择 B1:F9 单元格区域，插入气泡图，然后分别修改系列 1 和系列 2 的数据源，将系列 1 的系列名称修改为 B1，将其 X 轴系列值修改为 C2:C9，将其 Y 轴系列值修改为 D2:D9，将系列气泡大小修改为 B2:B9；将系列 2 的系列名称修改为 E1，将其 X 轴系列值修改为 C2:C9，将其 Y 轴系列值修改为 E2:E9（辅助气泡最大，其纵坐标值应略大于 1），将系列气泡大小修改为 F2:F9。接着将"播放量"系列放在"辅助气泡"系列的上方，效果如图 3.6.17（2）所示。

将横坐标轴的取值范围设置为"0.5~8.5"，将纵坐标轴的取值范围设置为"0~6"，隐藏两个坐标轴的标签和线条，删除网格线和图例，效果如图 3.6.17（3）所示。

接下来将"播放量"系列气泡和"辅助气泡"系列气泡分别填充为粉色与白色（深色 15%）。然后为"播放量"系列气泡添加数据标签，显示气泡大小值并放在气泡的下方。最后适当缩小绘图区并移动到合适位置，效果如图 3.6.17（4）所示。

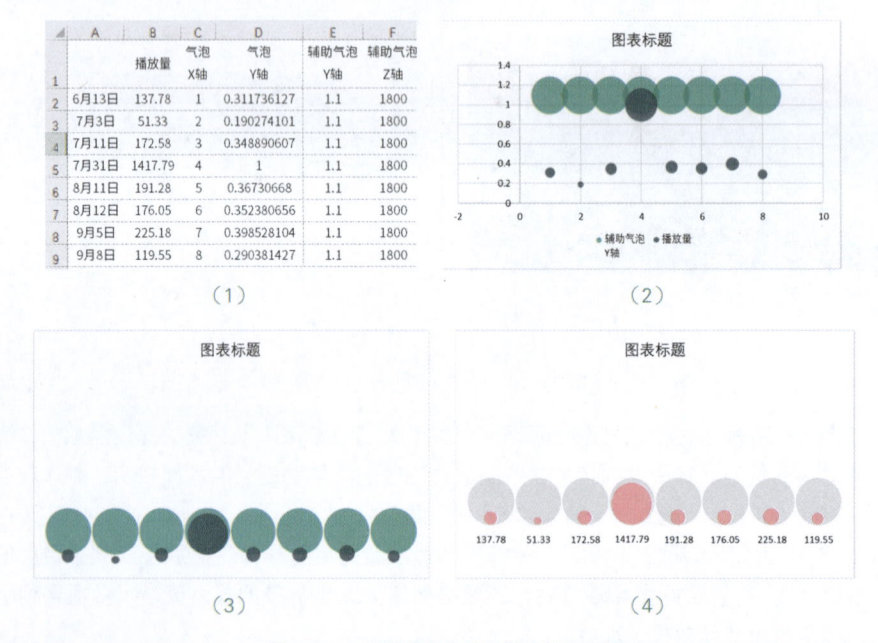

图 3.6.17 带参照系的气泡图的制作步骤

3. 箭头式参考标准

构建参考标准的最后一种方式是用箭头，读者对箭头应该不陌生，在 3.3 节中曾介绍过利用散点图与误差线制作层级差异箭头和总计差异箭头的案例，这是通过增加辅助列来突出数据变化最好的应用之一。除此之外，本节再介绍几种形式。

如图 3.6.18（1）所示，用红色箭头和标签表示相邻年份产品销量的增减情况及变化幅度，只有对数据的变动了如指掌，才能做到决策胸有成竹。升降箭头采用堆积柱形图的系列线制作而成，不过直接添加的系列线会紧紧联结相邻的柱形。如果想做成图中那样保留一定空隙的效果，则需要添加与销售额值相同的辅助列，并将辅助列放在次要坐标轴上，减小间隙宽度，设置为无填充。然后再添加的系列线即会出现"空隙"的效果。为了标注升降箭头的变化幅度，还要在图表中添加一条折线，折线值为相邻年份销售额的平均值。

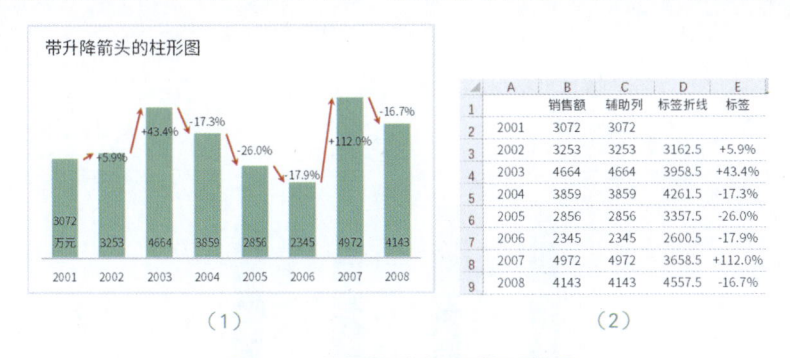

图 3.6.18 带升降箭头的柱形图及源数据

在制作时，如图 3.6.18（2）所示，选择 A1:D9 单元格区域，插入堆积柱形图，然后将"辅助列"系列放在次要坐标轴上，将"标签折线"系列的图表类型更改为折线图。接着将"辅助列"系列柱形的"间隙宽度"设置为 30%，将"销售额"系列柱形的"间隙宽度"设置为 100%。接下来为"辅助列"系列柱形添加系列线，将线条设置为 1.5 磅红色、头部燕尾箭头。将"辅助列"系列柱形设置为"无填充"，将"销售额"系列柱形设置为绿色填充。隐藏两个纵坐标轴的标签和线条，删除网格线和图例，效果如图 3.6.19（1）所示。

为"销售额"系列柱形添加数据标签，并放在轴内侧；为"标签折线"系列折线添加数据标签，显示 E2:E9 单元格区域中的值（采用公式"=B3/B2-1"，并设置自定义单元格格式"[>0]"+"0.0%;[<0]"-"0.0%;0.0%"，在正数前添加"+"，在负数前添加"-"），居中放置。最后将"标签折线"系列折线设置为"无线条"，效果如图 3.6.19（2）所示。

如图 3.6.20 所示，浅绿色柱形与深绿色柱形分别表示 2017 年和 2018 年民众对各类机构的信任度；在 2018 年的柱形上添加了辅助的灰色柱形，表示两年信任度的差异；在 2018 年柱形的右侧添加了红色箭头，表示 2018 年信任度的降幅。关于簇状柱形图和堆积柱形图的组合图表，其制作思路在 1.9 节的最后简单介绍过，主要是对原始数据进行拆分，3.9 节中的"簇状堆积柱形图的制作"部分会详细介绍这一技巧。值得注意的是，横坐标轴标签采用散点图的数据标签制作,红色箭头同样采用散点图制作,并将其数据标记填充为箭头。

（1）

（2）

图 3.6.19　带升降箭头的柱形图的制作步骤

图 3.6.20　带箭头的柱形图（模仿自"statista"）

在制作时,如图 3.6.21（1）所示,选择 A1:F12 单元格区域,插入堆积柱形图,然后将"坐标轴标签散点 X 轴"系列和"坐标轴标签散点 Y 轴"系列的图表类型更改为散点图,并修改两者的数据源,将"坐标轴标签散点 X 轴"系列的 X 轴系列值修改为 E2:E12,将其 Y 轴系列值修改为 F2:F12；将"坐标轴标签散点 Y 轴"系列的系列名称修改为 G1,将其 X 轴系列值修改为 G2:G12,将其 Y 轴系列值修改为 H2:H12（等于 2018 年的信任度,为了让箭头与 2018 年的柱形保持平行,将其值调低 1%）。接着将纵坐标轴的取值范围设置为"0~0.6",隐藏纵坐标轴的标签和线条,删除网格线,效果如图 3.6.21（2）所示。

将"2017"系列、"2018"系列和"辅助"系列的柱形分别填充为浅绿色、深绿色和白色（深色 5%）。然后为"2017"系列、"2018"系列的柱形分别添加数据标签,并放在柱形之上。接着将柱形的"间隙宽度"设置为 10%,隐藏横坐标轴的标签。接下来为"坐标轴标签散点 X 轴"系列散点添加数据标签,显示 I2:I5 单元格区域中的值,放在散点的下方,将数据标记设置为"无"。然后制作倒三角,并复制到"箭头 X 轴"系列散点上,为其添加数据标签,显示 J2:J5 单元格区域中的值（2018 年的信任度减去 2017 年的信任度）,

放在散点的上方。最后删除图例中的"辅助"系列、"坐标轴标签散点 X 轴"系列和"箭头 X 轴"系列，效果如图 3.6.21（3）所示。

（1）

（2）

（3）

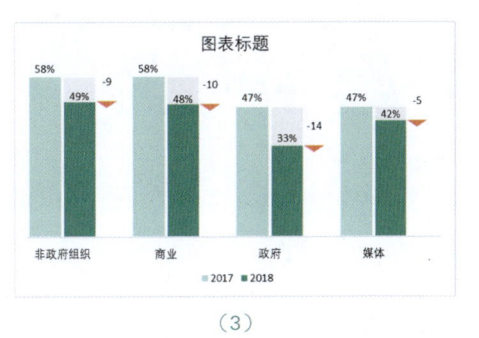

图 3.6.21 带箭头的柱形图的制作步骤

如图 3.6.22（1）所示，在 2019 年和 2024 年之间添加了复合增长箭头，表示这 5 年手机移动支付全球交易价值预测的平均增长率。其制作思路是分别在 2019 年和 2024 年交易价值的基础上增加相同的数值，然后做折线图并设置尾部箭头，添加平均增长率标签。

（1）

（2）

图 3.6.22 带复合增长箭头的柱形图（模仿自"statista"）

在制作时，如图 3.6.22（2）所示，选择 A1:C9 单元格区域，插入簇状柱形图，然后将"辅助"系列的图表类型更改为折线图。接着如图 3.6.23（1）所示，在"选择数据源"对话框中，单击"隐藏的单元格和空单元格"按钮。如图 3.6.23（2）所示，在"隐藏和空单元格设置"对话框中，选中"用直线连接数据点"单选钮，效果如图 3.6.23（3）所示。

将图表填充为浅蓝色，然后将纵坐标轴的取值范围设置为"0~5"（缩小取值范围，既可以节省图表空间，又可以放大数据的趋势变化），并隐藏其标签和线条。接着将"辅助"系列折线设置为 1.5 磅白色（深色 50%）、尾部箭头；为 2019 年的数据点添加数据标签并输入"+28%"（通过 POWER 函数计算的平均增长率），将标签填充为图表背景色，移动至折线的中间位置。接下来将"交易价值"系列柱形的"间隙宽度"设置为 80%，填充为蓝色，添加数据标签并放在柱形外。最后删除网格线和图例，效果如图 3.6.23（4）所示。

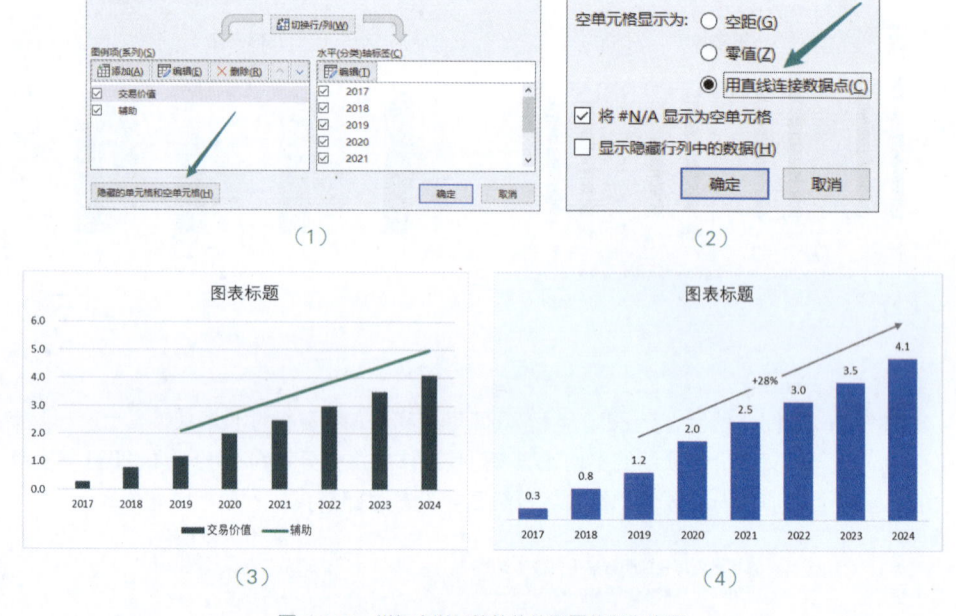

图 3.6.23　带复合增长箭头的柱形图的制作步骤

如图 3.6.24（1）所示，浅棕色箭头和条形代表全国各年龄段不孕用户的占比情况，棕色箭头和条形代表北京各年龄段不孕用户的占比情况，条形和箭头（类似于滑珠图，自行设置的辅助列）的搭配使用令人耳目一新，对需要关注的 30 岁以上人群还添加了背景条形（自行设置的辅助列），是采用辅助散点和误差线制作的。

第 3 章　工作型图表设计技巧

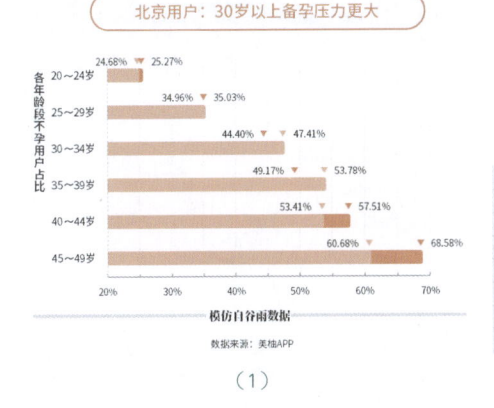

（1）

（2）

图 3.6.24　带箭头的条形图（模仿自《谷雨数据》）

在制作时，如图 3.6.24（2）所示，选择 A1:F7 单元格区域，插入簇状条形图，然后将"北京散点"系列、"全国散点"系列和辅助系列的图表类型更改为散点图并修改数据源，将"北京散点"系列的 X 轴系列值修改为 B2:B7，将其 Y 轴系列值修改为 D2:D7；将"全国散点"系列的 X 轴系列值修改为 C2:C7，将其 Y 轴系列值修改为 E2:E7；将辅助系列的 X 轴系列值修改为 F2:F7，将其 Y 轴系列值修改为 G2:G7。接着将主要纵坐标轴设置为"逆序类别"，将次要纵坐标轴的取值范围设置为"0.5~6.5"，将横坐标轴的取值范围设置为"0.2~0.7"，将主要间隔与次要间隔分别设置为 0.1 和 0.05。接下来将条形的"间隙宽度"设置为 300%，将"系列重叠"设置为 100%，效果如图 3.6.25（1）所示。

将"北京"系列条形设置为深棕色填充、4 磅同色圆角边框；将"全国"系列条形设置为浅棕色填充、4 磅同色圆角边框。然后制作倒三角，填充深棕色，并复制到"北京散点"系列散点上，添加数据标签，显示 X 值并放在散点的右侧，将 30～34 岁类别与 35～39 岁类别的标签单独调整至左侧；同理，为"全国散点"系列散点填充箭头，添加数据标签，并放在散点的左侧，将 30～34 岁类别与 35～39 岁类别的标签单独调整至右侧，效果如图 3.6.25（2）所示。

将主要纵坐标轴的"横坐标轴交叉"设置为"最大分类"，然后为横坐标轴添加 0.75 磅白色（深色 35%）线条并显示主要和次要的刻度线，数据标签不保留小数点。接着添加主要坐标轴的次要水平网格线，并设置为与主要网格线相同的宽度和颜色，效果如图 3.6.25（3）所示。

为辅助系列散点添加误差线并删除垂直误差线，将水平误差线设置为负偏差、无线端、百分比为 100%，将线条设置为 80 磅（以覆盖 30 岁以上的条形为准，根据需要适当调整）、90% 透明度的深棕色。然后隐藏辅助系列散点的数据标记和次要纵坐标轴的标签，删除图例中的"北京散点"系列、"全国散点"系列和辅助系列，效果如图 3.6.25（4）所示。

225

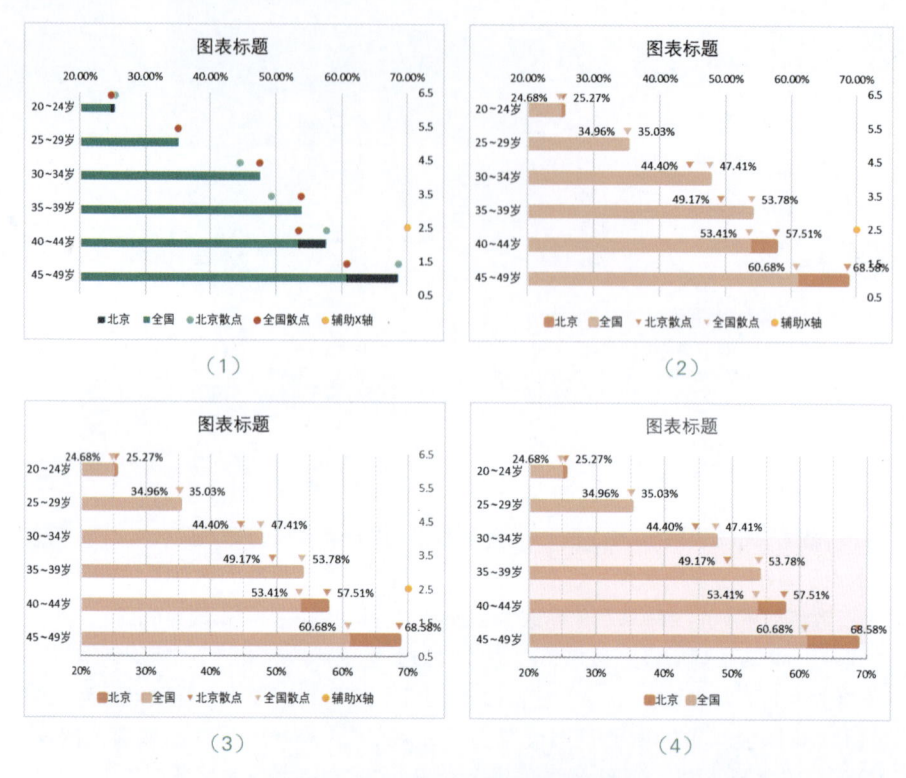

图 3.6.25 带箭头的条形图的制作步骤

4. 辅助列服务于图表的制作

辅助列，除了用于制作各种样式的参考标准，还能服务于图表的制作，比如制作气泡图和散点图的坐标轴标签、图 3.6.20 所示的簇状柱形图与堆积柱形图组合后的坐标轴标签、1.4 节介绍的长坐标轴标签和 3.3 节介绍的模仿不均匀分布的坐标轴等。相关内容已多次介绍，这里不再赘述。

3.7　数据强力收纳：表图结合

很多人把钢琴称作乐器之王，其实在图表中也有一个能称为"王"的角色——表格，如果再搭配一些富有表现力的图表，则真的可谓是强强联合。在 2.7 节"图表组合：多图组合、突破限制"和 3.2 节"创意图表制作：图层重叠"中都从不同角度解读了表图结合，其就像拯救房屋空间的收纳神器，应对工作数据的多、杂、乱有奇效。本节就从表图结合的基本理念和主要形式、图表嵌入方式分类、适合嵌入表格中的图表类型、表图结合的使用方式和表图结合示例入手，介绍表图结合的基本用法。

3.7.1 表图结合介绍

1. 基本理念

在对数据进行可视化时,什么时候该用表格,什么时候该用图表,什么时候又该用表图结合呢?其实把握好这样一个基本准则就行:**数多用表、表平加图**。也就是说,当数据多到无从下手,又找不到合适的图表类型来表达时,第一选择就是做成表格。先用表格把数据按照类别、顺序展示出来,如果最终的表格效果平淡无奇,没有层次、没有重点、没有吸引力,那么再考虑添加图表。添加图表的位置也很关键,古人云"尽信书不如无书",因此不建议草率地全部都添加上图表,而是应该根据实际需要有所选择、有所侧重地添加在关键类别或期待读者注意的类别上,这与数据可视化的"数据不宜逐一可视化,只对结论性的趋势或者重点辅助指标进行可视化;数据不宜集中可视化,改用组合图降低图表负担"的观念完全吻合。

在设计表图结合这种可视化形式时,表格是基础、是容器,其决定着图表能不能嵌入、嵌入得合不合理、嵌入后美不美观。在设计表格时有两个基本要求:**一是行高**。当图表整张嵌入时,比如条形图、火柴图等,表格的行高要一致,同时行高要尽量比图表的类别宽度略大,才更符合图表美化中"松"字诀的要求。当图表单张嵌入时,比如圆环图、饼图,建议行高在原有的基础上适当再加大一些,这类圆形图表才更容易分辨。**二是列宽**。如果两列内容相近、关联性又很强,那么列宽就要保持一致,确保图表之间具有可对比性。比如图 2.7.10 所示,"一线城市"列和"二线城市"列展示的都是不同品牌奶茶店的分布数量,因此设置了相同的列宽。即使列与列之间的内容关联性不高或者不需要嵌入图表,但出于美观性的考虑,也要尽量保持同宽。关于表格的更多设计技巧,请参考 3.10 节中的相关内容。

提醒两点:

1.整张嵌入:如图 2.7.9 和图 2.7.10 所示,用条形图、柱形图或气泡图等展示表格中当前整列的数据,即一列数据对应一张图表。

2.单张嵌入:如图 3.1.23 所示,用圆环图或饼图展示表格中当前单元格的数据,即一个单元格数据对应一张图表。如果本列有 5 行,则需要分别嵌入 5 张图表。

2. 主要形式

常用的表图结合形式主要有条件格式、自定义单元格格式、迷你图、REPT 函数和嵌入式图表 5 种。3.1 节已经详细介绍过前三种,本节将重点介绍后两种。

REPT 函数可以根据指定的次数来重复字符,从而模仿出条形图和火柴图。如图 3.7.1 所示,在条形图和火柴图中均可以区分正负数,采用 REPT 函数制作,条形图、火柴图 1、火柴图 2 和火柴图 3 分别重复的字符是"|"、"—"、"—"和" "(空格)。

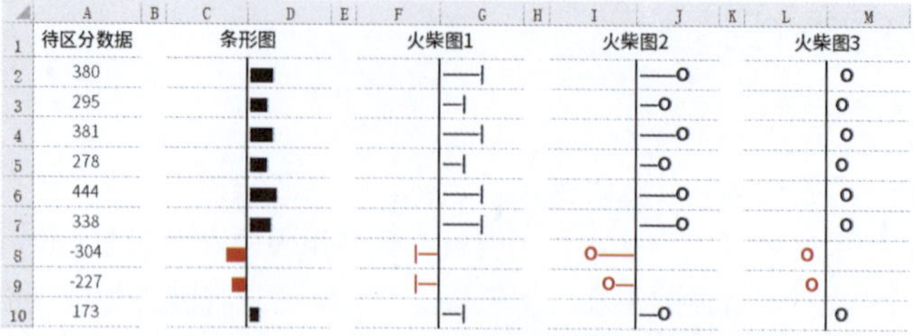

图 3.7.1 用 REPT 函数制作的条形图和火柴图

条形图：用 IF 函数判断数据的正负并重复。以 C2 单元格为例，条形图的负数列应用了公式"=IF（A2<0,REPT("|",ABS(A2/20)),""）"，判断当前值"380"的正负情况，如果为负数，则重复"|"符号 19 次（380/20，ABS 函数可以返回数据的绝对值）；如果为正数，则显示为空值。以 D2 单元格为例，条形图的正数列应用了公式"=IF（A2>0,REPT("|",A2/20),""）"。然后将两列的字体均设置为 Playbill、11 号，将负数设置为右对齐，将正数设置为左对齐，最后在正数列和负数列之间添加一条黑色边框线。

> **提醒一点**：若数据较大，则重复的次数要适当缩小，这里缩小到原来的 1/20，否则条形会过长；若数据较小，则重复的次数要适当增大，否则条形会过短。

火柴图 1：负数列应用了公式"=IF($A2<0,"|"&REPT("—",ABS($A2)/150),"")"，正数列应用了公式"=IF($A2>0,REPT("—",$A2/150)&"|","")"。重复字符"—"并在终点加上"|"，将字体设置为微软雅黑，采用其他字体显示"—"时可能会有空隙。

火柴图 2：负数列应用了公式"=IF($A2<0,"○"&REPT("—",ABS($A2)/150),"")"，正数列应用了公式"=IF($A2>0,REPT("—",$A2/150)&"○","")"。重复字符"—"并在终点加上"○"，将字体设置为微软雅黑、11 号。

火柴图 3：负数列应用了公式"=IF($A2<0,"○"&REPT(" ",ABS($A2)/150),"")"，正数列应用了公式"=IF($A2>0,REPT(" ",$A2/150)&"○","")"。重复字符" "（空格）并在终点加上"○"，将字体设置为微软雅黑、11 号。

3.7.2 表图结合基础

1. 图表嵌入方式分类

即使是两张完全相同的图表，若采用不同的宽高比，也会让人觉得不一样。为了让嵌入表格中的图表保持可比性，就要保证其大小一致（本质上是保证绘图区的大小一致）。想要实现这个目标，就要根据图表内容来选择不同的嵌入方式。

①**整图嵌入**：适合将整体图表嵌入单元格的情形有两种，其中一种是同类图表且每张图表内保留的元素完全相同；另一种是独立图表，其设置不会影响其他图表。如图 3.7.2 所示，组 1~组 5 均为折线图，在嵌入表格中前所有图表的大小相同，在嵌入表格中后所有图表的大小仍然相同。组 6 是一张单独的堆积柱形图，即使纵坐标轴的取值范围、类别

第 3 章　工作型图表设计技巧

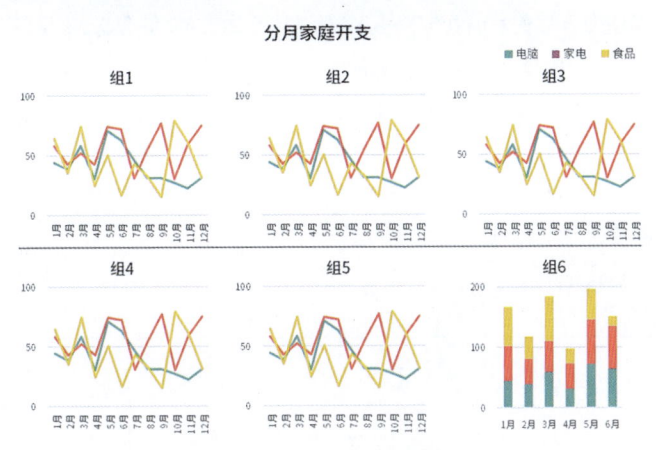

数量、图表的大小与其余图表有差别，也不会造成太大的影响。

图 3.7.2　折线图和柱形图的组合图（模仿自"Power BI"）

②绘图区嵌入：在同类图表中，如果仅有部分图表带坐标轴，那么对于带坐标轴的图表，应采用绘图区嵌入的方式；对于不带坐标轴的图表，应先使绘图区充满图表后，再采用整图嵌入的方式，这样才能保证所有图表的绘图区具有相同的大小。如图 3.7.3 所示，所有图表的坐标轴具有相同的取值范围，为了让图表更简洁，仅使最左侧的组 1 和组 4 保留纵坐标轴，并将绘图区嵌入 C 列，将组 2 和组 5 整图嵌入 E 列，将组 3 和组 6 整图嵌入 G 列，C 列、E 列和 G 列的宽度一致。

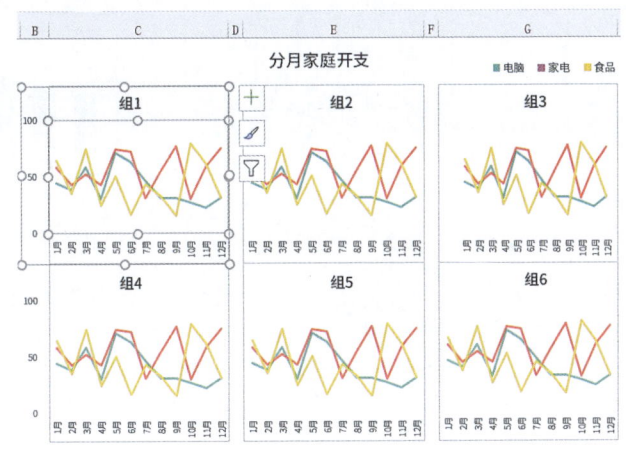

图 3.7.3　采用绘图区嵌入方式的组合图（模仿自"Power BI"）

提醒两点：
1．整图嵌入的方法：按住 Alt 键拖动图表至单元格内，先对准一个角如左上角，再从右下角（对角）调整图表的大小直至完全嵌入。
2．绘图区嵌入的方法：如果是嵌入列，则调整图表的宽度使其覆盖此列，然后按住 Alt 键拖动图

229

表绘图区，先对准一个边如左边，再从右边调整绘图区的大小直至完全嵌入。在嵌入行时，可以先对准上边，再调整绘图区的大小对准下边。当绘图区整体嵌入时，依次进行以上操作即可。

③**广义嵌入**：不局限于将每张图表都嵌入一个或多个单元格中，而是把多张图表按照一定的规律排版后放入表格的大框架之中，不过其本质仍然是非嵌入状态。如图 3.7.4 所示，通过追根溯源，寻找引起 ABB 公司 2017 年资本回报率下降的原因，在其影响因素中，2017 年的销售回报率和资产周转率都在下降，分析过后做出"2017 年计划增加资产 16.3%"的应对举措，借此扭转资金回报率下降的局面。

2017年资产收益率将降至17.4%
计划增加资产16.3%

ABB公司
资产收益率

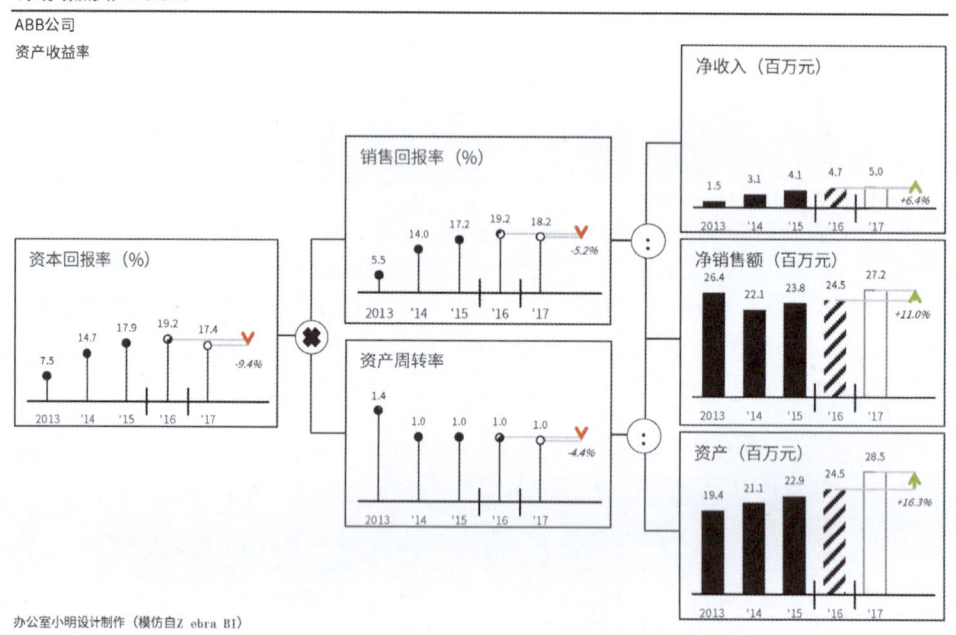

图 3.7.4　采用广义嵌入方式的组合图（模仿自"Zebra BI"）

关于火柴图和层级差异箭头的制作方法，3.3 节已经做过详细讲解，这里主要介绍图表的排版思路。如图 3.7.5 所示，先将资本回报率火柴图放在左侧，再将销售回报率火柴图放在右上方，将资产周转率火柴图放在右下方，并将销售回报率火柴图和资产周转率火柴图左对齐后组合在一起，称作"图表 2"。接着将资本回报率火柴图和"图表 2"垂直居中对齐，然后取消"图表 2"的组合。接下来插入一个肘形连接符，一端连接资本回报率火柴图，另一端连接销售回报率火柴图；同理，插入另一个肘形连接符，连接资本回报率火柴图和资产周转率火柴图，将连接符线条设置为与图表边框同色、同宽度（磅数）。最后插入圆形（高度、宽度均为 0.81cm）并设置为白色填充、黑色边框，调整至合适大小；插入乘号（高度、宽度均为 0.54cm）并设置为黑色填充、无边框，调整至合适大小；将两者依次水平对齐和垂直对齐后组合，并放在两个肘形连接符的中间。同理，可以排版净收入柱形图、净销售额柱形图和资产柱形图。

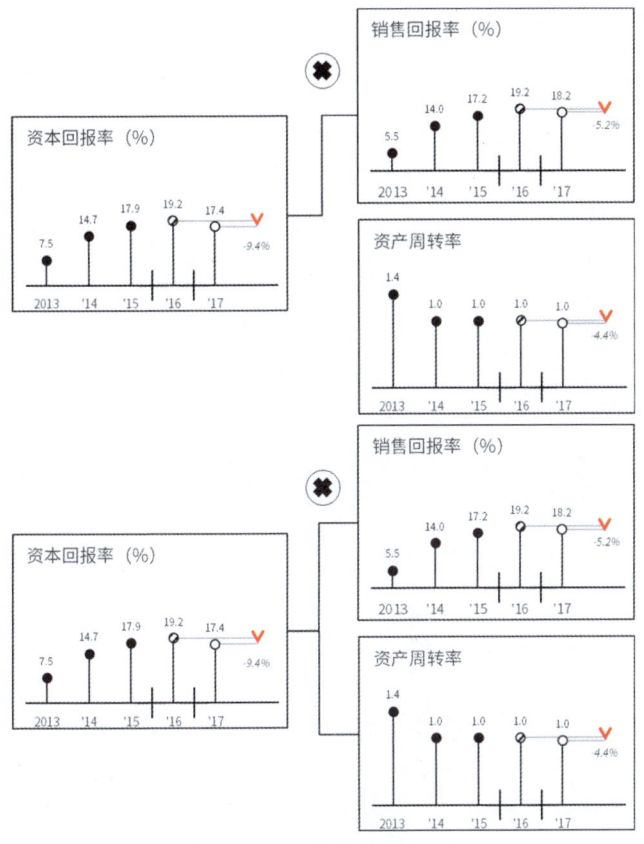

图 3.7.5　组合图的排版步骤

> **提醒一点**：在排版图表时运用的依然是 PPT 的各类技巧，单一图表内的元素摆放遵循"齐"字诀，多张图表排版同样遵循这个原则，这样才能做出井然有序、条理分明的标准工作型图表。

2. 适合嵌入表格中的图表类型

适合嵌入表格中的图表类型分两种。

①**首选图表类型**：条形图（包括温度计式条形图、填充条形图）、气泡图（包括半气泡图、扇形气泡图等）、火柴图和瀑布图。如图 3.7.6 所示，这几类图表与表格的契合度很高，都可以实现整张图表嵌入（注意，扇形气泡图需要单张嵌入），嵌入后浑然一体，就像生来便如此。

> **提醒一点**：当表格的宽度不一致时，在嵌入图表时有一些需要注意的问题，详见 3.8 节中的相关内容。

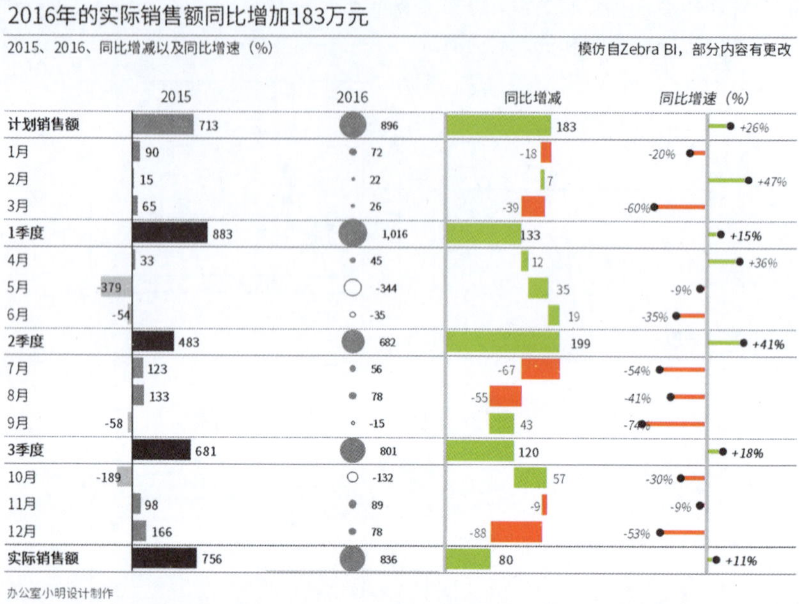

工作型图表设计：实用的职场图表定制与设计法则

2016年的实际销售额同比增加183万元

2015、2016、同比增减以及同比增速（%）　　　　　　　　　　模仿自Zebra BI，部分内容有更改

	2015	2016	同比增减	同比增速（%）
计划销售额	713	896	183	+26%
1月	90	72	-18	-20%
2月	15	22	7	+47%
3月	65	26	-39	-60%
1季度	883	1,016	133	+15%
4月	33	45	12	+36%
5月	-379	-344	35	-9%
6月	-54	-35	19	-35%
2季度	483	682	199	+41%
7月	123	56	-67	-54%
8月	133	78	-55	-41%
9月	-58	-15	43	-74%
3季度	681	801	120	+18%
10月	-189	-132	57	-30%
11月	98	89	-9	-9%
12月	166	78	-88	-53%
实际销售额	756	836	80	+11%

办公室小明设计制作

图 3.7.6　适合嵌入表格中的常用图表类型 1（模仿自"Zebra BI"）

这里再介绍一下横向瀑布图的制作思路。横向瀑布图由堆积条形图模仿而成（纵向瀑布图由堆积柱形图模仿而成）。如图 3.7.7（1）所示，在制作前需要准备 4 个系列的数据。**汇总值**为 3 个季度的数据，以及计划销售额和实际销售额的数据。**占位值**是一个被设置为无填充、隐藏功与名的英雄，也是实现增减条形可以悬空存在的关键所在。以 1 月为例，这里应用了公式"=IF(C3>0,SUM($C$2:C2)-SUM($D$3:D3),SUM($C$2:C3)-SUM($D$3:D3))"，首先判断 1 月同比增减值的正负情况，如果为正值，则返回"同比增减"列中自"计划销售额"行开始直至上一个月（上一行）的累计求和值减去"汇总"列中自"计划销售额"行开始直至上一个月的累计求和值；如果为负值，则返回"同比增减"列中自"计划销售额"行开始直至本月（本行）的累计求和值减去"汇总"列中自"计划销售额"行开始直至本月的累计求和值。**增加值**主要筛选并显示计划销售额中的正值，以 1 月为例，这里应用了公式"=IF(C3>0,C3,NA())"，如果为正值，则返回当前值，否则返回"#N/A"。**减少值**主要筛选并显示计划销售额中的负值的绝对值，以 1 月为例，这里应用了公式"=IF(C3<0,-C3,NA())"，如果为负值，则返回当前值，否则返回"#N/A"。

在制作时，如图 3.7.7（1）所示，选择 A1:A18 和 C1:F18 单元格区域，插入堆积条形图，然后将纵坐标轴设置为"逆序类别"。接着将条形的"间隙宽度"设置为 30%，将"占位"系列条形设置为"无填充"，效果如图 3.7.7（2）所示。

将"汇总"系列条形和"增加"系列条形填充为绿色，将"减少"系列条形填充为红色。然后为"汇总"系列条形添加数据标签并放在条形的右侧，为"增加"系列条形添加数据标签并放在条形的右侧，为"减少"系列条形添加数据标签，显示 B2:B18 单元格区域中的值并放在条形的左侧。接着隐藏横坐标轴的标签和线条，删除网格线，效果如图 3.7.7（3）所示。

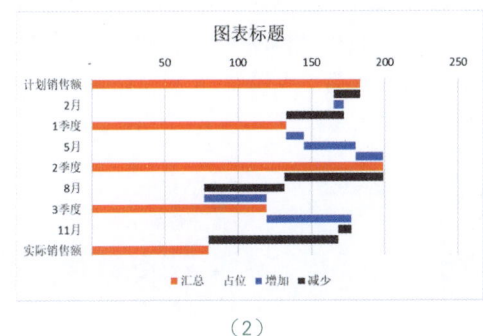

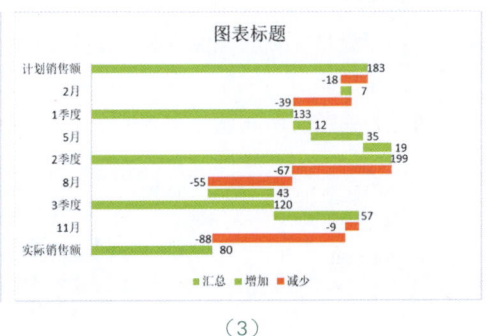

图 3.7.7　横向瀑布图的制作步骤

②**备选图表类型**：饼图、圆环图（包括半饼图、半圆环图、扇形饼图）需要单张依次嵌入对应的单元格之中，柱形图适合整体嵌入。这几类图表相对于首选图表类型，嵌入难度相对较高，多张饼图与圆环图在排版时要做到均匀分布和对齐，柱形图对行高的要求较高——如果行高不够，则很难分辨数据间的差异。如图 3.7.8 所示，用饼图表示一线城市的热门奶茶品牌门店数量，用圆环图表示二线城市的热门奶茶品牌门店数量，用柱形图表示热门奶茶品牌门店覆盖省份的数量。

这里介绍一下柱形图的制作思路。柱形图由堆积柱形图制作而成，难度在于如何确定系列间的"空白间隔"值。首先要计算每个柱形值与最大值之间的差额，以喜茶为例，应用了公式"=MAX($B$2:$B$5)-B2"，表示 4 个品牌中覆盖省份最多的省份数量减去喜茶的覆盖省份数量。然后计算真正的作图数据（"柱形辅助"列），在每个品牌柱形的上下都要添加相对应的占位柱形（空白间隔），同样以喜茶为例，上占位值为其柱形值与最大值差额的一半，即"=C2/2"；下占位值为其柱形值与最大值差额的一半加上奈雪（相邻品牌）柱形值与最大值差额的一半，即"=C2/2+C3/2"。同理，计算其余几个品牌的占位值。

热门奶茶品牌全国门店布局

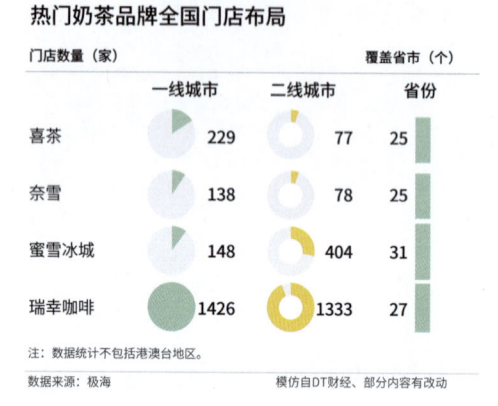

门店数量（家）			覆盖省市（个）
	一线城市	二线城市	省份
喜茶	229	77	25
奈雪	138	78	25
蜜雪冰城	148	404	31
瑞幸咖啡	1426	1333	27

注：数据统计不包括港澳台地区。
数据来源：极海　　　　　　　模仿自DT财经、部分内容有改动

图 3.7.8　适合嵌入表格中的常用图表类型 2（模仿自《DT 财经》）

在制作时，如图 3.7.9（1）所示，选择 D1:E10 单元格区域，插入堆积柱形图并切换行/列，然后将纵坐标轴的取值范围设置为"0~124"，并设置为"逆序类别"，隐藏横坐标轴和纵坐标轴的标签与线条。接着分别将占位系列柱形设置为"无填充"，将"品牌"系列柱形填充为绿色。最后调整图表的大小，删除网格线，效果如图 3.7.9（2）所示。

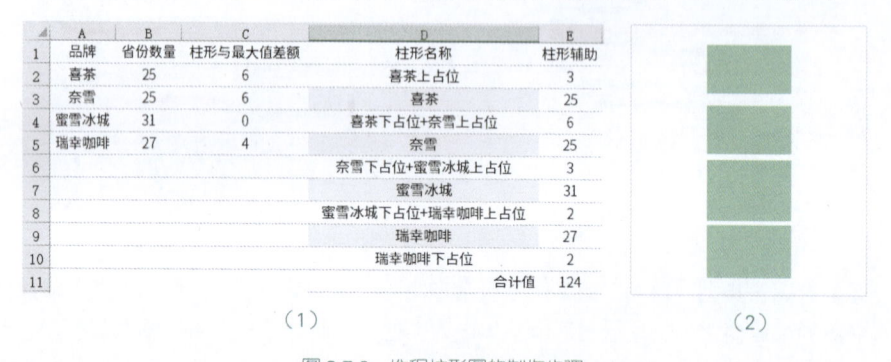

	A	B	C	D	E
1	品牌	省份数量	柱形与最大值差额	柱形名称	柱形辅助
2	喜茶	25	6	喜茶上占位	3
3	奈雪	25	6	喜茶	25
4	蜜雪冰城	31	0	喜茶下占位+奈雪上占位	6
5	瑞幸咖啡	27	4	奈雪	25
6				奈雪下占位+蜜雪冰城上占位	3
7				蜜雪冰城	31
8				蜜雪冰城下占位+瑞幸咖啡上占位	2
9				瑞幸咖啡	27
10				瑞幸咖啡下占位	2
11				合计值	124

（1）　　　　　　　　　　　　　　　（2）

图 3.7.9　堆积柱形图的制作步骤

3. 表图结合的使用方式

在 2.3 节"图表大小：大小统一、合理布局"中曾提到，为了保证图表的所有细节不变，从 Excel 中复制图表到其他文档中时，粘贴为图片是很好的选择，对于表图结合这种形式的图表更应如此。具体步骤如图 3.7.10 所示，先选中表格内容，然后单击"开始"选项卡中的"复制"按钮，再单击"粘贴"按钮，在其列表中选择"图片"项或"链接的图片"项（当源表格内容更新时，它会跟随更新），最后可以将图片粘贴至其他地方。

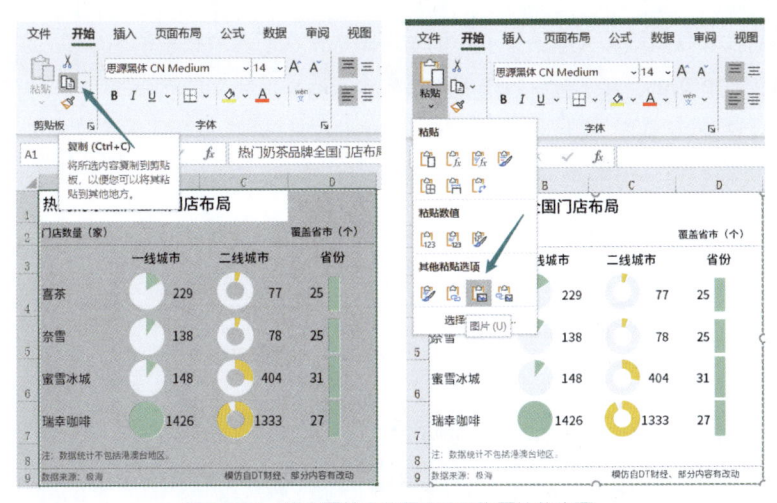

图 3.7.10　将表图结合的图表粘贴为图片的步骤

除了可以粘贴为图片，还可以利用在 2.2 节"图表颜色：限制数量、前后一致"中介绍的 Snipaste 软件对表格进行截图保存。如图 3.7.11 所示，运行 Snipaste 软件后，按 F1 键便可以开始截图，按住鼠标左键并拖动选择截图区域，在选定截图区域后，在其上、下、左、右、左上、左下、右上和右下 8 个方向均可以继续调整所选区域，最后单击"保存"按钮即可保存。

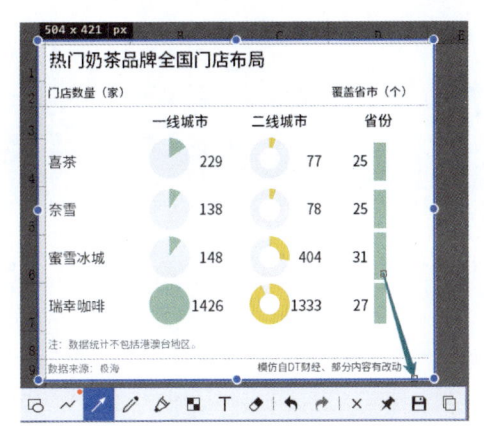

图 3.7.11　使用 Snipaste 软件截图

3.7.3　表图结合示例

表图结合的形式看似复杂、无从下手，其实真正制作起来并没有想象中那么难，通常嵌入表格中的都是一些基础图表，所以相对而言，要比本章前几节介绍的图层重叠、误差线、辅助列等内容更为简单。表图结合通用的制作步骤是，首先搭建好表格框架，然后依次制作每个部分的图表，如果包含有多张相似的图表，则只需先做好一个模板，其余图表通过复制并修改数据源即可快速完成，最后将图表依次嵌入表格中的相应位置。

如图 3.7.12 所示，是《第一财经》经典的表图结合形式，层次分明、包罗万象。其中"本线列车日均发车数量"和"跨线+本线日均发车数量总和"采用了温度计式条形图，"增长率"采用了饼图，"单列本线列车收入"采用了气泡图。

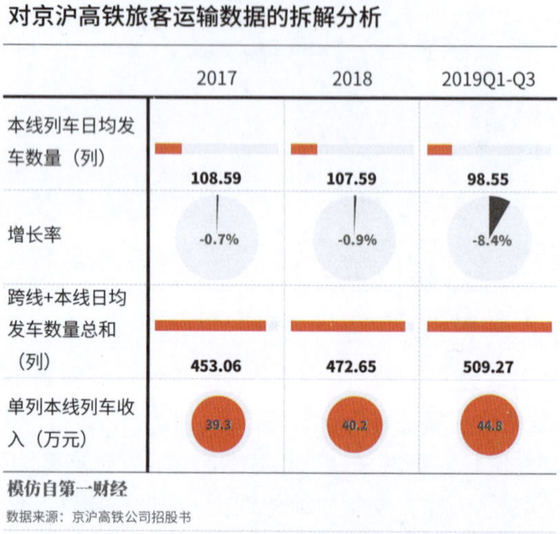

图 3.7.12　表图结合（模仿自《第一财经》）

下面具体介绍制作步骤。

①制作表格，如图 3.7.13 所示。具体设置如下。

标题行：行高为 30，合并 A1:D1 单元格区域，思源黑体 Medium、14 号，水平方向左对齐、垂直方向居中对齐，下边框为黑色虚线。

表头行：行高为 30，思源黑体、11 号，水平方向居中对齐、垂直方向下对齐，下边框为黑色粗线（A 列的宽度为 15，B 列、C 列、D 列的宽度均为 14.11）。

主体内容行（第 3~6 行）：行高为 54，第 3~5 行下边框为白色（深色 35%）细虚线，第 6 行下边框为黑色虚线 [A 列：思源黑体、黑色、11 号，水平方向左对齐、垂直方向居中对齐，右边框为黑色粗线；B 列、C 列、D 列：边框为白色（深色 35%）细虚线，第 3 行和第 5 行为思源黑体 Heavy、黑色、9 号，水平方向居中对齐、垂直方向下对齐]。

logo 行：根据 logo 大小来设定，这里行高为 19.2，思源宋体 Heavy、黑色（淡色 50%）、10 号。

数据来源行：行高为 14.4，思源黑体、黑色（淡色 50%）、8 号。

第 3 章　工作型图表设计技巧

	A	B	C	D
1	对京沪高铁旅客运输数据的拆解分析			
2		2017	2018	2019Q1-Q3
3	本线列车日均发车数量（列）	108.59	107.59	98.55
4	增长率			
5	跨线+本线日均发车数量总和（列）	453.06	472.65	509.27
6	单列本线列车收入（万元）			
7	模仿自第一财经			
8	数据来源：京沪高铁公司招股书			

图 3.7.13　表图结合的制作步骤 1

②制作条形图、饼图和气泡图。

条形图：如图 3.7.14（1）所示，选择 A1:B2 和 E1:E2 单元格区域，插入簇状条形图并切换行/列，然后将横坐标轴的取值范围设置为"0~509.27"。接着将条形的"系列重叠"设置为 100%，将"间隙宽度"设置为 300%。接下来将"2017"系列条形填充为红色，将"最大值"系列条形填充为白色（深色 5%）。隐藏横坐标轴和纵坐标轴的标签与线条，删除标题、图例和网格线。最后将图表设置为无填充、无边框，效果如图 3.7.14（2）所示。

饼图：如图 3.7.14（1）所示，选择 A5:B6 单元格区域，插入饼图，然后将"饼图"系列设置为白色（深色 5%）填充、无线条；将"饼图辅助"系列设置为白色（深色 5%）填充、无线条。接着为"饼图"系列添加数据标签，并将其字体设置为思源黑体 Heavy，黑色（淡色 25%），9 号；最后删除标题和图例，将图表设置为无填充、无边框，效果如图 3.7.14（3）所示。

气泡图：如图 3.7.14（1）所示，选择 A4:B4 和 E4 单元格区域，插入气泡图，然后修改数据源，将 X 轴系列值修改为"0.5,0.5"（逗号为半角状态，当数据较少时可以不设置单独的气泡 X 值和 Y 值辅助列，直接在源数据中录入即可），将 Y 轴系列值修改为"0.5,0.5"，将系列气泡大小修改为"E4,B4"（注意顺序，应将辅助气泡放置在下层）。接着将横坐标轴和纵坐标轴的取值范围均设置为"0~1"，并隐藏两者的标签和线条。接下来将气泡填充为红色，将辅助气泡填充为白色（深色 5%）；为气泡添加标签，显示气泡大小值，将字体设置为思源黑体 Heavy，黑色（淡色 25%），9 号，居中放置。最后删除标题和图例，将图表设置为无填充、无边框，效果如图 3.7.14（4）所示。

237

工作型图表设计：实用的职场图表定制与设计法则

	A	B	C	D	E
1		2017	2018	2019Q1-Q3	最大值
2	本线列车日均发车数量（列）	108.59	107.59	98.55	509.27
3	跨线+本线日均发车数量总和（列）	453.06	472.65	509.27	509.27
4	单列本线列车收入（万元）	39.3	40.2	44.8	60
5	饼图	0.7%	0.9%	8.4%	
6	饼图辅助	99.3%	99.1%	91.6%	

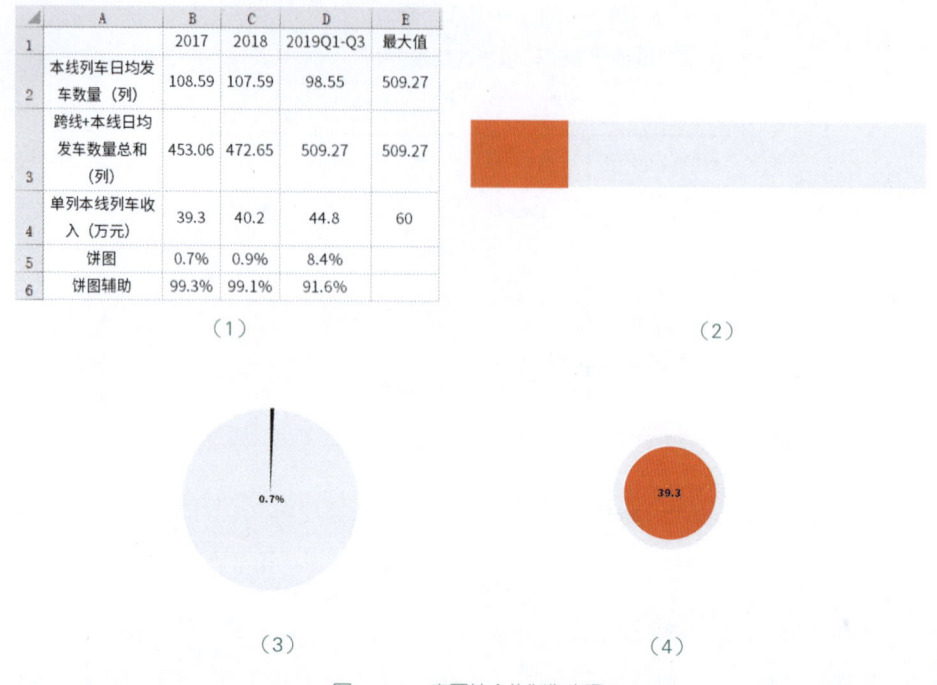

（1）　　　　　　　　　　　　　　（2）

（3）　　　　　　　　　　　　　　（4）

图 3.7.14　表图结合的制作步骤 2

③将条形图、饼图和气泡图分别嵌入表格中。如图 3.7.15 所示，是将所有图表嵌入表格中之后的效果。读者肯定发现了，这三类图表均未采用前文介绍的常规方式嵌入，笔者想说的是，在学习了工作型图表的制作技巧后，不建议照本宣科、生搬硬套，而要活学活用、举一反三。比如本例中的主体内容行，由于要照顾行标题的显示，因此适当调大了行高。在嵌入图表时，要根据实际情况来灵活调整。

条形图：倘若直接嵌入条形图，则其会变得过宽而失去本身的精致感。此处选择缩小条形图的高度并居中放置。

饼图：饼图属于高度和宽度相同的圆形类图表，可以直接居中放置。

气泡图：在嵌入气泡图时，最大的问题就是气泡太小，此处选择放大气泡图并居中放置。

为了减轻工作量，在将图表嵌入表格中之后，复制图表并粘贴至同类别的单元格之中，然后修改数据源即可生成新的图表。需要特别注意图表的排版问题，比如放在同一行的条形图要顶端对齐，平均分布在相应单元格的中间；分置于上、下行的条形图要左对齐，这样才能制作出井井有条的表图结合效果。

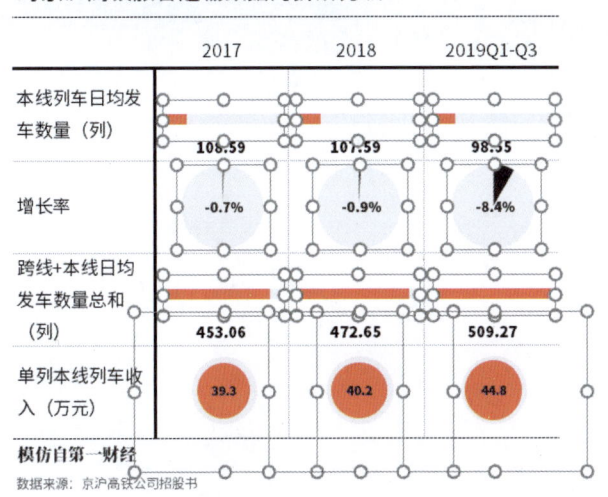

对京沪高铁旅客运输数据的拆解分析

	2017	2018	2019Q1-Q3
本线列车日均发车数量（列）	108.59	107.59	98.35
增长率	-0.7%	-0.9%	-8.4%
跨线+本线日均发车数量总和（列）	453.06	472.65	509.27
单列本线列车收入（万元）	39.3	40.2	44.8

模仿自第一财经
数据来源：京沪高铁公司招股书

图 3.7.15　表图结合的制作步骤 3

3.8　表图高度融合：图表拆分

3.7 节介绍了常规的表图结合设计方法，然而工作中"生产"的数据经常长短不一，从而导致最终做出来的表格也会有不同的行高，这给图表嵌入增加了很大的难度。本节的目标只有一个，就是专门针对不同高度的表格行做出浑然一体的表图结合效果。本节主要从不等高表格的设计思路、条形图和瀑布图的拆分嵌入法、火柴图和气泡图的位置调整嵌入法、饼图和圆环图的直接嵌入法以及不等高表图结合示例入手，介绍表图结合的特殊做法。

3.8.1　不等高表格的设计思路

设计表格的正常状态是有规律、守规则，根据内容的分类及多少来确定每个部分的行高和列宽，并遵照这个规则来执行。假如不同行的高度或不同列的宽度都随心所欲地设置，毫无规律可言，那么做出来的表格将会一言难尽。如图 3.8.1 所示，当内容长度不一需要分行显示时，表格的行高应尽量按照倍数来增加，比如 1.5 倍、2 倍、2.5 倍和 3 倍等，即双行显示采用单行高的 1.5 倍，三行显示采用单行高的 2.5 倍，四行显示采用单行高的 3.5 倍，效果更好，这样设置不仅统一性更强，在后期插入图表时，也方便设置图表的宽度。

提醒一点：采用不同字体的文字的默认段落间距不同，加之在单元格内无法调整段落间距，如果完全采用倍数来设置行高，那么部分字体会有一定的视觉偏差。当遇到这种情况时，建议在倍数设置的基础上适当进行微调。

显示行数	行高	倍数	选择
单行显示	22.5	单倍	建议选择
两行显示 两行显示	33.75	1.5倍	建议选择
两行显示 两行显示	45	2倍	备用选择
三行显示 三行显示 三行显示	56.25	2.5倍	建议选择
三行显示 三行显示 三行显示	67.5	3倍	备用选择
四行显示 四行显示 四行显示 四行显示	78.75	3.5倍	建议选择
四行显示 四行显示 四行显示 四行显示	78.75	4倍	备用选择

图 3.8.1　不等高表格的行高设置

3.8.2　图表拆分的 3 种方法

1. 拆分法：条形图和瀑布图的嵌入

如图 3.8.2 所示，在主体内容中，“新产品上市之初”行和“上市一周年年报”行的高度明显高于其他三行，如果将“A 产品销量”的条形图直接嵌入表格中，那么表格和条形图之间会貌合神离，无法有机地融合在一起；而对于被拆分的“B 产品销量”的条形图，如果高度相同的前两行共用一张条形图，高度相同的后三行也共用一张条形图，那么在分别嵌入表格中后，能够完美融合。

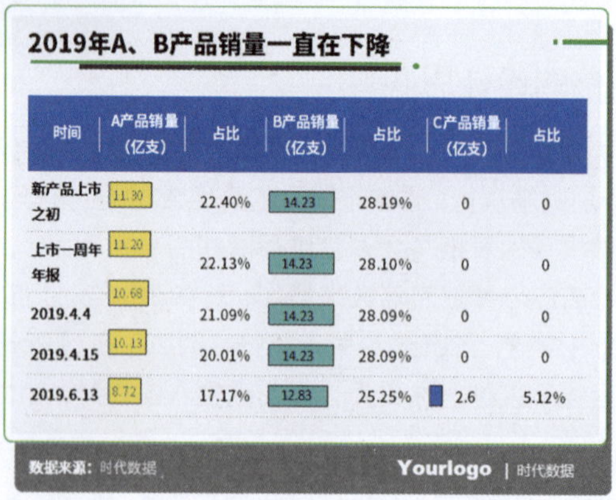
2019年A、B产品销量一直在下降

时间	A产品销量（亿支）	占比	B产品销量（亿支）	占比	C产品销量（亿支）	占比
新产品上市之初	11.30	22.40%	14.23	28.19%	0	0
上市一周年年报	11.20	22.13%	14.23	28.10%	0	0
2019.4.4	10.68	21.09%	14.23	28.09%	0	0
2019.4.15	10.13	20.01%	14.23	28.09%	0	0
2019.6.13	8.72	17.17%	12.83	25.25%	2.6	5.12%

图 3.8.2　直接嵌入与拆分嵌入的条形图对比（模仿自《时代数据》）

对于条形图和本质上属于条形图的瀑布图，均可以采用整体嵌入的方式将其嵌入表格中。而利用拆分法可以实现图与表的高度融合，最彻底的方法是一行对应一张单独的图表，同时必须为拆分后的图表设置相同的坐标轴取值范围。如果相邻行的高度相同，则可以合并制作图表，同时调整条形的间隙宽度，实现外观上的一致。如图 3.8.3 所示，"计划销售额"行、"实际销售额"行和"1 季度"行、"2 季度"行的高度均为 33.75，"2015"的条形图和"同比增减"的瀑布图均属于单独图表的嵌入；月度行的高度均为 22.5，1—3 月、4—6 月和 7—9 月的条形图分别属于单独图表的嵌入。也就是说，条形图被拆分成 7 个部分，即计划销售额、1—3 月、1 季度、4—6 月、2 季度、7—9 月和实际销售额的条形图。

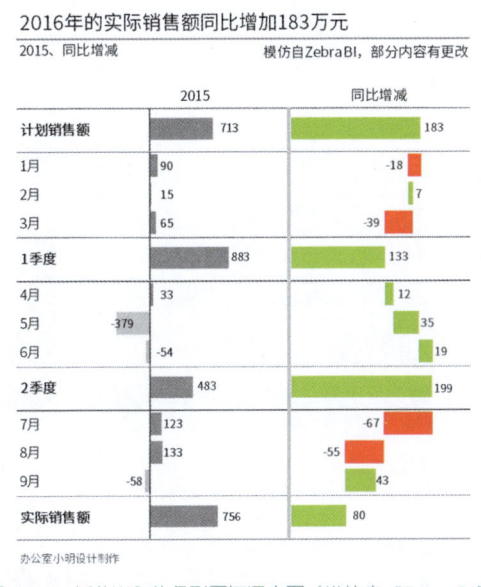

图 3.8.3　拆分嵌入的条形图与瀑布图（模仿自"Zebra BI"）

制作条形图：如图 3.8.4（1）所示，选择 A1:B2 单元格区域，插入簇状条形图，然后将横坐标轴的取值范围设置为"-500~1500"，将条形的"间隙宽度"设置为 100%。接着为条形填充选择"以互补色代表负值"，将正数填充为深灰色，将负数填充为浅灰色（当未注明灰色的具体色值时，表示采用的是主题色中的辅助色"灰色"，下同）。接下来为条形图添加数据标签并放在条形外；隐藏横坐标轴和纵坐标轴的标签与线条；删除标题和网格线，将图表设置为无填充、无边框，效果如图 3.8.4（2）所示。如图 3.8.4（3）所示，复制条形图，将数据源修改为 A3:B5 单元格区域后，可以轻松制作出 1—3 月的条形图。同理，制作其余月度和季度的条形图。

制作瀑布图：如图 3.8.4（1）所示，选择 D1:D5 和 F1:I5 单元格区域，插入堆积条形图并切换行/列，然后将纵坐标轴设置为"逆序类别"。接着将条形的"间隙宽度"设置为 100%；将"占位"系列条形设置为"无填充"，将"汇总"系列条形和"增加"系列条形均设置为绿色填充，将"减少"系列条形设置为红色填充。接下来为"汇总"系列条形添加数据标签，为"增加"系列条形添加数据标签，为"减少"系列条形添加数据标签，并显示 E2:E5 单元格区域中的值。隐藏横坐标轴的标签和线条，删除网格线，效果如图 3.8.4

(4)所示，称其为"图表1"。复制"图表1"并修改数据源，将"汇总"系列条形修改为F3:F5，将"占位"系列条形修改为G3:G5，将"增加"系列条形修改为H3:H5，将"减少"系列条形修改为I3:I5。然后为"减少"系列条形重新添加数据标签并显示E3:E5单元格区域中的值，便可以制作出如图3.8.4（5）所示的1—3月的瀑布图。同理，制作其余月度和季度的瀑布图。

	A	B	C	D	E	F	G	H	I
1		2015			同比增减	汇总	占位	增加	减少
2	计划销售额	713		计划销售额	183	183			
3	1月	90		1月	-18		165	#N/A	18
4	2月	15		2月	7		165	7	#N/A
5	3月	65		3月	-39		133	#N/A	39
6	1季度	883		1季度	133	133			
7	4月	33		4月	12		133	12	#N/A
8	5月	-379		5月	35		145	35	#N/A
9	6月	-54		6月	19		180	19	#N/A
10	2季度	483		2季度	199	199			
11	7月	123		7月	-67		132	#N/A	67
12	8月	133		8月	-55		77	#N/A	55
13	9月	-58		9月	43		77	43	#N/A
14	实际销售额	756		实际销售额	80	80			

（1）

（2）　　（3）　　（4）　　（5）

图3.8.4　拆分嵌入的条形图与瀑布图的制作步骤

嵌入图表：将制作好的图表依次嵌入表格中。由于表格行的高度不同（季度行的高度是月度行的高度的1.5倍），在嵌入图表后，季度行的条形图会明显比月度行的条形图高（瀑布图同理），此处需要将月度条形的"间隙宽度"修改为30%（运用公式"=(100%/500%)*1.5"，其中100%为季度条形的间隙宽度、500%为最大间隙宽度、1.5为季度行的高度与月度行的高度之比），在视觉上会更加统一。此外，还要调整瀑布图的数据标签位置，以及对其他一些细节进行优化。

提醒一点：表图结合中的图表嵌入顺序分两种，其中一种是先制作好所有图表，然后依次嵌入表格中；另一种是先做好一张图表嵌入表格中，然后复制图表，修改数据源。前者做法的优点是在嵌入前修改数据源更加方便，缺点是要重复调整图表的大小及执行嵌入表格中的步骤；后者做法正好相反，优点是图表的大小一次调整、多次使用，缺点是在缩小图表后选择其数据系列时不太容易，因此建议在设置对话框中直接选择。这两种做法孰优孰劣，任君自评。

2. 位置调整法：火柴图和气泡图的嵌入

常用于嵌入表格中的几种图表类型，使用拆分法后，它们都能被正常地嵌入不等高的表格之中，但是对于可以自由调整位置的火柴图和气泡图来说，通过调整其纵坐标轴的位置实现整体嵌入的方式更加简单和高效。如图 3.8.5（1）所示，"计划销售额"行、"实际销售额"行和季度行的高度均为 33.75，月度行的高度为 22.5，火柴图和气泡图均是整体嵌入的。这里的制作难点在于纵坐标轴值的确定，首先以行高较高的"实际销售额"行为基准，由下到上确定实际销售额、2 季度、1 季度和计划销售额的辅助 Y 值分别为 1、4、7 和 10（具体可参考 3.3 节中的"散点在图表内的分布规律"部分）；然后计算"实际销售额"与"9 月"之间的距离间隔，其由"实际销售额"行的高度的一半（0.5，采用公式"=1/2"，"实际销售额"行的坐标轴的取值范围为 0.5~1.5，相当于将其作为基准行，且行高值为 1）加上"9 月"行的高度的一半（0.33，采用公式"=(22.5/33.75)/2"，月度行的高度与"实际销售额"行的高度之比的一半）两部分组成；再来计算"9 月"与"8 月"之间的距离间隔，其由"9 月"行的高度的一半（0.33）加上"8 月"行的高度的一半（0.33）组成。也就是说，月度之间的间隔约等于 0.66，月度与季度之间的间隔约等于 0.83，依此类推，就可以计算出各季度和各月度的辅助 Y 值。

（1）　　　　　　　　　　　（2）　　　　　　　　　（3）

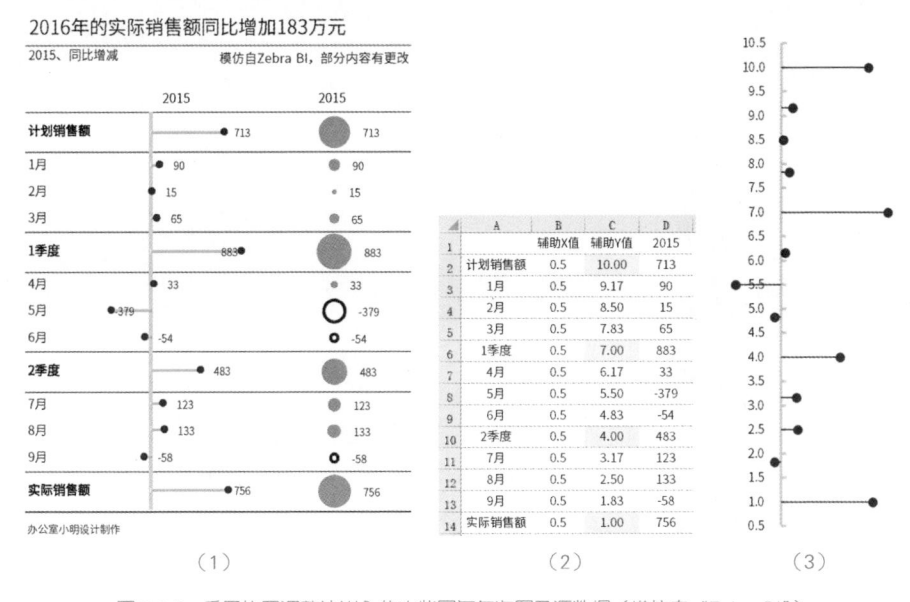

图 3.8.5　采用位置调整法嵌入的火柴图与气泡图及源数据（模仿自"Zebra BI"）

制作火柴图：如图 3.8.5（2）所示，选择 C2:D14 单元格区域，插入散点图并修改数据源，将散点的 X 轴系列值修改为 D2:D14，将其 Y 轴系列值修改为 C2:C14。然后将横坐标轴的取值范围设置为"-500~1500"，将纵坐标轴的取值范围设置为"0.5~10.5"，效果如图 3.8.5（3）所示。接着隐藏横坐标轴的标签和线条及纵坐标轴的标签，删除网格线，效果如图 3.8.6（1）所示。接下来为散点图添加误差线并删除垂直误差线，将水平误差线设置为负偏差、无线端、自定义（指定值为 D2:D14，"2015"列），将线条设置为绿色 2 磅。然后将散点的数据标记设置为深灰色，为"2015"系列散点添加数据标签并显示 X 值，效果如图 3.8.6（2）所示。

制作气泡图：如图 3.8.5（2）所示，选择 B2:D14 单元格区域，插入气泡图，然后将横坐标轴的取值范围设置为"0~1"，将纵坐标轴的取值范围设置为"0.5~10.5"。接着隐藏横坐标轴和纵坐标轴的标签与线条，删除标题和网格线，效果如图 3.8.6（3）所示。接下来勾选"系列选项"中的"显示负值气泡"复选框，并将气泡大小设置为 50；将"2015"系列气泡填充为浅灰色，并添加数据标签，显示气泡大小值，效果如图 3.8.6（4）所示。

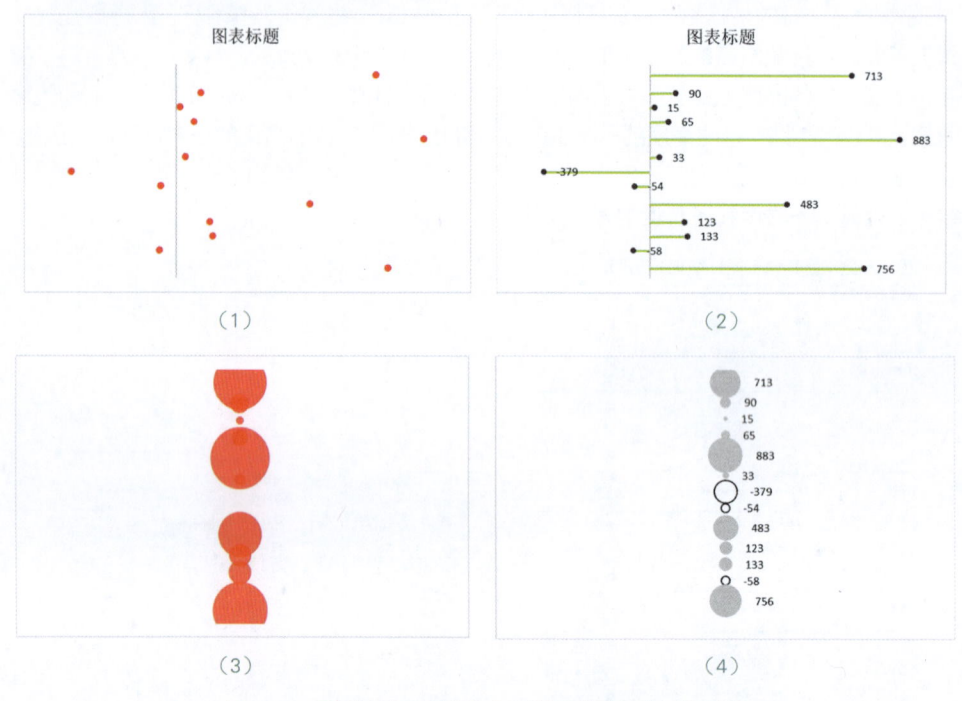

图 3.8.6　采用位置调整法嵌入的火柴图与气泡图的制作步骤

嵌入图表：将制作好的火柴图和气泡图依次嵌入表格中，采用整图嵌入或绘图区嵌入均可。

3. 直接嵌入法：饼图和圆环图的嵌入

饼图和圆环图都属于单独嵌入的图表，因此不等高的表格对其并没有太大影响，只是需要调整嵌入顺序。首先将图表嵌入表格中最窄的行，并以此为基准来调整其余图表的大小，然后保持水平居中和垂直居中，依次放在其他行内。

3.8.3　不等高表图结合示例

如图 3.8.7 所示，显示的是 2021 年 1 月某公司的产品销售评价，并且对不同产品的销量做了汇总和可视化，是比较典型的在不等高表格中嵌入条形图的案例。其制作思路就是利用拆分法分别制作各产品的条形图并嵌入对应行中。

图 3.8.7　在不等高表格中嵌入条形图（模仿自《RUC 新闻坊》）

下面详细介绍制作步骤。

①制作表格，如图 3.8.8 所示。具体设置如下。

标题行：行高为 37.5，合并 A1:E1 单元格区域，思源黑体 Medium、黑色（淡色 15%）、16 号、加粗、左对齐，浅咖色填充。标题两侧的 A 列和 E 列为装饰列，列宽为 1.75。

表头行：行高为 30，思源黑体、12 号、白色、加粗、居中对齐，灰蓝色填充。

主体内容行：第 5、9、13 行的高度均为 37.50，第 7、11 行的高度均为 56.25 ["产品类别"列的宽度为 16，思源黑体、黑色（淡色 25%）、11 号、加粗、居中对齐，浅蓝色填充；"销量"列的宽度为 24.5，浅灰色填充（RGB 值为 243,246,249），左、右边框为白色（深色 15%）粗线；"销售评价"列的宽度为 30.88，思源黑体、黑色（淡色 25%）、11 号，将关键词设置为深绿色、加粗、加下画线，该列的内容左对齐且向右缩进一格]。

空白行：在标题与表头之间（第 2 行）、表头与主体内容之间（第 4 行）、主体内容之间（第 6、8、10 和 12 行）都添加了高度为 7.5 的空白行。

logo 行和数据来源行：行高为 37.5，思源黑体 Light、黑色（淡色 35%）、9 号，左对齐，下边框为白色（深色 15%）粗线。

[图 3.8.8 在不等高表格中嵌入条形图的制作步骤 1]

②制作条形图。如图 3.8.9（1）所示，选择 A1:B2 单元格区域，插入簇状条形图，并将纵坐标轴设置为"逆序类别"。然后将横坐标轴的取值范围设置为"−10~300"（为了显示圆角误差线，可以适当放大取值范围），隐藏横坐标轴和纵坐标轴的标签与线条。接着为条形添加误差线，并设置为负偏差、无线端、自定义（指定值为 B2，A 类产品的销量值），将线条设置为深绿色、5 磅。接下来将条形设置为无填充，并添加数据标签。然后删除标题和网格线，将图表设置为茶色填充、无边框，效果如图 3.8.9（2）所示。接下来复制图表并将数据源修改为 A3:B5 单元格区域，可以得到 B 类产品的条形图，同时修改误差线的自定义值为 B3:B5。同理，制作其余条形图。

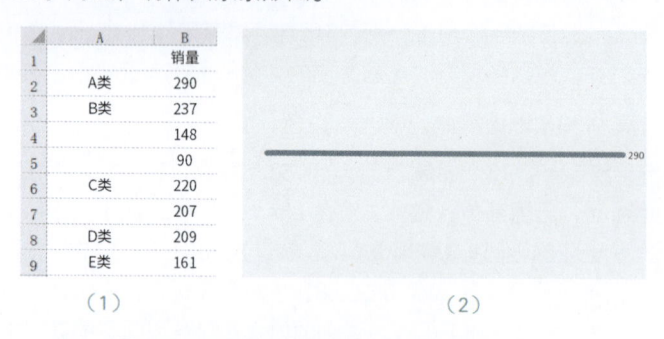

[图 3.8.9 在不等高表格中嵌入条形图的制作步骤 2]

③将条形图嵌入表格中。原表格的行高较高，不适合直接嵌入，这里改为采用调整图表大小并居中放置的方式，A 类产品等单行条形的宽度为 4.76cm，高度为 0.6cm；C 类产品双行条形的宽度为 4.76cm，高度为 1.2cm（是单行条形的 2 倍）；B 类产品三行条形的宽度为 4.76cm，高度为 1.8cm（是单行条形的 3 倍）。

3.9 柱形样式重组：数据排列

簇状柱形图擅长表现总体对比，堆积柱形图擅长表现结构占比，如果能将两者合二为一，则可以实现 1+1>2 的效果。遗憾的是，Excel 并不支持两者的直接组合，幸而有变通的方法，通过对源数据进行重新排列，就能对柱形样式进行重组。当然，通过重组可以制作出很多不一样的效果，本节就从数据排列的基本原理、簇状堆积柱形图的制作、分类条形图的制作和分隔区域图表的制作入手，介绍数据排列的基本用法。

3.9.1 数据排列的基本原理

数据排列的理论基础就是 1.9 节中介绍的数据类别和数据系列的展开顺序，我们再来温习一下此内容。如图 3.9.1 所示，原始数据中的数据类别（年份）由上到下对应到柱形图中是由左到右的顺序，原始数据中的数据系列（系列1、系列2、系列3）由左到右对应到柱形图中是由下到上的顺序。

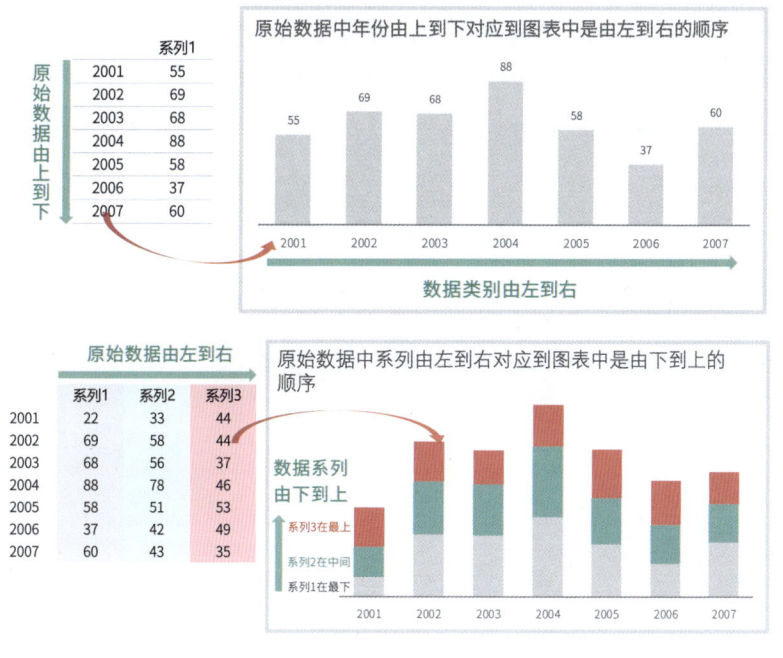

图 3.9.1　数据类别和数据系列的展开顺序

拓展思维：对于同一类别的数据，如果想要按照一定的规律进行分类并分色显示，该怎么办？如图 3.9.2 所示，试试将原始数据拆分成多个系列，比如按照大区拆分成东北大区、华北大区、华南大区等，按照年龄拆分成少年、青年、中年等，按照绩效考评结果拆分为超额完成、基本完成、未完成等，并且为每个系列填充相应的颜色，便实现了自动分色显示。

247

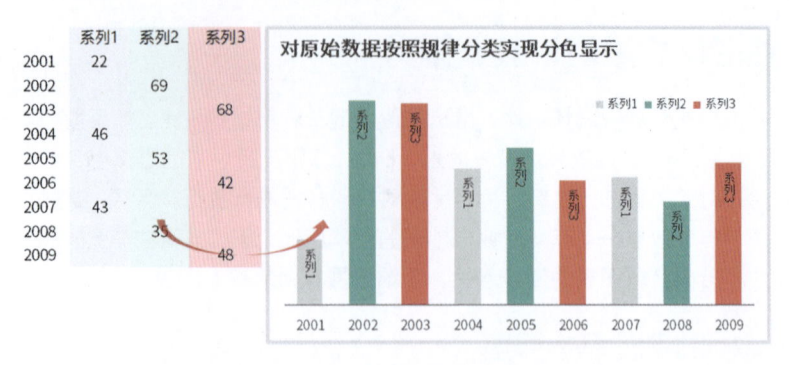

工作型图表设计：实用的职场图表定制与设计法则

图 3.9.2　自动分色显示柱形图

继续拓展思维：将簇状柱形图改成堆积柱形图，并调整完全错落摆放的系列数据，将其中的系列 2 和系列 3 调整为同一行，就能得到如图 3.9.3 所示的簇状柱形图和堆积柱形图组合的雏形。此时存在的问题是类别名称不够统一、相邻柱形间的距离较远，看起来不像一个整体。在此基础上继续优化，将相邻柱形的标签统一并删除空白区域的标签，再将柱形的间隙宽度调小，就能得到如图 3.9.4 所示的簇状柱形图和堆积柱形图的组合。所以说两者的组合本质上仍是堆积柱形图，灵活调整数据的排列就能实现不同数量柱形的堆积组合。

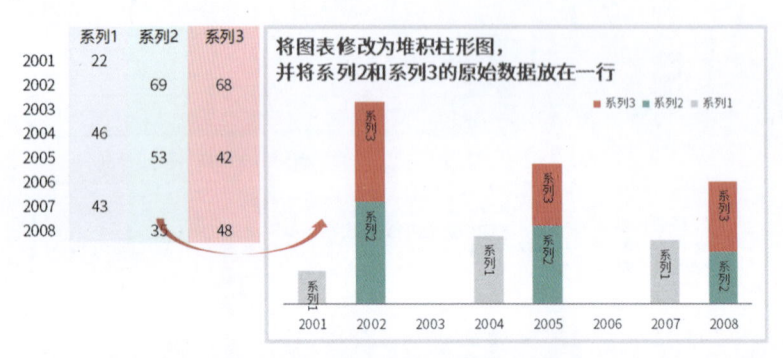

图 3.9.3　簇状柱形图和堆积柱形图组合的雏形

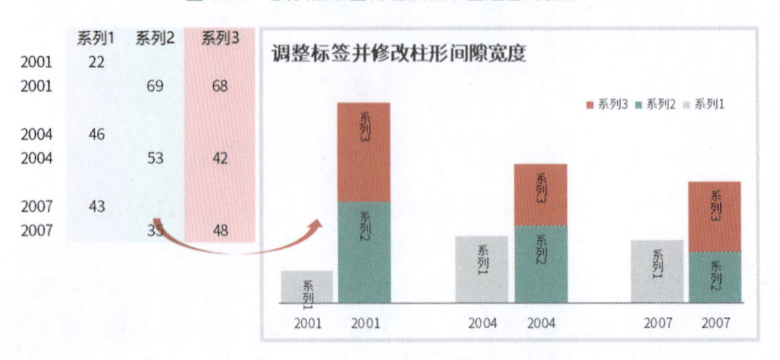

图 3.9.4　簇状柱形图和堆积柱形图的组合

3.9.2 数据排列应用

1. 簇状堆积柱形图的制作

如图 3.9.5 所示，是一个标准的簇状堆积柱形图，右侧不同深浅的绿色柱形分别代表 E 产品、F 产品、G 产品、H 产品各自的销量，左侧的灰色柱形代表 4 种产品的销量合计，左右分立，方便对照。在制作时，除了对原始数据进行重新排列，还要添加辅助散点用于显示类别名称。

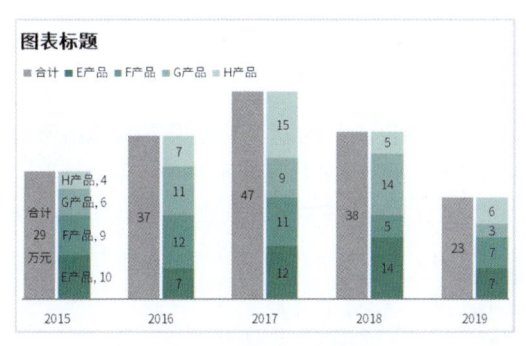

图 3.9.5　簇状堆积柱形图

在制作时，如图 3.9.6（1）所示，选择 A1:G15 单元格区域，插入堆积柱形图，然后将散点系列的图表类型更改为散点图并修改数据源，将 X 轴系列值修改为 G2:G6，将 Y 轴系列值修改为 H2:H6，效果如图 3.9.6（2）所示。

将柱形的"间隙宽度"设置为 10%，将"合计"柱形填充为白色（深色 35%），将"H 产品"柱形填充为浅绿色。然后为每个系列添加数据标签，其中 2015 年的柱形分别显示系列名称。接下来分别隐藏纵坐标轴的线条和标签及横坐标轴的标签，为散点添加数据标签，显示 I2:I6 单元格区域中的值，放在散点的下方。最后删除网格线和图例中的散点系列，效果如图 3.9.6（3）所示。

（1）

图 3.9.6　簇状堆积柱形图的制作步骤

（2）

（3）

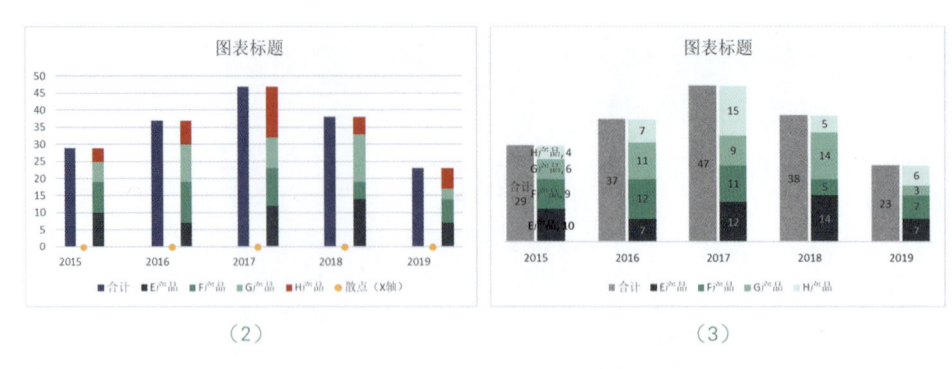

图 3.9.6　簇状堆积柱形图的制作步骤（续）

使用同样的方法，可以制作出如图 3.9.7 所示的簇状堆积条形图。但在制作时需要注意，由于条形图和散点图不能共用坐标轴，因此要将散点系列放在次要坐标轴上，并将坐标轴的取值范围设置为"0.5~14.5"，将主要和次要的纵坐标轴均设置为"逆序类别"。

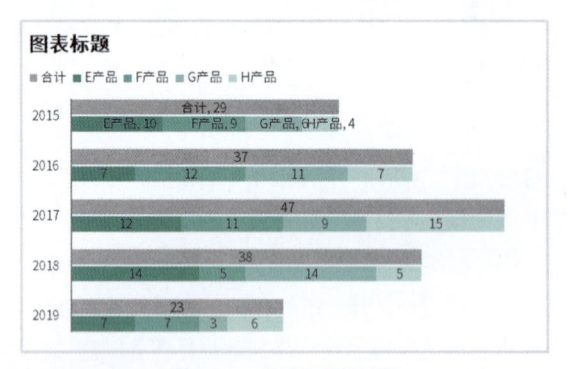

图 3.9.7　簇状堆积条形图

2. 分类条形图的制作

对原始数据重新排列的第二类应用是制作分类图，让看似只有一个系列的柱形图或条形图，能自动区分区域、年龄段、考核结果等不同的类别。比如图 3.9.8 所示的分类条形图，其中橘色、灰蓝色、灰色的条形分别代表家人、朋友和其他，在制作时需要将"系列重叠"设置为 100%。

对原始数据重新排列后，还可以制作出如图 3.9.9 所示的带系列合计值的分类柱形图，其中绿色、中绿色和深绿色的柱形分别代表 A 公司、B 公司和 C 公司的产品销量，浅绿色的背景柱形代表 3 家公司当季度的合计销量。在制作时需要注意，将"季度合计"柱形放在主要坐标轴上，将"间隙宽度"设置为 0%，填充 80%透明度的绿色；将 3 家公司的柱形放在次要坐标轴上，将"系列重叠"设置为 100%，将"间隙宽度"设置为 30%，依次填充不同深浅的绿色；将两个纵坐标轴的取值范围均设置为"0~50"。

第 3 章　工作型图表设计技巧

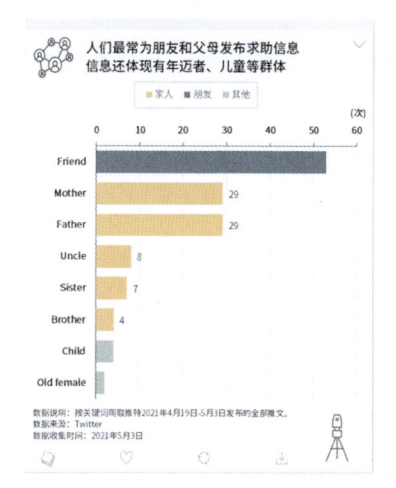

图 3.9.8　分类条形图及源数据

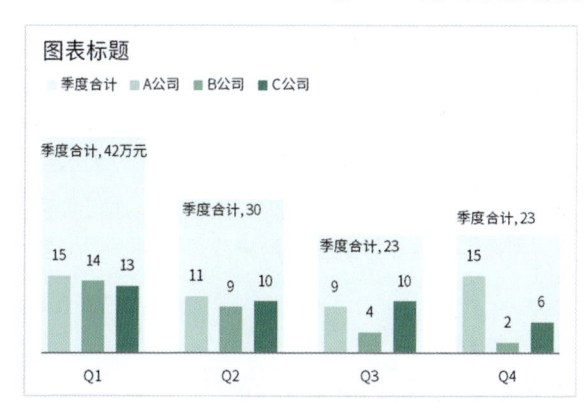

图 3.9.9　带系列合计值的分类柱形图及源数据

除了以上两种分类的图表，在图表内自动显示最大值、最小值、高于或低于平均值等的特定值，也可以利用对原始数据重新排列的方式来实现。比如图 3.9.10 所示的自动高亮显示销售额低于平均值的柱形图，其原理就是在"销售额"系列柱形的基础上添加一个新的"低于平均值柱形"系列。以 C2 单元格为例，这里应用了公式"=IF(B2<=AVERAGE($B$2:$B$13),B2,"")"，判断当前公司的销售额是否低于平均值，如果低于平均值，则返回该公司的销售额，否则返回空值。在制作时，需要将"系列重叠"设置为 100%，也就是将"低于平均值柱形"系列柱形叠加在"销售额"系列柱形之上。同理，利用 MAX 和 MIN 函数可以筛选出最大值或最小值，做出自动高亮显示最大值或最小值的柱形图。

251

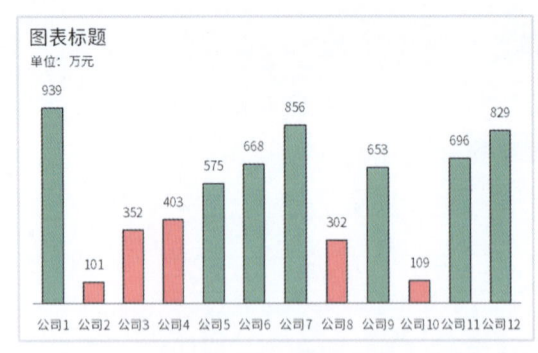

工作型图表设计：实用的职场图表定制与设计法则

图3.9.10 高亮显示销售额低于平均值的柱形图及源数据

3. 分隔区域图表的制作

常见的分隔区域图表的制作思路也是重新排列原始数据。如图3.9.11（1）所示，是模仿自《DT财经》的分隔区域图表，其中展示的是"00后""95后""90后""85后""80后""80前"人群学习厨艺采用的方式，每一种方式都对应一个"折线图+面积图"，在相邻方式的折线图之间添加了隔断，让读者有一种6个图表独立的感觉。本例中为6条折线设置了相同的颜色，其原始数据不需要被拆分成多个系列，只需在两个折线图的中间添加空行即可（制作分类折线图需要参照分类条形图的设置方法，将原始数据拆分成6个系列）。制作分隔区域图表还有一个难点，就是断开相邻的折线图，其制作原理是添加辅助散点并将误差线设置为图表背景色（白色），利用垂直误差线遮挡住网格线，利用水平误差线遮挡住横坐标轴。

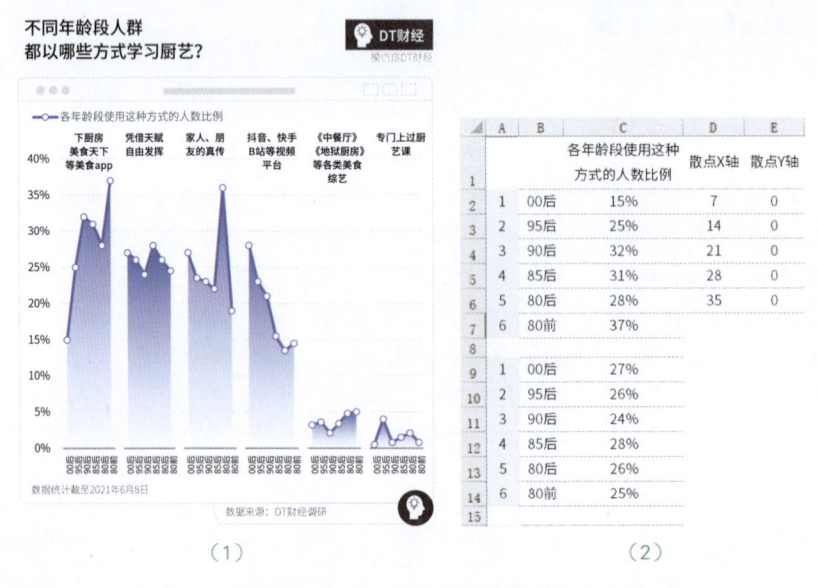

（1）　　　　　　　　　　　　（2）

图3.9.11 分隔区域折线图1及部分源数据（模仿自《DT财经》）

252

在制作时，如图 3.9.11（2）所示，选择 B1:D42 单元格区域，插入带数据标记的折线图，然后复制 C1:C42 单元格区域（"各年龄段使用这种方式的人数比例"列，以下简称"比例系列"）并粘贴至图表中，将新粘贴的比例系列的图表类型更改为面积图。接着将散点系列的图表类型更改为散点图并修改数据源，将 X 轴系列值修改为 D2:D6，将 Y 轴系列值修改为 E2:E6。接下来将纵坐标轴的取值范围设置为"0~0.4"，效果如图 3.9.12（1）所示。

将面积图设置为渐变色填充，线性 90°，由蓝色向 100%透明度的蓝色过渡。然后将折线设置为蓝色，将数据标记设置为 5 号（白色填充、蓝色线条）。接着为散点系列添加误差线，将水平误差线设置为正负偏差、无线端，固定值为 0.5，5 磅白色线条；将垂直误差线设置为正偏差、无线端，固定值为 0.4，5 磅白色线条。最后隐藏散点图的数据标记，删除图例中的面积图系列和散点系列，效果如图 3.9.12（2）所示。

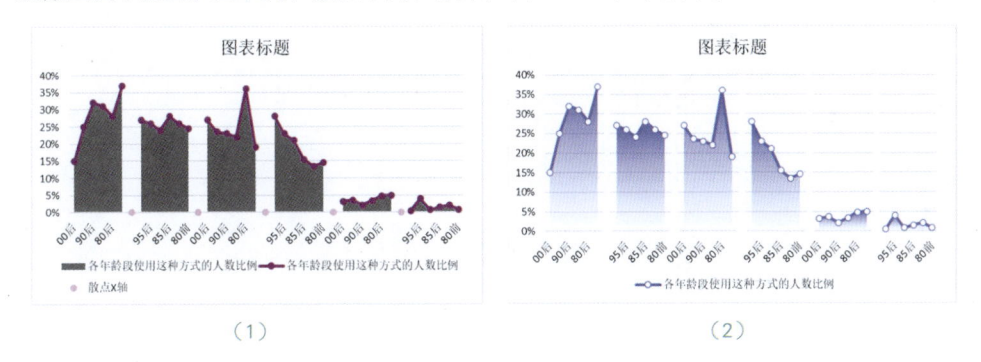

图 3.9.12　分隔区域折线图 1 的制作步骤

除了用散点的误差线来分隔图表区域，还可以利用辅助柱形对绘图区进行分隔，如图 3.9.13（1）所示。

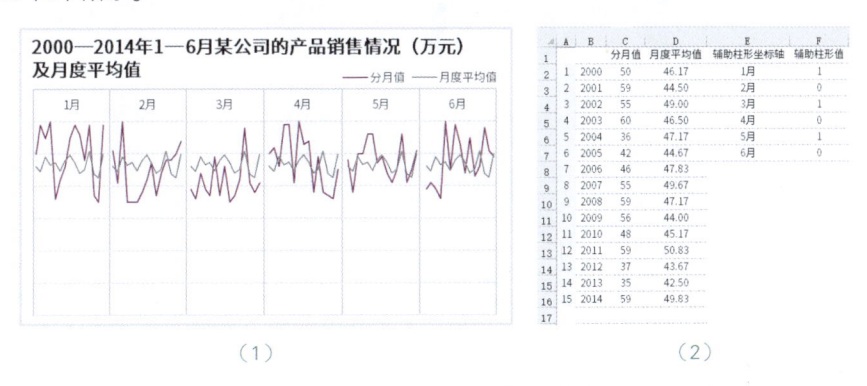

图 3.9.13　分隔区域折线图 2 及部分源数据（模仿自"Power BI"）

在制作时，如图 3.9.13（2）所示，选择 B1:D96 单元格区域，插入折线图，然后复制 E1:F7 单元格区域（"辅助柱形坐标轴"列和"辅助柱形值"列）并粘贴至图表中，将"辅助柱形坐标轴"系列的图表类型更改为簇状柱形图并放在次要坐标轴上，效果如图 3.9.14

（1）所示。

设置次要横坐标轴，如图 3.9.14（2）所示。然后将次要纵坐标轴的取值范围设置为"0~1"，将柱形的"间隙宽度"设置为0%，将填充设置为90%透明度，效果如图 3.9.14（3）所示。

将次要纵坐标轴的横坐标轴交叉的坐标轴值设置为1，然后隐藏次要纵坐标轴和主要横坐标轴的标签与线条，将次要横坐标轴的刻度线设置为"无"。接着将"分月值"系列折线设置为1磅紫色，将"月度平均值"系列折线设置为1磅白色（深色50%）。接下来为绘图区添加边框，添加次要坐标轴的主要垂直网格线，删除图例中的"辅助柱形值"系列，效果如图 3.9.14（4）所示。

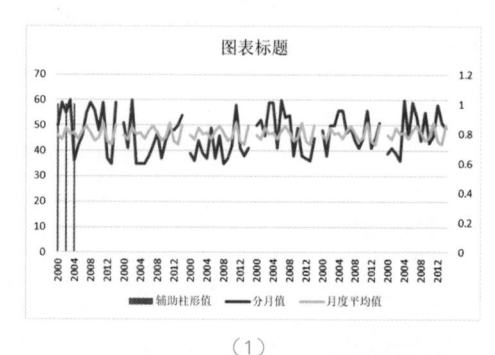

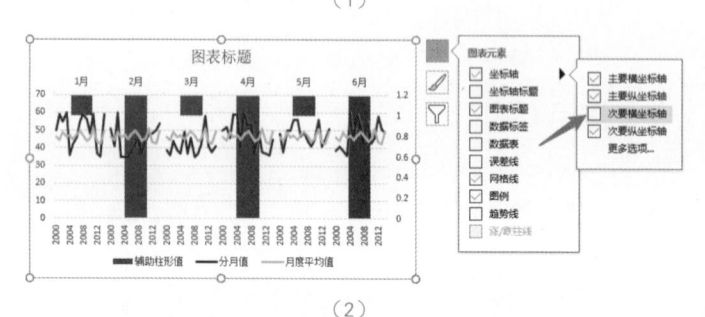

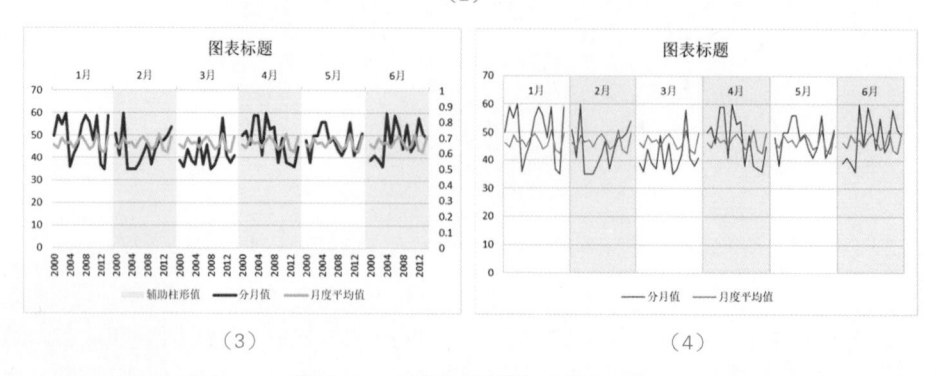

图 3.9.14　分隔区域折线图2的制作步骤

3.10 表格设计要点：边框和填充

当表图结合时，表格是容器和基础。当可视化没有思路时，表格是首选或最后的选择。在制作图表时，对表格花的心思最少，甚至只是简单地堆放数据，难道表格只能是陪衬和配角吗？正好相反，表格是图表中的王者，无出其右的包容性、举重若轻的数据表现，都可以称得上绝对的主角。本节主要从表格设计要点、圆角矩形表格的制作、经典财经风格的表格示例、经典财务风格的表格示例、经典数据新闻风格的表格示例入手，抛弃古板陈旧的形式，制作有设计感的表格。

3.10.1 表格设计要点

在设计表格时，要从基础元素抓起，如行高、列宽、文字及对齐方式、边框和填充。总结起来，基本优化要点就是同高同宽，整齐划一；行高字小，留出空隙；字体统一，保持对齐；多横少竖，有粗有细；深浅填充，显出层次；重点内容，突出标记。

同高同宽，整齐划一：理想状态下的表格，是保持所有行的高度统一，所有列的宽度也统一。当然，在实际工作中，表格的行高、列高通常都不会绝对统一。如果无法实现表格行同高或列同宽，则应尽量减少参差不齐的行或列。也就是说，在同一个表格内，不同的行高尽量不要超过 3 种（对于列宽，根据实际情况可以适当放低要求），当内容长度相近时，能合并成一类行高或列宽的，则建议合并。对于不同的行高，在设置时按照倍数来增大，比如 1.5 倍、2 倍、2.5 倍和 3 倍等，即两行显示采用单行高的 1.5 倍，三行显示采用单行高的 2.5 倍。如图 3.10.1 所示，表格内包含两类行高，"线条"行与"球形"行同高，其余行同高，"线条"行的高度为其余行的高度的 1.5 倍。

视觉元素与典型图表的对应关系

视觉元素	属性	释义	典型图表
点与面	位置	数据在空间中的位置	散点图
线条	长度	图形的长和高	柱形图、直方图、条形图
角	角度	向量的旋转	饼图、环形图
指向性线条	方向	空间中向量斜度	折线图
三角形、矩形等	形状	符号类别	图表标记
球形	面积	二维图形的大小	面积图、气泡图、矩阵树图
立方体	体积	三维图形的大小	三维立体图表
地图、日历	饱和度	色调的强度	热力图
地图、日历	色调	指颜色	热力图

内容和图表格式来源于公众号"Bizand"。

图 3.10.1 统一行高的表格（模仿自"Bizand"）

提醒两点：

1. 在设置行高时，可以按住 **Ctrl** 键依次选中待设置行，然后统一进行设置。或者先设置好一行，然后用格式刷快速应用至其他行。

2. 表格中的"边框"其实是单独的一行。由于表格本身的边框线型比较固定，在插入超宽的边框线条时，建议插入单独的表格行并填充来代替边框。

行高字小，留出空隙：表格和其他图表类型一样最怕拥挤，拥挤则会显得混乱，因此要将行高设置得比正常略高一些，将字体设置得比正常略小一些，留出自由呼吸的空间，也就是要符合图表美化中的"松"字诀。如图 3.10.2 所示，是典型的高行高、小字体形式，即使表格内的文字很多，也不会让人有局促感。

关于PPT，你必须了解的事

类型	报告（详尽的）	演说（演绎性的）	故事（戏剧化的）
结构	专题性质，分层结构	二重，在事实和故事之间	戏剧结构（铺陈、情节推动、高潮、结局）
行为	调查、记录、收集、评价、告知、更新	呈现、简化、明晰、演化、启发、简明	体验、表达、抒情
结果	发现、证据、事实、细节	动机、触发、参与	记忆、关联、联想
传递	通过文件，直截了当、准确沟通	通过令人信服、有吸引力的方式沟通	通过富有表现力的戏剧沟通

内容和图表格式来源于公众号"Bizand"。

图 3.10.2　高行高、小字体的表格（模仿自"Bizand"）

字体统一，保持对齐：表格中用的字体要保持统一，建议选择同一字族的字体，然后借助字号大小和粗细的方式，区分标题、表头和主体部分和强调内容，形成表格的层次感。在对齐时，文本信息通常左对齐，以适应现代人从左到右的阅读习惯；数据通常右对齐，方便对数字的直观对比；表头与主体内容的对齐方式一致。更多详细内容可参考 2.1 节。

多横少竖，有粗有细：水平边框线加强的是横向视觉引导，突出上、下行间的对比。如果对表格内容设置了一定的对齐方式，那么通过水平边框线已经能够实现明显的分隔，无须添加多余的垂直边框线，尤其是表格左、右两侧的垂直边框线，添加后会形成封闭的空间，失去拓展性和延伸性。当老板要求必须添加垂直边框线时，建议将线条变细、变浅，搭配水平边框线，形成一定的层次感。此外，如图 3.10.1 和图 3.10.2 所示，通常还将标题、表头或主体内容的下边框线设置为粗线和深色，与其余线条产生对比的美感。与水平边框线相反，垂直边框线加强的是纵向视觉引导，突出左、右列间的对比，此时无须再添加水平边框线，多余的线条反而会分散读者的注意力，无法聚焦在核心内容上。相对而言，上、下行对比与左、右列对比，前者更符合读者由左至右阅读连续性信息的习惯。

在设置边框时，按"Ctrl+1"组合键，可以调出"设置单元格格式"对话框，在"边框"选项卡中，依次选择边框的颜色、样式以及位置（包括垂直方向的上、中、下，水平方向的左、中、右，斜线边框），如图 3.10.3 所示。此外，还可以直接选择"外边框"或"内部"整体给表格添加边框。

第 3 章　工作型图表设计技巧

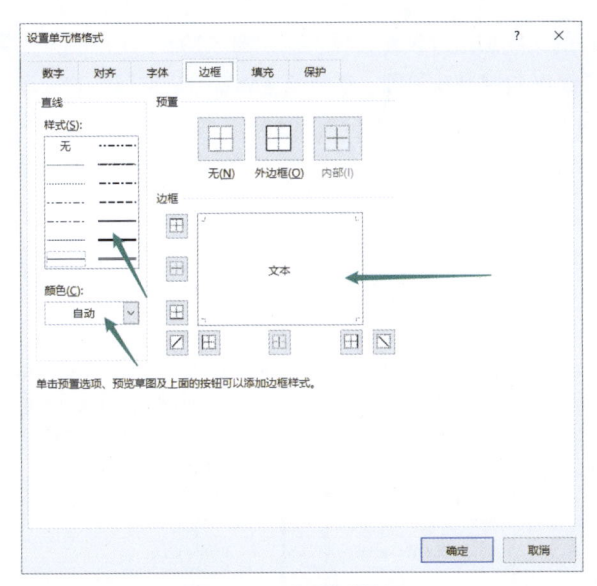

图 3.10.3　设置表格边框

深浅填充，显出层次：文字大小对比、边框线型对比与深浅填充对比是增强表格层次感的"三大法宝"，其中填充的对比效果最为明显。如图 3.10.4（1）所示，在填充时，对表格的主体内容进行深色与浅色间隔填充或者隔行填充（相当于深色与白色间隔填充），这种填充方式还可以代替水平边框线发挥分隔信息的作用。此外，还有一种常用的做法就是仅填充标题或表头部分。在设置表格填充时，直接在"开始"选项卡中单击"油漆桶"按钮，然后选择相应的颜色即可，如图 3.10.4（2）所示。

（1）　　　　　　　　　　　　（2）

图 3.10.4　间隔填充的表格（模仿自《DT 财经》）

重点内容，突出标记：有 4 种方式可以突出表格中的重点内容。

257

①**对重点内容的文字加粗或设置强调色**。如图 3.10.5 所示，对"下滑原因"列中的关键词标红后，方便读者对照寻找原因。在表格主体部分，前两列均为双行显示，且字体的大小和颜色也不同，设置方法为利用"Enter+Alt"组合键进行强制换行，然后将上行的字体设置为思源黑体、黑色（淡色 15%）、11 号，将下行的字体设置为思源黑体、黑色（淡色 50%）、10 号。

②**对重点行、重点列设置填充**。如图 3.10.6 所示，为了呼应副标题"西南省有两个大区榜上有名，成为销量下滑最严重的省份"的观点，将销售地区为西南省的行填充为浅灰色。

图 3.10.5　突出关键词的表格
（模仿自《澎湃美数课》，内容有修改）

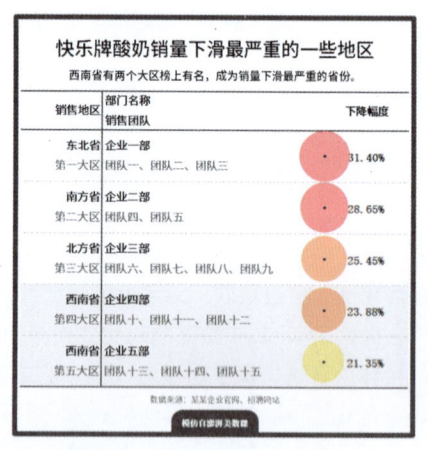

图 3.10.6　填充重点行的表格
（模仿自《澎湃美数课》，内容有修改）

③**对重点行、重点列添加外边框或者插入矩形框**。如图 3.10.7 所示，在重磅推荐的增强版软件这一列叠放了一个高亮的、远大于原列大小的矩形框后，消费者第一眼就会关注到它。在制作时，只需要插入矩形并设置为无填充、2 磅橘色线条，然后放置在表格的相应位置即可。

图 3.10.7　用矩形框标注重点列的表格（模仿自网络图片）

④对重点数据进行可视化，也就是表图结合，利用自定义单元格格式、REPT 函数、条件格式、迷你图和嵌入式图表等形式吸引读者的关注。详细内容请参考 3.1 节和 3.7 节。

在了解了表格设计的要点后，对于一张表格，应该如何一步步进行优化呢？总体来说，可以分为以下 5 步。

①调整字体，快速改变表格的气质。

②统一行高和列宽，在规范表格的同时，给表格透透气。

③对齐表格内容，给读者视觉上的统一感，视线流动更顺畅。

④设置边框和填充，丰富表格层次。

⑤突出重点内容，增加表格的焦点。

3.10.2 圆角矩形表格的制作

相对于矩形背景，圆角矩形更柔和、更舒适，也受到更多人的钟爱，生活中很多电子产品都是这种形状的，比如手机、平板电脑，还有各类手机 App 图标和模块等。Excel 中的表格是由一个个有棱有角的矩形单元格组成的，那么如何制作如图 3.10.8 所示的圆角矩形表格呢？相信看过 3.2 节"创意图表制作：图层重叠"的读者，肯定能够梳理出制作思路，其由圆角矩形背景和粘贴为图片的内置表格（或表格截图）叠加而成。

在制作时有以下几个注意要点：

①调整圆角矩形的圆角。 如图 3.10.9 所示，在插入圆角矩形后，其左上角会出现一个黄色小圆球，它的作用就是用于调整圆角矩形的圆角弧度，向左调整弧度变小直至变为矩形，向右调整弧度变大直至变为半圆形。

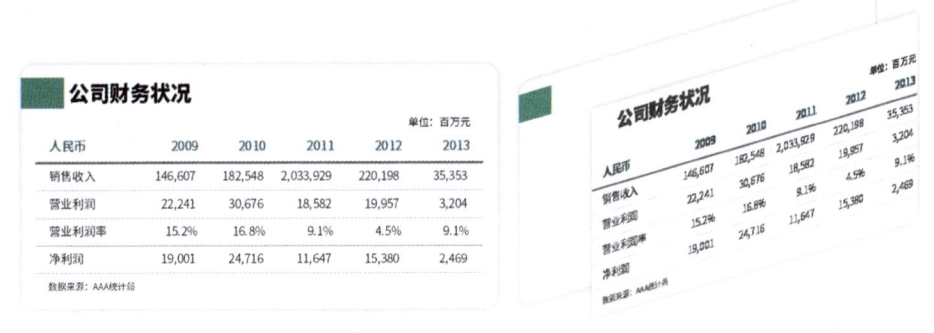

图 3.10.8 圆角矩形的表格及制作思路（模仿自网络图片）

②添加阴影。 为了正常显示圆角矩形，其背景色不能与文档背景同色。当将其填充为纯白色时，建议通过添加阴影的方式来突出显示圆角矩形。如图 3.10.10 所示，选择预设阴影中的外部效果，并设置颜色、透明度、大小、模糊、角度和距离等参数。参数设置并

不是固定的，可以根据需要进行调整。

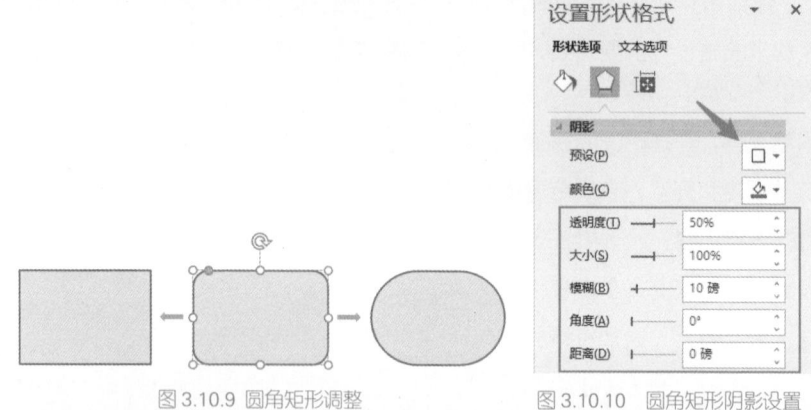

图 3.10.9　圆角矩形调整

图 3.10.10　圆角矩形阴影设置

③**圆角矩形背景与表格对齐**。圆角矩形背景应略大于表格图片，两者水平居中和垂直居中，保持上、下间距及左、右间距相同，看起来才会更协调。

④**设置表格无填充**。将表格设置为无填充或者与背景相同的填充，两者的融合度才会更高。

如图 3.10.11 所示，在圆角矩形背景的基础上，给表格添加间隔填充的圆角矩形，会进一步提升其设计感。整张表格被分为 3 层，由下到上分别是圆角矩形背景层、圆角矩形填充行层和表格层。在制作时，分别在"营业利润"行和"净利润"行添加浅绿色的圆角矩形即可。注意，将两个圆角矩形填充为浅色（建立层次感，更不能喧宾夺主），保持对齐并与上方的线条同宽或略窄。

公司财务状况					单位：百万元
人民币	2009	2010	2011	2012	2013
销售收入	146,607	182,548	2,033,929	220,198	35,353
营业利润	22,241	30,676	18,582	19,957	3,204
营业利润率	15.2%	16.8%	9.1%	4.5%	9.1%
净利润	19,001	24,716	11,647	15,380	2,469

数据来源：AAA统计局

图 3.10.11　用圆角矩形填充行的表格

沿着这个思路继续思考，也可以通过插入的方式来制作表格的边框线条，还能避开 Excel 对边框线型的限制。也就是说，可以完全按照自己的想法将表格"拼接"出来，就像用多张图表"堆积"成组合图一样，这不正是很多人爱玩积木的乐趣所在吗？

3.10.3 表格设计经典示例

表格的制作难度并不高，技巧也不复杂，难点在于创意。接下来就介绍一些不同风格的优秀表格。

1. 经典财经风格的表格示例

如图 3.10.12 所示，是《第一财经》的经典表格，没有任何多余的装饰，直奔主题，只运用了简单的线条或填充来区分不同的类别内容。

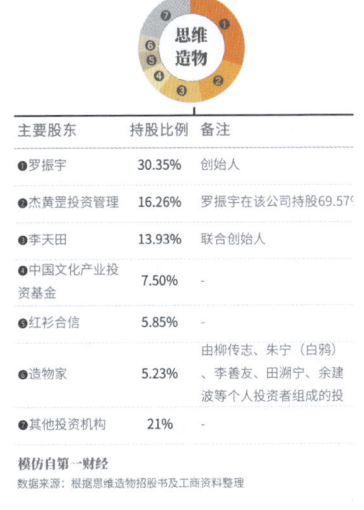

图 3.10.12　经典财经风格的表格（模仿自《第一财经》）

在制作时有如下注意事项。

左侧表格：为了让标题更紧凑，分成两行进行显示，第一行设置了底端对齐，第二行设置了顶部对齐。或者直接用文本框代替默认标题，将文本框的段落间距设置为 0.7 倍。

右侧表格：这是圆环图的加强版图例，在圆环图与表格之间添加了连接线。圆环图中间的 logo 是后期插入的圆形，并设置为白色填充、白色（深色 50%）虚线边框。

2. 经典财务风格的表格示例

如图 3.10.13 所示，是 "Zebra BI" 的经典表格，拥有极简化的设置和标准化的格式，通常搭配图表使用。

①标题行：其高度是其他行高度的 2~3 倍，文字水平方向左对齐、垂直方向下对齐，下边框为灰色粗线。

②单位行：位于第二行，文字水平方向左对齐、垂直方向上对齐。

③表头行：下边框设置得很有特色，用高度为 3.75 的行来制作，且不同的线条代表不同的含义——“去年同期”列的线条用浅灰色填充，“销售额”列的线条用深灰色填充，“预算”列的线条用无填充、深灰色的细边框线，其余列的线条用浅灰色的细线。

④主体部分：仅在每个大区下添加浅灰色的细边框线。

⑤列分隔：在列与列之间添加宽度相同的空白列用于分隔信息。“地区”列左对齐，“去年同期”列、“销售额”列和“预算”列右对齐，“销售额同比增加”列和“预算同比增加”列居中对齐。“销售额同比增加”列和“预算同比增加”列被填充为浅灰色，其余列被填充为白色或不填充。

⑥辅助信息：在表格的最下方添加制作者信息（左下角）和制作时间（右下角）。

受匈牙利和西欧拖累，尽管去年同期销售额增长 10.2%，但仍较预算值低 - 121。

单位：百万欧元 模仿自Zebra BI

地区	去年同期	销售额同比增加	销售额	预算同比增加	预算
奥地利	81	+13	95	-29	123
希腊	72	+50	122	+10	112
意大利	13	+3	17	+1	15
德国	114	-31	82	-58	140
荷兰	102	+24	126	-50	177
西欧	**382**	+60	**442**	-126	**568**
保加利亚	500	-107	393	+77	316
捷克	929	+140	1,069	+45	1,024
匈牙利	205	+77	281	-146	428
波兰	475	+161	637	+54	583
俄罗斯	234	+40	274	-31	304
东欧	**2,342**	+311	**2,654**	-1	**2,655**
加拿大	15	-4	11	+0	11
美国	26	+16	42	-8	50
北美	**41**	+12	**53**	-7	**61**
阿根廷	147	-45	101	-33	135
巴西	489	-4	486	+59	426
南美	**636**	-49	**587**	+26	**561**
印度	22	+7	29	+9	20
日本	278	+185	464	-19	482
中国	292	-121	171	-3	174
亚洲	**592**	+72	**664**	-12	**676**
世界	**3,994**	+406	**4,400**	-121	**4,521**

办公室小明设计制作 2021/6/21

图 3.10.13 经典财务风格的表格（模仿自“Zebra BI”）

3. 经典数据新闻风格的表格示例

如图 3.10.14 所示，是《网易数读》的经典表格，其特色就是用各类图形拼接成创意形状，吸引力十足，缺点是制作比较烦琐，需要纯手工拼接和摆放每一部分的内容，就像在做 PPT。不过，当找到制作窍门后，难度并没有想象中那么高，其中最关键的部分就是将表格进行拆分，每一行都是一个独立的个体，先做好第一行的内容，然后复制并修改文字和数据，就能得到下一行的内容，当全部做好后纵向平均分布即可。

图 3.10.14　经典数据新闻风格的表格 1（模仿自《网易数读》）

如图 3.10.15 所示，每一行均由方式矩形框、热度值柱形图、攻略文本框三部分组成，并设置了垂直居中对齐。

①矩形框。设置了背景色填充、1.5 磅黄色边框，在左、右两侧垂直居中各添加了一个微型矩形（高度为 0.13cm，宽度为 0.24cm，1.5 磅与背景色同色的边框线条），文字水平方向和垂直方向均居中对齐，字体为思源黑体 Medium、黑色（淡色 15%）、11 号。

②柱形图。"系列重叠"为 100%的簇状柱形图，辅助列柱形被填充为浅黄色的圆角矩形，热度值柱形被填充为中间带白色虚线的黄色圆角矩形（白色虚线与圆角矩形对齐后组合）。具体的制作步骤可参见 3.6 节中的"柱形/条形式参考标准"部分。

③圆角矩形文本框。上、下、左、右边距均被设置为 0，文字水平方向左对齐、垂直方向居中对齐，字体为思源黑体 Light、黑色（淡色 25%）、11 号。在每个单独的行前都添加了微型圆形，其高度和宽度均为 0.16cm，背景色填充，1.5 磅黄色线条。

表头部分由一条 1.25 磅的黄色线条和三个文本框组成，文本框被设置为背景色填充、无线条，文字水平方向和垂直方向均居中对齐，字体为思源黑体 Medium、黑色（淡色 15%）、11 号。

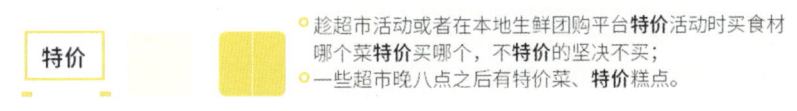

图 3.10.15　表格行的组成部分

如图 3.10.16 所示，同属于《网易数读》的经典表格，和图 3.10.14 所示表格的区别在于组成的形状不同。其主体部分的每一行均由蓝色矩形（高度为 1.47cm，宽度为 0.18cm，蓝色填充，无边框）、圆顶角矩形（高度为 12.87cm，宽度为 1.47cm，向右旋转 90°，白色填充，0.25 磅灰色边框）、攻略文本框［高度为 1.33cm，宽度为 3.11cm，无填充，无边框，文字水平方向和垂直方向均居中对齐，字体为思源黑体 Medium、黑色（淡色 15%）、11 号］、内容文本框［高度为 1.33cm，宽度为 5.92cm，无填充，无边框，文字水平方向和垂直方向均居中对齐，字体为思源黑体、黑色（淡色 35%）、10 号］、攻略文本框与内容文本框之间的分隔线（0.25 磅灰色线条）和热度指数文本框［高度为 0.82cm，宽度为 2.2cm，浅蓝色填充，深蓝色边框，文字水平方向左对齐、垂直方向居中对齐，字体为思源黑体、黑色（淡色 15%）、11 号］共同组成，所有元素均垂直方向居中对齐。表头部分由大括号（高度为 12.63cm，宽度为 0.37cm，向右旋转 90°，0.25 磅灰色线条）和三个文本框（背景色填充、无线条）组成，在每个文本框下都添加了连接线，与主体部分连接。

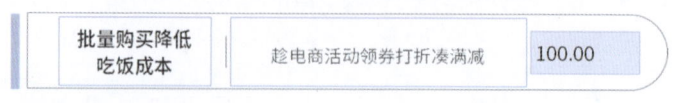

图 3.10.16　经典数据新闻风格的表格 2 及其构造（模仿自《网易数读》）

第 4 章

常用工作型图表介绍

前 3 章分别介绍了图表的基本元素、设计法则和设计技巧，那么接下来是不是就应该着手去解决问题和设计图表了呢？暂时不行，因为还差很关键的一步——如何选择正确的图表类型。还拿之前的武术修行来举例，师父已经教了入门功夫、练气和武功招式，但是尚未传授招式的使用场景，以及遇到对手后该如何出招，所以还得继续学一学师父行走江湖的对敌经验，为最后的出师做好准备。

4.1 选择正确的图表类型

工作中，笔者被问得最多的问题就是，现在手里有什么样的数据、数据量是多少，应该选用什么图表好呢？或者是除了用某种图表，还能用其他什么图表？其实用好图表、选对图表有一定的规律，要先弄清楚想表达的具体信息是什么，然后再根据数据的表达关系匹配相应的图表类型。图表常用的表达关系有**对比、构成、分布和联系** 4 类，接下来依次介绍。

1. 对比关系

表达对比关系的图表主要展示事物的排列顺序。对比关系可以分为静态对比、动态对比和综合对比。

静态对比又被称为横向对比，即指在同一时间条件下的统计数值对比，如不同地区的对比、不同部门的对比、实际完成情况和计划目标的对比。推荐使用表格、柱形图或条形图，如果类别较多、类别名称较长，则推荐使用条形图和表格。

动态对比又被称为纵向对比或时间序列，是指同一统计指标在不同时间上统计数值的对比，它反映了随历史发展而发生的数量上的变化，常用周期有每日、每周、每旬、每月、每季度、每年等。推荐使用柱形图，当类别较多时，推荐使用折线图或面积图。

综合对比也可被理解为静态对比+动态对比，是指不同统计指标在不同时间上统计数值的对比。当有两个系列时，推荐使用柱形图、条形图；当有 3、4 个系列时，推荐使用折线图、面积图；当超过 4 个系列时，推荐使用组合图。详情可参考 5.2 节 "老板说：所有数据都要放在一张图表中"。

2. 构成关系

表达构成关系的图表主要关注每个部分占整体的百分比。构成关系可以分为静态结构、动态结构和结构+对比。

静态结构即指在同一时间条件下，构成事物要素的数量比例和排列次序。推荐使用饼图、圆环图或树状图。

动态结构即指构成事物要素的数量比例和排列次序在一定期间内发生的变化。推荐使用百分比堆积柱形图或百分比堆积条形图，当类别较多时，推荐使用百分比堆积面积图。

结构+对比即指构成事物要素的数量和数量比例在一定期间内发生的变化，既有总量对比，也有结构占比。推荐使用堆积柱形图或堆积条形图，当类别较多时，推荐使用堆积面积图。

3. 分布关系

在表达分布关系的图表中，将总体中的所有单位按组进行归类整理，形成总体单位在各组间的分布，也就是频率以及分布情况。推荐使用正态分布图、直方图、散点图或气泡图。

4. 联系关系

在表达联系关系的图表中，我们主要查看两个变量之间是否存在相关关系或者相关的程度，还可以通过相关关系对系列进行区域定位分析，或者反映系列的变化趋势。表达相关关系，推荐使用散点图或气泡图；区域定位分析，推荐使用波士顿矩阵图，其本质仍是散点图，只是在散点图中添加了平均值点或者预期的设定值点，然后用误差线将整个绘图区分成4个区域，这样就会形成4个象限，每个象限的定位不同，常用于分析产品品种及其结构。详情可参考3.3节中的"划分图表区域"部分。

总结：关于选择正确的图表类型，有一份备受图表爱好者推崇的"图表选择指南"，由国外专家Andrew Abela设计制作，针对4类常用的数据表达关系推荐了相应的图表类型。如图4.1.1所示，笔者针对工作型图表的定位，对这份"图表选择指南"做了相应的增删和优化。

读者可能会有疑惑，时下图表类型在不断地推陈出新，这份指南会不会过时？与穿衣同理，关于穿衣有一个很奇怪的现象，很多女生总会因为找不到合适的衣服穿而选择不停地添置新衣，但是经常穿的衣服反而是比较固定的那几件。对于图表来说，外观会变化、种类会增加，但其表示的4类数据关系并不会随之变化。另外，经典的图表类型就相当于奢侈品中的经典保留款，无论潮流风向如何变化，经典却永不过时。如果你经常关注可视化类报刊或媒体就会发现，即使是最为追求变化的数据新闻类图表，其大部分也依然是在经典图表的基础上做适度的微创新，这样做既不会让读者产生审美疲劳，又不会"逼迫"读者去理解认知新的图表类型。对于工作型图表来说，高频使用的就是这些经典的图表类

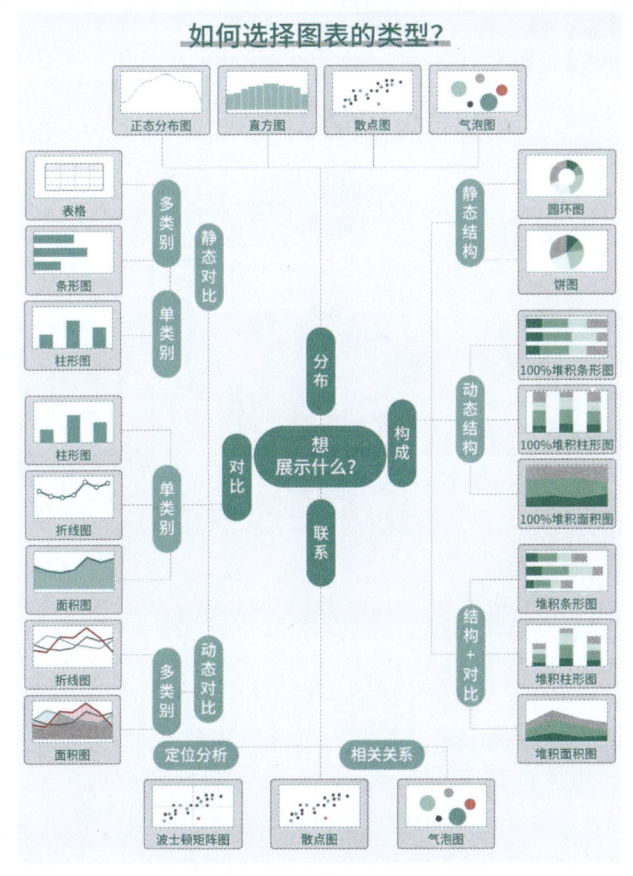

型，本章会重点介绍几类经典图表的用法，也相当于对这些图表的应用进行温习和总结。

图 4.1.1　图表选择指南

4.2　经典对比：柱形图

1. 基本介绍

柱形图使用柱形的高度来反映数据间的差异，是最经典的表达对比关系的图表，也是展现对比关系的首选图表。不同的柱形图类型表达不同的数据关系，比如簇状柱形图表达的是对比关系，堆积柱形图与簇状堆积柱形图组合表达的是结构+对比关系，百分比堆积柱形图表达的是结构关系。

2. 常用形式和处理方式

如图 4.2.1 所示，柱形图作为应用最广泛的图表类型之一，其常见的处理方式有很多种。

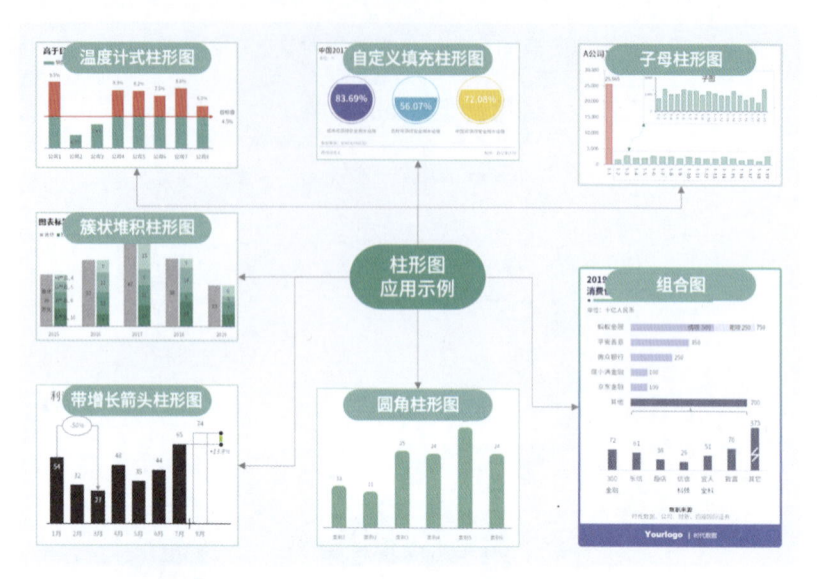

图 4.2.1　柱形图应用示例

设置圆角边框：将柱形的"间隙宽度"设置为 300%以上，将边框设置为 10 磅以上、圆形线端类型，可以制作圆角柱形。用柱形的误差线同样可以实现此效果，详情可参考 3.3 节中的"模仿图表元素"部分。

制作温度计式柱形图：为柱形图添加参考标尺制作而成的温度计式柱形图，可以更加显著地表示目标完成情况和项目进展情况，详情可参考 3.6 节中的"柱形/条形式参考标准"部分。

自定义填充：这是数据新闻类图表与主题相契合的重要手段，用与主题相关的建筑、人物、物品填充柱形图，可以增强读者的代入感，详情可参考 3.5 节中的"图形长度决定数据大小"部分。

簇状堆积柱形图：相对于普通的堆积柱形图，簇状堆积柱形图更能突出合计的对比性与明细的结构占比。分类柱形图使得多类别、多系列的数据对比更清晰，详情可参考 3.9 节中的"簇状堆积柱形图的制作"部分。

添加增长箭头：添加层级差异箭头、总计差异箭头或复合增长箭头，可以凸显数据间的差异，提升柱形图的专业度，详情可参考 3.3 节中的"制作增长箭头"部分和 3.6 节中的"箭头式参考标准"部分。

制作子母图：当数据间的差异过大时，使用单张柱形图无法展示全部差异变化，这时可以选择用母柱形图表示整体情况，用子柱形图显示局部数据放大差异，详情可参考 2.3 节中的"子母图的大小设置方法"部分和 5.4 节中的"数据差异太大"部分。

制作组合图：柱形图是组合图的基础图表之一，将多张柱形图搭配使用或将柱形图与其他图表搭配使用制作组合图,可以解决多种数据关系并存、多维度展示数据变化或分步解析整体等问题,详情可参考 2.7 节和 3.7 节。

4.3 经典对比:条形图

1. 基本介绍

条形图使用条形的长度来反映数据间的差异,可以将其简单地理解为柱形图向右旋转 90° 后的效果。其用法与柱形图基本一致,还因其区别于其他图表的上下排版方式,在展示超多类别以及较长类别名称方面有着天然的优势,详情可参考 1.4 节中的"变柱形图为条形图"部分。不同的条形图类型表达不同的数据关系,比如簇状条形图表达的是对比关系,堆积条形图与簇状堆积条形图组合表达的是结构+对比关系,百分比堆积条形图表达的是结构关系。

2. 常用形式和处理方式

如图 4.3.1 所示,条形图的受欢迎程度和柱形图并无二致,其常见的处理方式也与之类似。

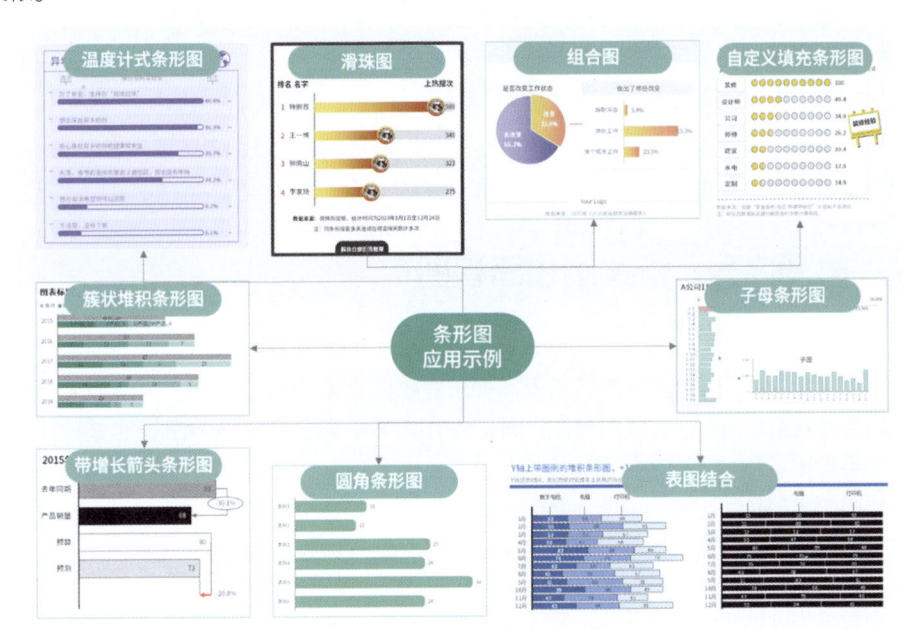

图 4.3.1 条形图应用示例

设置圆角边框:将条形的"间隙宽度"设置为 300%以上、将边框设置为 10 磅以上、圆形线端类型,可以制作圆角条形。

制作温度计式条形图:为条形图添加参考标尺,做成温度计式条形图,可以更加显著地表示目标完成情况和项目进展情况，详情可参考 3.6 节中的"柱形/条形式参考标准"部分。

制作滑珠图：与温度计式条形图的表达方式有异曲同工之妙，用滑珠的位置来决定数据的大小，用条形图来制作滑杆，详情可参考 3.5 节中的"图形位置决定数据大小"部分。

自定义填充：用与主题相关的建筑、人物、物品填充条形图，可以增强读者的代入感，详情可参考 3.5 节中的"图形长度决定数据大小"部分。

制作簇状堆积条形图：簇状堆积条形图更能突出合计的对比性与明细的结构占比，详情可参考 3.9 节中的"簇状堆积柱形图的制作"部分。

添加增长箭头：添加层级差异箭头、总计差异箭头或复合增长箭头，可以凸显数据间的差异，提升条形图的专业度，详情可参考 3.3 节中的"制作增长箭头"部分和 3.6 节中的"箭头式参考标准"部分。

制作子母图。当数据间的差异过大时，使用单张条形图无法展示全部差异变化，可以选择用母条形图表示整体情况，用子图显示局部数据放大差异，详情可参考 2.3 节中的"子母图的大小设置方法"部分。

制作组合图：条形图是组合图的基础图表之一，将多张条形图搭配使用或将条形图与其他图表搭配使用制作组合图，可以解决多种数据关系并存、多维度展示数据变化或分步解析整体等问题，详情可参考 2.7 节和 3.7 节。

嵌入表格：用表格装载海量的各类数据，将以条形图为代表的各类图表嵌入表格中，可以辅助读者理解数据并减轻枯燥感，详情可参考 3.7 节中的"表图结合示例"部分。

4.4 时间序列：折线图和面积图

1. 基本介绍

折线图和面积图都用于反映随着时间变化的数据趋势，其区别在于显示形状不同，一个是线条，一个是面积。折线图和面积图表达的数据关系是动态对比关系，也被称作时间序列，堆积折线图和堆积面积图表达的是结构+对比关系，百分比堆积折线图和百分比堆积面积图表达的是动态结构关系。堆积折线图和百分比堆积折线图一般不单独使用，而是与堆积面积图、百分比堆积面积图搭配使用。很多读者习惯混用折线图与雷达图、面积图与填充雷达图，虽然其视觉形状都是线条或面积，但是雷达图主要用于表达多个系列在多个不同属性类别上的对比，并不适合表现时间序列。

2. 折线图的常用形式和处理方式

如图 4.4.1 所示，折线图的受欢迎程度和柱形图、条形图并无二致，其常见的处理方式有很多种。

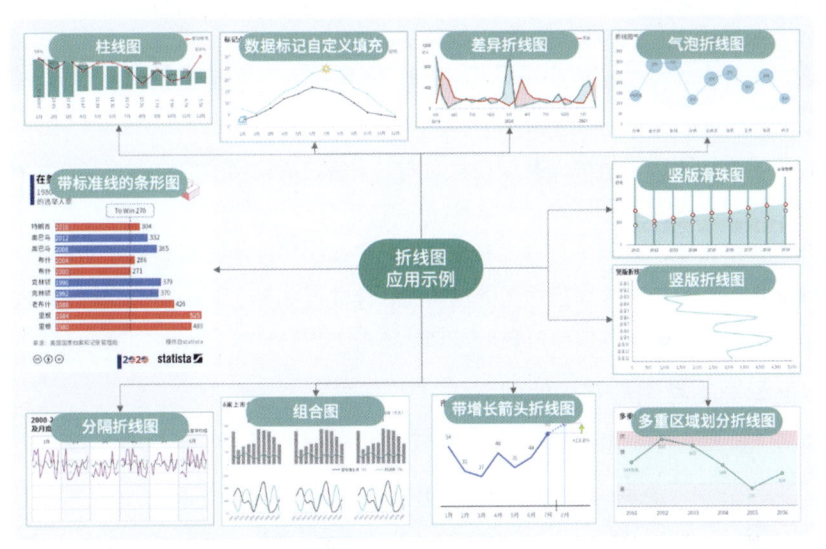

图 4.4.1 折线图应用示例

数据标记自定义填充：将折线图的数据标记填充为与主题相关的图片或图标，可以增强读者的代入感，详情可参考 1.7 节中的 "数据标记的应用案例"部分。

分隔折线图：若图表内的折线数量超过 4 条，那么它们会相互缠绕和遮挡，将其分隔显示后数据对比会变得清晰，详情可参考 3.9 节中的 "分隔区域图表的制作"部分。

给折线图添加参考标准区域：添加参考标准，可以轻松地辨别各类别数据的表现孰优孰劣，详情可参考 3.6 节中的 "面积式参考标准"部分。

制作标准线：作为辅助的标准线，可以为其他图表提供参考，详情可参考 3.6 节中的 "线条式参考标准"部分。

利用涨/跌柱线制作差异折线图：当对收入与支出进行逐月对比时，将收入大于支出的差距部分填充为绿色，将收入小于支出的差距部分填充为红色，可以对每个月是盈余还是负债、盈余额或负债额是多还是少一览无余。收支间的差异折线图采用涨/跌柱线制作，详情可参考 5.4 节中的 "选错图表类型"部分。

添加增长箭头：添加层级差异箭头、总计差异箭头或复合增长箭头，可以凸显数据间的差异，提升折线图的专业度，详情可参考 3.3 节中的 "制作增长箭头"部分和 3.6 节中的 "箭头式参考标准"部分。

制作柱线图：这是在一张图内将两种类型图表组合的典型应用，比如用柱形图表示总量变化，用折线图表示增速变化。

制作组合图：折线图是组合图的基础图表之一，将多张折线图搭配使用或将折线图与其他图表搭配使用制作组合图，可以解决多种数据关系并存、多维度展示数据变化或分步解析整体等问题，详情可参考 2.7 节和 3.7 节。

271

制作竖版折线图：用带线条的散点图模仿制作竖版折线图，详情可参考 3.2 节中的"图表与图表重叠"部分。与条形图一样，上下排版的折线图在展示超多类别以及较长类别名称时优势明显。

制作气泡折线图：将折线图叠放在气泡图的下层，实现两者的组合，详情可参考 3.2 节中的"图表与图表重叠"部分。

制作竖版滑珠图：滑珠为只保留数据标记的折线图，详情可参考 1.7 节中的"数据标记的应用案例"部分；滑杆为折线图的误差线，详情可参考 3.3 节中的"模仿图表元素"部分；面积图为辅助列，其值与红色的数据标记系列保持一致。

3. 面积图的常用形式和处理方式

如图 4.4.2 所示，面积图常见的处理方式有很多种。

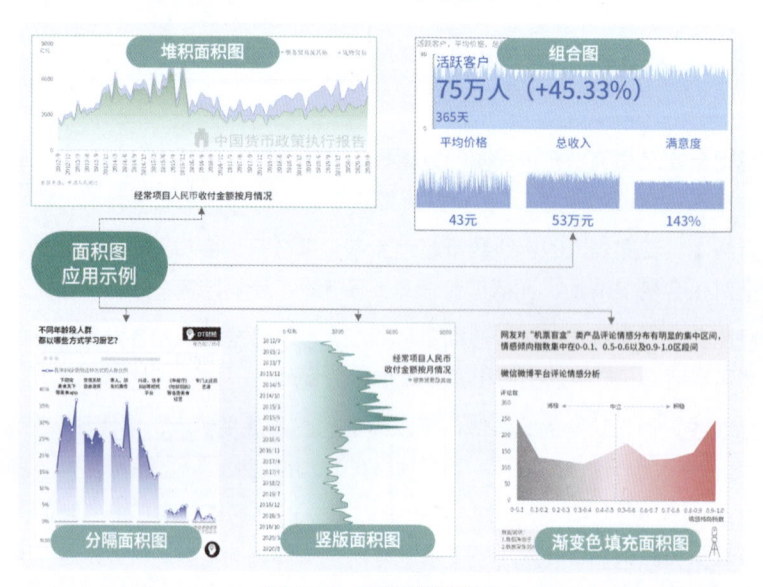

图 4.4.2　面积图应用示例

制作堆积面积图：堆积面积图与堆积折线图搭配使用，将折线设置为深色，将面积图填充为线性 90° 由深至浅的渐变色后，可以增加图表的美观度和层次感。

分隔面积图：其表达效果与分隔折线图一样，分隔后条理分明，数据对比更加清晰，详情可参考 3.9 节中的"分隔区域图表的制作"部分。

制作竖版面积图：Excel 图表本身并不支持旋转，变通之法是将面积图转存为图片后，向右旋转 90° 生成竖版面积图。旋转后横坐标轴和纵坐标轴将互换，为了能正常显示坐标轴标签，应将原面积图的两个坐标轴标签均设置为"所有文字旋转 270°"。对于标题、单位和坐标轴标题，建议旋转后通过添加文本框来制作；对于图例，则可以添加自由图例，详情可参考 1.3 节中的"为组合图添加图例"部分。

制作渐变色填充面积图：利用水平渐变色填充来区分不同的数据类别，将渐变填充设置为线性 0° 由灰色向红色渐变。

制作组合图：组合图的表达效果和单纯的折线图组合图一样，可以单独使用面积图或将其搭配折线图使用，解决多种数据关系并存、多维度展示数据变化或分步解析整体等问题，详情可参考 2.7 节和 3.7 节。

4.5 经典构成：饼图和圆环图

1. 基本介绍

饼图和圆环图都是通过各类别的数值大小占总额的比重来划分其面积的，数值大小与面积大小成正比。饼图和圆环图的区别在于实心与空心，饼图相当于圆环大小为 0% 的圆环图。单饼图或单圆环图表达的是静态结构关系；将饼图与圆环图组合，或者双层圆环图组合而成的旭日图，表达的是清晰的层级和归属关系，以父子层次结构的形式显示数据的构成情况，对数据进行细分溯源。表达结构关系的常用图表还有树状图，然而其新颖的形式并非所有人都能接受，因此还是那句老话：在选择图表时务必因人而异，投其所好。

2. 常用形式和处理方式

如图 4.5.1 所示，饼图和圆环图常见的处理方式有很多种。

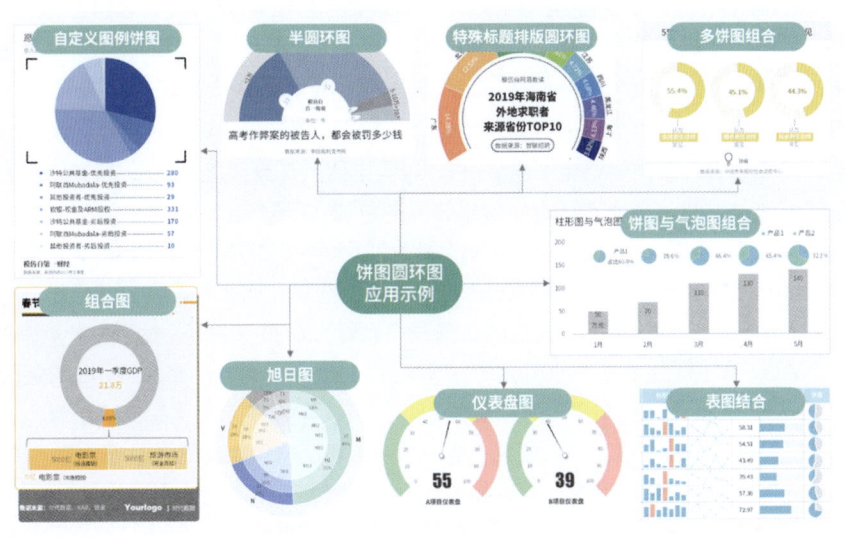

图 4.5.1　饼图和圆环图应用示例

制作半饼图/半圆环圆和扇形饼图/扇形圆环图：隐藏下半圆制作半饼图或半圆环图，隐藏 3/4 下半圆制作扇形饼图或扇形圆环图，详情可参考 3.4 节中的"透明度设置"部分。

制作仪表盘图：用圆环图模拟汽车的仪表盘，展示单项或多项 KPI 指标的完成情况，详情可参考 3.4 节中的"透明度设置"部分。

制作旭日图：当类别过多或者层级过多时，旭日图会变得难以分辨。针对这种情况，有两种处理方式。第一种是调整旭日图的系列顺序，由内向外分别显示从整体到细分，对于非重点关注的细分项目，通过设置为无填充对其进行隐藏，使图表变得简洁。第二种是改成组合图的形式，使用多张饼图或者与堆积柱形图、堆积条形图搭配使用，并且有选择性地展示部分类别的细分项目。

多饼图组合：与仪表盘图的作用类似，主要用于多个类别指标的对比。

饼图与气泡图组合：同时表示各类别的总量对比及每个类别的产品结构占比，详情可参考 3.2 节中的"组合图"部分。

制作组合图：饼图和圆环图是组合图的基础图表之一，将其与其他图表搭配制作组合图，可以解决多种数据关系并存、多维度展示数据变化或分步解析整体等问题，详情可参考 2.7 节和 3.7 节。

表图结合：将饼图或圆环图分别嵌入表格中，可以表示增长率、完成率或占比情况等，详情可参考 3.7 节。

制作自定义图例的饼图：当饼图中的类别较多且类别名称较长时，可以利用表格模仿图例，然后再与饼图组合，经过排版和建立联系后两者合二为一，详情可参考 2.7 节中的"不同类图表组合"部分。

制作标题特殊排版的圆环图：圆环图的优势在于可以将标题、图例、数据来源等文字信息统一放置在其中间的空白位置，充分利用图表空间，详情可参考 1.2 节。

最后简单介绍旭日图的制作方法。如图 4.5.2（1）所示，这里的难点在于对原始数据的排列，其中浅灰色填充的行为"层级一"，绿色字体的行为"层级二"，所有行均为"层级三"；"层级一"是当前类别所有"层级二"的总和，"层级二"是当前类别所有"层级三"的总和，比如"层级一"中的 M(36)=M0(14)+M1(22)，"层级二"中的 M0(14)=M01(7)+M02(7)、M1(22)=M11(5)+M12(9)+M13(8)。在制作时，选择 A1:D15 单元格区域，插入圆环图，将圆环图的圆环大小设置为 0%，将三个系列的边框线均设置为 0.25 磅白色。然后将 M 类别的"层级一"、"层级二"和"层级三"分别填充为深绿色、绿色和浅绿色；将 N 类别的"层级一"、"层级二"和"层级三"分别填充为深蓝色、蓝色和浅蓝色；将 V 类别的"层级一"、"层级二"和"层级三"分别填充为深橙色、橙色和浅橙色；将 T 类别的"层级一"、"层级二"和"层级三"分别填充为深灰色、灰色和浅灰色。最后为三个系列分别添加数据标签，"层级一"系列的数据标签显示 E1:E15 单元格区域中的值（"层级一标签"），"层级二"系列的数据标签显示 F1:F15 单元格区域中的值（"层级二标签"），删除标题和图例，效果如图 4.5.2（2）所示。

　　　　　(1)　　　　　　　　　　　　　　　(2)

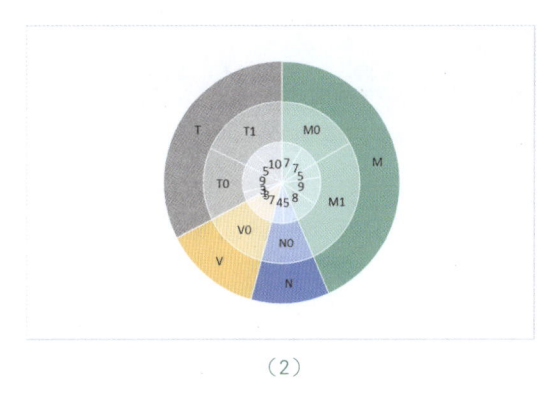

图 4.5.2　旭日图的制作步骤

4.6　经典分布和联系：散点图和气泡图

1. 基本介绍

散点图分别用横坐标轴和纵坐标轴来表示不同的属性值，由两类属性值决定散点在图表中的位置，主要用于分析数据的分布情况，或者用于分析统计学中因变量随着自变量变化而变化的趋势，判断两者是否具有相关关系。散点图的灵活度非常高，由于其可以出现在图表中任意位置，同时具有垂直误差线和水平误差线，因此常用于制作标准线、划分图表区域、模拟坐标轴等。气泡图是散点图的进阶版，在散点图的基础上增加了气泡大小这个属性，也就是说，它可以同时表示三个属性。当将气泡图的气泡设置为大小相同且指定为极小值时，它就会变身为散点图。散点图和气泡图的坐标轴均为数值坐标轴，无法直接在坐标轴上添加类别名称，因此可以添加辅助散点或辅助气泡，并将其放置在坐标轴上，用其数据标签模仿坐标轴标签。需要注意的是，辅助散点和辅助气泡均应被设置为"无填充"。

2. 常用形式和处理方式

如图 4.6.1 所示，散点图和气泡图常见的处理方式有很多种。

制作方形气泡图：用不同的形状填充气泡，可以制作出丰富多样、让人惊喜的气泡图，详情可参考 1.7 节中的"散点图和气泡图的优化"部分。

制作辅助气泡图：为气泡图添加参考标尺，可以更加显著地对比数据大小，详情可参考 3.6 节中的"面积式参考标准"部分。

制作底端对齐的气泡图：修改气泡图的 X、Y 轴值，可以实现所有气泡一字排开，均相切于横坐标轴的效果，详情可参考 3.6 节中的"面积式参考标准"部分。

制作半气泡图：通过设置坐标轴或添加色块遮罩隐藏下半部分的气泡，可以制作半气泡图，这也是当下很多数据新闻类图表喜欢采用的效果，详情可参考 3.4 节中的"坐标轴设置"部分。

制作折线图与气泡图的组合图：将折线图叠放在气泡图的下层，实现两者的组合，详情可参考 3.2 节中的"图表与图表重叠"部分。

划定图表区域：在图表内植入一组散点，然后用其误差线构建出一个符合特殊条件的重点区域，提醒读者特别关注（此做法类似于波士顿矩阵图），详情可参考 3.3 节中的"划分图表区域"部分。

制作定位标记：类似于滑珠图的表达效果，只是将"滑珠"替换成了"指示箭头"，细小的变化同样可以令人耳目一新，详情可参考 3.6 节中的"箭头式参考标准"部分。

制作量规图：用散点图的误差线模仿条形，可以制作宽度不一的条形图，表示 KPI 的完成情况，详情可参考 3.3 节中的"制作量规图"部分。

制作增长箭头：无论是柱形图、条形图还是折线图，其总计差异箭头和层级差异箭头的幕后功臣均是散点图，它们均采用散点图的误差线制作而成，详情可参考 3.3 节中的"制作增长箭头"部分。

自定义坐标轴标签：利用辅助散点制作均匀分布或不均匀分布的坐标轴标签，详情可参考 3.3 节中的"模仿图表元素"部分。

制作多层气泡图：当对多系列、多类别的大量数据进行对比时，可以采用多层气泡图的形式，其表达效果类似于多层柱形图，图表中的横坐标轴为自由坐标轴，详情可参考 1.4 节中的"自由坐标轴"部分。

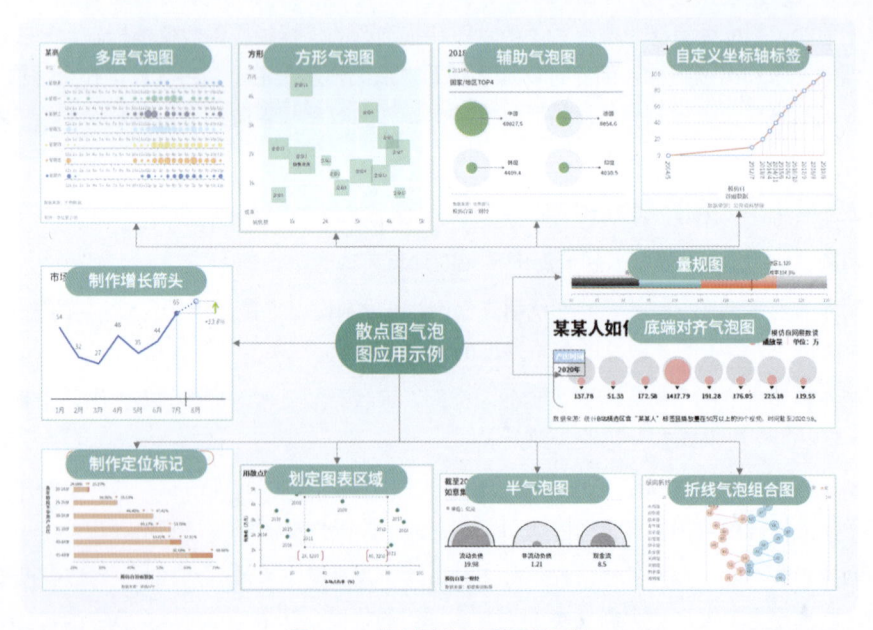

图 4.6.1　散点图和气泡图应用示例

4.7 综合对比：组合图

1. 基本介绍

在工作型图表中，通常有两种情况会用到组合图。第一情况是为图表减负，多个系列相互干扰，影响信息的有效传递。第二种情况是多种数据关系并存，且每种数据关系的系列数量不唯一，单一的图表无法胜任。本章前几节介绍的所有图表均适合制作组合图，组合后不会改变其原本表达的数据关系，而是各司其职，展示各自部分的数据。图表组合不是一味地随意堆砌，而是要有清晰的逻辑主线，比如先总后分，先介绍整体情况，再罗列细分情况或特殊情况；或者多个系列是并列对比关系，先展示主要系列，再分别展示参照系列。在组合图中，表图结合和不同类图表组合是专门用于应对复杂数据可视化的"双子星"，也是笔者十分推崇的技能，在之前的章节中出现次数最多、着墨最重。

2. 常用形式和处理方式

如图 4.7.1 所示，组合图常见的处理方式有很多种。

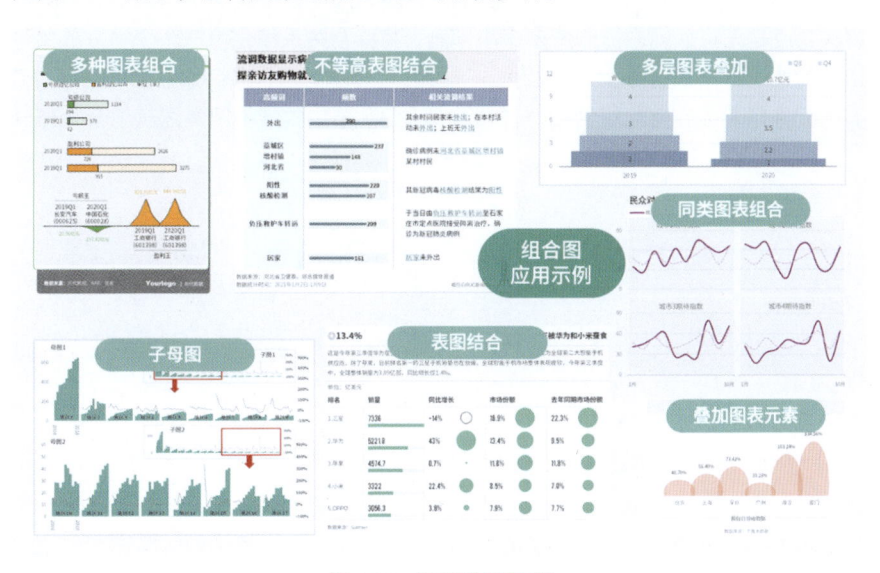

图 4.7.1 组合图应用示例

多层图表叠加：对于不能直接进行组合的图表，可以将其设置为相同的大小后进行叠加，或者多层表格叠加，都能做出很多效果不一样的图表，详情可参考 3.2 节中的"图表与图表重叠"部分。

叠加图表元素：当图表自身元素无法满足需求时，可以叠加自由的网格线、图例、坐标轴等，详情可参考 3.2 节中的"图表元素重叠"部分。

制作子母图：当单张图表无法展示全部差异变化时，选择用母图表示整体情况，用一张或多张子图分别显示局部数据，可以解决数据量过大及数据差异过大的难题，详情可参考 2.3 节和 5.4 节中的"数据差异太大"部分。

同类图表组合：折线图、柱形图和条形图等常用图表可以游刃有余地表现单个或两个系列，但是在应对三个及以上系列时，它们就会显得力不从心，相互遮挡，难以分辨，此时将其按系列拆分后，按行或按列进行排版，轻盈感便能恢复如初，详情可参考 2.7 节中的"同类图表组合"部分。

表图结合：当数据的类别多、系列也多时，可以先收纳压缩到一起做成表格，然后再对重点部分和读者关注的内容进行可视化，此方法也是应对工作型数据必备的技巧之一，详情可参考 3.7 节。

不等高表图结合：当遇到高度不同的表格行时，可以将图表拆分后分别嵌入对应的行中，实现两者合一，详情可参考 3.8 节。这类图表也常被应用于数据差异过大的场合，可以将极值拆分为多行进行显示。

多种图表组合：运用团结的力量、团队的力量，集中力量解决工作型图表中的疑难问题。解决之道是先将大问题拆分成多个小问题，将综合关系细化为一个个独立的关系，然后用对应的图表分别表达分类后的数据，诠释各种基本关系，最后建立图表之间的联系，将所有的配件组装成完整的组合图，详情可参考 2.7 节中的"不同类图表组合"部分。

实战篇

[在工作中用好图表]

第 5 章

工作型图表的典型问题拆解

前 4 章是本书的基础篇，主要介绍图表的基本元素、设计法则、设计技巧和常用工作型图表，相信跟着笔者的思路一起练习的读者已经掌握了其中的要点。古语说“学成文武艺，货与帝王家”，现在是不是已经忍不住“磨刀霍霍”地想要接受老板的任务和考验了？十年寒窗苦练，今朝正式开始闯荡江湖，接下来就进入本书的实战篇。本章会通过拆解老板们提出的 10 个典型又“刁钻”的问题，探讨如何在工作中用好图表。

5.1　老板说：图表要能一眼分辨正负或增减

有学员说，老板说既然图表的本质是反映数据的变动情况，那么就做一张能够直接体现数据增减或者区分正负的图表吧，最好是一眼就能够分辨出来。一眼辨别？乍一听简直就是故意为难人，仔细想想其实并不难，之前也曾介绍过多种方法，比如设置特殊字体、自定义单元格格式、迷你图和条件格式等，这里笔者将总结和介绍 9 种方法。

5.1.1　特殊字体

3.1.1 节“条件格式”中曾介绍过一个特殊字体“Webdings”，0 显示为“-”，代表 0；5 显示为上三角“▲”，代表正数；6 显示为倒三角“▼”，代表负数，如图 5.1.1 所示。此外，在 Wingdings 3 字体中，4 显示为“→”，代表 0；5 显示为“↑”，代表正数；6 显示为“↓”，代表负数。以 Wingdings 3 字体为例，在设置时，对 C3 单元格应用公式“=IF(A3>0,5,IF(A3=0,4,6))”，也就是判断数值情况，当大于 0 时返回“5”，当小于 0 时返回“6”，当等于 0 时返回“0”，最后将字体设置为 Wingdings 3 即可。

方法1：利用特殊字体区分

待区分数据	Wingdings 3字体		Webdings字体	
0	→	0	_	0
301	↑	301	▲	301
659	↑	659	▲	659
46	↑	46	▲	46
-221	↓	-221	▼	-221
753	↑	753	▲	753
-359	↓	-359	▼	-359
-634	↓	-634	▼	-634
-8	↓	-8	▼	-8

图 5.1.1　用特殊字体区分正负数

5.1.2 特殊函数

3.7 节"数据强力收纳：表图结合"中曾介绍过利用 REPT 函数制作条形图和火柴图，正负数分开制作，并依次设置为红色和黑色或者红色和绿色，即可实现快速区分正负数，如图 5.1.2 所示。

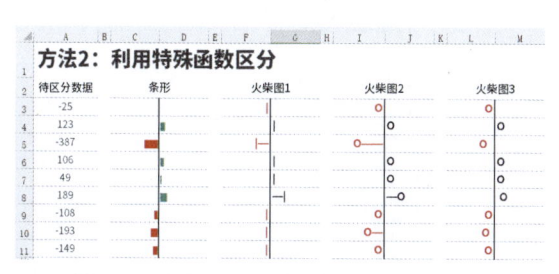

图 5.1.2 利用 REPT 函数制作条形图和火柴图

5.1.3 条件格式

3.1.1 节"条件格式"中曾介绍过条件格式的用法，通过添加条形并将正负数分别设置为绿色和红色，或者使用不同的图标，可以实现区分正负数，如图 5.1.3 所示。

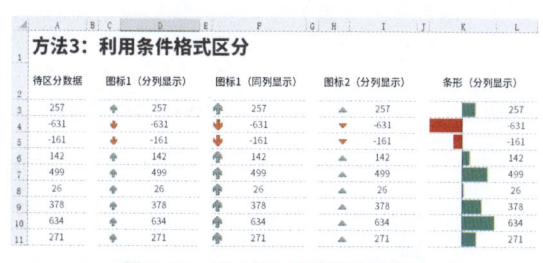

图 5.1.3 通过条件格式区分正负数

5.1.4 自定义单元格格式

3.1.2 节"自定义单元格格式"中曾介绍过自定义单元格格式的用法，为正数添加增长箭头并将其设置为绿色，为负数添加下降箭头并将其设置为红色，可以实现区分正负数，如图 5.1.4 所示。

图 5.1.4 通过自定义单元格格式区分正负数

5.1.5 迷你图

3.1.3 节"迷你图"中曾介绍过迷你图的用法,其中盈亏图可以将正负数分别显示为不同的颜色,如图 5.1.5 所示。

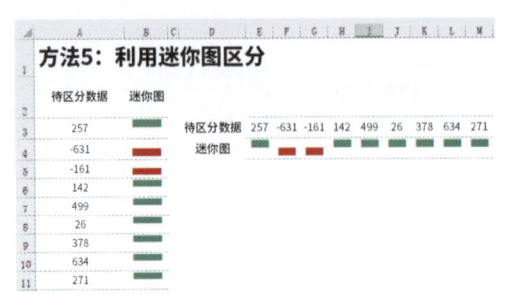

图 5.1.5　利用迷你图区分正负数

5.1.6 正负值分色填充

在设置柱形图和条形图的填充方式时,勾选"以互补色代表负值"复选框,然后将正值填充为绿色,将负值填充为红色,便能实现正负值分色显示。如图 5.1.6 所示,柱形图和用条形图模仿的火柴图均采用了此设置方式,同时还添加了辅助列,用其数据标签代替坐标轴标签,避免柱形与坐标轴标签相互遮挡。

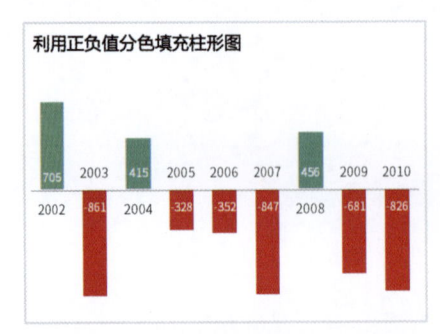

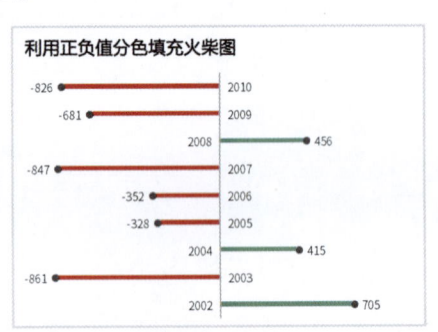

图 5.1.6　利用正负值分色填充柱形图和火柴图

如图 5.1.7 所示,在制作柱形图前先添加辅助列,其值取增加值的相反数。在制作时,选择 A2:C11 单元格区域,插入堆积柱形图,然后将横坐标轴标签设置为"无"。接着为"辅助列"系列柱形添加数据标签,标签显示 A3:A11 单元格区域中的值,放在轴内侧。接下来将柱形设置为"无填充",将"增加值"系列柱形的填充方式设置为"以互补色代表负值",对正值和负值分别填充绿色和红色。最后为柱形添加数据标签,删除图例和网格线,隐藏纵坐标轴标签,效果如图 5.1.6 所示。

第 5 章　工作型图表的典型问题拆解

提醒一点： 火柴图的制作方法和柱形图的制作方法类似，但是需要插入堆积条形图，并将条形的"间隙宽度"设置为 500%，最后为条形图添加固定值为 0.1 的正误差线，并将误差线的末端箭头设置为圆形箭头。

图 5.1.7　利用正负值分色填充柱形图的制作步骤

5.1.7　渐变色填充

折线图和面积图中没有"以互补色代表负值"这项功能，那么还能不能实现正负值分色显示的效果呢？当然能，设置渐变色能助其一臂之力。其制作原理是先确定好渐变的分界点，然后给折线图和面积图添加由上至下的线性 90° 渐变色填充。渐变的分界点由数据类别中的最大值占整个区间的比重来确定，分界点上方即正值被设置为绿色，分界点下方即负值被设置为红色。如图 5.1.8 所示，折线图和面积图均采用了此设置方式，以横坐标轴为分界线，上半部分被填充为绿色，下半部分被填充为红色。

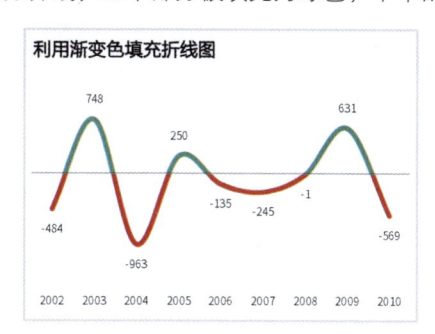

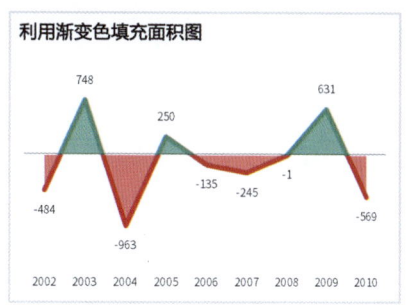

图 5.1.8　利用渐变色填充折线图和面积图

如图 5.1.9（1）所示，在制作渐变色面积图前先计算分界点位置，这里采用公式"=MAX(B4:B12)/(MAX(B4:B12)+ABS(MIN(B4:B12)))"，分子部分表示增加值中的最大值，分母部分表示增加值中的最大值与最小值的绝对值之和，也就是整个区间的大小，两者之比就是渐变色的分界点。在制作时，选择 A2:B11 单元格区域，插入折线图，然后复制 B3:B11 单元格区域并粘贴至折线图中，将新系列的图表类型更改为面积图。如图 5.1.9（2）所示，

283

将折线设置为 4 磅、线性 90°渐变线，将两个渐变光圈分别设置为绿色和红色，位置均为 44%，效果如图 5.1.9（3）所示。同理，为面积图填充相同的渐变色，其中两个光圈中的绿色和红色均被设置为 40%的透明度，与折线图形成一定的层次感。最后为折线图添加数据标签，将正值的数据标签放在上方，将负值的数据标签放在下方，删除图例和网格线，隐藏纵坐标轴的标签和线条，效果如图 5.1.8 所示。

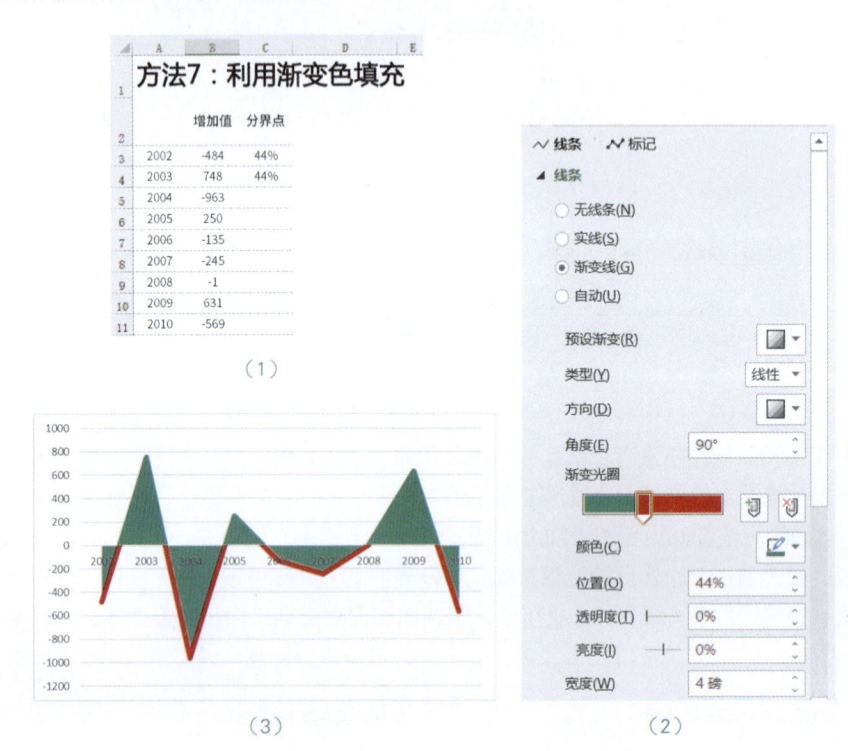

图 5.1.9 利用渐变色填充面积图的制作步骤

5.1.8 正负值分色数据标签

如图 5.1.10（1）所示，用层级差异箭头表示数据之间的增减幅度，增减情况则分别用绿色和红色的数据标签进行表示。其制作原理是在折线图中添加两个相同的辅助散点系列，从 2006 年开始其值等于上一年的销售增量值，比如 2006 年的辅助列值等于 2005 年的销售增量值。然后用散点图的水平误差线连接相邻的两个数据，用其垂直误差线比较两者的差距。在两个辅助散点系列中，其中一个辅助散点系列需要同时显示水平误差线和垂直误差线，并用绿色的数据标签来表示正增长；另一个辅助散点系列只显示红色的数据标签表示负增长。

在制作时，如图 5.1.10（2）所示，选择 A2:C11 单元格区域，插入折线图，然后复制 C2:C11 单元格区域（辅助列）并粘贴至折线图中，将两个"辅助列"系列的图表类型均更

第 5 章 工作型图表的典型问题拆解

改为散点图，效果如图 5.1.11（1）所示。

（1）

（2）

图 5.1.10 带有正负值分色数据标签的折线图和源数据

为原"辅助列"系列散点添加误差线，将水平误差线设置为负偏差、无线端，固定值为 1，将其线条设置为 0.5 磅白色（深色 25%）短画线；将垂直误差线设置为正偏差（因为 2006 年的销售增量值大于 2005 年的）、无线端、自定义（指定值为 D3:D11，采用公式"=B4-C4"，即 2006 年的销售增量值减去 2006 年的辅助列值），将其线条设置为 1 磅白色（深色 25%）、尾部箭头。然后为原"辅助列"系列散点添加数据标签，显示 E3:E11 单元格区域中的值（采用公式"=IF(B4>C4,(B4-C4)/ABS(C4),"")"）。也就是说，如果 2006 年的销售增量值大于辅助列值，则返回两者的差额与辅助列绝对值的比值，值应用格式""+"0.0%"；如果 2006 年的销售增量值小于辅助列值，则返回空值），将数据标签放在"辅助列"系列散点的下方，并设置为绿色，效果如图 5.1.11（2）所示。

（1）

（2）

图 5.1.11 带有正负值分色数据标签的折线图的制作步骤

为新增加的"辅助列"系列散点添加数据标签，显示 F3:F11 单元格区域中的值（采用公式"=IF(B4<C4,(B4-C4)/ABS(C4),"")"，值应用格式"百分比"且只保留一位小数），将数据标签放在新的"辅助列"系列散点的上方，并设置为红色；为"销售增量"系列折线添加数据标签并放在上方。最后，将"销售增量"系列折线设置为 2.25 磅白色（深色 50%）平滑线，隐藏两个"辅助列"系列散点的数据标记，删除图例和网格线，效果如图 5.1.10（1）所示。

285

5.1.9 正负值分色层级差异箭头

在 3.3 节 "商业图表标配：误差线" 中曾介绍过用层级差异箭头表示任意两个数据之间的差异，这里继续拓展此用法。其实层级差异箭头的数量可以根据需要来增加或减少，比如用多个层级差异箭头比较折线所有相邻点的增减变化。如图 5.1.12（1）所示，分别用绿色和红色的层级差异箭头来表示增长和下降。其制作原理是在折线图中添加两个相同的辅助散点系列，从 2006 年开始其值等于上一年的销售增量值，比如 2006 年的辅助列值等于 2005 年的销售增量值。然后用散点图的水平误差线连接相邻的两个数据，用其垂直误差线比较两者的差距。在两个辅助散点系列中，其中一个辅助散点系列需要同时显示水平误差线和正增长类别的垂直误差线；另一个辅助散点系列只显示负增长类别的垂直误差线。

图 5.1.12 带有正负值分色层级差异箭头的折线图和源数据

在制作时，如图 5.1.12（2）所示，选择 A2:C11 单元格区域，插入折线图，然后复制 C2:C11 单元格区域（辅助列）并粘贴至折线图中，将两个 "辅助列" 系列的图表类型均更改为散点图。

为原 "辅助列" 系列散点添加误差线，将水平误差线设置为负偏差、无线端，固定值为 1，将其线条设置为 0.5 磅白色（深色 25%）短画线；将垂直误差线设置为正偏差（只显示正增长部分）、无线端、自定义（指定值为 D3:D11，采用公式 "=IF(B4-C4>0,B4-C4,"")"，也就是当本年的销售增量值大于上一年的时，返回本年与上一年的销售增量值之差，否则返回空值），将其线条设置为 1 磅绿色、尾部箭头。然后为原 "辅助列" 系列散点添加数据标签，显示 F3:F11 单元格区域中的值（采用公式 "=(B4-C4)/ABS(C4)"，即 2006 年的销售增量值与辅助列值的差额与辅助列绝对值的比值，值应用格式 "[>0]"+"0.0%;[<0]"-"0.0%"），将正增长数据标签放在 "辅助列" 系列散点的下方，将负增长数据标签放在 "辅助列" 系列散点的上方。

为新增加的 "辅助列" 系列散点添加误差线并删除水平误差线，将垂直误差线设置为负偏差（只显示负增长部分）、无线端、自定义（指定值为 E3:E11，采用公式

"=IF(B4-C4<0,B4-C4,"")",也就是当本年的销售增量值小于上一年的时,返回上一年与本年的销售增量值之差,否则返回空值),将其线条设置为 1 磅红色、尾部箭头。最后将"销售增量"系列折线设置为 2.25 磅白色(深色 50%)平滑线,隐藏两个"辅助列"系列散点的数据标记,删除图例和网格线,效果如图 5.1.12(1)所示。

5.2 老板说:所有数据都要放在一张图表中

有学员说,有一个问题困扰他很久了——老板想让他把 40 个地区今年和去年的每日业绩趋势,以及每个地区今年和去年的平均值做成图表,最重要的是要将这些数据体现在一张图表中。假如你遇到这样的问题会怎么办呢?吐槽一下,然后安慰自己,才不会那么倒霉遇上这样的问题,对吗?笔者想说的是,类似的问题被问过不止 10 次,所以很有可能下一次碰到这个问题的就是自己了。

如此多的数据,老板为什么还要求都放在一张图表中?如果想不通的话,不妨换一个问法——如果把数据都放到一张图表中,会有什么好处呢?假设你想换手机,经过几天的筛选,初步确定了 10 款,最终该选哪一款还在犹豫,希望能得到一些建设性的意见。现在有两种方案可供选择:第一种是有 10 篇不同的手机评测文章,分别详尽地描述了各款手机的各项参数、跑分情况、使用体验和优缺点;第二种方案是对 10 款手机做了一个横向测评对比,参数、跑分、体验等情况一应俱全,配置最高的是哪一款、拍照功能最强的是哪一款、玩游戏体验最好的是哪一款、性价比最高的是哪一款,对比一下就能知道。这两种方案孰优孰劣,高下立判。所以老板也是这么想的,在同一张图表中对比会更加全面,谁高谁低、谁增谁减、谁快谁慢,直观明了,一看便知。

接下来,笔者就来演示将大量的数据放置在同一张图表中的效果。如图 5.2.1 所示,表中数据为某公司下辖的 6 个机构分别在 1 月 1 日至 2 月 29 日期间的逐日销售利润,6 个系列 60 个类别共 360 个数据。4.4 节曾介绍过时间序列最适合用折线图来表达,然而,由于各机构的销售利润相近,6 条折线完全交织在一起,基本上丧失了对比性和可读性。而改成柱形图也没有任何改善,柱形细如发丝,简直就是一团乱麻,如图 5.2.2 所示。

	A	B	C	D	E	F	G
1		机构1	机构2	机构3	机构4	机构5	机构6
2	1-1	79	-31	150	40	86	-44
3	1-2	-31	91	19	143	169	72
4	1-3	57	169	90	66	-20	58
5	1-4	145	120	192	111	82	-43
6	1-5	188	23	43	38	-1	-1
7	1-6	187	84	153	152	-9	76
8	1-7	-19	12	-41	61	16	74
9	1-8	16	148	-18	87	116	-6
10	1-9	47	90	174	176	-27	168
11	1-10	-5	32	120	194	191	194
12	1-11	137	-13	47	71	-4	110
13	1-12	77	114	145	41	22	110

图 5.2.1 原始数据

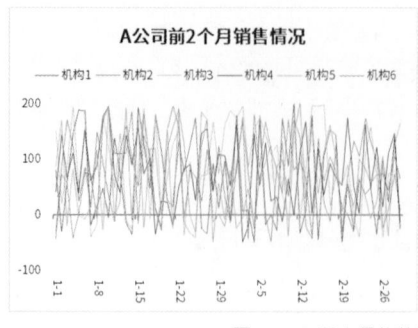

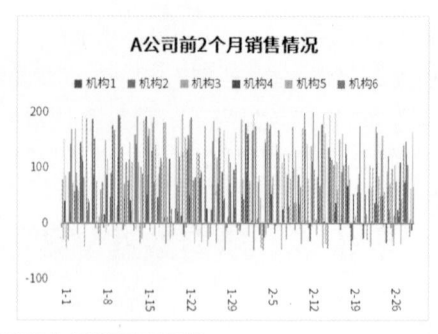

图 5.2.2　用大量的数据制作的折线图和柱形图

笔者相信这肯定不是老板想要看到的效果，那么这种处理方式的问题出在哪里呢？数据太多、元素太满、摆放太乱，其实大部分图表做得不好看，或多或少都存在这些问题，那么又该如何修改呢？其实在 2.6 节介绍的图表变美"三大法则"中早已给出了答案：图表元素要对"齐"、图表空间要放"松"、元素层级要通"透"，根据这三大法则笔者制定了 6 种解决方案。

5.2.1　分行面积图

仔细分析原始数据，6 个机构的销售利润属于同一类数据，在 2.7 节中曾介绍过，单一图表往往"独木难支"，组合图才能"众人拾柴火焰高"，因此将折线图拆分成如图 5.2.3 所示的分行面积图，每张图表既相互独立又共同组成 A 公司的整体销售情况。以机构 1 的面积图为例，面积表示 1—2 月的销售利润，红色折线表示日均销售利润，绿色圆点表示最大销售利润，红色圆点表示最小销售利润。

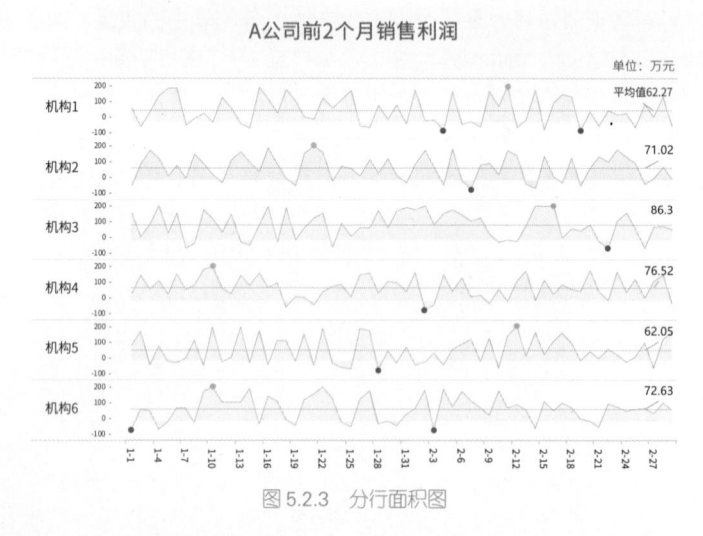

图 5.2.3　分行面积图

我们来依次分析分行面积图是如何体现"齐"字诀、"松"字诀和"透"字诀的。

齐：拆分后，所有图表上下对齐，纵坐标轴左对齐，平均值数据标签右对齐。

松：拆分后，每个机构独立成图，仅保留核心的面积图、折线图和数据点系列，且 6 张图表共用横坐标轴。

透：拆分后，遮挡和缠绕消失了，折线的线条为绿色，面积图被填充为 60% 透明度的绿色，在让图表变得通透的同时增加了层次感。在设计表格框架时，中间的边框采用虚线，上、下边框采用实线，也能增加图表的层次感。

接下来介绍组合折线图的制作方法。

①**制作表格**：如.图 5.2.4（1）所示是组合图的表格框架，其各项设置如下。

标题：行高为 36，合并 B1:I1 单元格，字体为思源黑体、黑色、16 号、加粗，水平居中对齐。

单位：行高为 18，合并 B2:I2 单元格，字体为思源黑体、黑色、10 号，水平右对齐，下边框为浅灰色细线。

主体部分：行高为 48，字体为思源黑体、黑色、11 号，水平居中对齐，内边框为白色（深色 15%）细虚线，下边框为白色（深色 15%）细线，机构名称列的宽度为 8.11，C 列的宽度为 5，D～I 列的宽度为 13.11（表格的行高和列宽均可以根据需要自行调整，详情参考 3.10 节）。

②**制作面积图**：如图 5.2.4（2）所示是面积图的原始数据，其中"机构 1 平均值"应用了公式"=AVERAGE($B$2:$B$61)"；"机构 1 最大值"应用了公式"=IF(B2=MAX($B$2:$B$61),B2,NA())"，如果当前值是最大值，则返回当前值，否则返回空值；"机构 1 最小值"应用了公式"=IF(B2=MIN($B$2:$B$61),B2,NA())"，如果当前值是最小值，则返回当前值，否则返回空值。

在制作时，选择 A1:E61 单元格区域，插入折线图，然后复制 B1:B61 单元格区域（"机构 1"列）并粘贴至折线图中，将新"机构 1"系列的图表类型更改为面积图。接着将纵坐标轴的取值范围设置为"−100~250"，间隔为 50，效果如图 5.2.4（3）所示。

将"机构 1"系列折线设置为 0.5 磅绿色，将"机构 1"系列面积填充为 60% 透明度的绿色，将"机构 1 平均值"系列折线设置为 0.5 磅红色短画线，将"机构 1 最大值"系列折线的数据标记设置为 5 号圆形（绿色填充、无边框），将"机构 1 最小值"系列折线的数据标记设置为 5 号圆形（红色填充、无边框）。最后删除标题、图例、网格线，隐藏两个坐标轴的标签和线条，将图表设置为无填充、无边框，效果如图 5.2.4（4）所示。

③**将面积图嵌入表格中**："机构 1"面积图的绘图区充满图表，在调整大小后，按住 Alt 键将其嵌入表格的 C3:I3 单元格区域中（机构 1，第 3 行）。复制嵌入后的"机构 1"的面积图并将数据源修改为"机构 2"，便可制作出"机构 2"的面积图。同理，制作其余面积图并依次嵌入对应的单元格区域中。

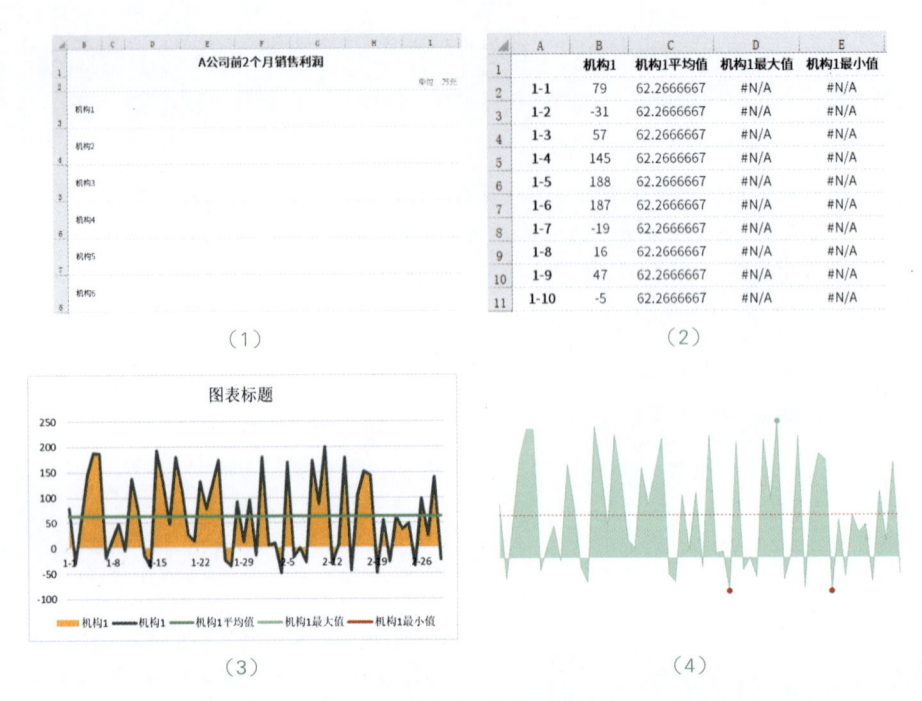

工作型图表设计：实用的职场图表定制与设计法则

（1）

（2）

（3）

（4）

图 5.2.4　分行面积图的制作步骤 1

④制作横坐标轴标签和纵坐标轴标签：复制"机构1"的面积图，将线条均设置为"无线条"，将数据标记设置为"无"，仅显示横坐标轴的线条（与表格边框线保持一致）和标签（设置为竖排显示），如图 5.2.5 所示，利用绘图区嵌入的方式嵌入 B9:I9 单元格区域中。同理，复制"机构1"的面积图，制作纵坐标轴，图表中仅保留纵坐标轴的标签，并将数字格式设置为"0　"-""（在数字后加上两个空格和减号），同样利用绘图区嵌入的方式依次嵌入 C3:C8 单元格区域中（机构1~机构6）。

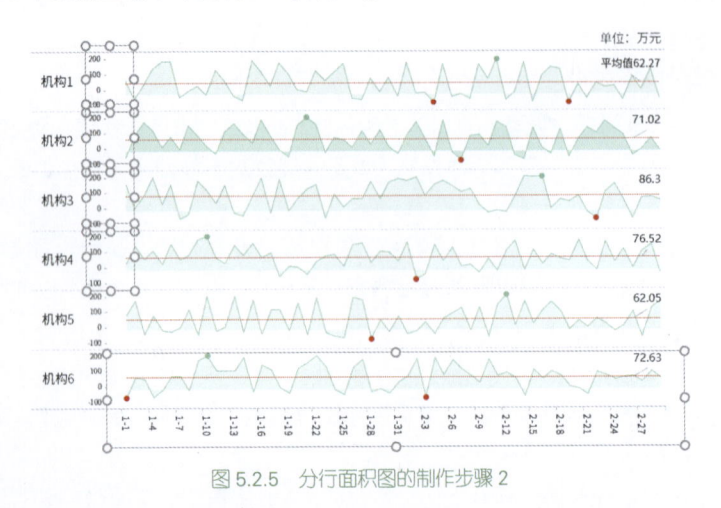

图 5.2.5　分行面积图的制作步骤 2

290

⑤**调整细节**：分别为每张面积图的平均值线添加数据标签，建议选择同一天的数据（比如 2 月 26 日）来添加以保持上下一致，且统一放在图表的右上角。

再次提醒：对于制作好的组合图，可以利用复制并粘贴为图片或截图的方式保存或应用至其他场合。

5.2.2 分组面积图

对面积图左、右排版后，可以制作出如图 5.2.6 所示的分组面积图。与分行面积图相比，虽然排版方式不同，但形式大同小异，且图表的高宽比例看起来更舒适。两者表达的含义完全相同，以"机构 1"的面积图为例，面积表示 1—2 月的销售利润，红色折线表示日均销售利润，绿色圆点表示最大销售利润，红色圆点表示最小销售利润。

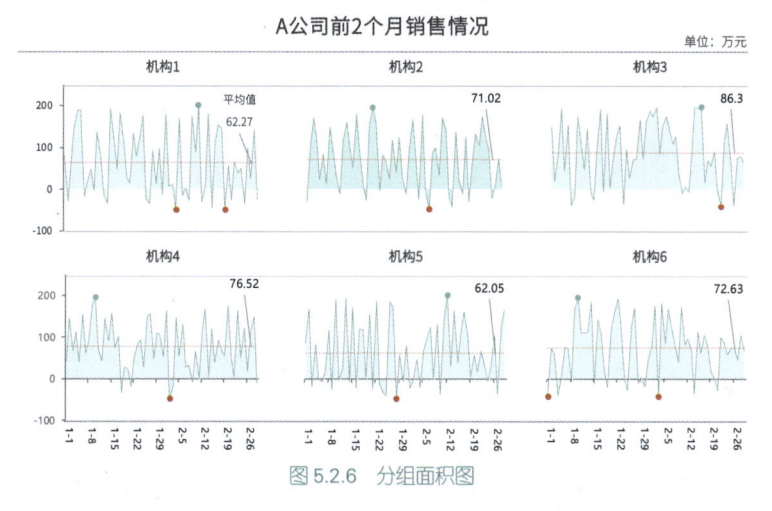

图 5.2.6　分组面积图

分组面积图和分行面积图的制作方法基本一致，主要差别在于表格的设置，以及面积图的坐标轴设置不同。

表格设置：如图 5.2.7 所示是组合图的表格框架，其各项设置如下。

标题：行高为 36，合并 A1:L1 单元格，字体为思源黑体、黑色、16 号、加粗，水平居中对齐，下边框为白色（深色 50%）细线。

单位：采用文本框制作，放在标题行的右下角。

表头：行高为 27，浅绿色部分分别合并单元格（比如"机构 1"合并 B2:D2 单元格），字体为思源黑体、黑色、11 号，水平居中对齐，下边框为白色（深色 25%）细虚线。

主体部分：行高为 114，第 3 行与第 6 行的下边框分别为白色（深色 25%）细虚线和白色（深色 25%）细线。B~D 列、F~H 列和 J~L 列的宽度都为 9；A 列（放置"机构 1"和"机构 4"的纵坐标轴）、E 列和 I 列（两个机构面积图之间的空白间隔）的宽度都为 6.11。

图 5.2.7 分组面积图的表格框架

坐标轴设置：如图 5.2.6 所示，为了实现"松"字诀，只显示左侧图表的纵坐标轴，以及下方图表的横坐标轴。也就是说，"机构1"和"机构4"的图表同时显示横坐标轴与纵坐标轴，"机构5"和"机构6"的图表只显示横坐标轴，这 4 张图表采用绘图区嵌入的方式，其余图表可采用绘图区嵌入或直接嵌入的方式。

5.2.3 热力图

如图 5.2.8（1）所示为热力图，其保持了原始的表格结构，用单元格的颜色取代具体的数值，颜色越深表示销售利润越高，反之销售利润越低，并为最大值添加了红色边框，为最小值添加了黑色（淡色 25%）边框。不过，热力图的表达效果是好还是坏，也是一个见仁见智的问题，其优点是即使容纳更多的数据，也不会显得杂乱；缺点是没有坐标轴标尺，也不显示数据标签，仅显示一个大概的趋势。那么，如何制作热力图呢？在 3.1.1 节"条件格式"中有过详细介绍，这里简单介绍表格的参数和条件格式的设置要点。

表格标题：行高为 42，合并 A1:BI1 单元格，字体为思源黑体、黑色（淡色 25%）、16号、加粗，水平居中对齐，下边框为白色（深色 50%）细线。

表头：行高为 32.4，B~BI 列的宽度为 1.11，字体为思源黑体、黑色（淡色 25%）、16号、加粗，以-90° 方向放置［如图 5.2.8（2）所示，在"设置单元格格式"对话框中的"对齐"选项卡下，将方向设置为-90°，也可以根据需要设置为 90°，即月份在下、日期在上］，下边框为白色（深色 50%）细线。

主体部分：行高为 24，字体为思源黑体、黑色（淡色 25%）、11 号、加粗，水平居中对齐，内部边框为白色细线，上、下外边框为白色（深色 50%）细线。

图例：采用矩形（线性 0°，由白色向绿色渐变）+文本框制作。

如图 5.2.8（3）所示，热力图采用 3 层条件格式叠加，第 1 层是色阶中的双色渐变，最小值为白色，最大值为绿色；如图 5.2.8（4）所示，第 2 层是为前 10 项设置特殊格式，此处仅对最大值（将"编辑规则说明"中的"10"改为"1"即可）添加红色边框。同理，为最小值添加黑色（淡色 25%）边框。

（1）

（2）　　　　　　　　　　　　　　　（3）

（4）

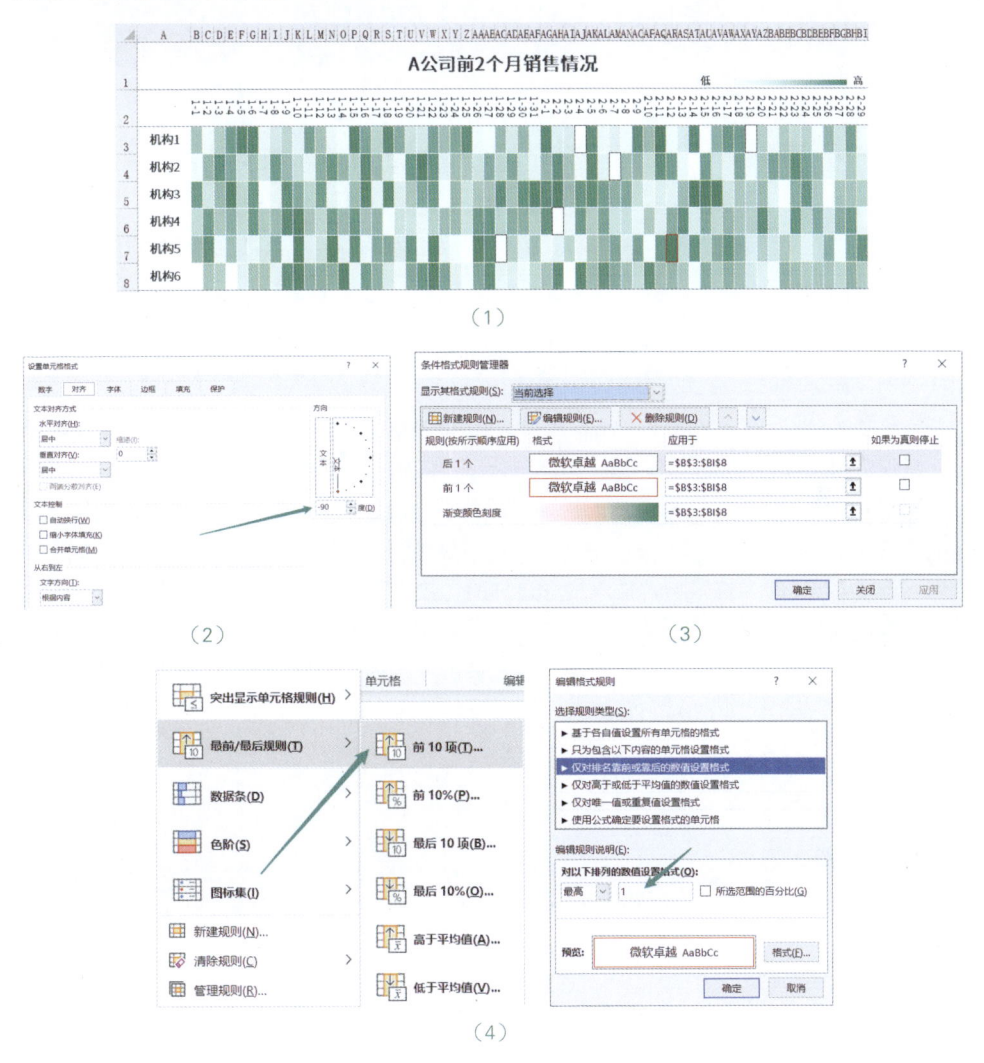

图 5.2.8　热力图及设置步骤

5.2.4　迷你图

如图 5.2.9 所示，这里采用迷你图中的柱形图制作，其中正值显示为浅绿色，负值显示为浅红色，最大值显示为深绿色，最小值显示为深红色。当然，迷你图也有自己的优缺点，其优点是节省空间，可以随着数据变化自动更新；缺点与热力图的缺点类似，没有坐标轴标尺，不显示数据标签，仅显示一个大概的趋势。为了弥补迷你图的不足，此处为其制作了横坐标轴和纵坐标轴，分别放在左侧和下方，运用到的技巧同样是图层重叠，与分行面积图一样。

293

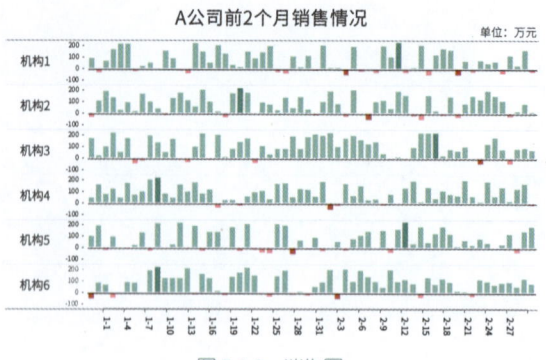

图 5.2.9　迷你图

在制作迷你图时，需要注意以下几点。

将机构1~机构6的迷你图分别放在C2~C7单元格中，为了让其符合"松"字诀的要求，建议适当增加行高和列宽，第2~7行的行高为39，C列的宽度为73.89。

如图5.2.10（1）所示，提前准备好迷你图数据（将原始数据转置成水平排列，与迷你图的布局保持一致，因单元格太小无法正常显示的数据会被显示为"#"）。如图5.2.10（2）所示，选择C2:C7单元格区域，插入柱形迷你图，数据范围选择E2:BL7，然后将迷你图的颜色修改为浅绿色，并依次将负值标记为浅红色，将最大值标记为深绿色，将最小值标记为深红色。如图5.2.10（3）所示，自定义迷你图的纵坐标轴的取值范围，将最小值和最大值分别设置为-100和200。

（1）

（2）　　　　　　　　　　（3）

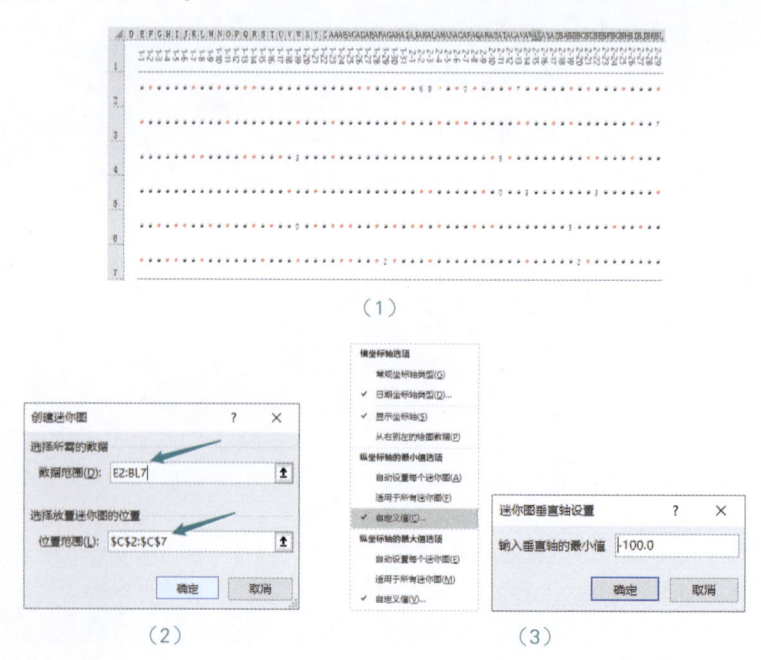

图 5.2.10　迷你图的制作步骤

5.2.5 动态柱形图

如图 5.2.11 所示，动态图表在表达大量数据时有得天独厚的优势，通过插入选项按钮来控制想要显示的机构销售情况，选择一个机构便显示当前机构的柱形图，所选即所见。这样的动态图表，"齐""松""透"全都有了。制作动态图表的原理是增加一个辅助列，操作人单击"机构1"～"机构6"的选项按钮，辅助列便会动态引用"机构1"～"机构6"的数据，然后用动态列的数据制作柱形图。比如选择"机构1"后，动态列便引用"机构1"的原始数据，图表中同步显示"机构1"的柱形图；选择"机构2"后，图表中同步显示"机构2"的柱形图。当选择单个选项按钮时，会在指定的单元格中显示数字1，通过复制实现6个选项按钮后，选择选项按钮1～6，则会分别显示数字1～6。辅助列采用Index函数，返回在规定的范围内指定行和指定列的数据。

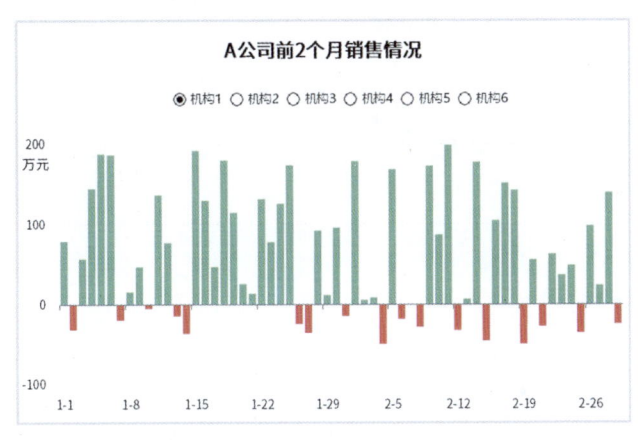

图 5.2.11　动态柱形图

如图 5.2.12（1）所示，辅助列的值由选项按钮控制，以 H2 为例，其采用公式"=INDEX(B2:G2,1,$J$2)"，1月1日的辅助列数据为当前日期下机构1～机构6中的第1行、第2列（J2 单元格中对应值的列）的值，也就是-31（机构2）。如图 5.2.12（2）所示，在插入选项按钮时，直接在"开发工具"选项卡下的"插入"列表中选择"选项按钮（窗体控件）"；然后在"设置控件格式"对话框中，指定单元格链接为"$J$2"，如图 5.2.12（3）所示；接下来将名称修改为"机构1"（在原名称中直接修改）并适当调整大小；最后复制"机构1"选项按钮，并依次修改名称为"机构2"～"机构6"，在水平摆放时设置顶端对齐和横向平均分布并组合，在垂直摆放时设置左对齐和纵向平均分布并组合。

在制作时，分别选择 A1:A61 和 H1:H61 单元格区域，插入柱形图，然后将柱形的"间隙宽度"设置为 30%，选择"以互补色代表负值"，分别将正值与负值填充为 30% 透明度的绿色和红色。接着将横坐标轴标签设置为"低"，调小绘图区并向下移动腾出一定的空间。最后将组合好的选项按钮放在图表标题的下方，并与图表组合成一体。

	A	B	C	D	E	F	G	H	I	J
1		机构1	机构2	机构3	机构4	机构5	机构6	辅助列		选项按钮返回值
2	1-1	79	-31	150	40	86	-44	-31		2
3	1-2	-31	91	19	143	169	72	91	○ 机构1	
4	1-3	57	169	90	66	-20	58	169	⦿ 机构2	
5	1-4	145	120	192	111	82	-43	120	○ 机构3	
6	1-5	188	23	43	38	-1	-1	23	○ 机构4	
7	1-6	187	84	153	152	-9	76	84	○ 机构5	
8	1-7	-19	12	-41	61	16	74	12	○ 机构6	
9	1-8	16	148	-18	87	116	-6	148		

（1）

（2）

（3）

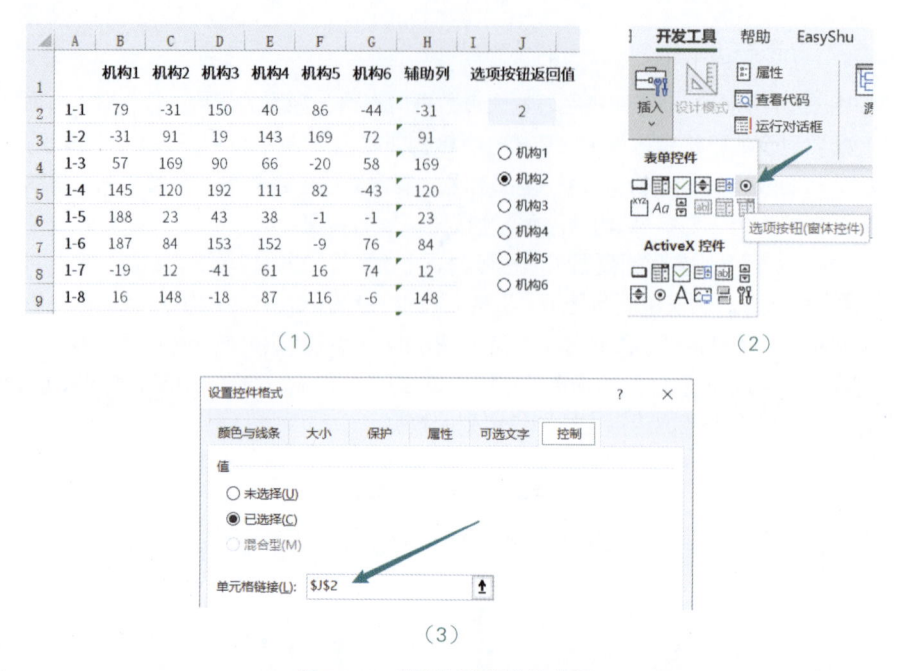

图 5.2.12　动态柱形图的制作步骤

5.2.6　动态折线图

动态柱形图解决了数据杂乱的问题，但是无法展示系列间的对比。如图 5.2.13 所示，在改为动态折线图后，每个机构对应一条折线，将折线设置为 0.25 磅浅灰色，尽量淡化折线。然后添加高亮的折线和高亮的面积图，折线为 1 磅的深绿色，面积图被填充为 50%透明度的绿色。同样单击机构按钮，当前机构的数据就会被激活呈高亮显示的状态，其余机构的数据仍处于默认状态。其具体制作方法与动态柱形图的制作方法类似，这里不再过多解释。

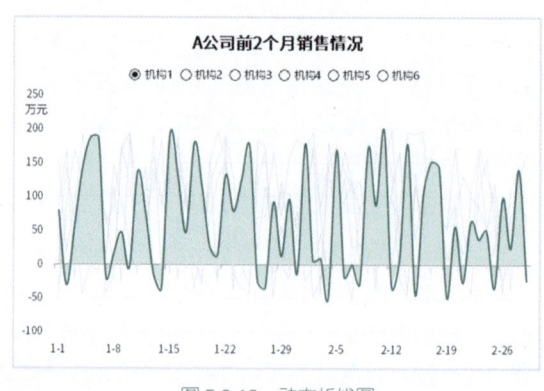

图 5.2.13　动态折线图

5.3 老板说：将 4 张图表合成一张

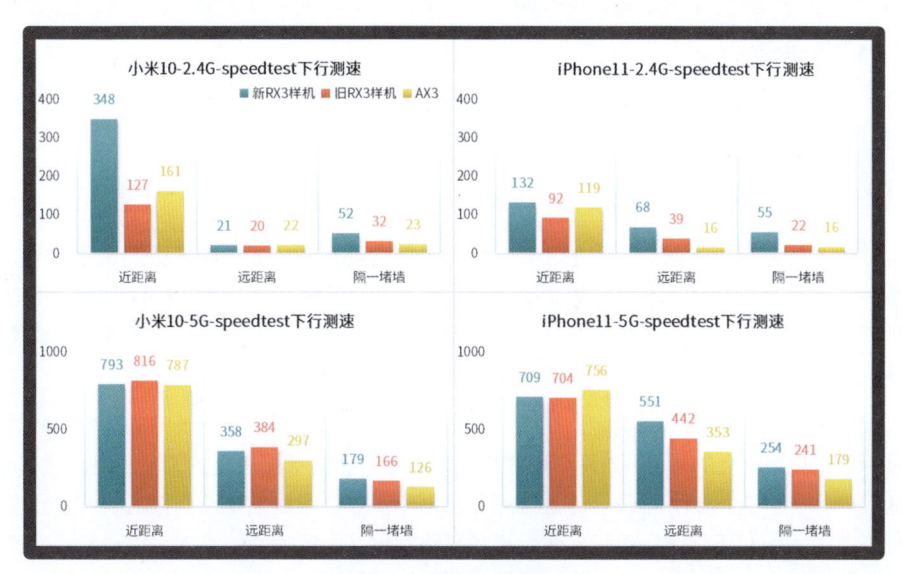

有学员说，老板要求将如图 5.3.1 所示的拼图整合成一张图表，还要做得新颖一点。

图 5.3.1 待组合的图表

我们先来分析老板的潜台词是什么，他想要的到底是什么。5.2 节曾分析过：在同一张图表内对比会更加全面，谁高谁低、谁增谁减、谁快谁慢，直观明了，一看便知。显而易见，现在的图表所传递的信息，老板捕捉不到或者不能轻而易举地捕捉到。

想满足老板的要求，最好的办法是先剖析原图表的优缺点及制作难点，才能确定需要保留什么、舍弃什么、加强什么、优化什么。

优点：颜色统一、层次分明、风格简约、排版美观，恰到好处的一些渐变色和阴影，提升了整体颜值。

缺点：上边两张图表和下边两张图表的纵坐标轴的取值范围不同，容易引起误读。

制作难点：对比种类多，同时对比 4 个维度，即小米 10 和 iPhone 11 各自 2.4G 网络与 5G 网络的下行速度。数据差别大，最小值为 16，最大值为 816，与 2.4G 相关的下行速度整体较低，与 5G 相关的下行速度整体较高。

在定制图表时，有一个很重要的原则——对原图表不宜全盘否定，而是要吸取原图表的优点和特色，在保持原图表风格的前提下，做一些改变和优化。综上分析，建议做出如下优化。

加强部分：对比种类多、数据差别大，对比压力大，应将表达重心放在强化数据对比上。

保留部分：原图表颜色统一、对比度较强，予以保留；网格线渐变增强了图表的层次感，予以保留。

舍弃部分：统一取值范围，消除误读；取消柱形的渐变色和阴影，让读者的视觉重点回到数据对比上。

接下来将介绍三种方案，不容忽视的是图表四合一后，在保证对比效果的前提下，还要符合图表变美的三条铁律——"齐""松""透"。

5.3.1 柱形图+散点图

柱形图是老板们最喜闻乐见的图表，既常见又容易理解，**所以图表类型定了**。簇状柱形图会让图表变得拥挤，堆积柱形图会弱化对比趋势，选择上下排版的蝴蝶柱形图可以同时规避这些问题，**所以图表样式定了**。上、下柱形图只能展示两个维度，而实际上需要展示 4 个维度，混搭散点图可以保持图表的简洁，**所以图表搭配定了**。

接下来还有一些细节要确定。在内容变得复杂后，建议删除原图表中的渐变色和柱形数据标签，取而代之的是左、右两侧的纵坐标轴标签，保留原图表中的渐变色网格线元素。横坐标轴标签会遮挡部分柱形，无法兼顾显示网络类型，所以增加两组散点，分别放在每组柱形的正上方和正下方，用于显示距离和网络类型。主题表达的是无线网络信号速度测试，因此在图表中添加 Wi-Fi 图标，最终的柱形图+散点图效果如图 5.3.2 所示。

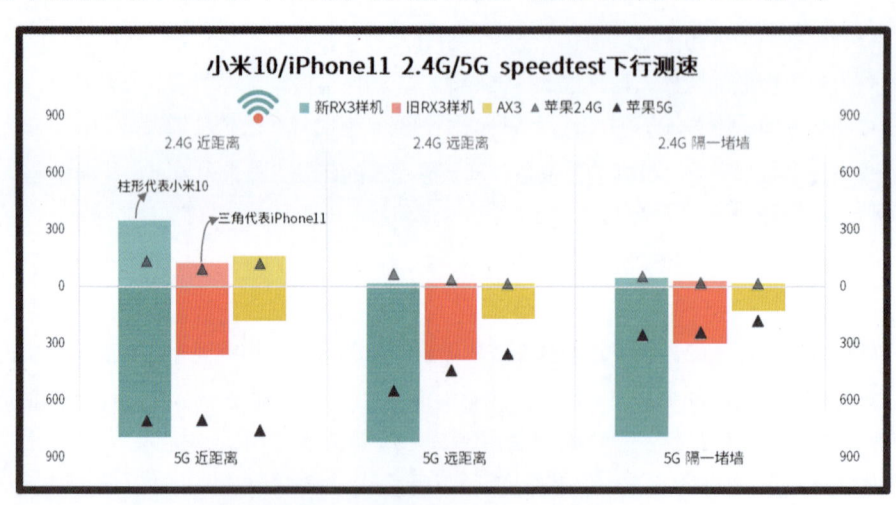

图 5.3.2 组合方案 1（柱形图+散点图）

在制作时有如下几个难点。

纵坐标轴及标签设置：所有 2.4G 网速测试值均采用主要坐标轴，所有 5G 网速测试值均采用次要坐标轴。为了做出上下对比的柱形图，将主要和次要的纵坐标轴的取值范围均设置为"−900~900"，且将次要纵坐标轴设置为"逆序刻度值"。同时为了不让读者误解下方的柱形是负数，建议将标签显示为图中的"900~900"，对数字格式设置"0;0;0"即可。

散点图的横坐标轴值：三组散点由左至右的横坐标轴值分别为"0.77,1,1.23"、"1.77,2,2.23"和"2.77,3,3.23"，具体设置逻辑请参考 3.3 节中的"散点在图表内的分布规律"部分。

在制作时，如图 5.3.3（1）所示，选择 B2:E4 单元格区域（小米 10 2.4G 测试数据），插入簇状柱形图并切换行/列。然后依次将 C5:C7、D5:D7 和 E5:E7 单元格区域（小米 10 5G 测试数据，系列名称分别为"新 RX3 样机"、"旧 RX3 样机"和"AX3"），以及"苹果 2.4G"系列、"苹果 5G"系列、"上标签"系列和"下标签"系列（只添加系列名称，系列值保持默认，待后期修改）添加至柱形图中。接着分别将新增的"新 RX3 样机"系列、"旧 RX3 样机"系列和"AX3"系列，以及"苹果 5G"系列和"下标签"系列放置在次要坐标轴上，并将"苹果 2.4G"系列、"苹果 5G"系列、"上标签"系列和"下标签"系列的图表类型均更改为散点图，效果如图 5.3.3（2）所示。

依次修改所有散点系列的数据源，将"苹果 2.4G"系列的 X 轴系列值修改为 F2:F10，将其 Y 轴系列值修改为 G2:G10；将"苹果 5G"系列的 X 轴系列值修改为 F2:F10，将其 Y 轴系列值修改为 H2:H10；将"上标签"系列和"下标签"系列的 X 轴系列值均修改为 I2:I4，将其 Y 轴系列值均修改为 J2:J4。然后将主要和次要的纵坐标轴的取值范围均设置为"-900~900"，间隔为 300，将次要纵坐标轴设置为"逆序刻度值"，效果如图 5.3.3（3）所示。

将小米 10 2.4G 测试数据（上柱形）的"新 RX3 样机"系列、"旧 RX3 样机"系列和"AX3"系列的柱形分别填充为 30%透明度的深青色、粉色和黄色；将小米 10 5G 测试数据（下柱形）的"新 RX3 样机"系列、"旧 RX3 样机"系列和"AX3"系列的柱形分别填充为深青色、粉色和黄色。然后将"苹果 2.4G"系列散点的数据标记设置为 5 号三角形（填充 40%透明度的蓝灰色、无边框），将"苹果 5G"系列散点的数据标记设置为 5 号三角形（填充蓝灰色、无边框）。接着删除网格线，以及删除图例中的小米 10 5G 测试数据（下柱形）中的"新 RX3 样机"系列、"旧 RX3 样机"系列、"AX3"系列、"上标签"系列和"下标签"系列，并将图例放在标题的下方，隐藏横坐标轴标签，效果如图 5.3.3（4）所示。

为柱形图添加主要坐标轴的主要垂直网格线，并将其设置为线性 90°，由 90%透明度的白色（淡色 15%）（位置 0%）向白色（淡色 15%）（位置 50%）过渡，再向 90%透明度的白色（淡色 15%）（位置 100%）过渡的渐变色。然后为"上标签"系列和"下标签"系列的散点添加数据标签，分别显示 K2:K4 和 L2:L4 单元格区域中的值，居中放置，隐藏数据标记。接着分别将主要和次要的纵坐标轴的数字格式设置为"0;0;0"。再分别为第一个柱形添加数据标签，并输入"柱形代表小米 10"；为第二个散点添加数据标签，并输入"三角代表 iPhone11"，区分柱形和散点的含义，最后效果如图 5.3.3（5）所示。

	A	B	C	D	E	F	G	H	I	J	K	L
1			新RX3样机	旧RX3样机	AX3	辅助散点	苹果2.4G	苹果5G	辅助标签	标签Y轴	上标签	下标签
2	小米10 2.4G	近距离	348.2	127	161.2	0.77	131.6	709.2	1	900	2.4G 近距离	5G 近距离
3		远距离	20.86	20.36	21.8	1	92.46	704.4	2	900	2.4G 远距离	5G 远距离
4		隔一堵墙	51.9	32	22.96	1.23	119	756.4	3	900	2.4G 隔一堵墙	5G 隔一堵墙
5	小米10 5G	近距离	793	816.2	786.6	1.77	67.64	550.6				
6		远距离	357.6	383.8	296.8	2	38.8	441.6				
7		隔一堵墙	179.4	166.2	126	2.23	15.64	353.2				
8						2.77	54.72	253.6				
9						3	22.12	240.8				
10						3.23	16.486	178.6				

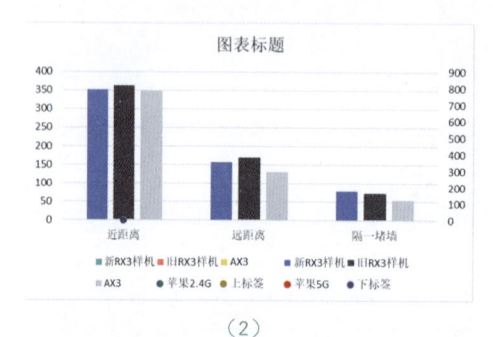

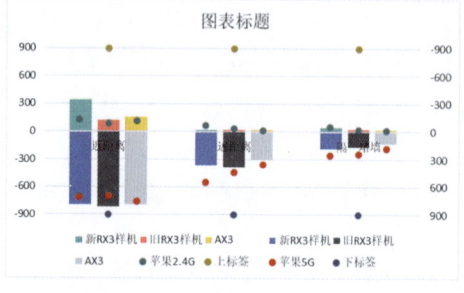

（1）

（2）　　　　　　　　　　　　　　（3）

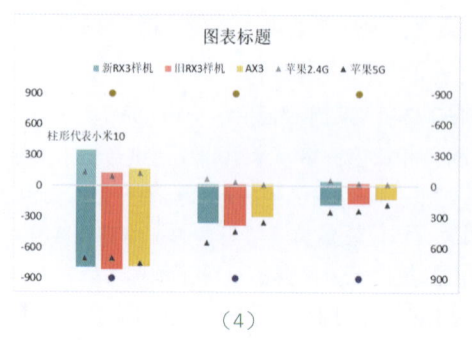

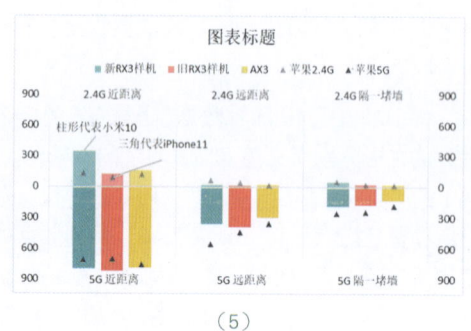

（4）　　　　　　　　　　　　　　（5）

图 5.3.3　组合方案 1 的制作步骤

5.3.2　蝴蝶图

  第一种方案本质上是上下排版的蝴蝶图，那么能不能改成标准的蝴蝶图，毕竟标准的蝴蝶图才是拥有最强对比效果的不二图表。如图 5.3.4 所示为标准的蝴蝶图，这种左右排版的蝴蝶图和上下排版的蝴蝶图的做法其实差不多，将图表类型改成条形图就可以了。

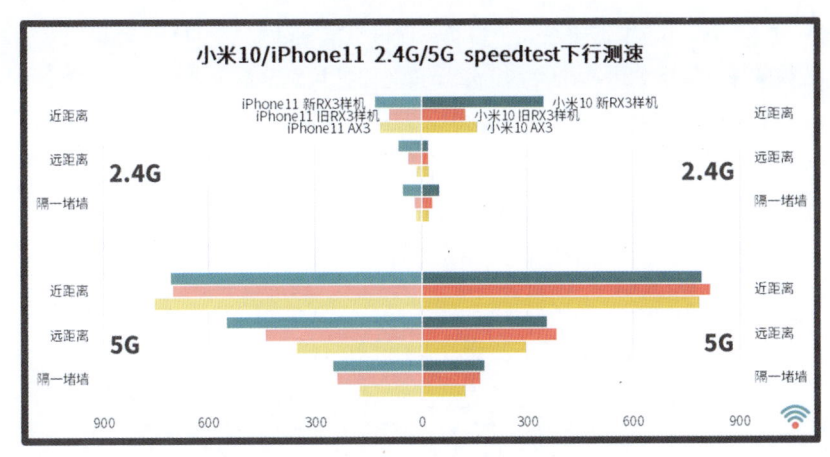

图 5.3.4 组合方案 2（标准的蝴蝶图）

还有几个很重要的问题要解释一下。

分隔区域：将 2.4G 网络和 5G 网络的条形放在一起后，需要做出一定的区分。最常见的区分方式是使用颜色。鉴于这里图表使用的颜色较多，所以改为在 2.4G 网络和 5G 网络的数据之间插入一个空行，这样在上、下两部分的条形之间就进行了物理分隔，如图 5.3.5（1）所示。

图例：每个系列的文字内容都较多，在显示图例时就会占用较大的空间。可视化中有一个很重要的概念——数据墨水比（Data-Ink-Ratio），即在展示页面上，用于展示数据所用的"墨水"量与页面上全部"墨水"量之间的比值。为了增加数据墨水比，本例选择删除图例，取而代之的是用条形的数据标签来显示数据系列名称。

大类区分：在蝴蝶图中未对 2.4G 网络和 5G 网络进行区分，为避免产生误解，直接在图表中插入文本框，分别在左、右两侧标明对应的网络类型。

在制作时，如图 5.3.5（1）所示，选择 B1:H8 单元格区域，插入簇状条形图，然后将 iPhone 11 的三个系列放置在次要坐标轴上，并将主要和次要的横坐标轴的取值范围均设置为 "–900~900"，间隔为 300。接着恢复显示次要纵坐标轴，并将次要横坐标轴设置为 "逆序刻度值"，将次要横坐标轴的纵坐标轴交叉设置为 "自动"，效果如图 5.3.5（2）所示。

将条形图的 "间隙宽度" 均设置为 50%，然后将左侧 iPhone 11 的 "新 RX3 样机" 系列条形、"旧 RX3 样机" 系列条形和 "AX3" 系列条形分别填充为 30%透明度的深青色、粉色和黄色。接着将所有条形的边框均设置为 0.75 磅白色。接下来将网格线设置为线性 90°，由 90%透明度的白色（淡色 15%）（位置 0%）向白色（淡色 15%）（位置 50%）过渡，再向 90%透明度的白色（淡色 15%）（位置 100%）过渡的渐变色。然后将主要和次要的纵坐标轴标签的位置均设置为 "低"，将次要纵坐标轴的刻度线设置为 "无"。接下来删除图例，分

301

别为小米 10 和 iPhone 11 近距离的"新 RX3 样机"系列条形、"旧 RX3 样机"系列条形和"AX3"系列条形（最上方的两个类别）添加数据标签并显示系列名称。最后分别将主要和次要的横坐标轴的数字格式设置为"0;0;0"，并添加文本框，输入"2.4G"和"5G"，分置于上、下条形旁，效果如图 5.3.5（3）所示。

	A	B	C	D	E	F	G	H
1			小米10 新 RX3样机	小米10 旧 RX3样机	小米10 AX3	iPhone11 新RX3样机	iPhone11 旧RX3样机	iPhone11 AX3
2	2.4G	近距离	348.2	127	161.2	131.6	92.46	119
3		远距离	20.86	20.36	21.8	67.64	38.8	15.64
4		隔一堵墙	51.9	32	22.96	54.72	22.12	16.486
5								
6	5G	近距离	793	816.2	786.6	709.2	704.4	756.4
7		远距离	357.6	383.8	296.8	550.6	441.6	353.2
8		隔一堵墙	179.4	166.2	126	253.6	240.8	178.6

（1）

（2）　　　　　　　　　　　　　　　　（3）

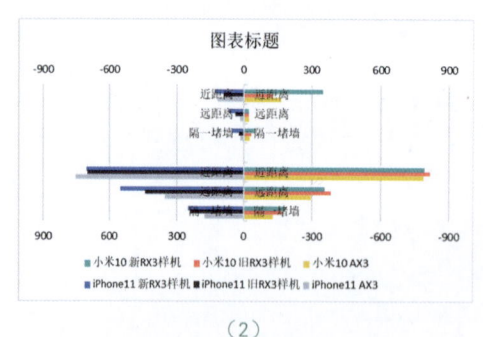

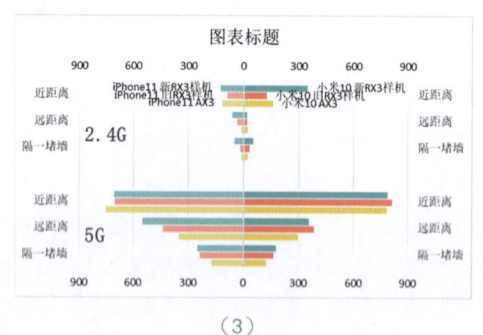

图 5.3.5　组合方案 2 的制作步骤

5.3.3　哑铃图

关于对比类的图表，除了最好用的蝴蝶图，哑铃图也不遑多让，所以第三种方案就是使用哑铃图。仔细观察图 5.3.6 所示的哑铃图，其由左、右两部分组合而成。也就是说，左侧的哑铃图和右侧的哑铃图都是单独制作的，然后被分别嵌入表格中，即表图结合。还有一个问题：为什么左侧的哑铃图宽，右侧的哑铃图窄，两边不对称？这是因为要解决数据差异大的问题，左侧的 5G 网络速度范围为 0~900，右侧的 2.4G 网络速度范围为 0~400，所以左侧图表的大小应该是右侧图表的 2.25（900/400=2.25）倍。

哑铃图的本质是散点图，两侧的哑铃是散点图的数据标记，然后用矩形色块替换，哑铃杆则是散点图的水平误差线，其越长，则代表两者之间的差别越大。

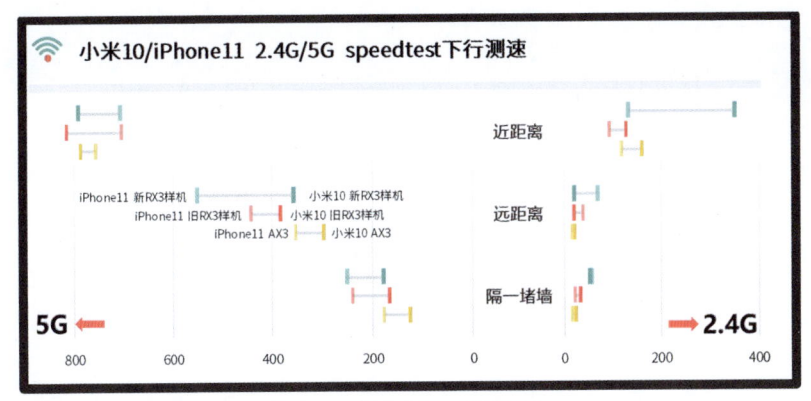

图 5.3.6 组合方案 3（哑铃图）

在制作时需要注意以下几点。

表格设置：如图 5.3.7 所示，第 2 行的高度为 5.4，填充浅灰色来模仿粗线条；第 3~5 行（"近距离"行、"远距离"行、"隔一堵墙"行）的高度均为 53.4，B 列（放置 5G 网络的哑铃图）的宽度为 54.78，D 列（放置 2.4G 网络的哑铃图）的宽度为 23.89，B 列的宽度为 D 列的 2.25 倍，C 列的宽度为 10.78。

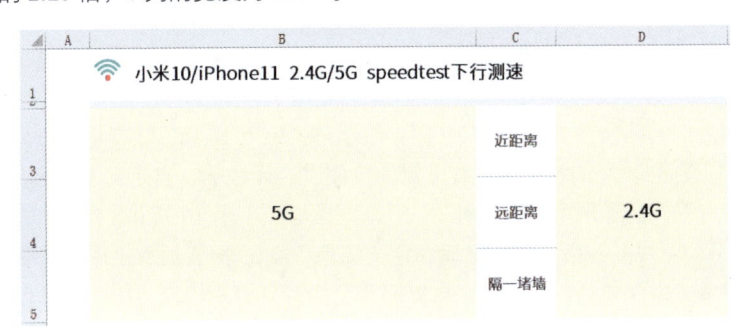

图 5.3.7 组合方案 3 的表格结构

图例：用 5G 网络远距离测速散点图的数据标签来显示数据系列名称。

散点图的纵坐标轴值："近距离"、"远距离"和"隔一堵墙"三类散点的纵坐标轴值分别为"0.77,1.77,2.77"、"1,2,3"和"1.23,2.23,3.23"，具体设置逻辑请参考 3.3 节中的"散点在图表内的分布规律"部分。

在制作时，如图 5.3.8（1）所示，选择 C1:F4 单元格区域，插入簇状条形图并切换行/列。然后分别添加"小米 10 新 RX3 样机"（浅灰色填充部分）、"小米 10 旧 RX3 样机"、"小米 10 AX3"、"iPhone11 新 RX3 样机"、"iPhone11 旧 RX3 样机"和"iPhone11 AX3"系列，系列名称分别为 D1、E1、F1、D5、E5、F5 单元格中的值，系列值保持默认，待后期修改，接着将新增系列的图表类型全部更改为散点图。接下来依次修改散点系列的数据源：

将"小米 10 新 RX3 样机"系列散点的 X 轴系列值修改为 D2:D4，将其 Y 轴系列值修改

303

为 G2:G4；

将"小米 10 旧 RX3 样机"系列散点的 X 轴系列值修改为 E2:E4，将其 Y 轴系列值修改为 H2:H4；

将"小米 10 AX3"系列散点的 X 轴系列值修改为 F2:F4，将其 Y 轴系列值修改为 I2:I4；

将"iPhone11 新 RX3 样机"系列散点的 X 轴系列值修改为 D6:D8，将其 Y 轴系列值修改为 G2:G4；

将"iPhone11 旧 RX3 样机"系列散点的 X 轴系列值修改为 E6:E8，将其 Y 轴系列值修改为 H2:H4；

将"iPhone11 AX3"系列散点的 X 轴系列值修改为 F6:F8，将其 Y 轴系列值修改为 I2:I4。

然后分别将主要和次要的纵坐标轴均设置为"逆序类别"，将次要纵坐标轴的取值范围设置为"0.5~3.5"，将横坐标轴取值范围的间隔设置为 200，效果如图 5.3.8（2）所示。

将所有条形均设置为"无填充"，删除标题和图例，隐藏次要纵坐标轴，然后将主要纵坐标轴的横坐标轴交叉设置为"最大分类"。接下来分别为三个小米 10 散点系列添加误差线并删除垂直误差线，将"小米 10 新 RX3 样机"系列散点的水平误差线设置为负偏差、无线端、自定义（指定值为 G6:G8，以 G6 单元格为例，这里采用公式"=D2-D6"，也就是"小米 10 新 RX3 样机"近距离测速值减去"iPhone11 新 RX3 样机"近距离测速值），将"小米 10 旧 RX3 样机"系列散点的水平误差线设置为负偏差、无线端、自定义（指定值为 H6:H8，以 H6 单元格为例，其采用公式"=E2-E6"，原理与"小米 10 新 RX3 样机"系列相同），将"小米 10 AX3"系列散点的水平误差线设置为负偏差、无线端、自定义（指定值为 I6:I8，以 I6 单元格为例，这里采用公式"=F2-F6"，原理与"小米 10 新 RX3 样机"系列相同），再将所有水平误差线的线条设置为 2 磅白色（深色 15%）。接着插入矩形（高度为 0.5，宽度为 0.1）并填充为深青色，无边框，再复制 5 个矩形且分别填充为粉色、黄色、40%透明度的深青色、40%透明度的粉色和 40%透明度的黄色，然后将各颜色的矩形依次粘贴至"小米 10 新 RX3 样机"系列散点、"小米 10 旧 RX3 样机"系列散点、"小米 10 AX3"系列散点、"iPhone11 新 RX3 样机"系列散点、"iPhone11 旧 RX3 样机"系列散点和"iPhone11 AX3"系列散点处。最后将网格线设置为线性 270°，由白色（深色 15%）向 90%透明度的白色（深色 15%）渐变，效果如图 5.3.8（3）所示。

复制图 5.3.8（3）所示的图表并修改为 5G 网络下对应系列的测速值，将"小米 10 新 RX3 样机"系列散点、"小米 10 旧 RX3 样机"系列散点、"小米 10 AX3"系列散点、"iPhone11 新 RX3 样机"系列散点、"iPhone11 旧 RX3 样机"系列散点和"iPhone11 AX3"系列散点的 X 轴系列值分别修改为 D9:D11、E9:E11、F9:F11、D12:D14、E12:E14、F12:F14，将"小米 10 新 RX3 样机"系列散点、"小米 10 旧 RX3 样机"系列散点和"小米 10 AX3"系列散点的水平误差线的自定义指定值分别修改为 G9:G12、H9:H12 和 I9:I12。然后将横坐标轴的取值范围设置为"0~900"，间隔为 200。接着恢复显示次要横坐标轴，并将其取值范围设置为

"0~900",再分别将主要和次要的横坐标轴设置为"逆序刻度值",效果如图 5.3.8(4)所示。

隐藏次要横坐标轴的线条和标签,然后为左右两侧空间都比较充足的"远距离"类别分别添加数据标签,并显示对应的系列名称。接着将小米 10 系列与 iPhone 11 系列的标签分别放在散点的右侧和左侧,效果如图 5.3.8(5)所示。

(1)

(2)

(3)

(4)

(5)

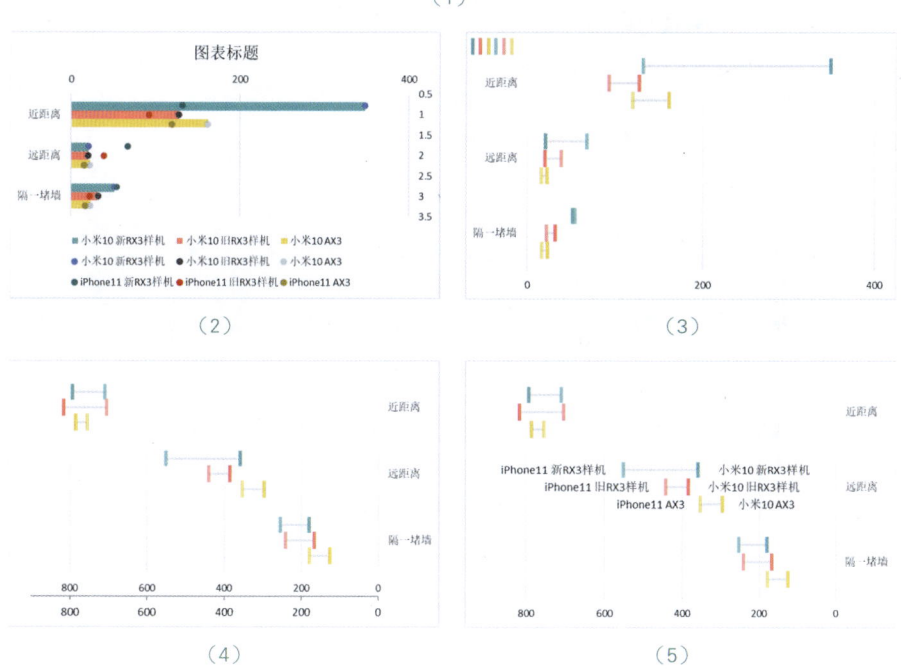

图 5.3.8　组合方案 3 的制作步骤

接下来分别将 2.4G 网络和 5G 网络测速的哑铃图设置为无填充、无边框,并用绘图区嵌入的方式分别嵌入图 5.3.7 中对应的浅橙色区域。最后在两张图表中分别插入文本框,并输入"2.4G"和"5G",方便读者进行区分。

305

5.4 老板说：要能看出图表中所有数据之间的差异

有学员说，老板说他制作的图表总是看不出数据差异，最好能把所有数据之间的差异都表现出来。那么，为什么老板捕捉不到图表中的数据差异呢？可能原因有三种：选错图表类型、数据差异太小、数据差异太大。

5.4.1 选错图表类型

图表本无错，只是没发挥出其优势。如果给图表配备趁手的"兵器"，那么几类常用图表在突出数据差异上都是一把好手。我们常用的辅助工具主要有三类：差异箭头、误差线和涨/跌柱线。

差异箭头：在 3.3 节"商业图表标配：误差线"中有过详细介绍，5.1 节中介绍的利用正负值分色层级差异箭头制作的折线图也属于此类应用，给普通的折线图加上各类差异箭头后，数据之间的差异呼之欲出，如图 5.4.1 所示。对于柱形图、条形图、面积图来说，在添加了差异箭头后，效果同样立竿见影。

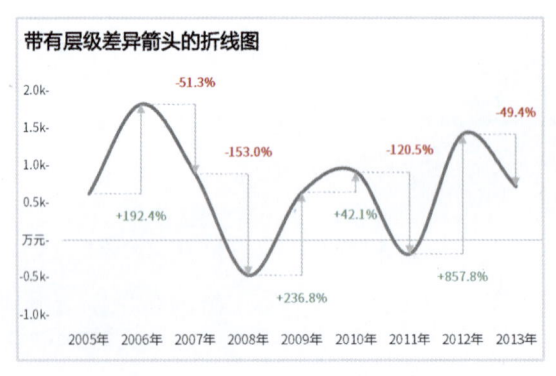

图 5.4.1　带有层级差异箭头的折线图

误差线：在 4.4 节中曾展示过如图 5.4.2（1）所示的竖版滑珠图，通过对比"账户余额"系列和"发放额"系列滑珠的位置，让两者之间的差异显而易见。"账户余额"系列和"发放额"系列的图表类型是仅保留数据标记的折线图，还为"账户余额"系列添加了用于装饰的面积图，滑杆由"账户余额"系列的误差线制作而成。

在制作时，如图 5.4.2（2）所示，选择 A1:C10 单元格区域，插入带数据标记的折线图，然后复制 B1:B10 单元格区域（"账户余额"列）并粘贴至折线图中，将新增系列的图表类型更改为面积图。接着将纵坐标轴的取值范围设置为"0~300"，间隔为 100。接着将"账户余额"系列折线和"发放额"系列折线的数据标记分别设置为 8 号圆形（白色填充、2 磅红色线条）和 8 号圆形（白色填充、2 磅深灰色线条），效果如图 5.4.2（3）所示。

接下来将"账户余额"系列折线和"发放额"系列折线分别设置为无线条，然后为"账户余额"系列折线添加误差线，并设置为正负偏差、无线端、百分比（200%），将其线条

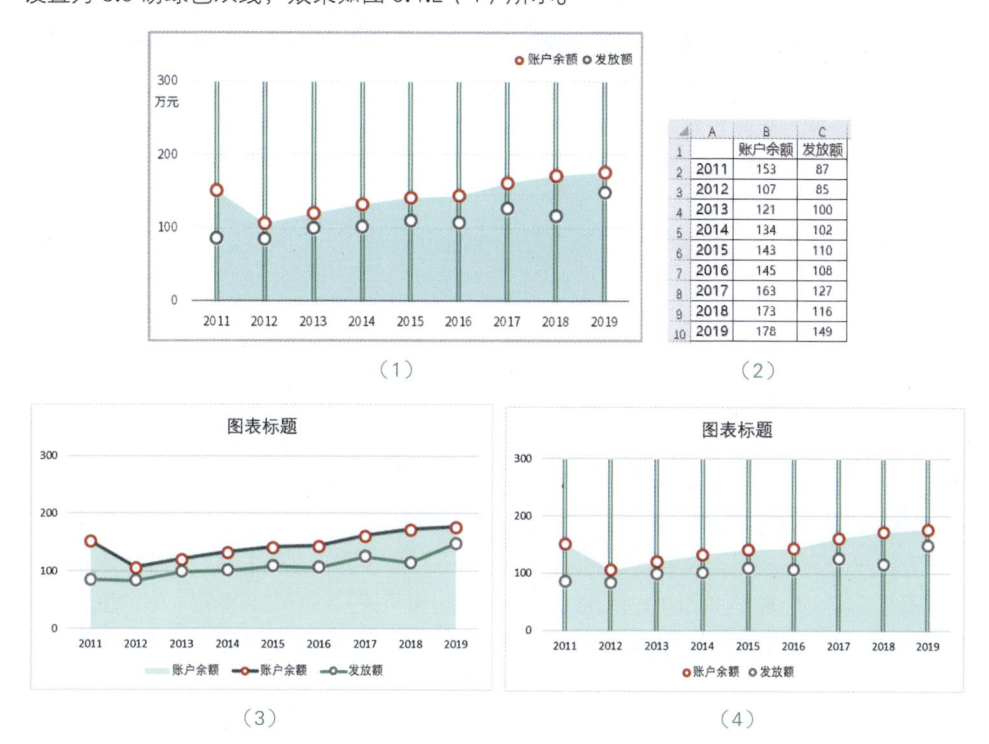

设置为 3.5 磅绿色双线，效果如图 5.4.2（4）所示。

（1）

（2）

（3）

（4）

图 5.4.2 竖版滑珠图及其制作步骤

关于误差线的另一类应用就是在 5.3 节中介绍的哑铃图，其类似于横版滑珠图，如图 5.4.3 所示。

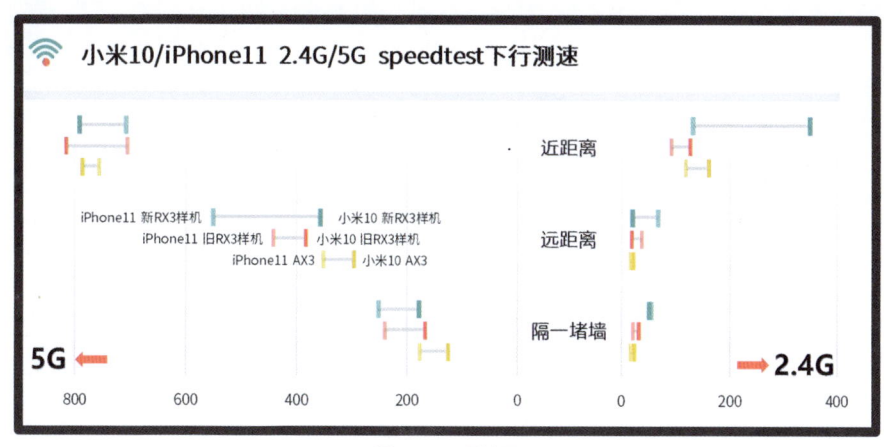

图 5.4.3 哑铃图

涨/跌柱线：在 4.4 节中曾简单介绍过差异折线图，如图 5.4.4（1）所示。其逐月对比

307

了收入与支出,并将收入大于支出的差距部分填充为绿色,将收入小于支出的差距部分填充为红色,这样对每个月是盈余还是负债、盈余额或负债额是多是少都能一览无余。收支间的差距面积图采用涨/跌柱线制作而成。

这里的差异折线图由两部分构成:一部分是正常的 2019 年 1 月至 2020 年 12 月的当月收支金额;另一部分是细分的收入和支出,主要是将相邻月度之间的数据差额平均拆分为 9 份并插入其间,让本月的数据平稳过渡到下一个月的数据,然后用细分系列的涨/跌柱线来模仿面积图才会更加自然和顺滑。辅助列中的"序号 1"、"序号 2""序号 3"均以 10 个为一组,"序号 1"分别为 1~10、11~20、…、221~230,"序号 2"分别为 10 个 1、10 个 2、…、10 个 23;"序号 3"均为 0~9;"序号 1"可以方便读者分辨当前拆分的数据所属行,"序号 2"和"序号 3"主要为了辅助计算当前行的拆分值。以 2019 年 1 月为例,"细分-收入"的 I2 单元格(浅绿色填充部分)采用公式"=INDEX($C$2:$C$28,G2)+(INDEX($C$2:$C$28,G2+1)-INDEX($C$2:$C$28,G2))/10*H2",其中 INDEX($C$2:$C$28,G2)返回"收入"系列的原始数据中"序号 2"数值对应月份的收入,INDEX($C$2:$C$28,G2+1)-INDEX($C$2:$C$28,G2)返回"收入"系列的原始数据中"序号 2"数值对应月份的下一个月的收入减去当月的收入,然后将这两个月的收入差额拆分为 9 份,当前行的"细分-收入"是当月的收入加上差额的 0/10,也就是 1 月的收入;接下来将 I3~I11 单元格中的值依次增加差额的 1/10、2/10、…、9/10,最后变成 2 月收入的 I12 单元格中的值(浅红色填充部分)。重复这一步拆分操作,便可制作出所有的细分数据。

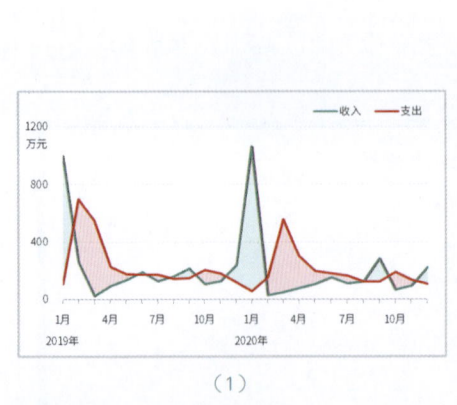

(1)

(2)

图 5.4.4　差异折线图及源数据(制作思路来源于刘万祥老师)

在制作时,如图 5.4.4(2)所示,选择 B1:D25 单元格区域,插入折线图,然后复制 I1:J231 单元格区域("细分-收入"列和"细分-支出"列)并粘贴至折线图中,将"收入"系列折线和"支出"系列折线放在次要坐标轴上。接着恢复显示次要横坐标轴,并将其放在刻度线上,效果如图 5.4.5(1)所示。

接下来将次要纵坐标轴的横坐标轴交叉修改为"自动",然后隐藏次要纵坐标轴和主要横坐标轴的线条与标签。如图 5.4.5(2)所示,为"细分-收入"系列折线添加涨/跌柱线,然后将跌柱线(深灰色部分)设置为 1.25 磅、80%透明度的绿色,无填充,将涨柱线(浅灰色部分)设置为 1.25 磅、80%透明度的红色,无填充。最后将"细分-收入"系列折线和"细分-支出"系列折线分别设置为"无线条",将"收入"系列折线设置为 2.25 磅绿色,将"支出"系列折线设置为 2.25 磅红色,效果如图 5.4.4(1)所示。

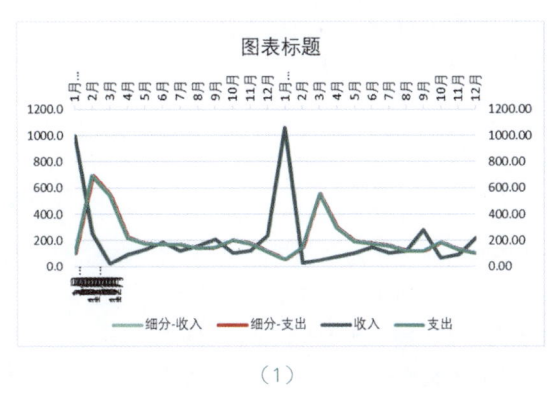

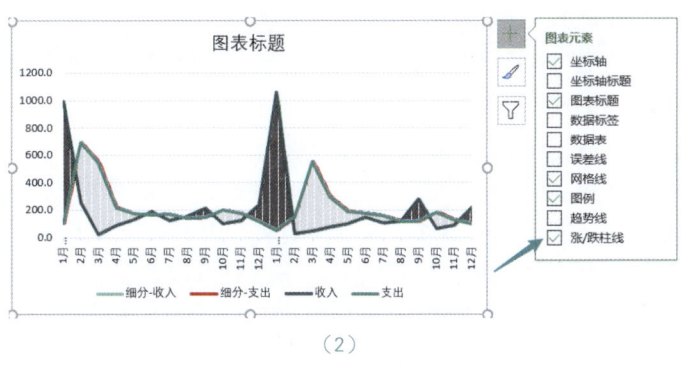

图 5.4.5　差异折线图的制作步骤

5.4.2　数据差异太小

当数据差异太小时,无论是更改图表类型还是增加辅助工具都无济于事,唯一有效的方法是缩小坐标轴的取值范围,放大差异。关于数据差异太小的情况有 3 种:一是全部数据集中在某个很小的范围内;二是部分数据集中在某个很小的范围内;三是多个系列中某个系列的数据明显小于其他系列的数据。

第一种情况,全部数据集中在某个很小的范围内。如图 5.4.6 所示,账户余额全部集中在 170~178 万元之间。如果如常设置坐标轴的取值范围,那么就会出现左侧图表所存在的问题,所有数据标记几乎落在一条直线上,此时的图表就像是"鸡肋",没有任何可读性。右侧图表将坐标轴的取值范围优化为 160~190,恢复显示纵坐标轴,并将最小值 160

显示为"0"（设置数字格式"[=160]"0";0"），然后在纵坐标轴的160~170之间添加一个折断符号，表示省略了0~170之间的部分。

图 5.4.6　优化取值范围前后的滑珠图

折断符号由形状中的"任意多边形"绘制而成，在绘制时，将起点放在纵坐标轴上并单击鼠标左键，向左下方移动适当的距离后再次单击鼠标左键，就会形成第二个拐点；同样的道理，继续向右下方移动，每单击一次鼠标左键就会形成一个新的拐点；最后将终点停留在纵坐标轴上并单击鼠标左键，按 Esc 键就会中止绘制。接下来修改线条的颜色和线型，与纵坐标轴保持一致。此时在折断符号下仍会显示纵坐标轴的线条，继续插入矩形并设置为白色填充、无线条，与折断符号同宽，其高度略低于折断符号，然后将折断符号放在矩形的上层，并设置为水平居中、垂直居中后组合。最后将新的折断符号放在纵坐标轴的合适位置，就能得到浑然一体的效果。

第二种情况，部分数据集中在某个很小的范围内。如图 5.4.7 所示，展示的是 2019 年中国与 35 个 OECD 国家的居民电价和工业电价的对比情况。从图中可以看出，中国两类电价都处于低价区，同处于低价区的还有另外 7 个国家，但受限于此区域的空间大小，国家名称无法全部显示，因此在空间较为充足的图表左上角又放置了一张放大版的低价区图表，这就是 2.3 节中介绍过的子母图。在制作子图时，只需要复制母图，然后将横坐标轴的取值范围设置为"0.4~1.1"，将纵坐标轴的取值范围设置为"0.4~0.7"，再重新设置数据标签（引用单元格中的值），并调整图表大小，将其放在合适的位置即可。

提醒一点：在散点图中划分低价区、中价区和高价区的标准线采用辅助散点的误差线制作，具体可参考 3.3 节中的"划分图表区域"部分。另外，低价区、中价区和高价区的标签既可以通过插入文本框来制作，也可以通过添加辅助散点，用其数据标签来模仿。

第三种情况，多个系列中某个系列的数据明显小于其他系列的数据。也就是说，系列间的数据差异很大，系列内的数据差异不明显。如图 5.4.8 所示，正常制作的图表，可以突出显示大区 1 和大区 2 之间的数据差异，但是数据相对较小的大区 2，其内部数据差异则很不明显。这种情况的解决思路很简单：将两个系列分别置于主要和次要的坐标轴上，对两个坐标轴分别设置取值范围后，系列间的数据差异可以在一张图表中体现出来，系列内的数据差异也可以正常显示。

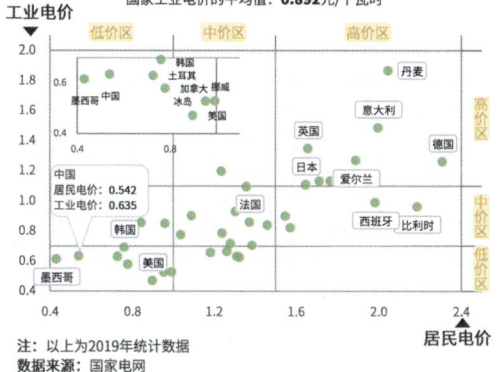

图 5.4.7 子母图（模仿自《数可视》）

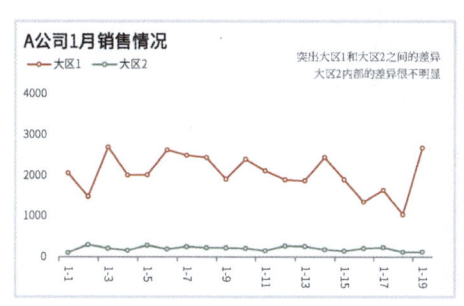

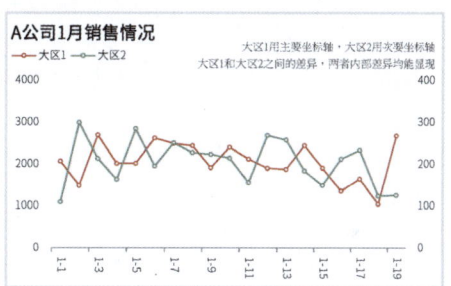

图 5.4.8 优化取值范围前后的折线图

5.4.3 数据差异太大

关于数据差异太大的情况也有 3 种：一是单个系列内存在极值；二是系列内包含多类差异大的数据；三是两个以上系列间的数据差异大。

第一种情况，单个系列内存在极值。 如图 5.4.9 所示，单独看图表，可能得出这样的结论：1 月 1 日是整个 1 月份的销售高峰期，其余时间的销量变化不大。事实上并非如此，1 月 2 日至 19 日，销量最大值为 2697，最小值为 1039，相差约 2.6 倍，并不像图表中所显示的"差异很小"。这是典型的单个系列内存在极值的情况，那么如何避免让读者产生这种视觉偏差呢？方法主要有如下 3 种。

折断法：将最大值缩小一定的比例后再制作图表，俗称折断图表。

拆分法：将最大值拆分成多行或多列在图表中显示。

子母图法：用母图表达数据全貌，用子图表达剔除极值后的数据。

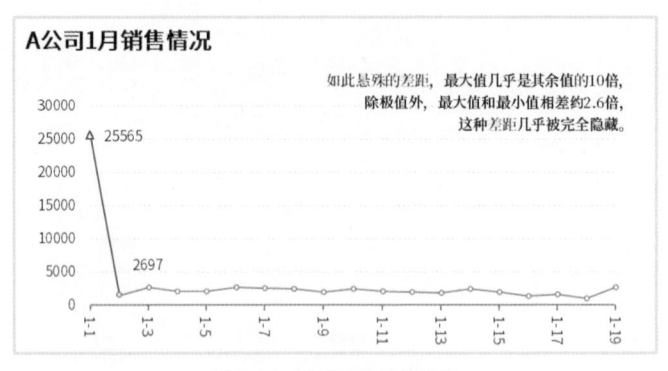

图 5.4.9　含有极值的折线图

接下来一一进行介绍。

折断法主要适用于柱形图和条形图，在很多经济类报刊的可视化图表中经常会用到，将最大值缩小一定的比例后，极值就被转化为正常值，然后如往常般制作图表。至于缩小多少比例要根据实际情况来定，但有一点需要谨记，缩小差异并非消除差异，极值缩小后仍要（略）大于其余类别值中的最大值。如图 5.4.10 所示，将 1 月 1 日的销售额缩小 85% 后，既保持了领先的状态，又消除了夸张的差异，然后将纵坐标轴上的 4,000 修改为 30,000，并在 3,000~4,000 之间和 1 月 1 日柱形的相应位置添加用于消除误解的折断符号（参考折断滑珠图的制作方法）。

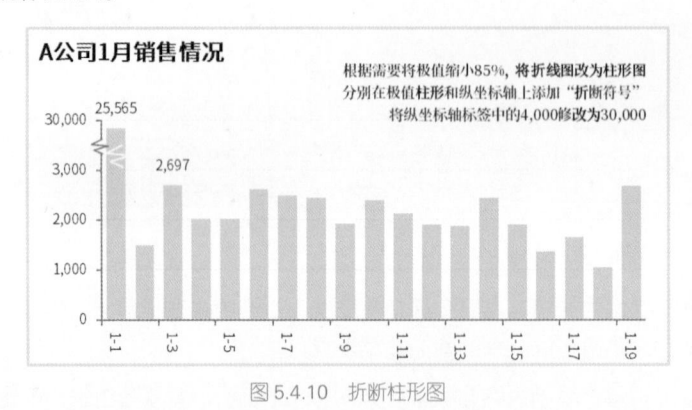

图 5.4.10　折断柱形图

拆分法是当单个系列内存在极值时的第二种处理方法，这里的拆分是指将极值拆分成多行显示。如图 5.4.11（1）所示，将 25,565 以 5,000 为单位拆分成 6 份，然后在每日的数据行下插入一个空白行（用于区分相邻日期的柱形），这样做成的柱形图既能反映出极值和其余数据之间的巨大差异，又能表现出其他数据之间的正常差异。

在制作时，如图 5.4.11（2）所示，选择 A1:A13 和 C1:C13 单元格区域，插入簇状柱形图并切换行/列，然后将"系列重叠"设置为 -20%，将"间隙宽度"设置为 0%，效果如图 5.4.11（3）所示。

依次将所有的柱形系列都填充为 60% 透明度的绿色，并设置为绿色边框（在设置时可以利用 F4 键重复上一步操作）。然后依次为柱形添加数据标签并显示系列名称，对于 1 月 1 日，只需要给拆分后的第一个柱形添加数据标签，将标签设置为竖排显示并放在轴内侧，再用 EasyShu 插件的标签工具将标签移动至横坐标轴的下方。接下来为 1 月 1 日拆分后的第三个柱形添加数据标签，并修改为当前系列的销售总额 25,565。最后将横坐标轴的标签和刻度线均设置为"无"，效果如图 5.4.11（4）所示。

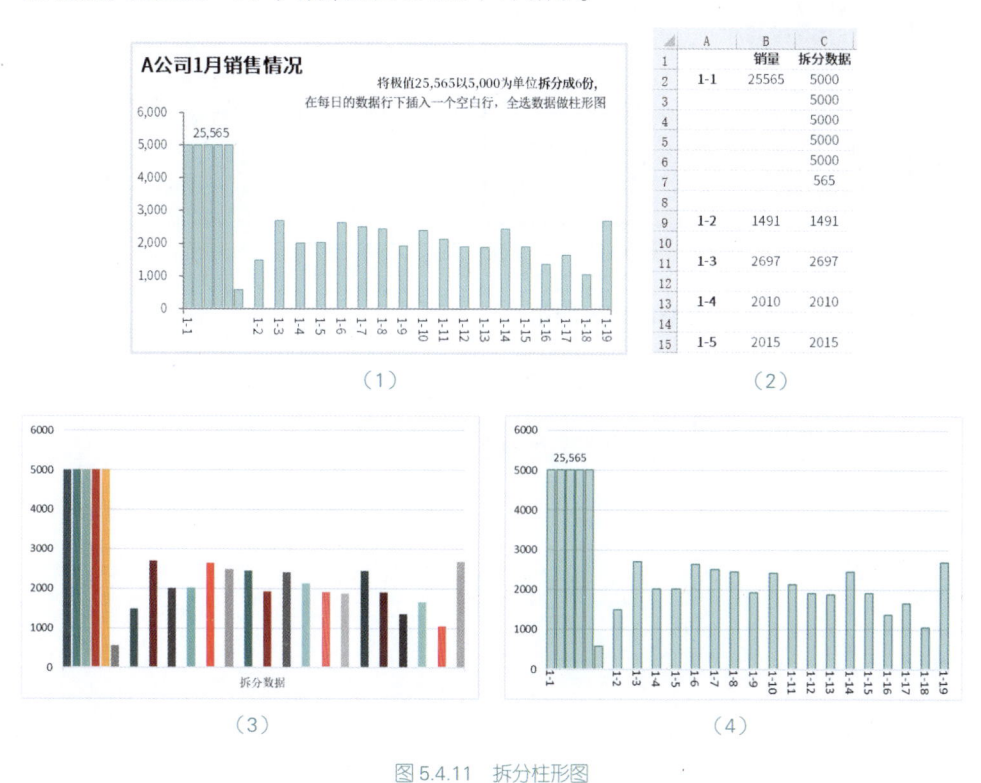

图 5.4.11　拆分柱形图

拆分法应用十分广泛，比如在 3.5 节中介绍的圆圈图和方格图，对各系列分别制作圆圈图，用图形的数量具象化数据，然后统一放置在图表背景上，并进行有规律的排版（类似于 PPT 排版，将图表对齐并均匀摆放），完整地呈现数据情况、对比数据差异，如图 5.4.12 所示。

子母图法是当单个系列内存在极值时的第三种处理方法。如图 5.4.13 所示，当原始图表无法完全表达数据间的差异时，不妨选用全面展示数据的母图（全局概览）和剔除极值的子图（放大差异）来表现数据。

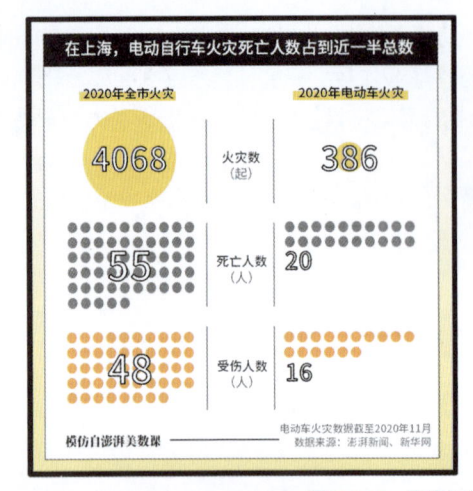

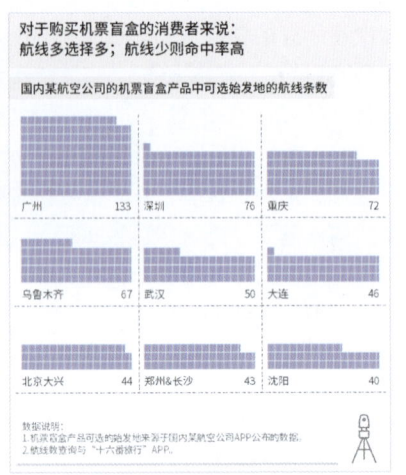

图 5.4.12　极值拆分法相似案例

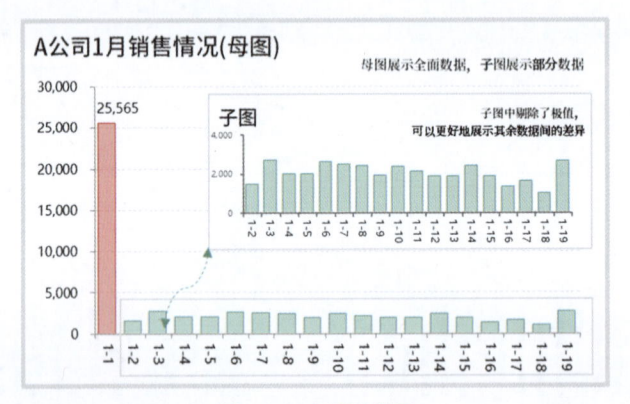

图 5.4.13　子母柱形图

在制作时，注意如下几个要点。

- 先制作母图，将极值的柱形填充为红色，将其余的柱形填充为绿色。
- 复制母图，修改数据源，将极值排除在外，在视觉上与母图保持一致。
- 调整子图的大小，将其放置在母图中的空白位置，不要遮挡母图。
- 建立子图与母图之间的联系，在1月2日至1月19日部分的柱形上放置矩形框，然后用曲线双箭头连接符连接子图和母图，最后将母图、子图、矩形框和连接符组合在一起。

关于子母图，这里进行总结并做一些补充。

子母图可以分为两类：一类是如图 5.4.13 所示的用母图展示完整的数据，用子图放大部分细节数据。这种组合方式适用于数据规律性比较强、集中度比较高的情况，只需添加一张子图即可弥补母图无法展现差异和细节的不足。另一类是如图 5.4.14 所示的用子图展示完整的数据，用母图放大细节数据。这种组合方式适用于侧重于表现特定的部分数据，或者数据量大、数据系列多、系列间包含多类差异大的数据等更复杂的情况，通常每张母图仅展示部分数据，然后由多张母图共同配合完成数据的可视化。

在制作子母图时，母图和子图的风格要保持一致，这样在视觉上才能和谐。建议先制作展示完整数据的图表，然后在此基础上修改得到部分数据的图表。修改方式可以分为两种：一种是在复制母图后，修改数据源获取指定数据的表现，主要适用于柱形图和条形图这种对比型图表；另一种是在复制母图后，修改取值范围获取特定区域的数据表现，主要适用于气泡图和散点图这种分布式图表。

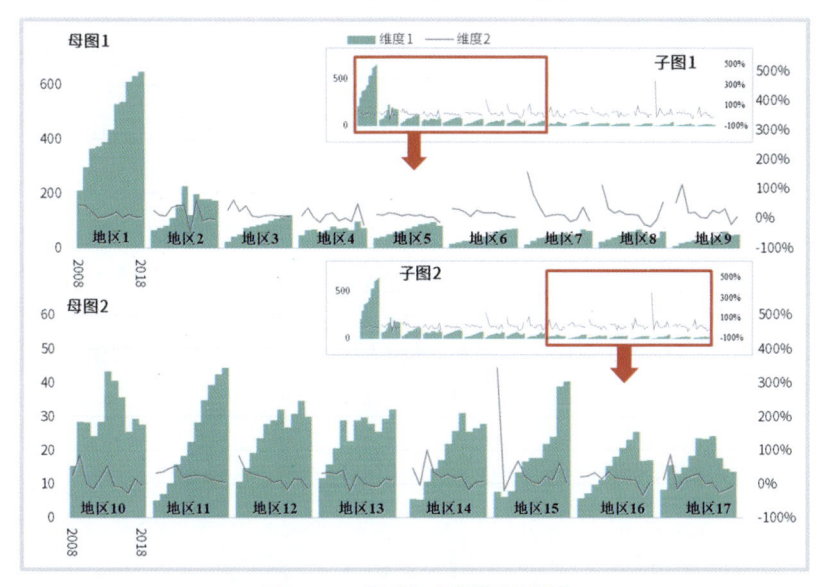

图 5.4.14　多子图+多母图式柱形图

第二种情况，系列内包含多类差异大的数据。这也是一种比较极端的情况——说起来极端，其实又何尝不是工作数据的真实写照。比如有这样一组数据，2002 年和 2017 年某农场生牛出栏数，同一组内的数据既有千万级、十万级、万级的，也有千位数、百位数和十位数的。如果用这样的数据直接制作图表，则会得到如图 5.4.15（1）所示的效果。

由于 A 组的数据远远大于其他组的数据，因此其柱形一马当先、独占鳌头，其他柱形在图表中基本"消失"了，就像是站在高高的山顶上看地上的行人，如蚂蚁般大小。对于此类数据，能不能用上文介绍的方法处理呢？

折断法：每个数据要缩小不同的比例，容易产生歧义。

拆分法：最大值是最小值的约 65 万倍，拆分工作量过大。

子母图法：需要做 1 母图+3 子图（B~G 组、C~G 组、D~G 组），画风稍显奇怪和凌乱。

315

既然之前的方法都不奏效，那么只好另辟蹊径。一种惯用的方法就是取对数法，通过对数据取对数来抹平数据间的深壑，同时还可以保留数据间的差异，最终效果如图5.4.15（2）所示。

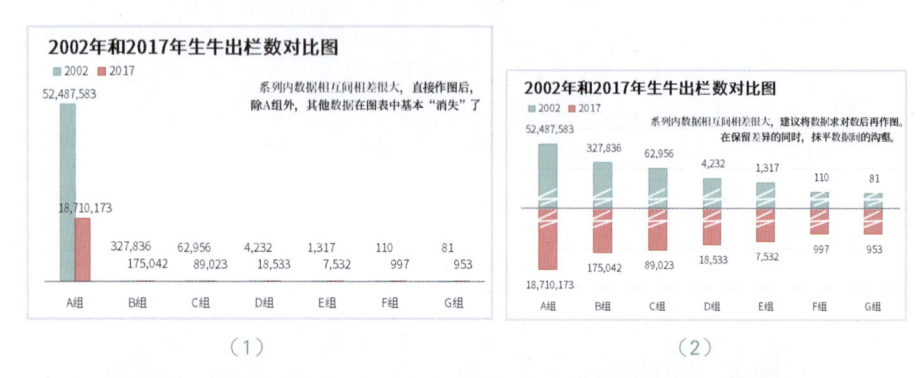

（1）　　　　　　　　　　　　　　（2）

图 5.4.15　系列内包含多类差异大的数据的柱形图

如图 5.4.16（1）所示，浅绿色部分为原始数据，浅灰色部分为取对数后的数据，这里对数据取以 3 为底的对数。以 B6 和 B7 单元格为例，B6 采用公式 "=LOG(B2,3)"，B7 采用公式 "=-LOG(B3,3)"。为何选择以 3 为底呢？笔者对 2～10 分别进行了尝试，发现以 3 为底时效果最佳，不但能抹平巨大的差异，而且能保留该有的差异，建议读者在遇到类似的问题时也多尝试。另外，将簇状柱形图更改为蝴蝶图，显示效果和对比效果会更胜一筹，此处制作蝴蝶图用到的是将 2017 年数据负数化这个小技巧。最后还要记得在每张柱形图上添加折断符号，表示数据经过缩小处理，或者直接在图表内做相应的解释说明。

在制作时，选择 A5:H7 单元格区域，插入堆积柱形图并将"间隙宽度"设置为 200%。然后将 2002 年系列柱形填充为 50%透明度的绿色，0.5 磅绿色边框；将 2017 年系列柱形填充为 50%透明度的红色，0.5 磅红色边框。接着分别为 2002 年系列柱形和 2007 年系列柱形添加数据标签，并分别显示 B2:H2 和 B3:H3 单元格区域中的值，放在数据标签内，再用标签工具将其移动至柱形外，如图 5.4.16（2）所示。最后将横坐标轴的数据标签设置为"低"，将纵坐标轴的间距设置为"10"并隐藏其标签，插入折断符号并复制，分别放在每个柱形上，效果如图 5.4.15（2）所示。

第三种情况，两个以上系列间的数据差异大。这可以算是数据差异太小的第三种情况的升级版，之前是两个系列间的数据差异大，假如有更多的系列该怎么办呢？如图 5.4.17（1）所示，我们来看看正常作图时的效果，在同一元素内每日的监测值基本上位于一条水平线上。然而，系列内的数据还是有明显差异的，我们一起来看看源数据，如图 5.4.17（2）所示。那么，怎样把这种差异表现出来呢？很显然不能再用设置主要和次要的坐标轴这种方法了，因为在一张图表内最多有两个纵坐标轴。

图 5.4.16　系列内包含多类差异大的数据的柱形图制作步骤

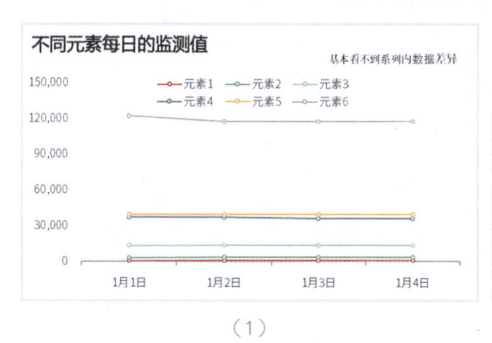

图 5.4.17　两个以上系列间数据差异大的折线图及源数据

让每个系列都有一个专属的坐标轴，在同一张图表内无法实现，那么不妨试试多张图表拼接。如果这样做，还是一张图表吗？一开始时不是，但组合在一起之后就是一张图表了，如图 5.4.18 所示。这也是笔者一直倡导的组合图。

在制作时，需要注意以下几点。

- 建立一个表格框架用来放置折线图，单元格的大小应根据需要进行设置，但要保持同高、同宽。
- 在折线图上添加数据标签，给读者提供直观的数据值。
- 在嵌入折线图时采用绘图区嵌入的方式，实现折线图上下绝对对齐、纵坐标轴绝对对齐。

- 在纵坐标轴上覆盖一条垂直线用于连接所有的折线图，线型和颜色与折线图本身保持一致。
- 在相邻折线图的纵坐标轴之间分别添加折断符号，提醒读者图表中省略了部分坐标轴。
- 在各张折线图后添加文本框充当图例，提醒读者当前系列名称。
- 最后将所有的内容组合到一起，图表就能变成一个整体。

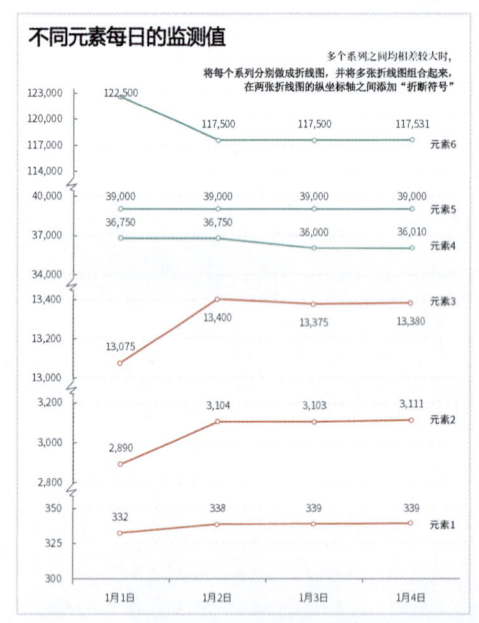

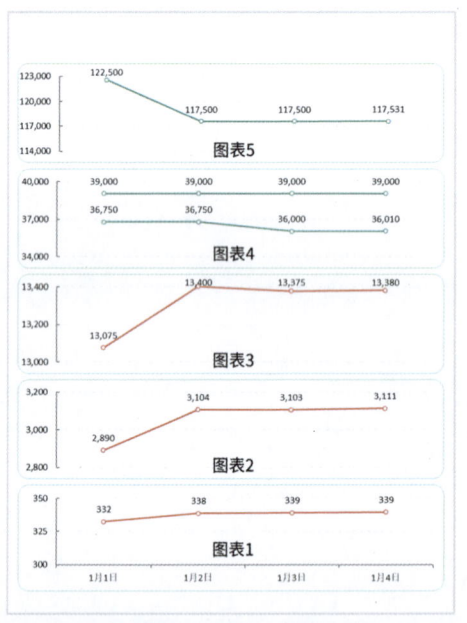

图 5.4.18　两个以上系列间数据差异大的折线图优化效果

本节内容相对繁杂，最后做一下总结。

让图表突出数据差异有 3 种工具：差异箭头、误差线和涨/跌柱线。

数据差异太小分 3 种情况：当全部数据集中在某个很小的范围内时，缩小取值范围，放大数据差异；当部分数据集中在某个很小的范围内时，用辅助子图放大特定区域；当多个系列中的某个系列的数据明显小于其他系列的数据时，将此系列放在次要坐标轴上。

数据差异太大分 3 种情况：当单个系列内存在极值时，可以采用折断法、拆分法和子母图法；当系列内包含多类差异大的数据时，建议采用取对数法；当两个以上系列间的数据差异大时，建议采用图表拼接法。

5.5　老板说：所有的数据标签都不能遮挡

有学员吐槽，老板说他做的散点图和气泡图总是乱糟糟的，永远都分不清楚数据标签是自己家的还是别人家的！数据点那么多，还要全都显示，该怎么办？的确，这是一个棘手的问题，要把东西又多又乱的房间收拾妥当，看起来还要整齐有序，需要一定的技巧和绝对的耐心。本节会介绍 4 种解决方法，需要运用的工具是李伟坚老师和张杰老师开发的 Excel 插件 EasyShu 的标签工具（具体介绍请参考 1.8 节 "数据辨别：数据标签"），供读者参考。

5.5.1 有选择性地显示标签

不管是电影还是电视剧大都是这样的配置：男女一号、男女二号、男女三号、男女四号及其他，其他包括替身、群众演员、无名氏或者背景板。仔细审视自己制作的散点图和气泡图，其中是否也有重点关注的类别、重要性略低的参照类别，还有表现差强人意、常被忽略的类别，图表中有主有次、有主有辅，要对主要的和重要的标签进行强化，推荐对次要的和辅助的数据标签进行淡化处理或直接隐藏。

如图 5.5.1 所示，这是 5.4 节介绍过的一张散点图，其中对比了 2019 年中国与 35 个 OECD 国家的居民电价和工业电价的情况。中国两类电价都处于低价区，是整张图表的绝对重点，因此采用了更引人注目的数据标注，并罗列出具体的居民电价和工业电价。同处于低价区的韩国、美国和墨西哥，位于中价区的法国，位于高价区或部分电价位于高价区的英国和日本等 8 个国家，都是重要的参照国家，因此都添加了数据标签予以标示；至于其余存在感相对较低的国家，则直接选择忽略。这样设置的效果能够表达出诉求，同时能够保持图表的简洁，相信这也是老板们希望看到的，或者在自己的强烈建议下能够接受的。

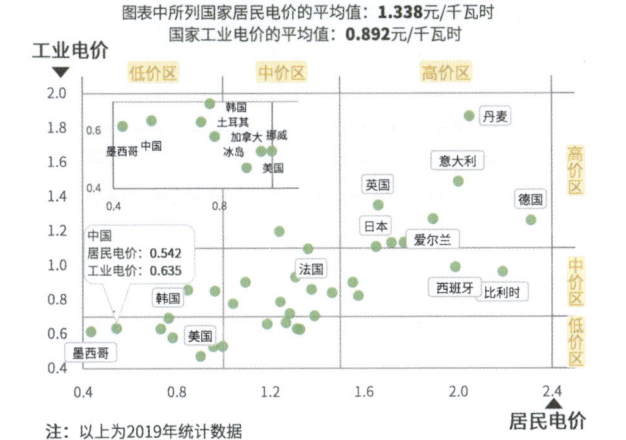

图 5.5.1 仅显示重点类别数据标签的散点图（模仿自《数可视》）

下面介绍图表中数据标签的设置方法。

标签内容：相信看过 1.8 节内容的读者，都知道采用"显示单元格中的值"来实现显示国家名称，同时在需要显示国家名称的单元格中填入对应的名称，不需要显示的单元格直接为空，就能显示特定国家的数据标签。

圆角矩形标签：将原始的矩形修改为圆角矩形，并设置为白色填充、0.75 磅白色（深色 25%）边框。为了最大程度地节省空间，还要将标签的上、下、左、右边距均设置为 0，然后单独选中标签设置其高度与宽度。比如这里名称包含 3 个字的意大利标签，高度为 0.37cm，宽度为 1.03cm；名称仅有 2 个字的英国标签，高度为 0.37cm，宽度为 0.62cm。其设置方法与设置形状大小的方法完全相同，同时对于字数相同的标签，利用 F4 键重复上一步操作可以快速完成设置。

标签位置：基于散点的分布情况，还需要根据空间大小对其标签位置逐个选择上、下、左或右，然后还要适当微调标签位置（直接拖曳或者利用标签工具微调），以便于靠近对应的散点，避免出现老板最忌讳的分不清楚是谁家标签的情况。

5.5.2　见缝插针式标签

如果老板坚持要显示所有的数据标签，又该怎么办呢？别无选择，只能把数据标签全部显示出来，并且在能分辨的基础上尽量缩小标签的字号、缩小边距、缩小文本框的大小，然后见缝插针地把每一个标签都安排到合适的位置，既不能距离散点太远，与散点失去联系，又不能遮挡散点及其他标签。见缝插针式是最传统和通用的标签显示方式，遵循的是就近原则，就近放置标签，其优点是方便对号入座。

如图 5.5.2 所示，这张散点图展示的是 2019 年全国部分城市的年平均降雨天数及降雨天平均降雨量情况，基本上 90%的城市散点都集中在左下和右上两个区域，密集度非常高。为此，《谷雨数据》使用了对比度更高的黑色（淡色 25%）填充、白色字体的标签，同时对不同区域的散点标签采用不同的摆放策略。紧邻密集区的散点和密集区外层的散点的标签都被统一放在外侧，给核心的密集区散点的标签预留更充足的空间，比如紧邻密集区的重庆和成都的标签被放在其左侧，桂林的标签被放在其上方，密集区外层的武汉和九江的标签被放在其右侧。对于核心的密集区散点的标签，如果有充足的空间，则就近摆放，比如将柳州和长沙的标签紧邻散点右侧放置；如果空间有限，则向外延伸摆放，比如将大连的标签向右下方移动，将烟台的标签向左上方移动。

本例中数据标签的制作方法，基本与图 5.5.1 所示的散点图的数据标签的制作方法相同，其值得借鉴的地方主要有圆角矩形标签和引导线。

圆角矩形标签：圆润的外观更容易让读者接受；深色底搭配白色字与散点形成鲜明的对比，让读者不由自主地注意到标签；标签的上、下、左、右边距为 0，且高度被设置为接近极限的 0.3cm，不浪费任何空间。

引导线：当标签距离散点较远时，主要依靠引导线来建立两者之间的联系。建议引导线不要相互交叉，以及遮挡其他散点；引导线与数据标签保持同色，整体性更强。

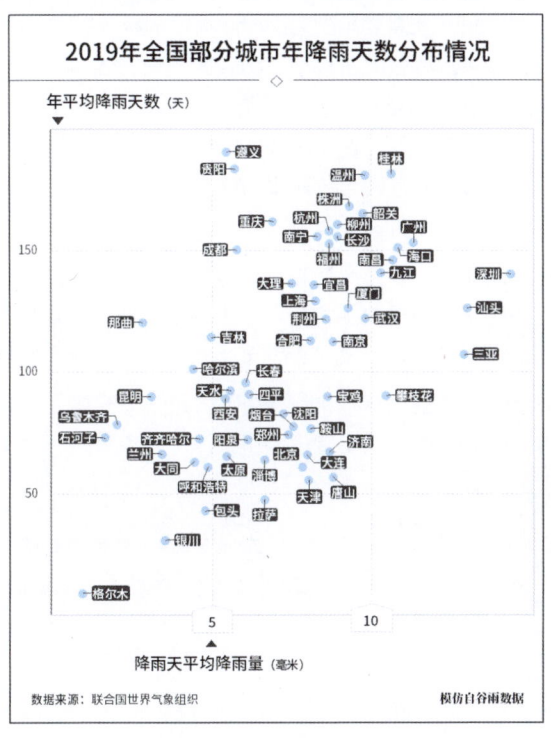

图 5.5.2　见缝插针式标签（模仿自《谷雨数据》）

5.5.3　统一位置式标签

统一位置式标签，就是根据实际情况，将所有标签统一放置在散点图或气泡图的顶部、底部、左侧或右侧，标签和散点之间依靠引导线进行连接。此方法来源于百度 Apache ECharts，旨在让密集的标签能清晰地显示，避免过于密集的文字影响可读性。如图 5.5.3 所示，左侧图表中的气泡标签被统一放置在绘图区的右侧，并设置了右对齐和垂直平均分布，在选择位置时尽量与气泡水平对齐。右侧图表中的气泡标签被统一放置在绘图区的顶部，文字纵向排列并设置了顶部对齐，在选择位置时尽量与气泡垂直对齐。对于水平分布的图表来说，宽度大于高度，最优选择是将标签放在空间更大的顶部或底部。

下面以右侧摆放标签为例，介绍设置步骤。

添加标签：利用单元格中的值显示国家名称，并将标签设置为右对齐，高度为 0.3cm。

移动标签：在选择标签的位置时，遵循标签尽量与气泡水平对齐，引导线尽量不交叉且不遮挡其余气泡的原则。在具体设置时，若多个气泡处于同一水平线上或接近同一水平方向，那么距离越远、越靠近左侧的气泡，其标签越靠下或越靠上摆放。比如由左到右的韩国、土耳其和古巴气泡基本在一条水平线上，其标签位置则是由下到上。

美化标签：当手工移动标签时，很难做到对齐和平均分布，而这两点也正是保持标签美观和易读的关键所在，此时就需要用到 EasyShu 插件的标签工具——用鼠标左键单击标签一次，可以选中所有标签，然后向右移动至图表区的最右侧实现右对齐，再向左适当移动 3~5 个步长消除局促感。对于数据标签，不能采用 Excel 的"格式"选项卡下的对齐工具来设置纵向平均分布，仍需借助 EasyShu 插件的标签工具，但稍显麻烦的是，对每个标签都需要单独上下微调位置，而且完全依赖眼力和耐心来判断标签之间的距离。用鼠标左键单击标签两次，可以选中单个标签，反复进行多次调试才能获得最佳效果。

当将标签放在图表的顶部时，先用标签工具将标签整体移动至顶部实现顶端对齐，再向下适当移动。本例不建议采用横向平均分布，否则引导线会更加凌乱。在实际工作中，文字采用横向排列还是纵向排列，以及是否设置平均分布，都要根据情况进行调整。

设置引导线：采用统一位置式标签，引导线不再是一个附属品，而是影响准确判断和阅读体验的重要工具。引导线的颜色不宜设置得太深，以免抢戏，也不宜设置得太浅，以免难以辨别，以浅灰色为宜。

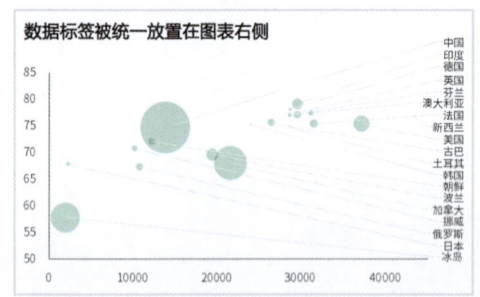

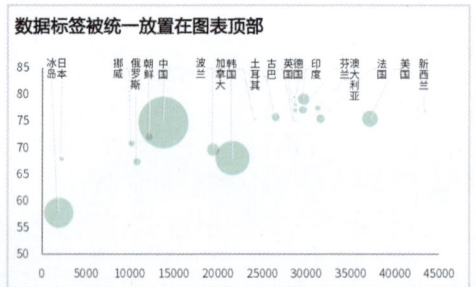

图 5.5.3　统一位置式标签（模仿自"Apache ECharts"）

统一位置式标签的优点和缺点都十分明显，优点是所有标签都有了统一的归属地，整齐划一的排版不失美观，也不会遮挡散点和气泡；缺点是散点和气泡距离标签太远，读者要耗费精力去一一对应两者的关系，拉长的引导线也会不可避免地产生交叉和遮挡。那么有没有更好的方案，在保留这些优点的同时规避这些缺点，毕竟谁不想两全其美呢？答案就是采用扎堆聚集式标签。

5.5.4　扎堆聚集式标签

扎堆聚集式标签介于见缝插针式标签和统一位置式标签之间，兼具见缝插针式标签的自由灵活和统一位置式标签的"三人成行"，对空间的利用率也更高。比如对于图 5.5.3 所示的数据标签，根据气泡的分布情况进行调整后，土耳其左侧的气泡标签采用顶部对齐摆放，土耳其右侧的气泡标签采用右侧对齐摆放，读者寻找气泡对应的标签的难度会降低不少，效果如图 5.5.4 所示。

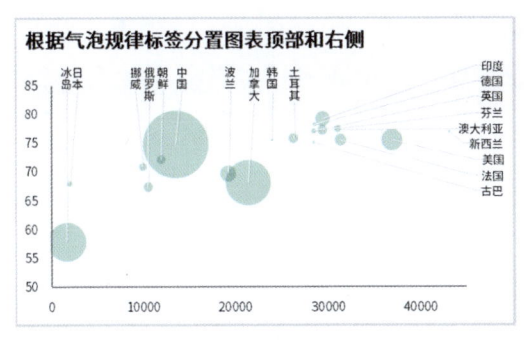

图 5.5.4　统一位置式标签设置优化

对于数据量更大、更无规律的图表，又该如何应对呢？试着参考图 5.5.5 所示的做法，见缝插针，将标签成群结队地放置在气泡旁边，具体的执行原则如下。

三五成群：把相邻的、周围的气泡归类为一个小团体，统一配备标签。

就近摆放：根据亲疏性原则，在周边空白区域放置标签。

不要遮挡：这一原则是提高图表易读性的关键所在。引导线不交叉，不遮挡气泡；标签之间相互不遮挡，如果产生遮挡，则适当向现有标签的附近移动并扩大标签摆放的范围。

牢记对齐：这一原则是增加图表美观性的关键所在。建议采用水平对齐搭配纵向平均分布的模式，或者垂直对齐搭配横向平均分布的模式。在对齐标签时，参考统一位置式标签的设置方法，先将小团体内的所有标签移动至最近的图表边缘（靠近哪个边缘，便向哪个方向移动）做好对齐，然后再分别移动至理想的位置。

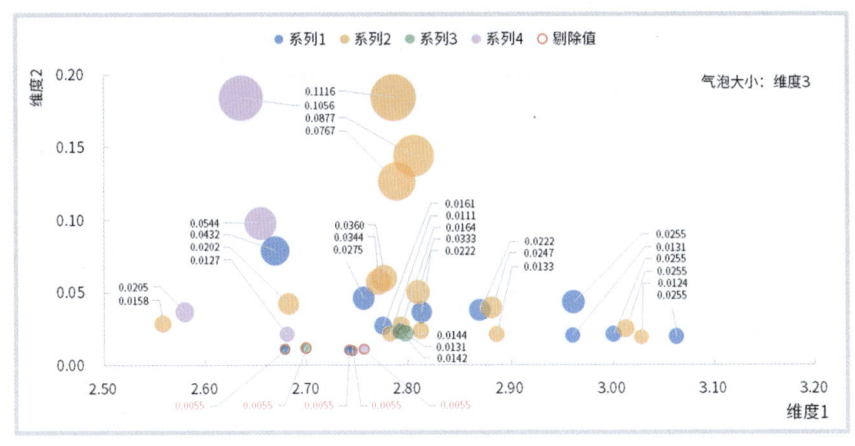

图 5.5.5　扎堆聚集式标签

5.6　老板说：标签不能显得太大、太挤

学员又来诉苦，费了九牛二虎之力，刚把散点图的标签安排妥当，老板又说他的标签

太大、太挤，都快要把图表撑爆了。老板心海底针，不让增大图表，又不能缩短标签，将标签都塞进图表中了还不知足。很明显，这个学员没有领会到老板的意思，其实老板想说的是，图表的标签有点粗糙、不够优雅。标签分为坐标轴标签和数据标签，在 1.4 节中曾介绍过长坐标轴标签的处理方式，比如竖向排布、自定义标签角度、分行显示、用数据标签代替坐标轴标签等常规操作。除此之外，还有没有更好的方式？数据标签太长又该如何处理呢？本节就来进行补充和汇总。

5.6.1 将横向排版的图表改为条形图

柱形图、折线图、面积图等都属于横向排版的图表，由于其水平空间的延伸很有限，在应付长坐标轴标签时显得捉襟见肘，而改成如图 5.6.1 所示的条形图后便不再受拘束。但遗憾的是，这种处理方式也有局限性，过长的标签会挤占部分绘图区的空间。在此基础上，有三种物尽其用的优化方法。

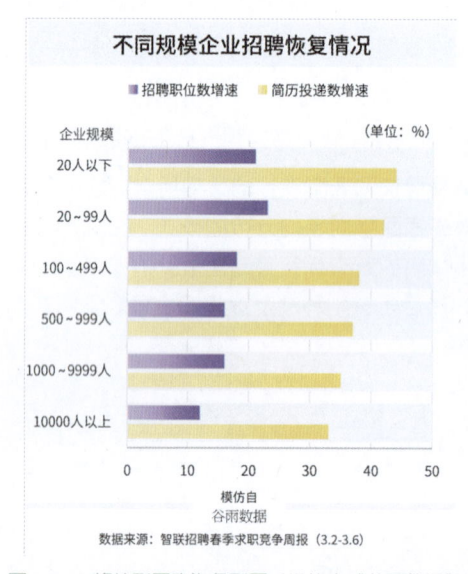

图 5.6.1 将柱形图改为条形图（模仿自《谷雨数据》）

将坐标轴标签放在辅助条形上：如图 5.6.2 所示，添加辅助条形制作堆积条形图，用辅助条形的数据标签代替坐标轴标签，数据标签显示类别名称，并利用标签工具将其统一移动至最右侧并对齐，巧妙地解决了长标签的排版问题。具体的制作步骤可以参考 3.6 节中的"柱形/条形式参考标准"部分。

将坐标轴标签放在条形上方：参考图 5.6.3 所示的效果，在条形上方添加辅助条形，然后用其数据标签显示类别名称，注意要设置标签左对齐。或者省略辅助条形，直接用标签工具将数据标签移动至条形上方。具体的制作步骤可以参考 1.4 节中的"变柱形图为条形图"部分。

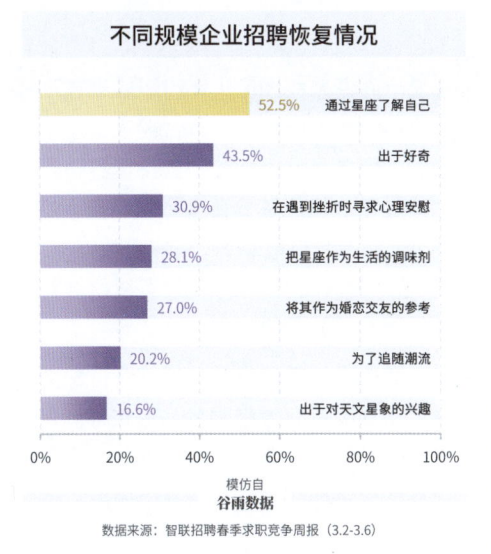

第 5 章 工作型图表的典型问题拆解

图 5.6.2 将坐标轴标签放在辅助条形上
（模仿自《谷雨数据》）

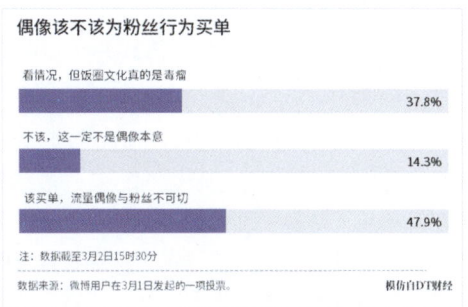

图 5.6.3 将坐标轴标签放在条形上方
（模仿自《DT 财经》）

将坐标轴标签放入表格中：如图 5.6.4（左）所示，直接在表格内输入坐标轴标签的内容，然后把条形图嵌入表格中。这种方法可以尽可能地压缩标签与条形之间的距离，具体的制作步骤可以参考 3.7 节"数据强力收纳：表图结合"。具有相似用法的还有饼图和圆环图。如图 5.6.4（右）所示，由于饼图的类别名称过长，改用表格制作标签，然后粘贴为图片放在饼图下方。

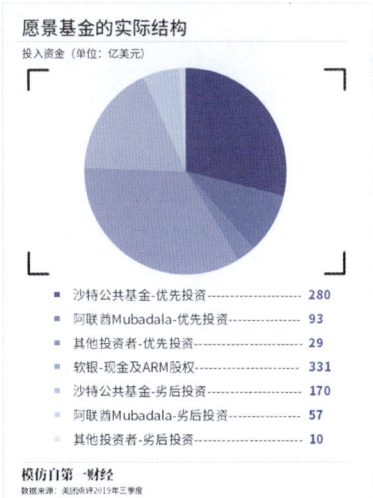

图 5.6.4 将坐标轴标签放入表格中模仿自《第一财经》

5.6.2 用文本框代替标签

当坐标轴标签过长时，设置成横排显示、全部显示并调整绘图区大小可以实现自动换行，但是换行的位置不支持修改。更灵活的方法是利用"Alt+Enter"组合键在单元格中对特定位置强制换行，来实现坐标轴标签的自由换行。但是坐标轴标签不支持调整边距及位置，对空间的利用还不够彻底。进一步优化的方法是用数据标签代替坐标轴标签（如果当前类别的数据标签另有他用，则建议在图表中添加辅助折线或散点等，只保留数据标签，专门用于代替坐标轴标签），将数据标签的上、下、左、右间距压缩为 0 后可以继续释放空间，然而一旦换行，其不支持设置段落间距的缺点就会暴露无遗。

可见，只有支持自由换行、边距调整、段落间距调整和位置调整的文本框及自定义图形，才是长坐标轴标签和长数据标签的最佳替代品。文本框没有数量限制和形状限制，既可以简单用于替换个别长标签，也可以用于整体替换制作个性化标签。比如将图 5.5.2 中的坐标轴标签形状改为流程图中的离页连接符，在制作时需要注意保持形状、颜色和大小的统一，并保持整体对齐。

文本框有两类比较常见的应用，可以实现在小空间内放置长标签。

将标签移动到空白位置：图表空间有限，若挤一挤仍旧放不下标签，则与其将就着把标签硬塞入当前位置，不如保持仪态，另寻其他相对空闲的位置，然后制作引导线，建立标签与原位置之间的联系。这样不仅能解燃眉之急，而且也是图表美化的一种方式。如图 5.6.5 所示，此柱形图展示了历任美国总统任命的最高法院大法官的数量，其中对一些重要的时间节点添加了注释，比如被世人熟知的总统林肯、罗斯福等，将这些短标签直接放在对应柱形的旁边；一些重点事件，比如第一任总统华盛顿任命了 11 位大法官、《1869年司法法案》确定了大法官席位数为 9 人，将这两个长标签择机放在临近的空白位置，当距离相对较远时，则添加了曲线箭头进行连接；还有现任 9 位美国大法官上任时间表，则被统一放在整张图表的右下角，并用折线进行连接。

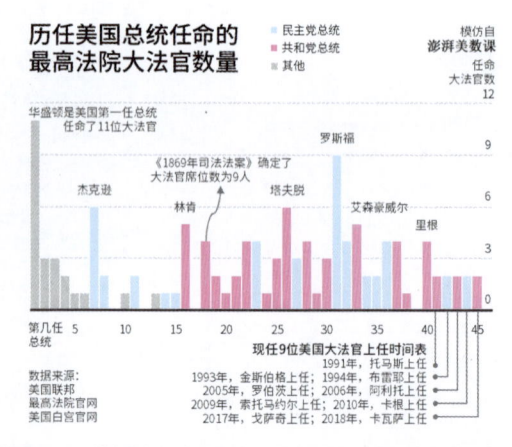

图 5.6.5　将标签移动到空白位置（模仿自《澎湃美数课》）

用序号代替标签：在长标签处添加相应的序号，然后在图表底部或图表外对序号做出详细的解释和说明，类似于 Word 文档中的脚注。使用序号是建立连接的重要方式，也是让图表更规范、更优雅的重要方式。如图 5.6.6 所示，2020 年 8 月企业的利润和净收入分别增长了 13.8%、9.2%，费用下降了 57.1%，如果老板看到这样的结果，则可能会对其背后的原因更感兴趣，因此直接在增长箭头处添加序号，并在图表下方解释做此预测的依据。具体的制作步骤可以参考 3.3 节中的"制作增长箭头"部分。

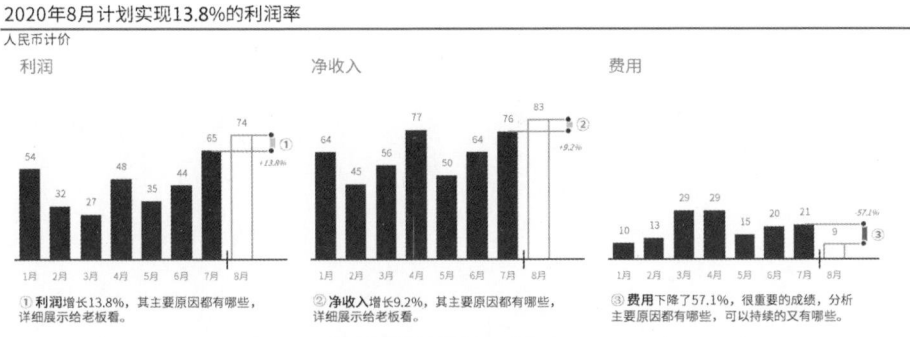

图 5.6.6　用序号代替长标签（模仿自"Zebra BI"）

5.6.3　压缩数据标签的空间

数据标签的本质是在一个矩形的容器内添加文字，如果不希望长标签太大、太挤，那么就需要在尽可能多地显示文字的同时，把矩形设置得更小巧一点。其中，显示更多文字的方式只有两种——减小字号和压缩边距。然而，为了保证文字的可读性，字号不宜小于 7 号，因此将边距压缩至最小十分必要，也就是把上、下、左、右边距均设置为 0。降低矩形的高度和宽度能让数据标签看起来更加突出，尤其是在填充了与图表背景色不相同的颜色时。横向排版的标签的宽度可以自适应文字内容，只需要调整其高度；竖向排版的标签的高度可以自适应文字内容，仅需要调整其宽度，通常 7~8 号字可以搭配 0.3cm 的高度或者宽度。具体的设置步骤可以参考 5.5 节中的"见缝插针式标签"部分。

5.7　老板说：图表加上公司 logo，要醒目、不抢戏

学员来报喜，说他的图表历经三换三改，终于过稿了，只是老板又提出了新的要求——在图表中加上公司 logo，既要醒目，又不能抢戏。随着人们的版权意识不断提高，在图表中加上 logo 宣示主权、保护自身权益的必要性不言而喻，其重要性堪比商品的品牌。那么，该如何满足老板对 logo 的既醒目而又不抢戏的要求呢？还记得 2.10 节中给读者推荐的 10 个优秀的数据可视化媒体吗？他山之石，可以攻玉。让我们一起来看看这些媒体是如何处理 logo 问题的。

5.7.1 单 logo 常见位置

多数数据可视化媒体会选择一张图表搭配一个 logo 的模式，在选择 logo 的位置时分为三种情况。

顺势而为型：根据图表内容和排版灵活调整 logo 的位置，这是为了充分利用空间而对图表类型、内容和排版所做的一种妥协。采用这种模式的典型媒体有《网易数读》，其 logo 采用特殊设计的字体+英文+标志性的亮黄色圆形组合而成，如图 5.7.1 所示；还有《四象工作室》，其 logo 采用图标+文字+英文的组合，如图 5.7.2 所示。

图 5.7.1 选自《网易数读》的图表

图 5.7.2 选自《四象工作室》的图表

忠贞不二型：logo 的位置不会随着图表内容的调整而发生变化，其相对固定，常见位置有图表的左上角、左下角、右上角、右下角、顶部居中和底部居中等。如图 5.7.3 所示，《RUC 新闻坊》和 "statista" 习惯将 logo 放在图表的右下角，它们的 logo 均采用文字+图标的形式。如图 5.7.4 所示，《第一财经》习惯将 logo 放在图表的左下角，其 logo 采用文字+英文+图标的形式。"Zebra BI"习惯将 logo 放在图表的右上角，其 logo 采用英文+图标的形式。

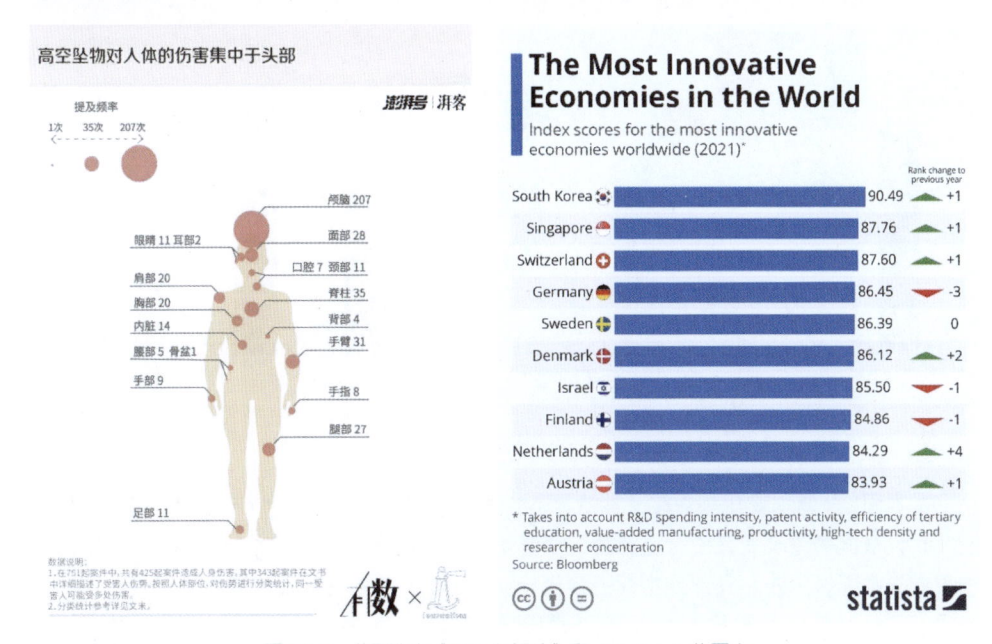

图 5.7.3　分别选自《RUC 新闻坊》和"statista"的图表

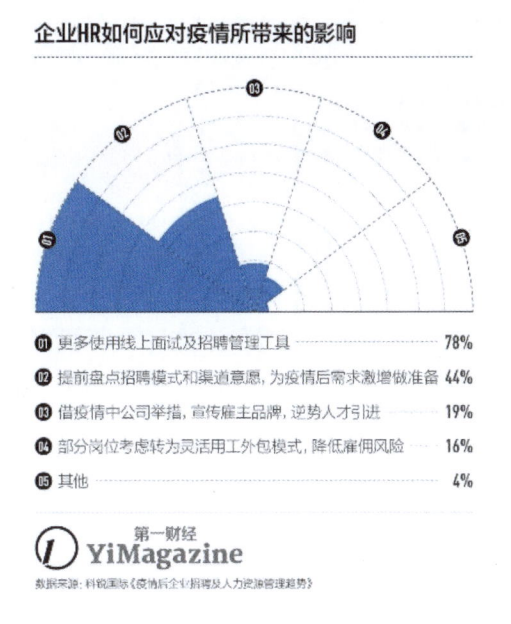

图 5.7.4　分别选自《第一财经》和"Zebra BI"的图表

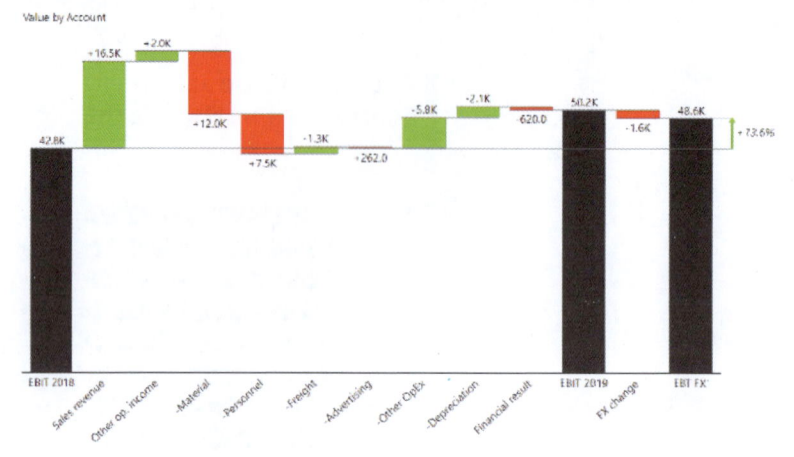

图 5.7.4　分别选自《第一财经》和"Zebra BI"的图表（续）

基本固定+偶尔变化型：在通常情况下会将 logo 固定在图表的特定位置，当遇到特殊情况时会根据需要改变其位置。典型代表是《澎湃美数课》，其早期风格是基本将 logo 置于图表的底部居中处，在部分主题下会将 logo 移动至图表的顶部居中处，以及图表的左下角、右上角或右下角等地方，如图 5.7.5 所示。其 logo 采用两种不同的字体+英文组合而成。

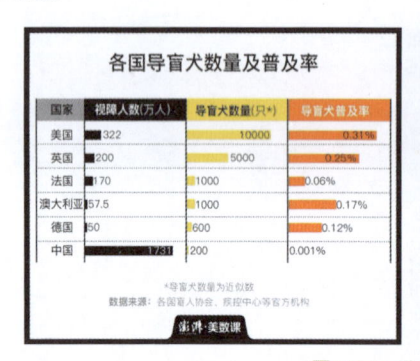

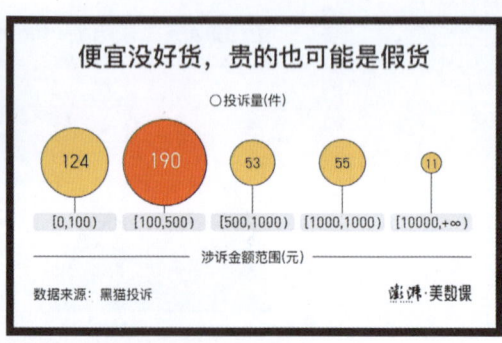

图 5.7.5　选自《澎湃美数课》的图表

5.7.2　双 logo 常见位置

在图表中使用双 logo 的形式相对少见，倘若使用双 logo，那么通常会将其对称排列，放在图表的顶部两侧、底部两侧或对角处。如图 5.7.6 所示，《暗中情报局》将两个相同的 logo 分置在图表标题的两侧，其 logo 采用特殊设计的字体+浅灰色圆形组合而成。如图 5.7.7 所示，《DT 财经》的 logo 设置比较特殊，分为横版和竖版，其中横版 logo 由黑底矩形+图形+文字组成，放在图表的左上角；竖版 logo 由黑色圆形+图标+文字组成，放在图表的右下角。此外，还添加了倾斜 45°的浅灰色 logo 水印作为图表背景。

图 5.7.6　选自《暗中情报局》的图表

图 5.7.7　选自《DT 财经》的图表

5.7.3　logo+水印

在图表中添加水印，除了可以作为背景，还能防止图表被盗版传播和侵权使用。相对低调、不张扬的水印，不仅能放置公司 logo、作者姓名，还适合添加相关报告和文章的名称，当图表被单独传播时方便读者按图索骥，寻找文章的完整内容。如图 5.7.8 所示，《数有范》采用了与《DT 财经》类似的水印，不过其字号更大，数量也不那么密集；logo 被放在图表的右下角，其采用具有设计感的字体+不规则的色块组合而成。

图 5.7.8　选自《数有范》的图表

331

图表水印可以分为两类：一类是仅在绘图区添加的；另一类是在整个图表区添加的。这里以绘图区水印为例来介绍制作过程。如图 5.7.9（1）所示，首先恢复显示图表的绘图区边框，然后插入一个矩形并设置为无填充，将其放在图表绘图区上，并调整大小直至完全覆盖绘图区。也就是说，制作一个与绘图区大小完全相同的矩形。接下来将矩形填充为图表背景色，取消边框，插入文本框并输入水印文字。如图 5.7.9（2）所示，输入"办公室小明"，将其字体设置为浅灰色或最浅的灰色（如果觉得颜色太深，则可以调整字体的透明度来获取满意的效果），并倾斜 45°；然后复制多个文本框并设置为平均分布，或者根据需要进行排版；再把矩形与所有的文本框组合成一个整体。接着复制矩形，然后将图表的绘图区填充修改为"图片或纹理填充"，并选择"剪贴板"，最后隐藏绘图区边框，效果如图 5.7.9（3）所示。除此之外，还可以根据图表的空白区域所在位置，在矩形中间输入文章名称，或者在右下角输入作者姓名等信息，如图 5.7.9（4）所示。

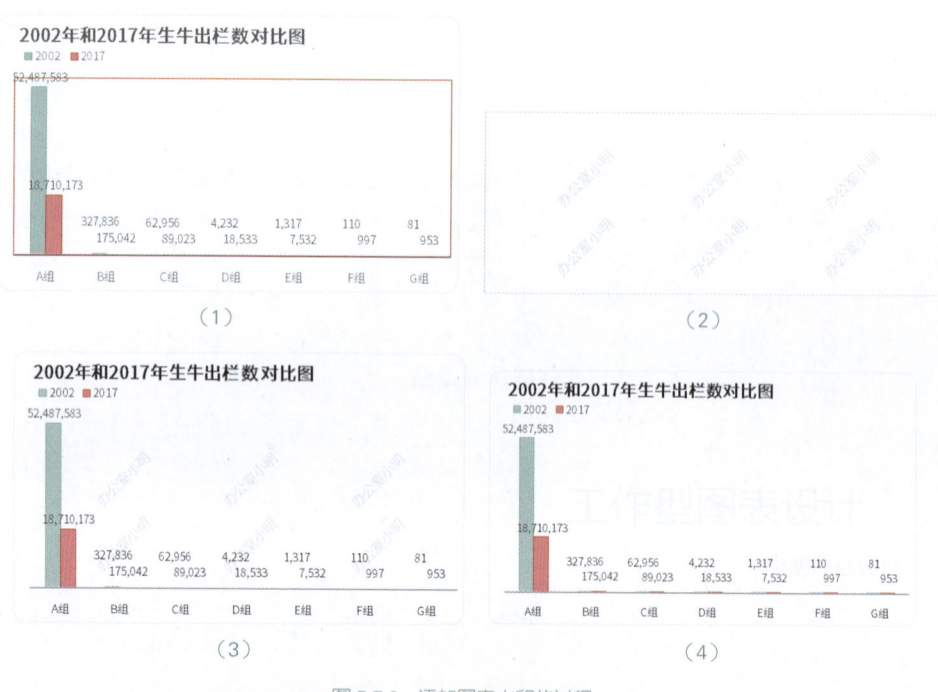

图 5.7.9　添加图表水印的过程

5.7.4　主 logo+副 logo

还有一种搭配模式是用主 logo 作为标志，用副 logo 作为装饰。如图 5.7.10 所示，《谷雨数据》的图表有着严格的区域划分，用线条分隔出标题区、图表区、数据来源区和 logo 区，在图表的顶部和底部还有用副 logo 制作的装饰条，其由黑色/深灰色的长矩形+绿色圆点+大写的英文组成。

第 5 章　工作型图表的典型问题拆解

图 5.7.10　选自《谷雨数据》的图表

5.7.5　如何让 logo 醒目、不抢戏

看到这么多种不同的 logo 搭配形式，相信读者已经找到了自己心中的答案，那么如何才能做到让 logo 既醒目又不抢戏呢？

醒目的 logo：对于空间有限的图表，重中之重仍是表现数据趋势变化，因此想要 logo 醒目，增大 logo 的体积或者增大 logo 的字号都不太可取。如果公司没有统一的 logo，则可以借鉴《澎湃美数课》使用特殊的字体来吸引读者的注意力，或者借鉴《RUC 新闻坊》使用大图标搭配小字体的反差来获得更多的关注，抑或借鉴《网易数读》添加色块用高对比度的颜色来夺人眼球。如果公司有统一的 logo，则建议从其位置入手，比如在图 5.7.11 中，将 logo 放在关键性的图例附近或标题附近，也就是放在读者在阅读图表过程中一定会重点停留的地方。或者将 logo 放在统一的位置，让读者养成一定的阅读习惯，看到熟悉的布局就能联想到其出处。

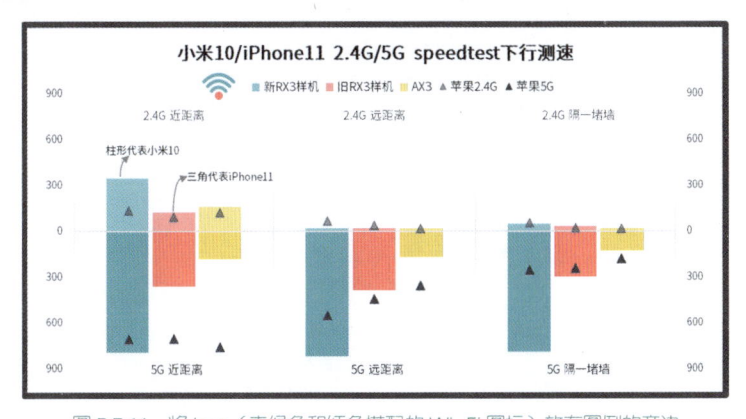

图 5.7.11　将 logo（青绿色和红色搭配的 Wi-Fi 图标）放在图例的旁边

不抢戏的 logo：适当缩小 logo 可以使其变得更加精致，比如在图 5.7.12 中，将 logo 重新着色为图表主色，或者适当调低 logo 的亮度，增加其与图表之间的协调性，或者选择水印模式，将 logo 去色作为图表背景使用，这些都是行之有效的不让 logo 抢戏的好选择。

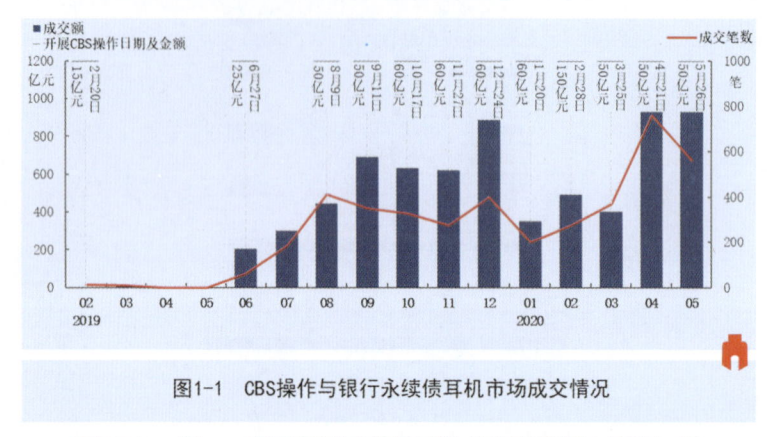

图 5.7.12　使 logo（图表右下角的红色古币）的颜色与图表主色保持一致

5.8　老板说：图表太简单，没有高级感

学员愤愤不平，忍不住想要吐槽，他的图表竟然被老板嫌弃没有高级感。如图 5.8.1 所示，只有区区的几个数，委实没有发挥的余地，改成什么类型的图表都避免不了太空，这到底该怎么办？笔者曾多次提到，制作图表有一个基本理念：**复杂图表做减法，简单化；简单图表做加法，形式化**。之前介绍的很多内容，比如将所有数据都放在一张图表中、将多张图表合并成一张、不能让标签相互遮挡等都是典型的复杂问题简单化，这次老板提出的要求恰好相反，是要实现简单问题形式化。"形式"这个词大多数时候是一个贬义词，表示多余且没有实质性意义的花架子。其实形式化是一把双刃剑，这里所说的形式化，是指给图表添加一些特殊效果，增加图表的层次感，不让图表看起来太空、太过单调。

图 5.8.1　内容来自《DT 财经》（格式有变化）

5.8.1 增加图表的层次感

添加背景：给图表填充背景色、图案或者图片都能消除其空白感和单调感。如图 5.8.2 所示，在选择背景色时，建议以主色为基调，挑选其渐变色中的最浅色（相当于降低颜色的亮度和饱和度），或者采用百搭的浅灰色。在选择图案或者图片时，也要使其与图表主题相关联，这样才不会让读者觉得冲突和莫名其妙。详情可参考 2.4 节中的图案填充和图片填充的注意事项部分。

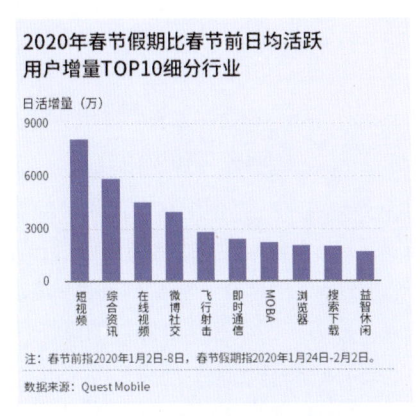

图 5.8.2　给图表添加背景

添加阴影或发光：添加阴影可以让图表看起来更有立体感和质感。如图 5.8.3 所示，为图表选择预设阴影中的"外部"，颜色选择浅灰色，设置透明度为 60%，大小为 100%，模糊为 10 磅，角度为 0°，距离为 0 磅；为柱形选择预设阴影中的"外部"，颜色选择蓝色，设置透明度为 70%，大小为 100%，模糊为 4 磅，角度为 45°，距离为 3 磅，在添加阴影后有一种跃然纸上的感觉。添加发光也能制作出类似的效果，如图 5.8.4 所示，颜色选择主色（蓝色），设置大小为 5 磅，透明度为 90%。

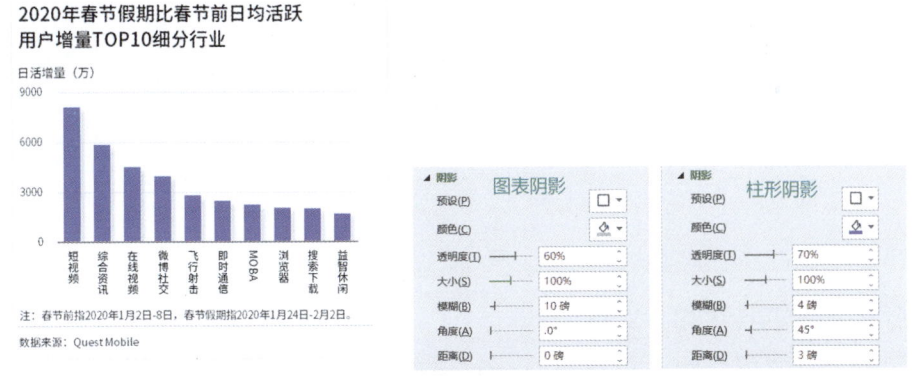

图 5.8.3　添加阴影

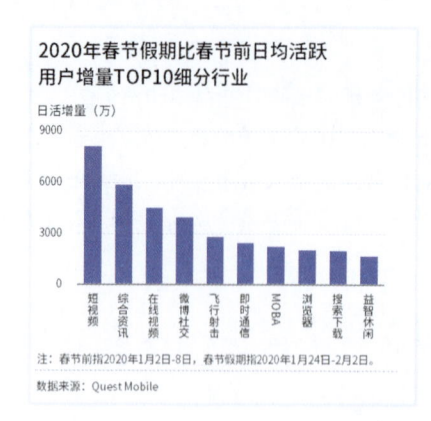

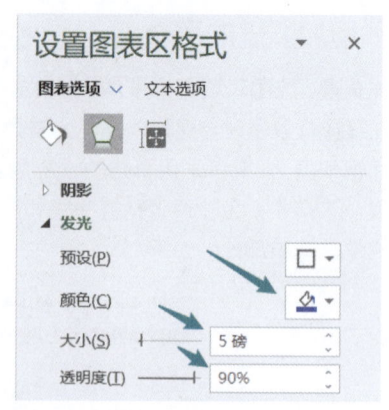

图 5.8.4　添加发光

添加装饰：装饰的奇妙之处就在于，搭配上与主题相关的图标、插画后，整张图表突然一下子活了起来、有趣起来，可以使人忘掉或者忽略那些微不足道的空白。如图 5.8.5 所示，为了贴合春节假期这个主题，专门选择一张买到回家的车票后欢呼雀跃的人物插画。更多有关装饰的用法，请参考 2.5 节"图表装饰：添加图形、点缀图表"。

添加 logo 或水印：5.7 节中介绍的顺势而为型的 logo 位置，就是在图表中相对空旷的地方加上宣示主权的公司 logo，或者添加更加低调的水印。如图 5.8.6 所示，在图表的右侧中间位置水平放上了文章的标题"经此一役，互联网公司格局发生了哪些变化？"，通过图表的传播带动文章的传播。根据具体的图表排版，也可以为水印设置一定的旋转角度，同时建议选择在不遮挡图表元素且不被遮挡的位置添加水印。

图 5.8.5　添加插画　　　　　　图 5.8.6　添加水印

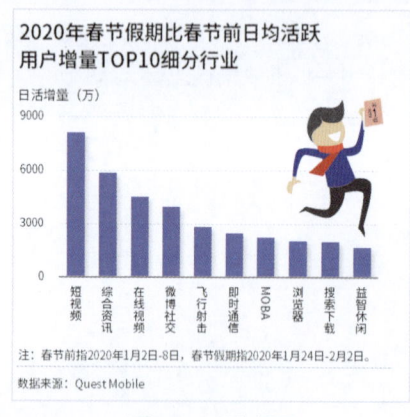

5.8.2　增加图表的专业性

添加辅助系列：如图 5.8.7 所示，将柱形图更改为条形图并添加辅助系列，既能减轻图表的空白感，又能辨别当前行业所处的位置（具体操作请参考 3.6 节中的"柱形/条形式参考标准"部分）。在此基础上，为"日活增量"条形添加误差线，并将其设置为负偏差、无线端，百分比为 0.1%，线条为 8 磅蓝色、圆形线端，添加蓝色外部阴影，设置透明度为 60%，大小为 100%，模糊为 5 磅，角度为 0°，距离为 0 磅。然后将条形的"间隙宽度"设置为 200%，得到如图 5.8.8 所示的滑珠图效果。

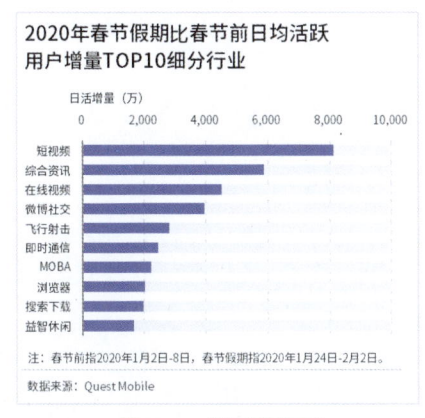

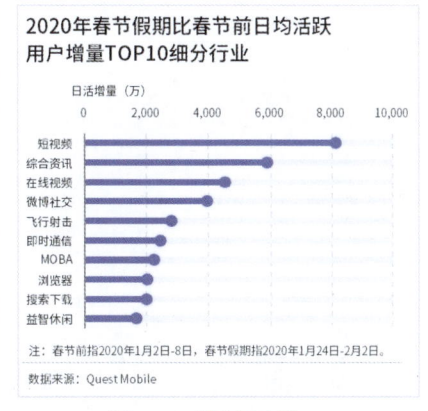

图 5.8.7　添加辅助系列　　　　　　　　图 5.8.8　滑珠图效果

添加辅助线：常用的辅助线有平均线、涨/跌柱线和系列线等。如图 5.8.9 所示，在条形图的基础上，又添加了 TOP10 细分行业的日活增量平均线，让读者对不同行业的处境有了更准确的认识。平均线采用散点图+误差线制作，只需要添加一个散点（横坐标轴与纵坐标轴的值分别为 0 和 0.5，设置纵坐标轴的取值范围为"0~10"，横坐标轴的取值范围为"-0.5~0.5"），然后添加正负误差线（正误差线的值为 9.5，即纵坐标轴的最大值 10 减去散点的纵坐标轴值 0.5；负误差线的值为 0.5，即散点的纵坐标轴值 0.5 减去纵坐标轴的最小值 0）（具体操作可参考 3.6 节中的"线条式参考标准"部分）。在图 5.8.7 所示效果的基础上，删除辅助系列并将簇状条形图改成堆积条形图，然后添加系列线并设置为 1 磅蓝色线条，效果如图 5.8.10 所示。系列线的效果类似于折线图，可以用于辅助分析趋势变化。涨/跌柱线一般被使用在两条折线之间，表示两者之间的差距，具体可参考 5.4 节中"选错图表类型"下的涨/跌柱线部分。

添加增长箭头：增长箭头在表现数据的具体变化上独具优势，给最受关注的数据添加层级差异箭头或总计差异箭头后，读者可以更加便捷地获取关键信息。如图 5.8.11 所示，在 TOP10 行业中，为最大的短视频行业与最小的益智休闲行业添加了总计差异箭头，做出对比，前者的日活增量几乎是后者的 5 倍（具体操作可参考 3.3 节中的"制作增长箭头"部分）。

标记重点区域：利用辅助散点和误差线给重点内容或者特殊类别做上标记。如果是散点图和气泡图，则还可以对整体区域进行划分，筛选出符合特定条件的数据。如图 5.8.12 所示，为排名前 3 的短视频、综合资讯和在线视频，以及老板指定的对比行业即时通信、MOBA 和浏览器添加了浅红色背景。对于这种位置较为灵活的背景，一般采用辅助散点的误差线制作，具体可参考 3.6 节中的"柱形/条形式参考标准"部分。

图 5.8.9　添加平均线

图 5.8.10　添加系列线

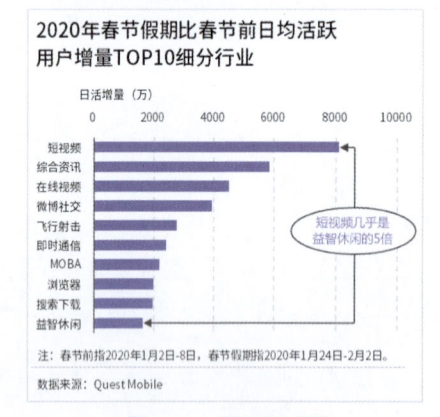

图 5.8.11　添加增长箭头

图 5.8.12　标记重点区域

5.8.3　提炼图表的观点

实现正负和增减分明：从区分数据的正负和增减入手，为提炼图表的观点打好基础。5.1 节中提供了 9 种区分方法，可以根据实际情况选择应用。如图 5.8.13（1）所示，通过添加辅助散点并用其误差线来表示相邻行业的增减情况。

在制作时，如图 5.8.13（2）所示，选择 A1:C11 单元格区域，插入条形图，然后将辅助系列的图表类型更改为散点图并修改数据源，将"辅助 X 轴"系列散点的 X 轴系列值修改为 C2:C11（采用公式"=B2"，也就是上一个类别的值，比如综合资讯的辅助 X 轴值等于短视频的日活增量值），将其 Y 轴系列值修改为 D2:D11（由综合资讯到益智休闲分别为 8.5~0.5）。接着将次要纵坐标轴的取值范围设置为"0~10"，将横坐标轴的取值范围设置为"0~10000"，将主要纵坐标轴设置为"逆序类别"。接下来为辅助散点系列添加误差线并删除垂直误差线，将水平误差线设置为负偏差、无线端、自定义（指定值为 E2:E11，采用公式"=B2-B3",也就是短视频的日活增量值减去综合资讯的日活增量值),将线条设置为 0.75 磅白色(深色 50%)、尾部箭头,效果如图 5.8.14 所示。

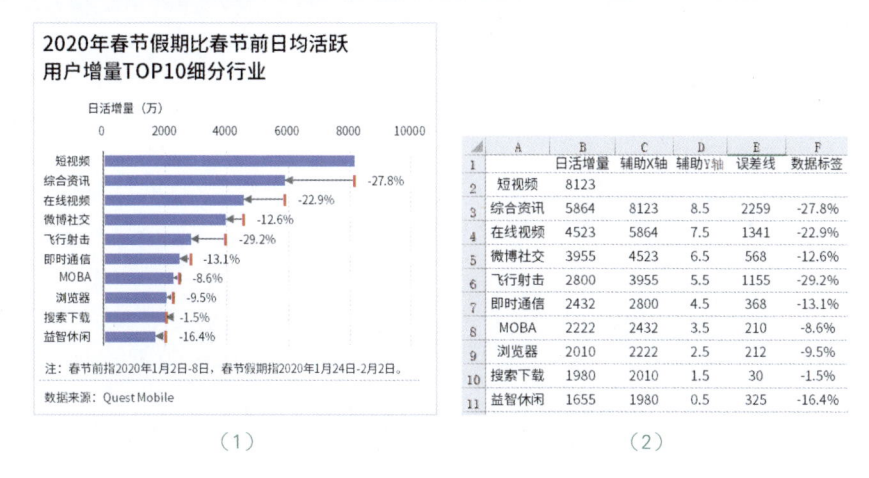

图 5.8.13 区分增减的条形图及源数据

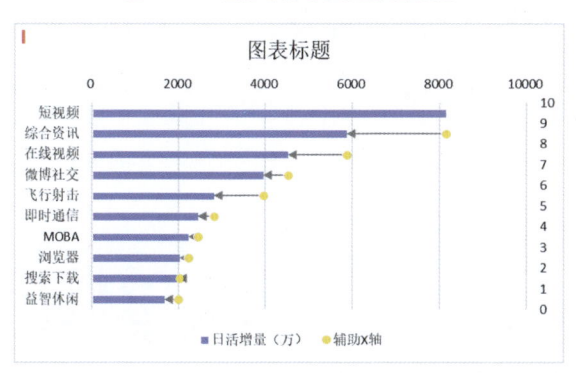

图 5.8.14 区分增减的条形图的制作效果

  插入矩形并设置其高度为 0.3cm,宽度为 0.08cm,红色填充,无边框,然后复制矩形并粘贴至辅助散点处。接下来为辅助散点添加数据标签,显示 F2:F11 单元格区域中的值(采用公式"=-E3/B2",也就是综合资讯的日活增量值除以短视频的日活增量值减 1),放在散点的右侧。最后删除图例中的辅助散点,隐藏次要纵坐标轴,效果如图 5.8.13(1)所示。

  看出数据差异:与实现正负和增减分明有异曲同工之妙的做法是添加辅助列,方便读者看出数据差异,相关操作可以参考 5.4 节。如图 5.8.15(1)所示,这里采用了添加辅助条形的方式,比较相邻行业的日活增量的差距,当日活增量值增加时用绿色条形表示,当日活增量值减少时用红色条形表示。比较新颖的做法是通过设置不同的间隙宽度,实现"辅助"系列条形与"日活增量"系列条形底端对齐且宽度不同的效果。其中"辅助"列值自综合资讯起等于当前行业的日活增量值,"增减"列采用了公式"=IF(B2>B3,B2-B3,B3-B2)",

339

即：如果当前行业的日活增量值小于上一个行业的日活增量值，则其值等于上一个行业的日活增量值减去当前行业的日活增量值；反之，则其值等于当前行业的日活增量值减去上一个行业的日活增量值。

图 5.8.15 凸显数据差异的条形图及源数据（数据有修改）

在制作时，如图 5.8.15（2）所示，选择 A1:D11 单元格区域，插入堆积条形图，并将"辅助"系列和"增减"系列放在次要坐标轴上。然后恢复显示次要纵坐标轴，并分别将主要和次要的纵坐标轴设置为"逆序类别"，将主要和次要的横坐标轴的取值范围设置为"0~10000"，效果如图 5.8.16（1）所示。

将"日活增量"系列条形的"间隙宽度"设置为 80%，将"辅助"系列条形的"间隙宽度"设置为 140%，将"系列重叠"设置为 50%。然后将"辅助"系列条形设置为无填充，将"增减"系列条形填充为 30%透明度的红色，将即时通信和浏览器类别的"增减"条形设置为 30%透明度的绿色。接着为"增减"系列条形添加数据标签，显示 E2:E11 单元格区域中的值（综合资讯的日活增量值除以短视频的日活增量值减 1），并利用标签工具将其移动至条形的右侧，效果如图 5.8.16（2）所示。

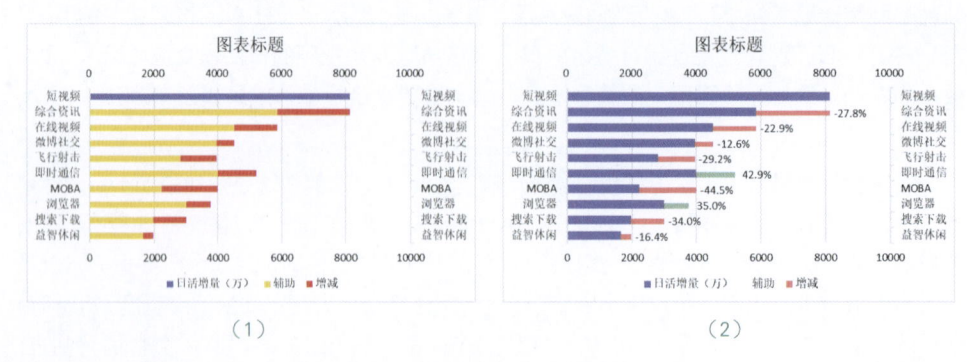

图 5.8.16 凸显数据差异的条形图的制作效果

隐藏次要横坐标轴和次要纵坐标轴的线条与标签，删除图例中的"辅助"系列和"增减"系列，效果如图 5.8.15（1）所示。

提炼观点：制作和优化图表的终极目标是提炼观点、反映情况，进而解决问题。针对老板所说的没有高级感，究其原因，还是因为没有找到老板想要表达的东西，这也正是下一步努力的方向，剩下的就是执行和制图技术而已。针对不同的比较对象，可以得出不一样的结论，采用对比方法也会有所差别。比如在图 5.8.17 中增加了行业平均日活增量，可以得出只有短视频、综合资讯、在线视频和微博社交 4 个行业超过 TOP10 行业的平均值的结论；在图 5.8.11 中将排名第 1 和第 10 的行业做对比，可以得出前者的日活增量几乎是后者的 5 倍的结论；在图 5.8.18 中将老板关注的行业与排名前 3 的行业做对比，可以得出与龙头行业的差距仍较为明显的结论。

图 5.8.17　提炼观点的图表 1　　　　图 5.8.18　提炼观点的图表 2

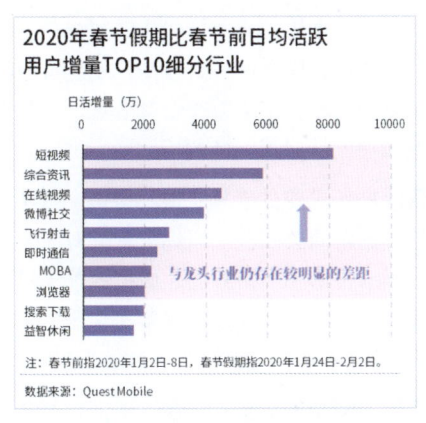

5.9　老板说：把我的想法变成图表

有学员说，老板要求他完全按照其想法来制作图表，这真的是一个不小的挑战。老板的想法总是让人捉摸不透，其提了一堆要求，好像说了很多，又好像什么也没说，该怎么办？坦白地说，提要求的老板委实称得上好老板，尤其是提的要求越具体、指向性越强，最终实现的可能性就越大。那么，如何把老板的想法变成图表呢？这要看老板的想法有多具体了，或者说你能挖掘出老板的想法有多准确了。具体来讲，可以分为如下几个层次。

5.9.1　引导老板把理想的图表画出来

如果老板的思路足够清晰，或者说经过一步步引导可以挖掘出老板的想法，则可以尝试让老板把理想的图表用笔画出来，解决掉最困难的部分后，剩下的就是技术问题了，只需要想办法实现即可。这时新的问题又出现了，老板见多识广，如果他画出来的图表你不会做，岂不是十分尴尬？这倒无须过多担心，通常能画出来的图表还是"存在于三界内，活在五行"中的，毕竟经典图表才更常用、更深入人心。

倘若老板真的画出一些使用Excel做不出来的图表，那么建议你使用2.8节中推荐的两个在线图表制作网站——镝数和花火，通过它们可以制作很多时下流行的新式图表。

5.9.2 确定老板想要的图表类型

老板画出了图表，就相当于直接给出了答案，这是较为理想的状态，但是并非所有的老板都能或者都愿意这样做。比其难度略低的做法是明确老板想要使用的图表类型，不要小看对图表类型的选择，它往往是过稿成败的关键。令很多学员不胜其烦的是，自己精心设计和规划的图表，最后却被要求推翻重做。老板们对图表各有所好，大体可以将老板分为三类。

钟爱经典图表的老板：对折线图情有独钟，在其眼里折线图简直无所不能——无论什么类型的数据，只有做成折线图，才能将趋势变化尽收眼底，也无论是改成同类图表还是更有创意的图表，都难以符合其心意。于是，在整份报告中，除了结构类的占比数据，其他数据都被设计成清一色的折线图。遇上这类老板，除了听命行事，别无选择。

喜欢求新求变的老板：恨不得每一张图表都有惊喜和创新，其思路开阔，更偏爱吸引眼球的数据新闻类图表。当你征求其对图表类型的意见时，可以从这几个方向入手：想要横向排版的柱形图、折线图、面积图，还是更喜欢纵向排版的条形图、蝴蝶图；想要多张图表拼接的组合图，还是更喜欢将全部内容整合在一起的复杂图表。在确定了大方向后，再考虑后期的微创新和优化，以及制造惊喜点。

中规中矩型的老板：包容性更强，不会刻意求新，但也可以接受更新鲜和更成熟的方案。这类老板也许有偏爱的图表类型，但是不会拒绝更有优势的替代方案。

不管是哪类老板，归根结底，你都要不断地总结他们的喜好，只有这样，工作型图表才能越做越简单，毕竟以专业为基础的投其所好才是提高过稿率屡试不爽的法宝。

5.9.3 确定老板想要表达的观点

如果老板画不出理想的图表的轮廓，也不确定想要什么类型的图表，那么就只能再退一步，剖析出老板的真正意图——想要通过图表说明什么问题、表达什么观点。当然，这也是一个图作者的底线，想要呈现合理的工作型图表，仅仅靠猜或者盲目尝试是最低效的工作手段，而且还会因此丧失对图表的制作兴趣。

5.9.4 将想法变成图表的注意事项

在明白了老板的想法后，就可以综合运用本书中介绍的各类制图技巧，将其想法兑现成图表。但是在实操过程中，请注意以下事项。

能简单则简单：能用表格解决的问题就不用图表，在表格中需要可视化的部分就交给高效图表制作的"三剑客"(条件格式、自定义单元格格式和迷你图)、特殊字体(Webdings 字体和 Wingdings 3 字体)和 REPT 函数来完成。

轻图表、重装饰：装修房子有一个很重要的理念——轻装修、重装饰。"轻装修"是指在硬装上不要太烦琐，尽量以简单为主；"重装饰"是指在软装搭配上尽量丰富一些，以此降低硬装的单调性。应用到图表中，就是尽量选择基础图表、经典图表，然后通过增加简单的变化，添加辅助线等来丰富图表内容，提升其高级感。这也是最消耗灵感的一步，参考 2.10 节推荐的 10 个优秀的数据可视化媒体，多看、多学、多借鉴，才会有源源不断的灵感。

复杂图表简单化：学会做减法是每一个图作者的必修课，也是笔者不厌其烦在强调的理念，删除复杂图表中一切可有可无、干扰表达的元素，或者用多张简单图表的组合来代替复杂图表（老板有硬性要求的除外）。

善用图表小部件：将图表做出来只是常规操作，也是老板的最低要求，距离过稿还差一些令数据变化更直观的加分项和升华项，这时就要灵活运用图表的各类小部件。在前面的不同章节中已做过相关介绍，这里仅做一个简单总结。

- **系列线**：如图 5.9.1 所示，在为堆积柱形图和堆积条形图添加系列线后，趋势变化更加显著。在这两类图表中都可以直接添加系列线。

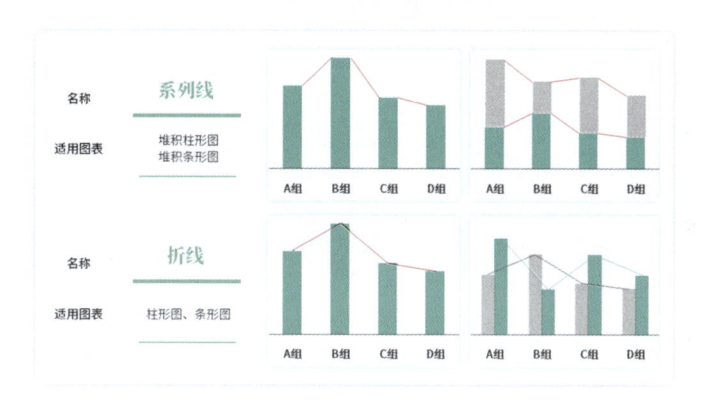

图 5.9.1　善用图表小部件 1

- **折线**：与系列线的效果类似，但可以被应用到簇状柱形图和多柱形图之中。在柱形图中可以直接添加折线，而在多柱形图和条形图中，则需要用散点图来模仿折线的效果。
- **平均线**：如图 5.9.2 所示，柱形图、条形图、面积图、折线图都适合添加平均线，快速筛选符合条件的类别。平均线利用折线图制作，平均面积背景采用面积图或柱形图制作。条形图的平均线需要用散点图模仿，平均面积可以用散点图的误差线模仿，或者通过将柱形图保存为图片后旋转 90° 来获得（可以参考 4.4 节中的"竖版面积图"部分）。
- **标准线**：平均线的进阶版，可以被划分成更多的区间和等级，适用的图表类型与平均线相同。标准线的制作方法与平均线的制作方法相同，标准面积背景采用堆积面积图或堆积柱形图制作，对于条形图的标准面积背景，建议采用柱形图旋转的方式制作。

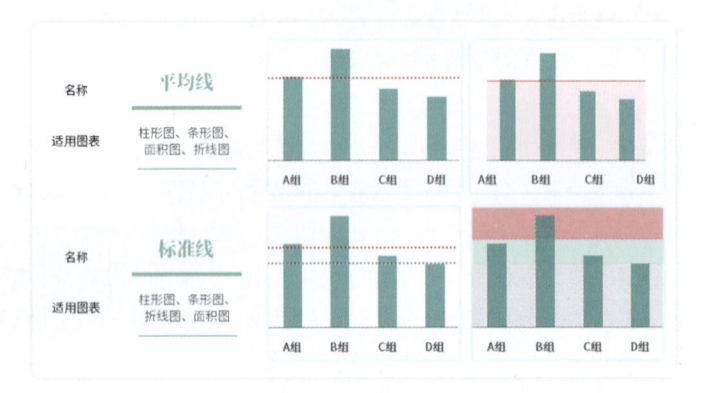

图 5.9.2　善用图表小部件 2

- **趋势线**：如图 5.9.3 所示，簇状柱形图、簇状条形图、非堆积面积图和非堆积折线图都适合添加趋势线，趋势线能帮助读者捋清楚不太明朗的数据趋势变化。趋势线可以直接添加，还可以根据需要向前、向后推 0.5 个周期，延伸其长度与坐标轴左右对齐。

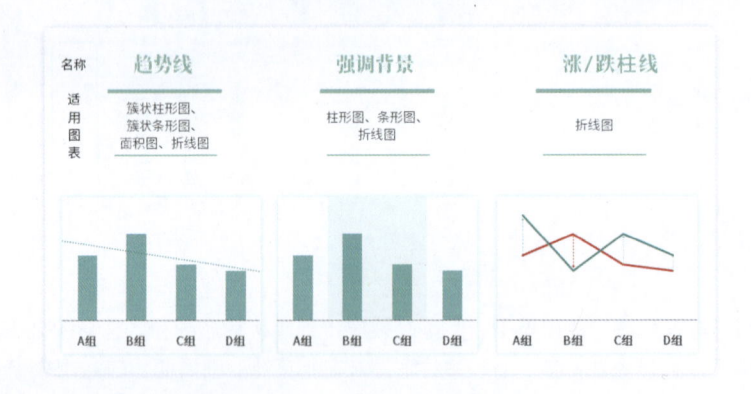

图 5.9.3　善用图表小部件 3

- **强调背景**：如果想提醒老板关注柱形图、条形图、折线图的某个区域或类别，则可以添加强调背景。对于折线图，可以直接添加放在次要坐标轴上的柱形图；对于柱形图，建议同时修改间隙宽度，便于区分；对于条形图，可以直接添加放在次要坐标轴上且设置了不同间隙宽度的辅助条形图。

- **涨/跌柱线**：涨/跌柱线是折线图的专利，用于逐个类别地比较两条折线间的差距，可以直接添加。
- **增长箭头**：如图 5.9.4 所示，分别为柱形添加了总计差异箭头、层级差异箭头和复合增长箭头。利用增长箭头可以更直观地表达数据之间的差异，柱形图、条形图、面积图和折线图都适合添加增长箭头，其具体的制作方法可以参考 3.3 节中的"制作增长箭头"部分。

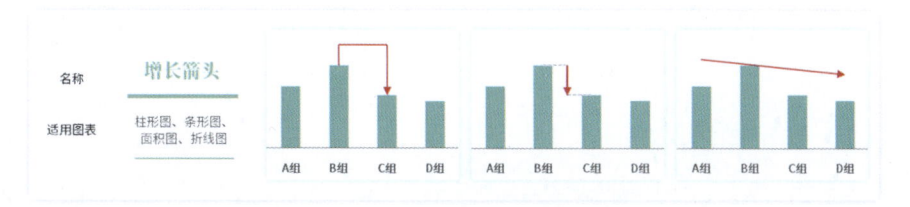

图 5.9.4　善用图表小部件 4

- **区域划分**：如图 5.9.5 所示，分别是将散点图划分成了 4 个象限（波士顿矩阵图），4 个象限被填充了不同的颜色（填充背景的波士顿矩阵图），圈定了特殊范围，以及对特殊范围添加了背景，用于快速筛选出符合条件的散点。以上用法主要适用于散点图和气泡图。其中波士顿矩阵图是在散点图中添加一个辅助散点并用其误差线分隔区域；填充背景的波士顿矩阵图是在波士顿矩阵图的基础上，分别在每个区域的中心位置添加辅助散点，并增加其误差线的宽度来实现填充效果（具体可参考 3.6 节中的"柱形/条形式参考标准"部分）；圈定了特殊范围的散点图，是在此范围的左下角和右上角分别添加辅助散点，然后用误差线连接成矩形（具体可参考 3.3 节中的"划分图表区域"部分）；对特殊范围添加背景的散点图的做法，和填充背景的波士顿矩阵图的做法基本相同。

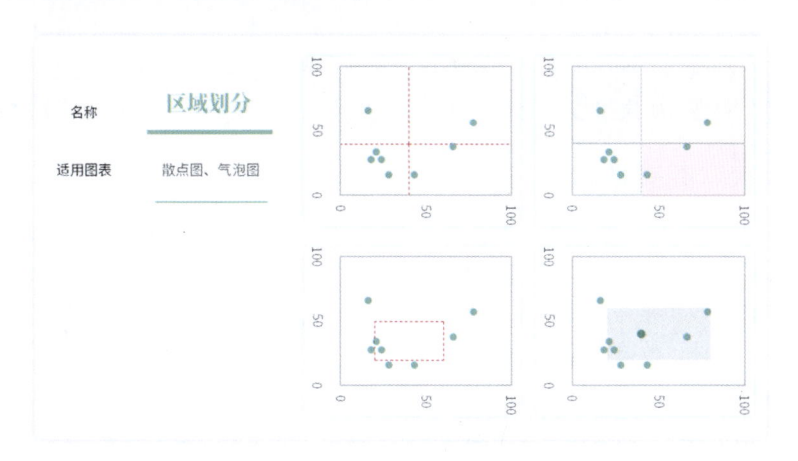

图 5.9.5　善用图表小部件 5

5.10 老板说：给公司定制一套图表模板

学员最近喜忧参半，老板给他提出了终极考验：每天数据都要更新，重复劳动的效率太低，干脆给公司定制一套图表模板吧。喜的是历经无数次被否定后终于得到了老板的认可，忧的是这种成套、成体系的图表模板设计起来有点无从下手。请放宽心，认真学习了前面章节内容的读者，完全具备这个硬实力，下一步需要做的就是梳理第 2 章的图表设计法则，辅之以第 3 章的图表设计技巧，再把平时制作图表的流程一步步规范化、程序化，建立起基本的元素处理和优化准则，并且一次设计、重复利用，十分划算。具体设计可以分为 6 步。

5.10.1 确定图表风格

根据老板的喜好、行业属性及应用场所来确定图表风格。这里的排名分先后，首先以老板的意见为主，然后在此基础上参考行业属性及应用场所进行适当优化。如果老板没有特殊的偏好和要求，那么当家作主的就是行业属性和所使用的场合，两者结合后最终确定风格。2.1 节曾介绍过，在工作型图表中有 3 种常用的图表风格：政府报告类、商务报告类和数据新闻类，其各自的特点如下。

政府报告类：政府报告类图表相对庄重、严肃、严谨和准确，遣词造句追求一丝不苟，图表效果中规中矩，不求出彩，但求无过。这种风格的图表主要适合党政机关、行政事业单位、国企等崇尚质朴及精准表达的单位使用。

商务报告类：商务报告类图表更加注重专业性、规范性、简洁性和易读性，具有表达清晰、表现力强和突出趋势变化等特点。这种风格的图表通用性强、受众广，基本适用于所有行业，图作者在不确定老板的喜好之前，建议将此种风格的图表作为首选。

数据新闻类：数据新闻类图表的灵活性、创新性和延伸性最强，充满巧思、种类丰富、变化无穷，以传递数据及观点为基本，以强吸引力和高传播性为首，最终以提高新闻转化率为宗旨。这种风格的图表通常会大量使用装饰性元素，主要适用于新闻媒体、自媒体等以传播为主的行业。如果想尝试使用这种风格的图表，则需要仔细斟酌，否则会适得其反。

5.10.2 确定图表字体

当图表风格确定后，接下来就要为图表搭配字体。2.1 节曾详细介绍过字体选择原则，简而言之，如果企业或单位有规定的字体或推荐的字体，则可以直接使用。如果没有必选的字体，则建议政府报告类图表选择宋体+黑体的组合，商务报告类图表选择微软雅黑或无版权的思源黑体，数据新闻类图表对字体没有太多的限制，也可以选择与其他两种风格的图表相同的字体。

如图 5.10.1 所示，以政府报告类图表为例，按照字体元素的重要程度，将字体的大小分为 4 个层级。

第 1 层级：主标题，采用黑体 14 号字，加粗、居中对齐。

第 2 层级：副标题、坐标轴标题、坐标轴标签、图例，采用宋体 10 号字，副标题字体加粗。

第 3 层级：数据标签、单位，采用宋体 9 号字。

第 4 层级：数据来源、解释性文字和注释，采用宋体 8 号字。

强调：部分需要得到更多重视的文字，在本层级字号的基础上加粗。

设置字体的另一个重点是对齐方式，水平方向的主标题、副标题、图例、单位、数据来源和解释性文字统一保持左对齐。横坐标轴标题若被放在左侧，则保持左对齐；若被放在右侧，则保持右对齐。垂直方向的纵坐标轴标题若被放在上方，则保持顶端对齐；若被放在下方，则保持底部对齐。

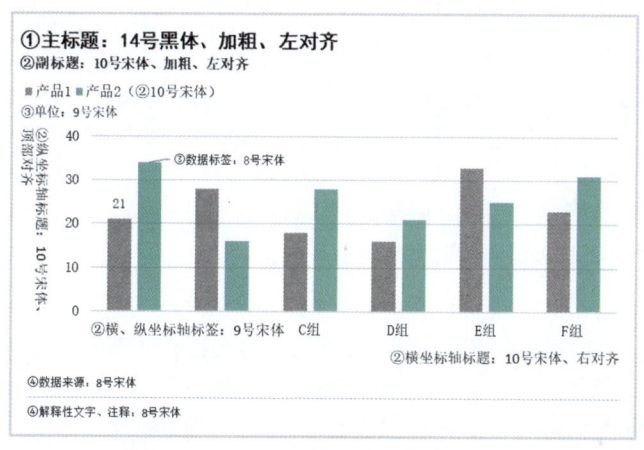

图 5.10.1　图表字体的层级设置

5.10.3　确定图表颜色

接下来要确定图表颜色。2.2 节曾详细介绍过颜色设置原则，在进行模板定制时，可以将图表颜色分为 4 个部分，即文字颜色、辅助元素颜色（坐标轴线条、网格线、分隔线、绘图区边框和图表边框）、线条色和填充色。其中文字颜色和辅助元素颜色很容易被忽视，通常采用浅灰色、深灰色或黑色。如图 5.10.2 所示，按照重要程度，将文字和辅助元素的颜色分为 4 个层级。

第 1 层级：除数据来源和解释性文字之外的文字，采用黑色（淡色 15%）。

第 2 层级：数据来源和解释性文字，采用黑色（淡色 15%）。

第 3 层级：横坐标轴和纵坐标轴的线条，采用白色（深色 35%）。

第 4 层级：网格线的数据标签、单位，采用白色（深色 15%）。

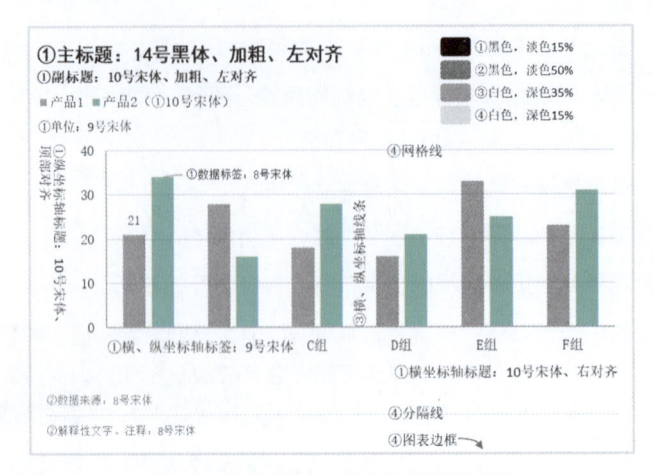

图 5.10.2 图表文字和辅助元素的颜色设置

对于图表来说，对线条色和填充色的选择更为关键，选择的先后顺序为企业内部统一配色、从企业 logo 中取色、参考行业配色，无论哪一种渠道都建议分别确定主色、辅助色及强调色。主色就是使用频率最高、面积最大的颜色，也就是必选色；辅助色通常选择主色的渐变色或近似色，与主色相近，但可以与主色拉开层次表示不同的系列值；强调色通常选择主色的对比色，不会大范围使用，主要起强调重点和吸引视线的作用，尤其是出现特殊值和异常变化时会第一时间得到读者的关注。

在进行颜色搭配时，最重要的原则就是正负分明和前后一致。**正负分明**是指用主色表示正值和增长，用强调色表示负值和下降；**前后一致**是指整个模板采用统一的配色。如图 5.10.3 所示是从 iSlide 中"党政类"筛选出来的中粮集团配色，其中深蓝色为主色，中蓝色和浅蓝色为辅助色，两种深浅不同的橙色为强调色，黄绿色为补充色。

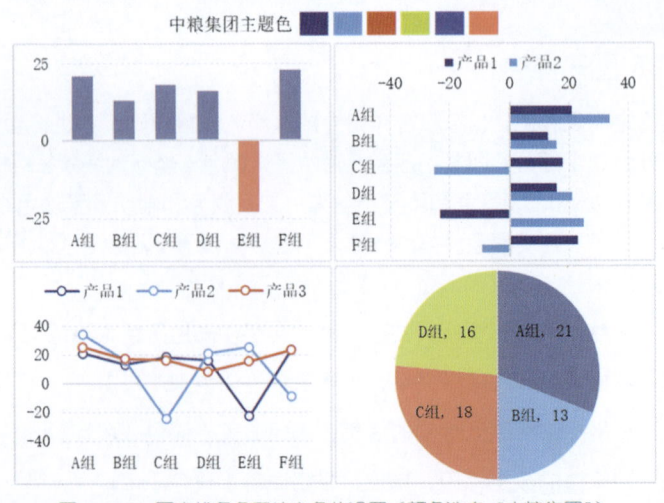

图 5.10.3 图表线条色和填充色的设置（颜色选自"中粮集团"）

348

第 5 章　工作型图表的典型问题拆解

针对不同数量颜色的搭配，建议如下。

1 种颜色：使用主色且区分正负，正值用蓝色，负值用橙色。

2 种颜色：正常对比选择主色与辅助色，如深蓝色与浅蓝色；强调对比选择主色与强调色，如深蓝色与橙色。

3 种颜色：当无须突出重点系列时，选择主色与辅助色；当需要突出重点系列时，选择主色、辅助色和强调色，突出系列用强调色。

4 种颜色：直接选择前 4 种颜色，或者选择主色与渐变色、灰色搭配。

5.10.4　分图表类型确定统一的细节

接下来要确定每类图表的个性化细节。图表的最终呈现效果依赖于细节的规范，每类图表的设置项都不尽相同，都需要有相应的详细设置参数，比如柱形图需要设置间隙宽度、边框的线型及宽度，折线图需要设置线条的磅数、数据标记的线条及填充等。在图 5.10.4 中提供了 8 种常用图表的细节设置，供参考。

图 5.10.4　8 种常用图表的细节设置

柱形图：设置间隙宽度为 100%，无边框，在强调时添加 0.5 磅黑色实线边框（比主色深）。

条形图：适当减小条形的间隙宽度，与柱形保持同宽，此处设置间隙宽度为 50%，无边框，在强调时添加 0.5 磅黑色实线边框。

饼图和圆环图：设置为 0.5 磅白色边框，圆环图的圆环大小为 50%。

折线图和雷达图：设置为 1.5 磅线条，5 号数据标记（白色填充、1 磅与线条同色的边框）。

面积图：在填充时，设置增加 30% 的透明度。

散点图：设置为 5 号数据标记，30% 的透明度，无边框。

气泡图：设置为 30% 的透明度，无边框或同色边框。

5.10.5　确定图表元素细节

接下来是规范图表通用元素，确定图表元素细节，比如坐标轴和网格线的线型与线条、数据标签位置、数字保留的小数位数和图表大小等。在图 5.10.5 中提供了对图表元素细节的设置，供参考。

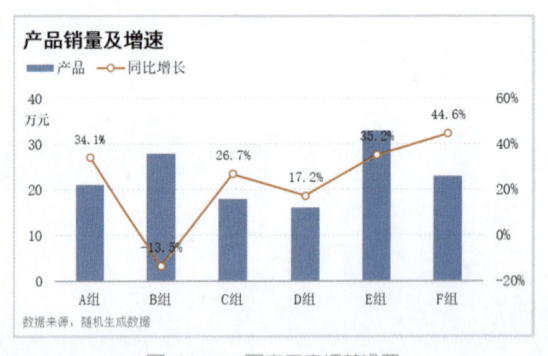

图 5.10.5　图表元素细节设置

坐标轴：设置类别坐标轴的线条为 1 磅白色（深色 35%）实线，隐藏数值坐标轴的线条。

网格线：设置为 0.25 磅白色（深色 15%）短画线。

数据标签位置：在柱形图和条形图中，将数据标签放在柱形/条形外；在折线图和面积图中，将数据标签放在上方；在散点图和气泡图中，择机放置数据标签；在饼图和圆环图中，尽量将数据标签放在对应类别的内部或附近。

数字小数位数：设置百分比数据保留 1 位小数，其余数据不保留小数。

图表大小：设置宽度为 12.7cm，高度为 7.6cm，特殊情况另行调整。

5.10.6　确定图表装饰

基础设施打造完毕，最后一步是给图表添加装饰，美化图表，提升质感。比如设置填充、添加阴影、添加 logo 或者装饰性元素。锦上添花要量力而行，适可而止，还要将这一部分有机地组合在一起。在图 5.10.6 中提供了对图表装饰的设置，供参考。

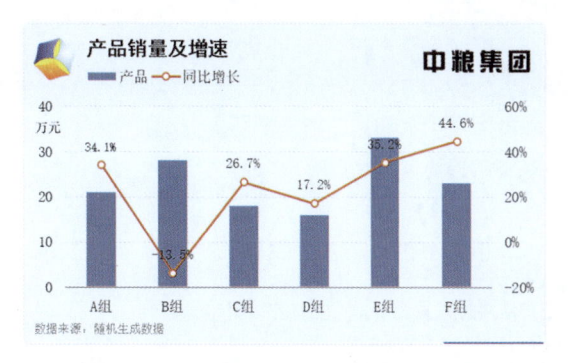

图 5.10.6　图表装饰设置

填充：在添加了填充色后，图表背景与报告背景便有了明显区分，可以随之取消图表边框。本例中填充了主色的渐变色（RGB 值为 233、243、253），可以更好地与主题色相融合。

阴影：图表内的图形（比如柱形、折线等）在被添加了阴影后，可以摆脱单调乏味；图表在被添加了阴影后，与填充的功能类似，可以代替边框。本例中设置阴影为 70% 透明度的主色，大小为 100%，模糊为 5 磅，角度为 0°，距离为 0 磅。

logo：给图表加上 logo 十分必要，就像得到了公司的盖章和认证。本例中将 logo 拆分为两个部分——图形，位于图表左上角，高度为 0.97cm，与数据来源左对齐，基本与标题+图例等高；文字，位于图表右上角，高度为 0.71cm，与次要坐标轴的标签右对齐，与标题+图例垂直居中对齐。主题色取自于 logo，和图表的契合度很高。若 logo 的颜色很难与图表融合，则建议将其重新着色为灰色或主色，详情可参考 2.4 节中与图片填充相关的内容。

装饰性元素：当图表拥有了填充色、阴影和 logo 后，元素已经足够丰富，因此这里选择最简单的线条装饰——2 磅主色线条，长度为 2.7cm，紧贴图表右下角放置，可以填补当下的空白。

5.10.7　保存为模板文件

当图表模板设计好后，保存为模板文件，新插入的图表可以直接应用，真正实现一次设置，一劳永逸。如图 5.10.7 所示，选中设置好的图表，单击鼠标右键，在弹出的快捷菜单中选择"另存为模板"项，然后在"保存图表模板"对话框中输入文件名称，单击"保存"按钮。

如图 5.10.8 所示，当新插入图表时，单击"插入"选项卡下的"推荐的图表"按钮，在打开的"插入图表"对话框中选择"所有图表"下的"模板"，然后选择上一步保存的图表模板，就可以直接生成此风格、此类型的图表。建议以此为基础完善常用图表类型的设置（一种图表类型对应一个模板），建立整套模板，方便后期使用。

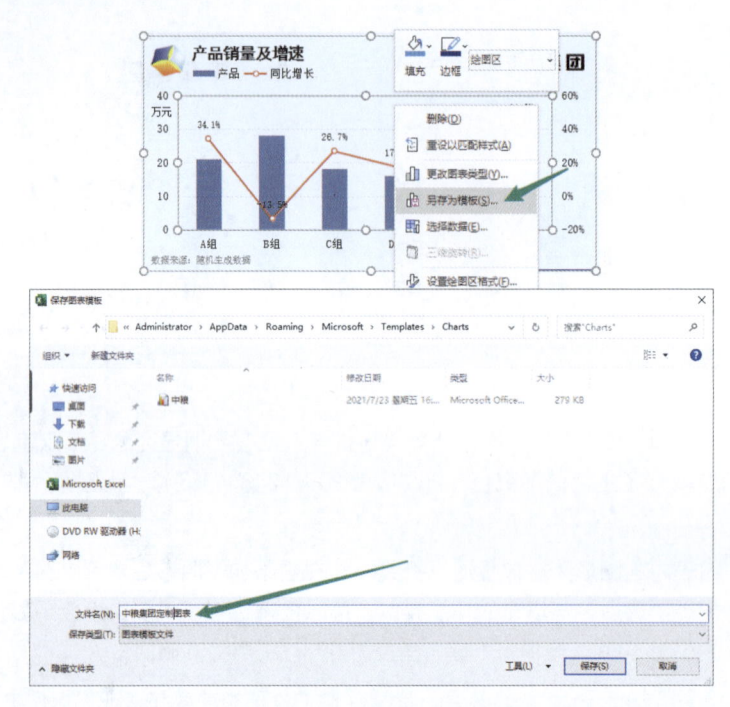

图 5.10.7 保存图表模板

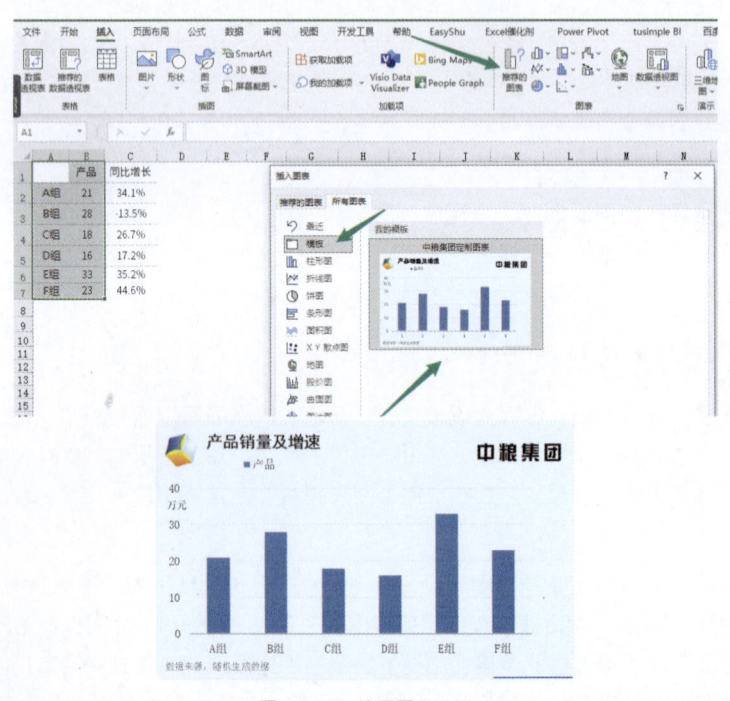

图 5.10.8 使用图表模板

第 5 章 工作型图表的典型问题拆解

终于可以向老板交差了。设计图表模板果然不容易，难的倒不是制作技巧，而是要兼顾每一个烦琐的细节。在图 5.10.9 中总结了此次设计图表模板的步骤及涉及的元素，显而易见，工作量非常大，但幸运的是，以后这些琐碎的设置全部都能省去了。

工作型图表模板设计步骤

1	确定图表风格	3种风格	政府报告类、商务报告类和数据新闻类
2	确定图表字体	根据设计风格搭配字体	10个元素分4个层级和强调、对齐方式
3	确定图表颜色	文字颜色、辅助元素颜色	13个元素分4个层级
		线条色、填充色	1~4种颜色常用搭配
4	分图表类型统一细节	柱形图、条形图	间隙宽度、边框
		饼图、圆环图	边框、圆环图的圆环大小
		折线图和雷达图	线条、数据标记
		面积图	填充透明度
		散点图	数据标记、透明度
		气泡图	透明度、边框
5	统一图表元素细节	坐标轴	线条和线型、数值坐标轴是否显示线条
		网格线	线条和线型
		数据标签位置	8种常用图表各不相同
		数字小数位数	百分比、数值
		图表大小	高度和宽度
6	统一图表装饰	填充	锦上添花不添乱，推荐用主色的渐变色
		阴影	推荐用主色的渐变色、代替边框
		logo	融入图表、盖章认证
		装饰性元素	简单图形、补充空白

办公室小明设计制作

图 5.10.9　工作型图表模板设计步骤

第 6 章

工作型图表定制

前 4 章内容是本书的基础篇，从第 5 章开始小试牛刀，解决在工作中制作图表时遇到的一些疑难杂症，而本章就是全面检验学习成果的阶段。如果读者想要了解自己的基础知识掌握得是否牢靠，能否在工作中用好图表，则不妨跟着笔者一起为 7 个精选的部门或单位改图表。读者可以尝试拿出自己的方案，毕竟要实现图表定制，必经之路就是动手实践，尤其需要一个积累经验和不断成长的过程。

特此说明：本章精选的报告及图表本身都十分优秀，笔者对图表的修改建议也只作为一个优化方向，为读者提供参考，引用原报告的部分观点也仅作为呈现图表时的依据，一应事项请以原报告及原图表为准。

6.1 政府报告类图表：给央行报告改图表

2020 年 11 月中国人民银行发布了《中国金融稳定报告（2020）》，8 万字的报告谈及了时下人们最为关注的一些问题，比如数字人民币、金融科技监管、中小银行风险处置，内容丰富得实在让人咋舌，真不愧是国内最会写报告的人群之一。不过，笔者最为关心、最想聊一聊的是这份报告中的图表，也是本节的重点。

6.1.1 央行报告图表精选

如图 6.1.1 所示，笔者精选了报告中的几张图表，先来看一下。

不知道读者看完后感受如何，笔者的感受总结成一句话，就是大气、规范，挺有政府部门报告的特色和气派。当然，还有很多进步的空间，相信读者也可以看到，这里笔者大胆地分析一下。

第 6 章 工作型图表定制

(1) 图1-12 5 000户企业资产负债率、流动比率和速动比率（数据来源：中国人民银行）

(2) 图1-14 出险企业行业分布（按融资规模计算）

(3) 图2-9 财产险公司承保业绩及税前利润变化情况（数据来源：中国银保监会）

(4) 图2-22 宏观情景压力测试不良贷款率测算结果

(5) 图3-2 各行业资管产品变化情况（数据来源：中国人民银行）

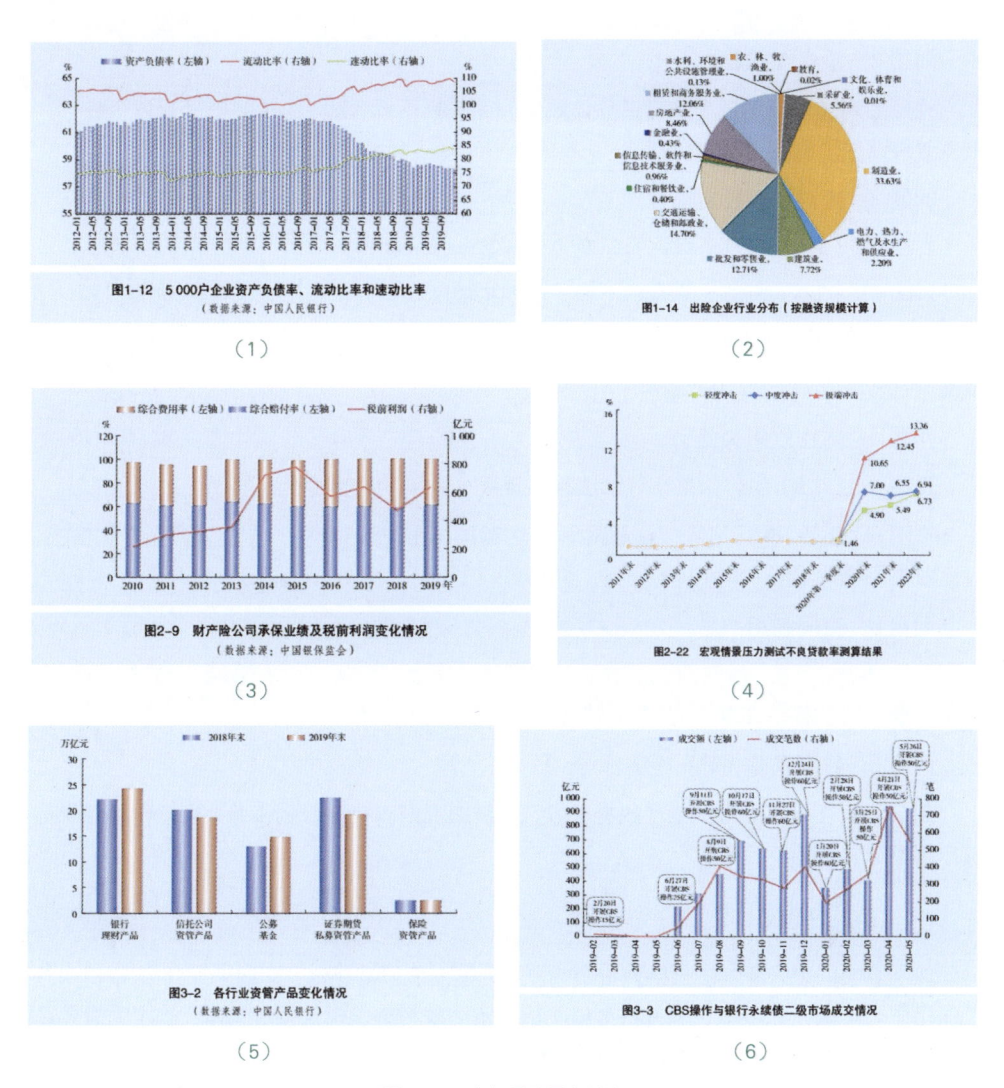

(6) 图3-3 CBS操作与银行永续债二级市场成交情况

图 6.1.1　央行报告图表精选

6.1.2　问题出在哪里

言归正传，这份报告中的图表优点甚多，这里不过多赘述，我们将重点放在问题上。

问题 1：颜色不够统一

仅在精选的这几张图表中，就出现了红、绿、蓝、粉、橙、紫、黄 7 种颜色。当然，这完全有情可原，这么复杂的报告、这么复杂的图表，想要表达的内容太多，为了区分，只能运用更多的颜色来表现。

355

问题 2：渐变干扰表达

柱形图均被设置了渐变来营造立体效果，尤其在图 6.1.1（1）中涵盖了近百个柱形，渐变效果让柱形图变得难以分辨。

问题 3：未对齐，显拥挤

在图 6.1.1（1）中，坐标轴的刻度线与标签未一一对应。

在图 6.1.1（2）中，饼图系列过多，类别标签内容过长，像坐地铁一样拥挤。

在图 6.1.1（6）中，柱形的数据标签内容过多，在未对齐的情况下，在视觉上显得很杂乱。

问题 4：对比效果欠佳

在图 6.1.1（3）中，用堆积柱形图来表现同一系列的时序变化不够明显。

在图 6.1.1（5）中，用簇状柱形图来表现 2018 年和 2019 年各行业资管产品变化情况，对比效果不够明显。

问题 5：空间利用不足

基于排版的需要，所有图表都被设置成相同的宽度，但绘图区两侧预留了很大的空间，由于图表内容的复杂程度不同，导致绘图区的宽度也不够统一。

问题 6：数据来源欠缺

部分图表在标题下方放置了数据来源，部分图表则未提供数据来源，且报告中并未提及原因。

6.1.3 修改建议

以上 6 个问题，可以被归结为一个问题，就是图表不够标准化。参考 5.10 节中提供的工作型图表模板设计步骤，笔者将会依次从确定图表风格、确定图表字体、确定图表主题色、确定图表类型、确定图表细节等方面入手，让图表变得标准化，促使整份报告中的图表成为一个整体，同时尽量吸收和保留原图表中的精华。

标准化 1：确定图表风格

如图 6.1.2 所示，央行报告中的图表属于典型的政府报告类图表，这类图表的特点就是形式简约、沉稳大气、严谨准确和注重基础。原报告中的图表完全符合政府报告类图表的特质，建议保持现状。

标准化 2：确定图表字体

如图 6.1.3 所示，原报告中的图表字体采用了黑体+宋体+楷体的组合，属于政府报告类图表的基本配置，建议继续沿用。

图表标题：黑体、14 号。

数据来源：楷体、12 号。

图例、数据标签：宋体、8 号。

横、纵坐标轴的标签：宋体、8 号。

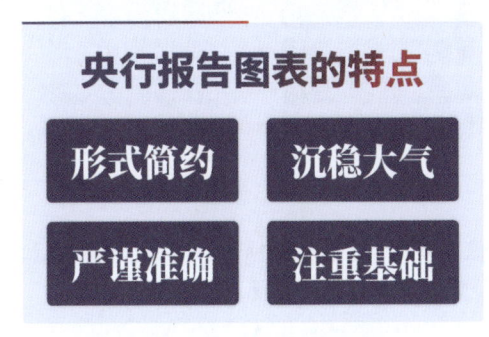

图 6.1.2　央行报告图表的风格定位

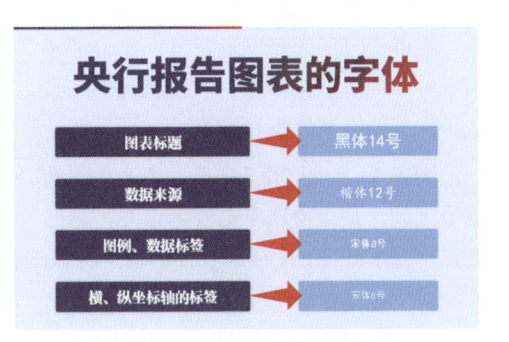

图 6.1.3　确定央行报告图表的字体

标准化 3：确定图表主题色

图表颜色杂乱的根源就是未使用统一的主题色。如图 6.1.4 所示，笔者从原报告中提取了 3 种不同深浅的蓝色，从央行 logo 中提取了 1 种红色，作为整体图表的主题色，其中深蓝色为主色，另两种蓝色分别为辅助色和背景色，红色为强调色，文字颜色统一采用深灰色。主题色一旦确定，所有的图表配色就从其中选择。如果需要更多的颜色，则可以搭配灰色。

标准化 4：确定图表类型

如图 6.1.5 所示，根据政府报告类图表的风格、特质，以增加图表的表现力为目标，笔者确定了 5 种图表，分别为柱线图、面积图和折线图组合图、饼图和条形图组合图、蝴蝶图、折线图，这些都是很常见的图表，并不会增加读者阅读及理解的难度。

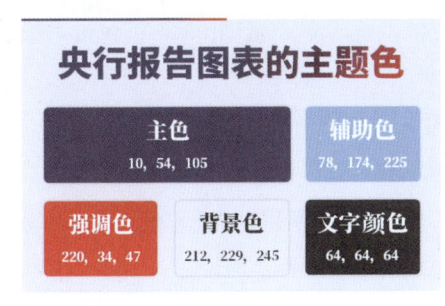

图 6.1.4　确定央行报告图表的主题色

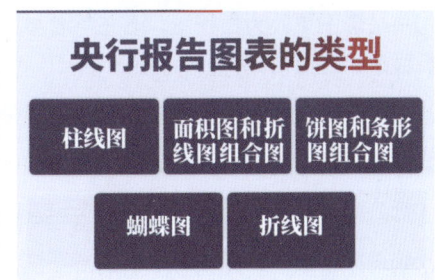

图 6.1.5　确定央行报告图表的类型

标准化 5：确定图表细节

如图 6.1.6 所示，线条是图表中很重要的元素，主要起着连接其他图表元素的作用，将线条的颜色、粗细和线型标准化，可以营造图表的层次感。这里统一将柱形和条形的"间隙宽度"设置为100%，在特殊情况下，可以根据数据数量进行适当调整。

6.1.4 图表优化

在确立了图表标准后，下一步只需要照章办事即可。接下来，我们就针对一张张具体的图表来分析和修改。

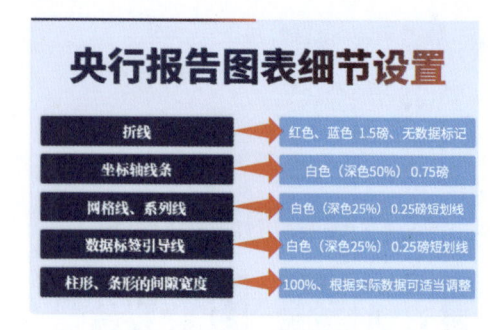

图6.1.6 确定央行报告图表的细节

图表1：如图6.1.7所示，原图表中数据量太大，加之使用了渐变色填充，柱形会显得过于纤细；主要和次要的纵坐标轴的数值间隔不均匀；横坐标轴的标签与刻度线未一一对应，在标签中年度和月度之间用"-"分隔，并采用竖向放置，比较占用空间。

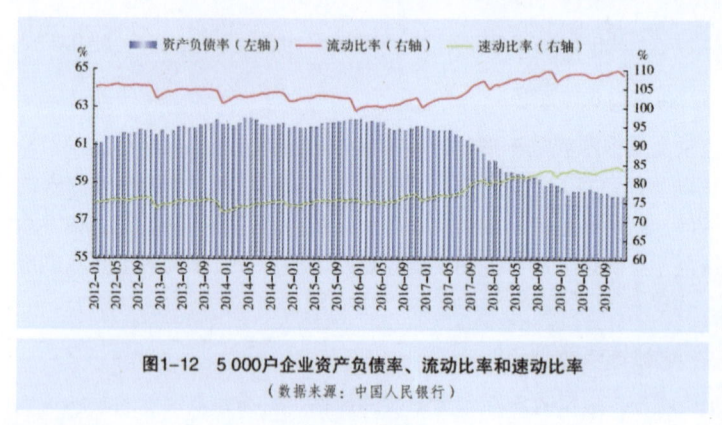

图6.1.7 图表1

如图6.1.8所示，这里做出如下调整。

①将柱形图更改为面积图，填充色增加了50%的透明度，"流动比率"折线和"速动比率"折线采用红蓝对比色。

②将主要和次要的纵坐标轴的标签等距分布，并用网格线连接。

③横坐标轴的刻度线和标签采用相同的间隔，将标签内容分行，月度在上、年度在下。

④拆分图例，明确资产负债率使用主要坐标轴，流动比率和速动比率使用次要坐标轴。

⑤统一文字颜色，保证有足够的清晰度，又不刺眼。

⑥添加logo（原logo采用3个古币组合成"人"的形状，这里简化为1个古币），增加权威性。

⑦规范图表的大小。

⑧纵坐标轴的最小值并非从0开始，添加折断符号，避免产生歧义。

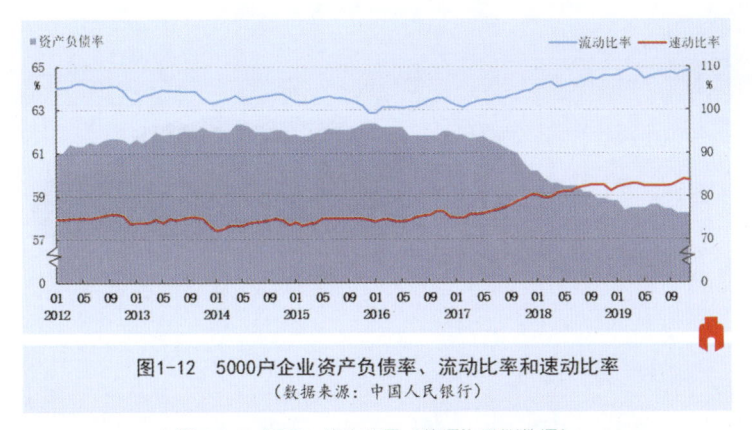

图1-12　5000户企业资产负债率、流动比率和速动比率
（数据来源：中国人民银行）

图6.1.8　图表1优化效果（数据为模拟数据）

  在制作时，如图6.1.9（1）所示，选择A1:D97单元格区域，插入折线图（A列日期仅在1月后增加年份，且在月度与年度之间进行强制换行），然后将"资产负债率"系列的图表类型更改为面积图，将"流动比率"系列折线和"速动比率"系列折线放在次要坐标轴上。接着将主要纵坐标轴的取值范围设置为"55~65"，间隔为2，将数字格式修改为"[=55]"0";0"；将次要纵坐标轴的取值范围设置为"60~110"，间隔为10，将数字格式修改为"[=60]"0";0"，效果如图6.1.9（2）所示。

  将"资产负债率"系列面积设置为50%透明度的填充，将"流动比率"折线和"速动比率"折线均修改为1.5磅。然后将主要和次要的纵坐标轴的线条均设置为0.75磅白色（深色50%），将刻度线设置为"内部"；将横坐标轴的线条设置为0.75磅白色（深色50%），将刻度线间隔和标签间隔均设置为4，将刻度线设置为"内部"。接着将横坐标轴的标签先设置为纵向，再改为横向并加粗（适当调小绘图区实现双行显示），最后为图表填充背景色，效果如图6.1.9（3）所示。

  设置图表的高度为9.42cm，宽度为17.42cm，将文字统一为宋体、9号、黑色（淡色25%）。然后将网格线设置为0.25磅；将横坐标轴放在刻度线上，恢复显示次要横坐标轴并放在刻度线上，隐藏标签和线条；删除标题和图例。接着插入文本框，输入标题和数据来源，并分别设置为14号、黑体和12号、楷体，放在图表底部。同理，插入文本框，输入主要和次要的纵坐标轴的标题。接下来复制图表，仅保存图例中的"资产负债率"，填充图表的背景色，将其放大至充满整个图表后调整大小，制作成自由图例，放在原图表的主要纵坐标轴的上方。同理，制作"流动比率"和"速动比率"的图例，放在原图表的次要纵坐标轴的上方。最后将两个图例和图表组合，效果如图6.1.9（4）所示。

  插入矩形，高度为0.24cm，宽度为17.42cm，白色填充，无边框，并放在绘图区与标题之间。然后插入logo，放在白色矩形的右侧。接下来添加折断符号（参考5.4节中的"数据差异太小"部分），并分别放在主要纵坐标轴的"0~57"中间和次要纵坐标轴的"0~70"中间，最后删除图表边框，效果如图6.1.8所示。

（1）　　　　　　　　　　　　　　　（2）

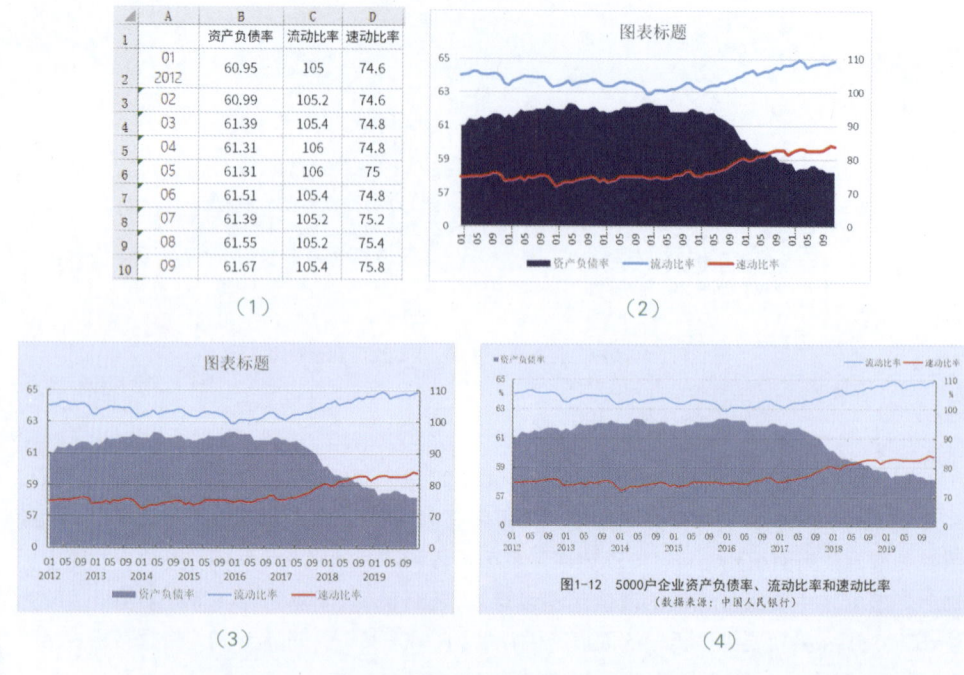

（3）　　　　　　　　　　　　　　　（4）

图 6.1.9　图表 1 优化效果的制作步骤

图表 2：如图 6.1.10 所示，饼图类别多达 15 个且未排序；部分类别占比过小，类别名称过长，导致标签显示杂乱；颜色过多。

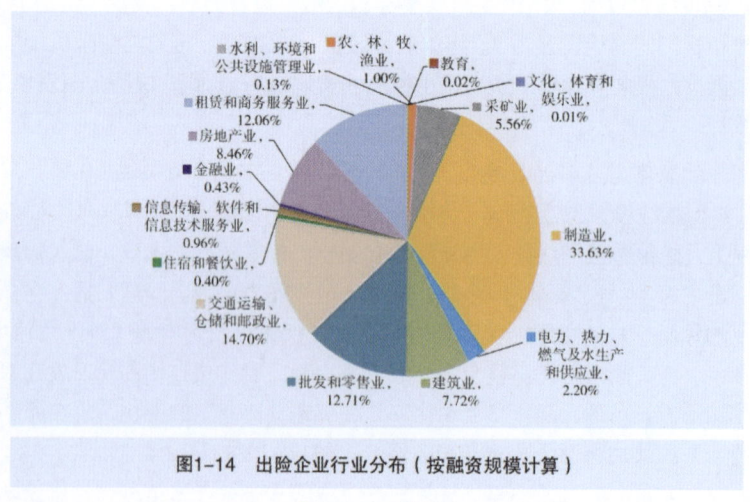

图 6.1.10　图表 2

如图 6.1.11 所示，这里做出如下调整。

①将原始数据由大到小进行排序。

②将原始数据拆分为两个部分——占比在前 7 名的行业和其他行业。

③将占比在前 7 名的行业和其他行业做成半圆饼图，为前 7 名的行业统一填充浅蓝色（饼图填充面积较大，如果直接填充主色，则深色会显得过于压抑），为其他行业填充红色。将数据标签改为单行显示，尽量保持对齐。

④将其他行业中的 8 个行业做成堆积条形图，统一填充红色。将占比相对较大的行业的数据标签统一放在条形内并分行显示，将占比相对较小的行业的数据标签统一放在条形的下方并调整为单行显示、右对齐。

⑤在半圆饼图和堆积条形图之间添加连接线，建立两者之间的联系。

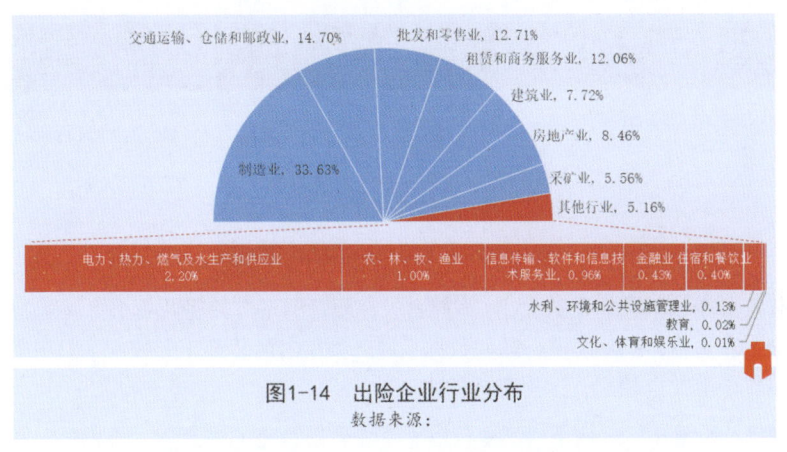

图 1-14　出险企业行业分布
数据来源：

图 6.1.11　图表 2 优化效果（数据为模拟数据）

在制作时，如图 6.1.12（1）所示，选择 A1:B10 单元格区域，插入饼图（在"其他行业"下方插入"辅助半圆"，数据为 100%），然后将第一扇区的起始角度设置为 270°，将饼图统一填充为浅蓝色、0.5 磅背景色线条，将"辅助半圆"类别设置为无填充。接着将图表设置为背景色填充，并删除图例和标题。接下来为饼图添加数据标签并显示类别名称，适当调整标签文本框的大小，确保所有类别文字都可以单行显示（高度为 0.6cm，宽度根据内容长度设置），删除"辅助半圆"类别的数据标签，并将"其他行业"的数据标签设置为红色，效果如图 6.1.12（2）所示。

选择 A11:B18 单元格区域，插入百分比堆积条形图并切换行/列。然后将横坐标轴设置为"逆序刻度值"，将条形的"间隙宽度"设置为 150%。接着分别将每个系列统一填充为红色、0.5 磅背景色线条。接下来分别为各个系列添加数据标签并显示类别名称，其中将"电力、热力、燃气及水生产和供应业"等数值相对较大的 5 个系列的数据标签分行显示，放置在条形内并设置为白色；将"水利、环境和公共设施管理业"等数值相对较小的 3 个系列的数据标签统一放置在条形的下方，并设置为单行显示、右对齐。最后删除标题、图例、网格线，隐藏坐标轴和标签，将图表设置为无填充、无边框，效果如图 6.1.12（3）所示。

361

工作型图表设计：实用的职场图表定制与设计法则

（1）

（2）

（3）

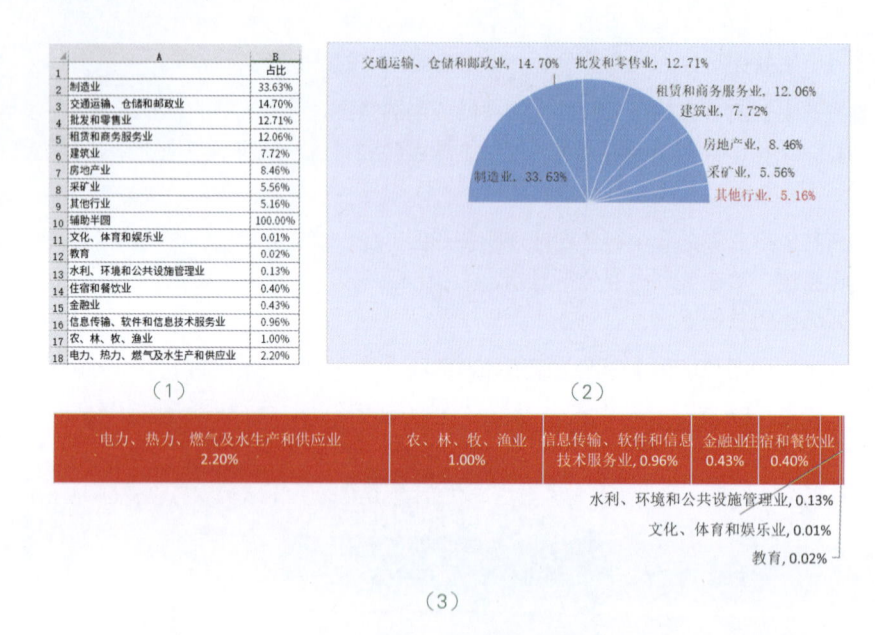

图 6.1.12　图表 2 优化效果的制作步骤

调整条形图和半圆饼图的大小，将前者放在后者的下方并将两者组合起来。其他步骤，比如删除图表边框、添加图表标题和数据来源、添加白色装饰矩形和 logo，与图表 1 优化效果的制作步骤完全相同，这里不再赘述。

图表 3：如图 6.1.13 所示，渐变色填充容易分散读者的注意力；堆积柱形图的趋势变化不够明显；主要和次要的纵坐标轴的数值间隔不均匀。

图 6.1.13　图表 3

如图 6.1.14 所示，这里保留了堆积柱形图+折线图的模式，制作难度并不大，仅做出如下调整。

①将"综合费用率"和"综合赔付率"的柱形分别填充为浅蓝色和深蓝色，上浅下深。"税前利润"折线采用红色。

362

②为"综合费用率"和"综合赔付率"的堆积柱形添加系列线,凸显趋势变化。

③将主要和次要的纵坐标轴的标签等距分布。

④拆分图例,明确"综合费用率"和"综合赔付率"的柱形使用主要坐标轴,"税前利润"折线使用次要坐标轴。

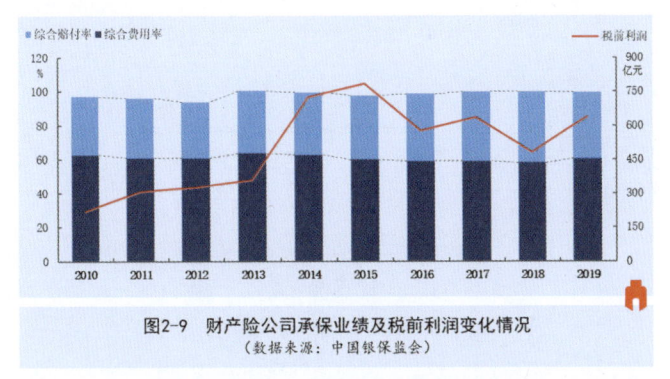

图 6.1.14　图表 3 优化效果(数据为模拟数据)

图表 4:如图 6.1.15 所示,同时用数据标记和折线颜色来区分"轻度冲击"、"中度冲击"和"极端冲击";折线颜色过多。

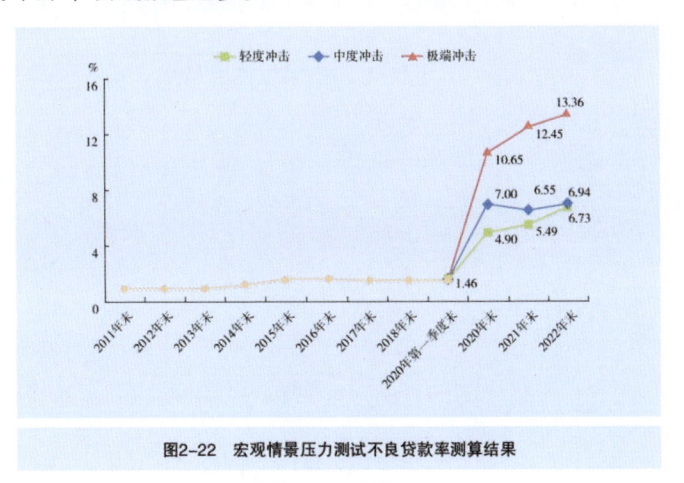

图 6.1.15　图表 4

如图 6.1.16 所示,这里仍使用折线图,仅做出如下调整。

①将"不良贷款率"折线设置为深蓝色,将"轻度冲击"、"中度冲击"和"极端冲击"的折线分别设置为浅红色、红色和深红色,利用颜色深浅表现冲击程度。

②将数据标记统一为圆形。

③2020 年末、2021 年末和 2022 年末的数据为预测值,将折线的线型改为虚线。

④在原始数据中对横坐标轴的标签进行强制换行，在图表中改成横向排列更方便识别。

图2-22 宏观情景压力测试不良贷款率测算结果况
数据来源：

图6.1.16 图表4优化效果（数据为模拟数据）

如图6.1.17所示，这里有4个系列，分别是"不良贷款率"、"轻度冲击"、"中度冲击"和"极端冲击"。在制作时，将4个系列的折线分别设置为深蓝色、浅红色、红色和深红色，5号数据标记（背景色填充、1.5磅边框）。自2020年末起将折线改为虚线，以"轻度冲击"折线为例，单击两次2021年末的数据标记，然后将线型改成短画线（虚线）。

	A	B	C	D	E
1		不良贷款率	轻度冲击	中度冲击	极端冲击
2	2011年末	0.95			
3	2012年末	0.90			
4	2013年末	1.05			
5	2014年末	1.30			
6	2015年末	1.50			
7	2016年末	1.65			
8	2017年末	1.44			
9	2018年末	1.44			
10	2020年第一季度末	1.46	1.46	1.46	1.46
11	2020年末		4.90	7.00	10.65
12	2021年末		5.49	6.55	12.45
13	2022年末		6.73	6.94	13.36

图6.1.17 图表4优化效果的源数据

图表5：如图6.1.18所示，渐变色填充容易分散读者的注意力；簇状柱形图的对比效果不够明显。

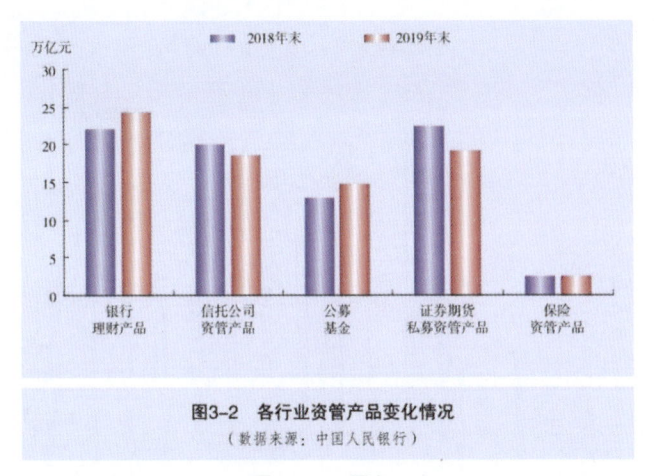

图 6.1.18　图表 5

如图 6.1.19 所示，这里做出如下调整。

①将柱形图更改为蝴蝶图，左、右两侧分别代表 2018 年和 2019 年各行业资管产品变化情况，分别将条形填充为浅蓝色和深蓝色。

②分别为左、右两侧的条形添加系列线，增加对比效果。

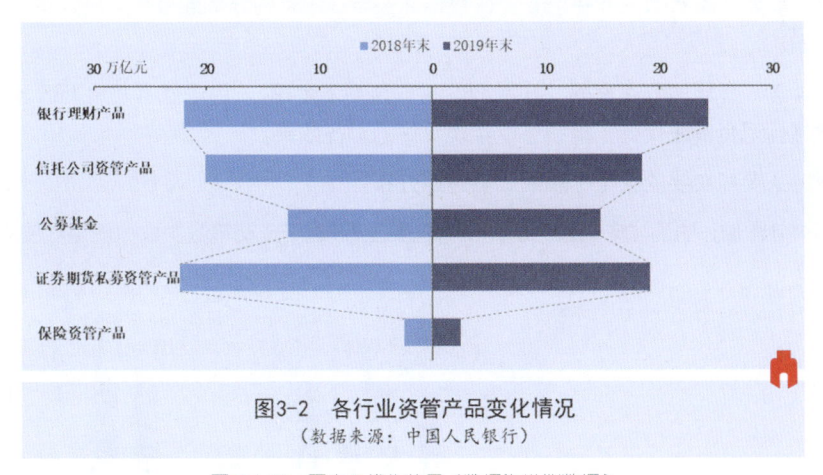

图 6.1.19　图表 5 优化效果（数据为模拟数据）

提醒一点： 关于蝴蝶图，在 5.3 节中的"蝴蝶图"部分有过详细介绍，这里不再赘述。在制作时需要注意，横坐标轴标签采用 2018 年末系列条形的数据标签模仿而成，并统一放在最左侧对齐。

图表 6： 如图 6.1.20 所示，渐变色填充容易分散读者的注意力；柱形的数据标签内容过多，分布凌乱；主要和次要的纵坐标轴的数值间隔不均匀。

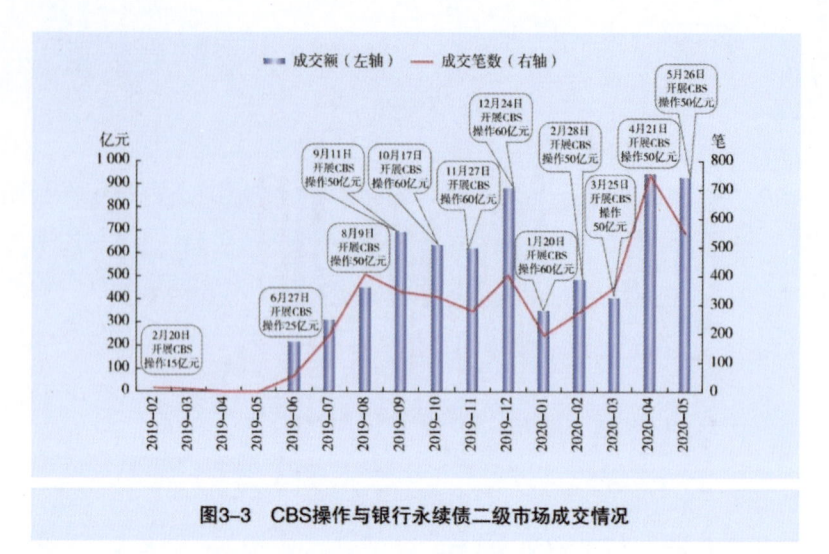

图3-3 CBS操作与银行永续债二级市场成交情况

图 6.1.20 图表 6

如图 6.1.21 所示，这里做出如下调整。

①利用柱形的数据标签显示开展 CBS 操作日期及金额，数据标签仅显示操作日期及金额，统一放置在图表的上方并对齐；在数据标签与柱形之间添加连接线，将连接线设置为虚线。

②添加一个辅助散点系列"开展 CBS 操作日期及金额"，用于显示开展 CBS 操作的月份，数据标记用横线代替，横线可以实现更好的对齐效果。

③将主要和次要的纵坐标轴的标签等距分布。

④拆分图例，明确"成交额"系列使用主要坐标轴，"成交笔数"系列使用次要坐标轴。

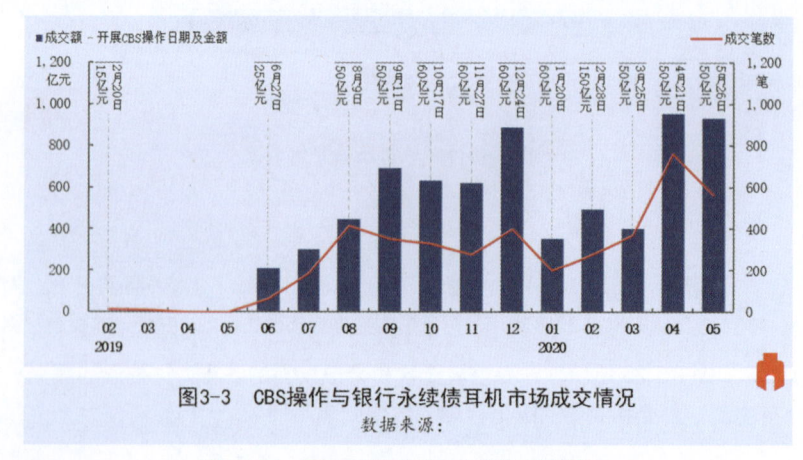

图3-3 CBS操作与银行永续债耳机市场成交情况
数据来源：

图 6.1.21 图表 6 优化效果（数据为模拟数据）

在制作时，如图 6.1.22（1）所示，选择 A1:D17 单元格区域，插入柱形图（D 列为辅助散点列，表示开展 CBS 操作日期及金额，金额的值统一为 1200，未开展 CBS 操作时其值为"#N/A"），然后将"成交笔数"系列的图表类型更改为折线图并使用次要坐标轴，将"开展 CBS 操作日期及金额"系列的图表类型更改为散点图。接着分别将主要和次要的纵坐标轴的取值范围均设置为"0~1200"，间隔为 200，不保留小数点。接下来将"成交额"系列柱形的"间隙宽度"设置为 80%（数据类别较多，适当缩小间隙，才能与其他柱形保持同等宽度），填充 20%透明度的深蓝色；将"成交笔数"系列折线设置为 1.5 磅红色。最后将横坐标轴标签的对齐方式改为竖排后，再改为横排，将指定间隔的单位设置为 1，效果如图 6.1.22（2）所示。

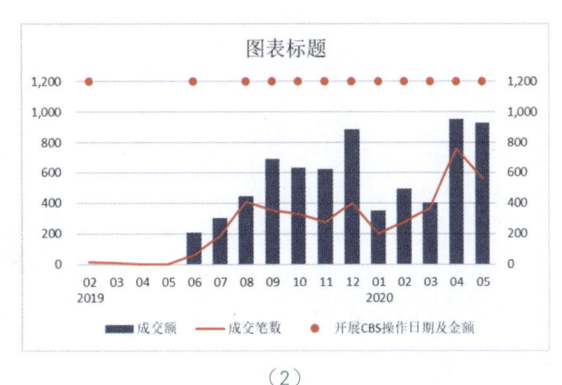

图 6.1.22　图表 6 优化效果的制作步骤

插入线条，设置宽度为 0.5 磅，长度为 0.6cm，颜色为白色（深色 50%），然后复制线条并粘贴至"开展 CBS 操作日期及金额"系列散点处。接下来为柱形图添加数据标签并显示 E2:E17 单元格区域中的值（原始数据中的日期和金额被设置了强制换行），设置为竖排显示、顶端对齐，再用数据标签工具将其移动至"开展 CBS 操作日期及金额"系列散点的下方。最后删除标题、图例（重新制作自由图例，并分别放置在主要和次要的纵坐标轴的上方）和网格线。其余步骤，比如添加图表标题、数据来源、装饰矩形等，与图表 1 优化效果的制作步骤完全相同。

6.1.5　总结

如图 6.1.23 所示，最后将所有图表优化前后的效果放在一起进行对比，发现变化似乎不是太大，这是因为笔者想要在保留原有风格的同时，尽量做到"3 强 3 少"——统一性更强、融合性更强、可读性更强，局促感减少、杂乱感减少、雷同感减少。

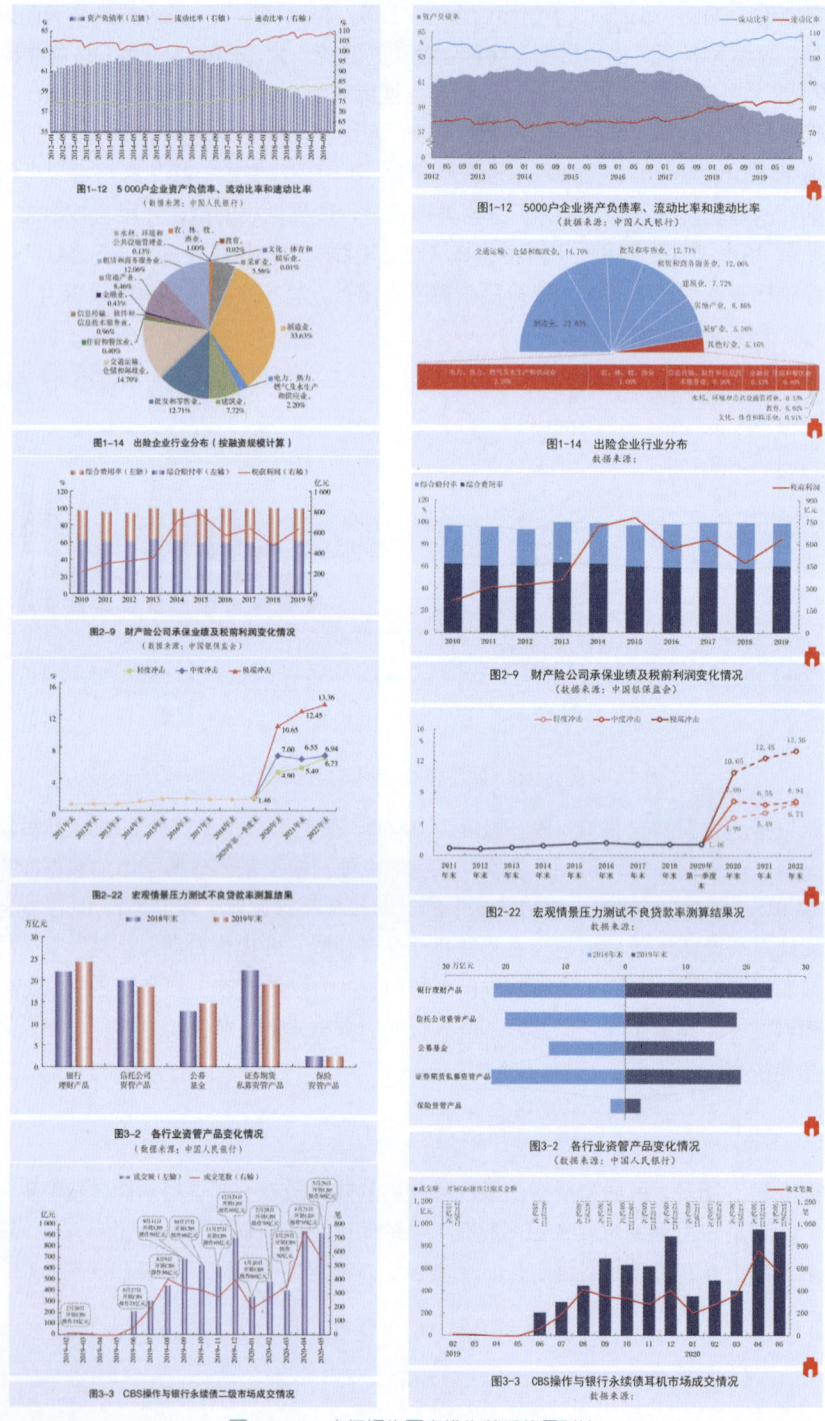

图 6.1.23　央行报告图表优化前后效果对比

6.2 政府报告类图表：给国家统计局报告改图表

国家统计局是数据报告界的行家里手、真正的专家，其数据处理、报告呈现的专业度在国内甚至全世界都首屈一指。其生产的优秀报告数以千计，笔者仅选取了《2020 年国民经济和社会发展统计公报》中的图表作为研究对象，分析这些图表有哪些值得学习和优化的地方。

6.2.1 国家统计局报告图表精选

这份报告里的图表类型并不算多，主要有柱线图、柱形图（簇状柱形图、堆积柱形图和百分比堆积柱形图）、折线图、饼图，都是一些最常用、最经典的图表类型。如图 6.2.1 所示，我们首先来欣赏一下报告中出现频率比较高的几种图表。需要说明的是，由于未找到这些图表的高清版原图，因此这里展示的是笔者模仿的版本，还原度在 95% 左右。

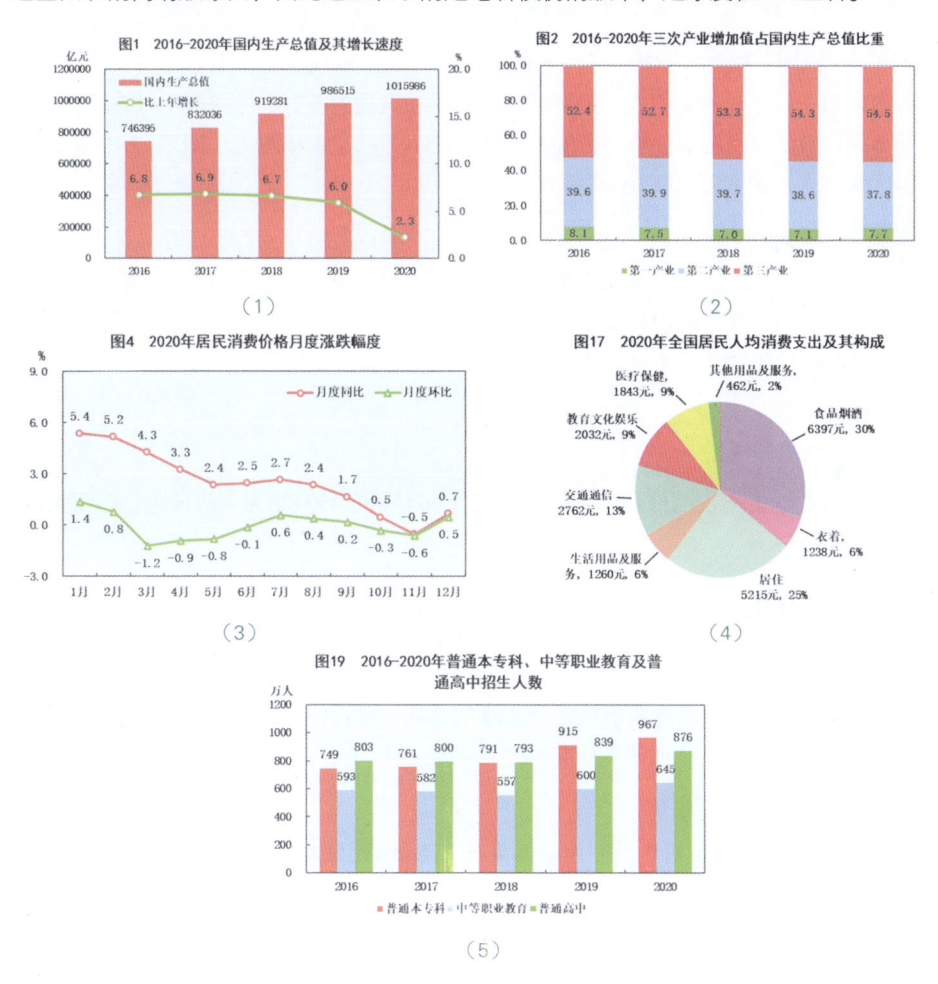

图 6.2.1　国家统计局报告图表精选

国家统计局报告中的图表整体配色清新、简单大气、清晰易懂，和央行报告中的图表一样，都属于典型的政府报告类图表，区别在于国家统计局报告中的图表更加突出绘图区的重要性，其中设置了浅蓝色填充、深灰色边框。如果经常看国家统计局的报告，就会发现这个细节处理是一个保留设计，其效果类似于 PPT 排版中的对齐，目的是让图表看起来更加整齐。接下来分析这些图表有哪些可以优化的地方。

6.2.2 问题出在哪里

问题 1：颜色不够统一

这份报告中的图表颜色整体比较统一，主色是粉色，辅助色是蓝色和绿色，背景色是浅蓝色。不统一的是多系列折线图和饼图的颜色，这两类图表很容易让图作者阵脚全乱，也就是说，当用色量大时，这个统一性很难把握。

问题 2：图例的位置不够统一

标题采用了居中对齐的方式，图例可以被放置在标题的下方，保持居中对齐即可。然而，图 6.2.1（1）中的图例在绘图区的左上角，图 6.2.1（2）和图 6.2.1（5）中的图例均在绘图区的下方，图 6.2.1（3）中的图例在绘图区的右上角。

问题 3：数值不够简练

纵坐标轴标签中的数值未保留小数，而其百分比数值保留了一位小数，目的可能是为了与数据标签保持一致。前者是独立的数值参考系，无须苛求一致，建议取消百分比数值的小数，同时为数值增加千位分隔符以方便分辨。主要和次要的纵坐标轴的标签未等距分布。

问题 4：填充不够统一

图 6.2.1（1）、图 6.2.1（3）和图 6.2.1（5）中的绘图区均被填充了浅蓝色，而图 6.2.1（2）中未被填充。

6.2.3 修改建议

标准化 1：确定图表风格

原报告中的图表完全符合政府报告类图表的特质，建议保持现状，主要在统一图表的细节、丰富图表的层次、添加评判标准等方面做出优化。

标准化 2：确定图表字体

如图 6.2.2 所示，原报告中的图表字体采用了黑体+宋体的组合，建议继续沿用。

图表标题：黑体、12 号、加粗。

图表中其余文字：宋体、9 号、加粗。

标准化 3：确定图表主题色

如图 6.2.3 所示，保持原报告中图表的主题色不变，其中粉色为主色，浅蓝色为辅助色，绿色为强调色，文字颜色统一采用深灰色。原图表中对绘图区设置了填充色和边框，虽然在视觉上看起来更加整齐，但也与其他区域形成了明显的割裂感，因此改为对整张图表设置填充。为了丰富图表的层次感，特设置为线性 45°，由原背景色向 80% 透明度的辅助色（蓝色）的渐变色填充。

图 6.2.2　确定国家统计局报告图表的字体

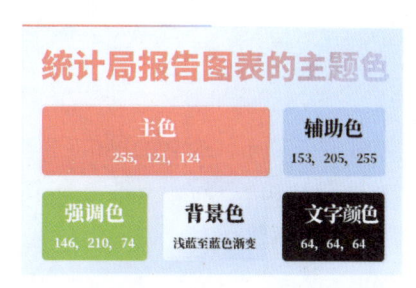

图 6.2.3　确定国家统计局报告图表的主题色

标准化 4：确定图表类型

如图 6.2.4 所示，基本沿用原图表类型，将 3 个系列的簇状柱形图更改为趋势变化更为明显的滑珠图，将分辨难度大的多类别饼图更改为容易理解的由条形图模仿而成的漏斗图。

标准化 5：确定图表细节

如图 6.2.5 所示，规范折线、坐标轴线条、网格线和系列线等线条的参数；柱形的间隙宽度保持不变；除此之外，通过在图表右侧添加带阴影的报告名称，在图表右下角添加带阴影的 logo，为略显单调和朴实的图表平添一些新意。

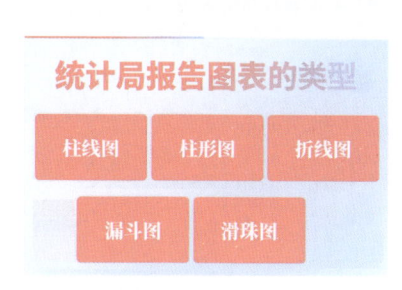

图 6.2.4　确定国家统计局报告图表的类型

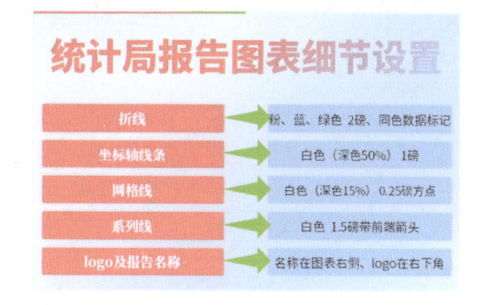

图 6.2.5　确定国家统计局报告图表的细节

6.2.4　图表优化

图表 1：如图 6.2.6 所示，纵坐标轴和数据标签的作用重复；国内生产总值数据较大，未添加千位分隔符，影响读者的阅读；主要和次要的纵坐标轴的数值间隔不均匀；图例位置不统一；数据单位被放置在图表上方，占用空间，也使图表变得拥挤。

图1 2016—2020年国内生产总值及其增长速度

图 6.2.6 图表 1

如图 6.2.7 所示，这里做出如下调整。

①考虑到老板的偏好，同时保留纵坐标轴和数据标签，统一将数值设置为无小数，并添加千位分隔符。

②拆分图例，明确"比上年增长"系列使用主要坐标轴，"国内生产总值"系列使用次要坐标轴。

③将主要和次要的纵坐标轴的标签等距分布，并用网格线连接。

④添加"辅助柱形"系列作为参考标准，根据实际情况将其分为 3 个层级，由下至上，颜色由浅至深。

⑤添加报告名称和 logo，增加权威性。

⑥规范图表的大小。

⑦将数据单位统一放置在纵坐标轴第一个标签的下方。

图1 2016—2020年国内生产总值及其增长速度

图 6.2.7 图表 1 优化效果

在制作时，如图 6.2.8（1）所示，选择 A1:D6 单元格区域，插入簇状柱形图（D 列为"辅助柱形"列，用于作为参考标准），然后复制 D1:D6 单元格区域（"辅助柱形"列）并粘贴至柱形图中两次，将"国内生产总值"系列放在次要坐标轴上，将"比上年增长"系列的图表类型更改为带数据标记的折线图并放在主要坐标轴上，将 3 个"辅助柱形"系列的

第 6 章　工作型图表定制

图表类型更改为堆积柱形图且均放在主要坐标轴上。接着将"辅助柱形"系列的"间隙宽度"设置为 0%，将"国内生产总值"系列的"间隙宽度"设置为 150%。再将主要纵坐标轴的取值范围设置为"0~15"，间隔为 5；将次要纵坐标轴的取值范围设置为"0~1,200,000"，间隔为 400,000，效果如图 6.2.8（2）所示。

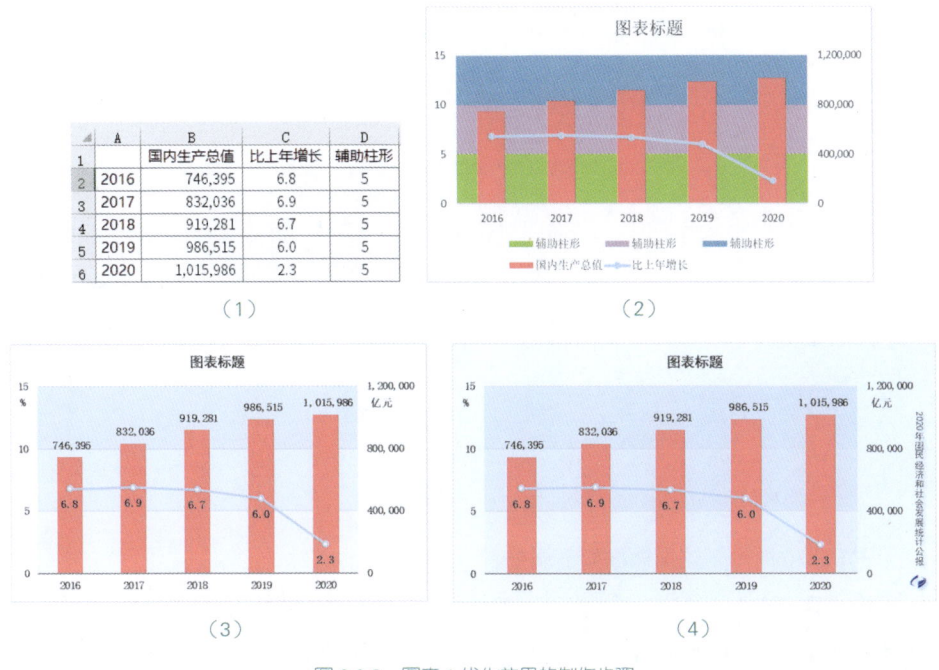

图 6.2.8　图表 1 优化效果的制作步骤

接下来分别将"辅助柱形"系列柱形由上到下设置为 50%透明度、60%透明度和 80%透明度的蓝色。然后将"比上年增长"系列折线设置为 2 磅蓝色、5 号数据标记（浅蓝色填充、1.5 磅蓝色线条）。接着分别为"国内生产总值"系列柱形和"比上年增长"系列折线添加数据标签，将前者放在柱形的上方，将后者放在折线的下方；分别为主要横坐标轴和次要横坐标轴添加标题，标题内容分别为"%"和"亿元"，并将标题放置在对应纵坐标轴的最上方标签之下。接下来将横坐标轴的线条设置为 1 磅白色（深色 50%），将网格线设置为 0.25 磅白色（深色 15%）、方点。最后设置图表标题为 12 号、黑体、加粗，其余文字为 9 号、宋体、加粗。删除图例，效果如图 6.2.8（3）所示。

为图表添加线性 45°由浅蓝色（位置为 30%）向 80%透明度的蓝色（位置为 100%）渐变的效果。然后添加 logo，调整为适当大小并添加蓝色阴影（外部右下方向，将透明度改为 0%，其余选项保持默认设置），将其放在图表的右下角；插入竖排文本框（高度为 4.95cm，宽度为 0.34cm），输入报告名称并设置为黑体、黑色（淡色 35%）、8 号，添加与 logo 相同的阴影，将其放在图表的右侧。接下来设置图表的高度为 7.58cm，宽度为 14.65cm，并适当调整绘图区的大小及位置，效果如图 6.2.8（4）所示。

最后制作"比上年增长"系列和"国内生产总值"系列的自由图例，并分别放置在对应纵坐标轴的上方，与图表组合后的效果如图 6.2.7 所示。

图表2：如图 6.2.9 所示，3 个产业属于同类对比，不适合使用对比色；第一产业、第二产业、第三产业的柱形由下向上排列，不符合读者正常的阅读习惯；3 个产业变化趋势不太明显；绘图区的格式与其他图表不一致；图例位置不统一；将数据单位放在图表上方，占用空间。

图2 2016-2020年三次产业增加值占国内生产总值比重

图 6.2.9 图表 2

如图 6.2.10 所示，这里做出如下调整。

①将"第一产业"、"第二产业"和"第三产业"的柱形改为由上向下排列。

②将"第一产业"、"第二产业"和"第三产业"的柱形分别填充为灰色、浅粉色和粉色。

③添加"辅助柱形"系列作为参考标准，根据实际情况将其分为 5 个层级，由下至上，颜色由浅至深。

④为堆积柱形图添加系列线，强调变化趋势，并在 2020 年柱形后分别添加每个产业占比的变动幅度标签。

⑤同时保留纵坐标轴和数据标签，统一将数值设置为无小数点。

⑥添加报告名称和 logo，增加权威性。

⑦规范图表的大小。

⑧将数据单位统一放在纵坐标轴第一个标签的下方。

在制作时，如图 6.2.11（1）所示，选择 A1:E7 单元格区域，插入堆积柱形图（E 列为"辅助柱形"列，用于作为参考标准。第 7 行用于放置 3 个产业变动幅度的标签），然后复制 E1:E6 单元格区域（"辅助柱形"列）并粘贴至柱形图中 4 次，将"第一产业"、"第二产业"和"第三产业"系列放在次要坐标轴上，将 5 个"辅助柱形"系列均放在主要坐标轴上。接着将"辅助柱形"系列柱形的"间隙宽度"设置为 0%，将"第一产业"、"第二产

第 6 章 工作型图表定制

业"和"第三产业"系列柱形的"间隙宽度"设置为 150%。接下来将主要和次要的纵坐标轴的取值范围设置为"0~100",间隔为 20。再将次要纵坐标轴设置为"逆序刻度值"并隐藏标签,效果如图 6.2.11(2)所示。

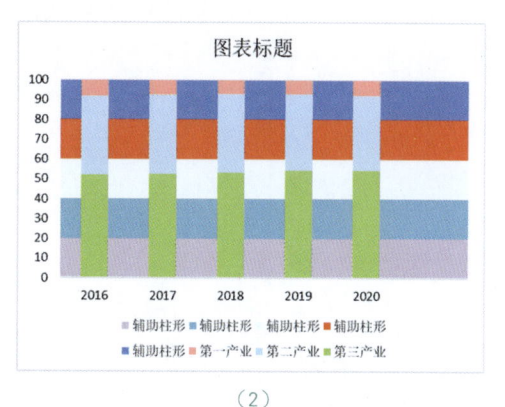

图 6.2.10　图表 2 优化效果

（1）　　　　　　　　　　　　　　（2）

（3）

图 6.2.11　图表 2 优化效果的制作步骤

375

接下来分别将"辅助柱形"系列柱形由上到下设置为30%透明度、40%透明度、50%透明度、60%透明度和80%透明度的蓝色;分别将"第一产业"、"第二产业"和"第三产业"系列柱形填充为白色(深色35%)、浅粉色和粉色。然后分别为3个产业添加数据标签,添加系列线(1.5磅白色),并设置为头部箭头(粗细为左箭头1)。接着分别为2020年后由上至下的第1层、第2层和第3层辅助柱形添加数据标签,并分别输入"提高0.6%"、"下降0.8%"和"提高0.2%"(表示2020年3个产业占比的变动幅度),放在对应柱形的右侧,左对齐。最后删除"辅助柱形"系列的图例,并将3个产业系列的图例放在标题的下方,效果如图6.2.11(3)所示。

其余设置与图表1优化效果的设置方法相同,这里不再赘述。

图表3:如图6.2.12所示,"月度同比"和"月度环比"属于相似类别对比,不适合使用对比色;重复使用了线条颜色和数据标记进行区分;图例位置不统一;数据单位被放置在图表上方,占用空间。

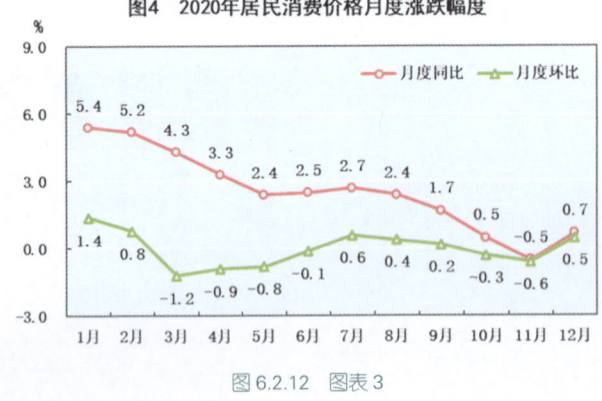

图6.2.12 图表3

如图6.2.13所示,这里做出如下调整。

①将"月度同比"和"月度环比"折线的颜色改为主色与辅助色的搭配。

②统一两条折线的数据标记类型。

③添加"辅助柱形"系列作为参考标准,根据实际情况将其分为4个层级,由下至上,颜色由浅至深。

④同时保留纵坐标轴和数据标签,统一将数值设置为无小数点。

⑤添加报告名称和logo,增加权威性。

⑥规范图表的大小。

⑦将数据单位统一放在纵坐标轴第一个标签的下方。

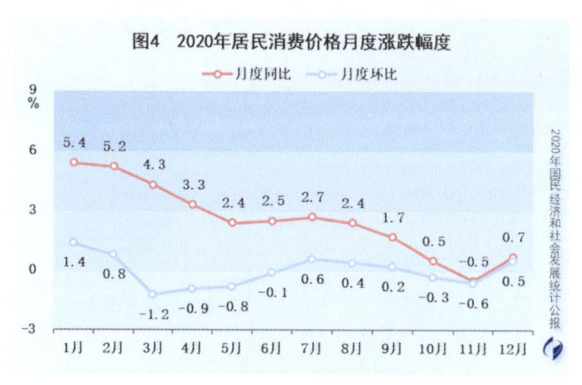

图 6.2.13　图表 3 优化效果

图表 4：如图 6.2.14 所示，饼图类别较多且未进行排序；部分类别占比过小，类别名称过长，导致标签显示杂乱；颜色过多。这是很多人在制作饼图时都存在的通病。

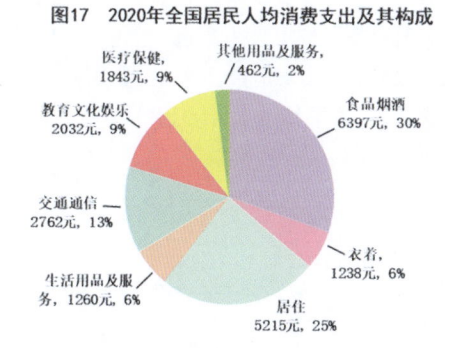

图 6.2.14　图表 4

如图 6.2.15 所示，这里做出如下调整。

①将原始数据由大到小进行排序。

②饼图因数据类别过多和类别标签过长而变得不堪重负，将饼图更改为由条形图模仿的漏斗图后可有效改善局促的布局。其中红色的粗条形代表每个类别的全国居民人均消费支出，灰色的细条形代表 8 个类别的全国居民人均消费支出合计，也就是说，红色的条形越长，当前类别的占比就越大。为了避免产生歧义，在 8 个类别的最下方添加了"合计"条形，且标注其占比值为 100%。

③在将饼图更改为条形图后，用其坐标轴标签显示类别名称，放在最左侧，右对齐；用条形的数据标签显示全国居民人均消费支出及其占比，放在最右侧，左对齐，这样就解决了长类别标签不好排版的难题。

④添加报告名称和 logo，增加权威性。

⑤规范图表的大小。

377

工作型图表设计：实用的职场图表定制与设计法则

图17　2020年全国居民人均消费支出及其构成

类别	占比	金额
食品烟酒	30.2%	6397元
居住	24.6%	5215元
交通通信	13.0%	2762元
教育文化娱乐	9.6%	2032元
医疗保健	8.7%	1843元
生活用品及服务	5.9%	1260元
衣着	5.8%	1238元
其他用品及服务	2.2%	462元
合计	100.0%	21209元

2020年国民经济和社会发展统计公报

图 6.2.15　图表 4 优化效果

在制作时，如图 6.2.16（1）所示，选择 A1:D10 单元格区域，插入堆积条形图（B 列和 D 列为辅助列，分别放在"人均消费支出"列的左、右两侧，应用公式"=($C$10-C2)/2"，即合计值减去当前类别人均消费支出后的一半。"人均消费支出"列利用自定义单元格格式添加了单位"元"），然后将纵坐标轴设置为"逆序类别"，将条形的"间隙宽度"设置为 300%。接着将两个辅助系列的条形均填充为白色（深色 25%），将主要和次要的纵坐标轴的取值范围设置为"0~21209"（21209 是合计值）。接下来隐藏横坐标轴的标签、纵坐标轴的线条，删除图例和网格线，效果如图 6.2.16（2）所示。

	A	B	C	D	E
1		辅助1	人均消费支出	辅助2	标签
2	食品烟酒	7406	6397元	7406	30.2%
3	居住	7997	5215元	7997	24.6%
4	交通通信	9224	2762元	9224	13.0%
5	教育文化娱乐	9589	2032元	9589	9.6%
6	医疗保健	9683	1843元	9683	8.7%
7	生活用品及服务	9975	1260元	9975	5.9%
8	衣着	9986	1238元	9986	5.8%
9	其他用品及服务	10374	462元	10374	2.2%
10	合计	0	21209元	0	100.0%

（1）

（2）

（3）

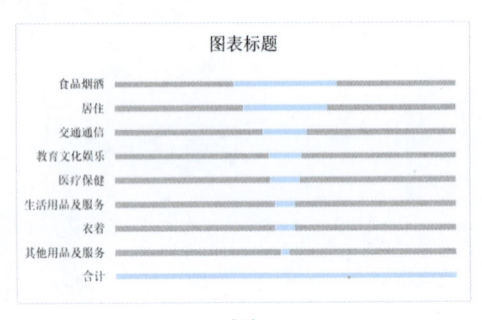

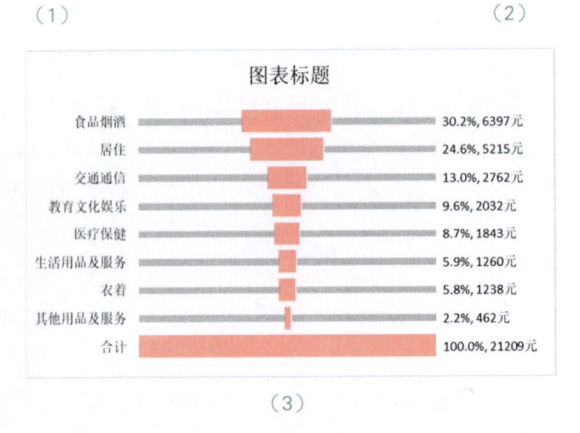

图 6.2.16　图表 4 优化效果的制作步骤

378

为"人均消费支出"系列添加误差线,并设置为负偏差、无线端、自定义(指定值为C2:C10,"人均消费支出"列),线条为 15 磅粉色。然后适当调整绘图区的大小,为"人均消费支出"系列添加数据标签,并显示 E2:E10 单元格区域中的值(为当前类别的人均消费支出占合计值的比重),通过标签工具将其移动至整个条形的右侧,并设置为左对齐,效果如图 6.2.16(3)所示。

其余设置与图表 1 优化效果的设置方法相同,这里不再赘述。

图表 5:如图 6.2.17 所示,"普通高中"系列采用强调色,但并不作为重点研究对象;数据变化趋势有待加强;图例位置不统一;数据单位被放置在图表上方,占用空间。

图 6.2.17 图表 5

如图 6.2.18 所示,这里做出如下调整。

①将簇状柱形图更改为滑珠图,方便同时做时间序列的纵向对比(折线)和 3 个类别的横向对比(滑珠的上、下位置)。

②2020 年"普通本专科"系列值最高,将其设置为重点,采用强调色。

③2020 年 3 个系列都处于上涨态势,在 2019 年和 2020 年的折线上添加向上的箭头,调整箭头方向与折线的变化趋势保持一致。

④添加"辅助柱形"系列作为参考标准,根据实际情况将其分为 4 个层级,由下至上,颜色由浅至深。

⑤同时保留纵坐标轴和数据标签,数据标签的文字颜色与对应的折线颜色保持一致,为数值添加千位分隔符。

⑥添加报告名称和 logo,增加权威性。

⑦规范图表的大小。

⑧将数据单位统一放在纵坐标轴第一个标签的下方。

图 6.2.18　图表 5 优化效果

在制作时，如图 6.2.19（1）所示，选择 A1:D6 单元格区域，插入带数据标记的折线图，然后将纵坐标轴的取值范围设置为 "0~1200"，间隔为 400；将 "普通本专科"、"中等职业教育" 和 "普通高中" 系列折线分别设置为 1.5 磅绿色、粉色和蓝色，将数据标记均设置为 10 号（背景色填充、1.5 磅与折线同色的边框）。接着为 "普通本专科" 系列折线添加误差线，并设置为正负偏差、无线端、百分比（100%，充满绘图区作为滑杆），将线条设置为 3 磅白色（深色 25%）的双线。接下来分别为 3 个系列添加数据标签，设置为与折线同色，并根据需要调整位置。最后插入箭头并设置为绿色填充、无边框，将其放在普通本专科 2019 年和 2020 年的折线之间，旋转 354°。同理，添加 "中等职业教育" 系列和 "普通高中" 系列的箭头并左对齐，效果如图 6.2.19（2）所示。

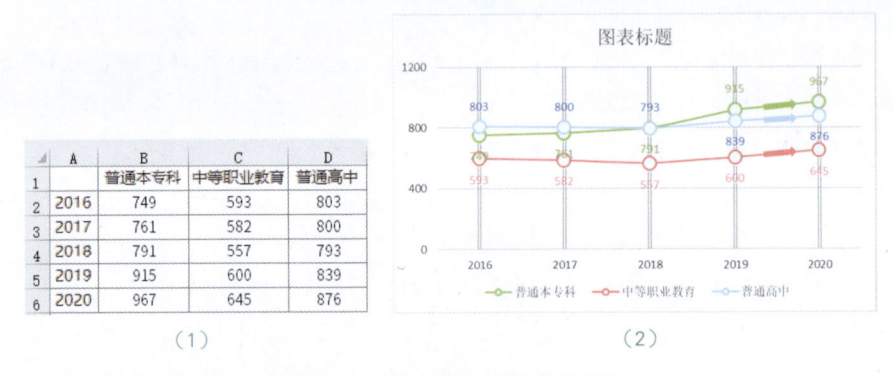

图 6.2.19　图表 5 优化效果的制作步骤

其余设置与图表 1 优化效果的设置方法相同，这里不再赘述。

6.2.5　总结

如图 6.2.20 所示，最后将所有图表优化前后的效果放在一起进行对比，会发现优化后的图表更注重数据的对比性、图表的层次感和细节的规范性。

第 6 章 工作型图表定制

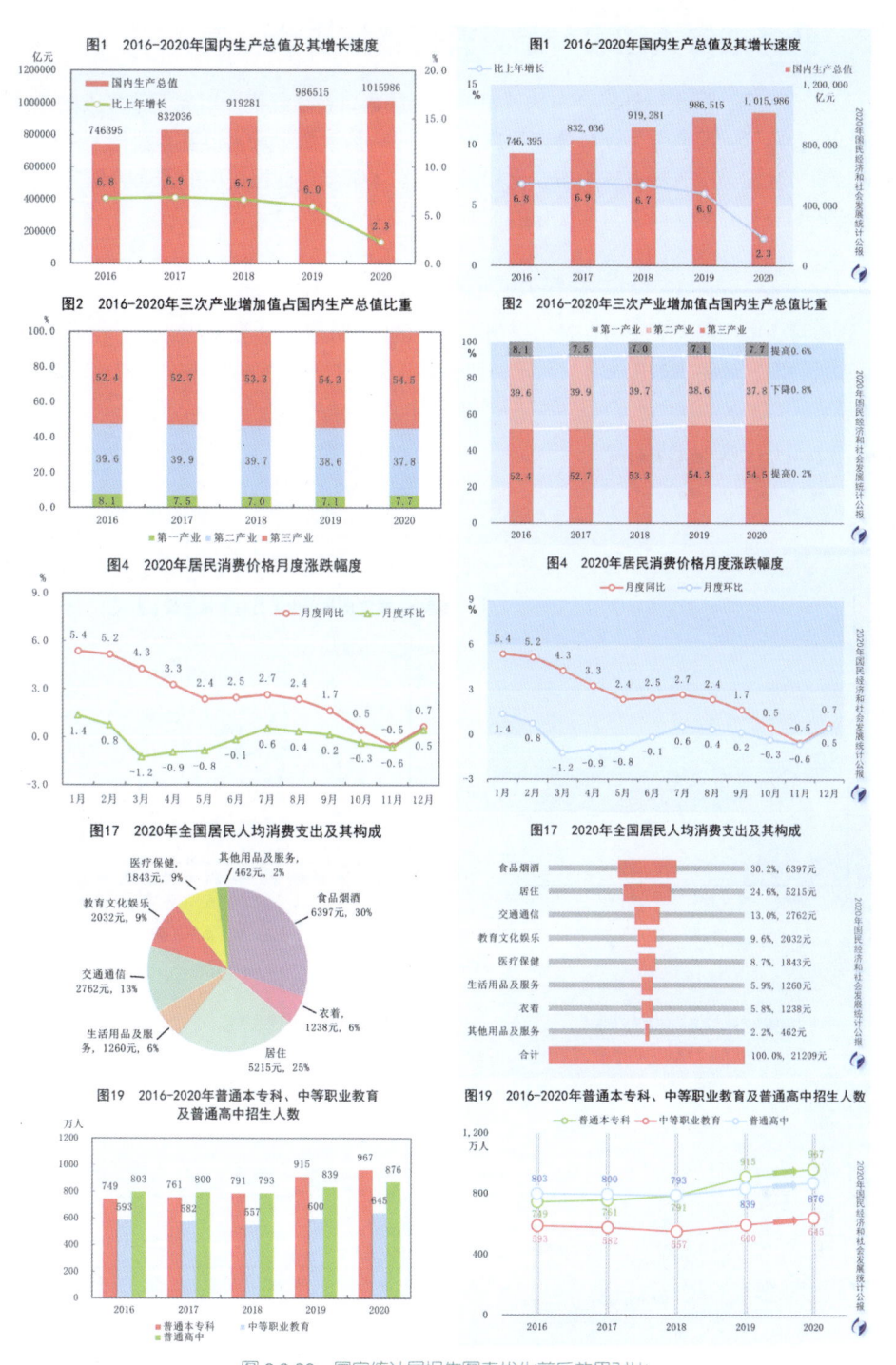

图 6.2.20 国家统计局报告图表优化前后效果对比

6.3 商务报告类图表：给粤开证券报告改图表

2021年5月，国家统计局公布的"第七次全国人口普查结果"引起了很多人的热议，粤开证券发布了一期名为《人口普查的八大看点——解读第七次人口普查数据》的报告，详细解读了我国人口形势出现的新变化和新特征。本节就以此报告中的图表为研究对象，分析这些图表有哪些值得学习和优化的地方。

6.3.1 粤开证券报告图表精选

这份报告中的图表有很多，基本涵盖了常用的图表类型，主要有柱线图、柱形图、条形图、折线图、地图。如图 6.3.1 所示，我们首先来欣赏一下报告中出现频率比较高的几种图表。

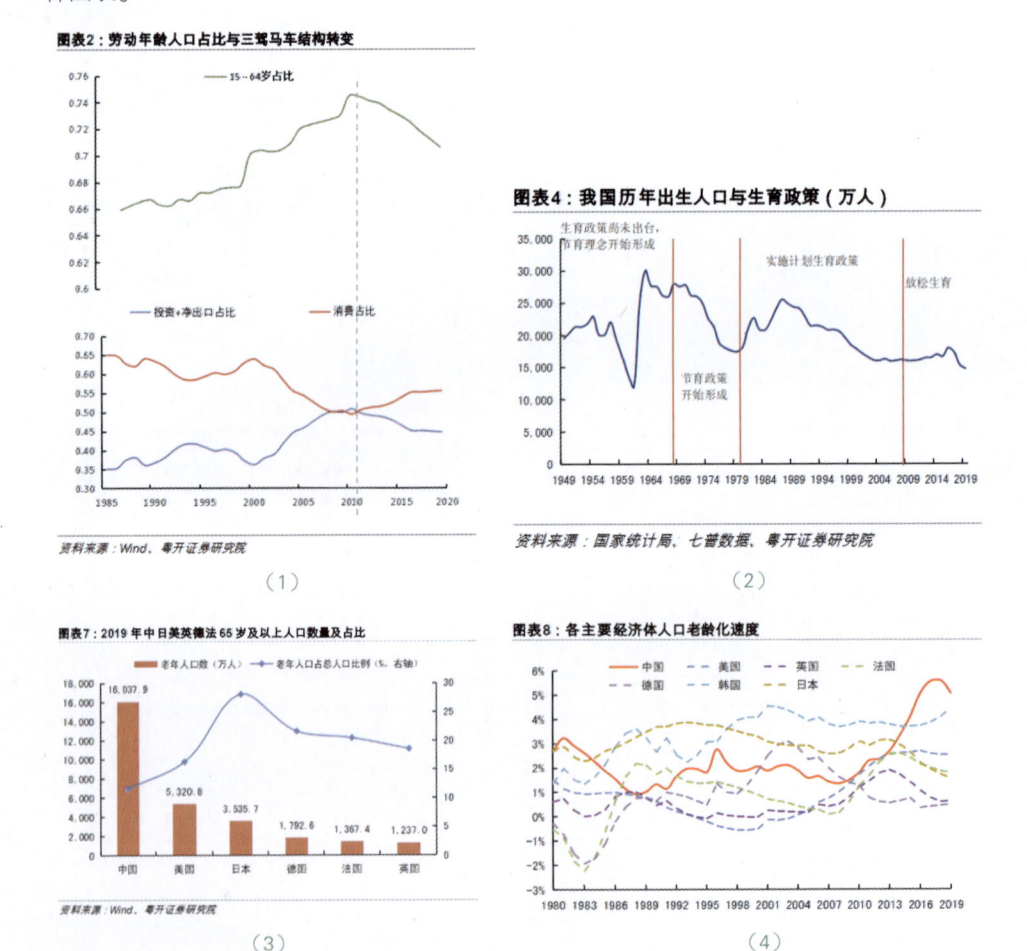

图 6.3.1 粤开证券报告图表精选

粤开证券报告中的图表格式统一、配色统一、区域划分统一，善于运用各类辅助线突出重点。这些图表利用组合图突出对比性，直接在标题中表明观点，是不可多得的优秀图表，仅有的问题就是一些细节仍需要规范。接下来分析这些图表有哪些可以优化的地方。

6.3.2 问题出在哪里

问题 1：组合图上、下未对齐

如图 6.3.1（1）所示的图表是上、下排版的组合图，为了比较 2011 年的"投资+净出口占比"、"消费占比"与"15～64 岁占比"，添加了横跨两张图表的线条，但是上、下两张图表未对齐，对比效果会打折扣。

问题 2：折线图的颜色稍显杂乱

在图 6.3.1（4）所示的图表中包括 7 条折线，折线间相互干扰，颜色也显得杂乱。

问题 3：图表配色与粤开证券官网的关联性不强

粤开证券官网的主色为红色，并辅之以金色，在图表中未建立与这种颜色的关联。

问题 4：主要和次要的坐标轴的标签未等距分布

在图 6.3.1（3）所示的图表中，主要和次要的纵坐标轴的标签未等距分布。

问题 5：标签未对齐

在图 6.3.1（2）所示的图表中，将 1949—2009 年分成了 4 个阶段，每个阶段的标签不够统一，未对齐。

6.3.3 修改建议

标准化 1：确定图表风格

原报告中的图表完全符合商务报告类图表的特质，建议保持现状，主要在统一图表细节、提高图表的易读性、建立图表与企业之间的联系等方面做出优化。

标准化 2：确定图表字体

如图 6.3.2 所示，原报告中的图表字体采用了黑体加粗+黑体的组合，对于公开发行的报告，建议改为无版权限制的思源黑体 heavy+思源黑体的组合。

图表标题：思源黑体 heavy、11 号。

图表中除标题和数据来源外的其余文字：思源黑体、9 号。

数据来源和注释：思源黑体、8 号、斜体。

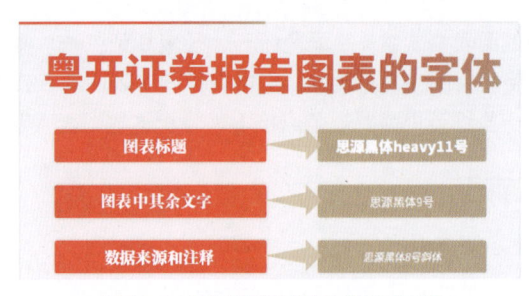

图 6.3.2　确定粤开证券报告图表的字体

标准化 3：确定图表主题色

如图 6.3.3 所示，原报告中图表配色的最大遗憾就是未与官网和 logo 建立联系，而是选用了一套无关的颜色主题。这里改为以 logo 的颜色为主色，从官网筛选出两种不同深浅的咖啡色为辅助色，金色为强调色，文字颜色统一采用深灰色，背景色采用白色。

图 6.3.3　确定粤开证券报告图表的主题色

标准化 4：确定图表类型

基本沿用原图表类型，仅在细节上做出一些调整，比如为柱形图添加凸显趋势变化的误差线，将部分折线图更改为折线图与面积图的组合，为折线图中的辅助线条设置背景色填充，等等。

标准化 5：确定图表细节

如图 6.3.4 所示，规范折线、坐标轴线条、网格线等线条的参数；柱形的间隙宽度保持不变；原图表中用线条将图表划分成标题区、绘图区和显示数据来源与注释的辅助区，既可以作为图表的重要记忆点，又可以让图表变得条理清晰，故而保留此细节。同时，为了更好地建立与粤开证券官网的联系，将标题下方的线条改为原报告页眉处采用的红色渐变宽线条，并放在标题的上方，将绘图区下方的线条改为红色渐变细线条。最后在图表的右上角添加 logo，加强宣传效果。

第 6 章　工作型图表定制

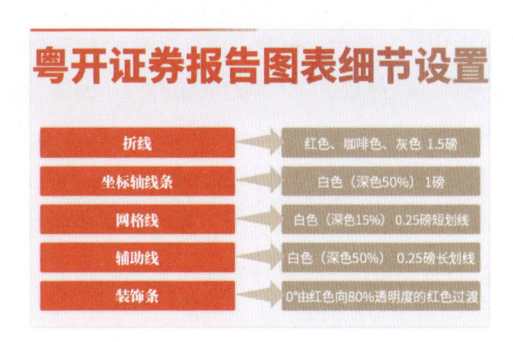

图 6.3.4　确定粤开证券报告图表的细节

6.3.4　图表优化

图表 1：如图 6.3.5 所示，上、下图表未对齐容易产生歧义；纵坐标轴的起点未从 0 开始且未添加折断符号；"投资+净出口占比"与"消费占比"为互补关系，在图表中希望用两者的相交点来说明劳动年龄人口出现拐点，然而这种处理方式容易让人忽视它们的互补关系。

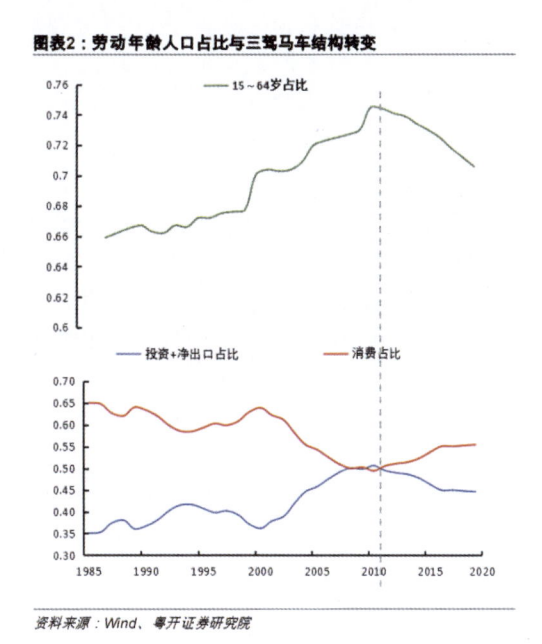

图 6.3.5　图表 1

如图 6.3.6 所示，这里做出如下调整。

①将两张图表合二为一，"15~64 岁占比"系列使用次要坐标轴，"投资+净出口占比"系列与"消费占比"系列使用主要坐标轴，将相应的图例放在对应纵坐标轴的上方；次要纵坐标轴的取值从 60%开始，将 60%显示为 0%，并在 0%~65%之间添加折断符号。

385

②将"投资+净出口占比"系列与"消费占比"系列的图表类型更改为百分比堆积面积图，突出两者的占比关系。添加数值为50%的辅助折线，凸显"投资+净出口占比"在某些年份反超"消费占比"。

③在出现劳动年龄人口拐点的2011年处添加误差线，提醒读者关注。

④将主要和次要的纵坐标轴的标签等距分布，并用网格线连接。

⑤在图表上方添加红色渐变宽线条，在绘图区下方添加红色渐变细线条，添加logo。

⑥规范图表的大小。

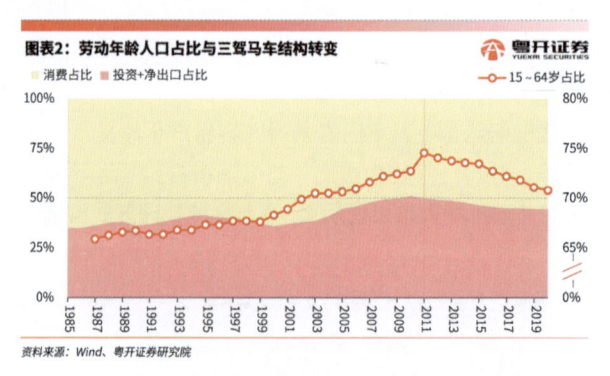

图6.3.6　图表1优化效果（数据为模仿数据）

在制作时，如图6.3.7（1）所示，选择A1:E37单元格区域，插入百分比堆积面积图（E列为50%的标准线），然后将"15~64岁占比"系列的图表类型更改为带数据标记的折线图并放在次要坐标轴上，将"标准线"系列的图表类型更改为折线图并放在主要坐标轴上。接着将主要纵坐标轴的取值范围设置为"0~1"，间隔为0.25；将次要纵坐标轴的取值范围设置为"0.6~0.8"，间隔为0.05，将数字格式设置为"[=0.6]"0%";0%"；将横坐标轴的刻度线间隔和标签间隔均设置为2，将刻度线放在外部，将标签竖排显示；将主要和次要的横坐标轴（先恢复显示，设置好后再隐藏）的位置均设置为"在刻度线上"。如图6.3.7（2）所示，由于在"15~64岁占比"中1985年和1986年为空值，所以在"选择数据源"对话框中，单击"隐藏的单元格和空单元格"按钮，在打开的"隐藏和空单元格设置"对话框中，设置将空单元格显示为"空距"，效果如图6.3.7（3）所示。

将"投资+净出口占比"系列面积与"消费占比"系列面积分别设置为50%透明度的红色和金色；将"15~64岁占比"系列折线设置为1.5磅红色、5号数据标记（白色填充、1.5磅红色边框）；将"标准线"系列折线设置为0.25磅白色（深色50%）长画线。然后将横坐标轴的线条设置为1磅白色（深色50%），将网格线设置为0.25磅白色（深色15%）短画线。接着将图表中文字设置为思源黑体、黑色（淡色15%）、9号，删除标题。接下来插入文本框，输入标题，并设置为思源黑体heavy、黑色（淡色15%）、11号，放在图表的左上角，左对齐；复制标题文本框，输入"数据来源"，并设置为思源黑体、斜体、黑色（淡色 35%）、8 号、左对齐。然后设置图表的高度为 8.57cm，宽度为 14.55cm；插入矩形并设置其高度为 0.28cm、宽度为 14.55cm，线性 0°，由红色向 80%透明度的红色渐变，无边框，放在图表顶部；复制矩形并将其高度改为 0.01cm，放在绘图区的下方。接着插入 0.75 磅的白色（深色 50%）线条，设置其高度为 0.75cm，垂直放在次要纵坐标轴的 0%~65%之间；插入矩形，设置其高度为 0.4cm、宽度为 0.5cm，白色填充，无边框，叠放在垂直线条的上方；复制垂直线条两次并分别改为红色，适当缩短该线条并旋转 45°，叠放在白色矩形上，便可制作出折断符号（由于未显示次要纵坐标轴的线条，且其取值未从 0 开始，因此需要添加折断符号）。接下来添加 logo，将其调整为适当大小并放在图表的右上角，效果如图 6.3.7（4）所示。

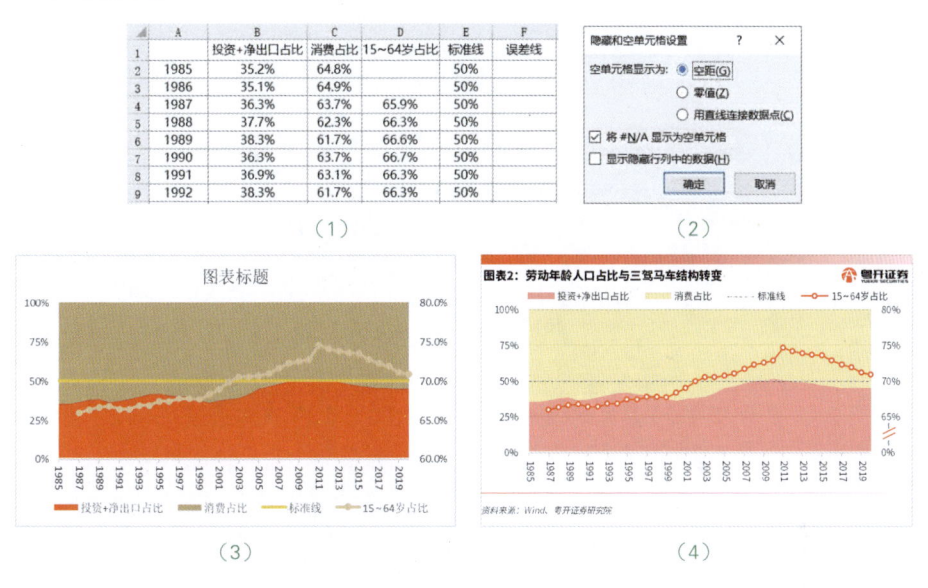

图 6.3.7　图表 1 优化效果的制作步骤

最后制作"投资+净出口占比"系列、"消费占比"系列与"15~64 岁占比"系列的自由图例，并分别放置在对应纵坐标轴的上方，与图表组合后的效果如图 6.3.6 所示。

图表 2：如图 6.3.8 所示，辅助分隔线的粗细与出生人口折线一致，主次不够分明；4 个区域的标签未对齐，视觉效果不好。

如图 6.3.9 所示，这里做出如下调整。

①为 4 个区域添加柱形背景，并填充为不同的颜色，区分度更高。将分隔线的颜色改为灰色虚线，区分线条的主次。

②将 4 个区域的标签统一放在横坐标轴的上方并水平对齐。

③在图表上方添加红色渐变宽线条，在绘图区下方添加红色渐变细线条，添加 logo。

④规范图表的大小。

工作型图表设计：实用的职场图表定制与设计法则

图 6.3.8　图表 2

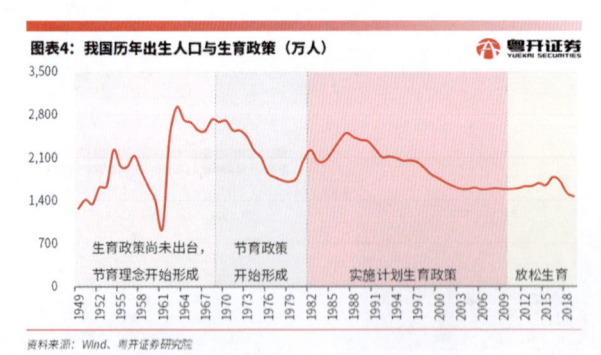

图 6.3.9　图表 2 优化效果（数据为模仿数据）

在制作时，如图 6.3.10（1）所示，选择 A1:F72 单元格区域，插入簇状柱形图（C、D、E、F 列为辅助背景柱形，第 1 阶段为 1949—1968 年，第 2 阶段为 1969—1981 年，第 3 阶段为 1982—2009 年，第 4 阶段为 2010—2019 年，值均为 3500。G、H 列分别为分隔线的 X 轴值和 Y 轴值，其确定规则请参考 3.3 节中的"散点在图表内的分布规律"部分），然后将"出生人口"系列的图表类型更改为折线图，将"辅助线条"系列的图表类型更改为散点图，并修改数据源，将 X 轴系列值修改为 G2:G4，将 Y 轴系列值修改为 H2:H4。接着将第 1~4 阶段系列柱形的"系列重叠"设置为 100%，将"间隙宽度"设置为 0%。接下来将纵坐标轴的取值范围设置为"0~3500"，间隔为 700，效果如图 6.3.10（2）所示。

将"出生人口"系列折线设置为 1.5 磅红色，将第 1~4 阶段系列分别填充为 80% 透明度的浅咖色、咖色、红色和金色。然后为"辅助线条"系列添加误差线，删除水平误差线，将垂直误差线设置为正偏差、无线端、固定值为 3500，将线条设置为 0.25 磅白色（深色 50%）长画线，接下来隐藏"辅助线条"系列的数据标记。关于标题、数据来源、字体、装饰条、logo 等的添加及设置方法，与图表 1 一样，这里不再赘述。

388

第 6 章 工作型图表定制

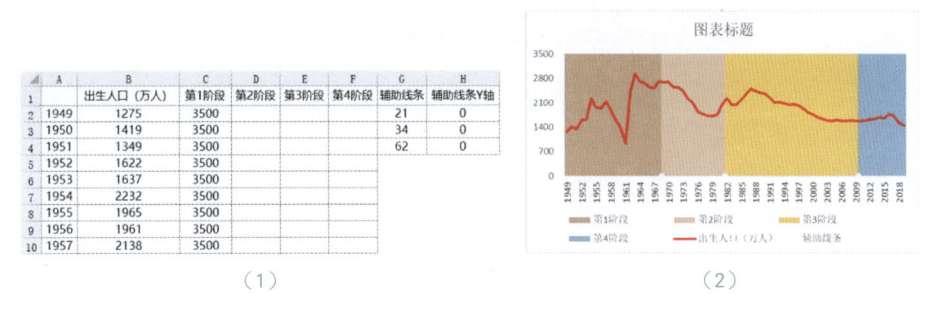

（1）　　　　　　　　　　　　　　　　　（2）

图 6.3.10　图表 2 优化效果的制作步骤

图表 3：如图 6.3.11 所示，中国的老年人口数约是美国的 3 倍，数据差异较大，导致法国和英国的老年人口数的差异不太明显；主要和次要的纵坐标轴的标签未等距分布。

图 6.3.11　图表 3

如图 6.3.12 所示，这里做出如下调整。

①将中国的老年人口数缩小 55%后作图，缩小数据间的差异，在主要纵坐标轴上添加折断符号，避免产生歧义。

②为"老年人口数"系列柱形添加误差线，形成温度计式效果，增加对比性。

③拆分图例并放在对应纵坐标轴的上方。

④将主要和次要的纵坐标轴的标签等距分布，并用网格线连接。

⑤在图表上方添加红色渐变宽线条，在绘图区下方添加红色渐变细线条，添加 logo。

⑥规范图表的大小。

提醒一点：在制作时，中国的老年人口数为缩小后的数据，在添加数据标签时输入原始数据。将主要纵坐标轴的取值范围设置为"0~9000"，间隔为 3000，将数字格式设置为 "[=9000]18,000";[=0]0;0,000"；将新添加的误差线设置为正偏差、无线端、百分比（1000%），将线条设置为 8 磅白色（深色 15%）。

389

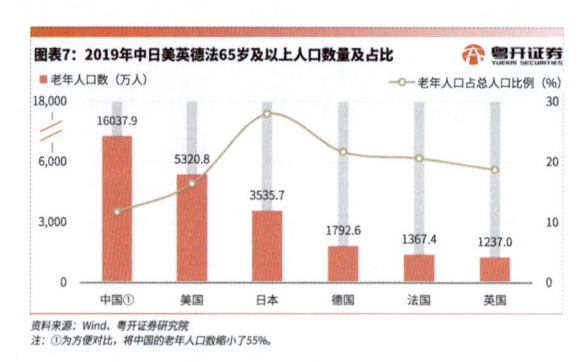

图 6.3.12　图表 3 优化效果（数据为模仿数据）

图表 4：如图 6.3.13 所示，图表中有 7 条折线，折线间相互干扰，颜色也显得杂乱，难以分辨。

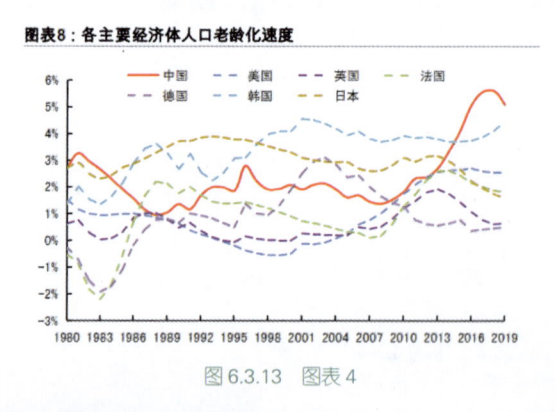

图 6.3.13　图表 4

如图 6.3.14 所示，这里做出如下调整。

①将折线图更改为分隔区域折线图+面积图的组合，把 7 个国家的人口老龄化速度拆分成 3 组，每组包括 3 个国家且都包含中国，其中第 1 组为除中国外其余 6 个国家中 2019 年人口老龄化速度最高的美国和韩国，第 2 组为排名第 3 与第 4 的日本和法国，第 3 组为排名最后的英国和德国。

②为了避免颜色杂乱，将每组的对比国家折线均设置为咖啡色和深灰色，然后将图例拆分为 3 组，分别放在对应折线图的上方。

③在横坐标轴标签中仅显示首点 1980 年和尾点 2019 年（利用文本框制作），在两者之间添加虚线表示省略中间的标签。

④在图表上方添加红色渐变宽线条，在绘图区下方添加红色渐变细线条，添加 logo。

⑤规范图表的大小。

在制作时，如图 6.3.15（1）所示，选择 A1:H125 单元格区域，插入折线图（图中仅显示了 1980 年和 1981 年的数据，便于读者了解数据结构。更多详细内容请参考 3.9 节中的

"分隔区域图表的制作"部分），然后复制 A1:A125 单元格区域（"中国"列）数据并粘贴至折线图中，将新粘贴的"中国"系列的图表类型更改为面积图。接下来将纵坐标轴的取值范围设置为"−3~6"，间隔为 3。接着将"中国"系列折线设置为 1.5 磅红色，将"中国"系列面积设置为线性 90°，由 30%透明度的红色向 80%透明度的红色渐变；将"美国"、"法国"和"德国"系列折线均设置为 1.5 磅黑色（淡色 35%），将"韩国"、"日本"和"英国"系列折线均设置为 1.5 磅咖啡色。然后将刻度线间隔设置为 41，将刻度线位置设置为"外部"，隐藏横坐标轴的标签，效果如图 6.3.15（2）所示。

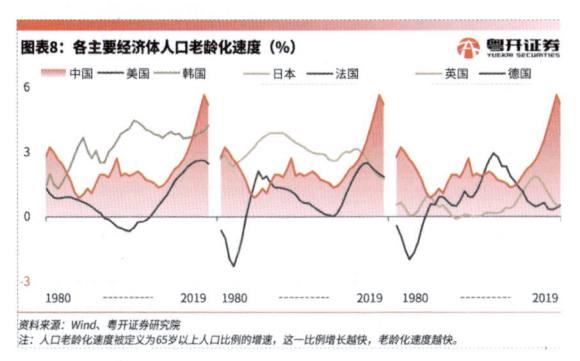

图 6.3.14　图表 4 优化效果（数据为模仿数据）

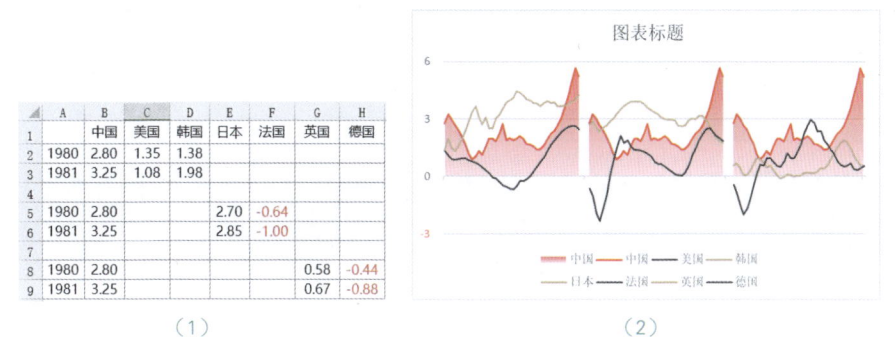

（1）　　　　　　　　　　（2）

图 6.3.15　图表 4 优化效果的制作步骤

插入文本框，分别输入"1980"和"2019"，制作横坐标轴的标签，放在绘图区下方，保持水平对齐，并在两个标签之间插入宽度为 1.35cm 的 1 磅白色（深色 50%）方点的水平线条。其他关于标题、数据来源、字体、装饰条、logo 等的添加及设置方法，与图表 1 一样，这里不再赘述。

6.3.5　总结

如图 6.3.16 所示，最后将所有图表优化前后的效果放在一起进行对比，会发现优化后的图表与粤开证券这个品牌、这个公司的联系更加紧密，色彩搭配也更加和谐、更有青春的活力。

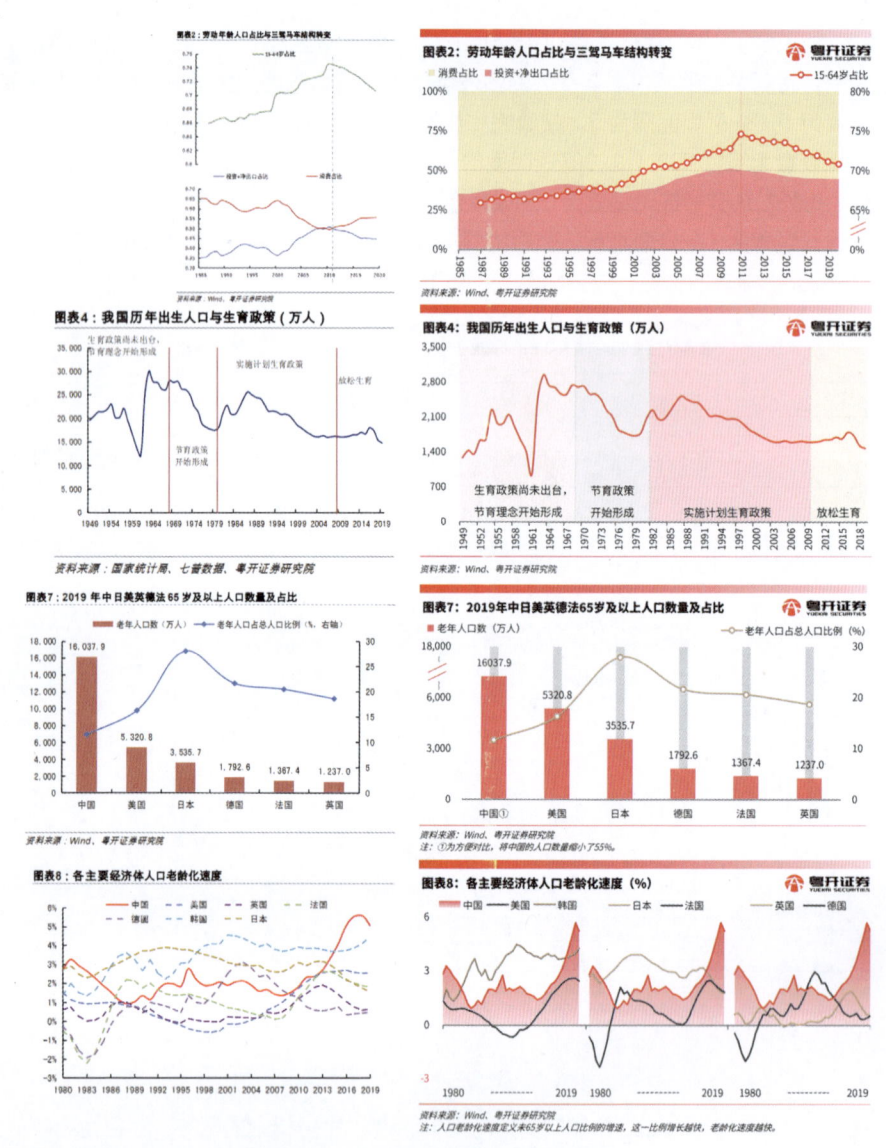

工作型图表设计：实用的职场图表定制与设计法则

图 6.3.16　粤开证券图表优化前后效果对比

6.4　商务报告类图表：给恒大研究院报告改图表

2020 年 12 月，恒大研究院发布了名为《疫情之后，为何中美房市表现超预期？》的报告，分析在出现新冠肺炎疫情后中美住宅成交量、住宅价格上涨情况等关键性指标，阐述新冠肺炎疫情对中美房市的具体影响。本节就以此报告中的图表为研究对象，分析这些图表有哪些值得学习和优化的地方。

6.4.1 恒大研究院报告图表精选

该报告中基本涵盖了常用的图表类型，主要有柱线图、柱形图、条形图、折线图。如图 6.4.1 所示，我们首先来欣赏一下报告中出现频率比较高的几种图表。

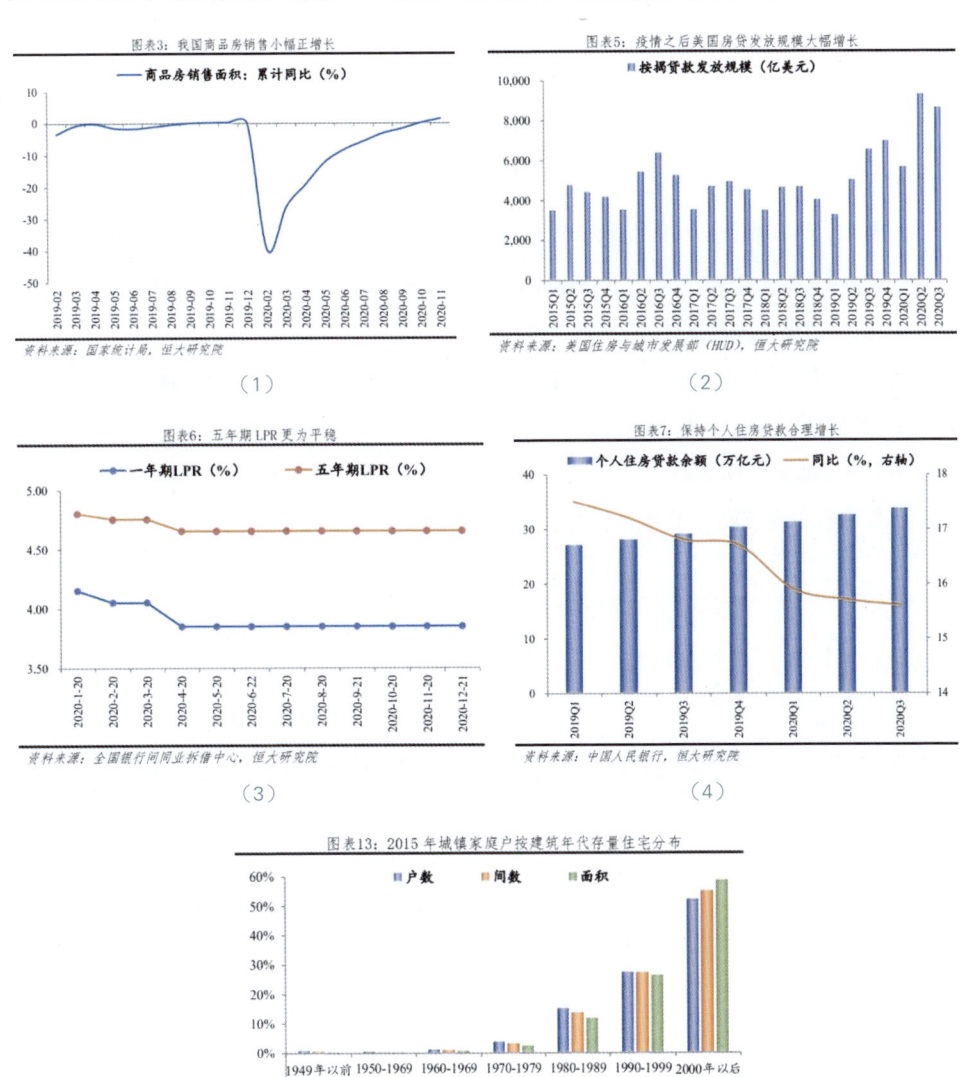

(1)

(2)

(3)

(4)

(5)

图 6.4.1　恒大研究院报告图表精选

恒大研究院报告中的图表属于政府报告类图表和商务报告类图表的综合体，比如采用了央行报告图表中的柱形渐变填充、宋体字，以及粤开证券报告图表中经典的用线条划分区域。图表的整体格式和配色十分统一，在标题中直接表明观点可以高效地传递信息，其中存在的问题主要是一些细节仍需要规范。接下来分析这些图表有哪些可以优化的地方。

6.4.2 问题出在哪里

问题 1：数据趋势变化表现有待进一步加强

对于支持图表观点的数据变化缺少提醒，影响读者的阅读效率。

问题 2：对数据差异大的图表未做处理

在图 6.4.1（5）中，前 3 个类别和后 4 个类别差异较大，导致前者的数据很难分辨。

问题 3：个别数值坐标轴容易产生歧义

图 6.4.1（3）中的纵坐标轴、图 6.4.1（4）中的次要纵坐标轴的最小值未从 0 开始，也未添加折断符号，容易产生歧义。

问题 4：渐变干扰表达

所有柱形图均被设置了渐变效果，在一定程度上影响了数据表达，也不太符合简约和扁平化的现代审美观。

问题 5：图表配色与恒大集团的关联性不强

恒大集团官网和 logo 的颜色主要为红色与蓝色，并辅之以浅蓝色，图表中的颜色与之关联性并不明显。

6.4.3 修改建议

标准化 1：确定图表风格

原报告中的图表风格介于政府报告类图表风格和商务报告类图表风格之间，这两种风格并无不可跨越的界限，可以通过改变元素设置实现相互转换。本例中建议保持现状，然后在标注关键趋势变化、统一图表细节、消除图表歧义和建立图表与企业之间的联系等方面做出优化。

标准化 2：确定图表字体

如图 6.4.2 所示，原报告中的图表字体为宋体，对于公开发行的报告，建议改为无版权限制的思源宋体。

图表标题：思源宋体、12 号、加粗。

图表中除标题和数据来源外的其余文字：思源宋体、9 号。

数据来源和注释：思源宋体、8 号、斜体。

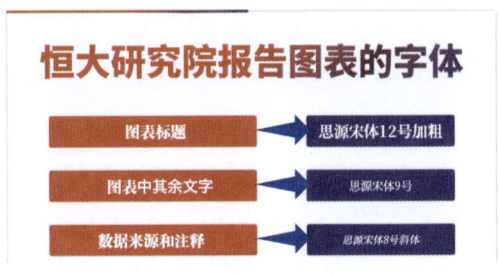

图 6.4.2　确定恒大研究院报告图表的字体

标准化 3：确定图表主题色

如图 6.4.3 所示，原报告中图表配色的最大遗憾就是未与恒大集团官网和 logo 建立联系，而是选用了一套无关的颜色主题。笔者从 iSlide 插件中找到了恒大集团官网和 logo 的主题色，这里主要以 logo 中的红色和蓝色为主色，然后搭配不同深浅的蓝色作为辅助色，文字颜色统一采用深灰色，背景色采用白色。

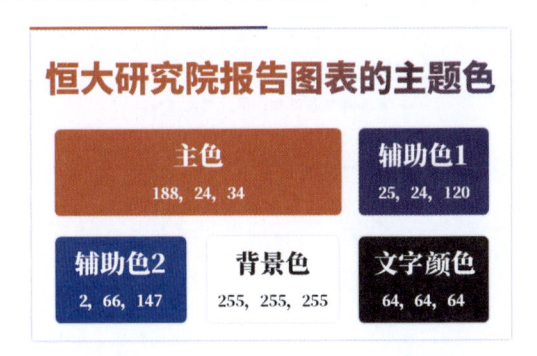

图 6.4.3　确定恒大研究院报告图表的主题色

标准化 4：确定图表类型

基本沿用原图表类型，仅在细节上做出一些调整，突出趋势变化。比如为图 6.4.1（1）所示的折线图设置渐变色填充，增加圆形标注框；为图 6.4.1（2）所示的图表添加年平均按揭贷款发放规模柱形等。

标准化 5：确定图表细节

如图 6.4.4 所示，规范折线、坐标轴线条、网格线等线条的参数；为柱形取消渐变色填充，柱形的间隙宽度保持不变；原图表中用线条将图表划分成标题区、绘图区和显示数据来源与注释的辅助区，既可以作为图表的重要记忆点，也可以让图表变得条理清晰，因此保留此细节。同时，为了更好地建立与恒大研究院官网的联系，分别在图表的顶部和底部插入 1 磅红色线条。最后在图表的右下角添加圆顶角矩形并设置为红色填充、无边框，放置报告名称；在图表的右上角添加 logo，加强宣传效果。

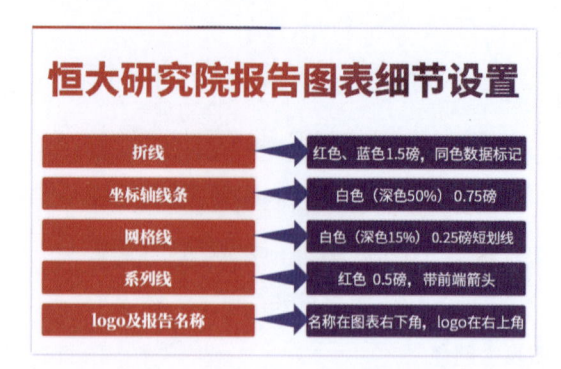

图 6.4.4　确定恒大研究院图表的细节

6.4.4　图表优化

图表 1：如图 6.4.5 所示，横坐标轴标签中的"2019"和"2020"重复出现，较为浪费空间；未标注小幅正增长的趋势变化。

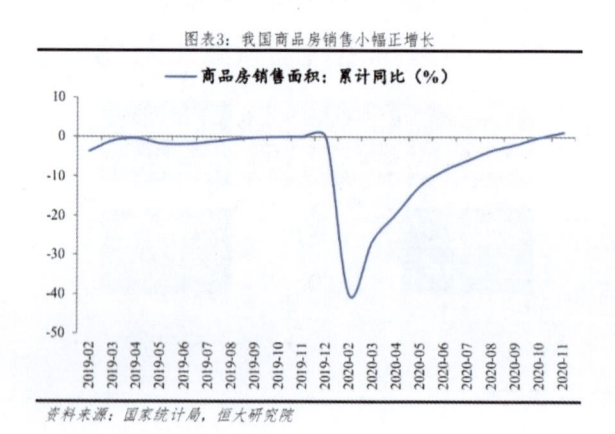

图 6.4.5　图表 1

如图 6.4.6 所示，这里做出如下调整。

①将折线图更改为折线图+面积图的组合，不让图表显得太空。

②将折线图和面积图设置为渐变色填充，实现正负值分色。在 2020 年 10 月和 11 月处添加虚线圆形，并标注"自 2020 年 10 月由负转正"来呼应图表标题中的观点。

③将横坐标轴的标签分行显示，月份在上、年份在下，仅为 2019 年 2 月和 2020 年 2 月添加年份，让图表看起来更加清爽、简洁。

④改变横坐标轴交叉，放在最下方，避免遮挡折线图。

⑤在图表的顶部和底部分别插入 1 磅红色线条，在图表的右下角添加报告名称，在图表的右上角添加 logo。

⑥规范图表的大小。

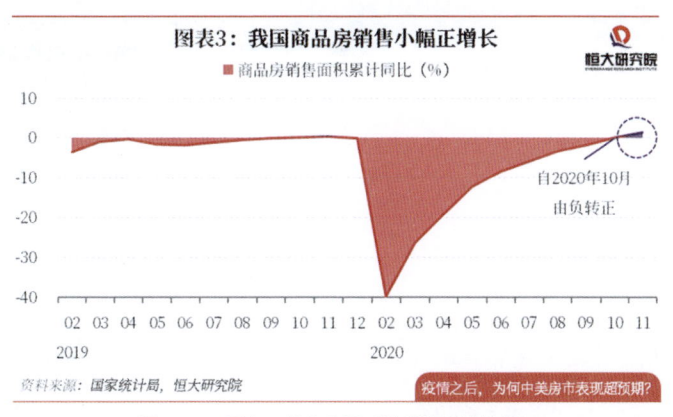

图 6.4.6　图表 1 优化效果（数据为模仿数据）

在制作时，如图 6.4.7（1）所示，选择 A1:B22 单元格区域，插入折线图，然后复制 A1:B22 单元格区域至折线图中并更改为面积图，将折线图放在次要坐标轴上。接着分别将主要和次要的纵坐标轴的取值范围设置为 "−40.0~10.0"，间隔为 10，保留小数点。接下来恢复显示次要横坐标轴并将横坐标轴交叉的坐标轴值设置为−40，将标签设置为竖排后再改回横排，将标签间隔改为 1；隐藏主要横坐标轴和次要纵坐标轴的标签与线条；将横坐标轴的线条设置为 0.75 磅白色（深色 50%），将网格线设置为 0.25 磅白色（深色 15%）短画线，效果如图 6.4.7（2）所示。

将折线设置为 1.5 磅，线性 90°，由蓝色向红色渐变，两个渐变光圈的位置均为 3%（计算公式为 "=MAX(B2:B22)/(MAX(B2:B22)+ABS(MIN(B2:B22)))"，也就是最大值占整个数值范围的比重）；同理，为面积图添加相同的渐变效果，并将填充色增加 30%的透明度。然后适当调小绘图区，在 2020 年 10 月处插入圆形，并设置为无填充、0.75 磅蓝色方点；为折线图中的 2020 年 10 月添加数据标签，并输入 "自 2020 年 10 月由负转正"，将引导线的颜色设置为 0.75 磅蓝色；恢复显示图例后的效果如图 6.4.7（3）所示。

将图表文字设置为思源宋体、黑色（淡色 15%）、9 号；插入文本框，输入标题，将其设置为思源宋体、黑色（淡色 15%）、12 号、加粗，居中对齐，放在图表正上方；复制文本框并输入 "数据来源"，将其设置为思源宋体、黑色（淡色 35%）、8 号，左对齐，放在图表左下角。然后插入线条，并设置为 1 磅，分别放在图表的顶部和底部；插入圆顶角矩形，将其设置为红色填充、无边框，输入报告名称（将其设置为思源宋体 Extralight、8 号、白色），放在图表右下角。最后设置图表的高度为 7.7cm，宽度为 13.3cm；删除折线图的部分后的效果如图 6.4.7（4）所示。

（1）　　　　　　　　　　　　　　　　（2）

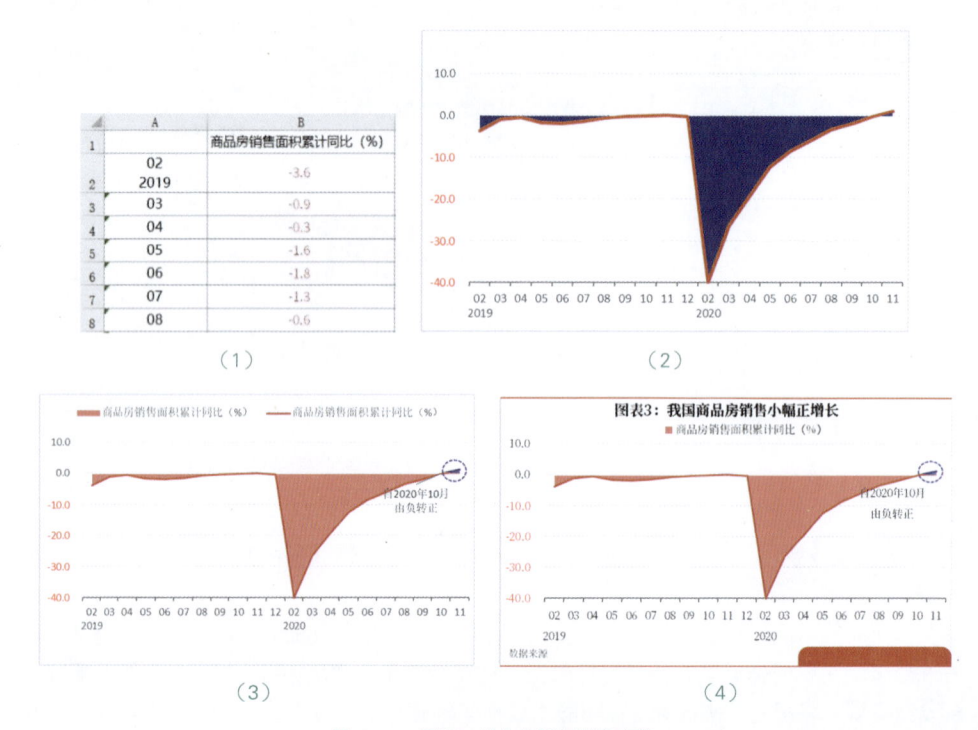

（3）　　　　　　　　　　　　　　　　（4）

图 6.4.7　图表 1 优化效果的制作步骤

图表 2：如图 6.4.8 所示，横坐标轴标签中的年份重复出现，较为浪费空间；标题中提到的"疫情之后美国房贷发放规模大幅增长"的趋势，未给读者提供明确的提示。

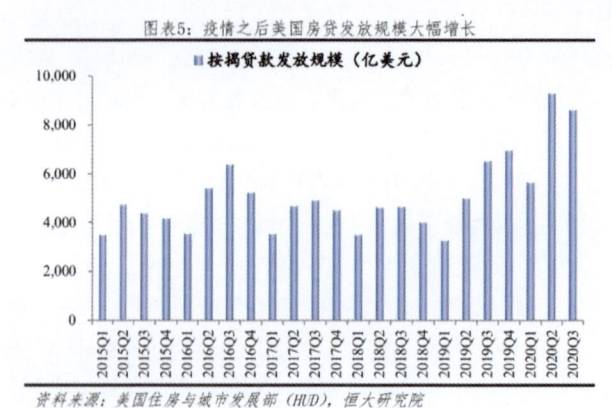

图 6.4.8　图表 2

如图 6.4.9 所示，这里做出如下调整。

①为柱形图添加"年平均发放规模（亿美元）"柱形，并将 2020 年的柱形颜色设置得更深一些，以呼应图表标题中的观点。

②将横坐标轴的标签分行显示，月份在上、年份在下，仅为 Q1 添加年份，让图表看起来更加清爽、简洁。

③在图表的顶部和底部分别插入 1 磅红色线条，在图表的右下角添加报告名称，在图表的右上角添加 logo。

④规范图表的大小。

图 6.4.9　图表 2 优化效果（数据为模仿数据）

提醒一点：在制作前，先计算并添加"年平均发放规模（亿美元）"辅助列（按年进行计算），将"按揭贷款发放规模（亿美元）"系列放在次要坐标轴上，将"年平均发放规模（亿美元）"系列放在主要坐标轴上，并将其"间隙宽度"设置为 0%，将 2015—2019 年的柱形填充为 90%透明度的蓝色，将 2020 年的柱形填充为 70%透明度的蓝色。

图表 3：如图 6.4.10 所示，横坐标轴标签中的年份重复出现，较为浪费空间；纵坐标轴的最小值未从 0 开始，也未添加折断符号。

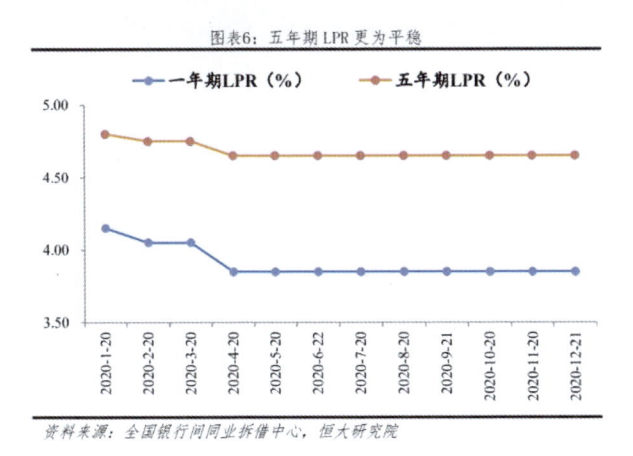

图 6.4.10　图表 3

如图 6.4.11 所示，这里做出如下调整。

399

①分别在"一年期 LPR"和"五年期 LPR"系列的 2020 年 1 月 20 日（最大值）与 2020 年 4 月 20 日（最小值）之间添加层级差异箭头，方便读者对比变化幅度，以呼应图表标题中的观点。

②纵坐标轴的取值从 3.5 开始，将 3.5 显示为 0，并在 0~4.0 之间添加折断符号。

③将横坐标轴的标签分行显示，月份在上、年份在下，仅为 1 月 20 日添加年份，让图表看起来更加清爽、简洁。

④在图表的顶部和底部分别插入 1 磅红色线条，在图表的右下角添加报告名称，在图表的右上角添加 logo。

⑤规范图表的大小。

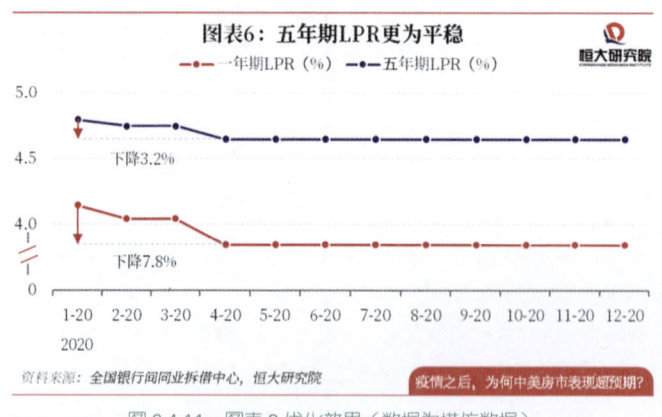

图 6.4.11　图表 3 优化效果（数据为模仿数据）

提醒几点：

1．将折线图的数据标记设置为 5 号，与折线同色填充，0.75 磅白色边框。

2．制作层级差异箭头需要添加辅助散点，散点 X 轴值分别为 1 和 1，散点 Y 轴值分别为 3.85 和 4.65，也就是 2020 年 4 月 20 日的一年期 LPR 值和五年期 LPR 值。散点的垂直误差线用于表示增减幅度，将其设置为正偏差、无线端、自定义（指定值为 0.3 和 0.15，分别是 1 月 20 日的一年期 LPR 值减去 4 月 20 日的一年期 LPR 值、1 月 20 日的五年期 LPR 值减去 4 月 20 日的五年期 LPR 值），将线条设置为 1 磅红色、尾部箭头；水平误差线用于连接两个月份，将其设置为正偏差、无线端、固定值（值为 3，4 月 X 轴值减去 1 月 X 轴值），将线条设置为 0.5 磅白色（深色 25%）短画线。最后为散点添加数据标签，显示具体的下降幅度（4 月 20 日的一年期 LPR 值除以 1 月 20 日的一年期 LPR 值减 1）。

3．主要纵坐标轴的标签数字格式采用 "[=3.5]"0";0" 。

图表 4：如图 6.4.12 所示，横坐标轴标签中的年份重复出现，较为浪费空间；纵坐标轴的最小值未从 0 开始，也未添加折断符号。

第 6 章 工作型图表定制

图 6.4.12 图表 4

如图 6.4.13 所示，这里做出如下调整。

①为柱形图添加系列线凸显趋势变化，以呼应图表标题中的观点。

②次要纵坐标轴的取值从 14 开始，将 14 显示为 0，并在 0~15 之间添加折断符号。

③拆分图例，将"个人住房贷款余额"系列放在主要纵坐标轴的"40"标签的右侧，将"同比（%）"系列放在次要纵坐标轴的"18"标签的左侧。

④仅为 Q1 添加年份，让图表看起来更加清爽、简洁。

⑤将主要和次要的纵坐标轴的标签等距分布，并用网格线连接。

⑥在图表的顶部和底部分别插入 1 磅红色线条，在图表的右下角添加报告名称，在图表的右上角添加 logo。

⑦规范图表的大小。

图 6.4.13 图表 4 优化效果（数据为模仿数据）

提醒一点：将柱形图更改为堆积柱形图，将系列线设置为 0.5 磅红色短画线，开始箭头类型选择"箭头"；次要纵坐标轴的标签数字格式采用"[=14]"0";0"。

401

图表 5：如图 6.4.14 所示，数据间差异较大，其中前 3 个类别的数据差异几乎不能分辨。

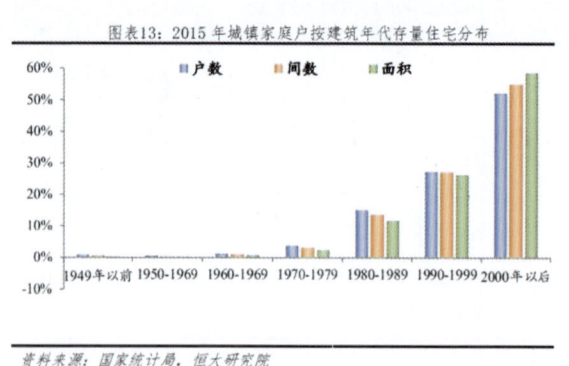

图 6.4.14　图表 5

如图 6.4.15 所示，这里做出如下调整。

①将簇状柱形图更改为子母图，母图沿用原图表，在图表左上角的空白区域对难以辨认的"1949 年以前"、"1950-1969"、"1960-1969"和"1970-1979"类别制作子图。

②利用散点图和误差线重新制作网格线与纵坐标轴，方便进行数据对比。

③将百分号放在图例中，与其他图表保持一致。

④取消柱形图中的渐变效果，改为纯色填充。

⑤在图表的顶部和底部分别插入 1 磅红色线条，在图表的右下角添加报告名称，在图表的右上角添加 logo。

⑥规范图表的大小。

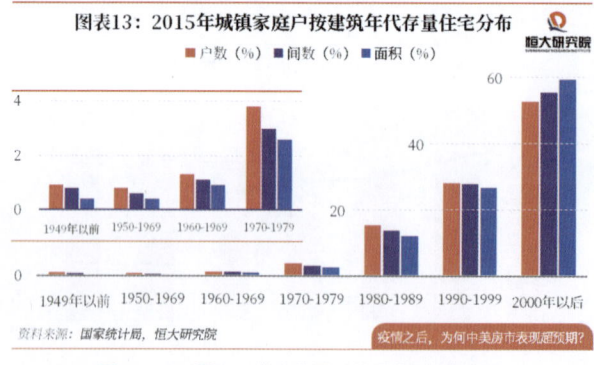

图 6.4.15　图表 5 优化效果（数据为模仿数据）

在制作时，如图 6.4.16（1）所示，选择 A1:E8 单元格区域，插入簇状柱形图（添加"散点"系列用于模仿纵坐标轴，X 轴值分别为 4.5、5.5 和 6.5，也就是将散点分别放在"1970-1979"类别与"1980-1989"类别之间、"1980-1989"类别与"1990-1999"类别之间、"1990–1999"类别与"2000年以后"类别之间；Y轴值分别为20、40和60，分别对应相应的坐标轴标签的数值），然后将"散点"系列的图表类型更改为散点图并修改数据源，将X轴系列值修改为E2:E4，将Y轴系列值修改为F2:F4。接着将纵坐标轴的取值范围设置为"0~60"，间隔为20，不保留小数点，数值格式采用"[=0]0;"""（也就是说，只显示0，其余值均不显示）。接下来将柱形图的"系列重叠"设置为150%，将"户数"系列、"间数"系列和"面积"系列的柱形填充均增加10%的透明度，最后删除网格线，效果如图6.4.16（2）所示。

为"散点"系列散点添加误差线并删除垂直误差线，将水平误差线设置为正偏差、无线端、自定义（指定值为G2:G4，"误差线"列），将线条设置为0.25磅白色（深色15%）短画线；为"散点"系列散点添加数据标签，显示Y轴值，放在散点的左侧。然后隐藏散点的数据标记，效果如图6.4.16（3）所示。

复制柱形图，将图表的数据源修改为A1:C5单元格区域，将纵坐标轴的取值范围设置为"0~4"，间隔为2，不保留小数点。然后调整图表的大小，删除标题、图例，恢复网格线，放在母图的左上角且与母图的纵坐标轴左对齐，效果如图6.4.16（4）所示。

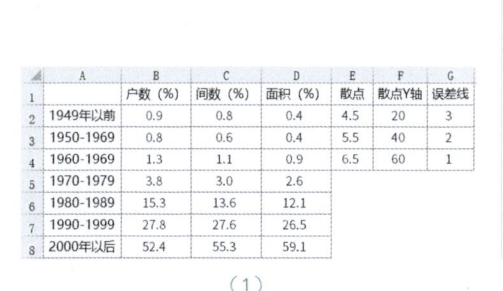

图6.4.16 图表5优化效果的制作步骤

其他关于标题、数据来源、字体、装饰条、logo等的添加及设置方法，与图表1一样，这里不再赘述。

6.4.5 总结

如图 6.4.17 所示，最后将所有图表优化前后的效果放在一起进行对比，会发现优化后的图表与恒大研究院官网的联系更加紧密，更加注重数据的趋势变化，细节处理更加规范。

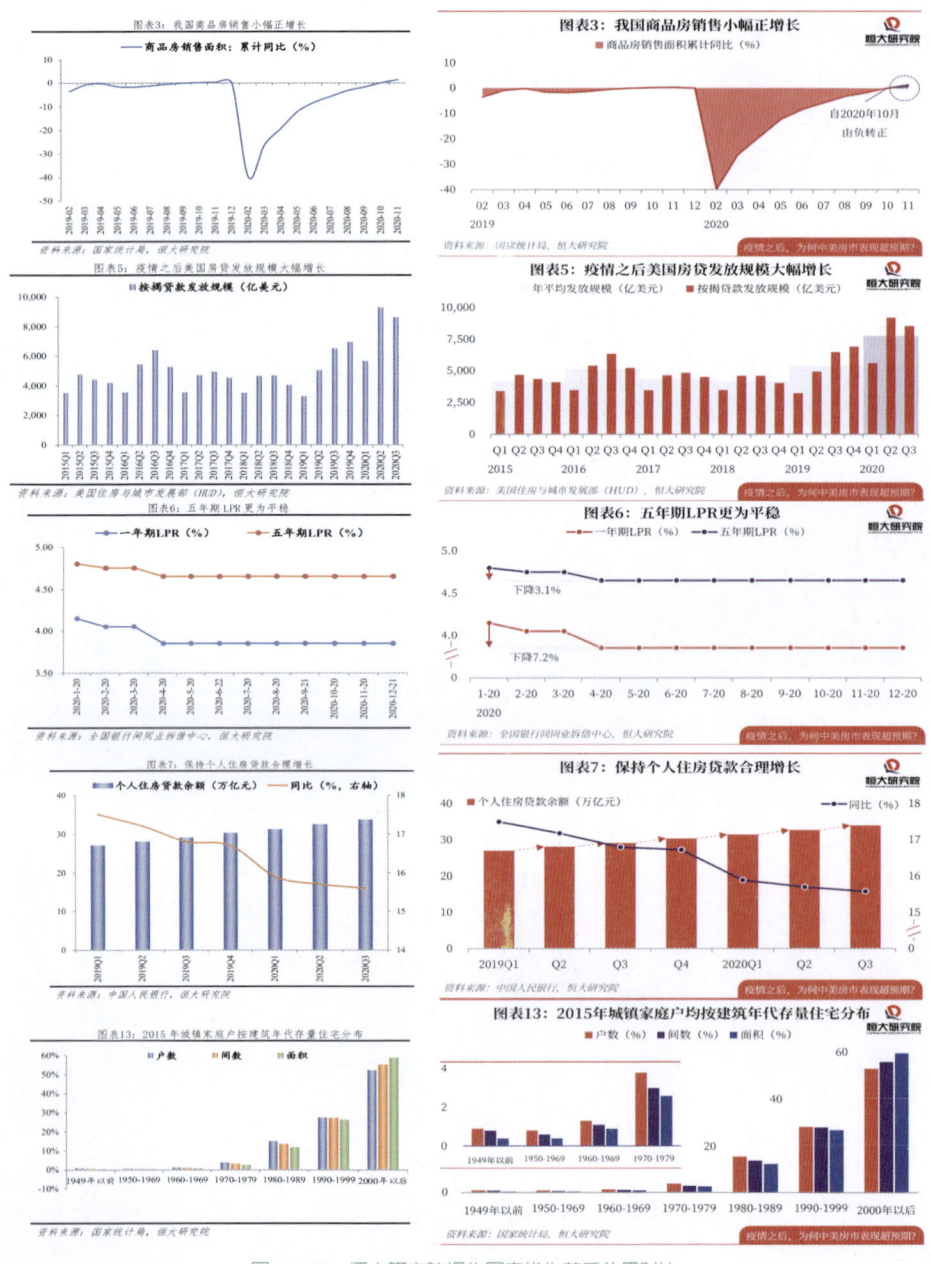

图 6.4.17　恒大研究院报告图表优化前后效果对比

6.5 商务报告类图表：给中指研究院报告改图表

2021年7月，中指研究院与天下秀联合发布了《2021中国红人新经济发展报告》。新潮的主题、活力的配色，让人忍不住想要关注，本节就以此报告中的图表为研究对象，分析这些图表有哪些值得学习和优化的地方。

6.5.1 中指研究院报告图表精选

该报告中的图表都是一些相对常见和基础的折线图、柱形图、柱线图，最吸引人的是其活力、大胆的配色。如图6.5.1所示，我们首先来欣赏一下报告中出现频率比较高的几种图表。

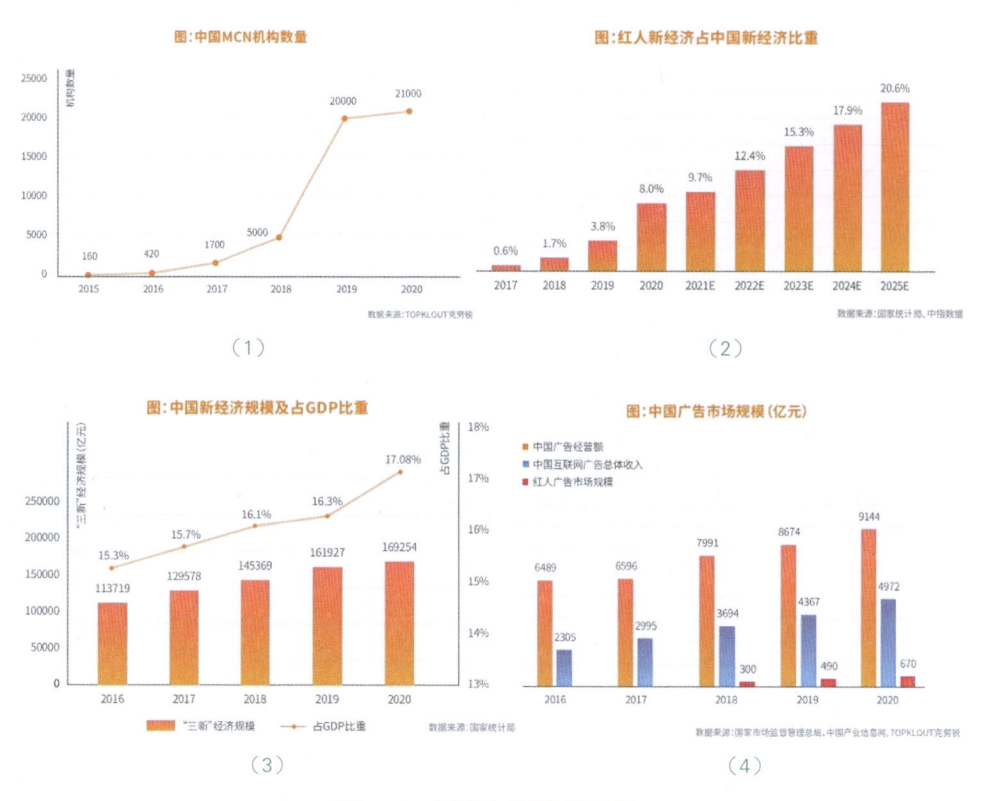

图 6.5.1 中指研究院报告图表精选

中指研究院报告中的图表比较偏向于数据新闻类图表和商务报告类图表的结合，其拥有数据新闻类图表善用的渐变色填充（橙色向橙黄色的垂直渐变彰显青春活力，又不会干扰表达），同时还兼具商务报告类图表的强大说服力，图表的整体格式和配色十分统一，存在的问题主要是一些细节仍需要规范。接下来分析这些图表有哪些可以优化的地方。

6.5.2 问题出在哪里

问题 1：数据趋势变化表现有待进一步加强

对于支持图表观点的数据变化缺少提醒，影响读者的阅读效率。

问题 2：纵坐标轴不够规范和统一

折线图和柱线图显示纵坐标轴，柱形图未显示纵坐标轴，却保留了网格线。

问题 3：个别数值坐标轴容易产生歧义

柱线图的次要纵坐标轴的最小值未从 0 开始，也未添加折断符号，容易产生歧义。

问题 4：图例和纵坐标轴的标题略显重复

为了方便读者阅读，同时添加了图例和纵坐标轴的标题，这样的组合方式不利于图表排版，也会显得重复。

6.5.3 修改建议

标准化 1：确定图表风格

原报告中的图表属于数据新闻类图表和商务报告类图表这两种风格的结合，在设计时可以在商务报告类图表的基础上添加与报告主体相关的插画，让图表变得更加生动、有亲和力。本例中会保持原图表的风格不变，然后在标注关键趋势变化、统一图表细节等方面做出优化。

标准化 2：确定图表字体

原报告中的图表字体采用的是黑体，对于公开发行的报告，建议改为无版权限制的思源黑体，如图 6.5.2 所示。

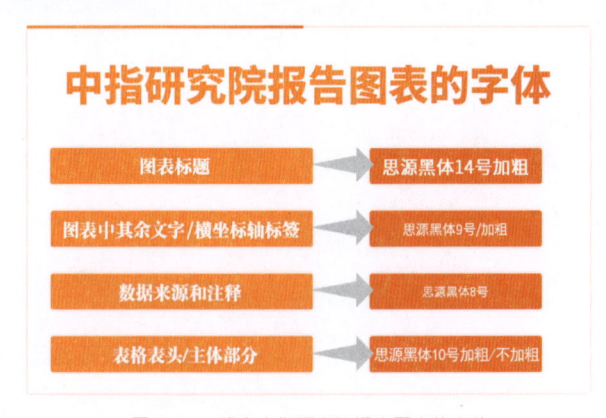

图 6.5.2　确定中指研究院报告图表的字体

图表标题：思源黑体、14 号、加粗。

图表中除标题和数据来源外的其余文字/横坐标轴标签：思源黑体、9 号，横坐标轴标签加粗。

数据来源和注释：思源黑体、8 号。

标准化 3：确定图表主题色

原报告中的图表配色十分优秀，用橙色和橙黄色贯穿始终，与报告的配色融为一体，但稍显遗憾的是，在部分图表中加入了蓝色，破坏了整体的美感。这里笔者将蓝色改成百搭的灰色，然后配合橙色和橙黄色使用。文字颜色统一采用深灰色，背景色采用白色，如图 6.5.3 所示。

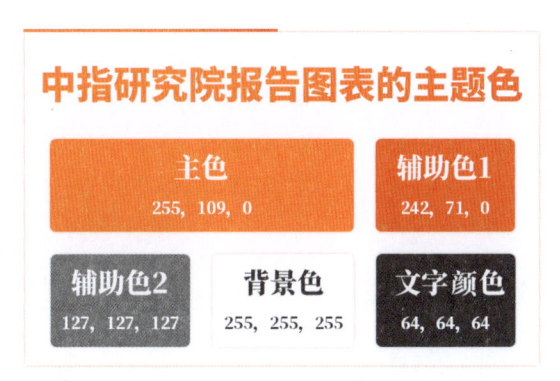

图 6.5.3　确定中指研究院报告图表的主题色

标准化 4：确定图表类型

基本沿用原图表类型，仅在细节上做出一些调整，突出趋势变化。比如为折线图添加层级差异箭头来呼应报告中的结论，将柱形图中的预测部分设置为无填充和粗边框，并添加总计差异箭头来呼应主题等。

标准化 5：确定图表细节

如图 6.5.4 所示，规范折线、坐标轴线条、网格线等线条的参数；对柱形取消渐变色填充，柱形的间隙宽度保持不变；在图表的左上角放置报告名称，采用思源宋体 heavy、10 号、橙色，在图表的右上角添加 logo 并处理成橙色，与整个图表配色保持统一；为了让图表更加贴合数据新闻类图表的属性，在图表的右上角放置了跳舞女孩的插画，插画和 logo 的尺寸会设计得大一些，更引人注目；最后还为图表添加了 0.25 磅的橙色边框、45°橙色阴影，并对边框做了圆角处理。

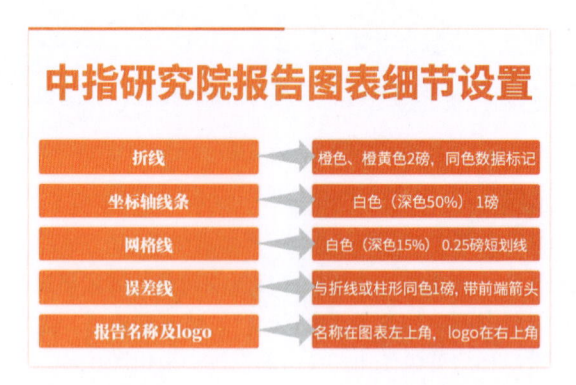

图 6.5.4　确定中指研究院报告图表的细节

6.5.4　图表优化

图表 1：如图 6.5.5 所示，报告中用折线图佐证观点——"MCN 机构爆发式增长"，但图表中未对爆发的数据趋势做出强调；纵坐标轴的标题与图表标题表达的含义重复。

图：中国MCN机构数量

图 6.5.5　图表 1

如图 6.5.6 所示，这里做出如下调整。

①采用层级差异箭头，对 2020 年、2019 年和 2018 年的中国 MCN 机构数量与基准点 2017 年分别进行比较，凸显爆发式增长的观点。

②隐藏纵坐标轴的线条和标题，让图表更加简洁。

③在图表的左上角添加报告名称，在图表的右上角添加跳舞女孩的插画，在图表的右下角添加 logo。

④添加图表阴影。

⑤规范图表的大小。

第 6 章　工作型图表定制

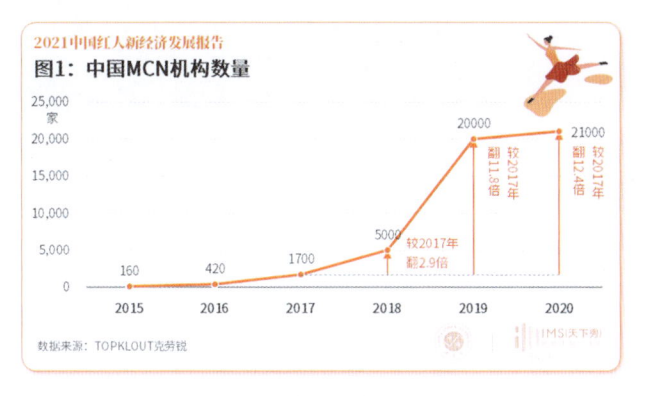

图 6.5.6　图表 1 优化效果

在制作时，如图 6.5.7（1）所示，选择 A1:C7 单元格区域，插入带数据标记的折线图（将散点放在 2020 年中国 MCN 机构数量数据点的下方，X 轴值为 7，与 2017 年中国 MCN 机构数量数据点持平，Y 轴值为 1700），然后将"散点"系列的图表类型更改为散点图并修改数据源，将 X 轴系列值修改为 C2，将 Y 轴系列值修改为 D2。接着将纵坐标轴的取值范围设置为"0~25,000"，间隔为 5000，不保留小数点，使用千位分隔符。接下来将折线设置为 2 磅、5 号数据标记（橙色填充、0.75 磅白色边框）。然后将横坐标轴的线条设置为 0.75 磅白色（深色 50%），将网格线设置为 0.25 磅白色（深色 15%）短画线，将图表文字设置为思源黑体、黑色（淡色 15%）、9 号，将横坐标轴的标签加粗，删除标题和图例，效果如图 6.5.7（2）所示。

为"散点"系列散点添加误差线并删除垂直误差线，将水平误差线设置为负偏差、无线端、固定值为 3，将线条设置为 0.25 磅白色（深色 50%）短画线，然后隐藏数据标记；为"MCN 机构数量"系列折线添加误差线并设置为负偏差、无线端、自定义（指定值为 E2:E7，以 E5 单元格为例，采用公式"=B5-$B$4"，也就是计算当前年度 MCN 机构数量数据点与散点之间的差距），将线条设置为 1 磅橙色、头部箭头。接下来为折线图添加数据标签，放在折线的上方，数字不保留小数点，使用千位分隔符，效果如图 6.5.7（3）所示。

设置图表的高度为 8.5cm，宽度为 15cm，然后调整绘图区的大小；插入文本框并将其上、下、左、右边距均调整为 0，将段落间距调整为 0.8 倍，在第 1 行输入报告名称，并设置为思源宋体 heavy、橙色、10 号；在第 2 行输入图表标题，并设置为思源黑体、黑色（淡色 15%）、14 号、加粗，将文本框放在图表的左上角并与纵坐标轴的标签左对齐；复制文本框并放在图表的左下角，输入"数据来源"并设置为思源黑体、黑色（淡色 35%）、8 号，左对齐；再次复制文本框并输入"较 2017 年翻 2.9 倍"（5000/1700，也就是 2018 年的 MCN 机构数量除以 2017 年的 MCN 机构数量），并放在 2018 年误差线的旁边。同理，制作 2019 年和 2020 年的标签并调整为竖排显示。接下来分别在图表的右上角和右下角添加跳舞女孩的插画与 logo（重新着色为橙色）。接着将图表边框设置为 0.25 磅橙色圆角，为图表添加外部右下阴影，设置颜色为橙色，透明度为 50%，大小为 100%，模糊为 6 磅，角

409

度为45°，距离为2磅，效果如图6.5.7（4）所示。

（1）

（2）

（3）

（4）

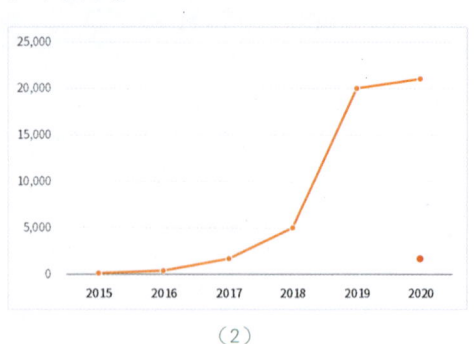

图 6.5.7　图表 1 优化效果的制作步骤

图表 2：如图 6.5.8 所示，报告中用柱形图佐证观点——"2017—2020 年，红人新经济占中国新经济的比重从 0.6% 迅速提升到 8.0%，从技术基础、模式创新、产业融合、运行效率等方面来看，都具备中国新经济的典型特征，是中国新经济的重要组成部分"，但图表中未对相应的数据趋势做出强调；2021 年后的红人新经济占比柱形为预测数据，未与其他柱形做有效区分；未显示纵坐标轴的标签，与其他图表不统一。

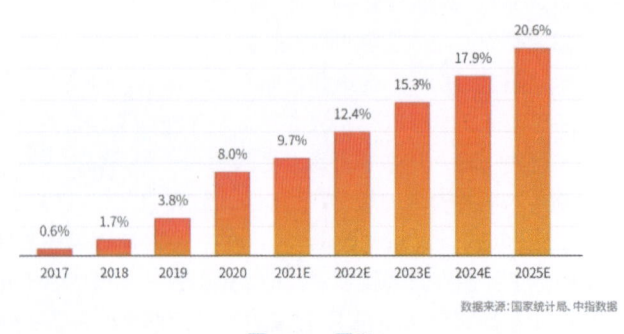

图 6.5.8　图表 2

如图 6.5.9 所示，这里做出如下调整。

①在 2017 年和 2020 年之间添加总计差异箭头，以呼应报告中的观点。

②在"2020"和"2021E"的横坐标轴之间添加折断线，并将从 2021 年开始的柱形设置为无填充、橙色边框，提醒读者从 2021 年开始为预测数据。

③恢复纵坐标轴的标签，与其他图表保持一致。

④在图表的左上角添加报告名称，在图表的右上角添加跳舞女孩的插画，在图表的右下角添加 logo。

⑤添加图表阴影。

⑥规范图表的大小。

图 6.5.9　图表 2 优化效果

在制作时，如图 6.5.10（1）所示，选择 A1:C10 单元格区域，插入簇状柱形图（散点共有两个：一个被放置在 2017 年红人新经济占比柱形的上方，用于制作总计差异箭头，X 轴值为 1，Y 轴值为 25.0%；另一个被放置在"2020"和"2021E"的横坐标轴之间，用于制作折断线，X 轴值为 4.5，Y 轴值为 0.0%），然后将"散点"系列的图表类型更改为散点图并修改数据源，将 X 轴系列值修改为 C2:C3，将 Y 轴系列值修改为 D2:D3。接着将纵坐标轴的取值范围设置为"0~30%"，间隔为 0.1，不保留小数点。接下来将柱形的"间隙宽度"设置为 100%，填充 40% 透明度的橙色，将 2021—2025 年的柱形单独设置为无填充、1 磅橙色边框。然后将用于制作折断线的散点数据标记设置为 8 号加号（无填充、0.75 磅与横坐标轴线条同色的边框），再为用于制作总计差异箭头的散点添加误差线，将水平误差线设置为正偏差、无线端、自定义（指定值为 G2:G10，2017 年的误差值为 3，其余误差值为空）；将垂直误差线设置为负偏差、无线端、自定义 [指定值为 F2，散点 Y 轴值（25.0%）减去 2017 年的占比值（0.6%）]，将线条设置为 1 磅橙色。接下来为"占比"系列柱形添加误差线，并设置为正偏差、无线端、自定义 [指定值为 E2:E10，2020 年的误差值为散点 Y 轴值（25.0%）减去 2020 年的占比值（8.0%），其余误差值为空]，将线条设置为 1 磅橙色、头部箭头。然后为用于制作总计差异箭头的散点添加数据标签，输入报告中的结论"占比由 0.6%

升至 8.0%",并设置为橙色,放在水平误差线的上方,隐藏数据标记,效果如图 6.5.10(2)所示。最后为"占比"系列柱形添加数据标签,放在柱形外,并删除 2017 年和 2020 年的标签,效果如图 6.5.9 所示。

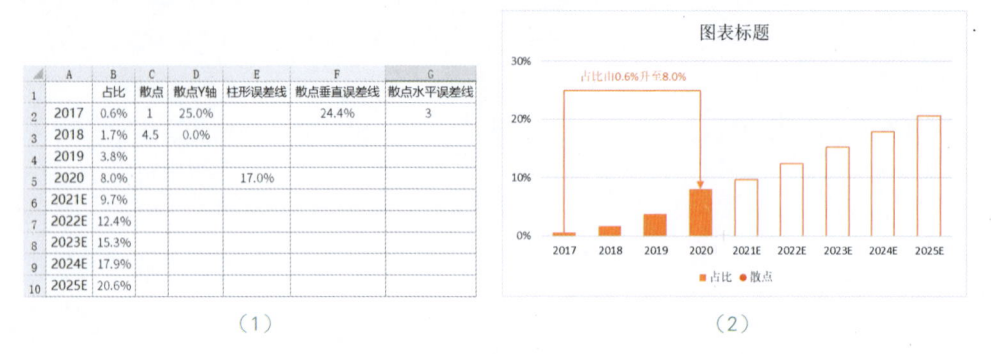

图 6.5.10 图表 2 优化效果的制作步骤

其他关于标题、数据来源、字体、报告名称、阴影、插画、logo 等的添加及设置方法,与图表 1 一样,这里不再赘述。

图表 3:如图 6.5.11 所示,报告中用柱线图佐证观点——"2017—2019 年,中国'三新'经济占 GDP 的比重分别为 15.7%、16.1%、16.3%,平均每年提升 0.3 个百分点",但图表中未对相应的数据趋势做出强调;图例和纵坐标轴的标签略显重复;纵坐标轴的最小值未从 0 开始,也未添加折断符号。

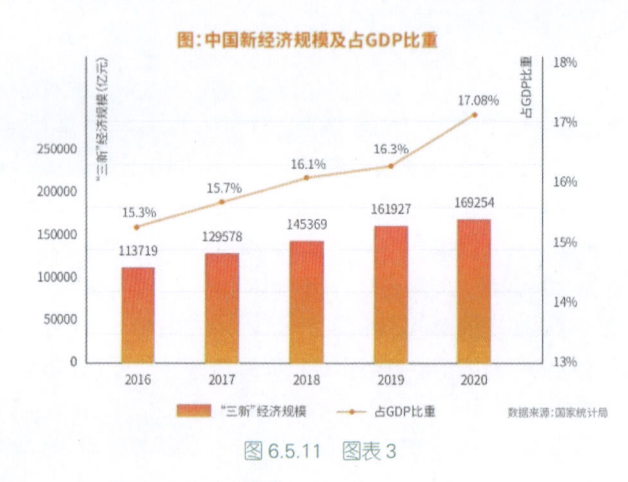

图 6.5.11 图表 3

如图 6.5.12 所示,这里做出如下调整。

①在 2017 年和 2018 年之间、2018 年和 2019 年之间分别添加层级差异箭头,以呼应报告中的观点。

②次要纵坐标轴的取值从 14% 开始,将 14% 显示为 0%,并在 0%~15% 之间添加折断符号。

③将主要和次要的纵坐标轴的标签等距分布，并用网格线连接。

④拆分图例，将"'三新'经济规模（亿元）"系列放在主要纵坐标轴的上方，将"占GDP比重"系列放在次要纵坐标轴的上方。

⑤在图表的左上角添加报告名称，在图表的右上角添加跳舞女孩的插画，在图表的右下角添加 logo。

⑥添加图表阴影。

⑦规范图表的大小。

图 6.5.12　图表 3 优化效果

提醒一点：如图 6.5.13 所示，在制作层级差异箭头时需要两个散点：一个被放置在 2018 年的"占 GDP 比重"折线的下方，X 轴值为 3，Y 轴值为 15.7%（即 2017 年的"占 GDP 比重"值）；另一个被放置在 2019 年的"占 GDP 比重"折线的下方，X 轴值为 4，Y 轴值为 16.1%（即 2018 年的"占 GDP 比重"值）。将散点的水平误差线设置为负偏差、无线端，固定值为 1，将线条设置为 0.25 磅白色（深色 50%）短画线；将垂直误差线设置为正偏差、无线端、自定义（指定值为 F2:F3，采用公式"=C4-E2"，也就是本年度的"占 GDP 比重"值减去散点 Y 轴值），将线条设置为 1 磅橙色。

图 6.5.13　图表 3 优化效果的源数据

图表 4：如图 6.5.14 所示，报告中用柱形图佐证观点——"2020 年同期互联网广告市场规模达到 4972 亿元，同比增速达到 13.9%，占总广告规模的 50%以上。根据 TOPKLOUT 克劳锐数据，作为互联网营销的子行业，红人营销市场规模在 2020 年也升至 670 亿元，同比增长 36.7%，近 3 年复合增长率达到 49.4%。"但图表中未对相应的数据趋势做出强调；未显示纵坐标轴的标签，与其他图表不统一。

413

工作型图表设计：实用的职场图表定制与设计法则

图：中国广告市场规模（亿元）

图 6.5.14　图表 4

如图 6.5.15 所示，这里做出如下调整。

①将簇状柱形图的"系列重叠"设置为 100%，分别用"中国互联网广告总体收入"系列和"红人广告市场规模"系列的误差线模仿不同宽度的柱形，形成温度计式效果，分别表现前者占"中国广告经营额"的比重、后者占前者的比重；添加"红人广告市场规模"系列折线，突出趋势变化；分别为 2020 年的"中国互联网广告总体收入"系列柱形和"红人广告市场规模"系列折线添加数据标签，显示占比情况和近 3 年的复合增长率，以呼应报告中的观点。

②在图表的左上角添加报告名称，在图表的右上角添加跳舞女孩的插画，在图表的右下角添加 logo。

③添加图表阴影。

④规范图表的大小。

图 6.5.15　图表 4 优化效果

在制作时，如图 6.5.16（1）所示，选择 A1:D6 单元格区域，插入簇状柱形图，然后复制 D1:D6 单元格区域并粘贴至柱形图中，将新增的"红人广告市场规模"系列的图表类型更改为折线图。接着将纵坐标轴的取值范围设置为"0~10,000"，间隔为 2,500，不保留小数点，使用千位分隔符。接下来将柱形的"系列重叠"设置为 100%，将"间隙宽度"设置为 150%，为"中国广告经营额"系列填充 40%透明度的白色（深色 50%），将"中国互联网广告总体收入"系列柱形和"红人广告市场规模"系列柱形分别设置为无填充。然后为"中国互联网广告总体收入"系列柱形添加误差线，并设置为负偏差、无线端、自定义（指定值为 C2:C6，"中国互联网广告总体收入"列），将线条设置为 18 磅、30%透明度的橙色；为"红人广告市场规模"系列柱形添加误差线，并设置为负偏差、无线端、自定义（指定值为 D2:D6，"红人广告市场规模"列），将线条设置为 14 磅、30%透明度的橙黄色。接着分别为"中国广告经营额"系列柱形、"中国互联网广告总体收入"系列柱形和"红人广告市场规模"系列柱形添加数据标签，并放在柱形的上方；在 2020 年的"中国互联网广告总体收入"系列柱形的标签内输入"占比 50.3%"，并放在柱形的右侧，将引导线设置为橙色；将"红人广告市场规模"系列折线设置为 2 磅、橙黄色，并为 2020 年的折线添加数据标签，输入"近 3 年复合增长率 49.4%"，放在柱形的右侧，将引导线设置为橙黄色，两个标签居中对齐。接下来调整绘图区的大小，删除图例。然后复制图表并将"中国互联网广告总体收入"系列柱形和"红人广告市场规模"系列柱形分别填充为橙色与橙黄色，仅保留图例并作为原柱形图的图例，最后组合图表，效果如图 6.5.16（2）所示。

图 6.5.16　图表 4 优化效果的制作步骤

其他关于标题、数据来源、字体、报告名称、阴影、插画、logo 等的添加及设置方法，与图表 1 一样，这里不再赘述。

6.5.5　总结

如图 6.5.17 所示，最后将所有图表优化前后的效果放在一起进行对比，会发现优化后的图表与报告内容及其表达的观点结合得更加紧密，更加注重数据的趋势变化，细节处理也更加规范，同时对装饰性元素的使用还有效地增加了图表的趣味性。

图 6.5.17　中指研究院报告图表优化前后效果对比

6.6　商务报告类图表：给樱桃老师的文章改图表

　　樱桃老师有着十余年的地产和经济研究经验，拥有专业的笔触、敏锐的观察力和反差萌的童心。2021 年 7 月，樱桃老师在其公众号"樱桃大房子"中发布了分析 3 个城市二手住宅市场的文章，这里不聊文章的内容和观点，主要分析文章中的图表有哪些值得学习和优化的地方。

6.6.1 樱桃老师的文章图表精选

文章中采用的均是常用的图表类型，比如堆积柱形图、簇状柱形图、折线图、柱线图。如图 6.6.1 所示，我们首先来欣赏一下文章中出现的几种图表。需要说明的是，堆积柱形图和柱线图为原图，对于其余图表，未找到高清版原图，将展示笔者模仿的版本，还原度在 90%左右。

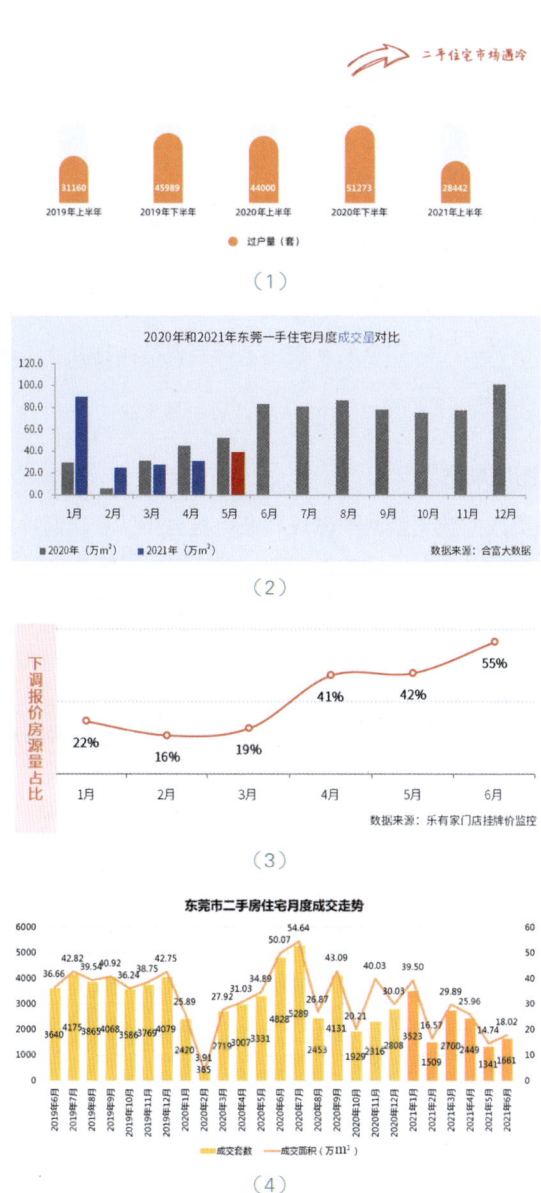

图 6.6.1 樱桃老师的文章图表精选

櫻桃老师的文章中的图表总体属于商务报告类图表，比较简单、高效，制作重心在于展示数据和论证观点，代入感很强，也十分符合其文章的定位。由于图表的来源不同，其各方面的统一性不够好，接下来详细分析这些图表有哪些可以优化的地方。

6.6.2 问题出在哪里

问题 1：颜色不够统一

图表配色与"樱桃大房子"公众号的关联性不强，基本上一张图表采用一种配色，协调性不够好，读者的阅读体验也不够好。

问题 2：格式不够统一

标题、字体、颜色、线条的类型等都处于各自为战的状态，从单张图表来看都不错，但是共存于一篇文章中就会显得杂乱。

问题 3：图表风格定位不够清晰

商务报告类图表的定位无法完全展示樱桃老师专业与萌趣共生的精神内核。

6.6.3 修改建议

标准化 1：确定图表风格

推荐将图表风格更改为数据新闻类图表和商务报告类图表这两种风格的结合，将小丸子元素融入图表中，然后以小丸子元素为基础继续拓展，其特色是让人觉得有趣、平易近人，图表可以多采用圆形、圆角等当下十分流行的元素，中和商务报告类图表的中性气质，拉近与读者的距离。

标准化 2：确定图表字体

如图 6.6.2 所示，原文章中的字体包括黑体、宋体、手写体，这里统一修改为无版权限制的思源宋体和思源黑体。

图 6.6.2 确定樱桃老师的文章图表的字体

图表标题：思源黑体 heavy、14 号。

图表中除标题、数据来源、数据标签外的其余文字：思源黑体、9 号。

数据来源、报告名称、数据标签：思源黑体、8 号。

"樱桃大房子"名称：思源宋体 heavy、11 号。

标准化 3：确定图表主题色

如图 6.6.3 所示，为了使小丸子元素更加深入人心，同时提高融合度，这里提取了小丸子衣服颜色中的粉色作为图表的主色，然后搭配公众号中最常出现的序号颜色和灰色作为辅助色，文字颜色统一采用深灰色，背景色采用白色。

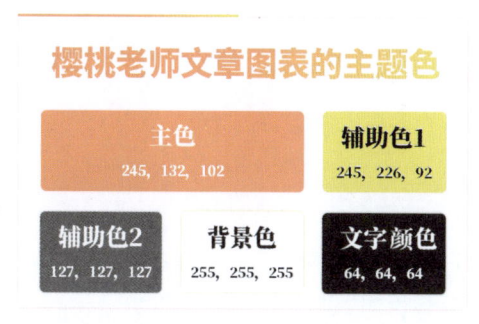

图 6.6.3 确定樱桃老师的文章图表的主题色

标准化 4：确定图表类型

为了统一图表风格，使图表变得更加圆润，这里将类别较少的堆积柱形图更改为堆积条形图，将略显古板的簇状柱形图更改为堆积柱形图与散点图的组合，将略显单调的折线图更改为滑杆图与折线图的组合。

标准化 5：确定图表细节

如图 6.6.4 所示，统一去掉图表中的数值坐标轴、网格线和类别坐标轴的线条，用数据标签代替数值坐标轴，用圆角误差线模仿柱形，采用带阴影的 9 号数据标记；在标题下方添加分隔线（0.5 磅、粉色、短画线，根据实际情况确定长度），同时连接图例；在图表的右下角分别添加"樱桃大房子"名称（思源宋体 heavy、11 号、粉色）、文章名称（思源黑体、8 号、黑色（淡色 35%）、小丸子的头像 logo 和 2 磅粉色的装饰线（宽度为 2 磅，长度为 7.62cm）。

图 6.6.4 确定樱桃老师的文章图表的细节

6.6.4 图表优化

图表 1：如图 6.6.5 所示，在堆积柱形图中"过户量"柱形与参考柱形的形状不一致；标题区域过大，空间利用率较低；柱形图只有 5 个类别，图表显得略空。

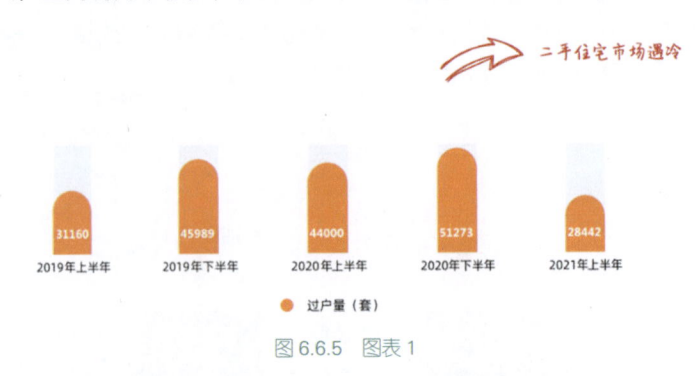

图 6.6.5 图表 1

如图 6.6.6 所示，这里做出如下调整。

①将堆积柱形图更改为堆积条形图，将数据标签放在条形外并对齐，让图表更丰富。
②利用条形图的误差线模仿圆角条形，改变图表风格。
③隐藏纵坐标轴的线条和标签、网格线和横坐标轴的线条，只保留图表中的关键内容。
④在图表的右下角添加"樱桃大房子"名称、logo、文章名称、装饰线。
⑤为图表填充带樱桃小丸子图片的背景，给图表贴上萌趣的标签，做出差异化。
⑥规范图表的大小。

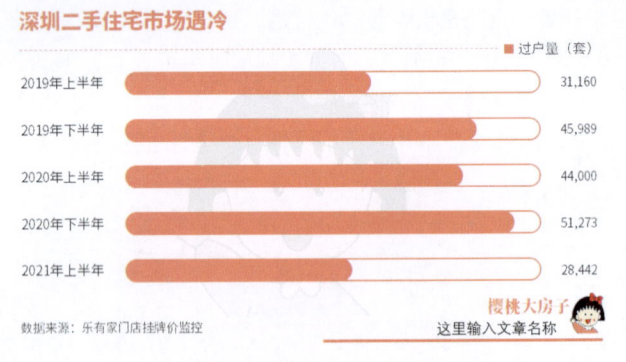

图 6.6.6 图表 1 优化效果

在制作时，如图 6.6.7（1）所示，选择 A1:C6 单元格区域，插入簇状条形图（"辅助"列用于制作参考条形，数值为 55,000），然后复制 C2:C6 单元格区域并粘贴至条形图中。接着将纵坐标轴设置为"逆序类别"，将横坐标轴的取值范围设置为"−3,000~28,000"（圆角误差线会占用更多的空间，可以适当调大取值范围，为添加误差线做准备）。接下来将图表文字设置为思源黑体、9号、黑色（淡色15%），设置图表的高度为8cm，宽度为14cm，删除标题，效果如图6.6.7（2）所示。

隐藏横坐标轴的标签、纵坐标轴的线条，删除网格线。然后为新增的"辅助"系列条形添加误差线，并设置为负偏差、无线端，固定值为55,000，将线条设置为15磅、粉色、圆形线端；为"辅助"系列条形添加误差线，并设置为负偏差、无线端，固定值为55,000，将线条设置为12.75磅、白色、圆形线端；为"过户量"系列条形添加误差线，并设置为负偏差、无线端、自定义（指定值为B2:B6，"过户量"列），将线条设置为15磅、粉色、圆形线端［后添加的误差线显示在上层，务必按照顺序添加误差线，用3层误差线可以制作出粉色边框（参考条形）+粉色条形（"过户量"条形）的效果］。然后为"辅助"系列条形添加数据标签，显示B2:B6单元格区域中的值，放在条形的外侧，再适当调小绘图区的大小（为标题、logo和数据标签等预留空间），用标签工具向右移动数据标签至图表的右侧。接着删除图例中的两个"辅助"系列，并将图例放在图表的右上角与数据标签右对齐，效果如图6.6.7（3）所示。

插入文本框并将上、下、左、右边距均设置为0，输入标题，设置为思源黑体heavy、粉色、14号、左对齐，放在图表的左上角；复制标题，修改为"数据来源"，设置为思源黑体、黑色（淡色35%）、8号、左对齐，放在图表的左下角；复制标题，在第1行输入"樱桃大房子"，设置为思源宋体heavy、粉色、11号、右对齐；在第2行输入文章名称，设置为思源黑体、黑色（淡色15%）、9号、右对齐；将两行的间距设置为0.8倍行距，将它们放在图表的右下角。然后将樱桃小丸子的logo放在文章名称的右侧，logo的高度与两行文字的高度相当，再插入2磅粉色的线条，宽度为7.26cm，将其放在文章名称和logo的下方，与logo右对齐。接着复制粉色的线条并修改为0.5磅的短画线，放在标题的下方，与图例平行，并根据图例的位置调整宽度。最后插入矩形，设置为与图表同高同宽、白色填充、无边框，将去色的樱桃小丸子图片叠放在矩形上（根据需要调整图片的大小及位置，图片去色参考2.4节中的"图片填充注意事项"部分），将矩形与樱桃小丸子图片组合后设置为条形图的背景，效果如图6.6.7（4）所示。

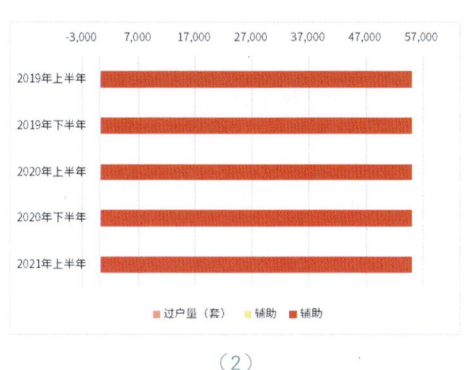

（1）　　　　　　　　　　（2）

图6.6.7　图表1优化效果的制作步骤

工作型图表设计：实用的职场图表定制与设计法则

（3）　　　　　　　　　　　　　　　　　（4）

图 6.6.7　图表 1 优化效果的制作步骤（续）

图表 2：如图 6.6.8 所示，与其他图表的格式不一致，比如标题位置、图例位置、图表背景色、图表配色、坐标轴等。

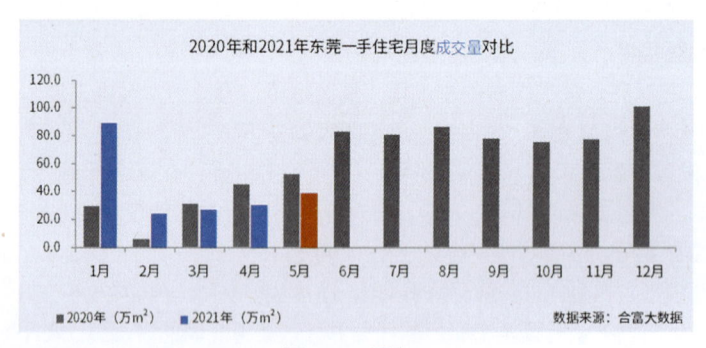

图 6.6.8　图表 2

如图 6.6.9 所示，这里做出如下调整。

①将簇状柱形图更改为温度计式柱形图+滑珠图的组合，用柱形的长度和滑珠的位置来比较成交量的大小。

②利用柱形图的误差线模仿圆角柱形，改变图表风格。

③隐藏纵坐标轴的线条和标签、网格线和横坐标轴的线条，只保留图表中的关键内容。

④在图表右下角添加"樱桃大房子"名称、logo、文章名称、装饰线。

⑤为图表填充带樱桃小丸子图片的背景，给图表贴上萌趣的标签，做出差异化。

⑥规范图表的大小。

第6章 工作型图表定制

2020年和2021年东莞一手住宅月度成交量对比

图 6.6.9　图表 2 优化效果

在制作时，如图 6.6.10（1）所示，选择 A1:E13 单元格区域，插入簇状柱形图（滑珠图由散点图制作，2020 年 1 月与 2021 年 1 月的成交量滑珠 X 轴值分别为 0.805 和 1.195，2 月的成交量在 1 月成交量的基础上加 1，依此类推；Y 轴值分别为各自的成交量值），然后将"散点 1X"系列和"散点 2X"系列的图表类型更改为散点图并修改数据源，将"散点 1X"系列的 X 轴系列值修改为 D2:D13，将其 Y 轴系列值修改为 B2:B13；将"散点 2X"系列的 X 轴系列值修改为 E2:E13，将其 Y 轴系列值修改为 C2:C13。接着将纵坐标轴的取值范围设置为"−3~113"（圆角误差线会占用更多的空间，可以适当调大取值范围，为添加误差线做准备），隐藏纵坐标轴的标签、横坐标轴的线条，删除网格线。接下来将柱形的"间隙宽度"设置为 100%，分别将"2020 年"系列和"2021 年"系列的柱形设置为无填充。然后为"2020 年"系列柱形添加误差线，并设置为负偏差、无线端、自定义（指定值为 B2:B13，"2020 年"列），将线条设置为 5 磅、粉色、圆形线端；为"2021 年"系列柱形添加误差线，并设置为负偏差、无线端、自定义（指定值为 C2:C13，"2021"年列），将线条设置为 5 磅、黄色、圆形线端。

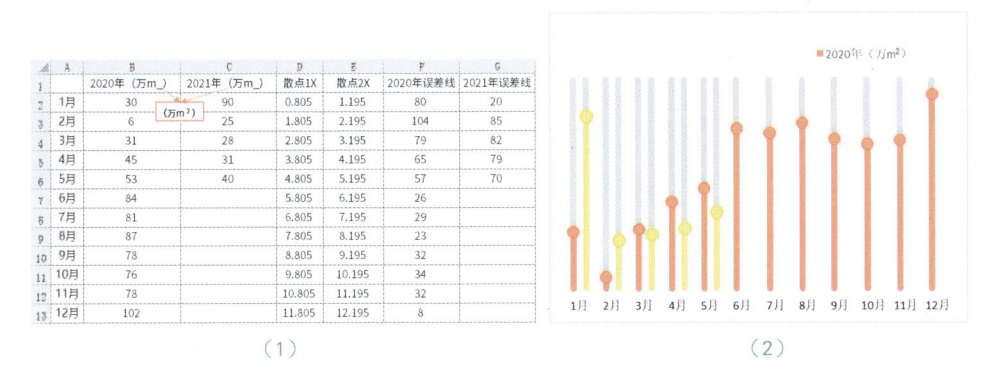

（1）　　　　　　　　　　　　（2）

注：图（1）中在 B1 和 C1 单元格内"万 m"后添加了两个空格（为便于观察特意加了下画线），目的是为图表的图例添加上标预留空间，实际单位应为下方橘色框中的"万 m²"。

图 6.6.10　图表 2 优化效果的制作步骤

423

为"散点1X"系列散点添加误差线并删除水平误差线,将垂直误差线设置为正偏差、无线端、自定义(指定值为F2:F13,采用公式"=110-B2",也就是用最大值110减去2020年当前月度的成交量值),将线条设置为5磅、白色(深色15%)、圆形线端;为"散点2X"系列散点添加误差线并删除水平误差线,将垂直误差线设置为正偏差、无线端、自定义(指定值为G2:G13,采用公式"=110-C2",也就是用最大值110减去2021年当前月度的成交量值),将线条设置为5磅、白色(深色15%)、圆形线端。然后将"散点1X"系列散点的数据标记设置为9号、圆形(粉色填充、0.5磅深粉色边框),添加外部阴影(粉色,透明度为0%,大小为100%,模糊为8磅,角度为0°,距离为0磅);将"散点2X"系列散点的数据标记设置为9号、圆形(黄色填充、0.5磅深黄色线条),添加外部阴影(黄色,透明度为0%,大小为100%,模糊为8磅,角度为0°,距离为0磅)。接着将图表标题和图例删除,复制图表并恢复显示图例,删除其中的"散点1X"系列和"散点2X"系列。接下来将"2020年"系列柱形填充为粉色,将"2021年"系列柱形填充为黄色,仅保留图例,调整大小(制作自由图例)并放在原图表的右上角,最后将两者进行组合,效果如图6.6.10(2)所示。

> **这里还要提醒一点:** 在原图表中,图例中的单位是"万 m²",但是在原始数据中对"平方"设置好上标并不能应用到图表之中,解决办法就是在原始数据中的单位后面添加两个空格,然后在图表图例中的单位处添加文本框重新制作上标。具体方法是选中数字,单击鼠标右键,在弹出的快捷菜单中选择"字体"选项,然后在打开的"字体"对话框中的"效果"部分勾选"上标"复选框即可,如图6.6.11所示。

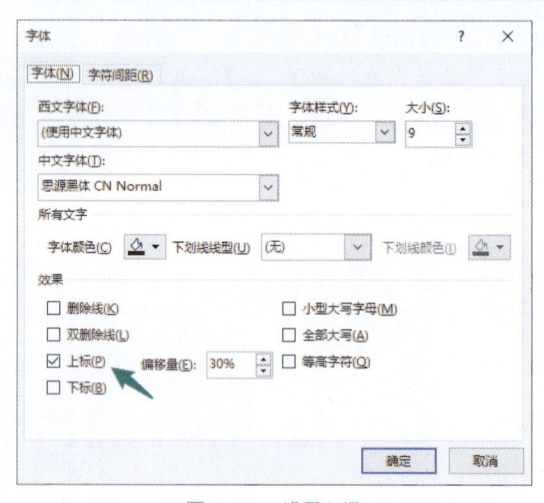

图 6.6.11 设置上标

其他关于标题、数据来源、字体、文章名称、logo 等的添加及设置方法,与图表1一样,这里不再赘述。

图表3：如图 6.6.12 所示，与其他图表的格式不一致，比如标题位置、标题的颜色和格式、图表配色、网格线或坐标轴等。

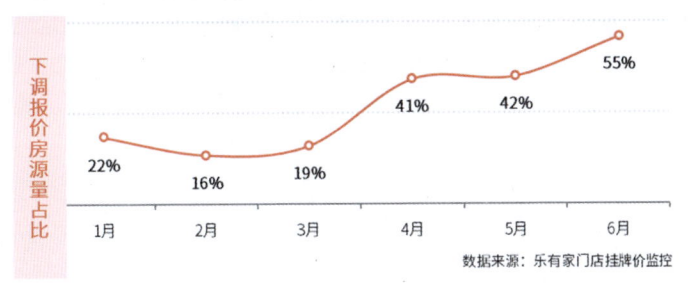

图 6.6.12　图表 3

如图 6.6.13 所示，这里做出如下调整。

①将折线图更改为滑珠+折线的组合图，用滑珠的位置和折线来共同比较下调报价房源量占比的大小。

②规范标题的格式和位置、线条、配色等。

③利用折线图的误差线模仿圆形滑杆，与其他图表保持相同的风格。

④隐藏纵坐标轴的线条和标签、网格线和横坐标轴的线条，只保留图表中的关键内容。

⑤在图表的右下角添加"樱桃大房子"名称、logo、文章名称、装饰线。

⑥为图表填充带樱桃小丸子图片的背景，给图表贴上萌趣的标签，做出差异化。

⑦规范图表的大小。

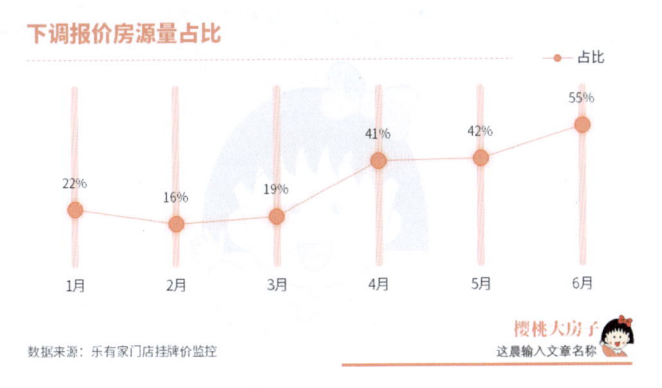

图 6.6.13　图表 3 优化效果

在制作时，如图 6.6.14（1）所示，选择 A1:B7 单元格区域，插入带数据标记的折线图，然后将纵坐标轴的取值范围设置为"−0.05~0.75"（适当调大取值范围，为添加误差线做准备）。接着隐藏纵坐标轴的标签、横坐标轴的线条，删除网格线。接下来将"占比"系列折线设置为 0.5 磅、粉色，将数据标记设置为 9 号、圆形（粉色填充、0.5 磅深粉色边框），添加外部阴影（粉色，透明度为 0%，大小为 100%，模糊为 8 磅，角度为 0°，距离为 0 磅）。然后为"占比"系列折线添加误差线，并设置为正负偏差、无线端、自定义（正偏差指定值为 C2:C7，采用公式"=0.7-B2"，也就是用最大值 0.7 减去当前月度的占比值；负偏差指定值为 B2:B7，"占比"列），将线条设置为 5 磅、浅粉色、圆形线端。最后为折线图添加数据标签并放在折线的上方，效果如图 6.6.14（2）所示。

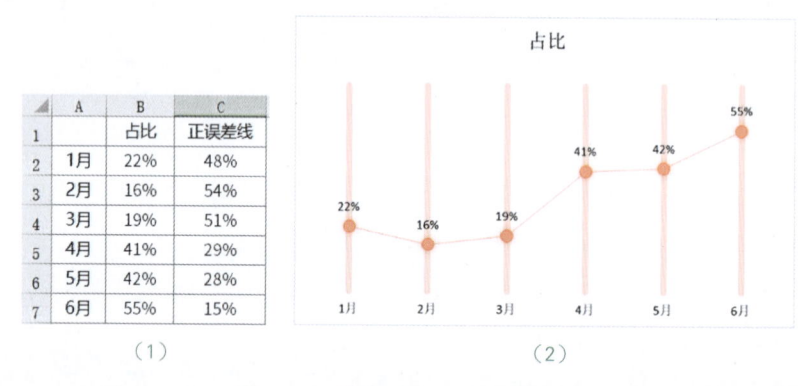

图 6.6.14 图表 3 优化效果的制作步骤

其他关于标题、数据来源、字体、文章名称、logo 等的添加及设置方法，与图表 1 一样，这里不再赘述。

图表 4：如图 6.6.15 所示，与其他图表的格式不一致，比如标题位置、标题的颜色和格式、图表配色、网格线或坐标轴等；在横坐标轴的标签中，每个月度都带有相应的年份，比较浪费空间，也会让图表显得太满；数据标签摆放有点混乱。

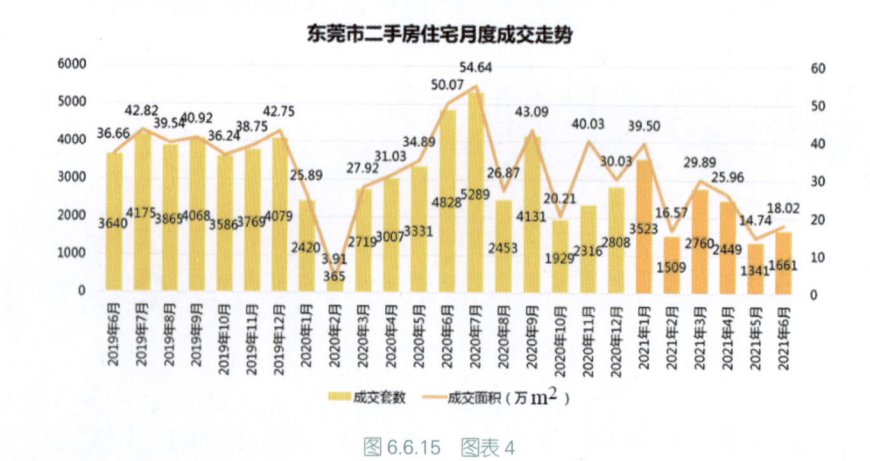

图 6.6.15 图表 4

如图 6.6.16 所示，这里做出如下调整。

①规范标题的格式和位置、线条、配色等。

②将数据标签改为竖排显示,将柱形图的标签统一放在柱形的右下角、底部对齐,将折线图的标签统一放在折线的右上角、顶端对齐。

③将横坐标轴的标签分行显示,仅为当年的第1个月添加年度标签。

④利用柱形图和折线图的误差线模仿圆角柱形,改变图表风格。

⑤隐藏纵坐标轴的线条和标签、网格线和横坐标轴的线条,只保留图表中的关键内容。

⑥在图表的右下角添加"樱桃大房子"名称、logo、文章名称、装饰线。

⑦为图表填充带樱桃小丸子图片的背景,给图表贴上萌趣的标签,做出差异化。

⑧规范图表的大小。

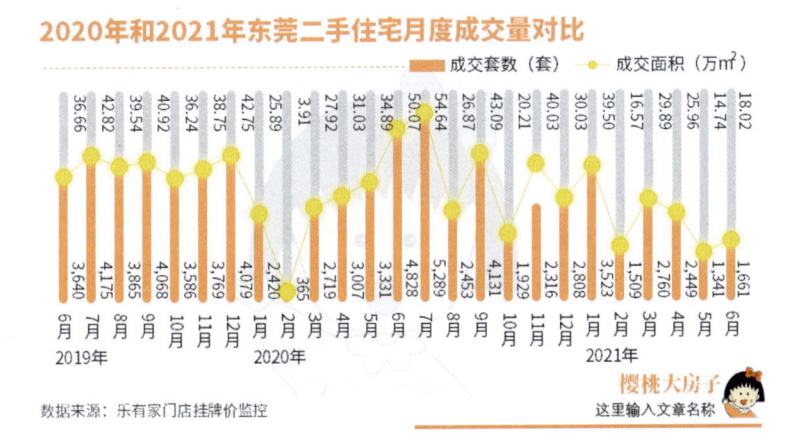

图 6.6.16　图表 4 优化效果

在制作时,如图 6.6.17(1)所示,选择 A1:C26 单元格区域,插入带数据标记的折线图,然后将"成交套数"系列的图表类型更改为柱形图,将"成交面积"系列放在次要坐标轴上。接着将主要纵坐标轴的取值范围设置为"-200~5500",将次要纵坐标轴的取值范围设置为"0~62"(适当调大取值范围,为添加误差线做准备),并隐藏主要和次要的纵坐标轴的标签、横坐标轴的线条,将横坐标轴的标签设置为竖排显示,删除网格线。接下来将"成交套数"系列柱形的"间隙宽度"设置为 300%,为其添加误差线并设置为负偏差、无线端、自定义(指定值为 B2:B26,"成交套数"列),将线条设置为 5 磅、粉色、圆形线端;将"成交面积"系列折线设置为 0.5 磅、黄色,将数据标记设置为 9 号、圆形(黄色填充、0.5 磅深黄色边框),添加外部阴影(黄色,透明度为 0%,大小为 100%,模糊为 8 磅,角度为 0°,距离为 0 磅);为"成交面积"系列折线添加误差线并设置为正偏差、无线端、自定义(指定值为 D2:D26,采用公式"=60-C2",也就是用最大值 60 减去当前月度的成交面积值),将线条设置为 5 磅、白色(深色 15%)、圆形线端。接着为"成交套数"

系列柱形添加数据标签，放在柱形的轴内侧，设置为竖排显示，再用标签工具将其整体向右移动至柱形的右侧，删除引导线；为"成交面积"系列折线添加数据标签，放在折线的上方，设置为竖排显示，再用标签工具将其整体先向上、再向右移动至绘图区的顶部，设置为顶端对齐（在移动时，建议先向上移动至图表的顶部实现顶端对齐，再向下移动至合理位置），删除引导线。适当调整绘图区的大小，最后在 2019 年第 1 个月的下方添加文本框，输入对应的年份，再按 "Ctrl+Shift" 组合键复制文本框，制作 2020 年和 2021 年的标签，效果如图 6.6.17（2）所示。

（1）

（2）

图 6.6.17　图表 4 优化效果的制作步骤

注：图（1）中在 C1 单元格内 "万 m" 后添加了两个空格（为便于观察特意加了下画线），目的是为图表的图例添加上标预留空间，实际单位应为下方橘色框中的 "万 m²"。

其他关于标题、数据来源、字体、文章名称、logo 等的添加及设置方法，与图表 1 一样，这里不再赘述。

6.6.5　总结

如图 6.6.18 所示，最后将所有图表优化前后的效果放在一起进行对比，会发现优化后的图表在不损失专业度的前提下，通过使用各类圆形元素和植入小丸子头像放大了樱桃老师的童心与兴趣，同时对图表的细节处理也更加规范。

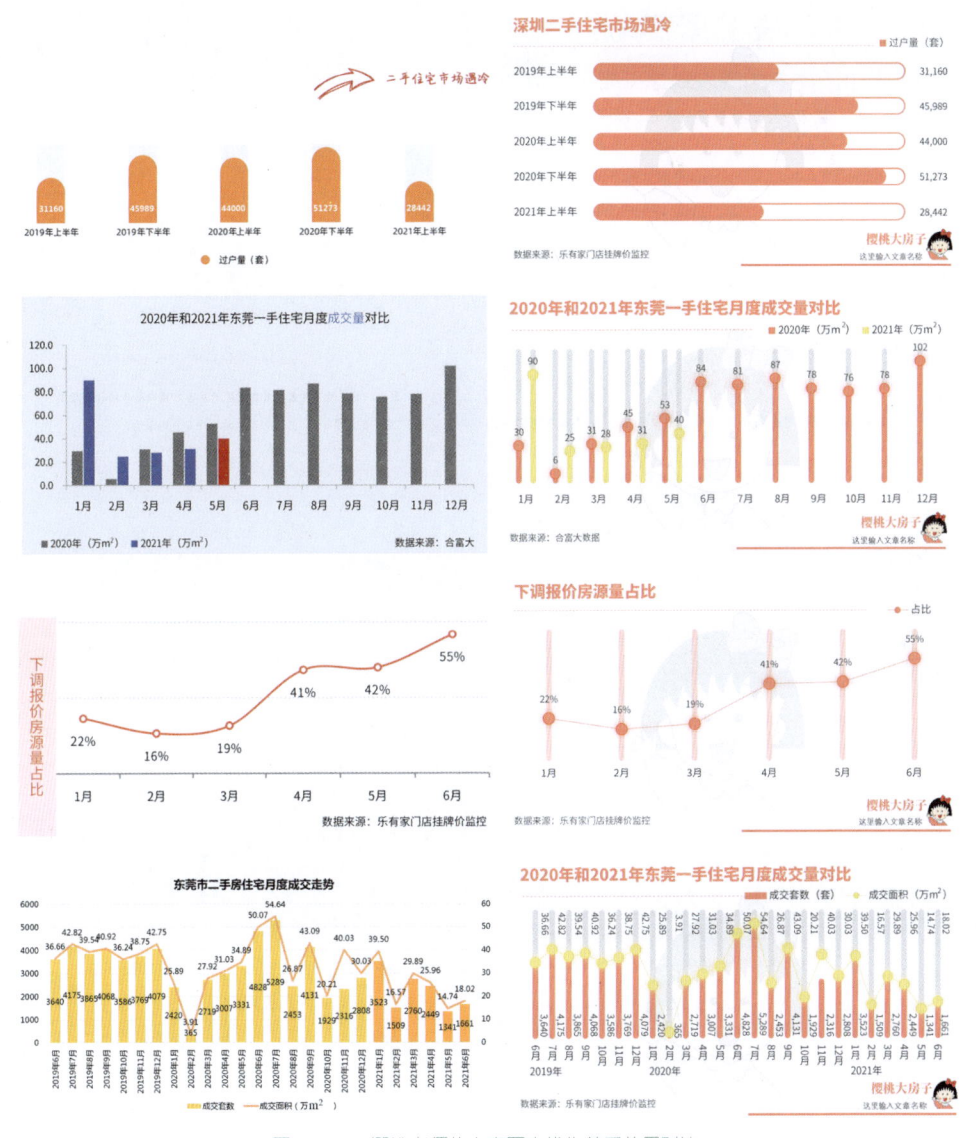

图 6.6.18　樱桃老师的文章图表优化前后效果对比

6.7　数据新闻类+商务报告类图表：给国家金融与发展实验室报告改图表

国家金融与发展实验室（NIFD）是由中国社科院研究所发起设立的，是国家首批高端智库之一，它会定期发布各类专业报告，本节就以其 2021 年 7 月发布的《NIFD 季报：国内宏观经济》报告中的图表为研究对象，分析这些图表有哪些值得学习和优化的地方。

429

6.7.1 NIFD 报告图表精选

报告中所使用的图表均属于常见的基础图表，主要有柱形图、条形图、折线图。如图 6.7.1 所示，我们首先来欣赏一下报告中出现频率比较高的几种图表。

图 1　2015 年至 2020 年美国个人消费支出中的服务与耐用品消费占比

（1）

图 3　2021 年 2 月至 6 月固定资产及各分项两年平均投资增速
注：2021 年 2 月为 1-2 月累计值，以消除季节的影响。

（2）

图 8　A 股上市公司 2020 年一季度至 2021 年一季度各行业利润增长情况
注：2021 年一季度利润增速为近两年平均增速与 2020 年利润增速之差。

（3）

图 9　2019 年和 2020 年上市公司研发费用与营业收入之比

（4）

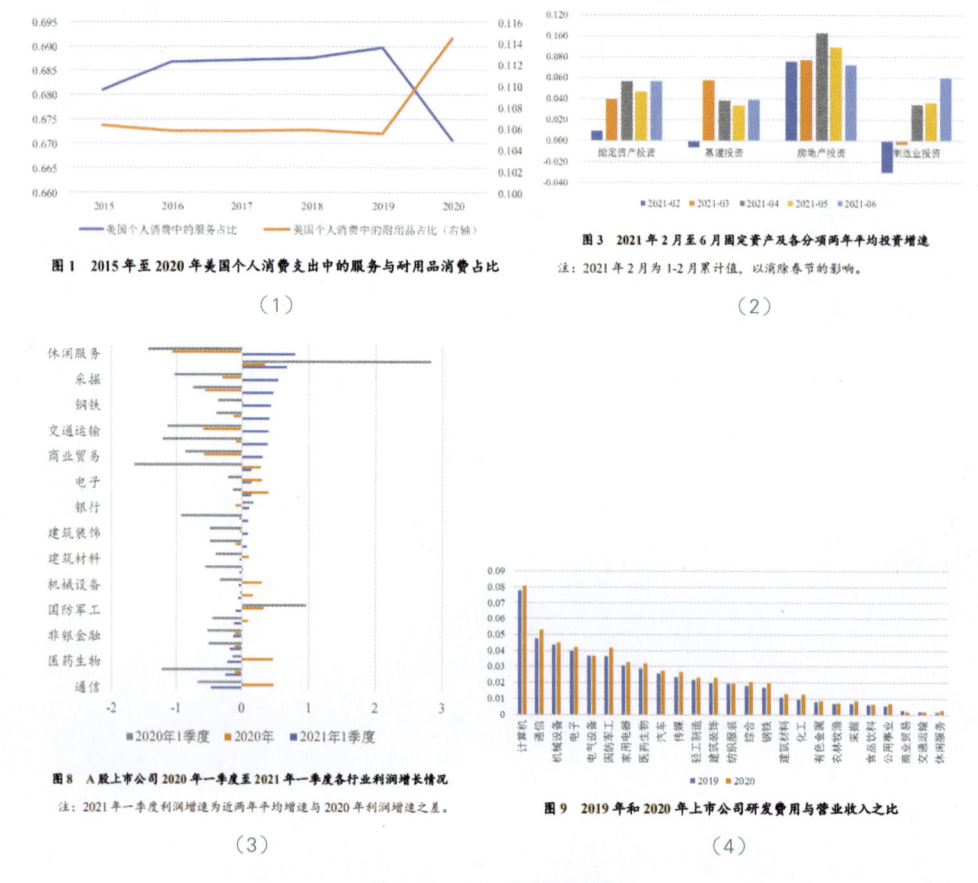

图 6.7.1　NIFD 报告图表精选

NIFD 报告中的图表与央行报告、国家统计局报告中的图表类似，属于标准的政府报告类图表，基本没有任何装饰，图表的一切都在为报告及对应的观点服务。图表的整体格式和配色较为统一，简单而又专注，不过简单也就意味着略显单调，以及还有一些细节需要规范。接下来分析这些图表有哪些可以优化的地方。

6.7.2　问题出在哪里

问题 1：数据趋势变化表现有待进一步加强

对于支持图表观点的数据变化缺少提醒，影响读者的阅读效率。

问题 2：未对数据量大的图表做特殊处理

在图 6.7.1（3）所示的图表中包括 26 个类别、3 个系列，直接采用簇状条形图，条形会变得细不可分。

问题 3：个别数值坐标轴容易产生歧义

图 6.7.1（1）所示图表的主要和次要的纵坐标轴的最小值未从 0 开始，也未添加折断符号，容易产生歧义。

问题 4：图表配色与 NIFD 官网、logo 的关联性不强

NIFD 官网、logo 以及这份报告的主色调是 3 种不同的蓝色，图表中的颜色与之关联性并不明显。

6.7.3 修改建议

标准化 1：确定图表风格

原报告中的图表属于政府报告类图表，鉴于 NIFD 的行业性质，建议保持现状，然后在标注关键趋势变化、统一图表细节、消除图表歧义和建立图表与单位之间的联系等方面做出优化。

标准化 2：确定图表字体

如图 6.7.2 所示，原报告中的图表字体采用的是宋体，对于公开发行的报告，建议采用无版权限制且更美观的思源宋体。

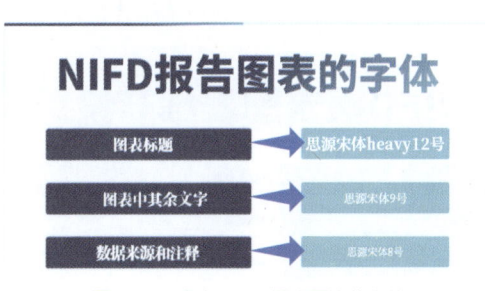

图 6.7.2 确定 NIFD 报告图表的字体

图表标题：思源宋体 heavy、12 号。

图表中除标题和数据来源外的其余文字：思源宋体、9 号。

数据来源和注释：思源宋体、8 号。

标准化 3：确定图表主题色

原报告中图表配色的最大遗憾就是未与 NIFD 官网和 logo 建立联系，而是选用了一套无关的颜色主题。笔者从 NIFD 官网和 logo 中提取了 3 种不同的蓝色，分别作为主色和辅助色，提取了红色作为强调色，文字颜色统一采用深灰色，背景色采用白色，如图 6.7.3 所示。

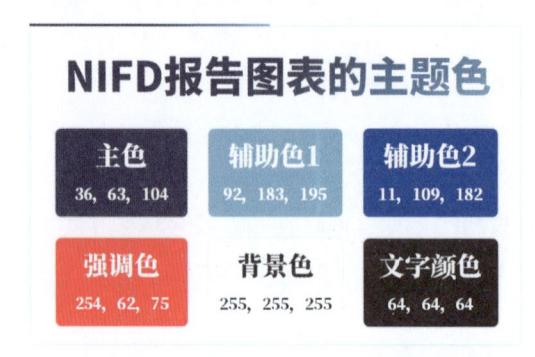

图 6.7.3　确定 NIFD 报告图表的主题色

标准化 4：确定图表类型

沿用报告中的折线图，将簇状柱形图更改为分组面积图和纵向滑珠图，将簇状条形图更改为横向滑珠图，同时对部分图表细节做出调整，突出趋势变化。

标准化 5：确定图表细节

如图 6.7.4 所示，规范折线、坐标轴线条、网格线、误差线等线条的参数；设置浅灰色填充以增加图表的质感。同时，为了更好地建立与 NIFD 官网、logo 的联系，在图表的左下角添加 logo 和报告名称（NIFD 季报、深蓝色线条和国内宏观经济，三者分行显示）。此外，还在图表的右下角添加由 3 种蓝色线条组成的装饰条，以填补右下角的空白。

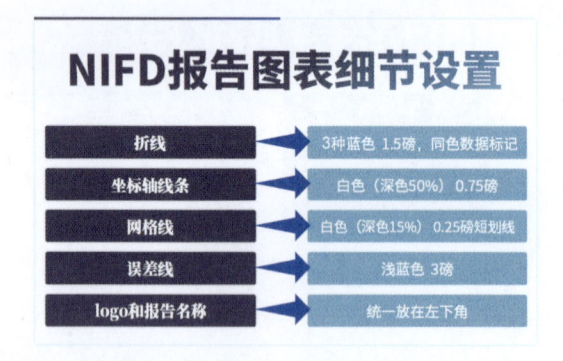

图 6.7.4　确定 NIFD 报告图表的细节

6.7.4　图表优化

图表 1：如图 6.7.5 所示，报告中用折线图佐证观点——"从美国个人消费支出中的各分项来看，2020 年服务消费占比为 67.1%，较疫情前 3 年的平均水平低 1.7 个百分点；而 2020 年的耐用品消费支出则在个人消费总支出同比降低 2.7 个百分点的情况下，同比提

高了 5.5%，其占个人消费总支出的比重较疫情前 3 年的平均水平高出 0.9 个百分点"。但图表中未对 2020 年和疫情前 3 年的平均水平的数据趋势做出强调；纵坐标轴的最小值未从 0 开始，也未添加折断符号，容易产生歧义；美国个人消费中的服务占比与耐用品占比因为数据差异大而被分置于主要和次要的坐标轴，容易让人误解两者不属于同类指标。

图 1　2015 年至 2020 年美国个人消费支出中的服务与耐用品消费占比

图 6.7.5　图表 1

如图 6.7.6 所示，这里做出如下调整。

①利用 5.4 节中的"数据差异太大"部分介绍的方法，将两张图表组合在一起并添加折断符号，实现两个坐标轴合二为一，以及差异大的系列共存于同一张图表中，消除读者的误解。

②在图表中分别添加 2017—2019 年的服务占比系列和耐用品占比系列的平均值线，方便与 2020 年进行比较，并标注对比结果以呼应报告中的观点。

③将两张折线图的取值范围分别设置为"10.0%~11.5%"和"67.0%~69.0%"，然后利用数值格式将前者的 10.0% 显示为 0.0%，并在其和 10.5% 之间添加折断符号，再在两张图表纵坐标轴的 11.5% 和 67.0% 之间添加折断符号，消除读者的误解。

④为图表添加浅灰色背景，使上、下对齐后的两张折线图与标题、图例的融合度更高，同时增加图表的质感。

⑤在图表的左下角添加 logo 和报告名称，在图表的右下角添加装饰条，在增加图表权威性的同时填补了下方的空白。

⑥报告中这几张图表的数据量相差较大，这里主要规范图表的宽度，对于高度则根据需要进行设置。

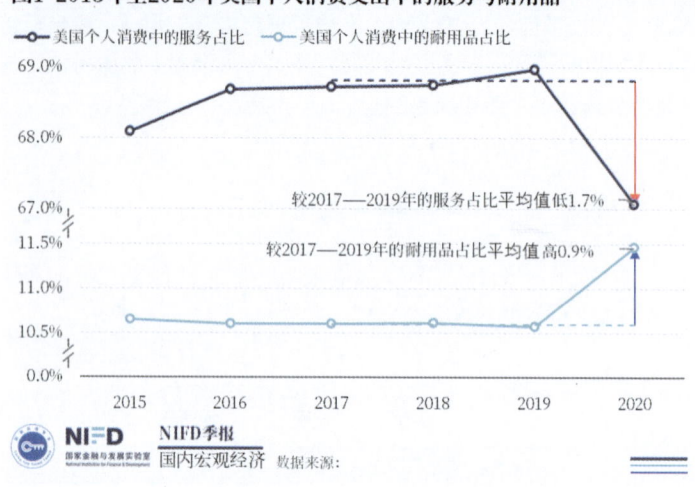

工作型图表设计：实用的职场图表定制与设计法则

图1 2015年至2020年美国个人消费支出中的服务与耐用品

图6.7.6　图表1优化效果（数据为模仿数据）

在制作时，如图6.7.7（1）所示，选择A1:C7单元格区域，插入带数据标记的折线图，然后将纵坐标轴的取值范围设置为"0.67~0.69"，间隔为0.1，设置为百分比，保留1位小数。接着将"美国个人消费中的服务占比"系列折线设置为1.5磅、深蓝色、5号数据标记［浅灰色填充（图表背景色，RGB值分别为247，247，247）、1.5磅与折线同色的边框］，为其添加误差线并设置为正偏差、无线端、自定义（指定值为D2:D7，2020年的误差值为2017—2019年的服务占比平均值减去本年度的服务占比值，其余年度的误差值为空），将线条设置为1磅、红色、头部箭头；为2020年的"美国个人消费中的服务占比"系列折线添加数据标签，输入"较2017—2019年的服务占比平均值低1.7%"，调整其大小为单行显示并放在数据标记的左侧；将"2017—2019服务占比平均线"系列折线设置为深蓝色、1磅、短画线，将数据标记设置为"无"。接下来将横坐标轴的线条设置为0.75磅、白色（深色50%），将网格线设置为0.25磅、白色（深色15%）、短画线。然后将图表文字设置为思源宋体、黑色（淡色15%）、9号，设置图表的高度为3.2cm，宽度为13.5cm，删除图表标题、图例、图表外边框。最后将绘图区充满图表，将图表设置为无填充，效果如图6.7.7（2）所示。

复制服务占比折线图并修改为耐用品占比的数据源，然后将纵坐标轴的取值范围设置为"0.1~0.115"，间隔为0.005，保留1位小数，将数值格式设置为"[=0.1]"0.0%";0.0%"。接着将"美国个人消费中的耐用品占比"系列折线、数据标记的边框和"2017—2019耐用品占比平均线"系列折线修改为浅蓝色。接下来删除"美国个人消费中的耐用品占比"系列折线的误差线并重新添加，将误差线设置为负偏差、无线端、自定义（指定值为G2:G7，2020年的误差值为本年度的耐用品占比值减去2017—2019年的耐用品占比平均值，其余年度的误差值为空），将线条设置为1磅、蓝色、尾部箭头。最后将2020年的"美国个人消费中的耐用品占比"系列折线的数据标签修改为"较 2017—2019 年的耐用品占比平均值高 0.9%",效果如图 6.7.7(3)所示。

	A	B	C	D	E	F	G
1		美国个人消费中的服务占比	2017-2019服务占比平均线	服务占比误差线	美国个人消费中的耐用品占比	2017-2019耐用品占比平均线	耐用品占比误差线
2	2015	68.1%			10.63%		
3	2016	68.7%			10.59%		
4	2017	68.7%	68.8%		10.59%	10.6%	
5	2018	68.7%	68.8%		10.59%	10.6%	
6	2019	69.0%	68.8%		10.55%	10.6%	
7	2020	67.1%	68.8%	1.7%	11.45%	10.6%	0.9%

(1)

(2)

(3)

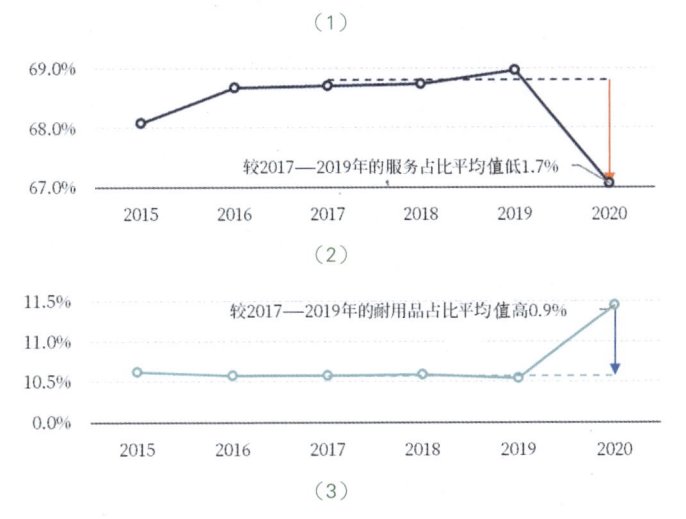

图 6.7.7　图表 1 优化效果的制作步骤

隐藏服务占比折线图的横坐标轴的标签和线条,将绘图区充满图表,将耐用品占比折线图放在服务占比折线图的下方,两者上、下对齐;将两张折线图的数据标签均设置为右对齐。接下来分别复制两张折线图,先恢复显示图例,再填充浅灰色背景,放大图例直至覆盖整张图表,形成自由图例(具体的制作方法参考 1.3 节"数据向导:图例"),放在图表的上方,并与图表的纵坐标轴保持对齐。然后在纵坐标轴的 0.0% 和 10.5% 之间、11.5% 和 67.0% 之间分别添加折断符号。接着插入矩形,设置其高度为 10cm,宽度为 14cm,浅灰色填充(RGB 值为 247,247,247),无边框,并将其放在折线图的下方。接下来插入文本框,输入标题,将其设置为思源宋体 heavy、黑色(淡色 15%)、12 号、左对齐,放在矩形的左上角,与图例保持左对齐。复制文本框,修改为"数据来源",将其设置为思源宋体、黑色(淡色 35%)、8 号、左对齐,放在矩形的底部(随后根据 logo 位置再进行适当调整,并与 logo 保持底部对齐)。在矩形的左下角添加 logo 和报告名称,报告名称由"NIFD 季报"(设置为思源宋体 heavy、深蓝色、9 号、左对齐)、深蓝色线条和"国内宏观经济"[设置为思源宋体、黑色(淡色 15%)、10 号、左对齐]组成,三者分行显示;然后在图表的右下角添加由 3 种蓝色线条(高度为 1.14cm,宽度为 0.04cm)组成的装饰条。最后将所有的元素组合在一起，效果如图 6.7.6 所示。

图表 2：如图 6.7.8 所示，对于时间序列的数据更适合采用折线图或面积图来表现；纵坐标轴的标签表示增速，采用百分比格式更容易理解；横坐标轴的标签被放置在轴旁遮挡了部分柱形；网格线稍显密集。

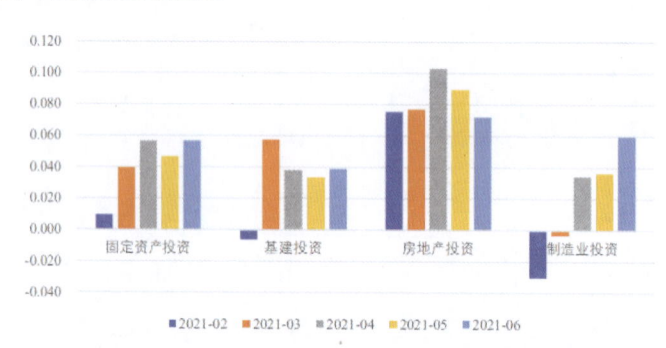

图 6.7.8　图表 2

如图 6.7.9 所示，这里做出如下调整。

①为了呼应报告中的分析，为 6 月固定资产投资添加数据标签，输入"较 5 月上升 1 个百分点"。

②将簇状柱形图更改为折线图与面积图组合的分组折线图，为面积图填充的颜色增加 30%的透明度，营造透视效果。

③调大坐标轴的取值间距，减少网格线的数量，降低图表的压迫感。

④将横坐标轴的标签放在绘图区的下方，减少遮挡。

⑤为图表添加浅灰色背景，增加图表的质感。

⑥在图表的左下角添加 logo 和报告名称，在图表的右下角添加装饰条，在增加图表权威性的同时填补了下方的空白。

⑦报告中这几张图表的数据量相差较大，这里主要规范图表的宽度，对于高度则根据需要进行设置。

图 6.7.9 所示图表优化效果的制作方法和 6.3 节中的图 6.3.14 如出一辙，这里不再赘述。

第 6 章　工作型图表定制

图3 2021年2月至6月国定资产及各分项两年平均投资增速

图 6.7.9　图表 2 优化效果（数据为模仿数据）

图表 3：如图 6.7.10 所示，报告中用条形图佐证观点——"在 2021 年复苏加快的行业中，休闲服务等行业各自对应的申万指数在 2021 年初至 2021 年 6 月 25 日的收盘价涨幅，超过同期沪深 300 指数 -0.5% 的涨幅。在 2021 年以来复苏放缓的行业中，通信等行业各自对应的申万指数跌幅均超过了沪深 300 指数。"但图表中未对复苏加快和放缓的行业的数据点做出强调；图表中包括 27 个类别、3 个系列，直接采用簇状条形图，条形会变得细不可分，图表的尺寸也会变得很大。

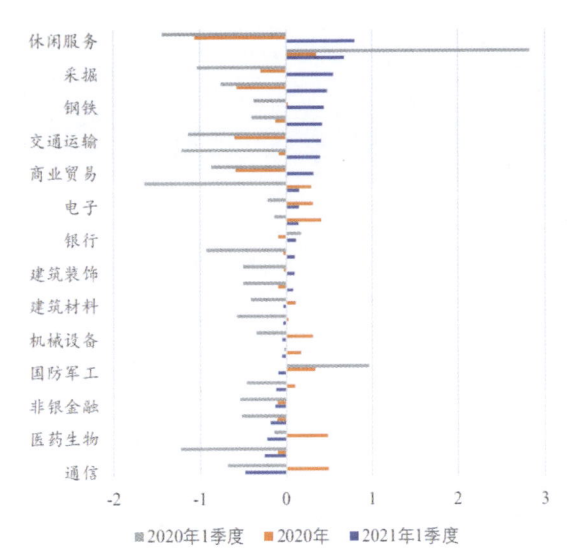

图8　A股上市公司 2020 年一季度至 2021 年一季度各行业利润增长情况
注：2021 年一季度利润增速为近两年平均增速与 2020 年利润增速之差。

图 6.7.10　图表 3

437

如图 6.7.11 所示，这里做出如下调整。

①将簇状条形图更改为滑珠图，让同一行业的 2020 年 1 季度、2020 年和 2021 年 1 季度系列的数据点在同一水平线上，用误差线表示相互之间的差距，在节省图表空间的同时对比效果也更好。

②在图表中，将报告中提到的复苏加快和放缓的行业的数据点分别设置为红色填充和蓝色填充，区别于其他数据标记的浅灰色填充，同时挑选其中某个行业添加数据标签，输入报告中的观点，并使用同色填充的同色边框的圆形作为图例，方便读者理解。

③为图表添加浅灰色背景，增加图表的质感。

④在图表的左下角添加 logo 和报告名称，在图表的右下角添加装饰条，在增加图表权威性的同时填补了下方的空白。

⑤报告中这几张图表的数据量相差较大，这里主要规范图表的宽度，对于高度则根据需要进行设置。

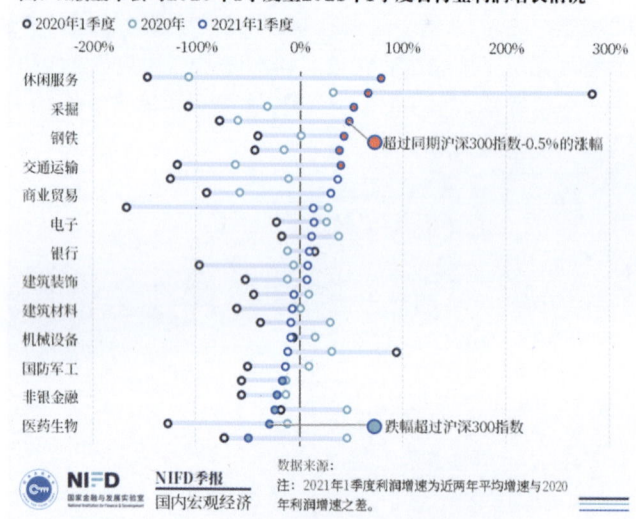

图 6.7.11　图表 3 优化效果（数据为模仿数据）

在制作时，如图 6.7.12（1）所示，选择 A1:E27 单元格区域，插入簇状条形图，然后将"2020 年 1 季度"、"2020 年"和"2021 年 1 季度"系列的图表类型更改为散点图，放在次要坐标轴上，修改数据源，将"2020 年 1 季度"系列散点的 X 轴系列值修改为 B2:B27，将其 Y 轴系列值修改为 E2:E27；将"2020 年"系列散点的 X 轴系列值修改为 C2:C27，将其 Y 轴系列值修改为 E2:E27；将"2021 年 1 季度"系列散点的 X 轴系列值修改为 D2:D27，将其 Y 轴系列值修改为 E2:E27。接下来将纵坐标轴设置为"逆序类别"，将标签位置设置为"低"；将横坐标轴的取值范围设置为"−2~3"，间隔为 1，设置为百分比，不保留小数点；

将次要纵坐标轴的取值范围设置为"0~26",效果如图 6.7.12(2)所示。

将"散点 Y 轴"系列条形设置为无填充,隐藏次要纵坐标轴的标签。然后将"2020 年 1 季度"系列散点、"2020 年"系列散点和"2021 年 1 季度"系列散点的数据标记均设置为浅灰色填充,并分别设置为 1.5 磅的深蓝色、浅蓝色和蓝色的边框。接着为"2020 年"系列散点添加误差线并删除垂直误差线,将水平误差线设置为正负偏差、无线端、自定义(正偏差指定值为 F2:F27,采用公式"=D2-C2",即当前行业的 2021 年 1 季度值减去 2020 年值;负偏差指定值为 G2:G27,采用公式"=C2-B2",即当前行业的 2020 年值减去 2020 年 1 季度值),将线条设置为 3 磅、浅蓝色(深蓝色的渐变色中最浅的蓝色)。接下来将报告中提到的 2021 年 1 季度复苏加快和放缓的行业的数据点分别设置为红色填充和蓝色填充。然后为 2021 年 1 季度纺织服装行业添加数据标签,输入"超过同期沪深 300 指数-0.5% 的涨幅",调整大小为单行显示并放在右侧;为 2021 年 1 季度医药生物行业添加数据标签,输入"跌幅超过沪深 300 指数",调整大小为单行显示并放在右侧,再将两个数据标签设置为左对齐。最后插入两个圆形,直径均为 0.29cm,分别设置为红色填充和浅蓝色填充、1.5 磅蓝色边框,并分别放在对应数据标签的旁边作为图例,效果如图 6.7.12(3)所示。

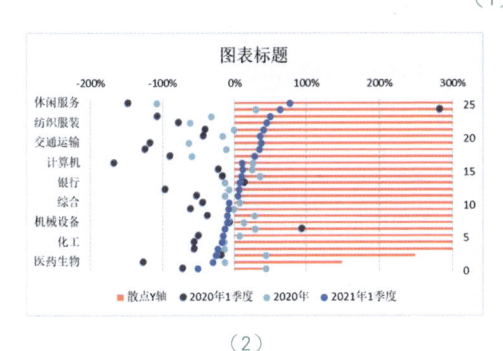

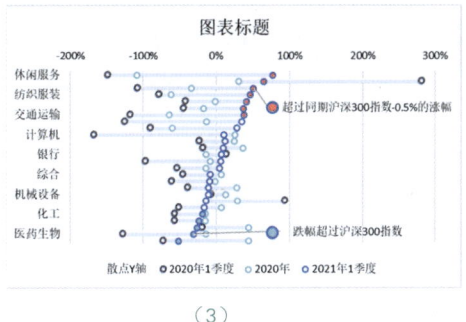

图 6.7.12 图表 3 优化效果的制作步骤

其他关于标题、数据来源、字体、报告名称、logo 等的添加及设置方法,与图表 1 一样,这里不再赘述。

图表 4:如图 6.7.13 所示,报告中用簇状柱形图佐证观点——"根据上市公司披露的 2020 年年报,与疫情之前的 2019 年相比,除商业贸易行业的研发费用与营业收入之比有

所下降外，其余行业的研发强度都保持了正增长。在各行业的研发强度排序方面，除了国防军工超过电气设备位列第 5，其他行业的排序没有改变"。但图表中未对排序发生变化的两个行业做出强调；25 个类别、2 个系列，使用簇状柱形图，可分辨性会降低很多；网格线稍显密集。

图 9　2019 年和 2020 年上市公司研发费用与营业收入之比

图 6.7.13　图表 4

如图 6.7.14 所示，这里做出如下调整。

①将簇状柱形图更改为用折线图模仿的滑珠图，让同一行业的 2019 年和 2020 年上市公司的研发费用与营业收入之比在同一条垂直线上，用误差线表示研发费用与营业收入之比的大小以及相互之间的差距，在节省图表空间的同时对比效果也更好。

②在图表中，将报告中提到的商业贸易行业和国防军工行业的数据点设置为红色填充，区别于其他数据标记的浅灰色填充，并为两者添加数据标签，输入报告中的观点。

③调大坐标轴的取值间距，减少网格线的数量，降低图表的压迫感。

④为图表添加浅灰色背景，增加图表的质感。

⑤在图表的左下角添加 logo 和报告名称，在图表的右下角添加装饰条，在增加图表权威性的同时填补了下方的空白。

⑥报告中这几张图表的数据量相差较大，这里主要规范图表的宽度，对于高度则根据需要进行设置。

在制作时，如图 6.7.15（1）所示，选择 A1:C26 单元格区域，插入带数据标记的折线图，然后将纵坐标轴的取值范围设置为 "0.00~0.09"，间隔为 0.03，保留 2 位小数。接着将 "2019 年" 系列折线和 "2020 年" 系列折线的线条设置为 "无"，将数据标记均设置为 5 号、浅灰色填充，并分别设置为 1.5 磅的深蓝色和浅蓝色的边框。为 "2019 年" 系列折线添加误差线，设置为正负偏差、无线端、自定义（正偏差指定值为 F2:F27，采用公式 "=C2-B2"，即当前行业的 2020 年值减去 2019 年值；负偏差指定值为 B2:B26，"2019 年"

列），将线条设置为 3 磅、浅蓝色（深蓝色的渐变色中最浅的蓝色）。最后将国防军工行业和商业贸易行业的数据点设置为红色填充，并添加数据标签，分别输入"国防军工行业排名反超电气设备行业"和"与疫情之前比，商业贸易是唯一研发费用与营业收入比下降的行业"，将前者设置为单行显示，将后者设置为双行显示并左对齐，放在空白位置，效果如图 6.7.15（2）所示。

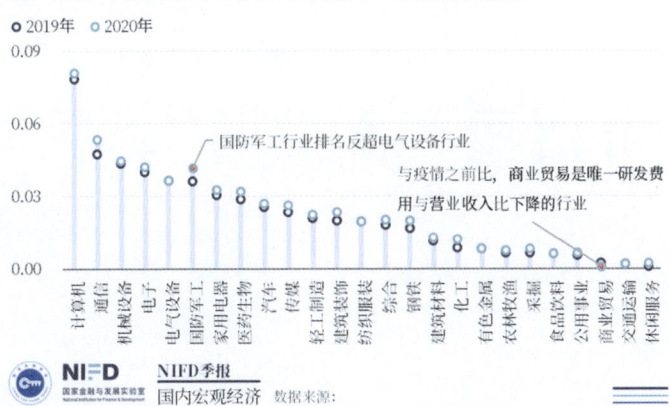

图 6.7.14　图表 4 优化效果（数据为模仿数据）

（1）　　　　　　　　　　　　　（2）

图 6.7.15　图表 4 优化效果的制作步骤

其他关于标题、数据来源、字体、报告名称、logo 等的添加及设置方法，与图表 1 一样，这里不再赘述。

6.7.5　总结

如图 6.7.16 所示，最后将所有图表优化前后的效果放在一起进行对比，会发现优化后的图表与 NIFD 官网、logo 的联系更加紧密，更加注重数据的趋势变化，细节处理更加规范。

工作型图表设计：实用的职场图表定制与设计法则

图 6.7.16　NIFD 报告图表优化前后效果对比

附录 A

1. 截图工具、取色工具

Snipaste：一个简单、免费、安全、无广告且强大的截图工具，它也可以让截图贴回到屏幕上！按 F1 键开始截图，并显示鼠标指针停留位置的颜色值，再按 F3 键，截图就会在桌面上置顶显示。

2. 主题色工具

iSlide：PowerPoint 中的宝藏插件，其内置了层出不穷的色彩库，主题色或来源于 500 强企业，或来源于相关行业，都是 iSlide 设计师们精心挑选、迎合主流设计趋势且经过验证的色彩方案。

3. 标签工具

EasyShu：方便、快捷的 Excel 插件，是由张杰老师和李伟坚老师共同打造的，免费版也拥有超多实用的辅助功能。它的标签工具不仅可用于调整数据标签，使其变得井井有条，而且可用于调整图表标题、坐标轴的标题、图例、文本框、形状等，即本质为"形状"的所有元素。

4. 在线图表制作网站

镝数：一款功能强大的免费的在线数据可视化工具，输入数据即可一键生成可视化视频、网页交互式图表、数据动图、矢量图表、信息图表等。

花火 hanabi：免费的在线图表制作工具，其操作简单，降低了可视化信息生产的门槛。其化繁为简，将枯燥的数据转化成易懂的图表，为数据和信息增值。

5. 动图录制工具

GifCam：一款简单、好用的 GIF 动画制作工具，其集录制与剪辑为一体，小巧、免安装。

6. 高清背景、图标和 logo

觅元素：设计元素的免费下载网站，提供了位图、透明背景素材、高清 PNG、图片素材、漂浮元素、装饰元素、标签元素、字体元素、图标元素等免抠设计元素的免费下载。

7. 图表案例及图表灵感库

图表案例：本书中涉及的笔者模仿的优秀可视化案例、图表定制案例，方便读者拆分或模仿。

图表灵感库：笔者收集整理的图表灵感库，可用于寻找制图思路和培养图表审美观。